Wuppertaler Studienbibel

Wuppertaler Studienbibel

Begründet von

Fritz Rienecker

Reihe: Neues Testament

Herausgegeben von

Werner de Boor

und

Adolf Pohl

R. Brockhaus Verlag Wuppertal

Der erste Brief des Paulus an die Korinther

erklärt von

Werner de Boor

R. Brockhaus Verlag Wuppertal

7. Auflage 1982

Copyright 1957 by R. Brockhaus Verlag Wuppertal
Printed in Germany
Druck: fotokop wilhelm weihert kg, Darmstadt
ISBN 3-417-25108-7 Efalin
ISBN 3-417-25008-0 Paperback

VORWORT

Der 1. Korintherbrief ist nicht eine theologische Abhandlung, die einer in der Stille seines Studierzimmers schrieb. Er steht mitten in einer bewegten Geschichte, ja er ist selber ein Stück „Geschichte", ein lebendiges Geschehen zwischen der Gemeinde in Korinth und ihrem Apostel.

Wer diesen Brief verstehen will, muß ihn darum auch „geschichtlich" lesen. Er wird dabei auf Dinge treffen, die für uns geschichtlich vergangen sind. „Sklaven" in der Art des Altertums gibt es bei uns nicht mehr. „Götzenopferfleisch" ist uns unbekannt. Keine Frau trägt bei uns ein „Kopftuch" im Sinne der Apostelzeit. Und keiner von uns wird es als „Schande" empfinden, wenn eine Frau öffentlich redet.

Und doch ist es das Wunder der Bibel, daß der 1. Korintherbrief nicht ein bloßes Zeitdokument ist, das nur Liebhaber der Geschichte interessiert, sondern daß dieses zeitbedingte Schreiben des Paulus an eine bestimmte geschichtliche Gemeinde bis heute in aller Welt und unter allen nur denkbaren Verhältnissen sich als gegenwärtiges, lebendig redendes und wirkendes Wort Gottes erweist.

Freilich, es geht in ihm — mit Ausnahme von Kapitel 15 — nicht um die uns besonders interessierenden Probleme der Erkenntnis und der Lehre. Es sind vielmehr Fragen des Gemeindeaufbaues und des Gemeindelebens, die den Brief füllen. Wir aber wissen kaum noch, was eigentlich „Gemeinde Gottes" ist. Wir haben den einzelnen Menschen vor Augen, der in der Verkündigung erweckt, bekehrt und dann in seinem persönlichen Christenleben gefördert werden soll. So ist uns der 1. Korintherbrief gerade wegen seiner „Einfachheit" gegenüber dem Römer- oder Galaterbrief fremd geblieben. Er gab zur persönlichen „Erbauung" zu wenig her, weil ihm alles am konkreten „Bau" der Gemeinde liegt. Gerade darum ist es für uns heute so notwendig, daß wir diesen Brief wieder wirklich kennenlernen und uns von ihm sagen lassen, wie Gemeinde Jesu entsteht und im Glauben und in der Liebe lebt.

Dazu möchte die folgende Auslegung helfen. Ihr Ziel ist erreicht, wenn der Brief selber für den Leser lebendig wird und zu ihm mit seiner eigenen Mächtigkeit redet.

Schwerin, den 24. Oktober 1967

Werner de Boor

Richtlinien
für die Benutzer der Wuppertaler Studienbibel

In bezug auf den Bibeltext:
Der Bibeltext ist fett gedruckt. Wiederholungen aus dem behandelten Bibeltext sind fett gedruckt.
Gesperrt nur im Sinne der Verdeutlichung bei Betonung.

In bezug auf die Parallel-Stellen:
Mit Absicht sind eine große Fülle von Bibel-Stellen als Parallelen gebracht. Für diese Parallelstellen ist am Rand eine Spalte freigelassen.

In bezug auf die Handschriften:
Zu den wichtigsten vom Text abweichenden Lesarten, die sich im allgemeinen in den Fußnoten finden, sind folgende Zeichen gesetzt, die der Erklärung bedürfen:

Die Handschriften des Neuen Testaments

Bezeichnung	aus Jahrhundert	Namen	Standort: in Bibliothek	
א	IV	Sinaiticus	London	Neutestamentlicher Teil einer Vollbibel. Die romantische Entdeckungsgeschichte, wie sie Tischendorf erzählt, siehe bei Tischendorf. Gregory 348 ff., Gregory 23 ff. 1844 im Katharinenkloster auf Sinai in einem Abfallkorb zum Heizen bestimmt. Genannt sei auch: S c h n e l l e r : Tischendorf-Erinnerungen.
A	V	Alexandrinus	London	Das NT mit 1. Clemensbrief und den sogen. Psalmen Salomos, in der Bibliothek Alexandrien, 1628 an Karl I. von England geschenkt. Vollbibel mit einzelnen Lücken.
B	IV	Vaticanus	Rom	Einer der größten Schätze der päpstlichen Bibliothek. Vollbibel mit Lücken.
C	V	Ephraemi rescriptus	Paris	In Pariser Nationalbibliothek stehend. Vom Syrer Ephraem überschrieben. 1535 nach Paris gekommen. Bibel mit vielen Lücken.

Diese vier Bibeln des IV. und V. Jahrhunderts dürfen als die wichtigsten Zeugen gelten. — Wenn sie auch auf die Hauptsitze der katholischen und anglikanischen Kirche R o m , P a r i s , L o n d o n verteilt sind, so hat doch der deutsche Protestantismus sich um ihre gelehrte Erforschung sehr bemüht.

Die Zusammenfassung der v i e r Handschriften א A B C zu einer Text-Gruppe wird die h e s y c h i a n i s c h e oder ä g y p t i s c h e T e x t f o r m genannt. Hesychius war ein Grieche in Alexandrien. Weil Alexandrien in Ägypten liegt, wird diese Textgruppe auch die ägyptische Textform genannt.

Weitere Handschriften des Neuen Testaments

Bezeich-nung	aus Jahr-hundert	Namen	Standort: in Bibliothek	
D	VI	Bezae Cantabri-giensis	Cambridge	Enthält die 4 Evangelien und die Apostel-geschichte, aber mit großen Lücken.
E	VIII	Basiliensis	Basel	Diese Handschriften enthalten die vier Evangelien.
F	IX	Boreelianus	Utrecht	
G	X	Seidelianus I	London	
H	IX	Seidelianus II	Hamburg	
L	VIII		Paris	H und L enthalten Apostelgeschichte und Briefe.
046	VIII		Rom	046 enthält Offenbarung des Johannes

Die sogenannte **Koine** ist diejenige Handschriftengruppe, welche die Zusammenfassung der einzelnen Handschriften E F G H L und 046 bildet.

Es sind also die Handschriften aus dem VIII. bis X. Jahrhundert. Die Koine ist die in Antiochien und später in Konstantinopel zur allgemeinen Verbreitung gekommene Textform. Diese Textform tritt uns, da Erasmus von Rotterdam solche späten Handschriften benutzte, in Luthers Bibelübersetzung entgegen. Luther stützte sich auf diese späte Handschriftengruppe, also auf die sogenannte K o i n e , die in der Erasmus-Ausgabe vorlag.

Die Erasmus-Arbeit war eine sehr flüchtige Arbeit.

„Erasmus benutzte höchstens drei Handschriften, die er von den Predigermönchen in Basel entlieh und die heute noch erhalten sind (keine von ihnen ist älter als das 12. Jahrhundert). Sie zeigen, daß Erasmus die Handschriften selbst durcharbeitete und dann als Vorlage in die Druckerei gehen ließ. Für die Offenbarung des Johannes, die in jenen Handschriften fehlte, wurde eine Handschrift aus Maihingen herangezogen; in ihr fehlte der Schluß 22, 16—21; Eras-mus übersetzte ihn einfach aus der Vulgata ins Griechische, ohne das irgendwo anzugeben." Michaelis, Einleitung in das NT 1954 Seite 357.

Die K o i n e - G r u p p e , d. i. die Vorlage Luthers, erwähnen wir ebenfalls.

Andere Handschriften werden jeweilig im Text erklärt.

Am Schluß der Studienbibel soll eine Übersicht über die Geschichte der Handschriften folgen.

In bezug auf besondere Urtext-Wörter:

Schwierige Wörter des griechischen Textes, die die Möglichkeit verschiedener Übersetzungen bieten, sind in den Fußnoten eingetragen. Die griechischen Wörter sind dabei in Klammern oder in Anführung gesetzt und in lateinischen Buchstaben wiedergegeben!

Abkürzungs-Verzeichnis

I. Allgemeine Abkürzungen:

AT	= Altes Testament	Jes	= Jesaja
NT	= Neues Testament	Jer	= Jeremia
atst	= alttestamentlich	Kla	= Klagelieder
ntst	= neutestamentlich	Hes	= Hesekiel
grie	= griechisch	Da	= Daniel
hebr	= hebräisch	Hos	= Hosea
lat	= lateinisch	Joe	= Joel
		Am	= Amos

LXX = Septuaginta. Das ist die griechische Übersetzung des AT, angeblich von 70 gelehrten Juden auf Befehl des Königs Ptolemäus Philadelphus 200 v. Chr. in Alexandrien angefertigt.

Ob	= Obadja
Jon	= Jona
Mi	= Micha
Nah	= Nahum
Hab	= Habakuk
Ze	= Zephanja

II. Literatur-Abkürzungen

W—B	= Walter Bauer: Griechisch-Deutsches Wörterbuch. 4. Aufl. 1952	Hag	= Haggai
		Sach	= Sacharja
Bl—De	= Blaß-Debrunner: Grammatik des ntst Griechisch 9. Auflage 1954 zitiert n. §§	Mal	= Maleachi

b) Apokryphen

Tob	= Tobias
1 Makk	= 1. Makkabäer
2 Makk	= 2. Makkabäer
Sir	= Sirach

Radm	= Rademacher: Neutestl. Grammatik 1925. 2. Aufl.	
Ki—Th W	= Kittel: Theolog. Wörterbuch	
NTD	= Neues Testament Deutsch Göttingen 1932 ff.	
St—B	= Strack-Billerbeck: Kommentar zum NT aus Talmud usw. Bd. I—IV. München 1922 ff.	

c) Neues Testament

Mt	= Matthäus
Mk	= Markus
Lk	= Lukas
Jo	= Johannes
Apg	= Apostelgeschichte
Rö	= Römer

III. Abkürzungen der biblischen Bücher:

a) Altes Testament

1 Mo	= 1. Mose	1 Ko	= 1. Korinther
2 Mo	= 2. Mose	2 Ko	= 2. Korinther
usw.	usw.	Gal	= Galater
Jos	= Josua	Eph	= Epheser
Ri	= Richter	Phil	= Philipper
Rth	= Ruth	Kol	= Kolosser
1 Sam	= 1. Buch Samuelis	1 Th	= 1. Thessalonicher
2 Sam	= 2. Buch Samuelis	2 Th	= 2. Thessalonicher
1 Kö	= 1. Buch der Könige	1 Tim	= 1. Timotheus
2 Kö	= 2. Buch der Könige	2 Tim	= 2. Timotheus
1 Chro	= 1. Buch der Chronika	Tit	= Titus
2 Chro	= 2. Buch der Chronika	Phlm	= Philemon
Esr	= Esra	1 Pt	= 1. Petrus
Neh	= Nehemia	2 Pt	= 2. Petrus
Esth	= Esther	1 Jo	= 1. Johannes
Hio	= Hiob	2 Jo	= 2. Johannes
Ps	= Psalter	3 Jo	= 3. Johannes
Spr	= Sprüche	Hbr	= Hebräer
Pred	= Prediger	Jak	= Jakobus
Holi	= Hohelied	Jud	= Judas
		Offb	= Offenbarung des Johannes

Vgl. W. Stb. Matth. S ... = Vergleiche Wuppertaler Studienbibel Matthäus-Band Seite ...
Vgl. W. Stb. Mark. S ... = Vergleiche Wuppertaler Studienbibel Markus-Band Seite ... usw.

INHALT

Einleitung
1. Das Schreiben des Paulus als wirklicher Brief ... 11
2. Die Stadt Korinth ... 11
3. Die Entstehung der Gemeinde in Korinth ... 12
4. Die Schwierigkeiten in der Gemeinde ... 14
5. Der Anlaß zum 1. Korintherbrief ... 15
6. Eigenart und Einheit des Briefes ... 16
7. Die Einheitlichkeit und Unversehrtheit des Briefes ... 17
8. Abfassungsort und Abfassungszeit ... 17
9. Die handschriftliche Überlieferung des Briefes ... 18

Der Eingangsgruß, 1 Ko 1, 1—3 ... 19
Der Dank für die Gemeinde, 1 Ko 1, 4—9 ... 25
Die Streitigkeiten in der Gemeinde, 1 Ko 1, 10—17 ... 31
Das Wort vom Kreuz, 1 Ko 1, 18—25 ... 39
Das Bild der Gemeinde entspricht dem Wort vom Kreuz, 1 Ko 1, 26—31 ... 47
Dem Wort vom Kreuz entspricht auch die Haltung des rechten Boten, 1 Ko 2, 1—5 ... 51
Die Weisheit des Heiligen Geistes, 1 Ko 2, 6—16 ... 55
Die Rolle der Boten in der Gemeindearbeit, 1 Ko 3, 1—9 ... 66
Das Gericht über die Mitarbeit am Gemeindeaufbau, 1 Ko 3, 10—17 ... 72
Die Gemeinde und die Boten, 1 Ko 3, 18—23 ... 77
Kein voreiliges Beurteilen der Boten, 1 Ko 4, 1—5 ... 81
Apostolisches Leben, 1 Ko 4, 6—13 ... 85
Die Sendung des Timotheus nach Korinth und Ankündigung des eigenen Besuches, 1 Ko 4, 14—21 ... 90
Das Urteil über den Mann, der seine Stiefmutter heiratete, 1 Ko 5, 1—5 ... 96
Die notwendige Reinigung der Gemeinde, 1 Ko 5, 6—13 ... 100
Rechtshändel in der Gemeinde, 1 Ko 6, 1—11 ... 106
Warum geschlechtliche Reinheit?, 1 Ko 6, 12—20 ... 113
Ehe und Ehelosigkeit in der Gemeinde Jesu, 1 Ko 7, 1—7 ... 120
Die Frage der Ehescheidung, 1 Ko 7, 8—16 ... 124
Bleibe in deinem Stande!, 1 Ko 7, 17—24 ... 128
Ehelosigkeit — auch für die Mädchen der Gemeinde?, 1 Ko 7, 25—40 ... 132
„Erkenntnis" und „Liebe" in der Frage des Genusses von Götzenopferfleisch, 1 Ko 8, 1—13 ... 140
Das Recht der Boten auf Lebensunterhalt, 1 Ko 9, 1—14 ... 148
Die „Freiheit" des Paulus in der völligen Hingabe an seinen Dienst, 1 Ko 9, 15—23 ... 153
Der Sportsmann als Bild des Christen, 1 Ko 9, 24—27 ... 159
Das warnende Beispiel des Volkes Israel, 1 Ko 10, 1—13 ... 162
Noch einmal Warnung vor dem Götzenopfer, 1 Ko 10, 14—22 ... 168
Und wie steht es mit dem sonstigen Fleischgenuß?, 1 Ko 10, 23—11, 1 ... 172
Um das Kopftuch der Frau, 1 Ko 11, 2—16 ... 178
Die Gefährdung des Herrenmahles in der Gemeinde, 1 Ko 11, 17—34 ... 185

Von den Wirkungen des Heiligen Geistes
  1. Die Merkmale der Wirksamkeit des Geistes, 1 Ko 12, 1—11 198
  2. Die Gemeinde als „Christusleib", 1 Ko 12, 12—31 205
  3. Das Wesentliche in Zeit und Ewigkeit ist die Liebe, 1 Ko 12, 31b—13, 13 . . 215
  4. Vom „Zungenreden" und „prophetischen Reden", 1 Ko 14, 1—19 230
  5. Die Wirkung der beiden Geistesgaben auf die Ungläubigen, 1 Ko 14, 20—25 . 238
  6. Anordnungen für die Gemeindeversammlungen, 1 Ko 14, 26—33 242
Die Frauen sollen in der Gemeindeversammlung schweigen, 1 Ko 14, 33b—36 . . 245
Ein zusammenfassendes Wort über die Geistesgaben, 1 Ko 14, 37—40 248
Der Grundbestand des Evangeliums, 1 Ko 15, 1—11 250
Die Konsequenzen der Leugnung der Auferstehung Jesu, 1 Ko 15, 12—19 259
Die weltumfassende Bedeutung der Auferstehung Jesu, 1 Ko 15, 20—28 264
Die Bedeutung der Auferstehung für die persönliche Lebenshaltung,
1 Ko 15, 29—34 272
Der geistliche Leib, 1 Ko 15, 35—49 278
Das Geschehen der Auferstehung der Toten, 1 Ko 15, 50—58 285
Anordnungen im Blick auf die Geldsammlung für Jerusalem, 1 Ko 16, 1—4 . . . 294
Der Reiseplan des Apostels und der Besuch des Timotheus, 1 Ko 16, 5—12 . . . 297
Die Anerkennung einsatzbereiter Mitarbeiter, 1 Ko 16, 13—18 302
Schlußgrüße, 1 Ko 16, 19—24 305
Literatur-Hinweise 310
Sachregister 311

EINLEITUNG

1. Das Schreiben des Paulus als wirklicher Brief

Wenn wir den 1. Korintherbrief recht lesen und verstehen wollen, dann haben wir als erstes zu bedenken, daß wir es bei ihm mit einem wirklichen „Brief" zu tun haben. Er steht zwar unter den „Lehrbüchern" des NT, und dies mit einem gewissen Recht. Der Apostel Paulus sucht in ihm als echter „Lehrer" die Gemeinde in Korinth in vielen Fragen zu einer klaren Erkenntnis zu führen. Trotzdem ist sein Brief keine theologische Abhandlung, die irgendwelche Themen nach allen Seiten hin grundsätzlich erörtert. Ein Brief wendet sich ganz bestimmten Menschen in einer konkreten Lage zu. Auf ihre Fragen geht er ein, an ihre Gedankengänge knüpft er an. Die für sie jetzt wichtigen Seiten einer Sache hebt er hervor. Auf anderes, was uns vielleicht sehr interessieren würde, geht er gar nicht ein. Ein Brief muß ja kurz bleiben. Vieles kann er nur andeuten. Darum hängt auch das Verständnis eines Briefes davon ab, daß wir ein gewisses Bild derer haben, an die er sich in allen seinen Ausführungen wendet. Wenn wir ein solches Bild nicht oder nicht klar genug zu gewinnen vermögen, stoßen wir oft auf unüberschreitbare Grenzen des Verstehens.

Dabei sind wir bei unserem Brief in der schwierigen Lage, daß wir keine anderen Quellen für unsere Kenntnis der korinthischen Gemeinde haben, an die Paulus schreibt. Nur aus unserem Brief können wir rückschließend festzustellen suchen, wie es bei den Empfängern des Briefes aussah. Wir kommen aus einem gewissen „Zirkel" nicht heraus: wir müssen bei der Auslegung das schon voraussetzen, was wir doch im Lesen und Auslegen des Briefes selbst erst herausstellen können. Unvermeidlich bleibt dadurch vieles unsicher. Es wird aber dem Leser bei der Lektüre des Briefes helfen, wenn er von vornherein eine gewisse Vorstellung von den Briefempfängern und ihrer äußeren und inneren Lage hat. Diese Vorstellung muß sich dann in der Auslegung selbst bewähren und befestigen.

2. Die Stadt Korinth

Die Stadt Korinth, zu der Paulus im Herbst des Jahres 50 als der Bote Jesu kam, war nicht mehr das alte Korinth der klassischen Zeit. Dieses alte Korinth war im Jahre 146 v. Chr. bei der Eroberung Griechenlands durch die Römer völlig zerstört worden und hatte ein Jahrhundert lang in Trümmern gelegen. Erst Julius Cäsar gab im Jahre 44 v. Chr. den Befehl zum Wiederaufbau. Nun entstand eine völlig neue Stadt, die äußerlich rasch emporblühte und Menschen aus allen Ländern anzog. Denn Korinth war durch seine Lage für die damaligen Verhältnisse besonders zu einer Stadt der Schiffahrt und des Handels geschaffen. Mit dem übrigen Griechenland durch eine schmale Landbrücke, den „Isthmus von Korinth", verbunden, besaß es nördlich und südlich dieses Landstreifens je einen Hafen. Der nördliche Hafen Lechäum lag am Golf von Korinth und nahm den Schiffsverkehr des westlichen Mittelmeeres auf. Die südliche Hafenstadt Kenchreä am Golf von Aegina stand den Schiffen offen, die das östliche Mittelmeer bis nach Kleinasien, Palästina und Ägypten befuhren. So wurde Korinth zum wichtigsten Umschlagplatz des Handels zwischen dem Westen und dem Osten der Mittelmeerwelt. Es war kein Wunder, daß die Stadt gedieh und schnell eine große und reiche Handelsstadt wurde. Das führte — zumal beim Fehlen einer alteingesessenen bodenständigen Bevölkerung — zu einem üppigen und lockeren Leben, das geradezu sprichwörtlich wurde. „Korinthisieren", also „wie ein Korinther leben", nannte man es, wenn jemand ein zügelloses Genußleben führte. Neben der reichen Oberschicht in Korinth aber standen große Scharen von Sklaven und Bevölkerungskreise geringerer Art. Darum waren die sozialen Unterschiede in Korinth groß.

Das geschlechtliche Leben war in der ausgehenden Antike weithin und in Korinth noch in besonderem Maß zerrüttet. Schon in der klassischen Zeit Griechenlands sagt der große Redner Demosthenes: „Wir haben Hetären, um uns mit ihnen zu ergötzen, sodann gekaufte Dirnen, um unseren Körper zu pflegen, endlich Frauen, die uns rechtmäßige Kinder schenken sollen und denen obliegt, alle unsere häuslichen Angelegenheiten zu überwachen." Wie sah es erst aus, als in der späteren Zeit orientalisches Empfinden den Westen durchsetzt hatte. Nun kannte man auch in Griechenland die „Kultische Prostitution". In Korinth stand der große Tempel der „Liebesgöttin" Aphrodite; in kleinen, mit Rosen geschmückten Häusern wohnten um ihn her tausend Priesterinnen der Gottheit, die sich in deren Dienst jedem Besucher hingaben. Der Gang zu ihnen hatte für das Gefühl jener Zeit nichts Anstößiges.

In religiöser Hinsicht wird Korinth das gleiche wirre Bild geboten haben, das wir in jener Zeit überall finden. Der Kult der alten Götter wurde als unentbehrliches Stück des staatlichen und bürgerlichen Lebens selbstverständlich gepflegt. Eine wirkliche religiöse Bedeutung hatte er aber weithin nicht mehr. Soweit ein inneres Verlangen in den Menschen lebte, suchte es in philosophischen Lehren und Anschauungen Befriedigung oder wandte sich den „Mysterien" zu, in deren geheimnisvollen Handlungen den Eingeweihten göttliches Leben und Überwindung des Todes versprochen wurde. Aber auch die Kulte orientalischer, besonders ägyptischer Gottheiten gewannen in wachsendem Maße Einfluß.

Korinth beherbergte auch eine Judenschaft, die in einer Synagoge ihr Lebenszentrum besaß. Auch von ihr gingen Einflüsse in die Umwelt aus und machten manche Griechen zu „Proselyten". Das hohe Alter der atst Offenbarung, die klare Botschaft von dem einen Gott, dem Schöpfer Himmels und der Erde, die wunderreiche Geschichte Israels, die klare Ordnung des menschlichen Lebens in den Geboten Gottes, alles das mußte in einer Zeit der inneren Unsicherheit und Wirrnis gerade auf ernste Menschen anziehend wirken. Es fehlte aber auch in Korinth nicht der „Antisemitismus", der das ganze römische Reich durchzog. Bei der Klage der Judenschaft gegen Paulus vor dem neu ernannten Statthalter Gallio fand dieser Antisemitismus in der Abweisung der Klage und im Verhalten der Zuhörer des Prozesses einen bezeichnenden Ausdruck (Apg 18, 12—17).

3. Die Entstehung der Gemeinde in Korinth

Paulus war von Athen nach Korinth gekommen, ob auf dem Landweg über den Isthmus oder zu Schiff, wissen wir nicht. Er hatte jene große, bewegende Reise hinter sich, die ihn gegen seine ursprünglichen Absichten (Apg 16, 6f) durch besondere Leitung des Geistes und schließlich durch ein nächtliches Gesicht von Asien nach Europa hinübergeführt hatte. In Makedonien hatte seine Evangelisation in Philippi und Thessalonich zur Gründung von Gemeinden geführt. Aber aus beiden Städten hatte er nach kurzer Zeit unter stürmischen Ereignissen weichen müssen. In Athen konnte er nach mancherlei Gesprächen mit Philosophen durch eine einzige Rede auf dem Areopag einzelne Hörer dem Evangelium erschließen (Apg 17). Zu Taufen und zur Gemeindebildung kam es nicht. Aber Paulus war nicht entmutigt. Immer strebte er nach den bedeutenden Städten, von denen aus die Botschaft von Jesus in das umliegende Land ausstrahlen mußte, wenn sie erst einmal in der Stadt selbst Fuß gefaßt hatte. So richtete sich sein Blick von Athen aus auf das nicht weit entfernte Korinth.

Aber konnte diese Großstadt mit ihrem berüchtigten Leben das rechte Missionsfeld sein? Konnte Paulus hier für das Evangelium auf irgendeinen Erfolg hoffen? Paulus wird so überhaupt nicht gefragt haben. Er war von seinem Herrn beauftragt, er „mußte" evangelisieren (1 Ko 9, 16). Der „Erfolg" war nicht seine Sache. Er rechnete aber mit der „Erweisung des Geistes und der Kraft" (1 Ko 2, 4) auch in einer Stadt wie Korinth und behielt damit recht. Das Wunder geschah. Gerade in Korinth entstand eine besonders große und lebendige Gemeinde Gottes.

Ihr Werden schildert uns die Apostelgeschichte Kap. 18, 1—11. Paulus war zunächst allein nach Korinth gekommen. Er fand in der fremden Großstadt Arbeit und Unterkunft bei dem Ehepaar Aquila und Priskilla, das — erst kürzlich aus Rom gekommen — in Korinth seinen Handwerksbetrieb neu aufgebaut hatte. Es ist wahrscheinlich, daß das Ehepaar bereits in Rom christusgläubig geworden war. Wie überall begann Paulus auch in Korinth seine Verkündigung in der Synagoge. Nach Erfüllung ihres Auftrages in Makedonien (Apg 17, 14; 1 Th 3, 1 f) stießen Silvanus und Timotheus wieder zu ihm. Nun begann jene „Mannschaftsarbeit", auf die Paulus in 2 Ko 1, 19 dankbar zurückblickt. Es kam aber hier zu einer negativen Entscheidung der Judenschaft als solcher, durch die Paulus veranlaßt wurde, für sein Evangelium einen eigenen Raum zu mieten, der in nächster Nachbarschaft zur Synagoge lag (Apg 18, 6 f). Es sollte deutlich bleiben, daß Israel weiter zu seinem König und Erretter gerufen wurde. Es geschah auch nicht vergeblich. Der Synagogenvorsteher Krispus wurde gläubig und von Paulus persönlich getauft (1 Ko 1, 14). Er wird nicht der einzige Jude gewesen sein, der in Jesus den Messias erkannte. Aber es war doch wesentlich eine heidenchristliche Gemeinde, die nun entstand.

Man darf sich von 1 Ko 1, 26 ff her kein einseitiges Bild der Gemeinde machen. Wohl waren in ihr auch Sklaven zu finden, an die sich Paulus in 1 Ko 7, 20—22 besonders wendet. Aber der Hauptteil des 7. Kapitels gibt für Ehe und Ehescheidung, für das Verheiraten oder Lediglassen der Töchter Anweisungen, die nur für „freie" Menschen erfüllbar waren. So wird ein großer Teil der Gemeinde aus „Freien" bestanden haben. Daß auch wohlhabende Leute zur Gemeinde gehörten, zeigt 1 Ko 11, 21. Sie können nicht einmal ganz gering an Zahl gewesen sein, wenn eingehend über die Frage der Beteiligung an Festmahlzeiten in Tempeln und Privathäusern gesprochen werden mußte (Kap. 8 u. 10). Auch Prozesse um mein und dein vor den weltlichen Gerichten werden nicht von Sklaven oder armen Leuten geführt. Die scharfen sozialen Gegensätze in der Stadt reichten bis in die Gemeinde hinein und gefährdeten ihre Einheit. Bei den Gemeindemahlen hungern die einen, und andere schwelgen.

Nach einer Arbeit von $1^1/_2$ Jahren (Apg 18, 11) — welche kurze Zeit für den Aufbau einer Gemeinde! — kam es auch in Korinth zu dem Versuch der Judenschaft, Paulus mit Hilfe der römischen Staatsorgane zu vertreiben. An der Haltung des römischen Prokurators Gallio scheiterte dieser Versuch. Gallio — der Bruder des bekannten römischen Philosophen Seneca — nahm die Klagen nicht einmal an und sah gleichmütig zu, als der Synagogenvorsteher Sosthenes vor seinen Augen verprügelt wurde. So konnte Paulus noch längere Zeit in Korinth bleiben, fuhr dann aber über Ephesus nach Antiochia zurück (Apg 18, 18—22).

Bald danach — genaue Zeitangaben sind bei der Spärlichkeit der Nachrichten nicht möglich — kam Apollos nach Korinth und setzte die Evangelisation erfolgreich fort (Apg 18, 27 f). Er stärkte und vertiefte das Glaubensleben und wurde von der ganzen Gemeinde geschätzt, wie eine offenbar offizielle Einladung an ihn zu einem erneuten Besuch in Korinth (1 Ko 16, 17) beweist. Er wirkte besonders in die Judenschaft hinein. Es sammelte sich um ihn eine Gruppe von Menschen, die ihm ihren Christenstand verdankten (1 Ko 1, 12). Paulus blickt in 1 Ko 3, 5 auf Gemeindeglieder, die durch Apollos zum Glauben kamen.

Die Gemeinde wuchs nochmals, als Christen aus dem Osten zuwanderten, die sich auf Kephas (Petrus) als den führenden Mann der Urchristenheit beriefen (1 Ko 1, 12; vgl. auch 2 Ko 11, 5). Daß Petrus selber in Korinth gewesen sei und dort evangelisiert habe, ist kaum anzunehmen.

So war in Korinth eine vielseitige Arbeit geschehen und — anders als in Philippi und Thessalonich — eine vielschichtige Gemeinde entstanden. Ihre natürlichen „griechischen" bzw. „hellenistischen" Anlagen und Kräfte führten zu einem reichen und lebhaften Gemeindeleben, bildeten bald aber auch besondere Gefahrenpunkte.

4. Die Schwierigkeiten in der Gemeinde

„Wenn Gottes Winde wehen vom Thron der Herrlichkeit und durch die Lande gehen, dann ist es sel'ge Zeit." Solche „selige Zeit" war es gewiß auch anfangs in Korinth, als der Jubel der Erretteten erklang und eine Gemeinde Gottes mitten in dieser Großstadt ihr neues Leben führte. Aber jeder Bekehrte erfährt es früher oder später, daß dieses neue Leben nicht mühelos weiterwächst. Unsere alte Natur ist durch die Wiedergeburt nicht einfach abgetan, sondern macht sich je nach unserer Art kräftig bemerkbar. Und wo eine ganze Schar von Menschen ein gemeinsames Leben zu führen hat, zeigen sich viele Schwierigkeiten und Nöte, die von unserem natürlichen Wesen her das Zusammenleben bedrohen. Gerade bei einer Gemeinde, die ohne den heilsamen Druck äußerer Drangsale blieb, war das bald zu spüren. Das alte Ichwesen (das „Fleisch", wie die Bibel gern sagt) entfaltete sich und trug in Korinth typisch „griechische" Züge.

Von unseren gewohnten Vorstellungen her denken wir bei Schwierigkeiten und Spaltungen in einer Christengemeinde sofort an „Irrlehren". Die Forschung hat darum auch immer neu versucht, ein Bild der „Irrlehren" in Korinth zu entwerfen. Aber darum handelt es sich nicht. Es kommt auch nicht wie in Galatien oder in Kolossä zu einem Einbruch „gesetzlichen" Denkens und „gesetzlicher" Frömmigkeit mit der Begeisterung für besondere Leistungen und Übungen. Im Gegenteil, ein Teil der Gemeinde ist von einem Hochgefühl der „Freiheit" erfüllt. „Alles steht mir frei", ist die Losung. Das in dieser Welt konkret gelebte Leben ist gleichgültig. Die griechische Freude am „Erkennen", an der „Weisheit" und an der schönen und hinreißenden Rede bricht durch. Wenn das Gemeindeleben daran reich ist, wenn sich dazu die geheimnisvollen göttlichen Kräfte im Zungenreden und anderen „Gaben" zeigen, was kommt dann noch auf mein tägliches Leben an? Warum soll ich nicht meine geschlechtlichen Bedürfnisse befriedigen, wie ich auch esse und trinke? Warum soll ich nicht an Gastmählern in heidnischen Tempeln teilnehmen, wenn ich doch „weiß", daß es die dort angebeteten Götter gar nicht gibt? Warum soll ich nicht mein „Recht" gegen andere Gemeindeglieder vor heidnischen Richtern suchen? Ja, müssen wir nicht unsere christliche Freiheit und Überlegenheit recht klar herausstellen? War es nicht ein erfreuliches Siegel dieser Freiheit, als einer es wagte, seine eigene Stiefmutter zu heiraten und alle „Moral" zu verachten? Haben die Frauen in der Gemeinde nicht recht, die das „Kopftuch", das Zeichen der Unterordnung unter den Ehemann, ablegten und sich unterschiedslos neben den Männern am Beten und Weissagen beteiligten? Wenn andere Gemeindeglieder „ängstlich" und „eng" bleiben, dann müssen sie durch das kühne Beispiel der „Freien" mitgerissen werden. Der Blick auf die Tiefe der Sünde und auf den Ernst der Verlorenheit, aus der der Mensch errettet werden muß, ging dabei mehr und mehr verloren. Das Kreuz des Christus wurde unwichtig. Andere Themen waren interessanter. Im Zuge dieser Entwicklung wuchs bei vielen eine Unzufriedenheit mit Paulus. Er hatte zwar selber das gesetzesfreie Evangelium gebracht; aber war es nicht doch in einer gewissen Enge und Einseitigkeit stecken geblieben? Er war so gar kein hinreißender Redner. Auch inhaltlich waren seine Vorträge dürftig. Immer ging es nur um das Kreuz. Die modernen Fragestellungen, die kühnen und tiefsinnigen Gedankengänge anderer Lehrer, auch eines Apollos, lagen ihm fern. Hemmte Paulus nicht die Entwicklung der Gemeinde? Und ständig kamen Nachrichten über Nöte und Leiden des Apostels. So sah ein echter Gesandter des höchsten Königs aus? Hatten andere Wanderredner der Zeit nicht ein ganz anderes Auftreten? In manchen Kreisen sagte man sogar, er sei kein echter Apostel; vielleicht war etwas daran? Freilich, ein Teil der Gemeinde bekannte sich mit fester Treue zu ihm. „Ich gehöre zu Paulus", rief man in diesem Kreis. Aber andere setzten dem entgegen: „Nun, dann bekenne ich mich zu Apollos!" Und wieder andere ließen nur einen Petrus und andere „hohe Apostel" (2 Ko 11, 5) gelten, während manche ganz neue Wege gingen und in voller Freiheit von allen menschlichen Bindungen nur „Christus gehören" wollten.

5. Der Anlaß zum 1. Korintherbrief

So stand Paulus schon bald vor Nöten und Schwierigkeiten gerade in dieser Gemeinde in Korinth. Er suchte zunächst mit einem Brief zu helfen, der uns nicht erhalten ist. 1 Ko 5, 9—13 zeigt, daß es in diesem Brief nicht um eigentliche Lehrfragen, sondern um die Praxis des Gemeindelebens ging. Die Gemeinde duldete in ihrer Mitte „Brüder", die in offenkundigen, groben Sünden, vor allem in geschlechtlicher Zügellosigkeit, lebten. Daß die Mahnung des Paulus, die Gemeinschaft mit solchen Menschen abzubrechen, mißverstanden und als eine unmögliche Zumutung abgelehnt wurde, macht deutlich, wieviel Mißtrauen und Widerstand gegen Paulus in der Gemeinde bereits vorhanden war. Immerhin wußte sich die Gemeinde als ganze noch an ihren geistlichen Vater gebunden. Paulus hört durch seine Freunde viel aus der Gemeinde, was ihm tiefe Sorge bereitet. Die Gemeinde sandte schließlich auch ihrerseits Männer nach Ephesus — darunter den mit Paulus von Anfang an verbundenen Stephanas, den „Erstling Griechenlands" —, um dem Apostel schriftlich (und unwillkürlich dabei auch mündlich) Fragen zu stellen. Auch diese Fragen beziehen sich offensichtlich nicht auf theologische Lehren oder Lehrdifferenzen, sondern auf praktische Dinge des Christenlebens. Paulus seinerseits hat Timotheus mit einem Besuch in Korinth im Anschluß an eine Reise durch Makedonien beauftragt, um als vorläufiger Vertreter des Apostels der Gemeinde die Stellung des Paulus zu den Nöten und

Schwierigkeiten des Gemeindelebens zu verdeutlichen. Jetzt aber, nach der unmittelbaren Anfrage der Gemeinde und nach neuen, beunruhigenden Nachrichten aus Korinth, schreibt Paulus der Gemeinde einen eingehenden Brief, unsern 1. Korintherbrief. Er selbst kann erst später, ebenfalls auf dem Weg über Makedonien, zur Gemeinde kommen, da er sie nicht nur kurz sehen, sondern ihr einen langen und gründlichen Besuch durch das Überwintern bei ihr machen möchte.

6. Eigenart und Einheit des Briefes

Der 1. Korintherbrief ist also in ganz besonderer Weise ein eigentlicher „Brief", der fort und fort auf die konkreten Verhältnisse und Nöte dieser bestimmten Gemeinde eingeht. Er hat darum nicht wie der Römerbrief ein beherrschendes Thema, wendet sich nicht wie der Galaterbrief leidenschaftlich gegen eine Verderbung des Evangeliums selber durch eine neue Aufrichtung des „Gesetzes" und verhandelt nicht wie Epheser-, Kolosser-, 2. Thessalonicherbrief einzelne Fragen der christlichen Lehre. Selbst in Kap. 15 hat es Paulus nicht mit einer bestimmten Irrlehre in der Frage der Auferstehung zu tun, sondern mit einer aus der Gesamthaltung der Korinther resultierenden Unwilligkeit, die Auferstehungsbotschaft wirklich zu glauben und in allen ihren Konsequenzen ernst zu nehmen. Und doch ist eine Einheit unseres Briefes zu erkennen, die in der Sache selbst, nicht in der Systematik einer bestimmten Theologie, gegeben ist. Kap. 13 ist Mitte und Höhe des Briefes. Alle Nöte im Leben der Gemeinde in Korinth kommen zuletzt aus dem Fehlen der wirklichen Liebe, der „Agape". Erfüllte die Liebe die Herzen, dann gäbe es keine Spaltungen, keinen Streit, keine Eifersucht (Kap. 1—4); dann trüge die Gemeinde über einen schweren Sündenfall in ihrer Mitte Leid (Kap. 5); Prozesse unter Brüdern vor weltlichen Richtern wären ausgeschlossen (Kap. 6); die Ordnung des geschlechtlichen Lebens, der rechte Gebrauch des Leibes würde ohne „Gesetz" zustandekommen, und die Fragen um die Ehe und die Ehelosigkeit fänden ihre lebendige Antwort (Kap. 6 und 7). Von der Liebe zum Herrn und zu den Menschen her löste sich das Problem des „Götzenopferfleisches" (Kap. 8 u. 10) und erwüchse den Korinthern das Verständnis für das leidensreiche, aufopfernde Leben ihres Apostels, der keine Bezahlung von ihnen annehmen will (Kap. 4 u. 9). Die Frau trüge der Sitte der Zeit nach ruhig weiter ihr „Kopftuch" (Kap. 11), die böse Entwürdigung des Gemeinde- und Herrenmahles wäre unmöglich (Kap. 11), und die Bewertung der Geistesgaben erhielte ihren klaren Maßstab (Kap. 12 u. 14). Warum fehlt in Korinth diese Liebe? Warum bleiben die Gemeindeglieder trotz ihrer Erkenntnis und trotz der Fülle der Geistesgaben so „fleischlich", solche „Kinder", die vom eigenen Ich bestimmt werden? Sie haben „das Wort vom Kreuz" zugunsten von allerlei „Weisheit" aus der Mitte gerückt! „Liebe" lernen wir nur unter dem Kreuz. Hier ist Gott zur Errettung von uns Verlorenen „töricht" und „schwach" geworden und entfaltet darin gerade seine verborgene Weisheit zu unserer Herrlichkeit. Hier empfangen wir dieses Gottes eigenen Geist und „Christi Sinn", der uns zu neuen, liebenden Menschen macht (Kap. 1 u. 2). Von da aus erfolgt auf dem von Gott selbst — in dem gekreuzigten Christus — gelegten Fundament der Bau der Gemeinde aus „Gold, Silber, edlen Steinen" (Kap. 3). Diese Gemeinde lebt in der Erwartung der neuen, total anderen Wirklichkeit, die in der Auferstehung Jesu Christi von den Toten schon hervorgebrochen ist und bei der Parusie des Herrn zum alles erfüllenden Siege kommen wird (Kap. 15). Weil es in dem ganzen Brief um die Liebe geht, wird in seinem Schluß nach einzelnen Mitteilungen und Mahnungen das „Anathema" (der „Fluch") über die gesprochen, die den Herrn Jesus nicht liebhaben (Kap. 16).

7. Die Einheitlichkeit und Unversehrtheit des Briefes

Bei der ganzen Art des Briefes gab es manchen Anlaß, seine Einheitlichkeit anzuzweifeln. Die Frage des „Götzenopferfleisches" wird nach den Ausführungen in Kapitel 8 erneut und in weit stärkerer Weise in Kap. 10, 14—11, 1 behandelt; Kap. 9 schiebt sich ohne wirklichen Zusammenhang dazwischen. Sind vielleicht Stücke aus dem uns verlorenen ersten Brief oder auch aus dem ebenfalls nicht erhaltenen dritten, dem „Tränenbrief" (2 Ko 2, 4), in den 1. und 2. Korintherbrief aufgenommen worden, da die Gemeinde diese Stücke für wichtig hielt, aber die Briefe als ganze aus mancherlei Gründen nicht aufbewahren wollte? Doch das bleiben ganz ungewisse Vermutungen. Und die Art unseres Briefes, die den Anlaß zu solchen Vermutungen gibt, entzieht ihnen zugleich ihre Beweiskraft: ein Brief, der in so freier Weise auf die mancherlei praktischen Nöte des Gemeindelebens in Korinth eingeht, kann „sprunghaft" sein, kann eine Frage erneut aufnehmen und sie nach bestimmten Richtungen hin ergänzen und verschärfen. Die Auslegung selbst muß zeigen, ob im Brief wirklich so starke Unstimmigkeiten vorliegen, daß ohne die Annahme von Einschüben nicht auszukommen ist. Nach unserm Urteil ist das allenfalls bei dem kurzen Abschnitt Kap. 14, 33b—36 im Vergleich mit Kap. 11, 2. 16 der Fall.

8. Abfassungsort und Abfassungszeit

Als Abfassungsort ist Ephesus in Kap. 16, 8 genannt: „Ich werde in Ephesus bleiben bis zum Pfingstfest." Wir haben beim Lesen des Briefes daran zu denken, daß er nicht in stiller Ruhe geschrieben ist, sondern mitten in heißer Arbeit, auf die Paulus mit Kap. 16, 9 selbst hinweist. Unebenheiten und Spannungen im Brief finden auch darin eine einfache Erklärung. Wie quälend müssen für den Apostel die Sorgen um Korinth gerade bei der Fülle der Aufgaben in Ephesus gewesen sein, wie kränkend alles Mißtrauen gegen den, der sich im Dienst für Jesus aufrieb.
Wenn Paulus in Kap. 16, 8 auf das Pfingstfest als nächsten Termin blickt, kann er den Brief nicht früher als im Anfang des Jahres geschrieben haben. Die durch nichts anderes begründete Erwähnung des Passalammes[1] in Kap. 4, 6 ff ist aber ein starker Hinweis darauf, daß es erst die Passazeit ist, in der Paulus den Brief diktiert. Aber die Passazeit welchen Jahres? Im Blick auf Kap. 16, 8 hat man stets als selbstverständlich angenommen, daß der Brief am Ende der ephesinischen Wirksamkeit verfaßt sei. Dann ständen wir mit ihm im Frühjahr 55. Aber ist das so gewiß? Hat sich denn erst am Ende der mehrjährigen Arbeit in Ephesus für den Apostel „eine große Tür geöffnet"? Und wie kurz wäre dann die Zeit eines verlängerten Bleibens von sieben bis acht Wochen, gemessen an den Jahren seiner bisherigen Tätigkeit? Die kurzen Bemerkungen in Kap. 16, 8 f würden viel verständlicher, wenn sie in den Anfang der ephesinischen Zeit fielen. Dann ist es für Paulus wie für die Korinther eine neue Erfahrung, daß sich ihm in Ephesus eine große Wirksamkeit öffnet, gleichzeitig aber auch erheblicher Widerstand dagegen erhebt. Und wenn er nun meint,

---

[1] „Passa" wird in diesem Band ohne h geschrieben. Ich verweise dazu auf das Buch von Joachim Jeremias „Die Abendmahlsworte Jesu", EVA Berlin.

noch länger bleiben zu müssen, und seinen Aufenthalt über Ostern hinaus bis Pfingsten ausdehnt, dann wäre dies nach einem ersten kurzen Wirken eine erhebliche Zugabe an Zeit.

Freilich, Paulus wäre dann an diesem Pfingsten tatsächlich doch nicht von Ephesus losgekommen, sondern wenigstens noch ein weiteres Jahr geblieben, um dann erst seinen Reiseplan nach Kap. 16, 3—9 durchzuführen. Damit kommen wir aber in Konflikt mit der Schilderung in Apg 19, 21 f. Hier wird der Reiseplan des Apostels und die Sendung des Timotheus genau entsprechend 1 Ko 16, 3—9 dargestellt, aber eindeutig an das Ende der ephesinischen Wirksamkeit gelegt. Und in Apg 20, 1 f wird die Durchführung des Reiseplanes entsprechend berichtet. Auf eine bereits durchstandene Arbeits- und Kampfzeit in Ephesus weist auch unser Brief selbst mit seiner Bemerkung vom „Tierkampf" in Ephesus in Kap. 15, 32 hin. So werden wir unseren Brief doch auf die Passazeit des Jahres 55 zu datieren haben. Es zeigt sich auch hier wieder, daß wir das Verständnis von Briefstellen nicht von unseren Auffassungen und Gedanken bestimmt sein lassen dürfen. Wir wissen viel zu wenig, was hinter den Sätzen eines Briefes steht, die uns zu mancherlei Vermutungen Anlaß geben. Die klaren Angaben der Apostelgeschichte entscheiden.

9. Die handschriftliche Überlieferung des Briefes

In der handschriftlichen Überlieferung des 1. Korintherbriefes zeigen sich meist nur Abweichungen, die für das Verständnis des Textes ohne Bedeutung sind. Wo die Handschriftengruppe der „Koine" (vgl. die kurze Darstellung der Handschriften auf S. 7) in erheblicherem Maße schwirige Textstellen glättet oder Zusätze zum Text aufweist, wird in der Auslegung selbst darauf Bezug zu nehmen sein.

DER EINGANGSGRUSS

1. Korinther 1, 1—3

1 Paulus, berufener Apostel des Christus Jesus durch den Willens-
2 entschluß Gottes, und Sosthenes, der Bruder, * der Gemeinde Gottes, die in Korinth besteht, Geheiligten in Christus Jesus, berufenen Heiligen, zusammen mit allen, die anrufen den Namen unseres
3 Herrn Jesus Christus an jedem Ort, ihrem und unserem: * Gnade euch und Friede von Gott unserm Vater und dem Herrn Jesus Christus.

zu Vers 1:
Apg 9, 15
18, 17
Gal 1, 1
Kol 1, 1

zu Vers 2:
Kap 6, 11
Jo 17, 19
Apg 2, 21
9, 14. 21; 18
22, 16
2 Ti 2, 22

zu Vers 3:
Rö 1, 7
Eph 1, 2

Paulus war groß genug, in der Form seiner Briefe nicht nach besonderen Eigenheiten zu suchen, sondern einfach der Sitte seiner Zeit zu folgen. Der Brief des Altertums nennt an seinem Beginn Absender und Empfänger des Schreibens und verbindet beide mit einem Gruß. Das kann so kurz und knapp geschehen, wie es uns in Apg 23, 26 der Brief des Klaudius Lysias an den Prokurator Felix zeigt. Es können aber auch Absender und Empfänger ausführlicher gekennzeichnet und die eigentlichen Grußworte erweitert werden. Paulus hat von diesen Möglichkeiten vielfältigen Gebrauch gemacht. Schon in der Formung seiner Briefeingänge ist er innerlich mit denen beschäftigt, an die er schreibt, und läßt deutlich anklingen, was ihn im Blick auf sie bewegt.

So ist es auch in unserem Brief. In Korinth wird die apostolische Vollmacht des Paulus bestritten; darum stellt Paulus gleich durch die ersten Worte seines Briefes diese Vollmacht betont fest. Nicht irgendein Christ namens Paulus schreibt hier, sondern ein „**Apostel des Christus Jesus**". Im Wort „**Apostel**" liegt für das griechische Ohr die Sendung und Bevollmächtigung[1]. Vom Staats- und Völkerrecht her müssen wir das Wort erfassen. Der „bevollmächtigte Botschafter" eines Landes redet und handelt in höchster Autorität. Hinter ihm steht dabei der ganze Wille und die ganze Macht des Staates, der ihn gesandt hat. Die Formulierung „Apostel des Christus Jesus" erinnert uns daran, daß „Christus" nicht ein Eigenname, sondern ein Titel, der Königstitel Jesu ist. Paulus ist „bevollmächtigter Botschafter des

1

---

[1] Da die Kirche der Reformation in der „reinen Lehre" die beinah einzige Aufgabe der Kirche sah, faßte man unwillkürlich auch einen „Apostel" wie Paulus wesentlich als Theologen und Lehrer auf. Vgl. die Bezeichnung der apostolischen Briefe als „Lehrbücher" des NT. Es war vergessen, daß die Kirche auch in ihrer Verkündigung „handelt", in das Reich der Finsternis einbricht, Menschen errettet, den Leib Christi baut und daß zu diesem allen „Macht" nötig ist. Vollends bedurfte dessen der „Apostel", der den „kirchengründenden" Dienst zu tun und das Fundament der Gemeinde selbst zu legen hatte (3, 10). Paulus hat darum sein apostolisches Tun in 2 Ko 10, 3—6 mit Bildern der staatlich-militärischen Welt beschrieben und „Zeichen und Wunder und Taten" zu den Wesenszügen eines „Apostels" gerechnet (2 Ko 12, 12). Ein Apostel ist ein „Bevollmächtigter".

Königs Jesus". Es gilt durch diese Bevollmächtigung auch für Paulus in ganzem Ernst das Wort Jesu: „Wer euch hört, der hört mich, und wer euch verachtet, der verachtet mich" (Lk 10, 16). Auch wir heutigen Leser haben in unserem Brief nicht nur das interessante Dokument eines bedeutenden Mannes aus dem Altertum zu sehen. Wir stehen hier vor einem Wort, das auch für uns letzte Autorität besitzt, vor einem Wort, das der Herr selbst durch seinen Gesandten zu uns sagt. Wie sorgfältig werden wir es zu lesen haben!

Paulus unterstreicht seine Vollmacht durch zwei Hinzufügungen. Er konnte sich nicht selbst zum Gesandten des Königs ernennen, sondern mußte dazu „berufen" werden. Diese Berufung geschah aber ganz anders, als wenn ein irdischer König jemand in ein hohes und verantwortungsvolles Amt ruft. Der irdische Herrscher wählt sich dazu den geeignetsten, tüchtigsten und hervorragendsten Mann. Paulus aber hat im Rückblick auf seine Bekehrung und Sendung immer nur ein unbegreifliches Erbarmen darin sehen können, daß ausgerechnet er, diese „Fehlgeburt", dieser „Lästerer, Verfolger und Frevler" zum Apostel berufen wurde (1 Ko 15, 8; 2 Ko 4, 1; 1 Ti 1, 13). Nicht in ihm selber, nicht in seinen Qualitäten liegt der Grund seiner Berufung, sondern allein in dem freien **„Willensentschluß Gottes"**, jenes wunderbaren Gottes, „der die Toten lebendig macht und dem, was nicht ist, ruft, daß es sei" (Rö 4, 17). So hat es Paulus in 2 Ko 3, 5 f unterstrichen.

Auch als **„berufener Apostel"** will Paulus nicht allein vor der Gemeinde stehen in seinem Schreiben, sondern stellt auch hier (vgl. 2 Ko 1, 1; Gal 1, 2; Phil 1, 1; Kol 1, 1; 1 u. 2 Th 1, 1) einen zweiten Mann neben sich an die Spitze des Briefes. Der Anteil eines solchen „Mitunterzeichners" an einem Brief konnte sehr verschieden sein. Im 1 Th läßt das häufig gebrauchte „wir" die drei Boten Jesu tatsächlich gemeinsam zur Gemeinde reden. In unserem Brief spricht Paulus durchweg in der Ichform allein. Aber **„Sosthenes, der Bruder"** verantwortet den Brief vor den Korinthern mit. Der Inhalt des Briefes ist von Paulus mit ihm durchgesprochen worden. Sosthenes hört auch das Diktat des Briefes mit. Durch seine Nennung im Eingang des Schreibens gibt er seine ausdrückliche Zustimmung zu dem, was Paulus den Korinthern sagt. Sie haben es nicht etwa nur mit Paulus persönlich zu tun.

Dann aber mußte dieser **Sosthenes** ein Mann sein, der die Verhältnisse in Korinth genau kannte und der auch Achtung und Vertrauen in der Gemeinde genoß. Man hat darum immer wieder an jenen Sosthenes gedacht, der in Apg 18, 17 als Synagogenvorsteher und als Nachfolger des gläubig gewordenen Krispus (Apg 18, 8) vorkommt und die jüdischen Klagen gegen Paulus vor Gallio vertritt. Vielleicht ist er durch Apollos während seiner korinthischen Wirksamkeit für Jesus gewonnen worden (vgl. Apg 18, 24—28). Dann hätte es für die Korinther großes Gewicht, wenn er das alles mit unterschreibt (bzw. nach der Briefsitte der Zeit „überschreibt"), was Paulus zu den vielen Nöten und Fragen darzulegen hatte. Es ist freilich die Identität des

„**Bruder Sosthenes**" mit dem Sosthenes von Apg 18, 17 nicht zu beweisen. Der Name ist in der damaligen Zeit kein seltener. Es konnte auch ein anderes bedeutendes Glied der Gemeinde in Korinth gegeben haben, das diesen Namen trug.

Daß Paulus hier nicht wie in 2 Ko 1, 1 Timotheus um die Mitverantwortung für den Brief bittet, ist verständlich. Timotheus sollte in seinem persönlichen Besuch die Anliegen des Paulus in Korinth vertreten (4, 17). Zur Zeit der Abfassung des Briefes war er nach Apg 19, 22 bereits aus Ephesus abgereist und konnte so für den Brief gar nicht mehr herangezogen werden. Warum hat Paulus nicht den bei ihm in Ephesus weilenden Apollos selbst gebeten, den Brief mit ihm gemeinsam zu schreiben? Paulus steht mit ihm in einem klaren und guten Verhältnis, wie gerade unser Brief in Kap. 3, 4—8 zeigt. Das wissen auch die Korinther selbst, die an Paulus die Bitte gerichtet hatten, Apollos zu einem erneuten Besuch in Korinth zu bewegen (16, 12). Aber gerade hier zeigt sich, wie Apollos ein beweglicher Evangelist sein und bleiben wollte, der sich jetzt nicht an eine einzelne Gemeinde für längere Zeit binden konnte. So war er nicht der Mann, der in all den Schwierigkeiten des Gemeindelebens verantwortlich mitreden und mahnen konnte.

Der Brief gilt der „**Gemeinde Gottes**[2], **die in Korinth besteht**". Paulus weiß sich mit völliger Überzeugung als „Vater" der korinthischen Christen (4, 14 f). Und doch liegt es für ihn außerhalb jeder Möglichkeit, sie als „seine Gemeinde" anzureden. Eine „Gemeinde" gehört als solche Gott und gehört ausschließlich ihm, der sie mit dem eigenen Blut erworben hat (Apg 20, 28)[3]. In dieser Tatsache gründet die ganze Selbständigkeit und Freiheit der Gemeinde, die Paulus durch seine beiden Briefe hindurch ernstlich und sorgfältig respektiert[4].

---

[2] Paulus verwendet für „Gemeinde" den grie Ausdruck „ekklesia". Dieses Wort bezeichnet im Grie aber nicht eine Gemeinde als eine dauernd verbundene Schar, sondern nur die zu bestimmten Zwecken einberufene „Versammlung". So wird es sachkundig von Lukas in Apg 19, 39 f verwendet. Es darf darum nicht ohne weiteres nach zur Kennzeichnung der Kirche als einer „Herausgerufenen Schar" benutzt werden. „Ekklesia tou theou" ist vielmehr Wiedergabe des atst „kehal Jahwe" (Mi 2, 5; 4 Mo 16, 3; 20, 4), wie auch das Wort „kahal" als solches oder in der Verbindung „kehal Jisrael" vielfach Israel feierlich als das Gottesvolk bezeichnet. Schon die LXX übersetzt dieses „kahal" mit „ekklesia". Diesen Sprachgebrauch nimmt Paulus auf. Dabei bleibt aber das Moment des Versammeltseins wichtig. Auch „kahal" blickt vielfach gerade auf das „versammelte" Gottesvolk, zu dem gesprochen wird, z. B. 5 Mo 31, 30. Wer nicht an der Versammlung der Gemeinde teilnimmt, gehört nicht wirklich zu ihr. Andererseits ist aber auch eine kleine Schar, die sich im Hause eines Gemeindegliedes versammelt, bereits „ekklesia", „Gemeinde", „Kirche" (16, 19).

[3] Darum ist es auch unmöglich, jede institutionelle „Kirchgemeinde" einfach als „Gemeinde Gottes" anzusprechen. Vgl. dazu E. Schnepel: „Ich hatte das 1. Kapitel vom Wesen ntst Gemeinde vor Augen geführt bekommen, daß nur unser Herr selbst in Wahrheit seine Gemeinde begründen und bauen kann und daß zu ihr die gehören, die er durch einen geheimnisvollen Eingriff in ihre Person mit sich selbst verbindet" („Ein Leben im 20. Jahrhundert", S. 72, R. Brockhaus Verlag 1965).

[4] Wie bedenkenlos reden wir von „meiner Gemeinde" und „unserer Kirche" und tun dies wahrlich nicht nur aus „Liebe". Wir sehen vielmehr tatsächlich in Gemeinde und Kirche das Objekt unserer Verfügungsmacht und Gestaltungskraft, mit dem wir nach unseren eigenen Ideen verfahren, wenn auch gewiß in bester Absicht. Das hängt damit zusammen, daß wir meinen, unser Lehren und Erziehen bilde Christen und Gemeinden. Wir sind nicht mehr

Von diesen Tatsachen aus gewinnt aber auch alle „Mahnung" ihren Ernst und ihre Kraft. Weil die Korinther **„Gemeinde Gottes"** sind, darum dürfen die Dinge in Korinth auf keinen Fall bleiben, wie sie jetzt sind.

Wenn Paulus nicht einfach schreibt: „Der Gemeinde Gottes in Korinth"[5], sondern **„der Gemeinde Gottes, die in Korinth besteht"**, so unterstreicht diese Wendung das Wunder dieser Gemeinde. In dieser traditionslosen, berüchtigten Hafenstadt mit ihrer ganzen sittlichen Verwilderung gibt es „Gemeinde Gottes"! Und diese Gemeinde **„besteht"**. Es war in Korinth nicht nur zu einer flüchtigen Erregung unter der Verkündigung der unerhörten Botschaft von Jesus gekommen. Es war daraus eine Gemeinde erwachsen, die in einer solchen Umwelt ihren festen Bestand bewahrte.

Paulus fügt hinzu: **„Geheiligten in Christus Jesus, berufenen Heiligen"**. Auch hierin leitet ihn der Blick auf all das, was er gerade mit den Korinthern besprechen muß. Mußte Paulus den Galatern gegenüber die unaufgebbare „Freiheit" herausstellen, „zu der sie Christus befreit hat" (Gal 5, 1), so droht in Korinth das verhängnisvolle Mißverständnis dieser Freiheit. „Alles steht mir frei" war ein betontes Schlagwort in Korinth (6, 12; 10, 23).

Darum erinnert Paulus die Korinther sofort in der Adresse daran: Ihr seid **„Geheiligte"**, ihr seid **„berufene Heilige"**, ihr gehört Gott und nicht mehr euch selbst und euren eigenen Wünschen und Begierden. Gott hat euch Korinther genauso wie mich **„berufen"** zu seinem Eigentum. „Heilige" sind im ganzen NT nicht einzelne, ganz besonders fromme und vollkommene Menschen innerhalb der Kirche, sondern „heilig", also Gott gehörig, Gott geweiht ist jeder, der überhaupt zur Gemeinde Gottes zählt. „Heilig" sind sie nicht in sich selbst. Sie sind vielmehr **„geheiligt in Christus Jesus"**, weil er sie aus dem Verderben, aus der totalen Verlorenheit errettet und um den Preis seines Blutes und Lebens für sich erworben hat. Diese Errettung kam als ein „Ruf" nach Korinth, als dort die Botschaft von Jesus verkündigt wurde. Dieser Ruf traf dort Menschen, die in sich selbst genauso verdorben und unbrauchbar für Gott waren wie Saul von Tarsus. Wie groß und wunderbar ist es, daß sie nun **„Heilige"** sind. Von dieser

---

davon durchdrungen, daß nur Gott selbst in Erweckung, Bekehrung und Wiedergeburt Gemeinde schafft. Hätten wir dieses Werk Gottes ständig klar vor Augen, würden wir genau wie Paulus ganz selbstverständlich denken und sagen „Gemeinde Gottes in ...".

[5] Die Formulierung ist bezeichnend. Wir sprechen leicht von „Deutschen Gemeinden", „Amerikanischen Kirchen" usw. und machen damit die menschlich-nationalen Züge wichtig. In Wahrheit ist die „Gemeinde Gottes" überall ihrem Wesen nach gleich von Gott her geprägt. Ihre örtliche Lage in „Korinth", in Deutschland, in Amerika usw. ist freilich nicht bedeutungslos und stellt dem Gemeindeleben konkrete Probleme, wie gerade an den Korintherbriefen zu sehen ist. Aber es muß doch mit Ernst festgehalten werden, daß es keine „Korinther-Gemeinde" gibt, sondern nur eine „Gemeinde Gottes in Korinth". Darin ist es zugleich begründet, daß in allen Einzelgemeinden an allen Orten und zu allen Zeiten bei allen dadurch bedingten Verschiedenheiten doch die eine „ekklesia" lebt. Die „eine heilige allgemeine Kirche" kommt nicht durch nachträgliche Zusammenführung der Einzelgemeinden zustande, sondern ist als „Gemeinde Gottes" in ihnen allen von vornherein da.

Grundlage aus wird Paulus den Korinthern in vielen Fragen ihres Denkens und Lebens zeigen, wie aus dem „Geheiligtsein" die „Heiligung" des Einzellebens und des Gemeindelebens erwächst[6]. Nicht durch unser Mühen um Heiligung werden wir Geheiligte; sondern weil wir in Christus Jesus Geheiligte s i n d , können und sollen wir uns um Heiligung mühen.

Paulus und Sosthenes schreiben aber nicht nur „der Gemeinde Gottes, die in Korinth besteht". Sie richten ihren Brief zugleich an **„alle, die anrufen den Namen unseres Herrn Jesus Christus an jedem Ort, ihrem und unserem"**. Klar ist, daß sie sich damit an Christen wenden, die nicht unmittelbar zur korinthischen Gemeinde selbst gehören, sondern an einem andern „Ort" ihr Christenleben führen. Ihr Christsein wird dadurch gekennzeichnet, daß sie **„anrufen den Namen unseres Herrn Jesus Christus"**. Das Gebet zu Jesus unterscheidet Christen am einfachsten und am deutlichsten von allen andern frommen oder unfrommen Menschen[7].

Für Paulus ist vom AT her das „Anrufen des Namens des Herrn" eine wichtige Sache gewesen[8]. Es handelt sich dabei nicht nur um ein gelegentliches „Anrufen" Gottes in einzelnen Nöten, so freundlich Gott auch darauf antworten mag. Für Paulus ist — wie für Petrus am Pfingsttag — vor allem das Wort aus Joel wichtig (Joe 3, 5), das er in Rö 10, 13 an entscheidender Stelle anführt: „Jeder, wer nur anrufen wird den Namen des Herrn, wird errettet werden." Das ist das grundlegende Zufluchtsuchen bei Gott angesichts der drohenden Gerichte Gottes im Hereinbruch seiner Königsherrschaft. Es ist ein eschatologisches[9] Anrufen, wie die ganze Existenz der Gemeinde überhaupt endgeschichtlich zu verstehen ist. Der „Name des Herrn", der so angerufen werden kann und so die Errettung bringt, ist im Neuen Bund eindeutig klar: Es ist **„der Name unseres Herrn Jesus Christus"**. Dabei liegt auf dem Wort „Herr" ein starker Ton. In der Auferstehung und in der Erhöhung zur Rechten Gottes ist Jesus zum „Kyrios", zum „Herrn" gemacht (Apg 2, 36), in dessen Hand unser ewiges Schicksal

---

[6] Wie haben wir in weiten Teilen der Christenheit völlig vergessen, daß wir „Heilige" sind und darum auch „heilig als die Kinder Gottes danach leben", „göttlich leben" müssen, wie Luther im Katechismus sagt. Mit welcher Mühe suchen wir nach der Begründung der „christlichen Ethik" und nach dem Ansatzpunkt der „Heiligung" neben und nach der „Rechtfertigung". Wieder liegt es daran, daß wir den Grundvorgang des Christwerdens: die wirkliche Errettung und die tatsächliche Aufnahme unter die „Hausgenossen Gottes" nicht mehr im Blick haben.

[7] Das „Gebet zu Jesus" als das entscheidende Kennzeichen wirklichen Glaubens an Jesus hat W. Künneth der modernen existentialistischen Theologie gegenüber treffend herausgestellt („Glaube an Jesus", Hamburg 1930², S. 255 ff).

[8] Unter den zahlreichen Stellen des AT seien nur 5 Mo 28, 10; 32, 3; 1 Kö 18, 24; Ps 116, 4; 124, 8; 129, 8; Spr 18, 10; Jes 24, 15; Da 2, 20; Joe 3, 5; Ze 3, 9; 3, 12 genannt.
Schon wir Menschen machen uns andern bekannt, indem wir unseren Namen nennen. Nun können wir mit unserem Namen angeredet werden. Die persönliche Verbindung ist hergestellt. Vollends wichtig aber ist der Name Gottes. Indem Gott seinen „Namen" nennt, tritt er aus seinem unergründlichen Geheimnis hervor, macht sich uns bekannt, zeigt uns sein Wesen und ermöglicht uns das „Anrufen" seines Namens. Siehe dazu besonders 2 Mo 3, 1—15. Das ist der hohe Besitz Israels, daß es den Namen Gottes kennt und darum Gott wahrhaftig und erhörlich anrufen kann.

[9] Zu dem Wort „eschatologisch", „Eschatologie" vgl. die Anmerkung 11 auf Seite 29.

liegt. Als der „Herr" kann er und nur er aus dem Verderben erretten und uns den Anteil am Reich Gottes schenken. Wer in diesem Sinne Jesus „anruft", der ist „Christ"[10].

Aber wo haben wir diese Christen zu suchen? **„An jedem Ort, ihrem und unserem."** Man hat die Ausdrücke „ihrem und unserem" nicht von dem „Ort" gelten lassen wollen, sondern auf den „Herrn Jesus Christus" zurückbezogen, der so als „ihr und unser" Herr bezeichnet werde. Paulus habe von „unserem Herrn" gesprochen, dessen Namen sie anrufen, und nun ausdrücklich hinzugefügt, Jesus sei nicht nur „unser", sondern eben auch „ihr" Herr. Aber war solche Hinzufügung wirklich nötig? Ist sie sprachlich in dieser Weise möglich? Vor allem hätte dann Paulus den Brief von vornherein an die Christenheit in der ganzen Welt gerichtet, weil nun die Bezeichnung „an jedem Ort" ohne eine nähere und einschränkende Erklärung bliebe. Das ist aber gerade bei diesem Brief unwahrscheinlich, der sich so konkret mit den besonderen Nöten in Korinth beschäftigt[11]. **„Zusammen mit"** den Korinthern können nur die Christen angesprochen sein, die ohne eigene Gemeindebildung[12] in Orten um Korinth her wohnen und denen Paulus den Anteil am Brief um so mehr gönnt, als für sie die Gemeinde in Korinth ein Sammelpunkt gewesen sein wird. Diese Christen durften sich in Korinth bei der Verlesung des Briefes ausdrücklich mit gemeint wissen. Sie kannten die Zustände in Korinth selber und konnten so verstehen, was Paulus und Sosthenes zu sagen hatten.

Warum aber werden die „Orte", an denen diese Christen wohnen, **„ihre und unsere"** genannt? Das „und" wird hier einen verbindenden und hinzuziehenden Sinn haben[13]. Die Schreiber des Briefes wollen dann sagen: Ihr wohnt nicht nur dort an „eurem" Ort, euch selbst überlassen. Nein, „euer" Ort ist auch „unser" Ort, wir ziehen euch ganz mit hinzu und wissen uns auch für euch verantwortlich.

3 Und nun kommt der bekannte Gruß, der nicht nur ein „frommer Wunsch" ist, sondern ein wirklicher „Zuspruch", eine bewußte Segnung: **„Gnade euch und Friede."** Dabei meinen diese Begriffe nicht einzelne Heilsgaben, sondern das Heil in seiner Ganzheit und Fülle. Das Wort „charis" klingt an „chairein" an, womit der Grieche gern

---

[10] Wie reich ist das NT an Beziehungen für das entscheidende Geschehen, das wir mit „Bekehrung" und „Bekehrtsein" meinen. Da wir die Bekehrung leicht als eine eigene Leistung mißverstehen, ist es uns eine große Hilfe, daß hier gezeigt wird, worin „Bekehrung" besteht. Derjenige „bekehrt sich" recht, der angesichts seiner totalen Verlorenheit vor dem Gericht Gottes den Namen des Einen anruft, der durch sein Opfer am Kreuz errettet. Dieser Hilfeschrei ist alles andere als eine „Leistung", auf die man stolz sein könnte!

[11] Daß von Gott her im Heiligen Geist der Brief für die Gemeinden aller Zeiten und aller Orte bestimmt war, steht auf einem anderen Blatt. An unserer Stelle geht es um die Adressierung des Schreibens durch Paulus.

[12] In Rö 16, 1 ist bereits von einer „Gemeinde in Kenchreä", der Hafenstadt Korinths, die Rede. Die Schar der Christen ist dort seit der Zeit unseres Briefes so gewachsen, daß ein eigenes Gemeindeleben möglich wurde.

[13] Handschriften der Koine-Gruppe fügen noch ein „te" ein, das diesen Sinn unterstreicht. Selbst wenn diese Handschriften das „te" erst zum ursprünglichen Text hinzugefügt haben, zeigt das doch, wie man schon sehr früh dieses „und" verstanden hat.

grüßte, um den andern das Wohlsein und ein glückliches Leben zu wünschen. Und „schalom = Friede" war für den Israeliten der Inbegriff alles dessen, was als „Unversehrtheit", „Glück" und „Heil" dem ganzen Gottesvolk und jedem einzelnen Glied darin zuteil werden sollte. Nun ist beides im Evangelium Wirklichkeit geworden, weil der lebendige Gott als „unser Vater" es schenkt, weil Jesus Christus als „Herr" es in seinem Sterben erworben hat und es als der Auferstandene und im Heiligen Geist Gegenwärtige uns verleiht. Darum hat Paulus auch keine Wunschformel, kein „sei mit euch" geschrieben, sondern in dem einfachen **„Gnade euch und Friede"** zum Ausdruck gebracht: Gnade und Friede sind für euch da, auch wenn in dem Brief beschwerliche und schmerzliche Dinge zu erörtern sind.

DER DANK FÜR DIE GEMEINDE

1. Korinther 1, 4—9

4 Ich danke Gott allezeit für euch auf Grund der Gnade Gottes, die
5 euch gegeben wurde in Christus Jesus, * daß ihr in allem reich
6 wurdet in ihm, in allem Wort und aller Erkenntnis, * da ja das
7 Zeugnis des Christus in euch befestigt wurde, * so daß ihr nicht zurücksteht in irgendeiner Gnadengabe, erwartend die Offenbarung
8 unseres Herrn Jesus Christus. * Er wird euch auch befestigen bis zum Endziel als Unbescholtene an dem Tage unseres Herrn Jesus.
9 * Treu ist Gott, durch welchen ihr berufen wurdet zur Anteilhabe an seinem Sohn Jesus Christus, unserem Herrn.

zu Vers 4:
Rö 1, 8
zu Vers 5:
2 Ko 8, 7. 9
Kol 1, 9 f
zu Vers 7:
Lk 17, 30
Phil 3, 20
2 Th 1, 7
1 Pt 1, 7. 13
4, 13
zu Vers 8:
Phil 1, 6. 10 f
1 Th 3, 13
5, 23 f
zu Vers 9:
Kap. 10, 13
Rö 8, 17
2 Tim 1, 9
1 Jo 1, 3

Paulus denkt mit sehr ernsten Sorgen an Korinth. Er wird im Brief von schweren Schäden im Gemeindeleben zu reden haben und manches harte Wort sagen müssen. Und doch beginnt er den Brief mit dem Dank: **„Ich danke Gott allezeit für euch."** Ist das nur Folgsamkeit gegen die gute Sitte der Frommen in Israel, die alles, was sie taten, mit einem Lobpreis Gottes begannen? Ist es ein diplomatischer Zug, um gerade bei dieser schwierigen und gegen Paulus argwöhnischen Gemeinde durch ein gewisses Lob Gehör zu gewinnen? Aber Paulus lobt nicht die Korinther, sondern Gott! Und er nennt sofort den echten Grund, den er zum Danken hat: **„Auf Grund der Gnade Gottes, die euch gegeben wurde in Christus Jesus."** Mag es in Korinth aussehen wie es will, das Dasein der Gemeinde als solches ist das Werk herrlicher „Gnade Gottes in Christus Jesus". Hätte je ein Mensch denken können, daß es in diesem Korinth, in dieser Stadt des Geldes und der Sittenlosigkeit[1], eine „Gemeinde Gottes", „berufene Heilige" geben könnte? Aber Gottes rettende und umwandelnde Gnade hat durch Jesus das Wunder in Korinth getan. Es war durch

---
[1] Vgl. in der Einleitung S. 12.

nichts vorbereitet, durch nichts verdient, es war freie Gnade[2] und kann darum nur mit immer neuem Dank angestaunt werden[3]. Dabei spricht Paulus hier wie überhaupt in unserem Brief in der ersten Person „**Ich danke**" — ein Beweis dafür, daß wir in anderen Briefen das dort stehende „wir" ernst zu nehmen haben. Sosthenes hat nicht selbst an der grundlegenden Arbeit in Korinth teilgenommen. Er mag seinerseits auch mit Dank an die Korinther denken. Aber Paulus ist in seinen Aussagen zu gewissenhaft, um hier ein „Wir danken Gott allezeit für euch" zu schreiben, das nicht völlig dem Tatbestand entspricht[4].

Alle Schwierigkeiten, Fehler und Nöte heben diesen Dank nicht auf. Darum stellt ihn Paulus auch in diesem Brief an die Spitze[5]. Wieviel Paulus zu tadeln und zu mahnen hat, die Gemeinde darf es wissen, ihr Apostel denkt allezeit voll Dank an sie.

5 Worin zeigt sich diese Gnade Gottes, die den Korinthern „gegeben wurde in Christus Jesus"? Sie „**wurden in allem reich in ihm**". Gnade beschenkt[6], Gottes Gnade macht herrlich reich. Paulus erkennt das mit Freuden an, auch wenn vieles in Korinth nicht in Ordnung ist.

Der von Gott geschenkte Reichtum ist umfassend. Paulus schreibt kühn „**in allem reich**". Aber nun bestimmt er dieses „alles" näher, um konkret zu zeigen, worin sich dieser göttliche Reichtum gerade in Korinth zeigt[7]. Die Korinther sind reich „**in allem Wort und aller Erkenntnis**". Damit sind zwei Dinge genannt, die zunächst der Naturanlage der Griechen entsprachen. Der Grieche besaß die Redefähigkeit und die Freude am Reden[8]. Der „Redner" war in jeder griechischen

---

[2] Das grie Wort „charis" enthält mancherlei Klänge. Es kann auch „Dank" bedeuten; das „eucharisto = ich danke" ist von dem gleichen Wortstamm abgeleitet. „Charis" bezeichnet aber auch „Anmut, Lieblichkeit", wie aus dem entsprechenden lat Wort „gratia" unser Lehnwort „Grazie" geworden ist. Wir haben dementsprechend „Gnade Gottes" nicht als kühle dogmatische Formel, sondern als ein warmes und herzliches Wort voll Liebe und Freundlichkeit zu hören. „Gnade" weckt darum sofort das freudige Danken.
[3] Weil bei uns der Christ das Produkt „christlicher Erziehung" zu sein scheint, haben wir das Danken verlernt. In Wahrheit ist aber auch bei uns jede wirkliche Gemeinde, jeder lebendige Kreis, jedes Glaubenswerk ein solches Geschenk der Gnade. Ja, jeder einzelne von uns, der wirklich ein Kind Gottes ist, kann jetzt und in Ewigkeit nur die freie Gnade rühmen, die ihn dem Verderben entriß und mit dem ewigen Leben beschenkte.
[4] Wie leicht sind wir im mündlichen und im schriftlichen Ausdruck aus Freundlichkeit oder Unbedachtsamkeit ungenau, auch da, wo es um heilige Dinge geht.
[5] Nur im Galaterbrief fehlt der Dank, weil in Galatien gerade die Gnade Gottes selber durch ein Christentum eigener Leistungen verdrängt zu werden drohte.
[6] Es ist darum keine rechte Ehrung Gottes, wenn wir immer nur von unserer Armut und unserem Elend zu reden wissen und jedes Zeugnis von unserem „Reichtum" als hochmütig und unecht scheuen. Hat uns denn Gottes Gnade nicht beschenkt? Oder nur mangelhaft und kümmerlich? Wie wenig konkretes Danken und Fürdanken gibt es bei uns!
[7] Jede Gemeinde darf ebenso wie jeder einzelne Christ ein eigenes Gepräge haben und einen besonderen Reichtum besitzen. Wir uniformieren so gern. Gott aber ist in Natur und Gnade der Schöpfer unendlicher Individualität. Er schafft weder „den Baum", noch „den Christen" oder „die Gemeinde". Er schafft Birken und Tannen, schafft „Philipper", „Thessalonicher", „Korinther", schafft dich und mich.
[8] Die „Rede" ist hier wie in 2 Ko 11, 6 mit dem Ausdruck „logos = Wort" gemeint, nicht das „Wort Gottes", das den Korinthern von Paulus und anderen Boten Jesu in reichem Maße gebracht worden war.

Stadt hochgeschätzt. Ebenso wichtig war den Griechen der Dichter, der das Wort zu handhaben und mit dem Wort menschliches Geschehen, menschliches Denken und Fühlen darzustellen wußte. Bis heute kennen und bewundern wir die großen griechischen Dichter wie Homer und Sophokles. Paulus sah die ganze Gefahr dieser Anlage gerade bei seinen Korinthern. Er lehnte es deshalb mit Entschlossenheit ab, selber ein „Redner" zu sein und Menschen mit Redekunst zu gewinnen (1 Ko 1, 17; 2, 1; 2 Ko 11, 6). Das aber ist das Große an Paulus, daß er trotzdem weiß, wie unentbehrlich das „Wort" für unser Zusammenleben, auch für das Leben in einer Gemeinde Gottes ist. Gott kann auch diese natürliche Gabe heiligen und in seinen Dienst nehmen. Dazu kann er das „Wort der Weisheit" und das „Wort der Erkenntnis", das Wort der Prophetie und das Wort der Danksagung und des Lobgesanges als besondere Gabe seines Geistes verleihen (1 Ko 12, 8; 14, 15 f; 14, 3; 14, 24 f). An all solchem „Wort" in seiner mannigfaltigen Gestalt sind die Korinther reich. Wenn sie in der Gemeinde zusammenkommen, sitzen sie nicht stumm und verlegen beieinander. Sie müssen nicht warten, bis ein beamteter Redner den Mund öffnet oder ein Buch ihnen Lieder und Gebete vermittelt. Sie sind eine lebendige Schar, in der „jeder" etwas zu sagen hat (14, 26). Das ist ein Reichtum der Gemeinde und ist zum Danken.

Die Besonderheit der griechischen Entwicklung hat das Streben nach Erkenntnis sehr gefördert. Nicht zufällig liegen in Griechenland die Wurzeln dessen, was wir „Philosophie" nennen. Hier entstanden zuerst eigentliche „Weltanschauungen". Paulus sieht die ganze Gefahr des „Erkennens", das Menschen aufgeblasen machen kann (1 Ko 8, 1). Er weiß auch, daß dieses Erkenntnisstreben gerade das nicht erreicht, was allein das letzte Fragen des Menschen beantworten könnte: die wirkliche Erkenntnis Gottes (1, 21). Darum sagt er es gerade den Korinthern mit aller Schroffheit und Schärfe, daß nur die Torheit der Botschaft rettet und daß die Rettung allein im Glauben an die törichte Botschaft vom Kreuz liegt (1, 21). Er fordert geradezu auf, ein „Tor" in dieser Weltzeit zu werden (3, 18). Aber das hat mit Dummheit, Unwissenheit und Geistesträgheit nichts zu tun. Von der Errettung aus gibt es im Glauben fruchtbare und unentbehrliche Erkenntnis. Es gibt das vom Geist Gottes geschenkte „Wort der Weisheit" und „Wort der Erkenntnis" (12, 8). Es gibt im Heiligen Geist ein wahrhaftiges Wissen von Gott und seinen großen Plänen, eine echte „Weisheit", von der die bestimmenden Mächte dieses Äons nichts ahnen (2, 6—16).

Die oft gebrauchte Formulierung des Paulus „Ich will nicht, daß ihr nicht wißt" zeigt, wie sehr es Paulus selber daran lag, daß die Gemeinden ein helles und eindringendes Verständnis in allen Fragen des Glaubens und des Lebens besaßen. Wie sollte er da nicht für eine Gemeinde danken, die in **„aller Erkenntnis"** reich wurde. Dabei ist das Wort „alle" hier wie so oft bei Paulus nicht statistisch zu fassen. Paulus meint natürlich nicht, daß die Korinther alles wüßten, was es überhaupt zu wissen gibt. Wieviele Erkenntnisse muß er ihnen gerade erst in unserem Brief erschließen. Aber die Korinther haben in der Tat nicht nur einzelne und dürftige Einblicke in die göttliche Wahrheit, sondern haben vielseitig und umfassend erkannt, was die Botschaft sagt[9].

6 Die Korinther können das Wort in seinem vielfältigen Reichtum und die Erkenntnis in ihrer wachsenden Lebendigkeit haben, nicht einfach weil sie „Griechen" mit der natürlichen Anlage dazu sind, sondern **„da ja das Zeugnis des Christus in euch befestigt wurde"**. Das **„Zeugnis des Christus"** ist zunächst das Zeugnis von Christus, das seine Boten nach Korinth brachten. Es ist aber in letzter Wirklichkeit das Zeugnis, das Christus selbst in seinen Boten von Gottes richtender und rettender Wahrheit ablegt. Jesus ist der eigentliche „treue Zeuge" (Offb 1, 5). Dieses Zeugnis wurde **„in euch befestigt"**. Das Wort **„befestigen"** ist ein Fachausdruck der Gerichtssprache. Eine Zeugenaussage kann vom Richter abgewiesen und entkräftet oder von ihm bestätigt und in Kraft gesetzt werden. In den Korinthern, sowohl im Herzen der einzelnen wie in der Gemeinde als ganzer, hatte das Zeugnis des Christus Gültigkeit und Wirksamkeit bekommen. Von da aus war in Korinth alle Erkenntnis in reichem Maße geschenkt worden und stand das Wort in lebendiger Fülle der Gemeinde zu Gebote[10].

7 Trotz dieses Reichtums waren die Korinther unzufrieden mit der Wirksamkeit des Paulus bei ihnen und meinten, hinter andern Gemeinden **„zurückzustehen"**. Hatten andere Christen unter besseren Lehrern und größeren Aposteln nicht mehr als sie? Aus der Undankbarkeit für das Empfangene wächst die Unzufriedenheit und der Neid. Darum fügt Paulus hinzu: **„so daß ihr nicht zurücksteht in irgendeiner Gnadengabe"**. An „Dienstgaben des Heiligen Geistes" (s. Kap. 12 u. 14) war die Gemeinde besonders reich. Das wird uns sofort deutlich, wenn wir Rö 12, 3—8 neben 1 Ko 12, 7—11 stellen. Wie vieles „fehlte" in Rom, was in Korinth da war. Wenn schon einmal der — in sich selbst bedenkliche, weil so leicht ichhafte — Blick unserem „Besitz" gelten soll, dann konnten die Korinther zufrieden sein. Sie standen in der Vielfalt der Gnadengaben hinter keiner Gemeinde zurück.

Durch die enge Verbindung von „Wort", „Erkenntnis" und „Gnadengabe" wird uns deutlich, wie wenig Paulus mit dem „Wort" eine bloße Redegewandtheit und mit der „Erkenntnis" eine theoretische Weltanschauung oder Theologie meinte. Erkenntnis, die aus dem Zeugnis des Christus erwächst, ist ein lebendiges Vertrautsein mit der Wirklichkeit Gottes, das sofort zum Beschenktsein mit göttlichen

---

[9] So haben auch wir die klare Einsicht in die „Torheit" der Botschaft und in die besondere Rolle des „Glaubens" nicht zum Deckmantel der Geistesträgheit zu nehmen. Unsere Gemeinden haben „erkennende" Gemeinde zu sein, und wir alle haben nicht nur in der Gnade, sondern auch in der Erkenntnis zu wachsen.

[10] Das ist der einzige Weg, auf dem auch wir zur wirklichen Erkenntnis Gottes kommen und die Fähigkeit gewinnen, das rechte Wort an der rechten Stelle zu sagen. Wir bemühen uns vergeblich darum, solange wir bei uns selber bleiben. Aber wenn das Zeugnis des Christus in uns eindringt und fest wird, wie öffnen sich da die Erkenntnisse, wie wird dann auch im schlichtesten Menschen das treffende Wort entbunden!

Gaben und Kräften führt. Und daraus erwächst ein „Wort", das ein vollmächtiges und hilfreiches zum Aufbau der Gemeinde und zur Gewinnung anderer Menschen ist.

Paulus hat von Herzen für das gedankt, was er der Gemeinde in Korinth gegeben sah. Ob die Korinther beim Vorlesen des Briefes sich nur an diesem ihrem Reichtum freuten, oder ob sie merkten, wie eigentümlich begrenzt der Dank ihres Apostels war? Paulus selbst war sich der schmerzlichen Grenze seines Dankes sicher bewußt. Bei den Thessalonichern hatte er vor allem „Glaube" und „Liebe" als das hervorheben können, was die Gemeinde in wachsendem Maße besaß (1 Th 1, 2 f; 2 Th 1, 3). Davon kann Paulus im Blick auf Korinth nichts sagen. Hier sah er den tiefen Schaden, der hinter allen einzelnen Nöten und Schäden des Gemeindelebens in Korinth stand. Mächtig wird darum das 13. Kapitel der Gipfel des Briefes werden, auf den im Grund alles ausgerichtet ist. Weil aber Paulus selber Liebe besitzt, darum kann er dennoch am Beginn seines Briefes mit dankbarem Blick das sehen und hervorheben, was die Korinther tatsächlich besaßen.

Wie reich auch immer das korinthische Gemeindeleben war, wie dankbar es Paulus sah und die Korinther selber es sehen sollten, nie darf vergessen werden, daß es doch nur eine „Erstlingsgabe" (Rö 8, 23) ist, die gerade als solche das Sehnen und Verlangen vorwärts richtet dem alles vollendenden Werk des Christus entgegen. Paulus freut sich deshalb, daß die Korinther **erwartend** leben. Das ist ein entscheidender Wesenszug jeder Gemeinde der apostolischen Zeit, daß sie **„die Offenbarung unseres Herrn Jesus Christus"** erwartet (vgl. 1 Th 1, 10; Rö 13, 11—14; Gal 5, 5; Phil 3, 20 f). Denn das Evangelium als solches ist von vornherein und wesentlich die Botschaft vom kommenden Reich. Die „Eschatologie"[11] war nicht ein einzelnes, wenn auch wichtiges Kapitel der apostolischen Lehre, sondern alles, was ein Apostel überhaupt zu verkündigen und zu lehren hatte, war „eschatologisch", war auf die „letzten Dinge", auf die Zukunft ausgerichtet. Gerade auch die „Rechtfertigung" des verlorenen Menschen durch die geschehene Erlösung am Kreuz war auf das Bestimmteste bezogen auf den Tag Gottes, der ein Tag des Gerichtes und des Zornes ist (Rö 2, 5; 5, 9; Gal 5, 5; 1 Th 1, 10). Die „Errettung" führt zum Anteil an der kommenden Herrlichkeit (Rö 8, 17; 2 Ko 4, 17 f; Kol 3, 4).

Paulus spricht aber nicht von der „Wiederkunft" Jesu. Das NT kennt das bei uns übliche Wort nicht. Umgekehrt ist im NT das bei uns ganz auf die Vergangenheit bezogene Wort „Offenbarung" vielfach gerade von den zukünftigen Ereignissen gebraucht: Rö 2, 5; 8, 19; 2 Th 1, 7; 1 Pt 1, 7; 4, 13; Offb 1, 1. So erwarten auch die Korinther **„die Offenbarung unseres Herrn Jesus Christus"**. So wirksam Jesus jetzt im Zeugnis seiner Boten und im Heiligen Geist und seinen Gna-

---

[11] Den zweiten Teil dieses Wortes „logie" kennen wir aus vielen Bezeichnungen: Biologie, Geologie, Theologie u. a. Hier aber sind Inhalt der „Kunde", der „Kenntnis" die „Eschata = die letzten Dinge", also die Ereignisse, durch die Gott seinen Heilsplan zu seinen letzten Zielen führt. „Eschatologie" ist also „Kunde von den letzten Dingen".

dengaben ist, so sehr bleibt er jetzt doch der Unsichtbare und Verborgene. Das ist für uns schwer zu ertragen. Deshalb geht unser Erwarten[12] mit einem notwendigen und mächtigen Sehnen und Verlangen auf ein neues Hervortreten und Sichtbarwerden Jesu als des „Herrn".

Es muß der eine große „Tag" kommen, der alles klar macht, der alles Finstere und Böse endgültig beseitigt, den Tod als den letzten Feind aufhebt und Jesus in letzter Wahrheit als den „Kyrios", als den Weltherrn zur Ehre Gottes des Vaters, sichtbar werden läßt (15, 23 ff). Dieser „Tag" ist darum „der Tag unseres Herrn Jesus".

8 Aber werden wir selber an diesem ungeheuren Tage bestehen? Die Antwort des Paulus auf diese Frage ist kennzeichnend für das, was das ganze NT unter „Glauben" versteht. Das erste und entscheidende Wort heißt dabei nicht „wir", sondern „Er": „Er wird euch auch befestigen bis zum Endziel." Wo das Zeugnis des Christus in Menschen „befestigt" wurde, da „befestigt" nun auch Christus selber diese Menschen. Er tut dies bis zum „Endziel". Das grie Wort „telos" faßt beides in eins; es meint das „Ende", aber nicht als einen „Schluß", als ein „Aufhören", sondern als ein „Ziel". Darum liegt in dem Ausdruck „bis zum Endziel" auch ein Klang von „endgültig" und „völlig".

Er wird die Korinther so „befestigen", daß sie „Unbescholtene" sind „an dem Tage unseres Herrn Jesus". Das schließt den Ernst jenes Tages nicht aus, von dem Paulus in Kap. 3, 11—15 sprechen wird. Vieles am Aufbau unseres Lebenswerkes mag im Feuer jenes Tages verbrennen, aber uns selbst wird keine Verwerfung treffen, kein „Schelten". Warum nicht? Weil es dann sichtbar werden wird, daß die „fremde Gerechtigkeit Christi", die wir im Glauben ergreifen und festhalten, wirklich die uns gehörende und ewig gültige Gerechtigkeit vor Gott ist. „Wer wird Anklage erheben gegen Auserwählte Gottes? Gott ist der, der gerecht spricht!" (Rö 8, 33). In diesem Glauben „befestigt" uns der, der durch sein Zeugnis den Glauben in uns schuf.

9 Aber müssen wir nicht wenigstens unsererseits „treu" sein? Wieder geht für den Glauben der Blick sofort von uns selbst fort. „Treu" sind nicht wir, auf die Treue der Korinther kann sich Paulus nicht verlassen. Aber „treu ist Gott". Gottes Treue will und wird das letzte Wort über unser Leben behalten! Vergleiche dazu auch Kap. 10, 13. Er hat die Korinther und auch uns „berufen zur Anteilhabe an seinem Sohn Jesus Christus". Wir sind an die Übersetzung gewöhnt: „Berufen zur Gemeinschaft seines Sohnes Jesus Christus." Aber das Wort „koinonia" bringt noch etwas anderes zum Ausdruck als unser Wort „Gemeinschaft". Gemeinschaft setzt gleichberechtigte Partner voraus. An den Sohn Gottes haben wir Sünder nicht das leiseste Anrecht. Es ist Gottes unbegreifliche Liebe, daß er uns den „Anteil" an seinem Sohn schenkt. Damit ist aber auch gekennzeichnet, daß das Christsein etwas weit größeres und lebendigeres bedeutet als nur

---

[12] Wenn man auch im hell Grie die Vorsilben nicht überbewerten darf, so klingt doch in dem „ap-ek-dechesthai" etwas von der Stärke der Sehnsucht.

das, was wir meist unter „Glauben an Jesus Christus" verstehen. Wir bleiben nicht von Jesus getrennt, um nur aus der Ferne mit ihm und seinem Wirken zu rechnen. Sondern wie der Teilhaber eines Geschäftes am ganzen Leben des Geschäftes mitbeteiligt ist und seinen Gewinn mit genießt, so sind wir in das Leben und Wirken Jesu mit hineingenommen. Uns gehört alles mit, was Jesus besitzt! Jesus teilt seinen ganzen Reichtum mit uns. Paulus wird das am Herrenmahl verdeutlichen, das uns die „Anteilhabe am Leib und Blut des Herrn gewährt" (1 Ko 10, 16). Er wird es aber auch am Bild der Gemeinde als des „Leibes Christi" zeigen, wie real wir Teile des Christus selber sind, so daß unsere Leiber „Christi Glieder" sind und wir selbst „ein Geist mit ihm" (6, 15. 17; 12, 27). Darum ist Christus „unser Leben" (Phil 1, 21; Kol 3, 3). Darum sind wir „zusammen mit ihm" gekreuzigt, begraben, gestorben (Rö 6, 3. 6; Kol 2, 12; 3, 2) und zusammen mit ihm auferweckt und in das himmlische Wesen gesetzt (Eph 2, 6). Darum tun wir nun alles „in Christus", „in dem Herrn". Das alles liegt in der **„Anteilhabe an seinem Sohn",** zu der uns Gott berufen hat[13].

Wenn aber Gott uns diese „Anteilhabe", dieses „Verwachsensein" mit Christus (Rö 6, 5) gewährt, dann hält seine Treue uns auch darin fest, bis dorthin, wo die Vereinigung mit seinem Sohn die ausschließliche, von keiner Anfechtung mehr bedrohte Wirklichkeit unseres Lebens sein wird. Gott kann und wird nicht dulden, daß Menschen im ewigen Tod versinken, die einmal so wesenhaft mit seinem Sohn verbunden worden waren.

Rückblickend wollen wir noch darauf achten, daß in den neun ersten Versen des Briefes neun Mal mit Nachdruck auf Jesus Christus, auf den „Kyrios", den „Herrn", hingewiesen ist. Alles Gnadenhandeln Gottes, sein ganzes Schenken geschieht durch Jesus. Wer Gott nicht in Jesus erfaßt, verfehlt die Wirklichkeit Gottes und seiner Gnade. Nichts hat der Christ in sich selber, wie die zu meinen scheinen, die in Korinth große Leute sein wollten. Alles hat der Christ allein in Christus. Das macht wahrhaft demütig, aber auch tief dankbar und froh und verbindet uns fest miteinander.

DIE STREITIGKEITEN IN DER GEMEINDE

1. Korinther 1, 10—17

10 Ich ermahne aber euch, Brüder, durch den Namen unseres Herrn Jesus Christus, daß ihr dasselbe sagt alle miteinander und daß nicht unter euch Spaltungen seien, ihr vielmehr fertig gemacht
11 seid in derselben Gesinnung und in derselben Meinung. * Es wurde mir nämlich Aufschluß gegeben über euch, meine Brüder, von den
12 (Leuten) der Chloe, daß Streitigkeiten unter euch sind. * Ich meine aber dies, daß jeder von euch sagt: Ich gehöre zu Paulus,

zu Vers 10:
Kap. 11, 18
Rö 15, 5
Phil 2, 1 f
zu Vers 12:
Kap. 3, 4
Jo 1, 42
Apg 18, 24. 27

---

[13] Wie weit bleibt das meiste „Christentum" hinter diesem wahren „Christsein" zurück!

1. Korinther 1, 10—17

zu Vers 14:
Apg 18, 8
19, 29
Rö 16, 23

zu Vers 16:
Kap. 16, 15. 17

zu Vers 17:
Kap. 2, 4
Apg 9, 15
Mt 28, 19

13 ich aber zu Apollos, ich zu Kephas, ich zu Christus. * Zerteilt ist der Christus! Wurde etwa Paulus gekreuzigt für euch, oder wurdet ihr auf den Namen des Paulus getauft? * Ich danke (Gott), daß ich keinen von euch getauft habe außer Krispus und Gajus, * damit nicht einer behauptet, daß ihr auf meinen Namen getauft wurdet. * Getauft habe ich aber auch das Haus des Stephanas;
17 sonst weiß ich nicht, ob ich einen andern getauft habe. * Denn nicht hat Christus mich gesandt zu taufen, sondern zu evangelisieren, nicht in Weisheit der Rede, damit nicht entleert werde das Kreuz des Christus.

Die Nöte, die Paulus in Korinth sah, schwächten seinen Dank nicht; aber sein herzlicher Dank für alles, was die Gemeinde von Gott empfangen hatte, hindert auch nicht den klaren Blick für die schweren Entstellungen im Gemeindeleben der Korinther. Im Gegenteil! Je mehr die Gemeinde von Gott her besaß, um so schmerzlicher waren alle Schäden, die diesen Reichtum unwirksam zu machen drohten[1].

Wie der Brief in seinem Fortgang (5, 9; 7, 1. 25; 8, 1; 12, 1) zeigt, hatte die Gemeinde ihrem Apostel durch ihre drei Abgesandten Stephanas, Fortunatus und Achaikus (16, 17) eine Reihe von Fragen vorgelegt und seine Stellungnahme dazu erbeten. Aber Paulus geht nicht sofort darauf ein. Nachrichten, die er unabhängig von dieser offiziellen Gesandtschaft der Korinther durch die Leute der Chloe und vielleicht gerade jetzt erst erhalten hatte, machen ihm Sorgen. Die Einheit der Gemeinde war bedroht. Davon muß er zuerst mit der Gemeinde sprechen.

10 „Ich ermahne aber euch, Brüder, durch den Namen unseres Herrn Jesus Christus." Paulus muß an eine offene Wunde des Gemeindelebens rühren und weiß, auf wieviel Empfindlichkeiten er dabei trifft. Darum sagt er der Gemeinde, daß er es nicht von sich aus tut, nicht aus eigenen Gedanken und Empfindungen heraus. Jesus selbst nötigt ihn dazu. Denn der im Eingang des Briefes Satz um Satz genannte „Herr Jesus Christus" ist der unverbrüchliche Einheitsgrund der Gemeinde und will ihre Einheit. Jede Spaltung in einer Gemeinde würde zugleich ihn „zerteilen" und seinen „Namen" widerlegen (V. 13). Paulus wird den Korinthern in unerhörter Kraft und Tiefe in den folgenden Ausführungen zeigen, wie sehr es bei allem Schaden in Korinth um ihn und seinen „Namen", also um die Geltung seines Wesens und seines Willens, vor allem seines Kreuzes geht.

Paulus mahnt, „daß nicht unter euch Spaltungen seien". Solche Spaltungen zeigen sich im Reden. Darum liegt Paulus daran, „daß ihr dasselbe sagt alle". Natürlich ist damit nicht eine langweilige Eintönigkeit oder eine künstliche Uniformierung gemeint. Nichts lag einem Paulus, dem Verfechter der Freiheit und Echtheit, ferner als

---

[1] Wir werden es immer neu lernen müssen, auch unsererseits im Blick auf Gemeinde und einzelne Christen (und auch im Blick auf uns selbst) den frohen Dank und die klare Sicht von Fehlern und Sünden in uns zu tragen, ohne daß eins das andere beeinträchtigt und hindert.

dies. Aber „dieselbe Gesinnung" und „dieselbe Meinung", also die innere Übereinstimmung bei aller Mannigfaltigkeit der persönlichen Art und der jeweiligen Lebenserfahrung dürfen und müssen sie haben. Diese ernste Einheit kommt darin zum Ausdruck, daß das unendlich reiche und lebendige Wort doch „dasselbe" bei allen ist[2]. Dadurch ist eine Gemeinde „**fertig gemacht**", „in den gehörigen Stand gesetzt". Eine Gemeinde, in der die verschiedensten Meinungen wirr durcheinandertönen und eine ganz unterschiedliche Gesinnung regiert, ist nicht „im rechten Stand", und darum auch nicht imstande, ihre Aufgabe zu erfüllen[3].

Bei dieser Mahnung wird Paulus bereits alles das vor Augen haben, was er mit den Korinthern im einzelnen besprechen muß. In diesen konkreten Fragen des Gemeindelebens käme es darauf an, daß hier alle Gemeindeglieder „**dasselbe sagen**", die gleiche Stellung einnehmen, das gleiche Urteil fällen und darum auch in gleicher Weise handeln. Alle sollten Prozesse vor weltlichen Richtern ablehnen (6, 1—11), alle ein reines Leben führen (6, 12—20), alle in den Fragen der Ehe übereinstimmen (Kap. 7), alle von den Tempelmahlzeiten fernbleiben (Kap. 8 u. 10), alle die Geistesgaben vom Gesichtspunkt des Gemeindeaufbaues aus einschätzen (Kap. 12 u. 14), alle in der Liebe den überragenden Weg erkennen (Kap. 13), alle in der Frage der Auferstehung volle Klarheit und Gewißheit haben (Kap. 15). So konkret meinte Paulus seinen dringenden Wunsch, „**daß ihr dasselbe sagt alle miteinander**".

Nun sagt Paulus den Korinthern, warum er so um sie besorgt ist. 11 Zwar ist es noch nicht zu „Spaltungen" gekommen, wohl aber sind „**Streitigkeiten**" unter ihnen, die schnell zu eigentlichen „Spaltungen" führen können (vgl. 11, 18). „**Es wurde mir nämlich Aufschluß gegeben über euch, meine Brüder, von den** (Leuten) **der Chloe, daß Streitigkeiten unter euch sind.**" Wer Chloe ist, wissen wir nicht. Die Korinther kennen sie offenbar. Der Name „Chloe = die Blonde" war häufig bei Sklavinnen. War Chloe eine „Freigelassene", die zu Besitz und Ansehen gelangt war? Lebte sie in Korinth selbst oder in Ephesus? Waren Söhne oder Sklaven aus ihrem Hause von Korinth aus zu Paulus gekommen? Oder haben sie in Ephesus Nachrichten aus Korinth erhalten? Alles das wissen wir nicht. Es kommt nicht viel darauf an. Wichtig für uns ist nur, wie offen Paulus hier die Quelle seiner Nachrichten nennt. Hier wird nichts versteckt und unbestimmt gelassen[4]. Das erschien Paulus um so nötiger, als die Gemeinde selber, aus welchen Gründen auch immer, dem Apostel von

---

[2] Wir kennen dies etwa von gesegneten Konferenzen her, wo jeder Redner ganz original in seiner Weise spricht, jeder vom anderen so erfrischend verschieden, und wo dennoch „alle dasselbe sagen".

[3] Wie schwach und unwirksam wurden Gemeinde und Kirchen des Protestantismus, als sie sich zum Sprechsaal der verschiedenen Ansichten machen ließen! Wie groß ist da auch heute die Not!

[4] Wieviel Not macht es oft bei uns, daß Menschen, die uns über bedenkliche Dinge unterrichten, nicht offen für ihre Mitteilungen eintreten wollen!

diesen Nöten nichts mitgeteilt hatte. Das von Paulus verwendete Wort für „Aufschluß geben", grie „deloo", meint das Offenbarmachen von etwas Verborgenem. Es liegt in dieser Formulierung etwas wie ein Vorwurf: Warum habt ihr als Gemeinde mich diese Dinge nicht offen wissen lassen? Paulus ist zugleich dankbar, daß die Leute der Chloe es wagten, ihm mitzuteilen, was ihm als Vater der Gemeinde nicht verborgen bleiben durfte.

12 Paulus kennzeichnet sofort die „Streitigkeiten" näher, von denen ihm berichtet worden ist. Sie haben ihren Anlaß in einem zunächst ganz natürlichen Vorgang. Nachdem die Gemeinde in Korinth von Paulus (und seinen Mitarbeitern Silas und Timotheus) gegründet worden war, hatte die Wirksamkeit des Apollos in Korinth ein neues Wachstum gebracht. Es war voll verständlich, wenn Menschen mit besonderer Dankbarkeit an demjenigen hingen, durch den sie das Beste ihres Lebens empfangen hatten. So sehen andere Gemeindeglieder in Kephas[5] den Mann, der ihnen den Zugang zu Jesus gebracht hatte. Manche Ausleger meinen, es müßte dann auch Petrus selber genauso wie Paulus und Apollos in Korinth gewesen sein und dort Menschen für Jesus gewonnen haben. Aber darüber haben wir keinerlei Nachrichten. Doch auch über des Petrus Besuch in Antiochia wüßten wir nichts, wenn nicht Paulus in Gal 2, 1 ff eine Episode aus diesem Besuch erzählt hätte. Es kann sich aber auch um Christen aus Israel handeln, die im Osten durch Petrus bekehrt und nun nach Korinth gezogen waren. Vielleicht hatten sie ihrerseits wieder Mitgliedern der Synagoge in Korinth das Herz für Jesus aufgeschlossen und rechneten sich nun mit ihnen zusammen zu Petrus als dem rechten und eigentlichen Apostel Jesu. Jedenfalls „sagt" nun „jeder" in Korinth, welchem Boten Jesu er sich besonders zugehörig weiß. **„Ich gehöre zu Paulus, ich aber zu Apollos, ich zu Kephas",** auch das könnte so noch mit frohem und fröhlichem Dank gesagt werden. Gefährlich wurde es erst, wenn dieser Dank ein falsches Gewicht bekam und die Boten Jesu wichtiger wurden als Jesus selbst. Nun war man nicht mehr in Jesus eins und „sagte nicht mehr dasselbe", sondern ereiferte sich gegeneinander für die Größe und Bedeutung der Boten[6]. Das Wort dankbarer Liebe und Schätzung wurde zum eifersüchtigen Kampfruf, der die Gemeinde zu spalten drohte[7].

War aber dann nicht die vierte Gruppe im Recht, die von Paulus, Apollos, Kephas ganz absah und einfach erklärte: „Ich gehöre Chri-

---

[5] Kephas ist der aramäische Name des Jüngers, der in grie Sprache Petros, lat Petrus, hieß.
[6] Apollos selber war an dieser Haltung seiner Anhänger offenbar unschuldig. Paulus macht ihm nirgends einen Vorwurf, sondern weiß sich mit ihm ganz eins (4, 6). Die ganze Gruppenbildung mit ihrem Streit scheint erst kürzlich, also längere Zeit nach der Abreise des Apollos aus Korinth, hervorgetreten zu sein.
[7] Auch bei uns ist die Grenze fein und scharf zwischen der rechten Dankbarkeit für den Menschen, der mich zu Jesus führte, und der falschen und gefährlichen Herausstellung von Persönlichkeiten, für die ich mich ereifere. Wieviel Unfrieden und Unheil wird durch die Überschreitung dieser feinen Grenze in die Gemeinde getragen! Wir sollten viel ernster darauf achten, wenn bei Evangelisationen oder an besonderen Segensstätten der Name von Menschen lauter erklingt als der Name Jesu.

stus"? Hätte Paulus nicht daran seine Freude haben müssen, wie er ja auch selber in Kap. 3, 23 die gleiche Formulierung verwendet: „Ihr aber gehört Christus"? Doch da gerade zeigt sich der tiefe Unterschied. Paulus meint mit diesem Wort unterschiedslos die ganze Gemeinde. Jene „Christus-Leute" aber bildeten bewußt eine „Gruppe" gegen die andern. Hier geschieht das allerschlimmste: hier wird „Christus" selbst zum Parteinamen. Vielleicht war der Ansatz noch ganz echt gewesen. Man wollte kein Hängen an irgendeinem Menschen, man wollte Christus gehören. Aber es zeigt sich in 2 Ko 10, 7 eindeutig, daß daraus eine hochmütige Sonderstellung geworden war, die dieses „Ich gehöre Christus" nur für sich selbst in Anspruch nahm und den anderen absprach[8].

Es brach hier zugleich eine sehr grundsätzliche Frage auf: Gibt es eine Zugehörigkeit zu Jesus unmittelbar und ohne das apostolische Wort? Kann man zu Jesus gehören und dabei Kephas und Paulus als belanglos beiseite schieben? Wird dann nicht aus „Christus" ein eigenmächtiges Gebilde meiner Gedanken? Lerne ich den wirklichen Jesus Christus anders kennen als nur im Wort seiner bevollmächtigten Boten?

Es ist die in der Kirchengeschichte immer wieder so wichtige Frage, ob es ein Verhältnis zu Jesus Christus gibt neben der „Schrift" oder über die Schrift hinaus, sei es durch „Geist" oder durch ein unfehlbares „Lehramt", das Dogmen aufstellt, die in der Schrift keinen Grund haben. Die Reformation entschied sich mit biblischem Recht für den Grundsatz: „Allein durch die Schrift!", allein durch das apostolische Wort.

Paulus weist den klaren Weg zwischen einer gefährlichen Überschätzung und einer ebenso bedenklichen Geringschätzung der Apostel. Betont hatte er es an den Anfang seines Briefes gestellt: „Berufener Apostel des Christus Jesus durch den Willensentschluß Gottes." Er hat der Gemeinde das entscheidende Wort des Christus Jesus als dessen bevollmächtigter Botschafter zu sagen, und die Gemeinde hat es zu hören. Aber mit tiefem Ernst wendet er sich nun gerade an diejenigen in Korinth, die sich in falscher Weise für ihn (oder für Apollos oder Kephas) eiferten.

Was ist das Ergebnis der Parteiungen? Es ist ein unerträgliches **13** „Zerteilt ist der Christus!" Der grie Text kennt keine Zeichensetzung. Wir sind an dieser Stelle durch Luthers Übersetzung (künftig mit LÜ bezeichnet) an die Frageform des Satzes gewöhnt. Aber die Frage, ob Christus zerteilt ist, hat wenig Sinn. Sie müßte als Frage lauten: Ob

---

[8] Man hat freilich darauf hingewiesen, daß Paulus in unserem ganzen Brief nicht mehr auf diese „Christus-Gruppe" zurückkommt, und darum eine andere Erklärung für dieses „Ich gehöre Christus" versucht. Ein Abschreiber des Briefes hätte es als sein Bekenntnis gegen die Stolzen in Korinth an den Rand geschrieben, und von da aus sei es dann in den Text gedrungen. Aber das bleibt eine bloße Annahme, die in den Handschriften keinerlei Anhaltspunkte findet. Und in 2 Ko 10, 7 hat es Paulus durchaus mit Leuten zu tun, die die Zugehörigkeit zu Christus in falscher Weise in Anspruch nehmen. Können solche Neigungen sich nicht auch schon zur Zeit des ersten Briefes gezeigt haben?

denn Christus etwa zerteilt werden könne und dürfe? Darum ist der Satz besser als ein Ausruf des Schreckens zu fassen: „**Zerteilt ist der Christus!**" Dahin habt ihr es in Korinth gebracht, daß der Christus, der eine, über allen stehende Herr, gleichsam zerrissen wird, weil jede Partei ihn an sich reißen und den andern wegnehmen will. Erschreckt nicht auch ihr selber darüber?[9]

Und dann wendet sich Paulus in feiner und vorbildlicher Weise gerade an „seine Gruppe" und weist an ihr den Korinthern die ganze Verblendung jedes falschen Hängens an einem Boten Jesu auf. „**Wurde etwa Paulus gekreuzigt für euch?**" Mag ein Zeuge Jesu noch so bedeutend und geistlich kraftvoll und lebendig sein, mag er erstaunliche Dinge vollbringen und einen tiefen Einfluß ausüben, das errettende Werk am Kreuz, also das eine, worauf allein es ankommt, hat er nicht vollbracht. Das tat nur der eine, Jesus, der reine und heilige Gottessohn. Darum kann auch kein anderer neben ihm eine wesentliche Bedeutung für mich haben[10]. Alles falsche Rühmen christlicher Persönlichkeiten endet an der Frage: „Wurde er, wurde sie etwa für uns gekreuzigt?" Nun wird es wahr: „Sie sahen niemand als Jesus allein."

Paulus fügt hinzu: „**Oder wurdet ihr auf den Namen des Paulus getauft?**" „Auf den Namen jemandes taufen" klingt an eine damals gebräuchliche Redewendung aus dem Geschäftsleben an: „Auf den Namen jemandes buchen, etwas auf das Konto jemandes schreiben." Taufe ist Übereignung an den, auf dessen Namen er getauft wird[11]. „Ich gehöre Paulus" – ja, stimmt das? Gehörst du wirklich ihm? Wurdest du denn in der Taufe ihm übereignet?

14 Paulus ist angesichts der Lage in Korinth dankbar[12], „**daß ich keinen von euch getauft habe außer Krispus und Gajus**". Wie wir heute einem Menschen leicht eine falsche Rolle zuschreiben, weil wir durch ihn (in Wahrheit aber durch Christus!) zum Glauben kamen, so konnte damals die Bedeutung dessen falsch gesehen werden, der einen Menschen taufte. „Ich gehöre ganz zu Paulus, denn Paulus hat

---

[9] Auch die zerspaltene Christenheit unserer Tage sollte ganz anders erschrocken sehen, wie sie den Christus zu zerteilen droht, weil jede Kirche ihn im Grunde allein für sich selbst beansprucht. Wenn jede „Kirche" den Christus als das lebendige Haupt auch der andern Kirchen anerkennt, müßten alle sich noch ganz anders eins in ihm wissen und sich untereinander lieben.

[10] Das gilt auch für jede falsche Schätzung der Männer, deren Wirkung zu eigenen Kirchenbildungen führte, Luther, Calvin, Wesley, Zinzendorf und andere. Darum hat Luther am Ende seines Lebens ausdrücklich gebeten, „man wolle seines Namens verschweigen"; leider erbat er es vergeblich.

[11] Es ist die Frage, ob im NT bei der entscheidenden Rolle, die der Glaube dort spielt, an eine solche „Übereignung" ohne den eigenen Willen des Betroffenen überhaupt gedacht werden konnte. Jesus hat mit tiefem Ernst vor jeder unbedachten Nachfolge gewarnt (Lk 9, 57—62; 14, 25—33). Sollte er Freude haben an Scharen von Menschen, die ihm „übereignet" werden, ohne die Kosten überschlagen zu können?

[12] Es ist fraglich, ob das „eucharisto" intransitiv im Sinne von „ich bin dankbar" gebraucht werden konnte, oder ob es auch hier heißt „ich danke", wobei „Gott" als Beziehungspunkt des Dankens stillschweigend zu ergänzen ist, wie eine Reihe wichtiger Handschriften es in ihrem Text auch ausdrücklich bringt.

mich getauft, da hat er mich auf sein Konto geschrieben"[13]. Darum ist Paulus froh, daß er nur ganz vereinzelte Gemeindeglieder in Korinth getauft hat, „**damit nicht einer behauptet, daß ihr auf meinen Namen getauft wurdet**". Hier ist das persönlich noch erträgliche Bekenntnis „Ich gehöre zu Paulus" zu der grundsätzlichen Behauptung gesteigert, daß alle von Paulus Getauften darum auch zu ihm gehören. Wir wissen nicht, ob einzelne Parteigänger des Paulus sich tatsächlich zu einer solchen Behauptung verstiegen oder ob Paulus es nur als letzte Konsequenz eines falschen Denkens fürchtete.

Paulus nennt als von ihm selbst getauft zunächst nur „**Krispus und Gajus**"[14]. Aber er weiß, er schreibt an eine Gemeinde, in der bereits viel Mißtrauen gegen ihn lebt. Wie schnell kann es da heißen, Paulus verschweige die Wahrheit, er habe ja doch auch noch andere getauft. Darum besinnt sich Paulus und verbessert sich: „**Getauft habe ich auch das Haus des Stephanas**"[15], und fügt hinzu: „**Sonst weiß ich nicht, ob ich einen andern getauft habe**"[16].

Warum hat Paulus in Korinth nur so wenige getauft? Hier wie in allem seinen Tun und Lassen ist Paulus nicht von seinen eigenen Meinungen und Wünschen bestimmt, sondern von dem Auftrag seines Herrn. „**Denn nicht hat Christus mich gesandt zu taufen, sondern zu evangelisieren**." Darin liegt nicht eine Geringschätzung der Taufe als solcher. Wir mißverstehen dies Wort des Paulus, wenn wir es so auslegen und so auswerten[17]. Der Mann, der Rö 6 schrieb, hat von der Taufe nicht gering gedacht. Aber es mußte allerdings für die Taufe zuerst die Voraussetzung geschaffen werden, ohne die sie gar nicht möglich war. An Jesus konnte der nur übereignet werden, der Jesus kannte und der in Jesus den unentbehrlichen Retter sah, dem er von ganzem Herzen gehören wollte. Darum war in der Tat das „Evangelisieren" das erste und notwendigste Werk, das die ganze Zeit und Kraft des Paulus in Anspruch nahm. War das Gewaltige geschehen,

---

[13] Die spätere kirchliche Entwicklung zeigt, daß diese Sorge nicht aus der Luft gegriffen war. Wenigstens zwischen Täufling und Paten entsteht nach kirchlicher Lehre durch die Taufe eine „geistliche Verwandtschaft", so daß die Ehe zwischen beiden verboten wurde.

[14] Krispus ist der Synagogenvorsteher, der nach Apg 18, 8 zum Glauben kam. In ihm war ein bedeutsamer Mann für Jesus gewonnen worden. Wir können es verstehen, wenn Paulus hier ausnahmsweise die Taufe selbst vollzog. Auch Gajus ist nach Rö 16, 23 ein angesehener und wohlhabender Mann in Korinth, der in seinem großen Hause nicht nur Paulus persönlich beherbergte, sondern sogar der ganzen Gemeinde Raum für ihre Zusammenkünfte bot. In Apg 19, 29 und 20, 4 bezeichnet der häufig vorkommende Name andere Christen.

[15] Man hat durch die Taufe von ganzen Häusern die Kindertaufe im NT bewiesen sehen wollen. Aber Kap. 16, 15 zeigt, daß jedenfalls das „Haus des Stephanas" aus Erwachsenen bestand.

[16] Wir haben hier eine Stelle, die besonders deutlich zeigt, wie echt menschlich ein Brief des NT bleibt, auch wenn er ganz und gar im Heiligen Geist geschrieben ist. Er ist nicht ein unfehlbares Diktat des Geistes. Aber gerade auch in solchem gewissenhaften Nachsinnen und Sichverbessern ist der Heilige Geist am Werk und schenkt uns einen „bevollmächtigten Botschafter" Jesu, der uns als Mensch, der sich korrigieren muß, ganz nahe bleibt.

[17] Auch der Wortlaut im Satz des Paulus ist in dieser Hinsicht beachtenswert. Er formuliert nicht polemisch: „Christus hat mich gesandt, nicht zu taufen, sondern zu evangelisieren." Er stellt lediglich positiv seinen besonderen Auftrag heraus. Dieser Auftrag für ihn war nicht das Taufen, sondern das Evangelisieren. Die Wichtigkeit der Taufe als solcher bleibt dabei unberührt.

waren Menschen die Augen aufgetan worden, daß sie sich bekehrten von der Finsternis zum Licht und von der Gewalt des Satans zu Gott (Apg 26, 18), dann konnten und sollten andere Mitarbeiter die Taufe dieser Bekehrten vollziehen[18].

Paulus fügt ein Wort über die Art seines Evangelisierens hinzu: **„nicht in Weisheit der Rede, damit nicht entleert werde das Kreuz des Christus."** Es ist ein Wort von mächtiger Tiefe. Mit ihm greift Paulus die zweite Not in Korinth an, die hinter der offensichtlichen Not der Parteiungen als ihr verhängnisvoller Grund stand. „Griechen suchen Weisheit" (V. 22). Das grie Wort für Weisheit, „sophia", kennen wir alle aus dem Begriff „Philosophie". Tief im Wesen des von Gott losgerissenen, einsam in der Welt stehenden Menschen liegt das Verlangen, eine umfassende „Anschauung" von dieser Welt („Weltanschauung") zu bekommen, Welt und Leben geistig zu bewältigen und zu beherrschen, die großen Fragen des Lebens aus eigener Kraft und Vernunft zu lösen. Auch „Gott" kann dann als Objekt des menschlichen Denkens in der Weltanschauung vorkommen. Dies allgemein menschliche Verlangen nach „Weisheit" war bei den Griechen besonders stark ausgebildet. Der „Philosoph" war wie der „Redner" und der „Dichter" bei ihnen hoch angesehen. Wer ihnen „Weisheit" bringt und ein Wort hat, das von Weisheit erfüllt und gestaltet ist, den bewundern und lieben sie. Solche **„Weisheit der Rede"** vermißte man in Korinth an Paulus, darum war er für viele kein großer Apostel. War Paulus nicht begabt genug, um das Verlangen der Korinther zu erfüllen? Hatte er sich selber nicht genug Weisheit angeeignet? Nein, erwiderte Paulus, ganz bewußt und mit vollem Willen bringt meine Evangelisation keine „Weisheit". Warum nicht? **„Damit nicht entleert werde das Kreuz des Christus."** Das blutige Opfer des Sohnes Gottes zur Rettung des verlorenen Menschen ist der denkbar schärfste Gegensatz gegen die menschliche Selbstherrlichkeit, die von sich aus mit allem, sogar mit Gott fertig werden will. Kreuzesbotschaft und Weisheitsrede sind darum miteinander unvereinbar. Wo immer „Weisheit" das Wort bestimmt, wo die Menschen nach ihrem Wünschen zu einem geistigen Beherrschen der göttlichen Dinge geführt werden, da wird das Kreuz Jesu „leer", unwichtig und unwirksam. Es wird an den Rand gedrängt, ja, es verschwindet zuletzt unter den hohen Gedankengängen, mit denen der Mensch sich Gottes bemächtigt. Die Evangelisation des Paulus aber hatte gerade in diesem Kreuz ihren Mittelpunkt und mußte darum umgekehrt alle „Weisheit" ablehnen. Damit ist das große Thema gegeben, über das Paulus nun mit den Korinthern zu reden hat.

---

[18] So hat es offenbar auch Petrus gehalten (Apg 10, 48), und dies trotz des Wortlauts von Mt 28, 19. Er hat den Befehl des Herrn befolgt und für die Taufe der gläubig gewordenen Heiden gesorgt. Aber auch er wußte, daß diese Taufe erst möglich war, nachdem die „Evangelisation" ihr grundlegendes Werk getan hatte. Diese „Evangelisation" im Hause des Kornelius war seine eigene apostolische Aufgabe. Das Taufen überließ er anderen.

DAS WORT VOM KREUZ

1. Korinther 1, 18—25

18 Denn das Wort vom Kreuz ist freilich denen, die verlorengehen, Torheit, denen aber, die gerettet werden, uns, ist es Kraft Gottes.
19 * Es steht ja geschrieben: „Ich will verderben die Weisheit der Weisen, und den Verstand der Verständigen will ich zunichte ma-
20 chen." * Wo ist ein Weiser? Wo ein Schriftgelehrter? Wo ein Wortfechter dieses Äons? Hat nicht Gott die Weisheit der Welt als Torheit
21 erwiesen? * Denn weil ja an der Weisheit Gottes die Welt mittels der Weisheit Gott nicht erkannte, beschloß Gott, durch die
22 Torheit der Verkündigung zu retten die Glaubenden. * Weil ja einerseits Juden Zeichen verlangen, andererseits Griechen Weis-
23 heit suchen, * wir aber herolden Christus als Gekreuzigten (oder: einen gekreuzigten Christus), für Juden ein Skandal, für Heiden
24 eine Torheit, * für die Berufenen selbst aber, Juden wie auch Grie-
25 chen, Christus als Gottes Kraft und Gottes Weisheit. * Denn das Törichte Gottes ist weiser als die Menschen, und das Schwache Gottes ist stärker als die Menschen.

zu Vers 18:
Rö 1, 16
2 Ko 2, 15; 4, ?
2 Th 2, 10
zu Vers 19/20:
Hio 5, 12
Ps 33, 10
Jes 19, 11 f
29, 14; 44, 25
Kap. 3, 18
zu Vers 21:
Mt 11, 25 f
Rö 11, 33
zu Vers 22:
Mt 12, 38 f
Jo 4, 48
Apg 17, 18. 32
Kap. 2, 2. 14
zu Vers 23:
Rö 9, 32
zu Vers 24:
V. 18
Kap. 2, 5
Rö 9, 32
Kol 2, 3
zu Vers 25:
V. 23
2 Ko 13, 4

18

Paulus bestätigt es noch einmal: das von ihm verkündigte Wort ist „das Wort vom Kreuz". Im „Kreuz", also in der Tatsache, daß der Messias, der Sohn Gottes, am „Pfahl", am Ort des Fluches, endete, hat seine Botschaft ihren eigentlichen Inhalt. Paulus „entschied sich dafür, nichts zu wissen als nur Jesus Christus und diesen als Gekreuzigten" (2, 2). Dabei war Paulus von seiner eigensten Lebensgeschichte bestimmt. An dem Kreuz Jesu hatte er den großen Anstoß genommen. Auch ihm war es ein „Skandal" (V. 23) gewesen, daß ein gepfählter Verbrecher der Messias Israels sein sollte. Mit ernster Empörung war er zum entschlossenen Gegner derer geworden, die solchen gotteslästerlichen Wahnwitz behaupteten. Sie müssen mit der Peitsche zur Vernunft gebracht oder vernichtet werden (Apg 26, 10 f). Aber dann war ihm vor Damaskus dieser Jesus als der Auferstandene und von Gott selbst Erhöhte begegnet. Er stand vor der unerhörten Tatsache, daß der Gekreuzigte der Messias i s t. Daraus erwuchs mit Notwendigkeit die eine brennende Frage, warum der Messias zum Gekreuzigten, der heilige Gottessohn zum Fluch werden mußte? Paulus wird uns gleich die Antwort auf diese Frage geben. Auf jeden Fall aber ist die Tatsache, daß der Herr der Herrlichkeit in dieser Weise endete und enden „mußte", so ungeheuerlich, daß sie notwendig zur Mitte alles Denkens über Gott und Mensch werden mußte, wenn sie einmal in den Blick gekommen war. Das ganze Wort der Verkündigung wurde „Wort vom Kreuz".

Mit diesem Wort vom Kreuz wird alle „Weisheit", alles Denken der Menschen über sich selbst, über Welt und Gott jäh durchkreuzt. Der Mensch, der mit seinem Denken alle Dinge bewältigen will, ist seiner selbst sicher. Er meint in Ordnung zu sein und darum von sich aus mit allen Problemen, auch mit der Gottesfrage, fertig werden zu können. Das Wort vom Kreuz aber bietet ihm statt aller Weisheit vielmehr „Errettung" als das eine Notwendige an und sagt ihm damit, daß er ein „Verlorener" ist. Nicht Weisheit, nicht „Religionsphilosophie", nicht tiefe Gedanken über Gott, nicht Lösung seiner Denkprobleme hat der Mensch nötig, sondern R e t t u n g. Hier wird freilich das ganze bisherige Denken, ja die ganze bisherige Existenz des Menschen umgestürzt. Das **„Wort vom Kreuz"** ist für den Menschen die äußerste Herausforderung, weil es ihn zum verlorenen Sünder macht, der errettet werden muß. Kein Wunder, daß dieses Wort darum für den selbstsicheren Menschen **„Torheit"** ist, unverständlich, verächtlich und empörend zugleich. Und gerade darin erweist er sich als der, der **„verlorengeht"**. In der Blindheit für seine Verlorenheit dokumentiert sie sich gerade in ihrer ganzen Tiefe. Der Mensch weist in dieser Blindheit das Wort vom Kreuz auch als das Wort seiner Errettung ab und besiegelt damit sein Verlorengehen. So ist die Aussage des Paulus gemeint: „**Das Wort vom Kreuz ist freilich denen, die verlorengehen, Torheit.**"

Die Rettung aber beginnt damit, daß dem Menschen die Augen für seine Verlorenheit geöffnet werden. Der Mensch kann nie von sich selber aus die tiefe Selbsttäuschung durchbrechen, in der er gerade als gefallener und verlorener Mensch lebt. Auch kein anderer Mensch, kein Prediger und kein Seelsorger kann ihm hier die Augen auftun und ihn von seiner Sünde und Verlorenheit überführen. Nur Gottes wunderbare Kraft kann es durch das Wort vom Kreuz bewirken. Dann ergreift der Mensch als ein Verlorener die Rettung am Kreuz. Das sichere Zeichen dafür, daß dies in einem Menschenleben geschah, ist darin zu erkennen, daß der Mensch nun nichts mehr in sich selber zu finden und zu rühmen weiß, sondern nur noch die rettende Gotteskraft im Kreuz Jesu Christi dankend und anbetend rühmt. Darum schreibt es Paulus: „**Denen aber, die gerettet werden, uns, ist es Kraft Gottes.**"

Paulus hat diesem Satz von den Erretteten ein **„uns"** eingeschoben. Das ist wichtig. Von der Errettung kann man nicht objektiv und neutral sprechen. Die Errettung kennt nur der, dem sie persönlich widerfahren ist. Das persönliche Zeugnis in diesem „uns" oder „wir" ist also nicht „Hochmut", „Pharisäismus", „falsche Sicherheit"; so sehen es immer gerade nur die, die in ihrem natürlichen Hochmut die Botschaft von der Rettung ablehnen. Das dankende persönliche Zeugnis gehört vielmehr zur Sache selbst. Durch Gottes Kraft Errettete sind nicht unbestimmte Leute, sondern das sind „wir", die diese Errettung tatsächlich erfuhren. Jeder „Pharisäismus" ist aber hier gerade ausgeschlossen. Das wunderbare Errettetsein eines total Verlorenen ist kein Grund zu irgendeinem Stolz.

Die Formulierung des ganzen Satzes ist überraschend unlogisch und gerade darum die Sache treffend. Wenn das Wort vom Kreuz den Verlorenen „Torheit" ist, müßte es logischerweise den Erretteten

„Weisheit" sein. Aber so schreibt Paulus gerade nicht. Denn „Rettung" erfolgt nicht durch „Weisheit", sondern durch den Einsatz von „Kraft". Was „uns" aus der ewigen Verlorenheit rettet, das ist **„Kraft Gottes"**. Darum ist das **„Wort vom Kreuz"** etwas anderes als eine „Lehre über das Kreuz". In aller „Kreuzestheologie" liegt die Gefahr, das Kreuz zu erklären und verständlich zu machen und es damit seiner anstößigen „Torheit" zu berauben und unvermerkt zu einer neuen „Weisheit" werden zu lassen, die den Menschen einleuchtet und gefällt. Aber dadurch wird „das Kreuz des Christus entleert" (V. 17), dadurch verliert es gerade seine rettende Kraft. Es muß von der Gemeinde und von jedem Verkünder ertragen werden, daß die Botschaft vom Kreuz **„freilich denen, die verlorengehen, Torheit"** ist und bleibt. Nur indem der Mensch sich an dieser unbegreiflichen und empörenden Botschaft stößt, besteht die Aussicht, daß sie in seinem Herzen als Stachel haften bleibt, den Menschen nicht mehr losläßt und ihn endlich in der Kraft Gottes doch überwindet. Eine einsichtige Kreuzeslehre mag dem Menschen interessant sein und seine gedankliche Zustimmung finden; „erretten" wird sie ihn niemals.

Paulus hat in seinem Satz die Zeitform der Gegenwart gebraucht und von denen gesprochen, **„die verlorengehen"**, und denen, **„die gerettet werden"**. Denn noch ist keines Menschen Geschichte abgeschlossen. Wie wir in Kap. 14, 24 f noch besonders lesen werden, rechnet Paulus durchaus mit der Möglichkeit, daß auch der „Ungläubige", also der bewußt Ablehnende, vom Wort getroffen und überwunden werden kann. Aber auch wir, **„die wir gerettet werden"**, „sind" erst dann endgültig errettet, wenn wir am Tage des Herrn Jesus Christus als Unbescholtene vor ihm stehen werden (1, 8). Diese Feststellung aber ändert nichts an dem tiefen Ernst des Satzes. Es gibt also nach dem Zeugnis des Paulus nur die beiden Arten von Menschen: Verlorene und Errettete[1].

Alle „Weisheit", alles eigenmächtige Denken und Meinen über Gott verschließt Herz und Augen für die richtende und rettende Tatsache des Kreuzes. Darum liegt es Gott daran, dieses Hindernis für die Kreuzesbotschaft selbst zu zerschlagen. Es ist Paulus im Blick auf das Verlangen nach „Weisheit" in der korinthischen Gemeinde wichtig, in der „Schrift", also im AT, diesen Willen Gottes ausgesprochen zu finden: **„Es steht ja geschrieben: ,Ich will verderben die Weisheit der Weisen, und den Verstand der Verständigen will ich zunichte machen'."** Es ist im AT vielfältig (Jes 29, 14; Ps 33, 10; Jes 19, 11 ff; 33, 18; 44, 25; Hio 12, 17) bezeugt, wie alle Menschenweisheit Gott im Wege ist, bei den Völkern wie in Israel. „Ägypten" mit seiner uralten „Weisheit" und seinen okkulten Künsten ist das besondere Beispiel dafür (Jes 19, 11 u. 14). Aber auch in Israel geht das Ringen Gottes

19

---

[1] Es ist die Frage an unsere ganze Verkündigung und Seelsorge, ob wir das noch wirklich wissen und zur Grundlage unseres Dienstes machen. Sehen wir in den Menschen noch im Ernst „Verlorene"? Geht es uns in unserem Dienst um die R e t t u n g von Menschen? Hat unsere Verkündigung noch den herausfordernden und gerade darum auch rettenden Charakter des wirklichen Wortes vom Kreuz?

durch die Propheten darum, daß nicht die Offenbarung Gottes durch eigene Weisheit ersetzt und die Rettung aus den Nöten nicht in der eigenen Kraft und Klugheit gesucht wird. Paulus rechnet damit, daß auch in einer heidenchristlichen Gemeinde Jesu die Schrift, das Alte Testament, vollgültige Autorität ist.

20 **„Wo ist ein Weiser? Wo ein Schriftgelehrter? Wo ein Wortfechter dieses Äons?"** „Wörtlich so wie hier finden sich diese Sätzchen allerdings nirgends im AT. Aber sie bilden Reminiszenzen aus dem gleichen Jesajabuche, aus dem schon V. 19 entnommen war. Paulus nahm sie auf und fügte so dem Verheißungswort aus Jes 29, 14 alsbald als einen neuen Ausdruck dessen, was Gott mit den Größten dieser Welt vorhabe, jene den kommenden Sieg Gottes vorauskündigenden Fragen an. Den Willen Gottes, die intellektuellen Größen dieser Welt überhaupt abzutun, findet Paulus in diesen Triumphfragen des prophetischen Geistes und ergänzt durch sie den Schriftbeweis, den er schon durch V. 19 seinem Hauptgedanken gegeben hatte"[2]. Paulus meint dabei nicht, daß es Männer dieser Art nicht gäbe. Es gibt sie in Scharen. Paulus traf sie überall unter Juden und Griechen. Aber wo „sind" sie, wenn Gott selbst mit seiner rettenden Kraft im Kreuz auf den Plan tritt? **„Hat nicht Gott die Weisheit der Welt als Torheit erwiesen?"** Er hat es schon im Alten Bund getan, als „Ratschläge, die von ihren Urhebern als höchste Weisheit ersonnen waren, durch den tatsächlichen gottgeordneten Gang der Dinge sich als das erweisen, was sie schon ursprünglich waren, aber nicht zu sein schienen, als verfehlt und als Torheit"[3]. So hat es Gott in Jes 19, 11—15 aufgezeigt. Was aber schon immer von Gott her geschehen ist, das erfährt nun in dem Handeln Gottes am Kreuz Jesu seine Vollendung. Darum sieht Paulus mit Recht in den atst Sätzen dargestellt, was Gott heute in dem Wort vom Kreuz in der Welt des Judentums wie des Griechentums ausrichtet. Wo das Kreuz des Christus mächtig wird, da versinkt alle bisherige Weisheit der Menschen. „Weise, Schriftgelehrte, Wortfechter dieses Äons" haben ihre Rolle ausgespielt. Sie können keinem Menschen Rettung bringen. Sie können den wahren lebendigen Gott nicht zeigen. Alle ihre „Weisheit", wie tiefsinnig sie erscheinen mag und wie glänzend sie dargeboten wird, ist nur „Weisheit der Welt" und darum im Blick auf das einzig wahrhaft Wissenswerte, im Blick auf Gott, „Torheit", die in die Irre führt. Darum sieht es Paulus mit großer Sorge, daß die Gemeinde in Korinth die echten Boten des Kreuzes gering zu schätzen beginnt und sich dem Einfluß von Männern öffnet, die ihr Weisheit anstelle der Kreuzesbotschaft bringen[4].

---

[2] So Ph. Bachmann in seiner Auslegung des 1. Korintherbriefes 1921³, S. 83.
[3] Ph. Bachmann a. a. O. S. 85.
[4] Dieser Vorgang ist nicht auf die Gemeinde in Korinth beschränkt geblieben! Auch für die evangelische Christenheit war immer wieder eine geistvolle, einleuchtende, „moderne" Theologie und Verkündigung verlockend. Der Torheit des Wortes vom Kreuz wurde oft genug auf Kanzel und Katheder wenig Raum gelassen. Die Christenheit wurde gerade dadurch ohnmächtig und wirkungslos.

Nun gibt Paulus die eigentliche Begründung für seine knappen 21
Aussagen. Er stellt uns vor einen erschütternden Tatbestand: „**Die
Welt erkannte mittels der Weisheit Gott nicht.**" Die „Philosophie",
das Streben nach „Weisheit", ist wahrlich nichts Verächtliches. Es gehört zur Größe des Menschen, daß er nicht wie alle andern Kreaturen fraglos zu leben vermag, sondern nach sich selbst, nach seinem eigentlichen Wesen, nach dem Sinn seines Lebens und darum auch nach dem Grund und dem Ziel der Welt und in diesem allen nach „Gott" fragen muß. Es ist ergreifend zu sehen, wie der Mensch in allen Rassen und Völkern in Mythen und Sagen, in religiösen Vorstellungen und philosophischen Systemen um Antwort auf seine Fragen ringt. Aber es ist so bewegend, erkennen zu müssen, daß er nicht zu finden vermag, was er so brennend sucht. Allein schon die Vielzahl und Vielfalt „der Weltanschauungen", der Religionen und Gottesbilder ist der Beweis dafür. Findet eine Frage hundert verschiedene Antworten, so hat sie in Wahrheit keine Antwort gefunden. Darum fehlt auch den Menschen überall eine wirkliche letzte Gewißheit[5].

Woran liegt das? Ist Gott daran schuld? Ist er der „Rätselhaft-Unerkennbare", so daß wir ihn als den Unerforschlichen nur schweigend verehren können?[6] Nein, Gott hätte „**in seiner Weisheit**", deren Tiefe Paulus in Rö 11, 23 anbetet, von uns gefunden werden sollen. Aber tatsächlich hat „**an der Weisheit Gottes die Welt mittels der Weisheit Gott nicht erkannt**".

Hier wird unsere Trennung von Gott offenbar, die unser Tod ist und uns zu verlorenen Leuten macht. Durch den Sündenfall, durch den Losriß von Gott sind wir in jenem Zustand, den Paulus rückblickend den Ephesern vor Augen stellt: „Daher ihr keine Hoffnung hattet und waret ohne Gott in der Welt" (Eph 2, 12). In diesen Zustand ist auch unsere ganze Vernunft und unser ganzes Denken mit hineingezogen. Nicht nur unser Wille, auch unser Denken ist durch den Fall verdorben, verfinstert und blind für Gott[7]. Unsere Vernunft ist nicht eine selbständig für sich bestehende Kraft, sondern ist mit unserer Person verwachsen und von unserem ganzen Wesen bestimmt. Der von Gott wesensmäßig gelöste, ja im tiefsten Herzen gegen Gott feindselige Mensch – das meint ja der biblische Ausdruck „Welt" – kann an der Weisheit Gottes Gott nicht mehr erkennen. Nun muß alle Religion, auch die edelste und höchste, alle Philosophie, auch die gründlichste und tiefste, im Blick auf Gott in die Irre führen[8].

[5] Kein Geringerer als Goethe hat das in seinem „Faust" zum Ausdruck gebracht, wenn er Dr. Faust den Schädel in seinem Studierzimmer anreden läßt: „Was grinsest Du mir, hohler Schädel, her, / als daß dein Hirn, wie meines, einst verwirrt / den leichten Tag gesucht und in der Dämmrung schwer, / mit Lust nach Wahrheit, jämmerlich geirret."
[6] So Goethe in einem oft angeführten Wort an Eckermann.
[7] Otto Rodenberg hat in seiner Schrift „Der Sohn", S. 95 ff, auf diese Verderbnis der Vernunft unter Hinweis auf Hamann mit Ernst aufmerksam gemacht (R. Brockhaus Verlag, 1963).
[8] Alle idealistische Religionsphilosophie, an der sich die Christenheit gern erfreut hat, weil sie hier ihren „Glauben" gestützt und bestätigt zu sehen meinte, verneblet in gefährlicher Weise diese wirkliche Lage des Menschen. Der „Atheismus", über den wir Christen meist so empört und erschrocken sind, ist der biblischen Wahrheit wesentlich näher. „Die Welt erkannte Gott nicht" — der Atheismus bestätigt diesen fundamentalen Satz.

Alle Wege menschlicher Weisheit haben nicht zu Gott geführt. Darum schlägt Gott seinerseits einen ganz andern Weg ein und „**beschloß, durch die Torheit der Verkündigung zu retten die Glaubenden**". Das ist die totale Umkehrung des ganzen bisherigen Verhältnisses von Gott und Mensch. Bisher war der Mensch in Religion und Philosophie der Aktive, der „Gottsucher", der das Objekt „Gott" zu erreichen trachtete. Nun aber liegt alle Aktivität bei Gott; Gott handelt und sucht den verlorengegangenen Menschen. Bisher hielt sich der Mensch im wesentlichen für in Ordnung, nur Gott war sehr fraglich und fragwürdig; Gott mußte sich vor dem Richterstuhl des Menschen verantworten. Jetzt ist der Mensch der vor Gottes Gericht Verlorene und Verdammte, der nur eines nötig hat: Rettung! Bisher ging es in aller Religion, in allen Mythen, aller Philosophie um „Weisheit", die dem Menschen einleuchten, ihm tief und schön erscheinen wollte, jetzt ergeht von Gott her eine Botschaft, die um der Errettung des verblendeten und verlorenen Menschen willen so herausfordernd und umstürzend sein muß, daß sie für den Menschen zunächst nur „Torheit" oder „Skandal" sein kann. Diese Botschaft kann man nur entrüstet abweisen oder „glauben". Wer dem Ruf Gottes „glaubt", wer unter diesem Rufen aufschreckend seine Verlorenheit sieht und sich dem für ihn gekreuzigten Christus in die Arme wirft, gehört fortan zu „uns", den „Erretteten". Gott geht es nicht um „Weise", die ihn in tiefen Gedanken „verstehen", Gott geht es um „**Glaubende**", die seinem Gericht und seiner Gnade recht geben wider alles eigene Denken und Meinen.

22 In solchem „**Glauben**" wird das rechte Verhältnis zwischen Gott und Mensch wiederhergestellt. Durch den Sündenfall war es in einer unheimlichen und frevelhaften Weise verkehrt worden. Der gefallene Mensch steht als der Fordernde vor Gott. Der Mensch stellt seine Ansprüche an Gott, und der heilige, lebendige Gott soll diesen Ansprüchen des Menschen genügen. Die „**Juden verlangen Zeichen**". Gott soll sich durch wunderbare Taten vor den Menschen ausweisen. Und wenn einer der „Messias", der von Gott gesandte König und Helfer sein will, dann hat er erst recht durch „Zeichen vom Himmel" (Lk 11, 16) seinen Anspruch zu erhärten, ehe ich an ihn „glaube"[9]. Ein Messias und Gottessohn aber, der ohnmächtig und verlassen wie ein Verbrecher am Pfahl[10] endet, ist einfach „**für Juden ein Skandal**".

Der „Grieche" steht ebenso fordernd vor Gott. Er „sucht Weisheit". Vor ihm soll sich Gott nicht so sehr durch Wunder ausweisen, aber er

---

[9] Wie sehr sind wir alle von Natur aus so eingestellt!
[10] Das Wort, das wir mit „Kreuz" wiederzugeben pflegen, heißt wörtlich „Pfahl". Vielleicht sollten wir diesen Ausdruck wieder mehr gebrauchen. Aus einem „Pfahl" läßt sich nicht so leicht ein harmloses und sinniges Schmuckstück machen. Ein „Pfahl" ist ein rohes und häßliches Ding, das uns besser als das allzu bekannte „Kreuz" an die Schrecklichkeit des Endes Jesu erinnert. Es ist eine Frage bis hin zu den Bachschen Passionen, ob dieses Sterben mit seinem Schrei der Gottverlassenheit überhaupt künstlerisch verklärt und damit verharmlost werden darf. Es ist zum Erschrecken, daß die Leidensgeschichte zum ästhetisch-musikalischen Genuß werden konnte.

soll sich seinem Denken beweisen. Gott soll in unser Denksystem passen und innerhalb dieses Denksystems, innerhalb unserer Wissenschaft und Weltanschauung sein Dasein als „denknotwendig" dartun. Ein „Gottessohn", der wirklich von Gott gekommen sein will, muß gerade diesen Beweis für Gott liefern, muß mir alle Fragen beantworten und alle Probleme lösen. Wenn er das tut, werde auch ich mich an ihn anschließen. Ein angeblicher Gottessohn aber, der so gar nichts Überragendes an sich hat, der „mit einem erbärmlichen Tod ein jämmerliches Leben beschloß" (so der griechische Philosoph und Christenbekämpfer Celsus um 177/80), ist eine „Torheit", über die man nur den Kopf schütteln und ironisch lächeln kann. Und hinter diesem überlegenen Lächeln oder der entrüsteten Abwehr steht der Stolz des Menschen, der es leidenschaftlich ablehnt, daß ein anderer zu seiner Rettung bluten und sterben mußte.

„**Wir aber herolden Christus als Gekreuzigten**", wir verkündigen 23 einen „gekreuzigten Messias". Wenn auch die Empörung der „Juden" gegen diesen „Skandal" emporbrandet und der ablehnende Spott der „Heiden" über diese „Torheit" gröber oder feiner ertönt — wie oft hat Paulus beides erlebt! —, wir bleiben bei diesem Heroldsruf. Denn dieser gekreuzigte Christus ist „**Gottes Kraft und Gottes Weisheit**". Hier hat Gottes wunderbare Weisheit den Weg gefunden, die von ihm abgefallene, in ihren eigenen „Weisheiten" dahinirrende Menschheit zu erreichen. Hier ist Gottes Kraft wirksam, um Verlorene zu erretten und aus fluchwürdigen Sündern geliebte Kinder Gottes zu machen. Darum muß diese Botschaft unter allen Umständen einer verderbenden Welt gebracht werden. Es trieb einen Paulus und alle Boten Jesu — Paulus schreibt hier ein „Wir", das dem sonst im Brief verwendeten „Ich" gegenüber besonderes Gewicht hat — unermüdlich unter Opfern, Leiden, Entbehrungen dieses Wort von dem gekreuzigten Heiland verlorenen Menschen zu bringen. Mögen sie toben oder lachen, spotten oder verfolgen, dieses Wort mußte ihnen gesagt werden. Und die Boten erlebten dabei auch das andere: dieses Wort öffnete Herzen.

Menschen ließen sich rufen, und „**die Berufenen selbst, Juden wie** 24 **auch Griechen**", erfaßten und erfuhren diesen „**Christus als Gottes Kraft und Gottes Weisheit**". Sie lernten damit den wirklichen, lebendigen Gott kennen, den keine menschliche Weisheit erreichen konnte. „**Juden**" genauso wie „**Griechen**" und „**Griechen**" genau wie „**Juden**" haben daran Anteil.

Dabei wird in der ganzen Ausdrucksweise dieser Sätze deutlich, daß es nicht „das Kreuz" ist, das errettet, nicht also eine Sache oder ein zu erklärender und zu begründender Vorgang, sondern eine Person. Jesus Christus in Person ist der Retter. Er in seinem Gehorsamsgang zum Kreuz, er, der sich als der Sündlose zur Sünde (2 Ko 5, 21), als der Heilige zum Fluch (Gal 3, 13) machen ließ, hat die Vollmacht zur Errettung der Verlorenen und offenbart darin Gottes Kraft und Gottes Weisheit. Darum gehört die Auferstehung Jesu unmittelbar zu dem „Wort vom Kreuz" hinzu (15, 4; Rö 4, 25). Durch die Auferstehung ist der gekreuzigte Christus der gegenwärtige Erretter, zu dem ich heute und hier in aller Wirklichkeit kommen kann, um die Errettung jetzt zu erfahren.

25 „**Denn das Törichte Gottes ist weiser als die Menschen, und das Schwache Gottes ist stärker als die Menschen.**" Am Kreuz ist Gott in der Tat „töricht" nach unsern menschlichen Maßstäben. Wer auf sein Recht verzichtet, wer seine Ehre preisgibt und dies nicht für Gerechte und Gute, sondern für Schuldige und Befleckte, der ist ein Tor. Aber der Herr und König des Weltalls tat dies am Kreuz im äußersten Maß für Feinde und Rebellen. Welche „Torheit" Gottes! Am Kreuz ist Gott in der Tat so „schwach", wie nur irgend jemand sein kann. In völliger Ohnmacht und Wehrlosigkeit läßt er alles mit sich geschehen. Der Kleider beraubt, an Händen und Füßen festgenagelt, verhöhnt, dürstend, sterbend, wie „schwach" ist hier der allmächtige Gott! Aber das Wort von diesem Kreuz hat bis heute wieder und wieder tun können, was keine Weisheit aller Weisen der Welt fertigbrachte und was nicht einmal Gottes zerschmetternde Allmacht erreicht hätte: Menschen von ihrer Sünde und Verlorenheit zu überführen, trotzige Sünder in der Tiefe zu überwinden, klügste Gottesleugner zur seligen Anbetung zu bringen, aus rechtmäßig Verfluchten geliebte Kinder Gottes zu machen. Wahrlich, „**das Törichte Gottes ist weiser als die Menschen, und das Schwache Gottes ist stärker als die Menschen**".

Paulus hat hier nicht von der „Liebe" Gottes gesprochen. Er scheint eine Scheu vor diesem Wort gehabt zu haben, weil es so leicht mißverstanden und entstellt und dadurch geradezu ein gefährliches Wort werden konnte. Wie im Römerbrief nennt er auch in unserem Brief erst ganz spät die Liebe ausdrücklich beim Namen (8, 1; 13). Aber der Sache nach ist sie hier in ihrer ganzen Wahrheit und Herrlichkeit verkündigt. Warum stirbt der Messias am Pfahl? Warum ist Gott so „schwach" und so „töricht"? Aus unergründlicher und unbegreiflicher Liebe zu einer verlorenen Welt, die ihn haßt und verschmäht. Umgekehrt kann nur am Pfahl des Christus erkannt werden, was in Wahrheit „Liebe" ist, Liebe in ihrem heiligen Ernst, weltweit geschieden von aller Gutmütigkeit, Freundlichkeit, Sentimentalität, die wir mit Liebe verwechseln. Gottes „Liebe" bedeutet gerade nicht, daß Gott unsere Sünde leicht nimmt. Gottes Liebe sieht unsere Sünde so tödlich ernst, daß ihr kein anderer Weg zu unserer Rettung bleibt, als sie mit ihrer ganzen Last und Fluchwürdigkeit auf sich selbst zu nehmen und am Kreuz so „schwach", so „töricht" zu werden.

Paulus wird uns in den folgenden Abschnitten zeigen, welche Konsequenzen das „Wort vom Kreuz" für das Leben der Gemeinde und für den Dienst der Verkünder haben muß. Das „Wort vom Kreuz" ist ja nicht eine Theorie, die objektiv für sich selbst als „reine Lehre" verkündigt werden kann. Die Gemeinde selbst und ihre Boten müssen es wagen, im entschlossenen Gegensatz zum Wesen der Welt in der „Schwachheit" und „Torheit" zu leben, die sie an Gott selbst im Kreuz des Christus erkannt haben. Das Kreuz muß das ganze Wesen der Gemeinde prägen. Nur im Wagnis der Schwachheit und Wehrlosigkeit, der leidenden Liebe zu einer verlorenen Welt, die diese Liebe mit Spott, Ablehnung und Haß erwidert, wird die Gemeinde sieghaft sein. Und alle Verkündigung muß in der „Torheit der Botschaft" bleiben, die Gott selbst als den einzigen Weg zur Rettung von Menschen gewählt hat. Immer wieder droht die Gefahr, daß die Gemeinde nun doch wieder mit Weisheit, mit Redekunst, mit irgendwelchen gewinnenden und imponierenden Methoden evangelisieren will[11]. Dann mag sie große Scharen von Menschen anlocken und begeistern, aber wirklich erretten wird sie wenige. Vollmacht der Evangelisation haben nur die Boten der Gemeinde, die es ganz und gar mit der Schwachheit und Torheit Gottes wagen.

Zum Schluß wollen wir noch darauf achten, daß wir in unserem Brief die „griechische" Parallele zu den „israelitisch" bestimmten Darlegungen des Römerbriefes haben. Im Römerbrief ist es die „Gerechtigkeit", um die es geht. Mit den Korinthern spricht Paulus über die „Weisheit". Aber auf beiden, so verschiedenen Gebieten ist es die gleiche Sache. Der „Israelit" sucht „die Gerechtigkeit, die vor Gott gilt" und meint sie in seinem eigenen Tun in der Erfüllung des Gesetzes zu erlangen. Der „Grieche" sucht die „Weisheit", die Gott mit der Erkenntnis erfaßt, und hofft sie in seiner eigenen Weisheit zu finden. Aber beide täuschen sich gründlich. Beide verkennen die wirkliche Lage des Menschen vor Gott, seine totale Verlorenheit. Beide bedürfen der „Kraft Gottes zur Rettung" (Rö 1, 16 wie 1 Ko 1, 18). Für beide ist diese rettende Gotteskraft nur im „Glauben" zu erfassen. Der „Jude" muß der „fremden Gerechtigkeit Christi" glauben, damit er vor Gott wirklich gerecht wird. Der „Grieche" muß der „Torheit der Verkündigung" glauben, damit er zu der wirklichen Erkenntnis Gottes gelangt. In der modernen Welt aber ist der „Jude" und der „Grieche" zugleich im Menschenherzen auf dem Plan. Darum bedürfen wir des Römer- wie des Korintherbriefes und sind voll Dank, daß Gott uns beide Briefe zur Grundlage unseres Glaubens und unserer Verkündigung geschenkt hat.

DAS BILD DER GEMEINDE ENTSPRICHT DEM WORT VOM KREUZ

1. Korinther 1, 26—31

26 Ihr seht ja eure Berufung, Brüder, daß nicht viele Weise nach dem Fleisch, nicht viele Starke, nicht viele von vornehmer Herkunft
27 (da sind). * Nein, das Törichte der Welt hat Gott sich auserwählt, damit er die Weisen beschäme, und das Schwache der Welt hat sich

zu Vers 26:
Mt 11, 25
Lk 14, 21 f
Jak 2, 5

zu Vers 27:
Mt 5, 3

---

[11] Hier liegt die stete Gefahr aller Theologie. Darum ist es bedenklich, daß die Kirche der Reformation so einseitig dem akademisch ausgebildeten Theologen die maßgebende Stelle in der Gemeinde gegeben hat. Gott tut das Beste vielfach durch einfache „Laien", in deren „Torheit" seine Kraft und Weisheit zur Wirkung kommt.

zu Vers 28:
Mt 19, 30
Gal 6, 3
zu Vers 29:
Rö 3, 27
Eph 2, 9
zu Vers 30:
Jer 23, 5 f
Jo 17, 19
2 Ko 5, 18. 21
Eph 1, 7
zu Vers 31:
Jer 9, 22 f
2 Ko 10, 17
Gal 6, 14

28 Gott auserwählt, damit er das Starke beschäme; * und das Unedle der Welt und das Geringgeschätzte hat sich Gott auserwählt, das 29 Nicht-Seiende, damit er das Seiende zunichte mache, * damit sich 30 nicht rühme irgendwelches Fleisch vor Gott. * Aus ihm aber seid ihr in Christus Jesus, der zur Weisheit für uns wurde von Gott her, 31 zur Gerechtigkeit und Heiligung und Erlösung, * damit, wie geschrieben steht: der Rühmende rühme sich des Herrn.

26

Was Paulus den Korinthern grundsätzlich dargelegt hat, das können sie widergespiegelt sehen in dem eigentümlichen Bild, das ihre Gemeinde darbietet. „Ihr seht ja[1] eure Berufung." Die Gemeinde hat sich nicht aus eigenen Entschlüssen gebildet, sondern ist ins Dasein „gerufen" worden. Sie besteht aus „berufenen Heiligen" (V. 2). Aber wie seltsam sieht sie aus: „**Nicht viele Weise, nicht viele Starke, nicht viele von vornehmer Herkunft**" waren in ihr zu finden.

27/28

Menschlichen Wünschen und Interessen entspricht diese Zusammensetzung der Gemeinde nicht. Wer gehörte nicht lieber einer großartigen und imponierenden Gemeinde an, in der man auf allerlei ansehnliche Leute hinweisen kann. Aber „Gottes Ruf" hat hier eine ganz andere, befremdende „Auswahl" getroffen. Der Gott, dessen Torheit und Schwachheit stärker ist als die Menschen, hat sich entsprechend dieser seiner Art[2] das „**Törichte der Welt, das Schwache der Welt, das Unedle der Welt und das Geringgeschätzte**" erwählt, alles das, was Paulus in dem Ausdruck „**das Nicht-Seiende**" zusammenfaßt. Und Gott hat dabei einen ganz klaren und bestimmten Zweck. Er will dadurch die Weisen und die Starken „**beschämen**" und das Seiende „**zunichte machen**".

29

Aber warum will Gott das? Ist er damit nicht hart und völlig ungerecht gegen die Weisen, Starken und Vornehmen? Wer von ihnen seine Gaben und Kräfte dankbar aus Gottes Hand nimmt, wird von Gott sicher nicht „beschämt" werden. Aber Paulus denkt ja an die „**Weisen nach dem Fleisch**" und an die Starken und Vornehmen der „**Welt**". „Fleisch" aber ist der Mensch nach seinem von Gott gelösten, selbstherrlichen und ichhaften Wesen; davon ist das geprägt und bestimmt, was Paulus „**die Welt**" nennt. Das „**Fleisch**" aber will nicht „empfangen" und „danken", sondern will etwas sein und will „sich rühmen". Das ist die Wesenssünde des gefallenen Menschen, daß er nicht mehr „Gott als Gott ehrt, noch ihm dankt" (Rö 1, 21), sondern angesichts Gottes in sich selbst groß sein und sich rühmen will. Das kann und will Gott nicht dulden. Darüber ergeht sein Gericht. Gott

---

[1] Das grie Wort „blepete" wird von den meisten Übersetzern als Imperativ gefaßt: „Sehet an!" Dazu paßt aber nicht das begründende „gar" = „denn, ja", das dem „blepete" folgt. Paulus will das vorher Ausgeführte erläutern mit dem, was die Korinther selber sehen können. Zu dieser Absicht paßt ein „ihr seht ja" am besten.
[2] Da Gott zu allen Zeiten der gleiche ist, hat er schon im Alten Bund in der Erwählung Israels und in der Erwählung seiner Werkzeuge genauso gehandelt. Wir denken an die gewaltige Schilderung in Hes 16, 2—6 und 5 Mo 7, 6—8, aber auch an Stellen wie Ri 6, 15; 1 Sam 9, 21; 15, 17; 16, 7. 11; Jes 41, 14; Ze 3, 12; Sach 9, 9.

vollzieht es darin, daß er bei seinem „Ruf" an den Weisen, Starken, Vornehmen vorbeigeht und sie dadurch „beschämt" und „zunichte macht", **„damit sich nicht rühme irgendwelches Fleisch vor Gott".** Würden sie von Gott erwählt, dann würden sie diese Wahl ihrem Verdienst und ihrem eigenen Wert zuschreiben und so in ihrem **„Rühmen vor Gott"** bestärkt werden. Aber alles „Nicht-Seiende" kann in dem Ruf Gottes nur seine freie, grundlose Gnade sehen und dankend über sie staunen. Dazu aber hilft die „Torheit der Verkündigung", die von den Weisen, Starken und Vornehmen verächtlich abgelehnt und von den in sich selbst „Frommen" empörend gefunden wird[3].

In diesem Abschnitt hören wir es dreimal hintereinander: **„Gott hat auserwählt."** Wir begegnen dem Geheimnis der Erwählung. Ein Geheimnis ist sie, nicht eine rationale Theorie, gegen die man dann andere Stellen der Bibel ausspielen könnte. Die Tatsache liegt unübersehbar vor Augen. Gott hat aus der ganzen Bevölkerung der Küstenstadt diese kleine Schar meist unbedeutender Menschen herausgerufen und ist an vielen anderen vorbeigegangen. Hat Gott nicht ein Recht dazu? Ist Gott irgendeinem Menschen „verpflichtet", ihn mit seiner Gnade zu beschenken, wenn Gnade noch wirklich „Gnade" sein soll? Hat ein todeswürdiger Rebell irgendeinen Anspruch auf die Gnade seines Königs? Wer sich erwählt und errettet sieht, kann nur staunen und anbetend danken. Und wer sich von Gottes Erwählen bisher übergangen sieht, darf erschrecken und die Gnade Gottes umso heißer suchen. Er wird sie gewiß in Christus finden und nun darin seiner Erwählung staunend und dankend innewerden.

Die Menschen in der Gemeinde in Korinth hatten aber den erwählenden Ruf Gottes gehört und sind ihm gefolgt, indem sie an den gekreuzigten Messias gläubig wurden und sich aus der Verlorenheit erretten ließen. Nun gilt von ihnen: **„Aus Gott seid ihr in Christus Jesus."** Sie, die „Nicht-Seienden", „sind" nun etwas, freilich nicht in sich selbst, sondern nur „in Christus Jesus". Das „Sein in Christus Jesus" ist das einzig wahre Sein, welches „Nichtse" haben können. Sie haben es „**aus Gott**", aus dem wunderbaren Gott, der „das Nicht-Seiende ruft, daß es sei" (Rö 4, 17), und die ganze ungeheure Welt aus dem Nichts geschaffen hat. An ihnen ist die neue Schöpfung geschehen (2 Ko 5, 17). In dieser reichen, üppigen und lasterhaften Hafenstadt sind sie, die Törichten, die Schwachen und Unedlen, die Geringgeschätzten[4], die „Nichtse", nun die Gemeinde des lebendigen Gottes,

---

[3] Gewiß wird sich die Botschaft auch immer wieder um die „Weisen, Starken und Vornehmen" bemühen. Und es wird sich auch unter ihnen immer wieder ereignen, daß Menschen aus ihren Reihen demütiger und hörbereiter sind als mancher „Schwache", der sich selbstgefällig als einen Liebling Gottes betrachtet. Es gibt bei Gott kein allgemein gültiges Schema. Aber es wird sich im Bild der Gemeinde Jesu immer wieder als Tatsache zeigen: „Nicht viele Weise, nicht viele Starke, nicht viele von vornehmer Herkunft." Es wird nun einmal mit der Gemeinde des Gekreuzigten kein Staat zu machen sein. Es darf und soll das auch nie anders werden.

[4] Paulus hat mit feinem Takt des Heiligen Geistes „das" Törichte, „das" Schwache usw. geschrieben, um nicht die einzelnen Gemeindeglieder als „schwach" und „töricht" zu bezeichnen und so zu verletzen.

die Erben ewiger Herrlichkeit. In sich selbst sind sie nichts und haben sie nichts aufzuweisen. Aber sie sind ja „**in Christus Jesus**". Er ist ihr eigentlicher Lebensraum, ihr Lebenselement, und er selbst ist von Gott her die „**Weisheit für uns**", ja auch „**die Gerechtigkeit und Heiligung und die Erlösung**".

So sind sie „töricht, unedel, geringgeschätzt" wirklich nur von der „Welt" her betrachtet. „In Jesus" und „von Gott her" sind sie dagegen wahrhaft weise, stark, edel und hochgeachtet. Und das sind sie nicht etwa nur in einer freundlichen Beurteilung, die sie von Gott erfahren, sondern in einer Wirklichkeit, die sich jetzt schon in ihrem Leben zeigt. Es ist eine wunderbare Tatsache, die wir immer wieder wahrnehmen können, wie in Jesus einfachste Menschen, die in der Welt gar nichts bedeuten, eine erstaunliche „**Weisheit**" besitzen und in ihrem Wissen von Gott die größten Denker der Menschheit überragen.

Aber solche „**Weisheit**", solche wahrhaftige Erkenntnis des lebendigen Gottes ist nicht Sache des Kopfes, sondern erfaßt und bestimmt den ganzen Menschen. Darum fügt Paulus sofort „**Gerechtigkeit**" und „**Heiligung**" erklärend zu der „**Weisheit**" hinzu. Der gekreuzigte Herr, der unsere Schuld trug, verleiht uns die Gerechtigkeit, ja mehr, er selber ist unsere „**Gerechtigkeit**" vor Gott. Darum haben wir die Gerechtigkeit, dieses notwendige Fundament für jedes Stehen vor Gott, für jedes Gebet, für jedes Rechnen mit Gott, so unangreifbar und gewiß, weil wir sie nicht in uns selber haben, sondern in Jesus selbst. Jesus ist aber auch unsere „**Heiligung**", wie wir auch übersetzen können, „unsere Heiligkeit". Wir hörten es sofort im 2. Vers: Wir sind „Geheiligte in Christus Jesus". Auch unsere Heiligung und ihr Ergebnis, die Heiligkeit, ist nicht unsere Leistung. Wie schlecht wäre es dann mit ihr bestellt. Nun aber sind wir fort und fort in der Heiligung, wenn wir nur fort und fort in Christus Jesus sind. V. 30 ist darum eine wichtige Grundlage für eine wirklich „evangelische" Lehre von der Heiligung. Hier wie in Rö 6 ist es nicht ein neues „Gesetz", sondern die Person Jesu selbst und unsere Verbundenheit mit ihr, worauf sich die Möglichkeit und Wirklichkeit eines neuen Lebens gründet.

Jesus ist aber auch unsere „**Erlösung**". Jesus hat der Schlange den Kopf zertreten und dem Tode die Macht genommen. Dieser sein Sieg ist unser Sieg, weil und wenn wir „in ihm" sind. Schon jetzt wird Jesus mannigfach als unsere „Erlösung" offenbar. Wieviel Erlösung, wieviel Freiheit, wieviel Sieg liegt in jedem Christenleben. Noch freilich sind wir zugleich „Wartende" (V. 7). Aber in der neuen „Offenbarung unseres Herrn Jesus Christus" (V. 7) wird es an uns die sichtbare und alles erfüllende Wirklichkeit sein, daß wir völlig gerecht, völlig heilig, völlig erlöst von jedem Verderben als „Unbescholtene" (V. 8) vor ihm stehen.

31 Wer das erfaßt hat, der kann nicht schweigen, der muß davon singen[5] und sagen, der muß ein „**Rühmender**" sein. Es gibt kein wirk-

---

[5] I. H. Schröder hat in seinem bekannten Lied „Eins ist Not..." unsern V. 30 benutzt und lebendig ausgelegt.

liches Glaubensleben ohne „Rühmen"[6]. Von dem, „was Gott an uns gewendet hat und seiner süßen Wundertat" kann man nicht stille sein, kann man nicht mit vornehmer Zurückhaltung sprechen. Solche unendlichen Herrlichkeiten treiben zum „Rühmen". Aber dieses Rühmen ist etwas total anderes als das „sich rühmen" des Fleisches. Hier ist das Wort erfüllt, das Gott einst durch Jeremia (9, 22) sagen und schreiben ließ: **„Der Rühmende rühme sich des Herrn."** Jetzt ist Gott allein groß! Jetzt ist der rechte, der ursprüngliche Zustand wieder hergestellt, daß Gott in der Mitte steht, Gottes Name erklingt, Gott „als Gott gepriesen und ihm gedankt wird", ja Gott schon „alles in allen" (15, 28) zu werden beginnt. Dahin aber hat es nur das „Törichte Gottes" und das „Schwache Gottes" im „Wort vom Kreuz" gebracht.

DEM WORT VOM KREUZ ENTSPRICHT AUCH DIE HALTUNG DES RECHTEN BOTEN

1. Korinther 2, 1—5

1 Und auch ich, als ich zu euch kam, Brüder, kam nicht hervorragend in Rede oder Weisheit, euch das Zeugnis Gottes verkündigend.
2 * Denn ich entschied mich dafür, nichts unter euch zu wissen als nur
3 Jesus Christus und diesen als Gekreuzigten. * Und ich meinerseits kam in Schwachheit und in Furcht und in vielem Zittern zu euch,
4 * und meine Rede und meine Verkündigung (geschah) nicht in überredenden Weisheitsworten, sondern in Erweis von Geist und
5 Kraft, * damit euer Glaube nicht beruhe auf Weisheit von Menschen, sondern auf Gottes Kraft.

zu Vers 1:
1 Ko 1, 17
2 Ko 11, 6
Gal 4, 13
1 Jo 5, 9

zu Vers 2:
1 Ko 15, 3
Gal 6, 14

zu Vers 3:
Apg 18, 9
2 Ko 10, 10
11, 30

zu Vers 4:
Mt 10, 20
1 Ko 1, 18. 24
4, 20
2 Ko 6, 7
Rö 15, 19
1 Th 1, 5

zu Vers 5:
Eph 1, 17. 19

„Und auch ich", diese Anknüpfung zeigt, daß Paulus mit diesem Abschnitt seinen Beweisgang fortsetzen will. Wir verstehen den Abschnitt also nur recht, wenn wir ihn nicht isolieren[1], sondern im Zusammenhang der ganzen Erörterung von Kap. 1, 17 an sehen. Die mächtige Eigenart des rettenden Handelns Gottes in der „Torheit" und „Schwachheit" des Kreuzes spiegelte sich deutlich wider in dem eigenartigen Bild, das die Gemeinde bot. Sie bestimmte aber auch die ganze Haltung des Paulus bei seiner Wirksamkeit in Korinth und war an ihr deutlich zu sehen. Die Korinther können von ihr aus erkennen, wie es mit dem „Wort vom Kreuz" steht, und dürfen umgekehrt von dem Wesen der Botschaft her ihren Apostel besser verstehen.

---

[6] Darum sind alle lebendigen Zeiten der Christenheit, vor allem alle Erweckungszeiten, rühmende und singende Zeiten gewesen. Eine stumme und einsilbige Christenheit verrät ihren inneren Tod.

[1] Unser „Perikopen-System" bei den Predigttexten und bei unseren Bibelleseplänen verleitet uns dazu, die Schrift zu zerstückeln und die Einheitlichkeit der Schrift und ihre großen zusammenhängenden Linien zu wenig zu beachten.

„**Als ich zu euch kam, Brüder, kam ich nicht hervorragend in Rede oder Weisheit.**" Das war es ja, was die Korinther an Paulus vermißten. „Denn seine Briefe sind stark und wiegen schwer, aber wenn er selbst anwesend ist, ist er schwach und seine Rede ohne Gewicht" (2 Ko 10, 10). Wir haben von den Briefen her ein falsches Bild des Paulus, wenn wir ihn uns irgendwie „imponierend" und als gewaltigen und hinreißenden Redner denken. Das gerade war er nicht und wollte es auch nicht sein. Denn er sieht darin nicht einen Mangel, den er bedauert, sondern eine heilige Notwendigkeit. Er will gar nicht „**hervorragend in Rede oder Weisheit**" sein[2]. So hat er es schon 1,17 gesagt.

Er „**verkündigte ja das Zeugnis Gottes**". Wieder ist dies wie in Kap. 1, 6 das Zeugnis über Gottes Taten und zugleich das Zeugnis, das Gott von sich selbst in seinen Boten ablegt. Wo es aber um „Gott" geht, da zerbricht alle Redekunst und alle Weisheit an diesem ungeheuren Gegenstand und wird vor ihm in ihrer ganzen „Eitelkeit" offenbar.

2   Und dies wird vollends klar durch den Inhalt des „Zeugnisses Gottes". Paulus spricht davon in der Form eines persönlichen „Entschlusses". „**Denn ich entschied mich dafür, nichts unter euch zu wissen als nur Jesus Christus und diesen als Gekreuzigten.**" Das „Zeugnis Gottes" ist dem Menschen so fremd, es schlägt seinem natürlichen Selbstbewußtsein so ins Gesicht, es enttäuscht so sehr alle Wünsche, die er auch im Hören auf die Botschaft von Gott zunächst hat, daß schon ein „Entschluß" dazu gehört, nur dieses Zeugnis auszurichten und nichts zu kennen als dieses „Wort vom Kreuz".

Es regte sich wohl damals schon etwas von der Geistesbewegung, die wir später als die „Gnosis" kennen. „Gnosis" heißt „Erkenntnis". Wie Paulus die Erkenntnis zu schätzen wußte, haben wir in Kap. 1, 5 gesehen. Aber nun wird aus der „Erkenntnis" das selbstische Streben des gefallenen Menschen, der nicht als ein Verlorener glaubend von der Gnade Gottes leben, sondern seinerseits im „Erkennen" Gott beherrschen und Gott in sein Gedankensystem einfangen will. Der heilige, lebendige Gott wird zum „Objekt" des menschlichen Denkens und Verstehens. Tief sitzt dieses Verlangen im Menschen nach dem Sündenfall. Darum sucht der Mensch instinktiv eine Theologie und eine Verkündigung, die dieses Verlangen erfüllt, die ihm über Gott alles „beweist" und „erklärt" und ihm den Zusammenbruch vor Gott und das glaubende Ergreifen der Rettung erspart.

Paulus hat diesem Verlangen, das in Korinth aufbrach, mit Unerbittlichkeit widerstanden. Das Kreuz des Christus ist der harte, schroffe Fels, an dem es scheitert. Darum „**entschied ich mich dafür, nichts unter euch zu wissen als nur Jesus Christus und diesen als

---

[2] Von hier aus ist zu fragen, wie es eigentlich um unsere ganze Verkündigung in den Kirchen steht. Schätzen wir nicht genau wie die Korinther Redegabe und „Weisheit"? Suchen wir nicht den „bedeutenden Kanzelredner"? Und hat sich nicht unsere Verkündigung weitgehend nach diesem Verlangen gerichtet? Sind unsere Predigten gerade darum so unwirksam, weil sie viel zu „gut" sind?

Gekreuzigten". Daß der Sohn Gottes, der in die Welt kam, als ein Verfluchter am Fluchholz endete, das ist in kein System zu bringen. Das kann der Mensch nicht mehr mit seinem Denken erklären und „beherrschen". Darüber kann man auch nicht glänzend und geistvoll reden. Vor dieser Tatsache gibt es nur Empörung und Spott oder den totalen Zusammenbruch, der uns hinfort glaubend von der unbegreiflichen Gnade Gottes leben läßt und allen adamitischen Versuchen, Gott zu „begreifen", ein Ende macht[3].

Selbstverständlich hat Paulus genauso gewußt und bezeugt, daß Jesus Christus auferstanden ist. Das ganze gewaltige Kap. 15 unseres Briefes zeigt das. Aber auferstanden ist der Gekreuzigte! Und auch in seiner Auferstehungsherrlichkeit bleibt er der, der um unserer Sünden willen dahingegeben wurde[4]. Es kann hier nicht quantitativ gedacht und nicht in isolierten Teilen nebeneinander gestellt werden, was in dem einen Jesus Christus untrennbar zusammengehört. In Jesus Christus verkündigte Paulus stets den Auferstandenen, den Wiederkommenden, aber aller menschlichen „Weisheit" entgegen **„diesen als Gekreuzigten".**

Wie aber sieht eine Verkündigung aus, die diese törichte Botschaft zum Inhalt hat? Wie sieht ein Bote aus, der diese Botschaft in ihrer ganzen „Torheit" und rettenden „Gotteskraft" verantwortlich zu verkündigen hat? Paulus zeigt es der Gemeinde in Korinth und uns an seinem eigenen Beispiel. **„Und ich meinerseits kam in Schwachheit und in Furcht und in vielem Zittern zu euch."** So hatten wir uns einen Paulus nicht gedacht! Deshalb hat man auch versucht, diesen „schwachen, furchtsamen und zitternden" Paulus zu entschuldigen. Man „erklärt" sein Verhalten in Korinth aus dem „Mißerfolg" in Athen. Dort habe er sich allzusehr auf allerlei „Weisheit" eingelassen, das Kreuz viel zu sehr zurückgestellt und gerade darum nichts erreicht. So sei er geschlagen und bedrückt nach Korinth gekommen und habe sich entschlossen, dort nur das Wort vom Kreuz zu bringen[5]. Mit solchen „Erklärungen" verderben wir das ganze Verständnis der mächtigen Aussagen des Paulus. Er sagt gerade nicht: Bei euch in Korinth war ich (durch meinen Mißerfolg in Athen) ausnahmsweise einmal schwach und zitternd, sonst aber bin ich ein starker Mann und imponierender Redner, wie ihr ihn euch wünscht. Nein, im Zusammenhang der ganzen Darlegung von Kap. 1, 17 an sagt Paulus im Gegenteil: das „Wort vom Kreuz" kann man überhaupt nur **„in Schwach-**

---

[3] Von hier aus wird das ruheloses Suchen nach „neuen Wegen" der Volksmission und der Verkündigung überhaupt fraglich. Gewiß muß uns die offenbare Erfolglosigkeit unserer Verkündigung heute, die nicht einmal mehr zum Widerspruch reizt, sehr betroffen machen. Aber ist ihr mit „neuen Methoden" abzuhelfen? Liegt sie nicht vielmehr darin begründet, daß wir mehr und anderes wissen wollen als nur Jesus Christus und diesen als Gekreuzigten?
[4] Darum ist Jesus auch noch auf dem Thron Gottes, „wie ein Lamm, das geschlachtet ist" (Offb 5, 6).
[5] Äußerungen des Apostels wie Gal 3, 1 und 6, 14 zeigen, wie er nicht erst in Korinth, sondern stets und überall in dem gekreuzigten Christus, im Wort vom Kreuz, das Zentrum seiner Verkündigung hatte. Das war, wie wir oben S. 39 sahen, in seiner eigenen Geschichte mit Gott begründet.

heit und in Furcht und in vielem Zittern" verkündigen. „Schwachheit, Furcht und Zittern" ist die notwendige Weise für das Verkündigen dieser Botschaft[6].

Warum ist das so? Hier ist Menschen das Größte zu bezeugen, was ihnen überhaupt gesagt werden kann. Es geht um das Handeln des lebendigen Gottes zur Rettung der Menschen. Sie aus dem ewigen Verderben zu reißen und ihnen im Kreuz Jesu Gottes rettende Weisheit und Kraft zu zeigen, dazu ist Paulus gesandt. Aber dieser ungeheure Auftrag übersteigt alle menschlichen Möglichkeiten. Diese Botschaft kann man keinem Menschen erklären und beweisen. Für sie kann man niemand durch Überredungskunst und rednerischen Einsatz gewinnen. Die Wirksamkeit des Paulus mußte von dieser Botschaft her so sein, wie er sie selbst hier beschreibt: **„Meine Rede und meine Verkündigung** (geschah) **nicht in überredenden Weisheitsworten."** Gerade hier, wo noch ganz anders als bei jeder anderen Rede alles auf den „Erfolg" ankäme, ist der Redner zugleich grundsätzlich und total unfähig zu diesem Erfolg. Diese seine „Schwachheit" treibt ihn in eine tiefe Furcht und läßt ihn immer neu erzittern.

Das von Menschen nicht zu erreichende, aber von Gottes freier Gnade geschenkte Ergebnis dieser „Schwachheit" aber ist der „Erweis von Geist und Kraft". Hier waltet ein unlöslicher Zusammenhang. Weil Paulus „nicht in überredenden Weisheitsworten" evangelisierte, eben darum geschah seine Verkündigung **„in Erweis von Geist und Kraft".** Aber das bedeutet keine verfügbare Entsprechung und führt auch nicht aus dem Zittern und aus der Furcht heraus, sondern erhält darin. Der **„Erweis von Geist und Kraft"** macht Paulus nicht nachträglich doch noch zu einem gewaltigen Redner. Seine Rede blieb für viele in Korinth nach wie vor verächtlich (2 Ko 10, 10). Aber eines geschah: diese Verkündigung schaffte „Glauben". Unter ihr erkannten Menschen ihre Verlorenheit. Vor dem Gottessohn am Fluchholz sahen sie sich als zu recht verfluchte Feinde Gottes und ergriffen mit staunendem Dank die rettende Gotteskraft.

5   Und nun ist gerade durch eine solche „verächtliche" und „schwache" Rede ein unentbehrliches Ergebnis erreicht. Der Glaube der Korinther **„beruht nicht auf Weisheit von Menschen, sondern auf Kraft Gottes".** Sie müssen nicht fürchten, nur von der Redegewalt eines begeisternden Mannes fortgerissen zu sein oder dem großartigen Gedankensystem eines überragenden Kopfes zugestimmt zu haben. Das würde nicht standhalten, wenn ein anderer Denker entgegengesetzte Anschauungen noch überzeugender entwickelt oder ein neuer Redner noch hinreißender für andere Ziele wirbt. Menschliche, seelische Einflüsse können immer nur menschliche und darum rasch vergehende Resultate erbringen. Mit **„Geist und Kraft"** meint Paulus aber nicht derartige Dinge, sondern den Geist Gottes, den Heiligen Geist, und die

---

[6] Welch eine „Homiletik" (Lehre von der Predigt) bekämen wir, wenn diese Erkenntnis ihr leitender Grundsatz wäre! Jeder zitternde Bote Jesu darf es jedenfalls wissen, daß es gerade so recht um ihn bestellt ist. Jeder sichere Prediger aber sollte erschrecken.

Kraft Gottes, die von völlig anderer Art ist als alle Kräfte, über die der Mensch verfügt. Dieser „Geist" und diese „Kraft" kann gerade in einer sehr einfachen, stillen und „verächtlichen" Rede das Wunder des Glaubens wirken.

DIE WEISHEIT DES HEILIGEN GEISTES
1. Korinther 2, 6—16

6 **Weisheit aber reden wir unter den Vollkommenen, Weisheit aber nicht dieses Äons und auch nicht der Herrscher dieses Äons, die
7 zunichte werden.** * **Sondern wir reden Gottes Weisheit im Geheimnis, die verborgene, die Gott vorherbestimmt hat vor den Äonen
8 zu unserer Herrlichkeit;** * **welche keiner der Herrscher dieses Äons erkannt hat. Denn wenn sie (sie) erkannt hätten, hätten sie
9 den Herrn der Herrlichkeit wohl nicht gekreuzigt.** * **Nein, (es ist so) wie geschrieben steht: Was ein Auge nicht sah und ein Ohr nicht hörte und auf ein Menschenherz nicht hinaufkam, alles, was
10 Gott bereitet hat denen, die ihn lieben.** * **Uns hat es Gott ja offenbart durch den Geist. Denn der Geist erforscht alles, auch die Tie-
11 fen Gottes.** * **Denn wer von den Menschen weiß von den Dingen des Menschen als nur der Geist des Menschen, der in ihm (ist)? So hat auch die Dinge Gottes niemand erkannt als nur der Geist Got-
12 tes.** * **Wir aber haben nicht den Geist der Welt empfangen, sondern den Geist aus Gott, damit wir wissen können, was uns von Gott
13 gnädig geschenkt ist.** * **Davon sprechen wir auch, nicht in von menschlicher Weisheit gelehrten Worten, sondern in vom Geist gelehrten, indem wir Geistliches mit Geistlichem vergleichend deu-
14 ten** (oder: indem wir Geistesmenschen Geistesdinge deuten). * **Der seelische Mensch aber nimmt nicht an die Dinge des Geistes Gottes. Torheit ist es ja für ihn, und er ist nicht imstande (es) zu er-
15 kennen, weil es geistlich beurteilt wird.** * **Aber der Geistesmensch
16 beurteilt alles, er selbst aber wird von niemand beurteilt.** * **Denn wer erkannte den Sinn des Herrn, der ihn unterweisen könnte? Wir aber besitzen den Sinn Christi.**

zu Vers 6:
Mt 20, 25 f
Rö 11, 33
1 Ko 3, 18
Phil 3, 15

zu Vers 7:
Lk 10, 21 f
Rö 16, 25
Eph 3, 4—9
Kol 1, 26

zu Vers 8:
Lk 23, 34
Jo 1, 10
Apg 3, 17
13, 27

zu Vers 9:
Jes 52, 15
64, 3 f
Jer 3, 16 f

zu Vers 10:
Spr 20, 27
Da 2, 22
Mt 13, 11
Rö 11, 33

zu Vers 11:
Mt 16, 23
Jo 8, 14
16, 13 f

zu Vers 12:
Rö 8, 15. 32
1 Jo 5, 20

zu Vers 13:
Jo 14, 26
1 Ko 2, 1. 4
2 Pt 1, 21

zu Vers 14:
Jo 8, 47
3, 11
1 Ko 1, 23
Jak 3, 15
Jud 19

zu Vers 15:
1 Ko 14, 24

Das Verlangen nach „Weisheit" bei den Korinthern hat Paulus in den drei zusammengehörenden Abschnitten Kap. 1, 18—25; 1, 26—31; 2, 1—5 mit tiefem Ernst abgewiesen. Aber Paulus weiß es wohl: es ist kein Verlangen in uns hineingelegt, für das nicht Gott auch die Stillung bereit hätte. Nur die ichhafte und eigenmächtige Befriedigung wird uns verwehrt, weil sie nur eine scheinbare ist und uns in Wirklichkeit verdirbt. So kann Paulus die Forderung nach „Weisheit" mit aller Entschlossenheit ablehnen und nun doch nach dieser ganzen Klarstellung schreiben: „**Weisheit aber reden wir unter den Voll-**

zu Vers 16:
Jes 40, 13;
Jer 23, 18;
Rö 11, 34

6 kommenen"[1]. Wenn in allen Völkern der Erde in Mythen, Religionen, Dichtungen und Philosophien darum gerungen wird, ein Gesamtbild der Wirklichkeit zu gewinnen und vor allem das Wesen des Menschen und den Sinn seines Lebens zu erfassen, sollte Gott dies einfach nur abweisen und verurteilen? Nein, Gott sättigt diesen Hunger des Menschenherzens. Aber freilich, nur Er selbst „in der Weisheit Gottes" kann es tun.

Aber wie tut er es? Was ist diese „Weisheit Gottes"? Es kommt für das Verständnis unseres Briefes, ja des ganzen Christentums überhaupt viel darauf an, wie wir den ersten Satz unseres Abschnittes hören: **„Weisheit aber reden wir unter den Vollkommenen."** Meint Paulus, bisher habe er freilich nur von dem „Wort vom Kreuz" gesprochen als von einer Botschaft, die die Fernstehenden und die Anfänger im Christentum brauchen; die Korinther sollen aber wissen, daß er für die reifen Christen eine Lehre habe, die weit darüber hinausgehe und ihnen eine „Weisheit" vermittle, wie sie sie wünschen? Oder haben wir den Satz so zu fassen: „Weisheit ist es aber doch, was wir in der törichten Botschaft vom Kreuz sagen"? Also gerade das Wort vom Kreuz ist die tiefste Weisheit Gottes. Freilich nur die „Vollkommenen" können das erkennen. Ist es so gemeint? Der Schluß des 3. Kapitels wie auch der ganze Zusammenhang der Ausführungen von Kap. 1, 18 an beweist eindeutig, daß nur dieses Verständnis des ersten Satzes das rechte und von Paulus gemeinte ist.

Hier fallen für uns Entscheidungen, die unsere ganze Theologie und unser ganzes Christsein bestimmen. Immer wieder hat man in der Gemeinde das Wort vom Kreuz, die Botschaft von der Rechtfertigung der Gottlosen, als eine bloße „Anfangsstufe" des Christentums angesehen, die der „vollkommene" Christ zugunsten von etwas „Höherem" überschreiten muß. Paulus aber hat in seinen Briefen dieses angeblich „Höhere" als die schwere Bedrohung des wirklichen Christseins bekämpft (Galaterbrief, Kolosserbrief) und sucht den Korinthern (wie in anderer Weise den Römern) zu zeigen, daß alles Höchste und Tiefste, die vollkommene „Gerechtigkeit" wie die wahrhafte „Weisheit", gerade in der Tatsache liegt, daß der Christus Gottes für uns Gottlose am Fluchholz stirbt. Die Entscheidung dafür, daß wir wirklich nichts anderes mehr wissen als allein Jesus Christus und diesen als Gekreuzigten, fällt im Personenzentrum unseres Wesens und ist die Entscheidung gegen unser Ich für die Liebe. Das wird Paulus im Fortgang seines Briefes zeigen.

Freilich, dieses rechte Verständnis erfassen gerade nur die „**Vollkommenen**". Das Wort befremdet uns. Wir sind empfindlich gegen jeden „Perfektionismus", gegen jede Einbildung und Anmaßung von „Vollkommenheit". Wir denken sofort zu Phil 3, 12 hinüber, wo selbst ein Paulus alles „Fertigsein" von sich weist. Aber gerade in Phil 3

---

[1] Hier setzt Paulus wieder das „Wir" an die Stelle des „Ich": er ist nicht der einzige, der „Weisheit redet". Ja, gerade da will er nicht der Überragende sein, der allein eine einzigartige Weisheit hat. Das wäre bestimmt wieder jene ichhafte Weisheit, vor der er die Korinther schützen wollte.

verwendet er selbst wenige Zeilen später das Wort „vollkommen" für bestimmte Gemeindeglieder (Phil 3, 15). Es hat also mit „Perfektionismus" nichts zu tun, macht aber Ernst mit der Tatsache, daß es im Leben der Wiedergeborenen ein Wachstum und Reifen gibt. In Kap. 3, 1 f wird Paulus es gerade den selbstsicheren und auf die Höhe ihres Christenstandes stolzen Korinthern sagen, daß sie in seinen Augen noch „Unmündige" sind, denen man „feste Speise" noch gar nicht zumuten kann. Es gibt aber auch „Mündige", „erwachsene" Christen, Herangereifte. Sie werden im Gegensatz zu den Anfängern die „teleioi"[2] genannt. Sie sind Christen, wie sie sein sollen, und in diesem Sinn „vollkommen" (vgl. Kap. 14, 20; Eph 4, 13; Kol 1, 28; 4, 12; Hbr 5, 14).

Unter diesen **„Vollkommenen"** redet Paulus Weisheit, **„Weisheit aber nicht dieses Äons"**. Das Wort „Äon" bedeutet „Weltzeitalter". Es ist hier (wie auch Gal 1, 4) umfassend gebraucht und meint die ganze Weltzeit seit dem Sündenfall. Diese ganze Weltzeit hat ihr eindeutiges Gepräge eben durch den Sündenfall, durch die „Entfremdung" von Gott (Eph 4, 17 f). Darum ist auch alle „Weisheit" dieses Äons, wie großartig und klug sie in sich selber immer sein mag, zur Erkenntnis der göttlichen Wahrheit notwendig unbrauchbar. Paulus kann und will darum mit dieser „Weisheit" nichts zu tun haben und sich in keiner Weise auf sie einlassen. Wir sahen ja schon (vgl. o. S. 38), daß **„an der Weisheit Gottes die Welt mittels der Weisheit Gott nicht erkannte"** und wesensmäßig nicht erkennen konnte. Wie sollte ein Bote des gekreuzigten Christus sich irgendwie dieser Weisheit bedienen können!

Paulus sieht dabei aber „diesen Äon" nicht nur als eine Sache der Menschen an. Schon das Judentum wußte von Engelmächten, die die Welt und die Geschicke der Völker in ihr beherrschen (vgl. Da 10, 8—21). Paulus nimmt diese Überzeugung auf, die seinem Volk geschenkt worden war. Er spricht von den **„Herrschern dieses Äons"** und meint damit nicht den Kaiser in Rom und die Fürsten der größeren und kleineren Völker. Er denkt an die Engel, die er anderweitig als „Throne, Herrschaften, Fürstentümer und Gewalten" bezeichnet (Rö 8, 28; Kol 1, 16; Eph 6, 12). Es sind aber „Engel", die in den Losriß von Gott sich hineinziehen ließen, die darum zu „diesem Äon" gehören und dem Gericht Gottes entgegengehen, das von der Gemeinde Jesu mit gehalten werden wird (6, 3; 2 Pt 2, 4). Sicherlich haben solche Engelwesen eine „Weisheit", die noch größer und umfassender ist als alle menschliche Weisheit. Aber die Weisheit gottfeindlicher Engel ist von einem widergöttlichen Grund her geprägt und darum im tief-

---

[2] Das Wort „teleioi" kommt auch in der Sprache der Mysterienkulte vor, um hier die voll Eingeweihten zu bezeichnen. Es wäre möglich, daß Paulus auf griechischem Boden den Ausdruck so aufgegriffen hat. Das Wort meint aber auch ganz allgemein die ausgewachsenen Lebewesen und kann so auch von erwachsenen Tieren im Gegensatz zu ihren Jungen gebraucht werden. Dieser allgemeine Sinn des Erwachsenen, Reifen, Mündigen gibt gerade das wieder, was Paulus hier wie ebenso Kap. 14, 20 und Eph 4, 13 sagen will. Der Rückgriff auf die Mysteriensprache ist also überflüssig und bei einem Israeliten wie Paulus unwahrscheinlich.

sten lieblos und zersetzend. Die Weisheit, die Paulus als der Bote Jesu bringt, kann nur in vollem Gegensatz zu solcher **„Weisheit der Herrscher dieses Äons"** stehen[3].

7 Die Weisheit, die Paulus den Vollkommenen bringt, ist völlig anders. **„Wir reden Gottes Weisheit im Geheimnis, die verborgene, die Gott vorherbestimmt hat vor den Äonen zu unserer Herrlichkeit."** Was der Mensch so heiß ersehnt und in seinen Weltanschauungen doch verfehlt, den Einblick in den Sinn und das Ziel dieser ganzen rätselhaften Schöpfung und in ihr des rätselhaften Wesens „Mensch", das gerade kann **„Gottes Weisheit"** uns geben. Freilich, sie bleibt dabei **„im Geheimnis"**. Sie ist **„die verborgene"** Weisheit. Ein „Geheimnis" ist etwas, was nicht einfach alle wissen, weil es allgemein bekannt und einsichtig ist. So können Menschen ein Geheimnis miteinander haben, und es ist ihre Sache, ob und wem sie etwas davon mitteilen wollen. Noch ganz anders hat Gott in seinem Herzen ein kostbares Geheimnis. Es ist sein wunderbarer Liebesplan, den er schon **„vor den Äonen"**, vor der Weltschöpfung, **„vorherbestimmt hat zu unserer Herrlichkeit"**. Niemand wußte etwas von diesem Plan. Darum ist es dann im V. 10 ein staunender Jubel der Gemeinde: „Uns hat es Gott offenbart durch seinen Geist." Wir dürfen nun das Geheimnis kennen. Ein „Geheimnis" ist aber nicht ein „Rätsel". Ein Rätsel ist völlig unverständlich, bis man es „gelöst" hat, dann aber ist es auch völlig klar. Ein „Geheimnis" dagegen ist wohl mitteilbar und erfahrbar, bleibt aber auch als ein vernommenes und erkanntes von unausschöpfbarer Tiefe und überragt alle Berechenbarkeit und Einsichtigkeit. So spricht Paulus von dem „Geheimnis" in der Führung Israels (Rö 11, 25), vom „Geheimnis" der Gemeinde (Eph 3, 3; 5, 32; Kol 1, 26 ff), vom „Geheimnis" der Gesetzlosigkeit (2 Th 2, 7) und dann auch von den „Geheimnissen" Gottes, über die die Apostel als Haushalter gesetzt sind (Kap. 4, 1). So ist auch der große Plan Gottes mit der Schöpfung und vor allem mit dem Menschen ein solches „Geheimnis", keineswegs einfach unerkennbar, aber so groß und so wunderbar, daß man ihn nicht mit den „Weisen, Schriftgelehrten und Wortfechtern dieses Äons" durchschauen und geistig beherrschen kann, wie die Korinther es wollten. Des Menschen stolze Überlegenheit, mit der er sogar Gott und seinen Schöpfungsplan in die Hand zu bekommen wünscht, muß jener staunenden Anbetung weichen, mit der Paulus das 11. Kapitel des Römerbriefes beschließt: „O welch eine Tiefe des Reichtums, beides, der Weisheit und der Erkenntnis Gottes! Wie gar unbegreiflich sind seine Gerichte und unerforschlich seine Wege!" (V. 33). Aber gerade, wenn der Mensch anbetend aller ichhaften Größe entsagt, verliert er nichts, sondern gewinnt über alles Erwarten hinaus eine Hoheit, die Gottes wunderbare Liebe ihm bestimmt hat. Gottes geheimnisvoller Weltplan zielt auf **„unsere Herrlichkeit"**. Was schon im Entwurf der Schöpfung des Menschen angelegt war,

---

[3] **Auch hier ist Paulus mit Jakobus ganz einer Meinung, es gibt eine „Weisheit", die „irdisch, sinnlich, dämonisch" ist** (Jak 3, 15).

Schöpfung zum Bilde Gottes, das wird am Endziel verwirklicht. Darum hat es Jesus in seinem letzten Gespräch mit dem Vater sagen können: „Vater, ich will, daß, wo ich bin, die bei mir seien, die du mir gegeben hast, daß sie meine Herrlichkeit sehen" (Jo 17). Denn eben im Sehen des| „Herrn der Herrlichkeit", „wie er ist" (1 Jo 3, 3), werden wir „ihm gleich sein", endgültig selber „herrliche" Menschen bis in den „Leib der Herrlichkeit" hinein (Phil 3, 21). Unaussprechliches hat Gott für den Menschen bereit. So unsagbar groß ist der Mensch[4].

Die „Weisheit" Gottes steht nicht nur hinter dem hohen Ziel, das er sich mit der Schöpfung und mit dem Menschen gesteckt hat, sondern gilt vor allem von dem erstaunlichen, von niemand geahnten Weg, den Gott geht, um dieses Ziel trotz Sündenfall und Verlorenheit des Menschen und trotz aller Macht und List Satans zu erreichen. Dadurch wird deutlich, daß die Weisheit Gottes nicht eine Weisheit ist, die über die Torheit der Kreuzesbotschaft hinausführt. Nein, gerade das Kreuz steht im Mittelpunkt des Weltplanes Gottes. Auf das Kreuz laufen alle Wege Gottes zu von dem „ersten Evangelium" in 1 Mo 3, 15 an über die Berufung Abrahams, die Erwählung Israels, die Sendung der Propheten bis zu dem Kommen Jesu in die Welt. Und vom Kreuz her geschehen alle rettenden Taten Gottes in der Welt bis zur Wiederkunft des Herrn und der Erneuerung der ganzen Schöpfung. Und noch in der Vollendung gilt aller anbetender Jubel „dem Lamm, das erwürgt ist" (Offb 5, 12); „die Leuchte der ewigen Gottesstadt ist das Lamm" (Offb 21, 23). Ein Geheimnis unergründlicher, anbetungswürdiger Weisheit Gottes liegt darin, daß die ganze Preisgabe des heiligen Gottessohnes, sein völliges Opfer im Gehorsam, zur Rettung der Verlorenen, der Feinde Gottes, wird.

Wenn wir diese Weisheit Gottes als reife Christen erkennen, dann wissen wir nicht eigentlich quantitativ mehr als das Wort vom Kreuz, aber wir wissen und erfassen es qualitativ anders, tiefer, umfassender, staunender[5].

Diese Weisheit Gottes hat **„keiner der Herrscher dieses Äons erkannt"**. Nicht weil sie nicht klug genug dazu gewesen waren, sondern weil sie in ihrer Feindschaft gegen Gott blind waren. Seine opfernde Liebe, die den heiligen und reinen Sohn dahingibt für Gottlose, Sünder und Feinde (Rö 5, 5 ff), können sie in ihrer Ichhaftigkeit und Lieblosigkeit nicht fassen. Gottes „Torheit" und „Schwachheit" am Kreuz vermochten sie nicht zu verstehen. Sie meinten, der Herrschaft Gottes

8

---

[4] Darum war es ein schwerer, das ganze Christentum entstellender Verlust, als wir uns daran gewöhnten, im „Seligwerden" das Ziel zu erblicken. „Selig" (wörtlich: „errettet") werden wir jetzt und hier. Das Ziel aber ist nicht „Seligkeit", ungestörter persönlicher Glücksgenuß, ein sicherer Platz im Himmel, sondern volle und ganze Herrlichkeit! Wie anders werden wir leben, loben, lieben, wenn wir dieses Ziel erfaßt haben!

[5] Spurgeon, dieser mächtige und innerlich unerhört reiche Prediger, sagte auf seinem letzten Krankenlager: „Meine Theologie wird immer einfacher, sie besteht nur noch aus vier Worten: Jesus starb für mich." Genau dies hatte der 16jährige bei seiner Bekehrung erfaßt. „Mehr" wußte nun der alte, gereifte Gottesmann auch nicht. Aber wie anders, wie erfüllter sagte sein Herz jetzt diese vier Worte!

durch die Kreuzigung Jesu einen entscheidenden Schlag versetzen zu können. So stehen sie als die letzten Verantwortlichen hinter der Kreuzigung Jesu (ohne die Verantwortlichkeit der Menschen aufzuheben). Aber wie die Führer Israels mit ihren Maßnahmen gegen Jesus nichtsahnend und wider Willen gerade Gottes Plan zum Ziel bringen müssen (vgl. Apg 13, 27), so haben auch die überirdischen gottfeindlichen Gewalten mit der Kreuzigung Jesu gerade das erreicht, was sie nicht wollten, und damit auch ihren eigenen Untergang herbeigeführt. Sie sind nun die, „die zunichte werden". Darum stellt Paulus fest: „**Wenn sie** (Gottes Weisheit) **erkannt hätten, hätten sie den Herrn der Herrlichkeit wohl nicht gekreuzigt.**"

9   Wieder ist es Paulus wichtig, daß er dies alles nicht nur selber sieht, sondern daß es so schon die Schrift ausgesprochen hat. „**Nein, (es ist so) wie geschrieben steht: Was ein Auge nicht sah und ein Ohr nicht hörte und auf ein Menschenherz nicht hinaufkam, alles, was Gott bereitet hat denen, die ihn lieben.**" Wir finden freilich das angeführte Schriftwort Jes 64, 4 nicht einfach im gleichen Wortlaut in unsern Bibeln. Die ersten Christen waren nicht „historisch" ängstlich im Gebrauch der Schrift. Sie hatten ja auch nicht das gedruckte Bibelbuch neben sich liegen, sondern trugen das Wort der Schrift im Gedächtnis. Es verbinden sich ihnen dabei auch verschiedene Stellen der Schrift miteinander. So denkt Paulus hier vielleicht mit an das in Israel viel zitierte Wort Ri 5, 31. Aber gerade so ist Paulus mit Recht überzeugt „**es steht geschrieben**", die Schrift spricht es schon aus. Die „Herrlichkeit", die Gott uns bereitet, geht über alles hinaus, was wir selber sahen und hörten oder was als Denken und Hoffen in unserem Herzen aufstieg. Dieses, alle Vorstellungsmöglichkeiten überragende Geschenk gibt Gott „**denen, die ihn lieben**". Die stolzen Weisen, die alles geistig zu beherrschen suchen, „lieben" nicht. Jedoch nur die Liebenden werden Erben der Herrlichkeit sein. Paulus wird im Verlauf seines Schreibens immer wieder auf diese entscheidende Wahrheit zurückkommen und ihr durch die Stellung des 13. Kapitels zwischen Kap. 12 u. 14 einen gewaltigen Ausdruck geben.

Aber Paulus meint auch hier nicht nur, und im Zusammenhang unseres Abschnittes nicht einmal in erster Linie, die zukünftige Herrlichkeit. „**Was ein Auge nicht sah**", das ist der Messias am Schandpfahl. Was „**ein Ohr nicht hörte**", das ist Kunde von dem König, der selber die Strafe für die Rebellen erlitt. Was „**auf ein Menschenherz nicht hinaufkam**", was ein Menschenherz sich nie erdenken konnte, ist die Liebe Gottes, die für eine Welt der Sünde und Gottlosigkeit den geliebten Sohn hingab. Das „**alles hat Gott bereitet denen, die ihn lieben**". Und diese Menschen, die ihn lieben, schafft Gott gerade erst durch das Kreuz, durch seine „Schwachheit und Torheit".

10 Freilich, damit solche Menschen zustandekommen, die Gott lieben und seine Weisheit im Kreuz verstehen, dazu bedurfte es eines weiteren Handelns und Gebens von Gottes Seite, von dem Paulus nun spricht. Warum können wir erfassen, was auch die größten Geister dieser Welt, ja selbst die „Herrscher dieses Äons" nicht erkannten?

Das ist nicht etwa das Verdienst unserer Frömmigkeit. Nein, „uns hat es Gott ja offenbart durch den Geist".

Was das bedeutet, legt Paulus nun den Korinthern dar. Gerade sie, die einzelne, auffallende Wirkungen des Geistes überschätzen, haben es nötig zu sehen, worin das grundlegende, anbetungswürdige Werk des Geistes Gottes besteht. Wir nehmen dabei den V. 11 voraus. Paulus knüpft an unser menschliches Leben an, wie es jeder bei sich selbst beobachten kann. „**Wer von den Menschen weiß von den Dingen des Menschen als nur der Geist des Menschen, der in ihm** (ist)?" Wir Menschen tragen einen „Geist" in uns, durch den wir unser selbst bewußt sind. Darum sehe und höre, fühle und will ich nicht nur, sondern bin mir auch bewußt, daß ich sehe, höre, fühle, will und weiß, was dabei in mir vor sich geht[6]. Aber freilich, nur je unser eigener Geist in uns weiß darum. Wir können es einem andern nie wirklich mitteilen. Darum gibt es ständig die schmerzlichen Mißverständnisse zwischen uns, trotz aller intensiven Gespräche. Erst wenn wir unseren Geist in die anderen hineinlegen könnten, würden sie uns sofort ganz und gar verstehen und „**von den Dingen des Menschen**" wissen. Aber das können wir nicht.

Was hat dieses „Gleichnis" nun im Blick auf Gott zu sagen? Es ist mehr als ein „Gleichnis". Es ist ernst damit, daß wir nach dem Bilde Gottes geschaffen sind. Unser menschliches Innenleben spiegelt tatsächlich das innere Leben Gottes wider, auch wenn jetzt bei uns alles durch die Sünde entstellt und verfinstert ist. Darum müssen wir es in aller Ehrfurcht aussprechen: wie wir als Menschen den „Geist" in uns haben, durch den allein wir wissen, was in uns vor sich geht, so gibt es auch in Gott den „Geist", durch den Gott um sich selbst weiß. „**Denn der Geist erforscht alles, auch die Tiefen Gottes.**" Wie staunen wir schon über den Geist des Menschen, der so viel erforscht, der von der winzigen Erde aus in die Tiefen des Weltalls vorstößt und von Sternenmeeren weiß, die in einer Entfernung von vielen Millionen Lichtjahren ihre Bahn ziehen, und der zugleich in das Allerkleinste, in die Welt der Atome, eindringt und ihren Aufbau zu ergründen sucht. Wie staunen wir über die „Tiefen des Menschen", wie sie uns die großen Dichter sehen lassen. Wie bewegt und erschrocken stehen wir vor den Abgründen unseres eigenen Herzens. Aber was ist dann erst der Geist Gottes, der „alle Dinge" erforscht! Welche unerhörten, geheimnisvollen „**Tiefen**" sind erst in Gottes Wesen[7]! Aber Gott selbst weiß um die ungeheuren Tiefen Gottes und sieht in seinem Geist in die Gründe seines eigenen Herzens.

---

[6] Daß diese unsere Selbsterkenntnis eine verdorbene und begrenzte ist, daß erst in schwierigen „Analysen" die eigentlichen Tiefen unseres Wesens aus dem „Unterbewußten" ans Licht gehoben werden müssen, ja daß nur Gott uns wirklich kennt (Ps 139!), das alles kann jetzt unberücksichtigt bleiben. Die unleugbare Tatsache unseres Wissens um uns selbst genügt an unserer Stelle.

[7] Wie jämmerlich klein und arm ist meist unser Denken über Gott. Wie einfach meinen wir den „lieben Gott" erkennen zu können. Wie selbstverständlich maßen wir uns an, ihn zu „verstehen". Das Wort von den „Tiefen Gottes" ist uns sehr nötig, und wir sollten lange vor ihm stehen bleiben.

11 Aber gibt es dann überhaupt Erkenntnis Gottes für uns Menschen? Hier bricht wirklich das ganze Problem der Gotteserkenntnis auf. Wenn es schon von uns Menschen gilt, daß kein Mensch den andern wirklich kennen und verstehen kann, gilt das nicht noch in ganz anderem Maße für das Verhältnis von Mensch und Gott? Bleibt es hier nicht ganz und gar bei dem Satz: **„So hat auch die Dinge Gottes niemand erkannt als nur der Geist Gottes"**? Keine genaue Beobachtung eines Menschen, kein Umgang mit ihm, kein Gespräch läßt uns wirklich in sein Herz schauen. Erst recht führen uns alle Hinweise auf Gott in Natur und Geschichte nur ganz von außen an Gott heran, ohne uns sein Inneres, sein Herz zu erschließen[8]. Ja, sogar das Wort, das Gott spricht, läßt uns als solches Gott noch nicht wirklich kennen. Wir mißverstehen es genauso, wie wir sogar das Wort des uns doch so nahestehenden Menschen falsch auffassen. Darum ist auch die Bibel als solche nicht ausreichend zur eigentlichen Kenntnis Gottes[9].

Es ist uns sehr nötig, daß wir so radikal vor die Frage der Erkenntnis Gottes gestellt werden[10]. Denn nur so ermessen wir die ganze Notwendigkeit des Geistes Gottes für uns und ahnen die ganze Größe und Herrlichkeit dessen, was Gott uns mit der Gabe seines Geistes geschenkt hat.

Wir Menschen können nicht unsern Geist, mit dem wir uns selber kennen, in eines andern Menschen Herz tun, damit der andere an unserer Selbsterkenntnis teilhat und uns wahrhaft versteht. Aber Gott hat gerade dies getan und seinen eigenen Geist — denn das ist der „Heilige Geist" — in Menschenherzen hineingelegt, so daß er nur in Menschenherzen „wohnt". Wie ungeheuer ist das: Gottes eigner Geist in den Herzen von „Gottlosen, Sündern, Feinden" (Rö 5, 5 ff)! Gottes Gnade ist nicht auszudenken, die das geplant, in der Hingabe des eigenen Sohnes vorbereitet und ermöglicht und dann am Pfingsttag erfüllt hat. Auch das gehört mit zu der „Weisheit Gottes im Geheimnis, der verborgenen, die Gott vorherbestimmt hat vor den Äonen zu unserer Herrlichkeit".

12 Die Größe dieser Gabe ermessen wir an ihrer Wirkung. Denn den Geist Gottes besitzen, das heißt nichts Geringeres als teilhaben an der

---

[8] Hier liegt die Grenze aller „Gottesbeweise". Es bleiben aber die Aussagen von Rö 1, 19 f und Apg 14, 17 in Kraft. Wie ich eines Menschen Existenz und mancherlei von seiner Art erfassen kann, wenn ich sein Haus, seinen Garten, sein Arbeiten sehe, ohne ihn aber damit schon wirklich persönlich zu „kennen", so ist auch Gottes Dasein an seinen „Werken" und Gaben soweit zu erkennen, daß ich ihn als Gott ehren und ihm danken könnte und müßte.
[9] Hier liegt der Grund, warum der „Schriftbeweis" für sich noch keinen Menschen zu überzeugen und keine theologischen Streitfragen wirklich zu entscheiden vermag. Hier erklärt es sich, warum man die Bibel von klein auf kennen und doch Gott wesenhaft fern sein kann.
[10] Unsere ganze Zeit tut uns dabei einen heilsamen Dienst. Es ist in der Welt, wie wir sie in diesen Jahrzehnten erlebt haben, alles andere als selbstverständlich, daß es Gott gibt und daß Gott Liebe ist. Die Religionskritik des Marxismus sagt uns im Verfolg von Gedanken Feuerbachs, daß der Mensch der Schöpfer der „Götter" ist und in seinen Gottesbildern nur seine eigenen Wünsche und Sehnsüchte in den Himmel projiziert. Haben wir dagegen etwas Reelles zu sagen? Es ist immerhin wichtig, daß die Bibel selber die schärfste „Religionskritik" übt und in aller Klarheit feststellt, daß es wahre Erkenntnis Gottes vom Menschen aus nicht gibt.

1. Korinther 2, 6—16

Selbsterkenntnis Gottes. Es ist ja der Geist, der auch die Tiefen Gottes erforscht. Nun gibt es wahrhaftige Erkenntnis Gottes, nicht nur Rückschlüsse auf Gottes Existenz und Wesen von seinen „Werken" her, sondern Erkenntnis Gottes von innen her, von dem Blick in die Tiefen des Herzens Gottes[11].

Für Paulus ist es im Blick auf sich selbst und auf die ganze bluterkaufte und geistgetaufte Gemeinde gewiß: **„Wir aber haben nicht den Geist der Welt empfangen, sondern den Geist aus Gott."** Noch einmal weist Paulus darauf hin, daß die einzelnen Menschen nicht so selbständig sind, wie sie meinen. Es gibt einen **„Geist der Welt"**, der „den Geist des Menschen, der in ihm ist" bestimmt und formt. Darum die überraschende Ähnlichkeit im Denken und Leben aller Menschen über alle Unterschiede und Gegensätze hinweg. Und dieser „Geist der Welt" ist blind und taub und tot für Gott. Mitten in dieser Welt aber gibt es Menschen, die nicht mehr unter diesem Geist der Welt stehen, sondern „den Geist aus Gott empfangen haben"[12]. Bei ihnen formt und bestimmt dieser Geist aus Gott das ganze Denken und Leben. Darum sind sie bei aller Verschiedenheit ihrer völkischen und persönlichen Art, bei aller weiten Trennung von Raum und Zeit einander im Innersten gleich, „allzumal einer in Christus (Gal 3, 28), und verstehen sich sofort in einer wunderbaren Einheit über alle Unterschiede hinweg, der Schwarze mit dem Weißen, der Arbeiter mit dem Professor, der moderne Mensch mit dem Mann des Altertums.

Durch den Geist Gottes haben wir Anteil an dem Blick in die Tiefen Gottes. Nun brauchen wir nicht mehr zu fürchten, daß wir nur ein menschliches Bild von Gott haben, das Gottes wirkliches Wesen gar nicht erreicht. So wie wir Gott im Heiligen Geist erkennen, so ist Gott tatsächlich und bis in die Tiefe seines Wesens hinein. Aber dieses Erkennen Gottes bleibt an die Offenbarung Gottes gebunden. Durch den Heiligen Geist **„können wir wissen, was uns von Gott gnädig geschenkt ist"**. Wir erfassen das Herz und Wesen Gottes in Christus, sehen den Vater im Sohn (Jo 14, 9), die Klarheit Gottes in dem Angesicht Jesu Christi (2 Ko 4, 6). Aber der Geist Gottes ist es, der „Jesus verklärt" und uns Gottes Wesen in dem Menschen Jesus von Nazareth schauen läßt (Jo 16, 14). Erst im Heiligen Geist erfassen wir, daß Gott unendlich ernster und heiliger ist, als wir es je denken konnten, und die Sünde haßt, wie wir Sünder es nicht ahnen konnten. Der Geist schafft das erschrockene Gewissen in den vorher so sicheren Menschen. Und nur durch den Geist erkennen wir, daß dieser heilige Gott zugleich die Sünder mit einer bedingungslosen Gewalt liebt, die alles Denken übersteigt. Der Heilige Geist zeigt uns im

---

[11] Zinzendorf rühmt das: „Halleluja! Welche Höhen, welche Tiefen reicher Gnad, daß wir dem ins Herze sehen, der uns so geliebet hat, daß der Vater aller Geister, der der Wunder Abgrund ist, daß Du, unsichtbarer Meister, uns so fühlbar nahe bist!"

[12] Es ist eine der entscheidenden Fragen an die Christen von heute, ob sie das noch bekennen können. Wie unbekannt ist der 3. Artikel in weiten Teilen der Christenheit. Wie fremd und unverstanden bleibt das Pfingstfest. Hier liegt die eigentliche Wurzel der ganzen Not und Ohnmacht der Christenheit heute. Man hat geradezu Angst, hier ein klares Bekenntnis abzulegen wie Paulus.

Kreuzesgeschehen die Einheit dieser Heiligkeit und dieser Liebe Gottes. Er zeigt uns dies alles im Wort der Schrift. Er öffnet uns die Schrift, daß unsere Herzen brennen. Nun erst verstehen wir die Bibel und finden in ihr das geistgewirkte und geistererfüllte Zeugnis der Wahrheit und Gnade Gottes. Vor allem aber tut der Heilige Geist das Wunder, daß ein Mensch im Blick auf das Kreuz unmittelbar das „Für mich! Für mich!" erfaßt, das er mit keinen eigenen Bemühungen und Anstrengungen je erfassen konnte. Nun können wir wirklich in aller Bestimmtheit und Gewißheit wissen, was uns (wirklich uns selbst) von Gott geschenkt worden ist. Wie unentbehrlich zum tatsächlichen Christsein ist die Gabe des Heiligen Geistes[13].

13 Weil wir in Klarheit **„wissen können, was uns von Gott gnädig geschenkt ist"**, vermögen wir davon auch zu **„sprechen"**. Freilich **„nicht in von menschlicher Weisheit gelehrten Worten"**, die hier völlig versagen müssen. Wir brauchen dazu **„vom Geist gelehrte Worte"**. Aber was sind das für Worte? Denkt Paulus hier an die Worte der „Zungenrede"? Handelt es sich um eine Art „Fachsprache" für göttliche Dinge, so wie der Arzt für die Krankheitsvorgänge seine besondere Fachsprache entwickelt hat, die der Laie nicht versteht? So könnten wir meinen, wenn Paulus erläuternd hinzufügt: **„Indem wir Geistliches mit Geistlichem vergleichend deuten"**, oder „indem wir geistliche Inhalte in geistgewirkte Formen kleiden"[14]. Wir könnten auf Kap. 14, 2 vorausblicken, wo Paulus vom Zungenredner sagt: „Im Geist redet er Geheimnisse." Aber das tut der Zungenredner nur für sich selbst. Darum ist für Paulus nicht das Reden mit der „Zunge", sondern das „prophetische Reden" die notwendigste Geistesgabe. Im „propheteuein" erfolgt das von Gott erfüllte und bevollmächtigte Reden in ganz einfachen und verständlichen Worten, so daß die Gemeinde dadurch gebaut und gerade auch der Fernstehende ins Herz getroffen und überwunden werden kann (14, 4; 14, 24 f). Das wird Paulus auch an unserer Stelle mit dem **„Sprechen in vom Geist gelehrten Worten"** meinen[15].

[13] Diese eindeutige, klare, in allen Zeiten und an allen Orten übereinstimmende Gewißheit Gottes durch Gottes eigenen Geist steht der Feuerbachschen Religions-Kritik entgegen. Diese Gewißheit ist nicht das Produkt unserer „Furcht" oder die Projektion unserer „Wünsche". Hier ist etwas an uns geschehen, was wir selber nicht gewünscht haben. Wir wurden von einer Wirklichkeit bezwungen, von der wir zuvor nichts ahnten. Wirklich, „was ein Auge nicht sah, ein Ohr nicht hörte, was auf eines Menschen Herzen nicht hinaufkam", das ist uns erschlossen worden. Daher geht es zu dieser Gewißheit auch nicht auf geradem Wege von unserem natürlichen Menschenwesen aus, sondern immer nur durch ein Geschehen, das einen Bruch mit unserem Wesen und eine radikale Wende unseres ganzen Daseins bedeutet.

[14] Es läßt sich freilich das erste Wort auch als Maskulinum fassen und dann übersetzen: „Indem wir Geistesmenschen Geistesdinge vergleichend deuten." Dann würde der nächste Satz besonders kräftiges Profil gewinnen: der nur seelische Mensch nimmt diese geistlichen Inhalte nicht an: es müssen schon selber Geistesmenschen sein, zu denen wir sprechen. Aber dann wäre gerade die „Evangelisation" von Paulus hier ausgeschlossen worden, die sich doch an solche wendet, die noch nicht „Geistesmenschen" sind und zu denen Paulus sich doch besonders gesendet wußte.

[15] So entspricht der Aussage des Paulus auch unsere eigene Erfahrung: gerade die geistgesalbten Zeugen Jesu sprechen sehr einfach; ein Kind kann sie verstehen. Aber sie haben sich ihre Worte nicht selber erdacht oder erarbeitet. Wirklich der Geist Gottes hat sie ihnen gegeben.

Freilich, es muß nicht so gehen, wie Paulus es in Kap. 14, 24 f schildert. Von Natur ist es vielmehr so: **„Der seelische Mensch aber nimmt nicht an die Dinge des Geistes Gottes. Torheit ist es ja für ihn, und er ist nicht imstande, (es) zu erkennen.** Hier taucht wieder das Wort „Torheit" auf und weist uns erneut auf das „Wort vom Kreuz" zurück. Dieses ist „Torheit", nicht weil es intellektuell dumm ist, sondern weil es der selbstsüchtigen Klugheit des Ichmenschen widerspricht. Der **seelische Mensch"** ist wirklich, wie Luther übersetzt, der „natürliche" Mensch, der nur das hat, was er in sich selbst, in seiner „Seele" besitzt und was der „Geist der Welt" ihm zuträgt. Für ihn ist die Schwachheit und Torheit Gottes in seiner rettenden Liebe ebenso unbegreiflich, wie seinem Stolz die Behauptung seiner Verlorenheit und Sündhaftigkeit empörend bleibt. Darum also, aus so tiefen Wesensgründen heraus, ist er **„nicht imstande zu erkennen"**, was Gottes Geist in der Kreuzesbotschaft ihm zeigen will. **„Auf Geistesweise wird beurteilt."** Damit ist nicht eine besonders hohe intellektuelle oder theologische Kunst gemeint. Wir haben vielmehr daran zu denken, daß die Liebe die eigentliche Frucht des Geistes ist (Gal 5, 22; vgl. W.Stb. Galaterbrief S. 121 f). Das „Beurteilen auf Geistesweise" geschieht aus der Liebe heraus und ist genauso wie das Ablehnen beim seelischen Menschen eine Sache der ganzen Person. Zum Verwundern ist es also nicht, wenn die Botschaft nicht verstanden und mit Empörung oder mit Spott abgelehnt wird. Es ist natürlicherweise so. Zum Staunen ist es immer nur, wenn sie dennoch in ein Herz eindringt, weil Gottes Geist in diesem Herzen Raum gewinnt[16]. Da kommt dann die „geistliche Beurteilung" zustande, die Gottes Wahrheit erfaßt.

14

Paulus fügt hinzu: **„Aber der Geistesmensch beurteilt alles, er selbst aber wird von niemand beurteilt."** Solch eine geheimnisvolle Größe ist jeder wirkliche „Geistesmensch". Dieses Wort „pneumatikos = Geistesmensch" sagt aus, daß hier das ganze innere Leben eines Menschen vom Geist Gottes erfaßt und bestimmt ist. Hier liegt der Unterschied zwischen den Gliedern des Alten und Neuen Bundes. Hier ist wirklich „der Kleinste im Himmelreich größer" als der größte Prophet (Mt 11, 11). Den Propheten besucht der Geist Gottes von Mal zu Mal und gibt ihm die einzelnen prophetischen Erleuchtungen und Worte. Aber seit Pfingsten „wohnt" der Geist Gottes in Menschen und macht sie zu „Geistesmenschen" dauernd und ganz und gar[17]. Aber wenn „der Geist alles erforscht", dann muß ja der vom Geist Erfüllte tatsächlich **„alles beurteilen"** können. Wieder ist der Ausdruck „alles" nicht statistisch zu fassen: er bezieht sich zurück auf **„die Dinge des Geistes Gottes".** Sie „alle" beurteilt der Geistesmensch, während der „seelische Mensch" ratlos vor ihnen steht. Gewiß ver-

15

---

[16] Dazu hilft keine Methode, keine moderne Sprache, keine Anschaulichkeit, keine Zeitgemäßheit, keine noch so gute Exegese, keine existentielle Interpretation. Dazu hilft aber eins: das Ringen um Menschen im Gebet.
[17] Und eben nicht nur die „großen" Männer und Frauen der Christenheit, sondern jeden, der überhaupt Glied am Leibe Christi ist.

stehen und beurteilen Geistesmenschen sich auch gegenseitig. Für alle anderen aber bilden sie ein Rätsel, das sich jeder Beurteilung entzieht. „**Er selbst aber wird von niemand beurteilt.**" Warum ist das so? Paulus begründet es noch einmal abschließend: „**Denn wer erkannte den Sinn des Herrn, der ihn unterweisen könnte? Wir aber besitzen den Sinn Christi.**" Wieder beruft sich Paulus auf die Schrift, auf Jes 40, 13. Hier hat es Gott selbst festgestellt, daß niemand den Geist des Herrn bestimmt und daß es keinen Ratgeber gibt, der Gott unterweisen könnte. Diese absolute Überlegenheit Gottes ist mit dem Geiste Gottes auch dem Geistesmenschen mitgeteilt worden. Darum wird auch der, genauso wie Gott selbst, von niemand beurteilt. So real meint Paulus die Einwohnung des Geistes Gottes in uns. „**Wir aber besitzen den Sinn Christi.**" Dieser Abschluß des Satzes zeigt, in welche Richtung wir bei der geheimnisvollen Art der „Geistesmenschen" zu denken haben. Sie entziehen sich nicht darum aller Beurteilung, weil sie seltsame und bizarre Dinge sagen oder tun, sondern weil sie in der Liebe („Christi Sinn"!) in der Tat Ungewöhnliches denken, wider alle natürliche Art reagieren und überraschende Taten tun und die nur „seelischen", und also ichhaften Menschen immer neu in Erstaunen versetzen. So „beurteilen sie alles", nicht als die ständigen Besserwisser, die überall kritisieren, aber als die Liebenden, die auf den Grund der Dinge sehen, wo andere bei allem besten Willen vergeblich an der Oberfläche herumkritisieren.

DIE ROLLE DER BOTEN IN DER GEMEINDEARBEIT

1. Korinther 3, 1—9

zu Vers 1:
Mk 4, 33
Jo 16, 12
1 Ko 2, 15

zu Vers 2:
Gal 5, 19—21
1 Th 2, 7
1 Pt 2, 2
Hbr 5, 12—14

zu Vers 3:
1 Ko 1, 10 f
11, 18
Jak 3, 14—16

zu Vers 4:
1 Ko 1, 12

zu Vers 5:
Apg 18, 24. 27
19, 1

zu Vers 6:
Apg 18, 4. 11

1 **Und ich meinerseits, Brüder, war nicht imstande zu sprechen zu euch als zu Geistesmenschen, sondern als zu Fleischesmenschen, als**
2 **zu Unmündigen in Christus.** * **Milch gab ich euch zu trinken, nicht**
3 **Speise; denn ihr vertrugt** (das) **noch nicht.** * **Aber ihr vertragt** (es) **auch jetzt noch nicht; noch seid ihr ja Fleischesmenschen. Denn wo unter euch Eifersucht und Streit** (ist)**, seid ihr da nicht Fleisches-**
4 **menschen und wandelt nach Menschenart?** * **Denn wenn einer sagt: „Ich gehöre zu Paulus", ein anderer: „Ich zu Apollos", seid ihr nicht**
5 (rechte) **„Menschen"?** * **Was ist denn Apollos? Was ist Paulus? Diener, durch welche ihr zum Glauben kamt, und** (zwar so) **wie es**
6 **jedem der Herr gegeben hat.** * **Ich meinerseits habe gepflanzt, Apol-**
7 **los hat begossen, aber Gott hat wachsen lassen.** * **Daher ist weder der Pflanzende etwas noch der Begießende, sondern der wachsen-**
8 **lassende Gott.** * **Der Pflanzende und der Begießende sind eins; jeder aber wird seinen eigenen Lohn empfangen nach seiner eigenen**
9 **Arbeitsmühe.** * **Denn Gottes Mitarbeiter sind wir; Gottes Ackerfeld, Gottes Bau seid ihr.**

1. Korinther 3, 1—9

Auch Paulus kennt echte, göttliche Weisheit, nach der die Korinther verlangen. Aber gerade ihnen hat er sie bisher nicht geben können. Wenn sie hier einen Mangel in der Arbeit des Paulus unter ihnen spüren, dann liegt der Grund dieses Mangels nicht in Paulus, sondern in ihnen selbst. Nur „unter den Vollkommenen" konnte und wollte Paulus „Weisheit reden" (2, 6). Aber solche „Vollkommenen" waren sie im Anfang bei der Gründung der Gemeinde nicht und konnten es auch gar nicht sein. Sie waren damals noch „Fleischesmenschen".

Paulus wählt dabei des Wort „sarkinos" im Unterschied zu dem nachher und sonst durchgängig gebrauchten „sarkikos", um rein sachlich und ohne Aburteilung die faktische Fleischesnatur ihres Wesens zu kennzeichnen. „Fleischern" waren sie damals, nicht „fleischlich", aber in diesem Sinn doch auch „Fleischesmenschen". Danach mußte sich die Verkündigung des Paulus in der Anfangszeit richten. **„Und ich meinerseits, Brüder, war nicht imstande zu sprechen zu euch als zu Geistesmenschen, sondern als zu Fleischesmenschen."**

Sie kamen unter der Verkündigung zum Glauben. Sie wurden dadurch Menschen „in Christus". Die ganze Wirklichkeit des Christseins in seinem unabsehbaren Reichtum war ihnen geschenkt[1]. Paulus nimmt nicht zurück, was er im Dank des Eingangsgrußes von der Gemeinde gesagt hat. Aber noch waren sie dabei innerlich unmündig, unreif, noch gar nicht „vollkommen"[2]. Sie waren „in Christus", aber **„Unmündige in Christus".**

Danach mußte sich die Arbeit und Verkündigung des Paulus richten. **„Milch gab ich euch zu trinken, nicht Speise."** Paulus mußte beim Abc der Botschaft stehen bleiben[3].

Das alles ist in der Form der Vergangenheit ausgesprochen. Damals, im Anfang des Gemeindelebens, war es völlig normal und verständlich. Leider aber blieb es nicht „Vergangenheit". Dieser Zustand, der Vergangenheit sein sollte, dauert bis heute an und wird als „Gegenwart" ein unnormaler und bedenklicher. Die „Unmündigen" sollten inzwischen „Erwachsene" geworden sein und „Speise" vertragen können. **„Aber ihr vertragt (es) auch jetzt noch nicht; noch seid ihr ja Fleischesmenschen"**[4]. Jetzt wird der schroffe Ausdruck „sarkikoi =

zu Vers 7:
Rö 9, 16
zu Vers 8:
1 Ko 3, 14; 4, 5
zu Vers 9:
Mt 13, 3—9. 38
2 Ko 1, 24
Eph 2, 20

1

2

3

---

[1] Das ist der Tatbestand, wie wir ihn alle aus der ersten Zeit unseres Christseins kennen. Glückselig und dankbar nahmen wir die Errettung durch das Kreuz Jesu an und lebten darin. Aber wir verstanden alles noch nicht und erfaßten die Weisheit Gottes in seinem großen Heilsplan in keiner Weise. Wir waren noch kleine Kinder.
[2] Wie wichtig ist das für uns. Wir leben so leicht in falschen Systematisierungen und von daher in einem falschen Entweder-Oder: ganze Christen oder noch gar nichts. Aber es gibt das, was in Korinth uns vor Augen gestellt ist: eine wirkliche Gemeinde, berufene Heilige, reich an Wort und Erkenntnis, und doch zugleich noch „fleischern" und „unmündig" mit schweren Schäden und Entstellungen. In solchen Fällen müssen wir beides zusammen festhalten: den ganzen Dank für Gottes Werk in Menschen und die unerbittliche Klarheit für die kranken Zustände.
[3] Wie lebendig bleibt das NT in seiner Ausdrucksweise. Das „Milchtrinken", das für Paulus und den Hebräerbrief (5, 11—14) ein bloßer Anfangszustand ist, ist für Petrus die Kennzeichnung der „Ernährung" des Christen überhaupt: 1 Pt 2,1 f.
[4] Das ist genau die Not auch unserer Gemeinden, die in Jahren und Jahrzehnten immer gleich „unmündig" in den Kinderschuhen und in den Kinderkrankheiten bleiben.

Fleischliche", also „Fleischesmenschen" im eigentlichen Sinn, gebraucht.

Wie kommt Paulus zu diesem harten Urteil über eine Gemeinde, die so hoch von sich denkt, die auch von Paulus als eine echte Gemeinde, als eine Schar von „berufenen Heiligen" (1, 1) angesehen wird und in deren Mitte sich tatsächlich ein so reiches und bewegtes Gemeindeleben entfaltet, wie Paulus es in Kap. 14, 26 schildern kann? Nun bestätigt sich, was wir eben als den eigentlichen Wesenszug des „Geistesmenschen" feststellten, der „alles beurteilt". Der Geistesmangel der Korinther zeigte sich nicht im Fehlen hoher Gedanken oder auffallender Gaben und Kräfte. An „allem Wort" und „aller Erkenntnis" waren sie reich, und an „irgendeiner Gnadengabe" standen sie hinter keiner Gemeinde zurück (1, 5. 7). Aber es ist höchst kennzeichnend für Paulus, daß er in diesem allen gerade nicht das Wesentliche einer geistererfüllten Existenz sieht, sondern eine Gemeinde mit einem lebhaften Gemeindeleben (14, 26), mit Zungenrede und Heilungsgabe doch für „fleischlich" und „unmündig" erklärt, weil „Eifersucht und Streit" in ihrer Mitte ist. **„Denn wo unter euch Eifersucht und Streit (ist), seid ihr da nicht Fleischesmenschen und wandelt nach Menschenart?"** Hier tragen sie ganz die alte Menschennatur an sich, denn gerade dies kennzeichnet „den Menschen", wie er von Natur ist. Das ist das Gegenteil zu „dem Sinn Christi".

Wir haben gelernt, uns gegen die „Vermoralisierung" des Christentums zu wehren. Wir haben neu begriffen, daß es zuerst auf die „Erste Tafel" der Gebote ankommt. Was „Sünde" ist, ermißt sich am 1. Gebot, und das neue Leben des Erretteten und Wiedergeborenen zeigt sich im Kindesschrei „Abba Vater", in der Liebe zu Gott, im Beten-Können, im Leben aus dem Wort. Aber nun haben wir nicht zu übersehen, daß Jesus selbst der Nennung des 1. Gebotes als des größten und vornehmsten hinzugefügt hat: „Das andere ist ihm gleich, du sollst deinen Nächsten lieben wie dich selbst." Paulus erweist sich in unserm Brief als der echte Jünger und Bote Jesu. Eifersucht und Streit in der Gemeinde sind ihm nicht geringe Dinge neben den großen Herrlichkeiten des Zungenbetens und anderer Geistesgaben, sondern werden zum Gericht über die Gemeinde und erweisen sie trotz ihres sprühenden Geisteslebens als „fleischlich"[5] und ungöttlich. So ernst ist es um unser Zusammenleben miteinander und um die Dinge der „Zweiten Tafel"!

4 **„Denn wenn einer sagt: ‚Ich gehöre zu Paulus', ein anderer: ‚Ich zu Apollos', seid ihr nicht** (rechte) **‚Menschen'?"** Noch einmal kommt Paulus auf die Streitigkeiten in der Gemeinde zurück. Jetzt wird erst ihr ganzes Gewicht deutlich. Jetzt kann er ihren tieferen Grund aufdecken. Es zeigt sich in ihnen, daß die Korinther bei aller scheinba-

---

[5] Wir haben zugleich zu lernen, daß das Wort „fleischlich" keineswegs nur oder in erster Linie das geschlechtliche Gebiet meint. Wir sehen sehr einseitig die „Sünde" und das „Fleisch" immer nur auf diesem Gebiet und richten sehr streng alles, was dort geschieht. Paulus aber sah in „Eifersucht und Streit" das „fleischliche" Wesen der Korinther, also in Dingen, die wir leider viel zu leicht hinnehmen, gerade auch in unseren gläubigen Kreisen.

ren Höhe und Größe ihres Gemeindelebens doch „rechte Menschen" geblieben waren. Und dadurch wurden sie aus „fleischernen" Menschen erst wirklich „fleischliche" Menschen. Denn nun wandeln sie nach „Menschenart". Sie halten ihre natürliche Menschenart auch als Christen noch fest und verfestigen sie dadurch in gefährlicher Weise.

Dadurch ist auch ihr Streben nach Weisheit gerichtet. Sie wollen jene imponierende Weisheit, bei der man innerlich der alte Mensch bleiben und unbeschwert in Eifersucht und Streit leben kann. Nicht um Irrlehre handelt es sich in Korinth, die man darum auch vergeblich hinter den „Parteien" in Korinth aufzuspüren versucht hat. Von Irrlehre könnte höchstens in Kap. 15 bei den Leugnern der Auferstehung die Rede sein. In allen anderen Kapiteln ist es immer wieder die Fleischesart, die zu den verschiedenen Nöten in Korinth geführt hat[6].

So „menschlich" wäre auch Paulus, wenn er jetzt reagierte, wie der Mensch von Natur in solchem Falle zu reagieren pflegt, wenn er sich an seinen Anhängern freute, mit Wohlgefallen das „Ich gehöre zu Paulus" vernähme und mit Eifersucht auf die blickte, die sich zu Apollos rechnen. Aber er sieht es durch den Heiligen Geist und den „Sinn Christi" ganz anders. Paulus und Apollos — von Kephas spricht er jetzt nicht mehr, weil dieser nicht in dauernder Verbindung mit der korinthischen Gemeinde stand — sind nicht „Herren", denen Menschen „gehören", sondern sind **Diener, durch welche ihr zum Glauben kamt"** und damit in die rettende Gemeinschaft mit Christus. Und selbst diesen ihren „Dienst" taten sie nicht von sich aus, sondern waren völlig auf das Geben des Herrn angewiesen. Sie taten ihn so, **„wie es jedem der Herr gegeben hat"**.

Wie ist in diesem Satz des Paulus Demut und Größe vereint. Nur „Diener" zu sein und sein zu wollen, das ist der volle Gegensatz zur Art des „Menschen", das ist der „Sinn Christi" (2, 16), der Sinn dessen, der „nicht gekommen ist, sich dienen zu lassen, sondern zu dienen und sein Leben zu geben zur Erlösung für viele"(Mt 20, 28). Wieder, wie oft in den Briefen, sehen wir, wie Paulus in dem Wort des „historischen Jesus" lebt. Er tut es so tief und ganz, daß er es nicht einmal ausdrücklich anzuführen braucht, sondern unmittelbar in seiner ganzen Haltung wiedergibt. Aber wie groß wird zugleich ein Leben durch solchen Dienst. Menschen kommen dadurch zum Glauben, Frucht für die Ewigkeit entsteht[7].

Weil der Dienst aber immer nur so gelingt, **„wie es jedem der Herr gegeben hat"**, ist der Dienst und sein Erfolg unterschiedlich. **„Ich habe gepflanzt, Apollos hat begossen."** Paulus meint mit diesem Bild nicht,

---

[6] So lebenswichtig der Gegensatz von „reiner Lehre" und „Irrlehre" ist, es war doch ein schwerer Schade für die Kirchen der Reformation, daß sie fast völlig in dem Eifer für die rechte Lehre und in der Bekämpfung der Irrlehren aufgingen. Das, worum es einem Paulus im Blick auf das Gemeindeleben in Korinth ging, den Gegensatz von fleischlicher und geistlicher Art, sah und beachtete man überhaupt nicht. Und doch entscheidet sich an unserem Zusammenleben die Wirklichkeit und Echtheit unseres Geistesbesitzes.

[7] Auch wir sind gewürdigt zu solchem Dienst, auch durch uns sollen Menschen zum Glauben kommen. Wie leer bleibt das Leben eines Predigers, wenn dies nicht in seinem Dienst geschieht.

daß nur er Menschen für Jesus gewonnen und Apollos diese Gewonnenen nur gepflegt und gefördert habe. Als „Diener, durch den ihr zum Glauben kamt" hatte Paulus soeben auch Apollos ausdrücklich bezeichnet. Der Blick des Paulus geht auf die Gemeinde als ganze, nicht auf die einzelnen, die zum Glauben kamen. Für die Gemeinde als solche war und blieb Paulus der, der sie erstmalig „gepflanzt" hat. Danach kam Apollos und „begoß", wobei die Gemeinde sichtlich wuchs und größer wurde durch den Hinzutritt neugewonnener Glieder. Aber Paulus wählte die Ausdrücke mit großem Bedacht. Nicht nur um die Verschiedenheit des Dienstes zu kennzeichnen, sondern um vor allem hervorzuheben: wenn es durch unsern Dienst zum Glauben kam, dann konnten w i r dabei immer nur „pflanzen" und „begießen",

7 „aber Gott hat wachsen lassen". Denn Leben schaffen und gar Glaubensleben, göttliches Leben, das vermag kein Mensch, das kann nur Gott. „**Daher ist weder der Pflanzende etwas noch der Begießende, sondern der wachsenlassende Gott.**" Wieder wie in Kap. 1, 26 ff werden wir auf die Frage des „Seins" gewiesen. Nicht nur die geringen Gemeindeglieder in Korinth, sondern auch die großen Boten Jesu, ein Paulus und ein Apollos, „sind nichts" (vgl. o. S. 22 f). Sie vermögen nichts Entscheidendes auszurichten. Nur der wachsenlassende Gott „ist" etwas. Aber in diesem Gott haben auch die Boten ihre Bedeutung, die als in Gott allein begründet ein- und dieselbe für die „Pflan-

8 zenden" wie für die „Begießenden" ist. So fährt Paulus fort: „**Der Pflanzende und der Begießende sind eins**", jeder gleich nötig, jeder auf das Geben und Wirken des Herrn angewiesen. Keiner kann sagen, welches das größere Werk sei: eine Gemeinde an einem Ort wie Korinth erstmalig gründen oder sie gerade in einer Stadt wie Korinth am Leben erhalten und mehren. Gott selbst muß das eine wie das andere tun. Eifersucht zwischen dem „Pflanzenden" und „Begießenden" und Eifersucht in der Gemeinde für den einen und für den andern ist völlig fehl am Platz und verkennt die eigentliche Wirklichkeit. Beide „**sind eins**" und dürfen darum auch miteinander und für die Gemeinde „**eins**" sein.

Freilich gibt es für die Diener „Lohn". Das ganze NT zweifelt nicht daran, daß der Herr seinen Dienern „Lohn" zahlt[8]. Aber das ist nun ganz wichtig: dieser „Lohn" richtet sich nicht nach dem „Erfolg" der Arbeit, sondern nach ihrer „Mühe". Der „Erfolg" ist ja immer „Frucht", die wir überhaupt nicht schaffen können, sondern nur der „wachsenlassende Gott". Dafür können wir darum auch nicht belohnt werden, sondern „**jeder aber wird seinen eigenen Lohn empfangen nach seiner eigenen Arbeitsmühe**". Das Wort „Arbeit" hat hier — wie in der ganzen, so realistischen Bibel — den Sinn der „Mühsal". Wirkliche Arbeit ist nie einfach Vergnügen, auch gerade die „geistliche" Arbeit, der Dienst an der Gemeinde Gottes, ist es nicht. Sie ist harter und ermüdender Einsatz der Kraft. Die Briefe der Apostel zeigen uns sehr an-

---

[8] Wer den „Lohngedanken" als unterwertig ablehnt, versteigt sich auf idealistische Höhen und wird irgendwann zu spüren bekommen, daß er sich tatsächlich „verstiegen" hat.

schaulich, wie diese „Arbeitsmühe" aussieht, welche Fülle von Kampf, Kummer, Enttäuschungen und Rückschlägen neben aller Freude mit dem Dienst an der Gemeinde verbunden ist. Paulus ist überzeugt: „Ich habe mehr gearbeitet als sie alle" (15, 10). Er wird gerade den Korinthern, die den geistlichen Genuß liebten, sehr ernstlich schildern, was apostolische „Arbeit" heißt (4, 6—13). An dem Maß solcher Arbeit bemißt sich der Lohn. Den Lohn zahlt aber nicht die Gemeinde nach ihrer Gunst und Ungunst, sondern der Herr.

„Denn Gottes Mitarbeiter sind wir." Es ist hier tatsächlich so wie draußen im Garten. „Wachsen lassen" können wir dort nichts. Und doch wächst es auch wieder nicht ohne uns. Gott ist der große „Arbeiter". Aber in seiner Liebe hat er von der Schöpfung her (vgl. 1 Mo 1, 28; 2, 15) den Menschen zum „Mitarbeiter" haben wollen. Er will ihn zum Mitarbeiter auch bei dem größten, was er schafft, bei dem Werden und Wachsen der „Gemeinde Gottes".

9

Hier ist eine lebendige Wahrheit ausgesprochen, die als „lebendige" notwendig widerspruchsvoll ist und sich nicht in ein einliniges System einfangen läßt. Darum sind wir ständig in der Gefahr, sie nach der einen oder anderen Seite zu verkehren. Mächtig tönt es durch den kurzen Satz des Paulus: „G o t t e s Mitarbeiter, G o t t e s Ackerfeld, G o t t e s Bau." Wehe, wenn der Mensch meint, mit seinem Einsatz und mit seinen alten und modernen Mitteln hier selber etwas „schaffen" zu können. Es straft sich das durch die Ohnmacht und Fruchtlosigkeit aller Bemühungen. Nur in Gottes Hand sind die Werkzeuge etwas. In seiner Hand dürfen auch die kümmerlichsten und — menschlich gesehen — unbrauchbarsten Werkzeuge Großes vollbringen[9]. Aber ebenso falsch ist eine Lehre von der „Alleinwirksamkeit Gottes", die das Wort „Mitarbeiter" nicht mehr ernst nimmt. Wieviel Not und Ohnmacht liegt in der Christenheit vor, weil Gott sich vergeblich nach „Mitarbeitern" umsieht. Unsere treffliche Dogmatik mit ihrem Hinweis auf die „Alleinwirksamkeit Gottes" kann unbewußt oder sogar bewußt ein „Unterstand" sein, in dem wir uns gegen Gottes Ruf und Zugriff sichern. „G o t t e s Ackerfeld, G o t t e s Bau" — gerade darum, weil wir hier an Gottes Eigentum unsern Dienst tun, ziemt uns der äußerste Einsatz und die willige Arbeitsmühe.

---

[9] Es ist immer wieder zum Anbeten und sehr tröstlich für uns, wie Gottes Treue die „Mitarbeiter" auch bei so vielem Versagen nicht wegwirft, sondern in seinem Dienst behält und seine göttliche Macht gerade dadurch verherrlicht, daß er mit ihnen trotz ihres Versagens zum Ziel kommt.

DAS GERICHT ÜBER DIE MITARBEIT AM GEMEINDEAUFBAU

1. Korinther 3, 10—17

zu Vers 10:
Rö 15, 20
1 Ko 15, 10
Eph 3, 2. 7
Hbr 6, 1

zu Vers 11:
Mt 16, 18
Apg 4, 11 f
Eph 2, 20
1 Pt 2, 4—6
Hbr 13, 8

zu Vers 13:
1 Ko 4, 5
2 Ko 5, 10

zu Vers 16:
1 Ko 6, 19
2 Ko 6, 16
Rö 8, 9

10 Nach der Gnade Gottes, die mir gegeben ist, habe ich als ein weiser Baumeister das Fundament gelegt; ein anderer aber baut darauf.
11 Ein jeder aber sehe zu, wie er darauf baut. * Denn ein anderes Fundament ist niemand imstande zu legen außer (oder: neben)
12 dem (bereits) gelegten, welches ist Jesus Christus. * Wenn aber einer aufbaut auf das Fundament Gold, Silber, kostbare Steine,
13 Holz, Heu, Rohr, * so wird eines jeden Werk offenbar werden. Denn der Tag wird es kundtun, weil er mit Feuer offenbart wird, und eines jeden Werk, wie beschaffen es ist, das Feuer wird es er-
14 proben. * Wenn jemandes Werk bleiben wird, das er darauf ge-
15 baut hat, wird er Lohn empfangen; * wird jemandes Werk verbrennen, wird er Schaden leiden. Er selbst aber wird gerettet
16 werden, jedoch so wie durchs Feuer. * Wißt ihr nicht, daß ihr Got-
17 tes Tempel seid und der Geist Gottes in euch wohnt? * Wenn einer den Tempel Gottes verdirbt, verderben wird diesen Gott, denn der Tempel Gottes ist heilig, der ja ihr seid.

10   Gott teilt jedem seinen Dienst zu, hatte Paulus gesagt. So kann er ohne Eitelkeit feststellen: „**Nach der Gnade Gottes, die mir gegeben ist, habe ich als ein weiser Baumeister das Fundament gelegt.**" Wieder ist hier beides völlig geeint, die Gnade Gottes, die uns geschenkt sein muß, wenn wir überhaupt etwas wirken wollen und der eigene verantwortliche Einsatz. Das „Fundament" entsteht nicht von selbst. Wir können auch nicht einfach darauflos wirken, weil Gott es schon richtig machen wird. Wer das Fundament haltbar legen will, muß ein „**weiser Baumeister**" sein. Wenn die Korinther an Paulus die rechte „Weisheit" vermissen, so sind sie blind. Das Fundament einer Gemeinde recht zu legen, dazu gehörte mehr Weisheit als zu dem Auftürmen der luftigen Gedankengebilde, mit denen manche in Korinth der Gemeinde imponierten.

Als das Fundament gelegt war, verließ Paulus Korinth, weil sein apostolischer Dienst ihn an neue Orte rief. Bleibt nun der Bau stecken? Nein, „**ein anderer baut darauf**". Darüber aber steht der Ernst der Verantwortung. Es ist freilich „Gottes Bau" (3, 9), und doch wächst dieser Bau nur, indem wir selber tatkräftig bauen. Wir sind dabei frei und selbständig an der Arbeit, keineswegs bloß tote Werkzeuge, die nur passiv von Gott gebraucht werden. Aber gerade, weil es dabei um Gottes Bau geht, ist unsere Verantwortung so groß.

11   Das Fundament der Gemeinde steht freilich einwandfrei fest. „**Denn ein anderes Fundament ist niemand imstande zu legen außer** (oder: neben) **dem (bereits) gelegten, welches ist Jesus Christus.**" Paulus verschiebt mit diesem Satz — wie er es auch sonst gern tut, z. B. 2 Ko

1. Korinther 3, 10—17

2, 14 ff; 3, 2 ff; 3, 14 ff — das Bild, um einen sehr wesentlichen Fortschritt des Gedankens zu gewinnen. Wohl hat Paulus das Fundament der Gemeinde gelegt, als er die Gemeinde in Korinth gründete. Aber nicht dieser Anfang der Gemeinde ist ihr eigentliches „**Fundament**". Der „Grundstein" und „Eckstein" auf dem die Gemeinde ruht, ist Jesus Christus. Achten wir wohl darauf: nicht die Lehre von Jesus Christus, nicht die „Christologie", das Christus-Dogma sah Paulus als das Fundament der Gemeinde an, sondern Jesus selbst, Jesus Christus, den Gekreuzigten und Auferstandenen in Person[1]. Dieses Fundament aber konnte nicht Paulus legen, sondern nur Gott selbst, der den Sohn in die Welt sandte. Dadurch gewinnt die Aussage von dem bereits gelegten Fundament ihre ganze Größe und Wucht. Das Fundament liegt fest, ein für allemal, von dem ewigen Gott selbst gegeben. Nun ist es freilich unmöglich, dem Bau der Gemeinde ein anderes Fundament zugrunde zu legen. Es entstände dann überhaupt keine wirkliche „Gemeinde Gottes". Aller Gemeindebau ist „Aufbau" auf diesem Fundament. Durch diese Wendung des Bildes schließt sich Paulus nun ganz mit ein unter die, die „**aufbauen auf das Fundament**", und unterstellt sich und sein Tun genauso wie das aller andern „Mitarbeiter Gottes" der Feuerprobe des Tages Gottes.

Auf diesem einen Fundament, außer dem es gar kein anderes geben kann, wird „aufgebaut". Was ist damit konkret gemeint? Nun eben der „Aufbau" von „Gemeinde". Da das „Fundament" nicht eine „Lehre" über Christus ist, sondern die lebendige Person Jesus Christus selbst, ist auch das, was darauf gebaut wird, nicht eine gute oder schlechte Theologie, sondern eine Fülle von Personen, durch deren Zugliederung die Gemeinde wächst[2]. Die Gemeinde baut sich auf aus „lebendigen Steinen". Dieses „Bauen" geht fort und fort weiter. Immer „baut einer den andern" (1 Th 5, 11). Jeder ist mit seiner Gabe am Bau der Gemeinde beteiligt (14, 4). Die Heiligen werden „zugerüstet zum Werk des Dienstes, dadurch der Leib Christi gebaut wird" (Eph 4, 12). Apostel, Propheten, Evangelisten, Hirten und Lehrer haben dabei ihre besondere Aufgabe und Verantwortung. Manche Gemeindeglieder haben „sich selbst verordnet zum Dienst der Heiligen" (Kap. 16, 15; 1 Th 5, 12). An die ganze Arbeitsmühe eines Paulus bei solcher „Bauarbeit" wurden wir eben schon erinnert.

Es kann aber beim Gemeindebau „echt" oder „unecht" gebaut werden, mit „**Gold, Silber, kostbaren Steinen**", oder mit „**Holz, Heu, Rohr**". Denn es kann der Zugang zur Gemeinde allzuleicht gemacht werden. Wenn in der Verkündigung die „Weisheit" einzog und das „Wort vom Kreuz" in ihr zurücktrat, dann mochten viele diese Ver-

12

---

[1] Hier hat im Lauf der Kirchengeschichte eine verhängnisvolle Verschiebung stattgefunden. Nicht mehr der lebendige Christus selbst in seiner wirksamen Gegenwart, sondern nur noch eine Lehre über ihn wurde das Fundament der Kirche. Konnte sie darauf wirklich „leben"?
[2] Es entspricht der in Anmerkung 1 gekennzeichneten Verschiebung, wenn man in dem „Gold" oder dem „Heu" die guten oder die schlechten Theologien sieht, die auf dem Fundament der richtigen Christologie aufgebaut werden. Vom wirklichen „Bauen" echter „Gemeinde" weiß man dann nichts mehr.

kündigung gern hören und sich davon angezogen fühlen. Wenn es nicht mehr zu dem letzten Zusammenbruch vor dem Gericht des Kreuzes kommen mußte und zu dem Verzicht auf alle eigene Gerechtigkeit, wenn das Christentum eine einsichtige Weltanschauung wurde, zu der man ohne Bruch im Leben gelangte, war die Tür zur Gemeinde für viele weit offen. Es konnte aber in Fortsetzung dieser Linie auch im Weiterbau der Gemeinde der heilige Ernst und die eigentliche Tiefe eines wirklichen Lebens im Heiligen Geist fehlen und das Gemeindeleben in eine falsche Richtung gelenkt werden. Wie sehr war das für den Blick des Paulus gerade in Korinth der Fall. Wenn es wirklich galt: „alles steht mir frei" (Kap. 6, 12; 10, 23), auch das freie geschlechtliche Verhältnis (Kap. 6), auch die Teilnahme an den Mahlzeiten im heidnischen Tempel (Kap. 8), wenn auf die anstößige Botschaft von der Auferstehung kein Wert mehr gelegt wurde (Kap. 15), wenn die Gemeinde das Leiden vermied und äußerlich groß dastand (4, 8), wenn sie mit auffallenden und interessanten Geistesgaben glänzte (Kap. 12 u. 14), dann konnte sie für viele Menschen in der Stadt anziehend sein und scheinbar aufs beste gedeihen und wachsen. Aber für den Blick des Paulus wurde dann „Holz, Heu, Rohr" mit hineingebaut. Mit solchem Material baut man schnell und billig. Es lassen sich aus Holz und Rohr auch größere Bauten aufführen als aus Gold, Silber und Edelsteinen. Aber der Bau ist minderwertig. Er ist nicht „feuerfest" gebaut worden. Wehe, wenn der Bau ins Feuer hineingerät. „Holz, Heu und Rohr" verbrennen. Nur „Gold, Silber, kostbare Steine" halten das Feuer aus und bleiben bestehen.

13 Dem Feuer aber geht die Gemeinde mit allen ihren Mitarbeitern entgegen. Denn sie geht dem „Tag unseres Herrn Jesus Christus" entgegen, wie es Paulus schon am Anfang des Briefes gesagt hat (1, 8). Es ist der Tag, den sie selbst erwartet und ersehnt. Aber die Gemeinde muß es zugleich wissen, daß dieser Tag „mit Feuer offenbart wird"[3]. Wohl ist er nicht zu verwechseln mit dem Tag des Weltgerichtes, des Gerichtes vor dem großen weißen Thron (Offb 20). Dieses abschließende „Jüngste Gericht" findet erst nach der Entrückung der Gemeinde und nach dem tausendjährigen Reich statt. Bei diesem Weltgericht ist die Gemeinde bereits mit ihrem Haupt völlig und für immer vereint (1 Th 4, 17) und nimmt daher auf seiten des Richters an dem Gericht teil und richtet Welt und Engel mit, wie Paulus es den Korinthern noch ausdrücklich schreiben wird (6, 2 f). Aber vorher geht sie selbst durch ein Gericht hindurch (2 Ko 5, 10), und dieses Gericht ist ernst genug. Es betrifft ausdrücklich „uns" und nicht die Welt. „W i r müssen offenbar werden vor dem Richterstuhl Christi." Der erhöhte Christus aber hat Augen wie eine Feuerflamme (Offb 1, 14). Zu ihm entrückt werden, heißt notwendig in diese Flammen

---

[3] So haben auch die Propheten des Alten Bundes Israel vor einem flachen und leichtfertigen Verlangen nach dem Tag „Jahwes" gewarnt und den erschreckenden Ernst dieses Tages gekennzeichnet (Am 5, 18; Joe 2, 11; Mal 3, 2. 19).

seiner Augen hineinkommen⁴. Dann „**wird eines jeden Werk offenbar werden**". Jetzt kann man noch über die Mitarbeiter und ihre Leistungen streiten. In Korinth meinten viele, daß es in der Gemeinde vortrefflich stehe und daß die neuen Wege des Gemeindeaufbaus in „Weisheit" und „Freiheit" glänzendes Gold und Silber seien. Paulus aber sah darin mit Sorgen die ernste Gefährdung der Gemeinde. Wer hat recht? Paulus oder seine Gegner, die seinen Einfluß in Korinth zu verdrängen suchten, gerade weil sie meinten, daß mit ihm die Gemeinde nicht richtig vorankomme? „**Der Tag wird es kundtun, weil er mit Feuer offenbart wird, und eines jeden Werk, wie beschaffen es ist, das Feuer wird es erproben.**" Paulus nimmt das Ergebnis nicht vorweg. Er stellt seinen Gegnern in Korinth gegenüber nicht von sich aus fest: euer Werk ist nur Holz und verbrennt. Nicht er, Paulus, hat die Augen wie eine Feuerflamme. Aber er stellt seine Gegner wie sich selbst vor den ganzen Ernst jenes Tages.

Ganz gewiß, „**wenn jemandes Werk bleiben wird, das er darauf gebaut hat, wird er Lohn empfangen**". Wenn durch unsern Dienst wirklich Menschen errettet wurden und nun vor dem Angesicht Jesu als ewig Errettete stehen, wie werden sie dann „unsere Hoffnung oder Freude oder Ruhmeskranz vor unserm Herrn Jesus bei seiner Parusie" sein (1 Th 2, 19). Das ist schon herrlicher „Lohn", dem der Herr noch seinen Lohn hinzufügen wird⁵. Aber es kann auch anders kommen, wenn wir zu schnell und zu billig mit „bauen". Dann verwirklicht sich die andere Möglichkeit: „**Wird jemandes Werk verbrennen, wird er Schaden leiden.**" Paulus spricht hier von Mitarbeitern in der Gemeinde, die zwar ungenügend und wertlos bauen, aber doch als Männer redlichen Willens. Darum trifft sie das „Verbrennen" ihres Werkes, die Vergeblichkeit ihrer Lebensarbeit schmerzhaft und schwer. Sie meinten es gut, wenn sie Menschen die gründliche Bekehrung, die ganze geschlechtliche Reinheit, den Bruch mit allem heidnischen Leben, die Leiden um Jesu willen ersparten. Jetzt müssen sie sehen: sie haben damit diese Menschen um das Heil betrogen. Welch ein heißer Schmerz!

Freilich, dies Feuergericht über den Bau der Gemeinde ist mit aller Deutlichkeit nicht das „Weltgericht", bei dem es um Tod und Leben geht. Diese Frage ist für alle entschieden, die zum wirklichen Glauben kamen. Ihr Todesgericht ist für sie von Jesus Christus durchlitten, ihre Gerechtigkeit ist ihnen am Gnadenthron geschenkt und von ihnen im Glauben ergriffen. Und das hat Bestand, auch wenn das ganze Lebenswerk eines Mannes verbrennt. „**Er selbst aber wird gerettet werden.**" Paulus fügt aber noch einmal mit Ernst hinzu: „**jedoch so wie**

---

⁴ Warum betonen wir so einseitig, daß die Glaubenden nicht in das „Jüngste Gericht" kommen, und sprechen nur selten, nur flüchtig von dem Feuer des Tages Jesu, das gerade uns, und nicht die Welt angeht?

⁵ Von diesem „Lohn" hat Paulus hier nicht näher gesprochen. Er wird aber auch hier im Wort Jesu leben und auch von der Gemeinde erwarten, daß sie wohl weiß, was der Herr selbst vom Lohn gesagt hat. Der Lohn ist erhöhter Dienst, vermehrter Einfluß, größere Wirksamkeit Lk 19, 15—19; Offb 22, 3 f.

durchs Feuer"[6]. Wie einer aus dem brennenden Haus nur das nackte Leben rettet, so geht es mit solch einem kirchlichen Mitarbeiter, der in falscher Weise baute[7].

16 Von diesen Männern, die falsch, aber doch redlich bauten, unterscheidet Paulus andere, mit denen es anders steht. Um das Schreckliche ihres Tuns klar zu machen, kennzeichnet er den „Bau" noch näher. Dieser „Bau" der Gemeinde ist **„Gottes Tempel"**. Mit diesem „Tempel" hat Gott ein Verlangen erfüllt, das seit dem Sündenfall durch die ganze Menschheit geht. Wir leben nicht mehr im „Paradies", in der fraglosen Gemeinschaft mit Gott. Wir sind von Gott getrennt und sind einsam unserem Leben und Sterben preisgegeben. Aber wir sehnen uns nach Gott. Wir wollen in dieser notvollen Welt Stätten haben, in denen wir der Nähe Gottes gewiß sein können. Darum baut man in aller Welt unter allen Völkern „Tempel", heilige Gebäude, in denen die Gottheit für den bedürftigen und geängsteten Menschen zu finden sein soll. Aber wie großartig und geheimnisvoll diese Bauten sein mögen, wie tief die Kultakte und Gottesdienste in ihnen die Seelen erregen, die Menschen merken, daß ihr Hunger nach der Gegenwart Gottes nicht gestillt wird[8]. Nun aber, nach dem vollbrachten Heilswerk ist Gott dabei, selber einen „Tempel" zu bauen, der das verwirklicht, was alle Religionen der Welt ersehnten. In diesem ungeheuren Tempel, der durch die ganze Welt reicht, der nicht aus totem Material, sondern aus „lebendigen Steinen" besteht, wohnt der heilige, lebendige Gott tatsächlich im Heiligen Geist[9]. Dieser Tempel ist konkret und wirklich da, wo Menschen durch das Wort vom Kreuz errettet und mit dem Heiligen Geist beschenkt wurden. So steht dieser Tempel auch in Korinth: **„Wißt ihr nicht, daß ihr Gottes Tempel seid und der Geist Gottes in euch wohnt?"**[10]

17 Und nun sieht Paulus Männer am Werk, die diesem Tempel nicht nur unzulängliches Material einbauen, sondern diesen **„Tempel Gottes**

---

[6] Paulus kennt dieses Bild des „Brandscheites, das aus dem Feuer gerettet ist" aus dem AT (Sach 3, 2). Unsere Stelle ist kein Beleg für das „Fegefeuer" und hat mit einer Läuterung von Verstorbenen im Jenseits nicht das Geringste zu tun. Nur das dürfen wir erwarten, daß dieses „Verbrennen" untauglicher Werke von uns selbst ganz bejaht werden wird. Im heißen Schmerz wird auch eine Freude liegen, wenn in Gottes Flammen vernichtet wird, was wir im Licht der Ewigkeit selber als nichtig und häßlich an unserer Lebensarbeit erkennen.
[7] Wohl trifft in besonderer Weise die Verantwortung die ausdrücklichen „Mitarbeiter". Darum besteht die Warnung des Jakobus (3, 1) zu Recht. Aber am Aufbau des Leibes Christi sind alle Glieder beteiligt. Jeder muß es sich darum als die mächtige Regel seines Tuns ins Herz schreiben lassen: „Gold! Silber! Kostbare Steine!"
[8] Nur mit der Stiftshütte und dem Tempel in Jerusalem war es anders, weil hier bereits Gott selbst der Bauherr war und selber seine Gegenwart, wenn auch als eine streng begrenzte, zugesagt hatte.
[9] Auch christliche Kirchen sind in sich selber keine „Gotteshäuser", so alt-ehrwürdig sie immer sein mögen. Die einzige wirkliche Wohnstätte Gottes ist auch bei uns die Gemeinde der wahrhaft Wiedergeborenen. Wo sie sich versammelt in größerer oder kleinerer Zahl, da wird auch eine Baracke, ein Zimmer, ein Stall zu einem „Tempel", der in Wirklichkeit und Herrlichkeit alle Heiligtümer und Dome der Welt übertrifft. Wir müssen diese Würde und Größe der „Gemeinde" ganz anders neu begreifen.
[10] Selbst der Ungläubige oder Fernstehende kann das sehr real erfahren, wie es Paulus Kap. 14, 24 f. schildert.

verderben". Paulus sagt nichts Näheres darüber. Aber wir können zu Gal 1, 6—9 hinüberblicken. Viele Irrtümer, Schwächen und Fehler hat Paulus in den Gemeinden, auch in Korinth, getragen und dabei mit liebevoller Geduld versucht, den Gemeinden aus ihnen herauszuhelfen. Aber wenn ein „anderes Evangelium" gebracht wurde, das ertrug Paulus nicht. Da sprach er sein „Anathema". Denn hier wird, um in der Sprache unseres Briefes zu reden, nun doch versucht, ein anderes Fundament zu legen und die Gemeinde nicht einzig und klar auf Jesus Christus, den Gekreuzigten, zu gründen, sondern auf menschliche „Weisheit", menschliche Leistungen, menschliche Größe. Damit aber wird der Tempel Gottes nicht nur durch minderwertiges Material entstellt, sondern im Fundament verdorben. Merken die Korinther nicht, was das heißt, wenn es so deutlich beim Namen genannt wird? Selbst für sie als Heiden war „Tempelfrevel" etwas furchtbares, obwohl es doch dabei nicht um echte Tempel ging. Nun aber hat Gott der sehnenden Menschheit eine Stätte seiner wirklichen lebendigen Gegenwart geschenkt, und diesen wahrhaften Tempel zerstören Menschen! Das straft Gott, der zum Fundament des Tempels den eigenen Sohn als dahingegebenen und gekreuzigten geschenkt hat. **„Wenn einer den Tempel Gottes verdirbt, verderben wird diesen Gott."** Für solche Männer gibt es keine „Rettung wie durchs Feuer". Wenn Gott verdirbt, dann ist das ewiges Verderben. Wieder nimmt Paulus dieses Gericht nicht in die eigene Hand. Solche Männer „verderben" kann nur Gott. Aber Paulus warnt und sagt dieses Verderben voraus. Er warnt die neuen Lehrer in Korinth, die mit ihren „Weisheitsreden" das Kreuz des Christus entleeren (1, 17) und der Gemeinde das einzige, von Gott selbst gelegte Fundament entziehen. Er warnt vor allem die Gemeinde, die bedenken muß, was sie ihrem Wesen nach ist, und die sich das Fundament nicht nehmen lassen darf, auf welchem allein sie das sein kann, wozu sie Gott bestimmt hat. **„Denn der Tempel Gottes ist heilig, der ja ihr seid"**[11].

DIE GEMEINDE UND DIE BOTEN

1. Korinther 3, 18—23

18 Keiner täusche sich selbst! Wenn einer meint, ein Weiser unter euch zu sein in diesem Äon, ein Tor werde er, damit er ein Weiser
19 werde. * Denn die Weisheit dieser Welt ist Torheit bei Gott. Es steht ja geschrieben: „Der da fängt die Weisen in ihrer Schlauheit."

zu Vers 18:
1 Ko 1, 19—25
2, 6; 4, 10
Offb 3, 17 f

---

[11] Wer Gottes heiliges Eigentum antastet, für den haben darum auch wir kein „Verständnis", keine Schonung zu haben, auch wenn uns das als „Fanatismus" oder „Engherzigkeit" ausgelegt wird. Es geht auch bei uns nicht um einzelne Lehren und Anschauungen, sondern um das Fundament. Es geht immer aufs neue um die Frage: Torheit der Kreuzesbotschaft oder Weisheiten irgendwelcher Art? Wirklich und allein Gnade oder eigene Leistungen und eigene Größe?

zu Vers 19:
Hio 5, 12 f
Rö 1, 22
zu Vers 20:
Ps 94, 11
zu Vers 22:
Rö 8, 38 f
1 Ko 1, 12
3, 4; 7, 23

20 *Und wiederum: „Der Herr kennt die Gedankengänge der Wei-
21 sen, daß sie nichtig sind." * Daher rühme sich niemand an Men-
22 schen. Denn alles gehört euch — * es sei Paulus, es sei Apollos, es sei Kephas, es sei die Welt, es sei Leben, es sei Tod, es sei Gegen-
23 wärtiges, es sei Zukünftiges — alles gehört euch, * ihr aber gehört Christus, Christus aber Gott.

18 Paulus schließt nun die Erörterung über die „Weisheit" ab, die er mit dem Stichwort in Kap. 1, 17 „nicht in Weisheit der Rede" begonnen hat. Auch wenn die Botschaft von dem König, der am Verbrecherpfahl starb, bei den „Vollkommenen" „Weisheit Gottes" ist, so ist und bleibt sie doch zugleich „Torheit" für alle Weisheit dieser Welt. Darum muß es unerbittlich als Ergebnis der ganzen Klarlegung dabei bleiben: **„Wenn einer meint, ein Weiser unter euch zu sein in diesem Äon, ein Tor werde er, damit er ein Weiser werde"**[1]. Hier „täusche sich keiner". Die Korinther wollen „weise" sein, und die führenden Männer in ihren Reihen wollen erst recht als „Weise" gelten. „Täuscht euch nicht", warnt Paulus. Die wirkliche, göttliche Weisheit gibt es nur um den einen Preis, in dieser Welt ein Narr zu sein[2]. Diese Welt und Gottes Welt stehen unter entgegengesetzten Vorzeichen. Was in Gottes ewiger Welt leuchtende Weisheit ist, das Kreuz des Christus, das ist in dieser Welt Torheit, gerade unter den „Weisen". Und umgekehrt: **„Die Weisheit dieser Welt ist Torheit bei Gott"**[3].

19 Wieder legt Paulus Wert darauf, dies nicht nur von sich selbst aus zu sagen, sondern es in der Schrift zu finden. Hio 5, 13 dient ihm als „Schriftbeweis". **„Es steht ja geschrieben: ‚Der da fängt die Weisen in ihrer Schlauheit'."** Dabei wird hier die „Weisheit" der Menschen ein Stück „moralisch" abgewertet. Die „Panourgia", in der Gott die Weisen fängt, ist die **„Schlauheit"**, mit der man seine eigensüchtigen Ziele zu erreichen versteht. Der grie Ausdruck ist zusammengesetzt aus den Worten „alles" und „wirken, fertigbringen". Alles managen, schlau alles erreichen, sich in allem durchschlängeln, das ist die Kunst des gerissenen Menschen. Paulus sah etwas davon an den Männern in Korinth, deren Versuch, mit ihrer Weisheit eine Rolle zu spielen und die Gemeinde zu beherrschen, nur zu deutlich ihre Ichhaftigkeit ver-

---

[1] Es bleibt fraglich, wozu wir die Worte „in diesem Äon" zu ziehen und dementsprechend das Komma zu setzen haben. Statt der oben gegebenen Verbindung könnten wir ebenso gut lesen: „Wenn einer meint, ein Weiser unter euch zu sein, der werde in diesem Äon ein Tor, damit er ein Weiser werde." Am Sinn des Satzes ändert sich dadurch nichts.
[2] Etwas von dieser Wahrheit hat Sokrates geahnt und in seinem Kampf gegen die Weisen seiner Zeit, gegen die „Sophisten", vertreten. Er hat ihren Ansprüchen auf „Weisheit" sein Zeugnis entgegengesetzt: „Ich weiß, daß ich nichts weiß."
[3] Es ist von grundlegender Bedeutung für uns, daß wir den Gegensatz zwischen der „Welt Gottes" und „dieser Welt" recht erkennen. Er ist von einer alles umfassenden Größe. Alles erscheint in der einen und in der andern Welt unter entgegengesetzten Vorzeichen. Alle Weisheit bei Gott kann in dieser Welt nur als Torheit erscheinen, aber auch alle göttliche Herrlichkeit nur als Schmach, alle Kraft Gottes nur als Schwachheit, alles ewige Herrschen nur als Dulden, alles Leben aus Gott nur als Sterben. Vgl. 2 Tim 2, 11 f. und aus Paul Gerhardts Osterlied: „Wer dort wird mit verhöhnt, wird hier auch mit gekrönt; wer dort mit sterben geht, wird hier auch mit erhöht."

riet. Gott aber läßt sich von solchen „Weisen" nicht einfangen, obwohl Menschen sich manchmal einbilden, auch Gott in das Netz ihrer schlauen Pläne hineinbekommen zu können. Gott bleibt der Uberlegene, **„der da fängt die Weisen in ihrer Schlauheit".** Mögen sie eine Zeitlang ihre ichhaften Ziele zu erreichen scheinen, zuletzt scheitern sie doch und müssen gerade an ihrer eigenen Schlauheit zu Fall kommen.

Zu dem Wort des Hiob (5, 13) stellt Paulus Ps 94, 11: **„Der Herr kennt die Gedankengänge der Weisen, daß sie nichtig sind."** Das hier verwendete Wort „mataios" hat den Sinn von „eitel, nichtig, ohne Wahrheit, ohne Nutzen, ohne Erfolg, ohne Kraft". Wir werden es in Kap. 15, 17 mit „vergeblich" übersetzen. Die „Weisen" haben ihre Gedankengänge, ihre Überlegungen, die sie immer wieder verfolgen und zum Ausdruck bringen, und von denen sie selbst ebenso wie ihre Hörer sehr erfüllt sein können. Paulus sah das in Korinth mit Sorge. Denn Gott weiß, wie diesen Gedankengängen die letzte Wahrheit und Gültigkeit fehlt, wie nichtig alle diese Überlegungen bleiben. Darum wird auch im Laufe der Geistesgeschichte eine Weisheit von der andern immer wieder verdrängt und widerlegt, und keine führt zum Ziel wirklicher Weisheit. Dieser „Nichtigkeit" des Denkens entgeht man nur um den Preis, daß man es wagt, ein „Tor" zu sein, der Gottes eigenen „Gedankengängen" folgt[4]. Wer sich dem Wort vom Kreuz öffnet, verfällt nicht „nichtigen" Gedanken. Sein Denken ist nicht mehr anmaßend und leer. 20

„Daher rühme sich niemand an Menschen." Noch einmal kommt Paulus auf die Streitigkeiten in Korinth zurück, von denen er in Kap. 1, 10 ausgegangen war. Sie hat er in der ganzen mächtigen Darlegung von Kap. 1, 18–3, 20 immer mit vor Augen gehabt. So sehr sie nur eine einzelne Not und ein einzelner Fehler zu sein schienen, so tief liegt ihr letzter und wahrer Grund. Sie sind das äußere Zeichen für die Verkennung der Kreuzesbotschaft und für die Verkennung des Menschen vor Gott. Darum nun auch umgekehrt: Das Rühmen an Menschen hört auf, wenn vor dem sterbenden Christus am Kreuz erkannt ist, wer der Mensch ist. Das Rühmen an Menschen hört auf, wenn alle echte Weisheit nur geschenkte Gabe des Heiligen Geistes ist; „gerühmt" darf auch dann noch werden; gerühmt aber wird nur der Herr allein, der seine Gemeinde mit seinen Boten und Dienern so reich beschenkt. Es bleibt bei dem, was Paulus in Kap. 1, 31 sagte. 21

Paulus liegt daran, daß die Gemeinde sieht, in welche unwürdige Abhängigkeit sie sich mit den Parteiungen bringt, während sie doch in Wahrheit die königliche Stellung haben darf: **„Alles gehört euch."** Soll sie daraus das klägliche: „Ich gehöre Paulus, ich gehöre Apollos" machen? Nein, es ist gerade umgekehrt: Paulus, Apollos, Kephas ge- 22

---

[4] Wagen wir es wirklich, wagen wir es auch als Theologen und als Inhaber führender Stellungen in der Gemeinde? Wagen wir es als Christen in unserer Umgebung und an unserem Arbeitsplatz? Wir haben die Mahnung des Paulus „keiner täusche sich selbst" alle miteinander nötig.

hören ihr! Für die Gemeinde, zu ihrer Erbauung sind sie da[5]. Jeder von ihnen hat dabei seine besondere Gabe, die nicht geleugnet oder verkleinert werden muß. Jeder hat seine Aufträge, die gerade er erfüllen darf. Aber alle sind „Diener" (V. 5), und das Ziel sind nicht sie und ihr Ruhm, sondern der Bau der Gemeinde zur Verherrlichung dessen, der die Gemeinde mit seinem Blut erworben hat. Und nun wird Paulus noch kühner und gewaltiger. Nicht nur die Boten Gottes gehören der Gemeinde, nein, sogar **„die Welt"** gehört ihr. Das ist die volle Umkehrung aller Gebundenheit an die Welt und aller Angst vor der Welt. Wie wenig ist in der Gemeinde von dieser ihrer königlichen Freiheit und Hoheit zu merken. Ihr gehört **„Leben"** wie **„Tod"**. Also sowohl von der Lebensangst wie von der Todesfurcht ist sie befreit. Paulus wird in Kap. 15, 26 den Tod „den letzten Feind" nennen und ihn in seinem ganzen tödlichen Ernst sehen. Darum ist es eine mächtige Aussage, wenn er hier der Gemeinde zuspricht: auch der Tod gehört euch! Das übersteigt noch den Triumph von Rö 8, 38 f. Dort ist nur bezeugt, daß der Tod uns nicht von der Liebe Gottes in Christus trennen kann. Hier wird darüber hinaus gesagt, daß er uns sogar „gehört", uns also dienen muß, so hart und bitter er als letzter Feind für uns bleibt. Die **„Gegenwart"** ist unser, wie dunkel und schwierig sie sein mag. Wir müssen nicht mit der eigenen „Schlauheit" durch alles hindurchzukommen suchen, sondern dürfen dieses **„Gegenwärtige"**, wie es ist, für uns und unser Leben in Christus in Anspruch nehmen. Aber auch auf die noch unbekannte „Zukunft" legen wir die Hand des Glaubens. Was immer dieses **„Zukünftige"** sein mag, es muß uns dienen.

Ihr Korinther findet die Verkündigung des Paulus dürftig und schaut nach Höherem aus? Gibt es noch Größeres als dieses? Ist das, was das Wort vom Kreuz bringt, nicht so gewaltig, daß ihr leider noch gar nicht angefangen habt, die ganze Herrlichkeit eures Besitzes in Anspruch zu nehmen?

23 Denn wieso ist das alles wahr? Wieso sind das nicht nur großartige Worte und rednerische Phrasen? Es hängt an dem einen Tatbestand: **„Ihr aber gehört Christus."** Wenn das nicht stimmt, dann gilt auch alles andere nicht. Denn nur der gekreuzigte Christus hat uns erkauft aus der Welt, aus der Schuld, aus dem Tod. Ihm „gehört" alles, das „Gegenwärtige" und das „Zukünftige". Weil es ihm gehört, gehört es auch uns, sofern wir selber sein Eigentum, seine Erretteten, seine Glaubenden sind. Und ihm wiederum gehört alles, weil er selbst vollständig **„Gott gehört"** und im Gehorsam bis zum Tode, ja zum Tode des Kreuzes diese Sohnesstellung zum Vater bewährt und bewahrt hat.

Es ist eine wunderbare Kette, die Paulus der Gemeinde zeigt. Gott

---

[5] Das gilt genauso für die Gemeinden der Gläubigen heute und alle „namhaften" Männer und Frauen, die Gott in der Geschichte der Christenheit geschenkt hat. Auch uns gehört Paulus, gehört Luther, gehört Calvin, gehört Wesley, gehört eine kaum abschließbare Reihe von Namen. Wie reich sind wir! Warum freuen wir uns dieses Reichtums nicht viel mehr?

gehört alles, das bedarf keines Wortes. Aber „alle Dinge sind mir übergeben von meinem Vater", kann Jesus (Mt 11, 27) sagen. „Mir ist gegeben alle Gewalt im Himmel und auf Erden", bezeugt der zur Rechten Gottes Erhöhte (Mt 28, 26). Aber als das Haupt seines Leibes gibt er in seiner Liebe seine Herrlichkeit weiter an die Seinen, die er um den Preis seines Lebens sich erwarb. Darum „**alles gehört euch**". Aber diese Kette des Gebens hat auch die entsprechende umgekehrte Richtung. Ihr Anfang bei uns heißt „Glauben", das eigene Ja zu unserem teuren Erkauftsein durch das Opfer am Kreuz, die Übergabe des Herzens und Lebens an Jesus. In ihm und mit ihm gehören wir dann Gott und sind seine Kinder und so auch Gottes Erben und Miterben des Christus.

Auf eines wollen wir noch achten, wenn wir V. 23 f mit der ersten Aussage über die Parteiungen in Korinth in Kap. 1, 12 vergleichen. Die ersten drei Aussagen von Kap. 1, 12 stellt Paulus betont um. Aus dem „Ich gehöre Paulus" wird ein „Paulus gehört mir" oder richtiger: „Paulus gehört uns", weil er ja nicht dem einzelnen als solchem gehört, sondern der Gemeinde. Das vierte Bekenntnis „Ich gehöre Christus" wird so gelassen, wie es lautet, es muß so gelassen werden. Aber hier erst recht muß das parteiisch betonte „Ich" fort, das die Aussage vergiftet. Denn Christus gehöre nicht „ich", nicht „meine Gruppe", ihm gehört die Gemeinde. Wenn die Korinther dies begreifen und bejahen: „Des Christus" sind wir alle in gleicher Weise, und Paulus, Apollos, Kephas gehören uns allen in gleicher Weise, dann ist es gut, dann ist Eintracht und Frieden in der Gemeinde da.

KEIN VOREILIGES BEURTEILEN DER BOTEN

1. Korinther 4, 1—5

1 **So beurteile man** (wörtlich: ein Mensch) **uns: als Diener Christi und**
2 **Verwalter von Geheimnissen Gottes.** * **Hierbei nun sucht man an**
3 **den Verwaltern, daß einer treu erfunden werde.** * **Für mich aber hat es nicht die geringste Bedeutung, daß ich von euch beurteilt werde oder von einem menschlichen Tage. Nein ich beurteile mich**
4 **auch nicht selbst.** * **Ich bin mir ja selbst nichts bewußt; aber dadurch bin ich nicht gerechtfertigt. Der aber mich beurteilt, ist der**
5 **Herr.** * **Deshalb richtet nicht etwas vor der Zeit, bis der Herr kommt, der auch erhellen wird die verborgenen Dinge der Finsternis und offenbar machen wird die Absichten der Herzen; und dann wird das Lob zuteil jedem von Gott her.**

zu Vers 1:
Mt 13, 52
Eph 3, 2
1 Ko 3, 5
Kol 1, 25
zu Vers 2:
Lk 12, 42
zu Vers 3:
2 Ko 1, 12; 5, 10
1 Pt 4, 10
zu Vers 4:
Ps 143, 2
Jo 5, 22
zu Vers 5:
Mt 7, 1
Lk 8, 17 f
Rö 2, 16. 29
8, 27
1 Th 2, 4;
Jo 5, 44
2 Ko 10, 18

Wie auch aus den Sätzen des Paulus 2 Ko 1, 24 und 4, 5 sichtbar wird, warfen die Korinther ihrem Apostel Herrschsucht vor. Er wolle allzu sehr das Gemeindeleben bestimmen und lasse anderen nicht den nötigen freien Raum zur Wirkung auf die Gemeinde. Die Gemeinde müsse von Paulus befreit werden. Darum geht der Kampf, der sich

1 in den beiden uns erhaltenen Briefen an die Korinther widerspiegelt. Wie tief mußte sich Paulus hier mißverstanden fühlen. Wenn er mit Entschlossenheit einen Teil der neuen Lehrer in Korinth mit ihrer „Weisheit" bekämpfte, dann ging es ihm ausschließlich um die Sache, um die Alleingeltung des „Wortes vom Kreuz", nicht um die Geltung seiner Person. Darum gibt er der Gemeinde erneut eine Weisung, wie „man" ihn und alle seine Mitarbeiter „beurteilen" müsse: **„So beurteile man uns: als Diener Christi."** Schon Kap. 3, 5 hatte er von Apollos und sich geschrieben: „Diener, durch welche ihr zum Glauben kamt." Dort hatte er das Wort „diakonos" verwendet, das den Dienst nach dem Nutzen benennt, den er für denjenigen hat, dem gedient wird. Jetzt gebraucht er ein Wort, das vor allem die Unterordnung und Abhängigkeit des Dieners dem Herrn gegenüber bezeichnet. Beides hält er damit den Korinthern vor Augen: Er will ganz und gar kein „Herr" der Gemeinde sein, er ist nur „Diener"; aber er ist Diener eines Herrn und an ihn gebunden und darum unmöglich den Korinthern und ihren Wünschen unterworfen[1]. Das wird verstärkt durch den Zusatz, der etwas vom Inhalt seines Dienstes sagt: **„Verwalter von Geheimnissen Gottes."** Ihm ist das Größte zur Verwaltung anvertraut: Geheimnisse Gottes. Wie sorgfältig muß ein Verwalter mit solchen Kostbarkeiten umgehen! Paulus und seine Mitarbeiter — Paulus spricht ja hier wieder von „uns" — setzen nicht in eigener Machtvollkommenheit fest, was sie der Gemeinde geben. Aber auch die Gemeinde kann hier nicht fordern, was sie zu hören und zu erhalten wünscht. Es geht um „Geheimnisse", um Wirklichkeiten, die sich unserer Beurteilung entziehen und unsere natürlichen Fähigkeiten übersteigen, für die man vielmehr in Ehrfurcht offen sein muß, um sie zu empfangen. Und diese Geheimnisse hat allein Gott selbst vor den Äonen geplant und allein selbst in der Heilsgeschichte, vor allem am Kreuz Jesu, verwirklicht. (Vgl. Kap. 2, 7 und die Auslegung S. 58). Niemand hat ein Recht, daran etwas zu ändern, weder Paulus noch die Gemeinde.

2 Das wissen doch auch die Korinther: von einem „Verwalter" wird nur das eine, dies aber auch wirklich verlangt: **„daß einer treu erfunden werde".** Der von Paulus gewählte Wortlaut kann sogar den Gedanken anklingen lassen: Mag sonst auch unter Menschen von einem „Diener" und „Verwalter" noch allerlei an Fähigkeiten und Kenntnissen erwartet werden[2], aber hier, wo es um die Verwaltung von Geheimnissen Gottes geht, sind alle sonstigen Vorzüge ohne Bedeutung. Hier gilt ausschließlich die Treue, die das einzigartige Eigentum des Herrn ohne jede eigenmächtige Veränderung treu bewahrt[3]. Hier

---

[1] Das ist bis heute die eigentliche Stellung jedes Predigers, jedes Gemeindeleiters. Er ist wirklich nicht „Herr", und alles „Pfarrherrliche" ist widerwärtig. Aber er ist als Sklave Jesu Christi (Phil 1, 1) gerade auch völlig frei und unabhängig der Gemeinde gegenüber.
[2] In Mt 24, 45 wird der Sklave, in Lk 12, 42 der Verwalter nicht nur als „treu", sondern auch als „verständig" bezeichnet.
[3] Sind wir uns als Prediger mit aller Klarheit bewußt, „Verwalter von Geheimnissen Gottes" zu sein? Wie leicht meinen wir, nach unsern eigenen Gedanken und Erkenntnissen oder nach den Wünschen unserer Zeit über den Inhalt der Verkündigung verfügen zu können.

muß der Blick einzig und stetig auf den Herrn gerichtet sein, der uns seine „Geheimnisse" anvertraute. Die Korinther dürfen sich über die Unnachgiebigkeit ihres Apostels nicht wundern: sie ist weder Eigensinn noch Herrschsucht, sie ist einfach solche Treue eines Verwalters.

Paulus hört im Diktieren des Satzes den Widerspruch in Korinth: Das kann jeder sagen! Wir beurteilen deine Haltung ganz anders. Paulus entgegnete mit Schärfe: **„Für mich aber hat es nicht die geringste Bedeutung, daß ich von euch beurteilt werde oder von einem menschlichen Tage."** Das Wort „Tag" hat hier eine ähnliche Bedeutung wie bei uns in den Zusammensetzungen „Landtag", „Reichstag"; es bezeichnet eine Instanz, die zur Entscheidung von bestimmten Fragen zusammenkommt. Aber als **„menschlicher"** ist jeder solcher **„Tag"** radikal verschieden von dem „Tag", von dem Paulus kurz zuvor gesprochen hat, dem „Tag Jesu Christi", dem Tag, der durch Feuer offenbar wird. Weil Paulus sich fort und fort als treuer Verwalter vor diesen „Tag" gestellt sieht, dessen Feuer sein Werk erproben wird, macht keine menschliche Instanz mit ihrem Urteil auf Paulus Eindruck. Das klang schon voraus in seinem Satz „der Geistesmensch beurteilt alles, er selbst aber wird von niemand beurteilt" (2, 15).

Also haben die Korinther doch recht, wenn sie Paulus ein übermäßiges Geltungsbewußtsein vorwarfen? Er stellt sich keiner Instanz, er will einfach nur selber bestimmen, wie es mit seinem Dienst steht? Im Gegenteil, antwortet Paulus, **„nein, ich beurteile mich auch nicht selbst"**. Zwar **„ich bin mir ja selbst nichts bewußt"**. Das ist wieder nicht „perfektionistisch" und abstrakt zu verstehen, sondern im Rahmen des eben Gesagten. Paulus gibt mit diesem Satz nicht ein Urteil über sein ganzes Leben ab. Der Satz ist nicht aus dem Zusammenhang zu reißen. Es geht um sein Wirken in Korinth, das von den Korinthern kritisch und als unzulänglich oder falsch beurteilt wird. Da weiß Paulus sich gerade in all dem, worin er in Korinth getadelt und angegriffen wird, als treuer „Verwalter der Geheimnisse" seines Herrn. Er vermag nichts zu sehen, worin er diese Treue verletzt hätte. Gerade darum ist es ihm nun aber auch ein tiefer Ernst mit seiner Stellung als „Diener". Das ist das Gegenteil aller Eigenmächtigkeit und Selbstherrlichkeit. Mag er selbst sich auch nichts bewußt sein, **„aber dadurch bin ich nicht gerechtfertigt"**. Für einen „Diener" ist es ohne jeden Abzug klar: **„Der aber mich beurteilt, ist der Herr."** Wieder liegt das Doppelte darin: der volle Verzicht auf jede Selbstrechtfertigung und die volle Freiheit vom Urteil der Gemeinde[4].

Was soll dann aber die Gemeinde ihrerseits tun? Daß wir unsere eigenen Eindrücke und Meinungen über das Verhalten anderer und unser selbst haben, können wir nicht vermeiden. Auch Paulus kann es nicht ändern, daß er über seinen Dienst nachdenkt und sich dabei

---

[4] Es ist ein ganz schmaler Grat, auf dem jeder Arbeiter Jesu steht. Im Leben eines rechten Boten ist immer beides gleichzeitig Wirklichkeit: das ganz bereite Hören auf das Urteil der Gemeinde und der Brüder und die entschlossene Beiseitesetzung dieses Urteils, sobald es unsere Treue als Verwalter der Geheimnisse Gottes antasten will.

nichts bewußt ist. Aber das weist er von sich, und das sollen nun auch die Korinther mit Ernst ablehnen, daß daraus ein fertiges „Urteil" über irgend etwas wird. Das endgültige „Urteil" spricht erst der Herr bei seinem Kommen. Nur er allein kann es sprechen, weil nur er imstande ist, **„zu erhellen die verborgenen Dinge der Finsternis"** und **„offenbar zu machen die Absichten der Herzen"**. Daß der „Geist des Menschen, der in ihm ist", „von den Dingen des Menschen weiß" (2, 11), ist nur begrenzt wahr. Wir unterliegen hier großen Täuschungen. Erst recht können wir keinem andern ins Herz sehen und seine eigentlichen „Absichten" erkennen. Wie vieles liegt da bei uns Menschen in einem undurchdringlichen Dunkel verborgen. Daraus ergibt sich mit vollem Ernst ein Verhalten, wie es Paulus den Korinthern anbefiehlt: **„Deshalb richtet nicht etwas vor der Zeit."** Es ist eine große Befreiung für uns, wenn wir begreifen, wir können nicht „richten" und wir brauchen es nicht zu tun. Wir dürfen das Urteil über uns und andere wirklich dem Herrn überlassen.

Aber ist der Gedanke an dieses Gericht dieses Herrn nicht schrecklich? Wird es nicht furchtbar werden, wenn Jesus **„die verborgenen Dinge der Finsternis erhellt"** und **„die Absichten der Herzen offenbar macht"**? Es ist erstaunlich, wie positiv Paulus auch jetzt wieder denkt. Er folgert nicht: „und dann wird das beschämende Urteil zuteil einem jeden von Gott her", sondern er sieht es froh vor sich: **„Und dann wird das Lob zuteil jedem von Gott her."** So ernst und unerweichbar Gottes heiliges Nein, Gottes Zorn gegen „jede Gottlosigkeit und Ungerechtigkeit der Menschen" (Rö 1, 18) steht, so wenig ist Gott ein Gott, der „Gefallen hat am Tode des Gottlosen" (Hes 18, 23), der – so wie wir – mit einer gewissen Freude verurteilt und beschämt und straft. Sicher, eine unbrauchbare Mitarbeit am Bau der Gemeinde muß und wird „verbrennen" (3, 15), und das bringt Schmerz. Aber der eigentliche Wille Gottes ist das „Lohnen" und das „Loben". Nicht das steht einem Paulus vor Augen, wie dann einmal der Herr die jetzt von den Korinthern Bewunderten und Gelobten in sein Licht stellen und zuschanden machen wird, vielmehr das sieht er vor sich, wie Gott dann **„jeden"** – auch die von den Korinthern Verkannten und Kritisierten – mit seinem Lob beschenkt.

Bei diesem ganzen Abschnitt müssen wir bedenken, daß er ein Teil eines Briefes ist, der in eine ganz bestimmte Lage hineinspricht. Wir dürfen die Sätze des Paulus nicht aus dem Zusammenhang herausnehmen und zu allgemeinen Lehrsätzen machen. Es ist heilsam für uns, neben die Warnung in Kap. 4, 5 Sätze wie 2 Ko 11, 13–15; Gal 1, 5–9; Phil 1, 16; 3, 18 f; Rö 16, 17 f zu stellen. Hier „richtet" Paulus selbst sehr entschieden und fordert auch Gemeinden zu wachem und entschlossenem Urteil auf. Wie ist dieser Widerspruch zu verstehen? In unserm Brief geht es um das voreilige Loben und Rühmen neuer Männer in Korinth, deren Art und Wirken Paulus mit Sorge sieht, ohne in unserem Brief schon zu einem letzten Urteil zu kommen. Wir sehen, wie Paulus zwar vor dem Gericht des Tages Jesu Christi warnt, ohne doch dies Gericht in die eigene Hand zu nehmen. Und es geht um die schmerzliche Verkennung seiner Person, seiner Arbeit, seiner ganzen Haltung. Darauf zielt unser ganzer Abschnitt.

Ganz etwas anderes aber ist es, wenn es um die Verkündigung und ihren Inhalt, also um das „Fundament" der Gemeinde als solcher geht. Das Evangelium ist eine klare, eindeutige Größe. Wer hier ändert und verfälscht, der muß allerdings „gebannt", also aus der Gemeinde entfernt werden. Denn hier handelt es sich ja um Leben und Tod von Menschen, deren Errettung nicht durch eine falsche Botschaft gefährdet werden darf.

Anders ist es aber auch da, wo die Unlauterkeit und Eigensucht von „Arbeitern" in der Gemeinde klar hervortritt. Auch hier kann und darf nicht unter Berufung auf Kap. 4, 5 zugedeckt und gehen gelassen werden. Ein richtiger biblischer Satz an falscher Stelle kann großes Unheil anrichten und uns schuldig machen. Unechten Boten, „bösen Arbeitern" (Phil 3, 2) widersteht Paulus in aller Schärfe; ihnen muß auch die Gemeinde widerstehen. Und doch bleibt das, was unser Abschnitt sagt, als eine letzte, in keinem Fall zu vergessende Wahrheit bestehen. So wahr alle Boten und Verkündiger „Diener" und „Verwalter" sind, unterstehen sie zuletzt und endgültig nur dem Urteil ihres Herrn. Selbst da, wo wir in Verantwortung für die Gemeinde klare Irrlehrer und offensichtlich unechte Boten verwerfen und aus der Gemeinde entfernen müssen, haben wir daran zu denken, daß nicht wir, sondern nur der Herr in das Dunkel ihres Lebens mit seinem alles erhellenden Licht hineindringt und die Absichten ihrer Herzen wirklich kennt. Und auch da, wo wir allen Grund haben, uns an Männern und Frauen im Dienst Jesu zu freuen, darf uns die Erinnerung daran nicht verlassen, daß der Herr sie vielleicht ein Stück anders und kritischer sieht als wir. Und auf jeden Fall bleibt uns selber jede Selbstbeurteilung in Stolz oder Verzagtheit verwehrt.

APOSTOLISCHES LEBEN

1. Korinther 4, 6—13

6 Dieses aber, Brüder, habe ich in Form einer Betrachtung über mich selbst und Apollos vorgetragen um euretwillen, damit ihr an uns lernt das „Nicht über das hinaus, was geschrieben steht", damit ihr
7 nicht einer für den einen euch aufbläht gegen den andern. * Denn wer zeichnet dich aus? Was aber hast du, was du nicht empfängst? Wenn du es aber auch empfängst, was rühmst du dich wie einer,
8 der nicht empfangen hat? * Schon seid ihr satt; schon wurdet ihr reich; schon wurdet ihr ohne uns Könige! Und wäret ihr nur Könige geworden, damit auch wir zusammen mit euch königlich da-
9 ständen! * Denn ich meine, Gott hat uns Apostel als Letzte hingestellt, als dem Tode Geweihte; denn sie wurden ein Schauspiel wir der
10 Welt und Engeln und Menschen. * Wir (sind) Narren um Christi willen, ihr aber klug in Christus; wir schwach, ihr aber stark; ihr

zu Vers 6:
1 Ko 1, 31
Rö 12, 3
2 Ko 12, 20

zu Vers 7:
Jo 3, 27
Rö 12, 6
Jak 1, 17

zu Vers 8:
Offb 3, 17. 21

zu Vers 9:
Rö 8, 36
2 Kor 4, 7—10
Hbr 10, 32 f

zu Vers 10:
1 Ko 1, 18; 3, 18
zu Vers 11:
2 Ko 11, 23—27
zu Vers 12:
Apg 18, 3
20, 33 f
1 Th 2, 9
2 Th 3, 8
3 Jo 7; Mt 5, 44
Ps 109, 28
Rö 12, 14

11 berühmt, wir aber entehrt. * Bis zur jetzigen Stunde hungern wir und dürsten wir und sind mangelhaft gekleidet und werden ge-
12 schlagen und sind unstet * und plagen uns ab, arbeitend mit den eigenen Händen. Wenn man uns schmäht, segnen wir; wenn man uns verfolgt, dulden wir; wenn man uns verlästert, reden wir
13 freundlich. * Wie Kehricht (oder: Sündenböcke) der Welt sind wir geworden, aller Abschaum bis jetzt.

6 „Dieses aber, Brüder, habe ich in Form einer Betrachtung über mich selbst und Apollos vorgetragen", wörtlich: „Ich habe dieses auf mich selbst und Apollos umgeformt." Wir erfahren von Paulus selbst, daß er bei den vorigen Ausführungen nicht nur in Kap. 3, 4 von der Paulus-Gruppe und der Apollos-Gruppe ausging, sondern bei allem, was er schrieb, immer wieder Apollos und sich selbst im Blick hatte. Das „uns" in Kap. 4 vor allem ist so konkret gemeint: So beurteile man uns, Apollos und mich. Wir sehen, wie recht wir taten, auch gerade den letzten Vers des vorigen Abschnittes als konkrete Aussagen in eine sehr bestimmte Situation hineinzufassen, nicht als allgemeine Mahnung. Die einen von euch loben Paulus, die andern rühmen Apollos, das unterlaßt! Das wahre Lob wird erst an jenem Tage von Gott her Apollos und mir widerfahren. Paulus hat von sich und Apollos gesprochen, nicht aus Eitelkeit oder Anzüglichkeit, sondern „um euretwillen". Die Korinther sollten an ihren Boten etwas ganz Wesentliches lernen. Wie völlig klar und brüderlich muß das Verhältnis der beiden Männer zueinander gewesen sein, daß Paulus dieses ihr Verhältnis als Vorbild vor die Gemeinde hinstellen konnte, „damit ihr an uns lernt". Was sollen die Korinther an ihren beiden Boten lernen? Paulus formuliert das ganz seltsam und für uns zunächst wenig verständlich. Die Korinther sollten lernen, was das heißt, „nicht über das hinaus, was geschrieben steht". Was „geschrieben steht", kam mehrfach vor (1, 19; 1, 31; 2, 9; 2, 16; 3, 19 f). Es lag Paulus immer wieder an dem Wort der Schrift, den Worten des AT. Wir hörten bisher nicht, daß die Korinther das mit einem gewissen Unwillen aufnahmen, weil sie „über die Bibel hinaus" sein wollten. Aber wir haben ja überhaupt nur wenig von den Zuständen in Korinth erfahren. Wir müssen aus dieser Bemerkung des Paulus jedenfalls schließen, daß in Korinth diese Losung „umging": „Über die Schrift hinaus!" Sie paßt zu der Losung „Weisheit!" oder: „Alles steht mir frei!" oder: „Auferstehung Toter gibt es nicht!" Sie paßt zu dem ganzen eifersüchtigen Rühmen und Streiten in Korinth. Das „Kreuz des Christus" stand für Paulus (und offensichtlich auch für Apollos) mitten in der Schrift. Wer aber dieses Kreuz hinter sich ließ, um zu neuen Höhen eigener „Weisheit" emporzusteigen, der hält es leicht auch für töricht, sich an die alten Schriften zu binden. Gab der „Geist" nicht neue und bessere Erkenntnisse?

Aber aus dieser Loslösung von der ursprünglichen, in der Schrift begründeten Botschaft erwuchs jenes praktische Verderben der Gemeinde, das allen vor Augen lag: daß „einer für den einen sich auf-

bläht gegen den andern". Der bestimmte Artikel zeigt, daß Paulus auch hier konkret an Apollos als „den einen" und an sich als „den andern" denkt. In dem „Ich gehöre zu Paulus, ich zu Apollos" liegt nicht der stille, warme Dank für diese Männer, sondern die Leidenschaft der Eifersucht und des Streites, mit der jeder nur „seinen Mann" gelten lassen wollte und alles andere herabsetzte. Ja, dieses „Aufblähen" ging noch weiter. Die Anhänger der verschiedenen Gruppen hielten auch sich selbst für besonders ausgezeichnete Leute, eben weil sie zu diesem oder jenem Mann gehörten[1].

So tief wirkten die Spaltungen bereits im gesamten Gemeindeleben. Darum wendet sich Paulus jetzt auch an alle Gemeindeglieder mit der Frage: **„Wer zeichnet dich aus?"** Besteht deine angebliche Überlegenheit über die andern nicht nur in deiner Einbildung? Und wenn du jetzt auf wirkliche „Vorzüge" und „Gaben" hinweisen kannst, wenn deine Gruppe wirklich etwas besonderes „hat", nun **„was hast du, was du nicht empfängst?"** Du hast es dir doch nicht selbst erworben, und auch dein Meister hat es nicht aus sich selbst. **„Wenn du es aber auch empfingst, was rühmst du dich wie einer, der nicht empfangen hat?"** Hier wird wieder der Mensch sichtbar, der nicht mehr ernsthaft zu Gott emporsieht und Gott allein rühmt. So gefährlich wurden die Spaltungen[2]. 7

Und nun kommen Sätze von tiefer Eindrücklichkeit. Paulus sieht das ganze korinthische Gemeindeleben vor sich und sieht daneben sein apostolisches Leben. Er reißt den ganzen Gegensatz vor den Korinthern auf. Er sieht den Zustand der Gemeinde fast wie der erhöhte Herr die Lage von Laodizea (Offb 3, 17), nur daß er nicht so sprechen kann und darf, wie es allein dem Herrn Jesus zusteht. **„Schon seid ihr satt; schon wurdet ihr reich; schon wurdet ihr ohne uns Könige."** Sollen wir denn als Gemeinde eines solchen Herrn nicht dieses alles haben? Verspricht uns nicht jede Evangelisation in lebhaften Farben, wie reich und froh uns Jesus macht? Hat nicht Paulus selbst eben erst in Kap. 3, 22 den ganzen königlichen Reichtum der Gemeinde geschildert: „Alles gehört euch"? Paulus sagt darum auch kein Wort direkt dagegen. Nur das vorangestellte **„schon"** enthält die kritische Frage: Ist es „schon" zu allen Zeit? Wird uns das alles „schon" in diesem Äon in dieser Weise zuteil? „Vor der Zeit" richten die Korinther; sind sie nicht auch „vor der Zeit" „schon" Könige? Ein „Sattsein" jetzt und hier ist gefährlich (Laodizea!); hier sind vielmehr die Hungernden selig, weil sie dann im Reiche Gottes wahrhaft satt werden (Lk 6, 21. 25). Die „Armen", nicht die „Reichen", werden glücklich geprie- 8

---

[1] Das lag schon in der Formulierung ausgedrückt: „s i c h an Menschen rühmen" (3, 21). Im Rühmen an Menschen macht man sich selber groß und wichtig.

[2] Wie groß ist diese Gefahr auch bei uns. Wir versichern zwar ständig, daß alle Vollmacht und Wirksamkeit nur von Gott gegeben werden könne, aber wir rühmen und bewundern die bedeutenden Prediger und wirksamen Evangelisten, die Gründer von Gemeinden und Werken (und manchmal heimlich auch uns selbst) oft so, als ob doch eigentlich sie selbst es seien, die alles leisteten. Wie nehmen wir Gott damit die Ehre und gefährden dadurch gerade auch die, an denen wir in falscher Weise hängen!

sen (Lk 6, 20. 24). Und königliche Herrscher werden wir erst im Königreich Gottes sein. Wie hat Paulus auch hier wieder im Wort Jesu gelebt. Zugleich erinnern wir uns an das, was wir über den diametralen Gegensatz der Welt Gottes und dieser Welt sagten (S. 57).

Und eine zweite kritische Bemerkung schiebt Paulus ein: solche großartigen und herrlichen Leute wurdet ihr **„ohne uns"**. Wieder faßt er sich ganz mit Apollos zusammen. Kann der Stand einer Gemeinde in Ordnung sein, wenn sie ihn ohne ihre bevollmächtigten Lehrer und Leiter erreichten? Kann die Herde am rechten Platz sein, wenn sie dort ohne ihre Hirten ist? Paulus fügt hinzu: **„Und wäret ihr nur Könige geworden, damit auch wir zusammen mit euch königlich daständen!"** Gäbe es das wirklich jetzt schon, könnten wir in dieser Weltzeit bereits diese königliche Stellung einnehmen, könnten die Korinther das erweisen, dann würde etwas von dem Glanz auch auf ihn und Apollos fallen; dann würden auch sie als die Diener einer so herrlichen Gemeinde **„mit euch zusammen königlich dastehen"**. Ihr Korinther seid zwar „ohne uns" so weit gekommen; aber nun würden wir Apostel wenigstens mit euch die Höhe erreichen.

9 Jetzt aber sieht ein Apostelleben total anders aus. Apostel sind bevollmächtigte Gesandte des großen Königs[3]. Damit sind sie eigentlich „Erste", es gebührte ihnen etwas wie der erste Platz. Aber davon ist in ihrem äußeren Leben nichts zu sehen. Da erscheinen sie vielmehr als „Letzte". Paulus kann sich dabei mit den andern Aposteln zusammenfassen. Wenn er auch ein besonderes Maß von Leiden aufzuweisen hat (vgl. 2 Ko 11, 23 ff), so zeigt doch auch der Weg der andern Apostel grundsätzlich die gleichen Züge. Paulus wird später mit den Korinthern noch davon reden, wie tief notwendig dieser Charakter apostolischen Lebens ist. Jetzt begnügt er sich damit, als seinen Eindruck festzuhalten: **„Ich meine, Gott hat uns Apostel als Letzte hingestellt."** Darin liegt schon der Hinweis, daß so, wie die wahrhaft Weisen in diesem Äon „Narren" sein müssen, auch die „Ersten" in Gottes Dienst, die Apostel Jesu, in dieser Welt als „Letzte" erscheinen müssen[4].

„Dem Tode Geweihte", vom Tod Gezeichnete sind sie. Das ist der tiefe Gegensatz gegen das satte, reiche, unangefochtene Dasein der Korinther, das ihnen Zeit und Lust läßt zu ihren Parteiungen mit Streit und Eifersucht. Paulus hat bei dem Ausdruck **„dem Tode Geweihte"** die „Gladiatoren" vor Augen, die bei ihrem Einzug in die Arena zum tödlichen Kampf zur Kaiserloge des Theaters hinauf grüßen: „Morituri te salutant = die Todgeweihten grüßen dich." So stehen die Apostel in ihrem Kampf um die Errettung von Menschen als „Todgeweihte" in der Arena der Welt[5].

Der Mensch des Altertums war es gewohnt, daß im Theater Gefangene und Sklaven zur Befriedigung wollüstiger Grausamkeit als

---
[3] Vgl. dazu das zu „Apostel" S. 19 f Gesagte.
[4] Auch in diesem Sinn gilt das Wort Jesu Mt 19, 30.
[5] Vgl. das schöne Buch der Isobel Kuhn „In der Arena", Brunnen-Verlag, Giessen.

Schauspiel unter Qualen starben. Wir kennen das alles aus den Christenverfolgungen. So sind auch die dem Tode geweihten Apostel „ein Schauspiel der Welt und Engeln und Menschen". Viele Augen sehen auf die kämpfenden und leidenden Apostel, Augen aus der sichtbaren und unsichtbaren Welt. Dabei kann der Ausdruck „Engel" sowohl die Geisterwesen der himmlischen wie der dämonischen Welt meinen[6]. Paulus weiß sich von ihnen beiden gespannt beobachtet. Und in den kleinasiatischen Städten wie in Philippi, Thessalonich und in Korinth selbst kamen große Scharen von „Menschen" durch das Auftreten des Apostels in Bewegung und sahen sein Wirken und seine Leiden. Aber nicht an diesen „Zuschauern" bleibt das Auge des Paulus haften. Während die reich beschenkten Korinther Gott vergessen, ist der Blick des leidenden Apostels fest auf Gott gerichtet. Darum beklagt sich Paulus nicht und klagt niemand an. „Gott" hat die Apostel so „hingestellt". Paulus kann es nur im Glauben und Gehorsam bejahen.

Und nun wird der ganze Gegensatz zwischen Apostel und Gemeinde noch einmal in kurzen, scharfen Strichen gezeichnet: „Wir (sind) Narren um Christi willen, ihr aber klug in Christus; wir schwach, ihr aber stark; ihr berühmt, wir aber entehrt." Man muß das nicht als „Ironie" hören. Wenn Paulus sofort danach versichert: „Nicht um euch zu beschämen schreibe ich dies, sondern um euch als meine geliebten Kinder zu mahnen" (V. 14), dann hat er sicher nicht vorher seine geliebten Kinder ironisiert. Die Sache ist ihm viel zu ernst dazu. Er schildert einfach Tatsachen, wie sie gerade vor den Augen der Korinther selbst standen. Sie waren eine in der Stadt angesehene Schar. Sie galten als „klug" und meinten auch selbst „in Christus" eine Weisheit gefunden zu haben, mit der sie sich unter ihren Mitbürgern sehen lassen konnten. Kraftvoll setzten sie sich durch; von Verfolgung und Bedrängnis war nach dem raschen Scheitern des jüdischen Vorstoßes bei Gallio (Apg 18, 12—17) nichts zu merken. Korinth stand darin einzig da unter den Gemeinden der paulinischen Mission.

Wie anders war das Leben des Paulus und seiner Mitarbeiter: „Bis zur jetzigen Stunde hungern wir und dürsten wir und sind mangelhaft gekleidet und werden geschlagen und sind unstet und plagen uns ab, arbeitend mit den eigenen Händen." Paulus kannte die ganz brutalen äußeren Nöte: Hunger, Durst, mangelhafte Kleidung, Mißhandlungen, unstete Wanderschaften, aufreibender Dienst am Evangelium bei eigener Handarbeit zum Erwerb des nötigstens Lebensunterhaltes. „Satt, reich, königlich", davon war nichts zu sehen. Und stets wird es von ihnen erwartet und auch wirklich geleistet, das „Sonderliche" nach dem Willen Jesu (Mt 5, 47 f) zu tun: den Schmähungen mit dem Segnen, den Verfolgungen mit dem Dulden ohne Gegenwehr, dem Lästern mit dem freundlichen Wort zu begegnen (V. 12). Aber mit dem allen stehen sie nun gerade nicht als die „gro-

---

[6] Es darf auch heute jeder kämpfende und leidende Christ daran denken, daß viele ihn gespannt beobachten, Menschen und gute oder böse Engel. Wird er Glauben halten und damit siegen? Wird er unterliegen?

ßen Heiligen" da, die bewundert und verehrt werden, sondern sind „wie Kehricht[7] der Welt geworden, aller Abschaum bis jetzt." „Bis jetzt" ist das so. Bis jetzt hat sich nichts daran geändert. Es wird sich auch in dieser Weltzeit nichts daran ändern. So sieht apostolisches Leben und Dienen aus.

Dieser Abschnitt stellt uns unausweichlich vor die Frage: Wo stehen wir selber? Bei den Korinthern oder bei Paulus? Müssen wir erschrecken, wenn wir daran denken, daß Weisheit, Leben und Herrlichkeit in Gottes Welt jetzt und hier nur als Torheit, Sterben und Schmach in Erscheinungen treten können? Warum ist so wenig von den Kennzeichen des „apostolischen Lebens und Dienens" bei uns zu finden? Liegt nicht hier (und keineswegs da, wo moderne Theologie ihn sucht) der Grund, warum unser Verkündigen keine Vollmacht und Wirkung hat? Aber auch umgekehrt: Fehlen bei uns die Züge apostolischen Leidens, weil wir nicht mehr wirklich das Wort vom Kreuz, das herausfordernde Wort von der Verlorenheit und der Errettung im letzten Ernst verkündigen? Stellen sich nicht Verfolgungen und Leiden sofort da ein, wo wieder die alte Botschaft in voller Realität gesagt wird[8]?

DIE SENDUNG DES TIMOTHEUS NACH KORINTH UND ANKÜNDIGUNG DES EIGENEN BESUCHES

1. Korinther 4, 14—21

zu Vers 14:
2 Ko 6, 13
1 Th 2, 11 f
zu Vers 15:
Gal 3, 24 f
4, 19; 3 Jo 4

14 Nicht um euch zu beschämen schreibe ich dies, sondern um euch
15 als meine geliebten Kinder zurechtzuweisen. * Denn wenn ihr auch zehntausend Zuchtmeister hättet in Christus, so doch nicht viele Väter: denn in Christus Jesus durch das Evangelium habe
16 ich (allein) euch gezeugt. * Ich fordere euch nun auf, meine Nachahmer zu werden. * Eben deshalb sandte ich euch Timotheus, der

---

[7] Der hier gebrauchte Ausdruck könnte auch aus der religiösen Sprache (vgl. seine Verwendung in der LXX) entnommen sein und dann das kultische Reinigungsmittel, das Sühnopfer bezeichnen. Dann hätte Paulus zum Ausdruck bringen wollen, daß die Apostel so etwas wie „Sündenböcke der Welt" seien. Es ist gut, sich einmal das zeitgeschichtliche Bild zu vergegenwärtigen, das hinter den von Paulus gebrauchten Ausdrücken steht. „Aus verschiedenen Städten des ionischen Gebietes wird uns die Sitte berichtet, am 6. Thargelion die Stadt durch ein Menschenopfer zu entsühnen. Da es zur Wirksamkeit dieser gottesdienstlichen Handlung erforderlich ist, daß das Sühnopfer freiwillig in den Tod geht, so konnte man in der Regel nur solche Menschen bereit finden, denen das Leben selbst eine Qual geworden war, Hungerleider und armselige Krüppel. Die Aussicht auf die gute Verpflegung mit Weißbrot, Feigen und Käse, deren sie wie ein Opfertier der Weide ein Jahr lang sich erfreuen durften, wog ihnen den Rest von Liebe zum Leben auf. Nur der Abschaum der Menschheit ließ sich zum Opfertod führen; es sind die „Mißgestalteten", „denen die Natur eine feindselige Stiefmutter gewesen", „die Elendsten", deren Bild alten Schriftstellern vor die Seele tritt, wenn sie an diese Sühnopfer denken. Und in diesem Sinne sind die Worte, die diesen Begriff ausdrücken, ... Schimpfwörter geworden, die dem tiefsten Grad der Verachtung Ausdruck geben." So Hans Lietzmann, Handbuch zum NT, Tübingen 1949, S. 21.

[8] Leben und Wirksamkeit von Wesley, Whitefield, Martin Boos und vielen anderen.

mein geliebtes und treues (oder: gläubiges) **Kind ist im Herrn, der euch erinnern wird an meine Wege in Christus Jesus, wie ich
18 überall in jeder Gemeinde lehre.** * **Als ob ich aber meinerseits
19 nicht zu euch komme, blähen sich einige auf.** * **Ich werde aber schnell zu euch kommen, wenn der Herr will, und werde erkennen nicht das Reden der Aufgeblasenen, sondern ihre Kraft.**
20 * **Denn nicht im Reden (besteht) die Königsherrschaft Gottes, son-
21 dern in Kraft.** * **Was wollt ihr? Soll ich mit dem Stock zu euch kommen oder in Liebe und im Geist der Sanftmut?**

zu Vers 16:
1 Ko 11, 1
Phil 3, 17
zu Vers 17:
Apg 16, 1
1 Ko 7, 17
Jak 4, 15
Phil 2, 19—23
zu Vers 19:
Apg 18, 21
1 Ko 16, 5—7
zu Vers 20:
Mk 9, 1
Lk 17, 20 f
1 Ko 2, 4
zu Vers 21:
2 Ko 10, 2
13, 10; Gal 6, 1

14

Welch einen Gegensatz hat Paulus vor die Korinther hingestellt! Hier ihr unangefochtenes, großartiges und sattes Dasein mit der schmerzlichen Zerrissenheit der Gemeinde, dort sein apostolisches Leben voller Entbehrungen und Leiden, aber auch voll Kraft und Wirksamkeit. Müssen sie sich nicht davor schämen? Der Fortgang des Verhältnisses zwischen Apostel und Gemeinde hat freilich gezeigt, daß sie sich keineswegs schämten, sondern Paulus einfach nicht verstanden und seine ständigen Leiden als unnötig und irgendwie falsch und für sie anstößig empfanden. So dürfte doch das Leben eines echten Gesandten Gottes nicht aussehen! Paulus mußte selber schuld sein an seinen ständigen Schwierigkeiten und Nöten. Er war offenbar doch kein wirklich „Bevollmächtigter". Paulus wird auch in dem zweiten uns erhaltenen Brief an die Korinther immer wieder gerade auf diese Sache eingehen müssen. Aber jetzt kann er es sich gar nicht anders denken, als daß seine Korinther diese Gegenüberstellung ihres sicheren Lebens mit seinem Leiden nur mit einem Gefühl beschämter Verlegenheit lesen können. Aber das war nicht das Ziel bei seinem Schreiben. **„Nicht um euch zu beschämen schreibe ich dies."** Er will nicht, daß sie beschämt vor ihm stehen. Das ginge schon wieder in die falsche Richtung des Vergleichens. Aber freilich **„zurechtweisen"** will er sie. Ihr gesamter Zustand zeigt, wie „fleischlich" sie noch sind, wie sehr noch „richtige Menschen" und nicht eine „Neuschöpfung", von dem Christussinn erfüllt (2, 16). So darf es mit ihnen nicht weitergehen.

Paulus weist sie gerade deshalb zurecht[1], weil sie **„seine geliebten Kinder"** sind. Beides ist hier unlöslich verbunden. Sie sind und bleiben seine geliebten Kinder, auch wenn er ihnen dies alles vorhalten muß. Und umgekehrt: gerade weil er sie liebhat, kann er sie nicht auf ihren falschen, verderblichen Wegen gehen lassen, sondern muß sie so hart anfassen und auf den rechten Weg bringen.

15b

Seine geliebten Kinder sind sie nicht nur bildlich, sondern in einem sehr realen Sinn. **„Denn in Christus Jesus durch das Evangelium habe ich** (allein) **euch gezeugt."** Hier wird deutlich, daß das „Evangelisieren" etwas wesenhaft anderes ist als das „Lehren". Das „Lehren" betrifft den „Wandel" der Glaubenden, wie wir gleich in V. 17 sehen

---

[1] Es steht hier das Wort „nouthetein", wörtlich: den „nous", den Sinn „zurechtrücken", das stärker als das bekannte „parakalein" die Bedeutung eines ernsten Warnens in sich schließt. Es entspricht unserem „den Kopf zurechtsetzen".

werden. Das „Evangelisieren" aber führt zu einem Lebensvorgang, den man nur mit dem Bild der „Zeugung" und „Geburt" beschreiben kann. Hier wird Menschen eine neue Existenz geschenkt „**durch das Evangelium**". Freilich muß das Evangelium dabei „nicht im Wort allein, sondern auch in der Kraft und in dem Heiligen Geist" zu Menschen kommen (1 Th 1, 5)[2]. Das Zeugen geschieht durch das Mittel des Evangeliums, aber „**in Christus Jesus**", also so, daß Jesus dabei der eigentlich Handelnde und Wirkende ist, der in der Vollmacht seines Kreuzes und seiner Auferstehung Menschen ihrem verlorenen Leben entreißt und sie in die Gotteskindschaft hineinstellt.

15a Darum entsteht zwischen dem, der Menschen in Christus Jesus durch das Evangelium „zeugen" durfte, und den Menschen, die durch ihn zum Glauben kamen, ein einzigartiges und unzerreißbares Band. Es gibt „geistliche Vaterschaft", die ebenso unaufhebbar ist wie die natürliche. Die Tatsache, daß ich der Vater dieses Kindes oder das Kind dieses Vaters bin, ist nicht auszulöschen. Auch dann nicht, wenn Kinder erwachsen und mündig werden. Die Korinther sollen es bedenken, daß solch ein Band sie mit Paulus verknüpft. „**Denn wenn ihr auch zehntausend Zuchtmeister hättet in Christus, so doch nicht viele Väter.**" Ein Wiedergeborener findet im Gang seines Lebens mit Recht, wirklich „in Christus" und unter seiner Leitung, mancherlei Menschen, die ihn „erziehen"[3] und fördern; aber die „zeugende" Tat dessen, der ihn zu Jesus brachte und aus dem Tode ins Leben rief, hebt sich als einmalige grundlegend davon ab. Darum steht im folgenden Satz das betonte „ego": „**Ich allein**" habe euch durch das Evangelium gezeugt, „**ich allein**" bin für euch der „Vater"[4].

16 Dem harten „Warnen" folgt das „parakalein", das „Zusprechen" oder „Auffordern". „**Ich fordere euch nun auf, meine Nachahmer zu werden.**" Paulus wiederholt dies in Kap. 11, 1 und hat es genauso auch den Philippern (3, 17), den Galatern (4, 12) und im Blick auf die Thessalonicher (1 Th 1, 6) gesagt. Wiedergeborene stehen nicht mehr unter dem Gesetz. Es ist ihnen nicht, wie bei der rabbinischen Unterweisung, eine Fülle genauer Einzelvorschriften zu geben, die sie zu befolgen haben. Wonach sollen sie sich dann aber in ihrem neuen Leben richten? Nach lebendigen Personen, die ihnen das Glaubensleben vorleben! Sie dürfen auch darin die „Kinder" sein, die unwillkürlich die Eltern „nachahmen" und dadurch in das rechte Leben hineinwachsen.

---

[2] Die Taufe ist kein Ersatz für diesen wesenhaften Vorgang. Paulus schreibt nicht: „Denn in Christus Jesus habe ich euch durch die Taufe gezeugt." Tatsächlich hat er selber ja nur ganz wenige in Korinth getauft. Aber zu Kindern Gottes gezeugt hat er sie alle durch seine Evangelisation.
[3] Das hier stehende Wort „paidagogos" bezeichnet freilich nicht den Erzieher in unserem Sinn. Der „paidagogos" war meistens ein Sklave, der den jungen Söhnen wesentlich den äußeren Schliff beizubringen hatte. Aber darauf wird Paulus jetzt nicht achten. Ihm liegt an dem Gegensatz „Erzieher — Vater".
[4] „Zehntausend Erzieher" haben auch wir in den heutigen Kirchen und Gemeinden, da die meisten Pastoren und Prediger ihr Amt als ein „erziehendes" auffassen. Wo aber sind die „Väter" und „Mütter" der Gemeinde bei uns?

Das geht aber nicht so gut aus der Ferne. Die Gemeinde brauchte 17
das lebendige und gegenwärtige Vorbild. „**Eben deshalb sandte ich
euch Timotheus.**" Die Vergangenheitsform „ich sandte euch Timotheus" könnte Paulus gewählt haben, weil der Briefschreiber des
Altertums sich in den Augenblick hineinversetzt, in dem der Empfänger den Brief liest. Wenn der Brief des Paulus in der Gemeindeversammlung in Korinth verlesen wird, dann „hat" Paulus den Timotheus bereits gesandt. Hier aber wird es einfach so sein, daß Timotheus bei der Abfassung des Briefes tatsächlich schon abgereist ist,
um zunächst noch Dienste in den makedonischen Gemeinden zu tun
(Apg 19, 22). Auf diesem Umweg gelangt er nach Korinth und wird
erst einige Zeit nach dem Eintreffen des Briefes dort ankommen.
Darum ist er auch nicht der Mitunterzeichner des Briefes.

Die Korinther sollen aber nicht meinen, der junge Timotheus sei
ein spärlicher Ersatz für Paulus selbst, sondern sollen in seiner Sendung die ganze sorgende Liebe ihres Apostels spüren. Darum empfiehlt Paulus den Timotheus mit einer ganz warmen Herzlichkeit als
„**sein geliebtes und treues** (oder: gläubiges) **Kind im Herrn**"[5].

In Timotheus haben die Korinther den lebendigen Richtungspunkt.
„**Der euch erinnern wird an meine Wege in Christus Jesus, wie ich
überall in jeder Gemeinde lehre.**" Der Ausdruck „Weg" spielt in der
jungen Christenheit eine ebenso große Rolle wie der ihm entsprechende Ausdruck „Wandel". Das Christentum kann als „dieser Weg"
bezeichnet werden (vgl. Apg 9, 2; 22, 4; 24, 14; 24, 22). Beide Ausdrücke „Weg" und „Wandel" zeigen, daß das Christentum nicht im
ruhigen Besitz einer bestimmten „Lehre" besteht, sondern im „Gehen" eines sehr bestimmten „Weges", in einer zielgerichteten Bewegung des ganzen Lebens, die zum leidenschaftlichen „Lauf" werden
kann (Phil 3, 14). Die sehr eindeutigen „**Wege**" des rechten „**Wandels**"
können im Vorbild aufgezeigt, an sie kann eine unsicher gewordene
und zerfahrene Gemeinde „**erinnert**" werden. Dabei hat dann auch
die „**Lehre**" ihre wichtige Stelle. Der Zusammenhang zeigt, daß Paulus unter „Lehre" gerade nicht das verstand, was wir heute darunter
verstehen, nämlich eine Art „Dogmatik", sondern eher das, was wir
heute „Ethik" nennen. Es ist „Lehre von den Wegen", die der Christ,
die eine Gemeinde Jesu zu gehen hat. Dabei denkt Paulus an die
wirkliche, konkrete Lebensgestaltung auf den verschiedensten Gebieten. Er blickt an dieser Stelle nicht so sehr zurück auf das, was er
den Korinthern bisher schon von dem richtigen „Weg" des Gemeindelebens geschrieben hat. Er sieht vor allem die Fragen vor sich, über
die er nun in den folgenden Kapiteln mit der Gemeinde sprechen
muß. Unser Abschnitt ist der Übergang von dem ersten großen Thema

---

[5] Über Timotheus orientieren uns Apg 16, 1; 17, 14; 2 Ko 1, 19; Phil 2, 20. Timotheus hat sich
immer wieder bewährt. In dem viel späteren Brief an die Philipper (2, 20) kann Paulus noch
stärker sagen: „Denn keinen habe ich von gleicher Gesinnung, der so echt für eure Anliegen
besorgt sein wird." Wieviel kann doch die Bekehrung eines einzigen jungen Mannes für die
Sache des Herrn bedeuten.

„Kreuzesbotschaft und Weisheitsrede" zu den vielfältigen Problemen und Schwierigkeiten, die er jetzt vornehmen will[6].

„Vorbild" und „Lehre" gehören dabei eng zusammen. Das gute Vorbild bedarf der Erläuterung in einer Lehre, und die Lehre muß im Vorbild anschaulich werden[7]. Diese „Lehre", diese „Wegweisung", ist **„in jeder Gemeinde"** die gleiche, so verschieden auch die Lage in den verschiedenen Gegenden und Orten sein mag. Darin lag ein festes Einheitsband bei aller Selbständigkeit, die jede Gemeinde damals besaß. Von einer „Gesamtkirche", von der Einrichtung übergeordneter Instanzen in ganzen Gemeindeverbänden wird in den Briefen des Paulus nichts sichtbar. Daran lag ihm offenbar nichts[8]. Aber freilich, alle Gemeinden können nur den einen gleichen „Weg" gehen, der dem „Weg" des Apostels selbst entspricht. Diese Wege sind seine **„Wege in Christus Jesus"**. Paulus hat sich nicht selber erdacht. Jesus ist selber der eigentliche „Weg" (Jo 14, 6). „In Ihm" liegen alle Wege, die der Apostel geht und auf die er alle Gemeinden unermüdlich ruft. Darum kann er es an späterer Stellen seines Briefes sagen: „Seid Nachahmer von mir, wie auch ich von Christus" (Kap. 11, 1).

18 Die Sendung des Timotheus verstärkt bei „einigen" sofort den Eindruck, den sie schon vorher hatten: **„Als ob ich aber meinerseits nicht zu euch komme, blähen sich einige auf."** Paulus wagt sich nicht mehr selber zu uns, er weiß, daß seine Rolle bei uns ausgespielt ist. Der Ausdruck sie **„blähen sich auf"** zeigt, daß es nicht eine bedauernde, sondern eine triumphierende Feststellung war: „Paulus selbst kommt nicht mehr nach Korinth." Wir merken, wie ernsthaft die Ablehnung des Paulus und das Bestreben, die Gemeinde ganz von ihm zu lösen, bei „einigen" war. Diese **„einige"** (oder auch in der Einzahl „jemand", vgl. schon 3, 18) werden immer wieder vorkommen. Paulus nennt keine Namen. Aber wir werden diese seine Gegner sowohl in der „Christuspartei" (s. o. S. 35) wie auch unter denen zu suchen haben, die Petrus, Johannes, Jakobus als die „wahren" und „großen" Apostel über den zweifelhaften Paulus stellen (vgl. 2 Ko 10, 2; 10, 11; 11, 5).

19 Aber seine Gegner in Korinth irren sich. Die Sendung des Timotheus soll seinen eigenen Besuch nicht ersetzen, sondern nur vorbereiten. **„Ich werde aber schnell zu euch kommen, wenn der Herr will."**

---

[6] Dieser neutestamentliche Sinn von „Lehre" ist gerade in den Kirchen der Reformation lange Zeit völlig vergessen worden. Darum gab es in ihnen auch keinen klaren christlichen „Wandel" nach neutestamentlichem „Vorbild", sondern der Christ ging im tatsächlichen Leben einfach den „Weg" bürgerlich-religiöser Anständigkeit mit. Es ist darum gut, daß diese bürgerliche „Christlichkeit" heute fast völlig vergangen ist. Es wird wieder zu einer besonderen und einzigartigen Sache, ein „Christ" zu sein. Und der „Christ" muß ganz neu fragen, wie er denn tatsächlich in dieser Welt zu leben hat, auch auf die Gefahr hin, vielem Kopfschütteln über seine „Torheit" zu begegnen. Es ist eine wesentliche Aufgabe der Gemeinde Jesu, ihren Gliedern konkret in der Welt von heute den „Weg" in Jesus Christus zu zeigen.

[7] Es ist das hier nicht anders wie bei jeder praktischen Kunst. Für eine alpine Bergtour kann und muß vielerlei gelehrt und gelernt werden. Aber auf den Berg kommt doch nur der hinauf, der Schritt für Schritt und Griff um Griff dem Bergführer nachklettert.

[8] Nur in jener Gruppe von Brüdern, die die große Sammlung aus den Heidengemeinden zur Urgemeinde in Jerusalem brachte, könnte der Anfang einer solchen Instanz gesehen werden.

Paulus ist nicht selbst der Herr seiner Reisen[9]; er ist „Diener", dem Willen seines Herrn unterworfen. So kann er auch keine bindende Zusage von sich aus geben. Aber die Korinther sollen es wissen, Freunde wie Gegner, daß er seinerseits rasch bei ihnen sein möchte und den Besuch nicht scheut. Da wird er seine Gegner „**erkennen**". Das Wort hat für einen Israeliten immer einen wesenhaften Klang. Ist es doch der hebräische Ausdruck für die letzte Gemeinschaft zwischen Mann und Frau (1 Mo 4, 1). Eben darum wird Paulus in diesem „Erkennen" sich nicht von dem „**Reden der Aufgeblasenen**", von starken oder tiefsinnigen Worten imponieren lassen, sondern die „**Kraft**" erproben, die hinter ihrem „Wort"[10] steht.

Paulus weiß um die entscheidende Wichtigkeit des „Wortes" und kann gelegentlich das „Wort" wie eine selbständige Größe von eigener Lebenskraft behandeln, z. B. 2 Th 3, 1. Aber er weiß ebenso, daß es „bloße Worte" gibt ohne „Kraft" und ohne „Heiligen Geist" (1 Th 1, 5), die keinen Wert haben. Er kennt das von der „Weisheit" bestimmte Wort, das irreführt und ebenfalls „der Kraft Gottes zur Rettung" entbehrt. Darum kann er im Gedenken an die neuen korinthischen Lehrer und ihre Systeme und Wortgebilde nun die berühmt gewordene Aussage prägen: „**Denn nicht im Reden** (besteht) **die Königsherrschaft Gottes, sondern in Kraft.**" Solche mächtigen Sätze sind bei Paulus nie das Ergebnis dogmatischer Untersuchungen, sondern erwachsen aus der gegebenen Situation und Not. Sie sprechen dann aber Wahrheiten aus, die zu allen Zeiten gelten und wesentliche Tatbestände vor uns hinstellen. Wir werden auch hier auf ein untrennbares Miteinander zu achten haben. Alles „Wort" ohne „Kraft" hat mit der „**Königsherrschaft Gottes**"[11] nichts zu tun. Wo Gott königlich herrscht, da kann es nicht bei bloßen Worten und Gedanken bleiben, da geschieht etwas, da ist Gottes Kraft am Werk. Aber es darf dabei nicht vergessen werden, daß alle „Kraft" an sich ebenfalls noch kein sicheres Zeichen der „Königsherrschaft Gottes" ist. Gerade erst in der „Schwachheit Gottes" am Kreuz und im törichten „Wort vom Kreuz" kommt Gottes Kraft als rettende zur Wirkung. „Kraft" darf nicht vom „Wort" getrennt werden. In diesem Sinne will Paulus bei seinen Gegnern wahrlich nicht „Kraftleistungen" sehen, die sie vielleicht nachzuweisen haben. Aber das will und wird er sehen, ob sie die Korinther nur mit ihren Reden begeistern oder ob ihr Wort rettendes Wort ist, das zum Leben führt.

Er denkt an seinen Besuch voraus. Wie wird dieser Besuch verlaufen? In einem kurzen Satz und knappen Bild sagt Paulus hier schon, was er am Ende des 2. Korintherbriefes eingehend ausführen wird: „**Soll ich mit dem Stock zu euch kommen oder in Liebe und im Geist der Sanftmut?**" Es hängt von den Korinthern selbst ab, wie es wer-

---

[9] Vgl. die Ausführungen zu Kap. 16, 5 ff und vgl. Rö 1, 10; 15, 32; 1 Th 3, 11.
[10] Paulus gebraucht hier — wie auch in 1 Ko 5 — für das „Reden" den Ausdruck „logos = Wort".
[11] Paulus gebraucht diesen Ausdruck nicht zu häufig in seinen Briefen. Wo er ihn aber braucht, ist er von grundsätzlicher und umfassender Bedeutung für ihn. Vgl. Rö 14, 17; 1 Ko 6, 9; 15; Gal 5, 21; Kol 4, 11; Eph 5, 5; 1 Th 2, 12; 1 Th 1, 5.

den wird. Er gebraucht nicht etwa mit Freude den „Stock" gegen seine „geliebten Kinder". Viel lieber kommt er in „**Liebe und im Geist der Sanftmut**". Aber das hängt nicht von ihm ab. Wenn die Korinther ihn zwingen, wird er auch zuzuschlagen wissen.

DAS URTEIL ÜBER DEN MANN, DER SEINE STIEFMUTTER HEIRATETE

1. Korinther 5, 1—5

zu Vers 1:
3 Mo 18, 7 f
1 Th 4, 3—5
zu Vers 3:
Kol 2, 5
zu Vers 4:
Mt 18, 20
2 Ko 13, 10
zu Vers 5:
1 Tim 1, 20
1 Pt 4, 5 f

1 Jedenfalls hört man bei euch von Unzucht, und zwar von einer derartigen Unzucht, wie sie nicht einmal unter den Heiden vor-
2 kommt, daß einer die Frau des Vaters habe. * Und ihr seid aufgeblasen und habt nicht vielmehr Leid getragen, damit hinweggetan
3 würde aus eurer Mitte, der diese Tat begangen hat? * Denn ich meinerseits, abwesend dem Leibe nach, anwesend aber dem Geiste nach, habe bereits das Urteil gefällt, als wäre ich anwesend, den,
4 der so dieses vollbracht hat, * in dem Namen des Herrn Jesus, während ihr versammelt seid und mein Geist zusammen mit der Kraft
5 unseres Herrn Jesus, — * zu übergeben einen solchen dem Satan zum Verderben des Fleisches, damit der Geist gerettet werde am Tage des Herrn.

1 Paulus hat die Korinther gefragt, ob er mit dem Stock kommen solle oder in Liebe und im Geist der Sanftmut. Aber warum war überhaupt der „Stock", also die harte Strafe, vielleicht nötig? Nicht der bisher dargelegten Notstände wegen. Falsche Weisheit vertreibt man nicht mit dem Stock, und Parteiungen und falsches Ansehen bestimmter Prediger prügelt man nicht aus einer Gemeinde heraus. Nein, Paulus denkt an Dinge, die sein Strafen nötig machen, wenn sie nicht sofort von der Gemeinde bereinigt werden. Denn nicht nur von den Streitigkeiten hat er „gehört". Es gab noch Schlimmeres zu hören. „**Jedenfalls hört man bei euch von Unzucht, und zwar von einer derartigen Unzucht, wie sie nicht einmal unter den Heiden vorkommt, daß einer die Frau des Vaters habe.**" Was ist geschehen? Hat Paulus das Entsetzliche nur nicht aussprechen wollen, daß ein Gemeindeglied die eigene Mutter heiratete? Der Hinweis, daß selbst bei den Heiden so etwas unerhört sei, könnte daran denken lassen. Aber wahrscheinlicher ist es doch, daß er die Stiefmutter meint, die auch altersmäßig dem Sohn des (verstorbenen) Vaters näher stehen konnte.

Es handelt sich bei dem ganzen Vorgang nicht um eine Sünde im erotischen Rausch. Von diesem ganzen Gebiet wird Paulus erst im Kap. 6 und dort dann auch in sehr anderer Weise reden. Hier ist bewußt und überlegt gehandelt worden, als ein Mann mit seiner Stiefmutter die Ehe schloß. Denn das wird unter „Haben" der Frau zu verstehen sein. Eben darum konnte er meinen, eine „Sünde" nicht getan, wohl aber die „Freiheit" des Christen bewiesen zu haben, und weder an das mosaische Gesetz (3 Mo 18, 8; 5 Mo 22, 30; 27, 20) noch an die veraltete „Moral" gebunden zu sein.

Aber nun liegt Paulus nicht an dem Fall als solchem. Von der Frau wird überhaupt nicht gesprochen; man kann daraus schließen, daß sie nicht zur Gemeinde gehörte. Aber auch von dem Mann ist zunächst nicht die Rede, sondern von der Gemeinde und ihrem Verhalten. Eine „Gemeinde" ist nicht, wie so oft bei uns, eine Schar von Menschen, die zu bestimmten kirchlichen Veranstaltungen zusammenkommen, im übrigen aber isoliert ihr eigenes Leben führen. Eine „Gemeinde" ist das, was Paulus in Kap. 12 noch ausdrücklich schildern wird, ein „Organismus", ein „Leib". Die Schädigung und Vergiftung eines Gliedes bedroht sofort den ganzen Leib und muß daher die Reaktion dieses Leibes hervorrufen. „Wenn ein Glied leidet, so leiden alle Glieder mit" (12, 26). Aber eben das ist das Erschütternde und Erschreckende für Paulus, daß diese notwendige Reaktion der Gemeinde in Korinth ausgeblieben ist. **„Und ihr seid aufgeblasen und habt nicht vielmehr Leid getragen, damit hinweggetan würde aus eurer Mitte, der diese Tat begangen hat?"**

Wir wissen nicht, ob der Vorwurf des Paulus **„ihr seid aufgeblasen"** nur die allgemeine Selbstzufriedenheit der Gemeinde trotz eines solchen Ereignisses treffen sollte, oder ob die Gemeinde selber in dieser Ehe mit der Stiefmutter einen Erweis „evangelischer Freiheit" gesehen hat. Die in Korinth umgehende Losung „Alles steht mir frei" (6, 10; 10, 23) konnte auch einen solchen Fall mit umfaßt haben. Jedenfalls haben sie nicht **„Leid getragen"**, wie bei einem Todesfall. Die Gemeinde sieht und empfindet die Tödlichkeit der Sünde nicht mehr. Paulus aber sieht sie. Darum schreibt er nicht, was wir von einem „Christen" erwarten könnten: „Und habt nicht vielmehr Leid getragen, damit in sich gehe und Buße tue, der diese Tat begangen hat." Hier ist nicht ein Gemeindeglied von „einem Fall übereilt", so daß man ihm „zurechthelfen" könnte und müßte (Gal 6, 1). Nicht einmal Mt 18, 15—17 ist hier anzuwenden. Hier ist der Leib der Gemeinde durch die tödliche Vergiftung eines seiner Glieder so bedroht, daß nur die sofortige Amputation in Frage kommt, **„damit hinweggetan würde aus eurer Mitte, der diese Tat begangen hat"**. Daß es Paulus nicht an der persönlichen Barmherzigkeit gegen diesen Schuldiggewordenen fehlt, wird der Schluß des Abschnittes in überraschender Stärke zeigen.

Jetzt aber geht es um die Gemeinde und ihre Haltung. Da gibt es im Blick auf dieses ihr Glied nur eins: das Todesurteil. Paulus bringt die fraglose Notwendigkeit dieses Urteils dadurch zum Ausdruck, daß er den Korinthern sagt: **„Ich habe bereits das Urteil gefällt!"** Hier ist nichts mehr zu untersuchen, nichts mehr zu verhandeln. Das Urteil ist schon gesprochen.

Freilich nur **„ich meinerseits habe bereits das Urteil gefällt"**. Wenn die Gemeinde angesichts solcher Tat — Paulus kann ihre Furchtbarkeit nicht noch einmal nennen, sondern nur umschreiben — völlig versagt, dann muß ihr Apostel für sie handeln. Wohl ist er „**abwesend dem Leibe nach**", aber er ist „**anwesend dem Geiste nach**". Das heißt nicht: „In Gedanken bin ich bei euch." So dünn und abstrakt meint Paulus es nicht. Für den Heiligen Geist, von dem er erfüllt ist, bedeuten räumliche Trennungen nichts. Durch den Geist ist er sehr real gegenwärtig.

4/5 Der Inhalt des Urteils steht für Paulus fest: „**zu übergeben einen solchen dem Satan zum Verderben des Fleisches.**" Aber er kann dieses Urteil nun doch nicht nur „seinerseits" fällen. Die Gemeinde muß es mit ihm zusammen tun. Darum unterbricht Paulus seinen Satz und schaltet, ausgehend von seiner „Anwesenheit im Geist", ein: „**während ihr versammelt seid und mein Geist zusammen mit der Kraft unseres Herrn Jesus.**"

Es ist sehr beachtlich, daß sich Paulus in dieser schwerwiegenden Sache nicht an das „Amt" in der Gemeinde wendet, sondern an die Gemeinde als ganze und als solche. Wir haben heute in den „Lebensordnungen" der Kirche die Kirchenzucht fast völlig in die Hand des Pastors gelegt. Doch einen „Pastor" kannte die Gemeinde in Korinth nicht. Aber Paulus will sich auch nicht nur mit ihren „Ältesten", mit den „Bischöfen" und „Diakonen" versammeln, die es in Korinth wie in Philippi (1, 2) gegeben haben mag. Er will mit der ganzen Gemeinde zusammenkommen[1]. Ein Todesurteil über eines ihrer Glieder muß sie selber mit fällen. Paulus meint, daß eine wirkliche Gemeinde zu solchem Handeln verpflichtet und fähig ist[2]. Ein Urteil ist immer Feststellung einer Schuld. Darauf verwendet hier Paulus keine Mühe. Wohl zeigte sich in dieser Ehe mit der Stiefmutter und in der Unbewegtheit der Gemeinde diesem Fall gegenüber, wie die Losung „Über die Schrift hinaus" (4, 6) in der Gemeinde wirkte. Die klaren Verbote des ast Gesetzes gelten nichts. Aber Paulus holt jetzt nicht das Gesetz herbei, um den Korinthern die Unmöglichkeit und Sündhaftigkeit einer solchen Ehe zu zeigen. Er macht überhaupt keinen Versuch, die Sündhaftigkeit des Geschehenen irgendwie zu „beweisen" oder zu erörtern. Der offenbaren Sünde gegenüber wäre jede Erörterung und jede Beibringung von „Beweisen" schon die Erweichung eines absoluten, fraglosen Nein. Aber ein Urteil legt auch immer dem Betroffenen eine Strafe auf. Im gewöhnlichen menschlichen Bereich sorgt die Staatsgewalt für die Vollstreckung dieser Strafe. Wer aber soll an jenem Schuldigen in Korinth die Strafe vollziehen? Das ist im Urteil selbst ausgesprochen: Satan soll es tun. Er hat „des Todes Gewalt" (Hbr 2, 14); er kann das „Fleisch", die ganze irdische Existenz des Mannes, „verderben". Aber er kann es erst, wenn dieser Mann aus der Gemeinde Jesu ausgestoßen und ihm übergeben[3]

---

[1] Wieder wird deutlich, daß die Gemeinde zahlenmäßig nicht groß gewesen sein kann.
[2] Weil die Kirchenzucht bei uns Sache des Pastors geworden ist, schafft sie in den meisten Fällen auch nichts anderes als Verärgerung gegen den ungerechten und hartherzigen Pastor. Das fehlsame Gemeindeglied sieht sich überhaupt nicht mehr als „Glied" einer klar ausgerichteten Gemeinde gegenüber.
[3] Es steht hier das eine, gleiche Wort „übergeben, ausliefern", das wir auch für die Tat des

wird. Ein errettetes Glied der Gemeinde Jesu ist (wenn es sich nicht selber durch Zauberei in die Macht der Finsternis begeben hat) für den Satan unantastbar. Jetzt aber geschieht ein wirksamer Akt, der den Schuldigen von der Gemeinde trennt und Satan überantwortet. Dieser Akt kann nur „in dem Namen des Herrn Jesus" geschehen, unter der Erlaubnis Jesu, ja in der Ermächtigung durch Jesus selbst. Daher müssen bei dem Gericht, zu dem Paulus die Gemeinde aufruft, die Korinther und sein eigener Geist versammelt sein, „zusammen mit der Kraft unseres Herrn Jesus".

Paulus hat erwartet, daß die Korinther nach dem Verlesen des Briefes zu einer solchen Handlung unter Anrufung des Namens Jesu schreiten. Paulus ist dann „im Geist anwesend" und mit ihnen versammelt. Und Paulus ist gewiß, daß Jesus selbst gerade auch bei einem so ernsten Gericht in der Gemeinde mit seiner wirksamen Macht dabei ist. Darum bleibt dieses Urteil nicht ein „Wort", das der Betroffene überlegen abschütteln könnte. Auch hier besteht die „Königsherrschaft Gottes nicht im Reden, sondern in Kraft" (4, 20). Dieses Urteil vollzieht sich. Das Verderben wird dieses bisherige Gemeindeglied plötzlich überfallen oder langsam vernichten.

Aber selbst hier bei diesem schweren Ernst des richterlichen Handelns bleibt der Blick eines Paulus positiv. Nur „zum Verderben des Fleisches" bekommt Satan die Macht. Denn dieser Mann ist „Christ". Er hat Furchtbares getan, aber er hat sich seinerseits nicht von Jesus losgesagt. Der Opfertod Jesu bleibt für ihn gültig. Zwar muß eine solche öffentliche Sünde, die bei Juden und Heiden dem Evangelium schwersten Schaden zufügte und Schande auf den Namen des Herrn brachte, ihre klare Strafe finden. Aber gerade wenn diese Strafe durchlitten ist – und dem Satan verfallen sein zum Verderben des Fleisches ist schrecklich –, kann „der Geist gerettet werden am Tage des Herrn". So fest und wirksam ist das für Paulus einmal im Glauben ergriffene Heil, daß er hier kein „vielleicht" einschiebt, sondern von dieser Errettung mit großer Zuversicht spricht. So stark ist die „Heilsgewißheit", wenn wir auf Jesus und sein vollbrachtes Werk sehen.

So sieht das praktisch aus, was Paulus unter dem „Anathema", unter dem „Bann" (Gal 1, 5–9) versteht. Es geht dabei nicht in erster Linie um die „Bestrafung" von Sündern, sondern um die Reinerhaltung der Gemeinde. Unser Abschnitt ist darin eine Parallele zu Apg 5, 1–11, nur daß sich dort Gottes Gericht unmittelbar im Wort des Apostels vollzieht, weil die eigentliche, unerträgliche Sünde von Ananias und Saphira gerade erst in ihrer Lüge vor Petrus geschieht. Es ereignet sich aber in beiden Fällen jenes tiefernste „Binden", von dem Jesus Mt 16, 19; 18, 18; Jo 20, 23 gesprochen hat, das wir vor

Judas, für die Tat Gottes an seinem Sohn und im Abendmahlsbericht finden (Mt 26, 15; 26, 21; Rö 8, 32; 1 Ko 11, 23). Judas hat nicht das geheime Versteck Jesu „verraten", sondern Jesus seinen Feinden in die Hand gespielt und „ausgeliefert". Darüber aber steht jenes Dahingeben, „Preisgeben" des Vaters, der den geliebten gehorsamen Sohn allen Mächten des Verderbens „ausliefert".

lauter bloßem „Lösen" nicht mehr kennen⁴. Die Kirche hat freilich lange Zeit mit ihrem „Bann" etwas ähnliches zu tun versucht und zu tun gemeint. Aber drei Züge im Kirchenbann sind anders als die Grundlinie im Handeln des Paulus und entstellen das, was Paulus uns hier vor Augen führt. 1. Der Bann der Kirche galt wesentlich den „Ketzern", also denen, die anders dachten und lehrten als die Großkirche. 2. Die politisch mächtig gewordene Kirche verließ sich nicht mehr auf die Vollmacht ihres Wortes, sondern erreichte das „Verderben" des Gebannten mit Hilfe staatlicher Maßnahmen. 3. In der „Auslieferung an Satan" durch die Kirche lag nicht mehr der heilsgewisse Retterwille, der zwar Sünde strafen und die Gemeinde von schweren Befleckungen reinigen muß, aber für den schuldigen Bruder der Errettung am Tage des Herrn gewiß ist. Ein Handeln, wie es hier von Paulus vollzogen wird, kann nicht von „Instanzen", auch nicht von kirchlichen Instanzen, sondern nur von „Geistesmenschen" geübt werden, die wissen, was sie tun, und die im Rahmen rein geistlicher Vollmacht bleiben, diese Vollmacht aber auch wirklich und wirksam besitzen⁵.

DIE NOTWENDIGE REINIGUNG DER GEMEINDE

1. Korinther 5, 6—13

zu Vers 6:
Mt 16, 6

zu Vers 7:
Jes 53, 7
Jo 1, 29
1 Pt 1, 18 f

zu Vers 9:
Eph 5, 5
2 Th 3, 14

zu Vers 10:
1 Ko 6, 9 f
Tit 3, 10

zu Vers 11:
Apg 19, 9
2 Th 3, 6

zu Vers 12:
Mt 4, 11; 7, 1

6 Nicht gut ist euer Ruhm. Wißt ihr nicht, daß ein wenig Sauerteig
7 den ganzen Tag durchsäuert? * Fegt aus den alten Sauerteig, damit ihr seid ein frischer Teig, entsprechend wie ihr Ungesäuerte
8 seid. Es wurde ja auch unser Passa geschlachtet, Christus. * Daher laßt uns das Fest feiern nicht im alten Sauerteig, auch nicht im Sauerteig der Bosheit und Schlechtigkeit, sondern in ungesäuerten
9 (Broten) der Lauterkeit und Wahrheit. * Ich hatte euch in dem Brief geschrieben, keinen Umgang zu haben mit Unzüchtigen,
10 * nicht überhaupt mit den Unzüchtigen dieser Welt oder mit den Habgierigen und Räubern oder Götzendienern, da ihr dann ja
11 aus der Welt ausziehen müßtet. * Nun aber habe ich euch geschrieben, keinen Umgang zu haben, wenn einer, der sich Bruder nennen läßt, ein Unzüchtiger ist oder ein Habgieriger oder ein Götzendiener oder ein Schmähsüchtiger oder ein Trinker oder ein Räu-
12 ber, mit einem solchen nicht einmal zusammen zu essen. * Wie käme es denn mir zu, die draußen zu richten? Richtet ihr nicht

⁴ Das hängt mit dem Verlust des eigentlichen „Wortes vom Kreuz" bei uns zusammen. Wir sind einerseits rasch zu moralischer Entrüstung bereit, wissen aber sonst nur noch von Gnade zu reden und „lösen" bei unsern allgemeinen Beichten ohne jede Nachprüfung.
⁵ Darum ist heute echte „Kirchenzucht" in den meisten Gemeinden gar nicht mehr möglich. Alle ernstlichen Versuche, sie auf diese oder jene Weise zu beleben, müssen scheitern. Martin Luther sah recht, daß Kirchenzucht im Sinne des NT nur im Kreise derer geübt werden kann, die „mit Ernst Christen sein wollen" (Vorrede zur „Deutschen Messe").

13 euerseits die drinnen? * Die draußen aber wird Gott richten. Entfernt den Bösen aus eurer Mitte.

zu Vers 13:
1 Pt 4, 17;
Hbr 13, 4

Paulus sah in der Ehe mit der Stiefmutter nicht einen einzelnen „Fall", wie er überhaupt nicht den isolierten Einzelchristen kennt. Immer sieht er „Gemeinde" und den einzelnen als ihr Glied. Erst der Gesamtzustand der Gemeinde in Korinth, ihre falsche „Weisheit" und „Freiheit", ihre Zurückstellung des Wortes vom Kreuz machte solchen Fall möglich. Er geht darum die Gemeinde als ganze an und zeigt ihr: „**Nicht gut ist euer Ruhm.**" Ihr ganzer Stolz auf die Höhe ihres Gemeindelebens und auf seinen Reichtum ist eine ungute und unwahre Sache. Oder wollen sie in Korinth jetzt sagen: „Ein Einzelfall – er kann den hellen Glanz unseres Gemeindelebens nicht trüben"? Paulus entgegnet: „**Wißt ihr nicht, daß ein wenig Sauerteig den ganzen Teig durchsäuert?**" Das Bild vom Sauerteig ist damals viel gebraucht worden. Wir kennen es aus dem Evangelium (etwa Mt 16, 6; Mk 8, 15; Lk 12, 1; auch Gal 5, 9). Das Bild zeigt sehr eindrücklich, wie etwas ganz Geringfügiges doch schließlich das Große und Ganze durchdringen und beeinflusseen kann. Mag jene Ehe mit der Stiefmutter auch nur ein „Einzelfall", „ein wenig Sauerteig" sein, es gehen von ihr doch unberechenbare Einflüsse auf das ganze Gemeindeleben aus. Paulus muß gar nicht meinen, daß noch mehr solcher Ehen zustande kommen könnten. Es ist viel gefährlicher. Die ganze falsche Grundhaltung, die mißverstandene Freiheit, die Unterschätzung der Sünde, die Verkehrung des Christentums zu einer bloßen Weltanschauung, alles das wurde gestärkt, wenn solch ein Fall in der Gemeinde geduldet wurde.

6

Darum war es auch nicht damit getan, wenn die Gemeinde dem von Paulus gefällten Urteil zustimmte und jenen Mann mit Entrüstung verwürfe. Als erstes hatte Paulus in der Gemeinde nicht „Entrüstung", sondern „Trauer" erwartet. Entrüstung kann sehr ichhaft und überheblich sein; echte Trauer ist von der Liebe bestimmt und beugt sich unter die Schuld des andern. Es wäre nach dem Willen des Paulus zugleich eine Trauer der Gemeinde über sich selbst gewesen. Wie konnte es in unserer Gemeinde überhaupt zu einem solchen Fall kommen? Was ist in dem ganzen Zustand der Gemeinde schon lange und in der Tiefe nicht in Ordnung? An die Stelle des „Ruhmes" wäre eine echte gemeinsame Buße und Reinigung getreten. Dazu möchte Paulus die Gemeinde jetzt leiten. Dabei macht er es auch hier wieder so, daß er das genommene Bild ein Stück wendet, um von ihm aus das sagen zu können, woran ihm liegt. Er lenkt mit dem Wort Sauerteig den Blick der Korinther zum Passafest hinüber, das sie von ihren israelitischen Geschwistern in der Gemeinde gut kannten. Wie sorgfältig wurde nach 2 Mo 13, 7 am 14. Nisan jede Spur von Gesäuertem beseitigt. Das Passa ist ja das Fest der „Mazzen", der „süßen Brote" (Mt 26, 17; Lk 22, 1). Das wird nun zum Bild des Christseins, des christlichen Lebens und Handelns.

Es war nicht nur in dem bösen Unzuchtsfall „ein wenig Sauerteig"

7

in der Gemeinde da. Paulus wird in den folgenden Kapiteln noch genug „**Sauerteig der Bosheit und Schlechtigkeit**" aufzuzeigen haben. Darum fordert er nun zu einer umfassenden und gründlichen Reinigung der Gemeinde auf: „**Fegt aus den alten Sauerteig, damit ihr seid ein frischer Teig, entsprechend wie ihr Ungesäuerte seid.**" Der Gemeinde wird ein ernsthaftes und beharrliches Tun zugemutet. Paulus hat schwerlich gemeint, daß die Gemeinde in einer einzigen Anstrengung für immer mit dem „Sauerteig" fertigwerden und kampflos dauernd ein „frischer Teig" sein könne. Dem widerspricht das Wort an die Galater in Kap. 5, 16 f. Das Fleisch mit seinem „Begehren" bleibt; der „Wandel im Geist" muß immer neu erreichen, daß dieses Begehren nicht zu seinem Ziel kommt. Der „**alte Sauerteig**" wird sich immer wieder zeigen und muß immer wieder „ausgefegt" werden. Aber nun formuliert Paulus in kennzeichnender Weise nicht „damit ihr ein frischer Teig werdet". Das wäre „Idealismus", der nur scheitern kann. Nein, er schreibt: „**damit ihr seid ein frischer Teig, entsprechend wie ihr Ungesäuerte seid.**" Paulus unterstreicht das „Sein". Das geschenkte „Sein" ist der Grund des gelingenden „Tuns"; aber es macht dieses „Tun" nicht überflüssig, sondern nötig. Wir sehen hier anschaulich das Wesen der christlichen Ethik, des christlichen Lebensvollzuges. Der Grundsatz, die Grundregel lautet: „Sei, was du bist" oder „Werde ganz das, was du bist." Das ist freilich höchst „unlogisch". Das logische Denken wird immer sagen: Entweder bin ich etwas, dann brauche ich es nicht erst zu werden; oder ich soll etwas werden, dann bin ich es noch nicht. So schwankt auch die christliche Lebenshaltung oft genug zwischen glaubensloser Aktivität, die alles selber erringen will, und „gläubiger" Passivität, die im Glauben alles „hat" und darum nicht mehr handeln zu müssen meint. Paulus aber faßt beides unlogisch-lebenswahr zusammen.

Aber wieso haben die Korinther schon das „Neue Sein"? Wieso sind sie bereits „**Ungesäuerte**", „**frischer Teig**"? Sie können es nicht in sich selbst sein. Ihr faktischer Zustand ist ja gerade so, daß sie mit dringendem Ernst ermahnt werden müssen, den alten Sauerteig auszufegen. Sie sind es nur „in Christus", von dem Opfer Jesu her. „**Es wurde ja auch unser Passa geschlachtet, Christus.**" In der Nacht vor dem Auszug der Kinder Israel aus Ägypten ging der Zorn des heiligen Gottes im Gericht durch das Land und schlug seine Erstgeburt. Die Häuser der Israeliten waren von dem Gericht nicht „von selbst" verschont. Es gibt kein Ansehen der Person vor Gottes Gerechtigkeit. Der Tod ist die Strafe der Sünde, auch für Israel. Aber nun durfte bei den Israeliten ein Lamm stellvertretend für sie bluten und sterben, und das Blut des Passalammes an der Tür deckte das Haus und die darin waren vor dem Gericht. Die Gemeinde Jesu steht nicht hinter Israel zurück. Nein, es wurde „auch ihr Passa geschlachtet, Christus". Ja, Christus ist überhaupt erst das wahre Lamm Gottes. Alle damals in Ägypten und bis heute in Israel geschlachteten Passalämmer sind nur ein vorausgeworfener „Schatten" des Eigentlichen (Hbr 10, 1; Kol 2, 17), ein vorläufiger Hinweis auf das wahrhaft gültige Opfer, das wirklich reinigende Blut, die tatsächlich befreiende Kreuzestat. In Christus sind alle, die an ihn glauben, **„Ungesäuerte"**, ein **„frischer Teig"**, „süße Brote", trotz alles alten Sauerteiges, der noch an ihnen haftet.

Darum folgt aus diesem geschenkten Sein unmittelbar das Tun. Nicht als ein künstlicher Zusatz, den man besonders begründen müßte, sondern aus dem Wesen der Sache erwachsend. Paulus bringt das unter der Leitung des Heiligen Geistes wunderbar zum Ausdruck, indem er dieses Tun ein „Festfeiern" nennt. **„Daher laßt uns das Fest feiern nicht im alten Sauerteig, auch nicht im Sauerteig der Bosheit und Schlechtigkeit, sondern in ungesäuerten (Broten) der Lauterkeit und Wahrheit."**

8

„Daher laßt uns das Fest feiern." Wenn Paulus „bis Pfingsten in Ephesus bleiben wollte" (16, 8), kann es gut sein, daß unser Brief von ihm in der Zeit vor dem Passa geschrieben wurde und daß Paulus dadurch zu dem Bild der Passafeier kam. Aber dadurch ist nicht erwiesen, daß die Gemeinde Jesu damals etwas wie ein „christliches Passafest" hatte oder ein „Osterfest" beging. Paulus, der den jüdischen Festkalender so entschieden verneinte (Rö 14, 5; Gal 4, 10; Kol 2, 16), wird schwerlich in den von ihm geleiteten Gemeinden christliche Feiertage und Festzeiten eingerichtet haben. Damit war die Gefahr vermieden, die uns von unserem „Kirchenjahr" bedroht — als ob wir nur in der Adventszeit auf das Kommen des Herrn warten, nur zu Pfingsten den Heiligen Geist einladen und nur zu Ostern den alten Sauerteig ausfegen! Was Paulus von den Korinthern verlangt, gilt an jedem Tag in gleicher Weise.

Dann aber ist auch jeder Tag „ein Fest". Paulus denkt auch jetzt durch und durch „evangelisch", wenn er von der christlichen Ethik spricht und seinen Korinthern den ernsten Kampf gegen das Böse zumutet. **„Nicht im alten Sauerteig der Bosheit und Schlechtigkeit, sondern in ungesäuerten (Broten) der Lauterkeit und Wahrheit"** leben, ist denn das etwas Schreckliches und Bedrückendes? Wird dann nicht wirklich das Leben „ein Fest", wenn wir so zu leben vermögen, weil wir durch das Opfer Jesu „süße Brote" geworden sind? So sagt es Martin Luther: „Das ganze Christenleben ist ein einzig, stetig und ewig Osterfest" (nach der Sommerpostille). So klingt es in allen unsern Osterliedern[1].

„Ich hatte euch in dem Brief geschrieben, keinen Umgang zu haben mit Unzüchtigen." Nun merken wir, daß Paulus nicht zum ersten Mal diese Frage mit den Korinthern schriftlich bespricht und daß unser Brief nicht der eigentlich „erste" Korintherbrief ist. Der Brief, auf den Paulus hinweist, war aber offenbar der erste, den er überhaupt an die Korinther schrieb, denn er kann ihn „den" Brief nen-

9

---

[1] Als ein Beispiel für viele sei hier nur die Strophe genannt: „So feiern wir das hoh Fest mit Herzensfreud und Wonne, das uns der Herr scheinen läßt. Er ist selber die Sonne, der durch seiner Gnaden Glanz erleucht' unsre Herzen ganz; der Sünden Nacht ist vergangen. Halleluja" (EKG 76, 6).

nen. Schon in ihm hat er den Korinthern ans Herz gelegt, „**keinen Umgang zu haben mit Unzüchtigen**". Diese Mahnung des Paulus war mißverstanden und darum kritisch besprochen und als Überforderung abgelehnt worden. Aber solches „Mißverstehen" ist nicht ein Zufall. Es entsteht daraus, daß schon voreingenommen und mißverständlich gehört wird. Paulus klärt das Mißverständnis unverärgert

10 mit ruhiger Sachlichkeit. Er hat bei seiner Warnung in dem Brief natürlich „**nicht überhaupt die Unzüchtigen dieser Welt**" gemeint. So töricht und lebensfremd war Paulus nicht, daß er eine absolute Trennung der Gemeinde von der Welt für möglich hielt, „**da ihr dann ja aus der Welt ausziehen müßtet**". Gerade Korinth war völlig verseucht mit sexueller Zügellosigkeit. Darum hatte Paulus in seinem früheren Brief vor allem vor dem Umgang mit Unzüchtigen gewarnt. Aber jetzt fügt er den „Unzüchtigen" sofort die „**Habgierigen und Räuber oder Götzendiener**" hinzu, weil es ihm nicht einseitig an den geschlechtlichen Versündigungen liegt und weil einfach tatsächlich das Bild der „Welt" so bunt ist.

11 Nicht um den Verkehr mit Weltmenschen geht es dem Apostel, obgleich die hier auftauchenden Fragen im Verlauf des Briefes gestreift werden (s. besonders zu Kap. 8). Aber da liegen nicht zuerst die Gefahren. Sie liegen im Zustand der Gemeinde als solcher. Es kommt vor, daß sich einer „**Bruder nennen läßt**" und dabei „**ein Unzüchtiger ist oder ein Habgieriger oder ein Götzendiener oder ein Schmähsüchtiger oder ein Trinker oder ein Räuber**". Paulus erweitert hier die Aufzählung nochmals, vermutlich, weil er konkreten Anlaß dazu hatte. Unkeuschheit und Habgier werden im NT mehrfach in einem Zusammenhang genannt (Eph 4, 19; 5, 3; 5, 5; Kol 3, 5; 1 Th 4, 3—6)[2]. Die „**Habgier**" macht Menschen zu „**Räubern**". Und der heidnische Kult mit all seinen magischen und abergläubischen Formen war ein festes Netz, das auch Gemeindeglieder in irgendeiner Weise noch gefangen halten und zu „**Götzendienern**" machen konnte. Die Zungensünden sind bis heute unter den Gläubigen erschreckend weit verbreitet; wenigstens ihre gröbste Form, die „**Schmähsucht**", ist nicht zu dulden. Auch die Verfallenheit an den Alkohol konnte in einer Stadt wie Korinth von dem früheren Leben her Gemeindeglieder als „**Trinker**" in ihrem Bann halten[3]. In allen diesen Fällen fordert Paulus den Abbruch der Beziehungen, bis dahin, „**mit einem solchen nicht einmal zusammen zu essen**". Die Tischgemeinschaft ist auch für uns ein Ausdruck der Zusammengehörigkeit. Auch wir verstehen noch die Redewendung „das Tischtuch zwischen uns entzweischneiden", also die Tischgemeinschaft aufheben. Im Altertum und im Orient wurde dies noch tiefer empfunden. Es ist im Vorwurf der Pharisäer

---

[2] Es ist eine häufige Beobachtung in der Seelsorge, daß bei Menschen, die in Unreinheit gefangen sind, auch die Gelddinge in Unordnung sind und umgekehrt.
[3] Während in Israel der Alkohol keine Gefahr bedeutet zu haben scheint (weshalb Jesus dort auch das Weinwunder auf der Hochzeit zu Kana ohne Sorge tun konnte), nehmen im Blick auf die Gemeinden in der griechischen Welt die Warnungen vor dem Alkohol einen breiten Raum ein: neben unserer Stelle 1 Ko 6, 10; Gal 5, 21; Rö 13, 13; Eph 5, 18; 1 Tim 3, 3; Tit 1, 7.

gegen Jesus eine Steigerung: „Dieser nimmt die Sünder an und isset sogar mit ihnen." Aus Kap. 11, 17 ff unseres Briefes erfahren wir, daß die korinthische Gemeinde gemeinsame Mahlzeiten hielt, in deren Verlauf dann das Herrenmahl gefeiert wurde. Von diesen Mahlzeiten sind solche „Brüder" auszuschließen. Aber die Weisung, **„mit einem solchen nicht einmal zu essen"**, wird umfassender und grundsätzlicher gemeint sein. Ein Mann, der den Brudernamen trägt und dabei in offenkundigen Sünden lebt, darf nicht in der Gemeinde geduldet werden. Vor allem deshalb nicht, weil schon „ein wenig Sauerteig den ganzen Teig durchsäuert" und mit der Duldung solcher Brüder der Ernst der Sünde in der ganzen Gemeinde verharmlost würde. Aber auch solche Brüder selbst müssen durch die Aufkündigung aller Gemeinschaft auf die Schwere ihrer Sünde hingewiesen werden. So hat es Paulus wenigstens den Thessalonichern 2 Th 3, 14 f gesagt.

Abschließend stellt Paulus fest: **„Wie käme es denn mir zu, die draußen zu richten? Richtet ihr nicht euererseits die drinnen?"** Klar und bestimmt wird zwischen „drinnen" und „draußen", zwischen „Gemeinde" und „Welt" geschieden, wie in Kap. 1, 18 zwischen „Verlorenen" und „Erretteten" eindeutig unterschieden wurde. Mischformen und Zwischengebiete gibt es für das NT nicht. Gerade darum sollen solche Gemeindeglieder entfernt werden, damit es nicht zu verhängnisvollen Mischformen kommt. Um die „draußen" und ihre Sünden brauchen sich die Gemeindeglieder nicht aufzuregen. Hier sollen sie das Richten wirklich ganz und gar Gott überlassen[4]. **„Die draußen aber wird Gott richten."** Aber um die Reinhaltung der Gemeinde geht es mit tiefem Ernst: **„Richtet ihr nicht euererseits die drinnen?"** Das „Ihr" im grie Text ist betont. Wieder mutet der Apostel der Gemeinde zu, daß sie als solche die Pflicht zur Gemeindezucht hat. Er kleidet seine Mahnung in die Form der Frage, weil die Übung dieser Pflicht in Korinth fraglich wurde. In der Frage liegt schmerzliche Verwunderung darüber, daß die Gemeinde ihre notwendige Aufgabe nicht begreift. Zugleich klingt eine Erwartung an: Nicht wahr, das tut ihr doch, wenn ihr es freilich auch nicht deutlich und entschieden genug tut. Darum spricht es Paulus zuletzt noch einmal mit einer klaren Forderung aus: **„Entfernt den Bösen aus eurer Mitte."** Paulus sagt dies abschließende Wort mit einem Zitat aus 5 Mo 17, 7 (auch 24, 7), hinter dem wir die heilige Entschiedenheit des ganzen Abschnittes 5 Mo 17, 2—7 sehen müssen. Auch wenn eine Gemeinde Jesu nicht mehr unter dem Gesetz, sondern unter der Gnade steht (Rö 6), ist dennoch der Böse und das Böse „aus ihrer Mitte zu entfernen". Ja, bei ihr ist das erst recht nötig, weil ihre Heiligkeit durch das kostbare teure Blut ihres „Passalammes" Christus erworben ist. Daraus erwächst die Notwendigkeit ntst Kirchenzucht[5]. Es

12/13

---
[4] Wir verwenden viel zu viel Kraft auf das erregte Urteilen über das, was von Menschen „draußen" getan wird. Das ist allzu billig und meist recht ichhaft.

[5] Freilich ist hier alles von der Grundstruktur der Gemeinde abhängig. Im volkskirchlichen Raum „Kirchenzucht" üben zu wollen, ist ein mißliches Ding, das nur zur Heuchelei und Ver-

handelt sich dabei aber um „Böse", die das Böse nicht lassen, sondern die Zugehörigkeit zu der Gemeinde Jesu mit dem Verharren in offenbaren Sünden verbinden wollen.

RECHTSHÄNDEL IN DER GEMEINDE
1. Korinther 6, 1—11

zu Vers 2:
Dan 7, 22
Mt 19, 28
Offb 3, 21
zu Vers 3:
2 Pt 2, 4
zu Vers 5:
Lk 12, 57
zu Vers 6:
2 Ko 6, 15
zu Vers 7:
Mt 5, 39 f
1 Th 5, 15
1 Pt 3, 9
zu Vers 9/10:
Mt 13, 41
1 Ko 15, 50
Gal 5, 19—21
Eph 5, 5
1 Th 4, 6 f
Offb 21, 8
22, 15
zu Vers 11:
1 Ko 1, 30
2 Th 2, 13
Tit 3, 3—7
Hbr 9, 14
Offb 1, 5

1 Wagt jemand von euch, der eine Sache gegen den andern hat, eine rechtliche Entscheidung bei den Ungerechten zu suchen und nicht 2 bei den Heiligen? * Oder wißt ihr nicht, daß die Heiligen die Welt richten werden? Und wenn durch euch gerichtet wird die Welt, seid ihr dann unwürdig für die geringfügigsten Rechtshändel? 3 * Wißt ihr nicht, daß wir Engel richten werden, geschweige denn 4 Dinge des alltäglichen Lebens? * Alltägliche Rechtshändel nun, wenn ihr die habt, dann setzt ihr gerade die in der Gemeinde Ge-5 ringgeschätzten (zu Richtern) ein? * Zur Beschämung sage ich es euch. So gibt es tatsächlich unter euch keinen einzigen Weisen, der imstande sein wird, zu entscheiden zwischen seinem Bruder? 6 * Nein, Bruder mit Bruder rechtet, und dies vor Ungläubigen. 7 * Es ist nun schon überhaupt eine Niederlage für euch, daß ihr Rechtshändel miteinander habt. Warum laßt ihr euch nicht lieber 8 Unrecht tun? Warum laßt ihr euch nicht lieber berauben? * Nein, 9 ihr selbst tut Unrecht und beraubt, und das an Brüdern! * Oder wißt ihr nicht, daß Ungerechte Gottes Königsherrschaft nicht ererben werden? Täuscht euch nicht! Weder Unzüchtige noch Götzendiener noch Ehebrecher noch Weichlinge noch Knabenschänder 10 * noch Diebe noch Habgierige, nicht Trinker, nicht Schmähsüchtige, nicht Räuber werden die Königsherrschaft Gottes ererben. 11 * Und derlei wart ihr, manche. Aber ihr wurdet abgewaschen, aber ihr wurdet geheiligt, aber ihr wurdet gerechtgemacht durch den Namen des Herrn Jesus Christus und durch den Geist unseres Gottes.

1 Zug um Zug enthüllt sich uns das Bild der korinthischen Gemeinde, und Zug um Zug gehört dabei zusammen. Ist das Wort vom Kreuz zugunsten höherer „Weisheit" aus der Mitte gerückt, wird ein Paulus gegenüber großartigeren Lehrern verachtet, dann läßt man die Gemeinde von eifersüchtigen Parteiungen zerreißen, fühlt sich satt und reich und versteht die Leiden der Apostel nicht mehr, duldet eine Ehe mit der Stiefmutter und bleibt ruhig im Umgang mit zuchtlos sündigenden Brüdern. Dazu paßt es genau, daß „jemand von euch wagt, der eine Sache gegen den andern hat, eine rechtliche Entscheidung bei den Ungerechten zu suchen", und daß weder dieser „je-

bitterung führen kann. Wo man auf Grund der Kindertaufe die volkskirchlichen Scharen zu „Gemeinden" im Sinne des NT erklärt und ntst Maßstäbe auf sie anwendet, gerät man in unlösbare Schwierigkeiten.

mand" noch die Gemeinde als ganze ein „Wagnis" darin sieht. War es nicht selbstverständlich, bei Rechtsstreitigkeiten den weltlichen Richter anzugehen? War dieser nicht rechtskundig und für solche Dinge da? Eben weil es den Korinthern für „selbstverständlich" galt, wird es nicht nur in seltenen Einzelfällen, sondern häufiger vorgekommen sein, daß **„jemand"** den Gang zum heidnischen Richter **„wagte"**.

Es ist bezeichnend, wie Paulus jetzt dagegen Einspruch erhebt. Nicht von irgendeinem „Gesetz" oder einer „christlichen Moral", sondern von der Eschatologie[1] her! Auch jetzt heißt die einfache Regel wieder: Seid doch wirklich, was ihr grundmäßig seid. Was sind die korinthischen Christen denn? Richter im Weltgericht! **„Oder wißt ihr nicht, daß die Heiligen die Welt richten werden?"** Es wird völlig deutlich, daß die Glieder der Gemeinde nicht mit den zu richtenden Toten vor dem großen weißen Thron des „Jüngsten Gerichtes" (Offb 20, 11—15) stehen, sondern ihnen allen gegenüber auf Seiten des Richters[2]. „Leib" und „Haupt" sind von der Entrückung der Gemeinde an unlöslich für immer verbunden (1 Th 4, 17). Die Gemeinde nimmt darum notwendig an allem teil, was ihr Haupt in seinem alles vollendenden Wirken tun wird, an dem Sturz des Antichristen, an der königlichen Friedensherrschaft Jesu auf dieser Erde und am Weltgericht[3]. So groß, so realistisch und lebendig war das Hoffen und Erwarten der ersten Christenheit. Aber weil das so ist, darum gilt es nun nach 1 Th 2, 12 „würdig zu wandeln des Gottes, der euch berufen hat zu seinem Reich und seiner eigenen Herrlichkeit", und zwar ganz konkret in den Fragen des Alltagslebens. Es wäre ein völliger Widerspruch, wenn **„durch uns gerichtet wird die Welt"**, daß wir **„dann unwürdig für die geringfügigsten Rechtshändel"** wären. Hier ist das gleiche Wort „würdig", wenn auch in der Verneinung, verwendet wie in 1 Th 2, 12. „Würdig Gottes und seines Reiches" und „unwürdig der geringfügigsten Rechtshändel" in der Gemeinde, das paßt nicht zusammen.

Paulus verstärkt den Widerspruch noch: **„Wißt ihr nicht, daß wir Engel richten werden?"** — Wie fremd und unverständlich mutet uns das an, wovon Paulus bei den Korinthern einfach voraussetzt, daß sie es „wissen". Für das Wissen des NT sind die „Engel" trotz ihrer Hoheit jetzt schon den „Heiligen" in gewisser Weise untergeordnet, sie sind „allzumal dienstbare Geister, ausgesandt zum Dienst um derer

---

[1] Zu dem Begriff Eschatologie s. o. S. 29 Anm. 11.
[2] Das Verständnis des Völkergerichtes in Mt 25, 31 ff ist eine Sache für sich. Aber auch dort sind die „geringsten Brüder" Jesu offensichtlich nicht unter der Riesenschar der Völker verstreut gedacht; es erfolgt ja ein Hinweis auf sie, der sie allen deutlich zeigen muß: „Diese meine Brüder" (vgl. dazu W.Stb. Matth).
[3] Es wäre daher auch nicht abwegig, den Begriff des „Richtens" in seiner ganzen ast Weite zu fassen und das „Regieren" mit in ihn einzuschließen. Gerade in Offb 20, 4 wird die Tätigkeit der mit Christus Regierenden auch als „Gericht" bezeichnet. Vgl. dazu auch das Wort Jesu an seine Jünger Lk 22, 30; und aus dem AT die Bezeichnung „Richter" für die Führer des Volkes im Richterbuch oder Stellen wie Ps 72, 1—15. So muß das „Richten der Welt" durch die Heiligen nicht auf das Weltgericht beschränkt bleiben. Die Gemeinde nimmt teil an der ganzen heiligen Regierung ihres Herrn.

willen, die das Heil ererben sollen" (Hbr 1, 14). Nun wird die Gemeinde auch über sie „**richten**". Das gilt zunächst im Blick auf die von Gott abgefallenen Engel, die dem Gericht entgegengehen (2 Pt 2, 4). Da aber Paulus an unserer Stelle die Engel nicht ausdrücklich als „böse" bezeichnet, mag er den Ausdruck „richten" gerade hier in seinem weiteren Sinn[4] verwenden und daran gedacht haben, daß die Gemeinde mit Jesus zusammen auch über der ganzen Engelwelt königlich walten wird. Und nun weist Paulus die Gemeinde mit dem hinzugefügten „**geschweige denn Dinge des alltäglichen Lebens**" auf den ganzen Widerspruch in ihrem Verhalten hin. Die künftigen Richter über die Engel wollen nicht die kleinen Streitigkeiten des Tages entscheiden!

4 Und wohin führt das? „**Wenn ihr nun alltägliche Rechtshändel habt, dann setzt ihr gerade die in der Gemeinde Geringgeschätzten (zu Richtern) ein.**" Die sich an Geist und Weisheit so reich fühlende Gemeinde in Korinth sieht mit Geringschätzung auf die heidnischen Menschen in ihrer Umgebung herab. Sie gerade müßte es verstehen, daß die heidnischen Richter zwar „rechtskundig" sein mögen, aber eben doch nicht „Heilige", nicht mit Gott verbundene Menschen und darum bei aller juristischen Beschlagenheit in ihrem Wesen „**Ungerechte**" (V. 1)[5] sind. Darum sollen sich die Korinther allerdings „**schämen**", daß sie in Streitigkeiten, die „biotika" sind, die den „bios", das äußere, irdische Leben[6] betreffen, solche Männer zu Richtern einsetzen, anstatt derartige Streitigkeiten unter sich selbst auszumachen. Künftige Richter der Welt und der Engel vor heidnischen Richtern prozessierend — was ist das für ein kläglicher und beschämender Anblick!

5 Gewiß gehört „Weisheit" dazu, Streitigkeiten zu entwirren und die rechte Lösung zu finden. Aber gibt es denn wirklich keinen „**Weisen**" in der Gemeinde, der „**zwischen seinem Bruder entscheiden**" kann, wie Paulus in verkürzter Redewendung für „zwischen Bruder und Bruder entscheiden" sagt? Wo bleibt nun auf einmal die „Weisheit", auf die sie in Korinth sonst so stolz sind? Reicht alle diese hohe Weisheit auf einmal nicht aus, um kleine irdische Streitigkeiten zu schlichten?

6 „**Nein, Bruder mit Bruder rechtet, und dies vor Ungläubigen**", faßt Paulus noch einmal zusammen. Merken sie gar nicht, wie das auf die „Ungläubigen" wirken muß? Bedenken sie nicht, wie sie damit die Botschaft der Versöhnung, der Errettung, des neuen Lebens unglaubwürdig machen? Und nun geht es mit einer scharfen Wendung zum

7 Kern der Sache. „**Es ist nun schon überhaupt eine Niederlage für

---

[4] Siehe vorige Anmerkung.
[5] Der Ausdruck meint also nicht, daß diese Richter in ihrem Amt „ungerecht" urteilen. Sie können durchaus „gerechte Richter" sein; aber sie sind „Ungerechte", weil ihnen die Gerechtigkeit fehlt, die vor Gott gilt.
[6] Dieses Wort für „Leben" kennen wir aus der „Biologie". Das Leben im tieferen Sinn heißt im Griechischen „zoe". Der bestimmende Zusatz „ewig" kann es verdeutlichen. Aber das Wort „zoe" kann auch allein bezeichnend genug sein. „Ich bin die zoe, das Leben" kann Jesus Jo 11, 25; 14, 6 sagen; und Paulus bestätigt Phil 1, 21: „Für mich ist to zen, das Leben, Christus."

euch, daß ihr Rechtshändel miteinander habt." Wieder wird deutlich, was Paulus als den tiefen Schaden in der korinthischen Gemeinde sah. Es geht erneut um das große Thema der „Liebe", ohne daß das Wort genannt wird. Nicht „Irrlehre" hat Paulus in Korinth zu bekämpfen. Die Not liegt an anderer Stelle. Den Korinthern mit ihren hohen Gedankengängen christlicher „Weisheit" scheint es ganz belanglos und selbstverständlich, daß Christen miteinander streiten und prozessieren. Paulus sieht von dem Kreuz des Christus her das Christsein völlig anders. Für seinen Blick ist die Tatsache von Rechtsstreitigkeiten unter Gliedern der Gemeinde Jesu eine **„Niederlage"**, eine verlorene Schlacht, ein Sieg des Feindes. Für ihn führt das Errettetsein durch die Torheit und Schwachheit Gottes am Kreuz zu einer sehr bestimmten Lebenshaltung: **„Warum laßt ihr euch nicht lieber Unrecht tun? Warum laßt ihr euch nicht lieber berauben?"** So real und lebensbestimmend ist für ihn das Kreuz.

Damit stehen wir bei der Bergpredigt. Sie wird nicht zitiert, aber Paulus lebt im Wort Jesu auch in der Bergpredigt. Es besteht kein Gegensatz zwischen Jesus und Paulus, wie man immer wieder behauptet hat. „Bergpredigt" und „Rechtfertigung" durch das Kreuz des Christus sind nicht entgegengesetzte Botschaften. Sondern ohne die Errettung am Kreuz Jesu ist gerade die Bergpredigt vernichtendes „Gesetz", „Dienst der Verurteilung und des Todes" (2 Ko 3, 6. 9). Erst von der „Rechtfertigung" aus wird möglich und wirklich, was die Bergpredigt fordert. Denn die „Rechtfertigung" aus freier Gnade, das Kreuz Jesu mit seiner rettenden Liebe bringt uns wirklich zu jenem Lieben, das sich getrost Unrecht tun und sich fröhlich berauben läßt, das nicht um den Rock prozessiert, und dies gar vor heidnischen Richtern, sondern dem, der „mit dir rechten will und den Rock nehmen", auch „den Mantel läßt" (Mt 5, 40).

Wie weit sind die Korinther, die sich für so hervorragende Christen halten, entfernt davon. **„Nein, ihr selbst tut Unrecht und beraubt, und das an Brüdern!"** Das ist nicht ein Schönheitsfehler am Christentum der Korinther, der getragen werden kann. Hier stehen die „Geheiligten in Christus Jesus", die „Erretteten" in der tödlichen Gefahr, alles zu verlieren, was sie durch das Evangelium gewannen. Sie „tun Unrecht" und drohen damit „Ungerechte" zu werden. Darum muß Paulus sie fragen: **„Oder wißt ihr nicht, daß Ungerechte Gottes Königsherrschaft nicht ererben werden?"** Das ist nicht von „denen draußen" gesagt. Von ihnen muß es nicht erst betont gesagt werden; nein, diese Warnung gilt „denen drinnen". Es gibt ein Verlieren des herrlichen Erbes, des Anteils an der kommenden Königsherrschaft Gottes[7].

8

---

[7] Diese Aussage steht in Spannung zu der Gewißheit, die Paulus sogar noch für ein dem Satan übergebenes Gemeindeglied nach Kap. 5, 5 hatte. Aber solche lebendigen Spannungen sind unvermeidlich. Gerade in der Ausübung eines so ernsten Gerichtes durfte die Zuversicht auf die letzte Errettung des Gerichteten festgehalten werden. Gegenüber einer stolzen und oberflächlichen Gemeinde, die bedenkenlos sündigt, muß die andere Seite der Wahrheit hervorgehoben werden, daß es ein Verlieren des Heiles auch für die gibt, die einmal errettet waren.

Wir lehnen uns gegen diese Warnung auf. Paulus weiß das und bittet seine geliebten Kinder in Korinth mit tiefem Ernst: **„Täuscht euch nicht!"** oder „Laßt euch nicht irre führen." Dreimal steht in unserm Abschnitt betont die Frage: **„Wißt ihr nicht?"** Ihr Korinther legt auf Weisheit und Wissen so viel Gewicht, aber das, was zu wissen notwendig ist, das beachtet ihr nicht, weil es eurem Ich nicht gefällt. Sie **„wissen"** es wohl, in der Verkündigung des Paulus ist es ihnen gesagt. Aber sie wissen es nicht wirklich und nehmen es nicht ernst. **„Ungerechte ererben Gottes Königsherrschaft nicht."** Das ist so einfach und klar wie möglich. Nie kann jemand den Satz wagen: „Ungerechte ererben Gottes Reich." Aber so gefährlich **„täuscht"** und betrügt uns unsere Ichhaftigkeit, daß wir ruhig dem Bruder Unrecht tun und ihn berauben und dabei unseres ewigen Lebens sicher zu sein meinen.

9/10 Paulus warnt und zählt noch einmal eine ganze Reihe konkreter Sünden auf, die von der Königsherrschaft Gottes unbedingt ausschließen. Paulus weiß wahrhaftig von dem inneren Wesen der Sünde. Er weiß von der „Ursünde" (wie wir besser statt „Erbsünde" sagen sollten), die nicht moralisch beurteilt, sondern von der ersten Tafel der Gebote aus gemessen werden muß[8]. Aber er weiß auch, wie diese Sünde konkret zum Ausdruck kommt in ganz konkreten einzelnen Sünden. Auch hier ist wieder beides zugleich festzuhalten. Der weiße Fleck an der Hand ist nicht schon „der Aussatz", aber der Aussatz wird nicht anders sichtbar als in jenem weißen Fleck. Die „Lasterkataloge" in den Briefen des Apostels sind nicht bloße Übernahme einer damals häufigen Lehrform, sondern sind für Paulus ein Mittel, um Gemeindeglieder in ihrer gefährlichen Unbekümmertheit konkret zu treffen. Darum bringt Paulus an dieser Stelle die ganze Aufzählung bestimmter Sünden. Die „aufgeblasenen" und sicheren Korinther haben sich zu fragen, ob solche Sünden nicht bei ihnen zu finden sind, und haben daran zu denken, daß jede dieser Sünden vom Reich Gottes ausschließt. Neben den an erster Stelle genannten **„Unzüchtigen"** stehen hier wieder die **„Götzendiener"**; dabei wird vor allem an die Fülle heidnisch-abergläubischer Bräuche zu denken sein, aber auch an die tatsächliche Beteiligung am „Götzenopfer", von deren Problematik in Kap. 8 u. 10, 14—22 noch eingehend gesprochen werden wird. Paulus kommt noch einmal auf die Sünden im geschlechtlichen Leben zurück, nennt ausdrücklich die **„Ehebrecher"**, deren Tat mit nichts entschuldigt und beschönigt werden kann, und sieht auf die **„Weichlinge"** und **„Knabenschänder"**. Damit sagt er ein offenes Wort zu jener Form der geschlechtlichen Verkehrung, die in Griechenland nicht selten war und auch unter gebildeten und geistig wertvollen Menschen keinen Anstoß erregte. Man meinte, die inneren Beziehungen zu jungen Menschen des gleichen Geschlechts auch erotisch, ja sexuell ausprägen zu dürfen[9]. Paulus weiß entgegen

---

[8] Vgl. dazu Rö 1, 18—24 in der Auslegung der W.Stb.
[9] Die griechische „Knabenliebe" war etwas anderes als das, was man heute unter Homosexualität versteht.

solchen Verirrungen, die es auch in Korinth gegeben haben wird, daß jeder junge Mensch, der sich dazu hergibt, ein „**Weichling**" wird, und jeder, der derartiges an andern tut, ein „**Knabenschänder**" ist. Neben den „Räubern" werden jetzt auch die „Diebe" genannt. Die „**Habgierigen**", die „**Trinker**", die „**Schmähsüchtigen**" werden wie in Kap. 5, 1 f nochmals aufgezählt, und es wird eindeutig festgehalten: sie alle „**werden die Königsherrschaft Gottes nicht ererben**".

Diese Aussage des Paulus ist von erschreckendem Ernst. Allzu leicht verurteilen wir die moralischen Schäden bei „denen draußen" recht scharf, halten die gleichen Schäden aber für ungefährlich bei uns, die wir doch im Glauben stehen, die Rechtfertigung im Glauben besitzen und ein geistliches Leben, vielleicht sogar unter Aufweis großer Geistesgaben, führen. Paulus aber, der Verkünder der „Rechtfertigung", der Bote der freien Gnade, stellt Menschen mit ganz bestimmten Sünden vor uns hin und erklärt rund heraus, daß sie das Reich Gottes nicht ererben werden, obwohl sie zum Glauben gekommene Glieder der Gemeinde sind[10]. Und wir selber müssen es einsehen: Ein Himmel mit solchen Menschen wäre kein „Himmel" mehr. Menschen der genannten Art können keinen Platz im Himmel haben.

Aber wer kann dann überhaupt in das Reich Gottes kommen? Nun erinnert Paulus die Korinther an das Große, was an ihnen geschehen ist: „**Und derlei wart ihr, manche**." Der Satzbau zeigt, daß Paulus nicht einfach von allen Gemeindegliedern in Korinth sagen wollte und konnte, daß sie früher Ehebrecher, Diebe, Räuber usw. gewesen sind. „**Manche**" freilich hatten in einer Stadt wie Korinth in schlimmstem Schmutz gelebt, bis hin zu den sexuellen Perversitäten, die Paulus nennt. Und alle „**waren derlei**", alle hatten in irgendeiner Weise und in irgendeinem Maße an den konkreten Auswirkungen der Sünde teil, zumal sie aus dem zersetzenden Leben der Hafenstadt kamen. Und dann ist das Gewaltige geschehen, dessen wendende Kraft Paulus mit einem dreimaligen „aber" unterstreicht: „**Aber ihr wurdet abgewaschen, aber ihr wurdet geheiligt, aber ihr wurdet gerechtgemacht**." Das gibt es! Das wird gerade auf solch dunklem Hintergrund, wie Korinth ihn bildet, strahlend sichtbar. Kein Wunder, daß Paulus sofort „danken" mußte, sobald er an Korinth dachte. Was den neuen Lehrern mit ihrer hohen Weisheit etwas Geringes war, das blieb für Paulus das eigentliche göttliche Wunder! Menschen, die einst „derlei" waren, durften rein werden, heilig, Gottes Eigentum, ja gerecht vor dem heiligen Gott, hineinpassend in sein Königreich!

Dieses „**Abwaschen**" geschieht in voller Tatsächlichkeit. So wahr die von konkreten Sünden Beschmutzten nicht in das Reich Gottes hineinpassen und es auch darum faktisch nicht ererben können, so wirklich muß auch ihre Reinigung sein, damit der Zugang zu Gottes

---

[10] Noch einmal wie bei Kap. 3, 1 ff sehen wir, welche Rolle die „moralischen" Dinge im Glaubensleben spielen; vgl. o. S. 67.

Reich für sie frei wird. Wer zu Jesus kommt, darf es wissen, daß er in Wahrheit weiß und rein vor dem heiligen Gott steht, wie befleckt und verdorben er auch immer war. Nicht, weil er irgendwie sich selbst „gebessert" oder „gereinigt" hätte, sondern einzig und allein durch Jesus und seine Erlösungstat am Kreuz.

Wer zu Jesus kommt, wird aber auch **„geheiligt und gerechtgemacht"**. Was heißt das? Wie ist das zu verstehen? Wir stoßen hier auf einen entscheidenden Punkt in der Auslegung der ntst Botschaft. Die Reformation hat mit nüchterner Wahrhaftigkeit unser Leben gesehen und hat erklärt: Wir bleiben unser Leben lang die gleichen Sünder in unserem ganzen Wesen; aber indem wir an Jesus glauben, wird uns die „fremde Gerechtigkeit Christi" zugerechnet; in diesem Sinne sind wir „geheiligt und gerechtgemacht durch den Namen des Herrn Jesus" und können trotz unserer Sünde das Reich Gottes ererben. Wie tröstlich, wie unentbehrlich ist diese Botschaft für den, der sich selbst gründlich kennengelernt hat. Und doch ist sie so noch nicht die ganze lebendige Wahrheit. Denn wenn es Paulus nur so gemeint hätte, warum warnte er dann in unserem Abschnitt die Gemeindeglieder so ernst: „Täuscht euch nicht"? Warum erinnerte er sie an alle diese konkreten Sünden und betonte mit solchem Nachdruck, mit diesen könnten sie das Reich Gottes nicht ererben? Hätte er nicht vielmehr, wie es die Korinther dachten und wünschten, schreiben müssen: Über eure Sünden macht euch keine Sorgen, sie werden von der zugerechneten Gerechtigkeit Christi bedeckt; ihr „waret" nicht nur, sondern „seid" noch derlei, wie ich eben aufzählte, aber durch die Zurechnung der Glaubensgerechtigkeit seid ihr dennoch „geheiligt und gerecht gemacht"?

Wenn wir es so auffassen, haben wir vergessen, wie wirksam **„der Name des Herrn Jesus Christus"** ist. So frei ist die Schrift in ihren Ausdrucksformen. Es muß an einer solchen Stelle nicht heißen „durch das Blut des Herrn Jesus Christus". Es ist gut, wenn wir uns von jeder Verdinglichung der Erlösung freihalten und nicht einseitig von „dem Kreuz", „dem Blut" sprechen. Der **„Name"** Jesu wäscht ab, heiligt und rechtfertigt. In diesem „Namen"[11] ist alles zusammengefaßt, was er selbst ist und vollbracht hat, auch sein Kreuz, sein Blut, sein Tod und sein Grab, aber auch sein Sieg, seine Auferstehung, sein Leben, seine Vollmacht heute und hier. Wenn nach Kap. 1, 30 unser Sein „in Christus Jesus" ist, und wenn Jesus uns „zur Gerechtigkeit und zur Heiligung gemacht ist", dann ist die Heiligung und Gerechtigkeit uns nicht nur durch eine äußerliche Zurechnung aufgeklebt, wie man das Etikett eines edlen Weines auf eine schmutzige Flasche mit Wasser kleben mag. Dann ist vielmehr Christus Jesus selbst unser neues Sein und wirkt reinigend, heiligend und tatsächlich gerechtmachend auf uns ein. Darum setzt Paulus zu der einen Quelle unserer Reinigung, Heiligung und Gerechtmachung **„durch den Namen des Herrn Jesus Christus"** ausdrücklich die andere hinzu: ihr

---

[11] Vgl. dazu O. S. von Bibra, „Der Name Jesus", R. Brockhaus Verlag; Union Verlag, Berlin 1964.

bekamt und bekommt das alles „**durch den Geist unseres Gottes**". Der Geist aber ist Gott in gegenwärtiger und wirksamer Macht in unserm Herzen. Der Geist bringt als Realität den Gläubigen, was durch Jesus Christus für sie erworben ist: Die „Praktiken des Fleisches" können wirklich durch den Heiligen Geist „getötet" werden (Rö 8, 13), und die „Liebe" als Geistesfrucht ändert tatsächlich das Wesen des Menschen. „Die Liebe tut dem Nächsten nichts Böses" (Rö 13, 10). Nun brauchen die Korinther auch faktisch keine „Ungerechten" mehr zu sein, die andern unrecht tun und Brüder berauben, sondern dürfen als „Heilige" leben, die wahrhaft lieben und in solcher Liebe gern und unverbittert Unrecht leiden und nicht mehr zum weltlichen Gericht laufen.

WARUM GESCHLECHTLICHE REINHEIT?

1. Korinther 6, 12—20

12 **Alles steht mir frei! Aber nicht alles ist förderlich. Alles steht mir frei! Aber ich meinerseits will nicht unter die Gewalt von etwas**
13 **kommen.** * **Die Speisen dem Bauche und der Bauch den Speisen; aber Gott wird sowohl diesen wie jene zunichte machen. Aber der Leib nicht der Unzucht, sondern dem Herrn und der Herr dem**
14 **Leibe.** * **Gott aber hat sowohl den Herrn auferweckt, wie er auch**
15 **uns auferwecken wird durch seine Kraft.** * **Wißt ihr nicht, daß eure Leiber Glieder Christi sind? Soll ich nun die Glieder des Christus nehmen und zu Gliedern einer Dirne machen? Ausge-**
16 **schlossen.** * **Oder wißt ihr nicht, daß, wer sich der Dirne verbindet, ein Leib (mit ihr) ist? Denn es werden, spricht er, die zwei zu**
17 **einem Fleisch.** * **Wer sich aber dem Herrn verbindet, ist e i n**
18 **Geist (mit ihm).** * **Fliehet die Unzucht! Jede Sünde, die etwa ein Mensch begehen mag, ist außerhalb des Leibes; wer aber Unzucht**
19 **treibt, sündigt gegen den eigenen Leib.** * **Oder wißt ihr nicht, daß euer Leib ein Tempel des in euch (wohnenden) Heiligen Geistes ist, den ihr habt von Gott her, und (daß) ihr nicht euch selbst ge-**
20 **hört?** * **Ihr wurdet ja bar gekauft, verherrlicht also Gott durch euren Leib!**

zu Vers 12:
1 Ko 7, 35
10, 23

zu Vers 13:
Mt 15, 17
1 Th 4, 3—5

zu Vers 14:
Rö 8, 11
1 Ko 15, 50 f
15, 20 f
2 Ko 4, 14

zu Vers 15:
Rö 12, 5
1 Ko 12, 27

zu Vers 16:
1 Mo 2, 24
Mt 19, 5 f

zu Vers 17:
Jo 17, 21 f
2 Ko 3, 17

zu Vers 18:
1 Ko 10, 8
2 Ko 7, 1

zu Vers 19:
Jo 2, 21
1 Ko 3, 16
1 Th 4, 8

zu Vers 20:
1 Ko 7, 23
Gal 3, 13
Phil 1, 20
1 Pt 1, 18 f
Hbr 9, 12

„Alles steht mir frei." Da diese Losung in Kap. 10, 23 nochmals in gleicher Weise wiederkommt, stoßen wir in ihr offenbar auf ein Schlagwort, das in der Gemeinde in Korinth eine Rolle spielte. Mindestens gewisse Kreise in der Gemeinde müssen mit Nachdruck für die „evangelische Freiheit" eingetreten sein, die ihnen „alles erlaubt" sein ließ, auch auf dem sexuellen Gebiet. Dürfen sie nicht gerade als Christen in der gleichen „Freiheit" leben, die sie an ihren griechischen Mitbürgern sahen? Hatten sie das nicht gerade im Gegensatz zu aller ängstlichen Gesetzlichkeit von Paulus gelernt? Waren die, die so mit Nachdruck sprachen, nicht die echten Pauliner, die „Starken" von Rö 14? Paulus entgegnet darauf nicht mit einer einfachen Ablehnung dieses Satzes oder mit einem Rückgriff auf das Gesetz. Hier so wenig wie an der kritischen Stelle in Rö 6, 1 holt Paulus zur Gegenwehr gegen eine falsche Freiheit das Gesetz wieder hervor[1].

Paulus stellt vielmehr bei bleibender Anerkennung des Grundsatzes ihm eine Einschränkung entgegen, die aus dem Leben selbst, nicht aus irgendeinem „Gesetz" kommt: **„Aber nicht alles ist förderlich."** Freiheit, die nicht fördert, sondern schädigt, ist damit als Torheit erwiesen. Einer solchen „Freiheit" werde ich mich nicht bedienen. Aber es kann noch viel ernster liegen. Meine „Freiheit" kann mich geradezu in Knechtschaft verstricken. Aus der Freiheit wird dann ihr gerades Gegenteil, nämlich „Unfreiheit". Wenn ich also für die Freiheit eifere, kann ich sie unmöglich so betätigen, daß sie mich in Wirklichkeit zum Sklaven macht. **„Alles steht mir frei, aber ich meinerseits will nicht unter die Gewalt von etwas kommen"**[2].

Paulus hat zunächst ganz allgemein und grundsätzlich gesprochen. Gerade die Knappheit der Sätze macht sie wuchtig und eindrücklich. Wo aber ist es denn der Fall, daß die angebliche Freiheit mich in Wirklichkeit **„unter die Gewalt von etwas"** bringt? Paulus zeigt es an dem konkreten Thema, das er jetzt mit den Korinthern besprechen will, an der Frage des geschlechtlichen Lebens. Der sorgfältig durchgeführte, parallele Aufbau seiner Sätze läßt erkennen, wie sehr ihm daran liegt, die Gemeinde zu einer klaren und fest begründeten Stellung in dieser brennenden Frage zu führen[3]. Das dringliche „Wißt ihr nicht?" geht auch durch diesen Abschnitt weiter. Was für hohe und tiefsinnige Dinge meinen die Korinther zu wissen. Aber das, was ihr alltägliches, konkretes Leben als Christen angeht, scheinen sie nicht zu wissen oder wollen sie nicht wirklich „wissen".

13 In Korinth war die Neigung vorhanden, das geschlechtliche Leben einfach dem „Essen" gleichzusetzen. Es ist Befriedigung eines natürlichen Bedürfnisses und also für mein Leben mit Gott unwesentlich. Ja wohl, sagt Paulus, **„die Speisen dem Bauche und der Bauch den Speisen".** Aber bedenkt, **„Gott wird sowohl diesen wie jene zunichte machen".** Hier in diesem Bereich rein naturhafter und darum vergänglicher Gegebenheiten kann sich alles natürlich abspielen[4]. Aber mit unserem **„Leib"** steht es völlig anders. Unser „Leib" gehört zu

---

[1] In der Reformationszeit ist das anders gelaufen. Die Kirchen der Reformation griffen zur Abwehr der „Schwärmerei" und aller kirchlichen Unordnung rasch wieder zum Gesetz. Sehr zu ihrem eigenen tiefen Schaden.
[2] Paulus hat diesen wichtigen Gedanken hier nicht weiter ausgeführt. Für uns aber ist er in vielen Gesprächen über die „Freiheit" des Christen wegweisend. Jungen Menschen ist mit bloßen Verbotstafeln nicht zu helfen. Aber gerade ihnen kann deutlich werden, wie ihre leidenschaftlich verteidigte „Freiheit" sie in Wirklichkeit in die Sklaverei führt.
[3] Wie sehr haben wir das in Erziehung, Unterricht und Verkündigung versäumt. Wie sehr haben wir unsere eigene Unsicherheit auf diesem Gebiet verraten. Die Bibel scheut sich nirgends, offen und sachlich davon zu sprechen.
[4] Wenn freilich auch hier die echte Freiheit des Essens und Trinkens verlorengeht, sobald ein „Fressen und Saufen" daraus wird. Auch hier gerate ich mit meiner angeblichen „Freiheit" vielmehr in die jammervolle Sklaverei meines Bauches oder meiner Zunge oder des „Königs Alkohol".

unserer „Person"; er ist nicht wie „der Bauch" eine rein naturhafte und vergängliche Sache. Was wir mit unserem Leib machen, ist darum keineswegs unwichtig. Dieser „Leib" gehört „dem Herrn" und soll ihm gehören. **„Aber der Leib nicht der Unzucht, sondern dem Herrn und der Herr dem Leibe."** Darum kann und darf er folgerichtig „nicht der Unzucht" dienen. Und in genau paralleler Gegensätzlichkeit zu dem Satz über den Bauch und die Speise gilt es nun: **„Gott aber hat sowohl den Herrn auferweckt, wie er auch uns auferwecken wird durch seine Kraft."** Den „Leib" wird Gott nicht wie den „Bauch" zunichte machen, sondern „auferwecken". Das war an Jesus allen Zeugen seiner Auferstehung sichtbar geworden: Jesus trug als der Auferstandene seinen „Leib", nun freilich als „Herrlichkeitsleib".

14

Wir sehen, wie tief der ganze Brief zusammenhängt. Unser Abschnitt verliert sofort seine Kraft und Geltung, wenn das 15. Kapitel die Gemeinde nicht überzeugt. Kommt es nur auf die „Seele" an, ist unser ganzer Leib nur so etwas wie ein vergänglicher „Bauch", warum sollen wir dann die geschlechtlichen Bedürfnisse nicht genauso ungehemmt befriedigen, wie wir Hunger und Durst stillen? Aber die tief greifenden Auswirkungen der geschlechtlichen Geschehnisse auf unser ganzes Menschsein beweisen umgekehrt, daß Paulus mit seiner Unterscheidung von „Leib" und „Bauch" recht hat.

Wir verstehen das alles aber nur dann, wenn wir uns von dem griechischen „Idealismus" lösen und wieder biblisch denken und urteilen lernen. Dem Idealismus war nur die „Seele" wichtig. Der „Leib" war nur deren äußere und gleichgültige „Hülle", ja, am Ende sogar ihr „Kerker". Darum war sittlich bedeutungslos, was ein Mensch mit seinem Körper tat. Die Bibel aber denkt „realistisch". Sie kennt alles geschaffene Leben nur als „leibhaftes". Der Leib gehört so sehr zum Leben und Wesen des Menschen, daß eine leiblose Existenz als bloße „Seele" gerade auch für die Vollendung in der Herrlichkeit undenkbar ist (vgl. Kap. 15 des Briefes). Am Ende der Wege Gottes mit seinen Menschen steht nicht ein „Reigen seliger Geister", sondern eine „neue Erde", auf der Menschen in einer neuen Leiblichkeit leben. Darum ist aber der „Leib" auch jetzt schon wesenhafter Bestandteil des ganzen Menschen. Der Mensch ist leibhaftige Person und lebt sein personenhaftes Leben nur im Leib und durch den Leib. Für das biblische Denken gehört darum nicht nur die „Seele" oder das „Herz" dem Herrn, sondern der ganze Mensch und gerade auch sein Leib. Darum kann Paulus hier mit einem Satz fortfahren, der für uns völlig ungewohnt und erstaunlich ist: **„Wißt ihr nicht, daß eure Leiber Glieder Christi sind?"** Es ist ganz „ausgeschlossen", diese „Glieder des Christus zu nehmen und zu Gliedern einer Dirne zu machen".

15

Hier stehen wir an dem konkreten Punkt, um den es in Korinth geht. Wir müssen dabei das Bild der damaligen Verhältnisse vor Augen haben. Es gab die „kultische Prostitution". Das sexuelle Leben mit seinem Geheimnis der Zeugung und seinem hinreißenden Rausch wurde als etwas „Religiöses" empfunden. Mädchen weihten sich einer Gottheit und standen so im Tempelbezirk diesem erotisch-religiösen Erleben zur Verfügung. Auch das große Heiligtum der Aphrodite in Korinth war umgeben von Gebäuden, in denen solche Priesterinnen der Liebesgöttin wohnten. Kein Grieche fand an dem Gang zu solchen Mädchen etwas auszusetzen. Für den Israeliten war freilich ein derartiges Mädchen eine „Dirne" und jeder Verkehr mit ihr „Unzucht". Paulus erklärt, daß diese Beurteilung der Dinge auch für die Gemeinde Jesu mit aller Entschiedenheit gilt. Dabei fällt aber von Paulus her kein Wort „moralischer" Verurteilung. Paulus bezeichnet das Geschehen im Aphrodite-Tempel nicht als „häßlich" oder „gemein". Vielleicht einfach deshalb nicht, weil seine griechischen Gemeindeglieder dafür gar kein Empfinden gehabt hätten. Paulus bleibt erstaunlich sachlich, nämlich bei der Sache, die er von vornherein sichtbar gemacht hat. **„Glieder des Christus"** können nicht zu **„Gliedern einer Dirne"** gemacht werden. Das aber werden sie beim Gang in das Aphrodite-Heiligtum.

16 Denn nun ist allerdings der „leibliche" Vorgang unendlich viel wichtiger und folgenreicher als der Grieche meint. **„Oder wißt ihr nicht, daß, wer sich der Dirne verbindet, ein Leib** (mit ihr) **ist? Denn es werden, spricht er, die zwei zu einem Fleisch"**[5]. Die geschlechtliche Vereinigung ist nicht mit dem Verschlucken von Nahrung zu vergleichen, sondern hier vereinigt sich leibhaftig Person mit Person. Da der Leib zur Person des Menschen gehört und umgekehrt die Person nur mittels des Leibes sich selbst zum Ausdruck bringen kann[6], ist die geschlechtliche Vereinigung in ihrer Leibhaftigkeit doch ein personales Geschehen, das nicht nur zwei Körper, sondern zwei Personen miteinander in wesenhafte Verbindung bringt[7]. Diese Verbindung erfolgt tatsächlich, ob wir es wissen und wollen oder nicht. Das meint der biblische Satz, daß die zwei zu einem Fleisch, also geradezu zu „einem Menschen" werden. „Unrein" ist darum nicht das geschlechtliche Geschehen als solches. Aber unrein und erniedrigend wird es, wenn ich diese Einung mit dem andern gar nicht wirklich will, weil ich ihn selbst in seiner Person nicht liebe, sondern ihn nur zur vorübergehenden Lust mißbrauche. Hier setze ich den andern und mich selbst einem Widerspruch aus, der notwendig von tiefen Folgen für sein und mein Leben sein muß.

17 Wieder erfolgt der genau parallele Hinweis: **„Wer sich aber dem Herrn verbindet, ist e i n Geist** (mit ihm)." Dabei ist „Geist" eine zwar völlig andersartige, aber genauso reale Wirklichkeit wie das „Fleisch". Wer sich Jesus übereignet, der hat nicht etwa eine „nur

---

[5] Hier ist jene grundlegende Aussage von 1 Mo 2, 24 zitiert, auf die sich auch Jesus in Mt 19, 3 ff beruft. Der „Er", der hier „spricht", ist Gott selbst in der Schrift.
[6] Auch das innerlichste und geistlichste Gespräch bedarf der Lippen und der Zunge, des Ohres und des Auges, so wie umgekehrt ein Gespräch nicht einfach eine Abfolge von ausgesandten und aufgefangenen Tonwellen ist, sondern eine Begegnung von Personen.
[7] Das zeigt sich unwillkürlich noch in unserer Sprache. Wir sagen von einer Frau nicht, sie habe ihren Leib, sondern sie habe „sich" einem Mann hingegeben.

geistige", das heißt also bloß „gedankliche" Verbundenheit mit ihm, sondern ist mit Jesus in einer solchen Einheit verwachsen, daß eben darum auch sein Leib ein „Glied Christi" ist und einst dem Herrlichkeitsleib Jesu gleichgestaltet werden wird.

Nun kann die klare Aufforderung erfolgen: „**Fliehet die Unzucht!**" Diese Formulierung ist von großer praktischer Bedeutung. Bei Versuchungen auf geschlechtlichem Gebiet fordert Paulus nicht zum „Widerstehen" auf, nicht zum „Kampf", nicht zum Unterdrücken und Niederringen der gefährlichen Neigungen. Hier kann er nur das eine raten: „Fliehet"! Und zwar so rasch und entschieden wie möglich. Hier ist nur die „Flucht" die wahre Tapferkeit[8]. Dieser ernste, harte Rat erfolgt aber nicht von irgendeinem „Gesetz" aus. Es ist bezeichnend, daß in userm ganzen Abschnitt das 6. Gebot nicht mit einem Wort erwähnt wird. Nicht von einem Gebot her gibt Paulus einzelne gesetzliche Vorschriften, die zu befolgen sind, sondern vom Wesen und der Bedeutung des „Leibes" her wird die geschlechtliche Reinheit notwendig. „**Jede Sünde, die etwa ein Mensch begehen mag, ist außerhalb des Leibes; wer aber Unzucht treibt, sündigt gegen den eigenen Leib.**"

Und warum ist das so besonders schwerwiegend: „gegen den eigenen Leib zu sündigen"? Noch einmal wird die ganze Bedeutung des Leibes herausgestellt und nun in vollendeter Klarheit: „**Oder wißt ihr nicht, daß euer Leib ein Tempel des in euch** (wohnenden) **Heiligen Geistes ist, den ihr habt von Gott her?**" Selbstverständlich, so kann es nur der Wiedergeborene sehen. Aber so muß er es auch sehen. Es bleibt nicht bei der Grundbetrachtung: „der Leib dem Herrn und der Herr dem Leibe" und: „unsere Leiber Glieder Christi". Jetzt steht es noch mächtiger da: nicht nur die Gemeinde als ganze, sondern schon der Leib jedes einzelnen Gläubigen ist ein „Tempel", in welchem der lebendige Gott durch den Heiligen Geist in ganzer Realität wohnt. Wie man mit einem Tempel umzugehen hat, das weiß jeder. Entweihung eines Tempels war auch für jeden Griechen ein schauerlicher Frevel. „Reinheit" heißt für den Christen, den Leib so als Tempel des Heiligen Geistes sehen und bewahren.

Wie kann Paulus etwas so gewaltiges vom Christen behaupten? Dahinter steht das ganze teure Erlösungswerk. „**Ihr wurdet ja bar gekauft.**" Wörtlich heißt es: „Ihr wurdet um einen Preis gekauft." Es ist aber nicht hinzugesetzt, daß es ein hoher Preis war; der Ausdruck „um einen Preis" bezeichnet in der damaligen Sprache vielmehr die bare Bezahlung. Jesus hat sich nichts geschenkt und um nichts gefeilscht. Er hat uns nicht umsonst für sich haben wollen und uns nicht einfach zum Eigentum an sich gerafft. Bar hat er den Preis für uns hingezahlt: sein eigenes Leben und sein Blut. Wir aber, die die Erlösung im Glauben annehmen, die glückselig darüber sind,

---

[8] Auch in der Seelsorge kann man nur diesen Rat geben. Jedes Kämpfen verstrickt nur in immer tiefere Bindungen. Diese „Flucht" gilt dann aber auch versuchlichen Büchern, Bildern, Orten und Situationen.

„erworben und gewonnen zu sein von allen Sünden, vom Tode und von der Gewalt des Teufels, nicht mit Gold oder Silber, sondern mit seinem heiligen, teuren Blut und seinem unschuldigen Leiden und Sterben", wir müssen es uns zugleich sagen lassen: als bar Gekaufte **„gehört ihr euch nicht selbst".** Von der teuren Erlösung und nicht vom Gesetz her gilt es jetzt, daß ihr nicht einfach leben könnt, wie ihr wollt, und mit eurem Leib nicht machen könnt, was eure „Bedürfnisse" euch abverlangen. Wir wollen an dieser Stelle noch einmal darauf achten, wie Paulus hier — ganz entsprechend dem, was er später den Römern in Kap. 6 seines Briefes schreiben wird — vollständig ohne jeden Rückgriff auf das „Gesetz" zu einer klaren und bestimmten „Ethik" kommt. Regelung gerade auch des geschlechtlichen Lebens ohne „Gesetz" und „Gebot", das ist erstaunlich. Auch hier wieder hat die „Ethik" jene Grundstruktur, die wir oben in Kap. 5, 7f und 6, 11 fanden. Aus einem geschenkten „Sein" heraus ergibt sich das „Tun", damit wir wirklich und im konkreten Leben das werden, was wir aus freier Gnade bereits „sind". Und dieses „Tun" wird auch hier wieder völlig positiv gewendet. Nicht das steht am Schluß des Abschnittes vor den Korinthern, was sie als Erlöste und Erkaufte nun nicht mehr tun dürfen, sondern das, was sie jetzt als Errettete und mit dem Geist Gottes Beschenkte tun können: **„Verherrlicht also Gott durch euren Leib!"** Wie wichtig ist solche positive Ausrichtung der christlichen Ethik. Es ist für junge und lebendige Menschen bedrückend und abschreckend, wenn sie sich nur von Verbotstafeln umgeben sehen und in Unterricht und Verkündigung immer nur hören, was sie als Christen alles nicht tun dürfen. Wohl mußte den Korinthern mit Ernst gesagt werden: den Leib nicht der Unzucht, den Leib nicht der Dirne. Aber Paulus hat ihnen sofort in hilfreicher und befreiender Weise gezeigt, was sie dann mit ihrem Leib und seinen Kräften anfangen können: „Der Leib dem Herrn." Damit ist auch praktisch die entscheidende Hilfe für die Durchführung der christlichen Ethik, für die Wahrung der geschlechtlichen Reinheit gegeben. Das Dunkel kann nie durch seine direkte Bekämpfung vertrieben werden, sondern durch den positiven Hereinbruch des Lichtes. Den unreinen Leidenschaften entgehen wir nur so, daß wir uns der Gewalt einer reinen und heiligen Leidenschaft ergeben. So sagt Paulus es jetzt am Schluß noch einmal seinen Korinthern, daß er sie nicht einengen, berauben und verarmen will, sondern ihnen im Gegenteil die ganze Weite und Freiheit eines rechten Gebrauches des Leibes eröffnen möchte. Nicht in die Gewalt der Triebe oder in die Gewalt eines leichtfertigen Mädchens soll ihr Leib kommen, sondern der „Verherrlichung Gottes" darf er dienen. Welch ein Ziel! Noch einmal wird die ganze Bedeutung des Leibes deutlich[9].

---

[9] Der Zusatz der Koine-Texte „und durch euren Geist" zeigt schon etwas von der Schwierigkeit für den „idealistischen" Griechen, den „Leib" so hoch zu schätzen. Man fühlte das Bedürfnis, doch auch den Geist zu seinem Recht kommen zu lassen. Paulus ging es aber in diesem Abschnitt um den Leib und seine ganze Bedeutung.

Er ist das einzigartige Mittel, um Gott real zu verherrlichen. Denn der Dienst für Gott kann nicht nur mit der „Seele" geschehen, sondern erfordert den ganzen Leib. Er bedarf der Füße, die die befohlenen Wege gehen, der Hände, die sich mannigfach für Gott regen, der Ohren, die das Wort Gottes und das Wort des Nächsten hören, der Zunge und der Lippen, die das Zeugnis von Gott ausrichten, dem Nächsten das heilsame Wort zusprechen und Gottes Namen preisen. Rö 12, 1 ist hier ebenso in der Nähe wie Hbr 10, 5—10. Aber auch das Wort über die Ehe und das Wort an die Ehelosen im nun einsetzenden Kap. 7 ist dadurch vorbereitet.

Wir aber müssen für uns Menschen von heute noch einen Augenblick einhalten. Es muß ohne weiteres zugegeben werden, daß unsere Verhältnisse nicht einfach die gleichen sind wie die, von denen Paulus redet. Das Mädchen, das sich ihrem Freunde hingibt, den es voraussichtlich heiratet und den es jedenfalls persönlich lieb hat, ist keine „pornae", keine „Dirne", wie sie Paulus im Aphrodite-Tempel in Korinth vor Augen hat. Was hier zwischen jungen Menschen geschieht, ist nicht einfach der „Unzucht" gleichzustellen, von der Paulus spricht. Und doch gilt in seiner Weise unser Abschnitt genauso für die heutigen Verhältnisse.

1. Es muß auch heute mit allem Ernst gesagt werden, daß unser geschlechtliches Leben nicht mit der Nahrungsaufnahme in unseren Bauch gleichgestellt werden darf.

2. Wir haben auch heute wieder die ganze Bedeutung des „Leibes" gerade als Christen und als Gemeinde neu zu lernen, nachdem wir allzu lange einem griechischen Idealismus gefolgt sind, der nur die „Seele" schätzte.

3. Von da aus muß auch im Blick auf die heutigen Formen geschlechtlichen Lebens festgehalten und den jungen Menschen gesagt werden: Geschlechtsverkehr eint zwei Menschen zu „einem Fleisch", zu einer Person. Darum kann diese innige Vereinigung nur da vollzogen werden, wo Menschen wirklich „ein Fleisch", „eine Person" werden wollen, also nur in der Ehe. Und dies nicht aus irgendwelcher „Moral" heraus, sondern von den Wirklichkeiten des Lebens her. Jede andere körperliche Vereinigung ohne diese bedingungslose Zusammengehörigkeit fürs Leben erniedrigt und ist „unkeusch".

4. Wir müssen heraus aus der gefährlichen Sprachverwirrung, die „Liebe" nennt, was mit echter und eigentlicher Liebe nichts zu tun hat, sondern in Wahrheit Selbstsucht ist, weil sie den andern zum eigenen Lustgewinn braucht.

5. Für den glaubenden Christen aber tritt alles noch in ein ganz anderes Licht, weil er als junger Mann, wie als junges Mädchen, wissen darf: „Mein Leib ist ein Tempel des in mir wohnenden Geistes, den ich von Gott her habe." Hier ist jede erotische Spielerei, jede Antastung dieses „Tempels" ausgeschlossen.

EHE UND EHELOSIGKEIT IN DER GEMEINDE JESU

1. Korinther 7, 1—7

zu Vers 1/2:
Mt 19, 10
1 Th 4, 3 f
Hbr 13, 4

zu Vers 5:
Mk 10, 19

zu Vers 7:
Mt 19, 11 f

1 Betreffs dessen, was ihr geschrieben habt: Gut ist es für einen
2 Menschen, eine Frau nicht zu berühren; * aber um der Gefahren der Unzucht willen habe jeder seine eigene Frau und eine jede
3 habe ihren eigenen Mann. * Der Frau leiste der Mann die (eheliche)
4 Pflicht, ebenso aber auch die Frau dem Manne. * Die Frau hat nicht die Verfügung über ihren eigenen Leib, sondern der Mann; ebenso hat aber auch der Mann nicht die Verfügung über seinen eigenen
5 Leib, sondern die Frau. * Beraubt einander nicht, es sei denn etwa nach Übereinkunft für eine bestimmte Zeit, damit ihr frei seid für das Gebet und wiederum zusammenkommt, damit euch nicht versuche der Satan wegen eurer Unfähigkeit, euch zu beherrschen.
6 * Dieses aber sage ich als Zugeständnis, nicht als Befehl. * Ich wün-
7 sche aber, daß alle Menschen wären wie auch ich selbst; aber jeder hat eine eigene Gnadengabe von Gott, der eine so, der andere so.

1 „Betreffs dessen, was ihr geschrieben habt." Paulus beginnt nun die Beantwortung von Fragen, die ihm die korinthische Gemeinde schriftlich gestellt hatte. Die großen Nöte in der Gemeinde, denen sein Brief bisher gegolten hatte, waren ihm nur durch mündliche Berichte zur Kenntnis gekommen. Er hatte von ihnen „gehört". Kap. 1, 11 und 5, 1; auch Kap. 6, 1 ff wird auf persönliche Nachrichten zurückgehen. Aber nun hatte die Gemeinde den drei Korinthern, die zu Paulus gereist waren (16, 17), ein Schreiben mit bestimmten Fragen mitgegeben. Es war ein Schreiben der Gemeinde als ganzer. Soweit war sie trotz der Streitigkeiten noch zu einem gemeinsamen Vorgehen fähig und bereit, und soweit sah sie in ihrem Apostel noch eine Autorität, die zu fragen war. Allerdings wissen wir nicht, wieweit in den gestellten Fragen schon ein kritischer oder vorwurfsvoller Ton lag.

Es sind nicht besondere Tiefen oder Geheimnisse seiner Theologie, nach denen die Gemeinde in ihrem Brief ihren Apostel fragt, sondern Dinge der praktischen Lebensführung. Paulus, wie stehst du zur Ehe, der du selbst ehelos lebst? Wie soll es mit den unverheirateten Töchtern in den Christenhäusern werden (V. 25 ff)? Dürfen wir uns als Christen an Mahlzeiten beteiligen, bei denen es Fleisch von Götzenopfern gibt (8, 1 ff)? Wie sind die verschiedenen Geistesgaben einzuschätzen, wie besonders das Zungenreden (12, 1 ff)? Wie ist es mit der Sammlung, die du überall so eifrig betreibst (16, 1 ff)? In bestimmten, für das ganze Gemeindeleben wichtigen Fragen wollen die Korinther die Ansichten des Paulus hören.

Unser Fragen schließt oft den Wunsch ein, eine bestimmte Antwort zu erhalten, die unsere eigenen Gedanken bestätigt. Erwartet man so auch in Korinth eine bestimmte Stellungnahme des Apostels zur Frage der Ehe, etwa von seiner Ehelosigkeit her? Waren verschiedene Gruppen hier verschiedener Auffassung, und war man nun gespannt, welcher Gruppe Paulus recht geben werde? Wir wissen es nicht. Jedenfalls aber dürfen wir unseren Abschnitt nicht als eine objektive und allgemeine Abhandlung über die Ehe lesen, in der alles berücksichtigt ist, was von der Ehe zu sagen wäre. Wir müssen ständig daran denken, daß Paulus unsern Abschnitt in eine sehr konkrete Gemeindesituation hinein und in der Beantwortung an ihn gerichteter Fragen schreibt. Diese Situation war nach allem, was wir bisher aus Korinth hörten, gekennzeichnet durch einen hochgemuten Freiheitsdrang. Man kann ruhig wider die Schrift und wider alles sittliche Empfinden, selbst der Heiden, seine Stiefmutter heiraten; man kann ruhig vor heidnischen Richtern mit seinen Brüdern prozessieren; man kann ohne weiteres zu Dirnen im Aphrodite-Tempel gehen, „alles steht mir frei". So kann auch in Korinth die Freiheit von der Ehe propagiert worden sein. Fort mit der lästigen Gebundenheit an den Partner und an die ehelichen Pflichten! Die sexuellen Bedürfnisse kann man im Aphrodite-Tempel befriedigen, wie man auch seinem Bauch die nötige Speise gibt. Für hohe Geistesmenschen liegt die bürgerliche Ehe tief unter ihnen.

Dann ist es möglich, daß Paulus mit dem Satz **„Gut ist es für einen Menschen, eine Frau nicht zu berühren"** eine Losung aufnimmt, die in Korinth eifrig vertreten wurde. Der Apostel widerspricht ihr ebenso wenig wie der Losung christlicher Freiheit: „Alles steht mir frei" in Kap. 6, 12. Ja, mit dem V. 7 bekennt er sich ganz persönlich zur Ehelosigkeit als zu einem Gut, das er gern allen gönnte. Wie kann er das tun? Klingt sein Satz nicht geradezu wie ein Widerspruch zu Gottes eigenem Urteil: „Es ist n i c h t gut, daß der Mensch allein sei; ich will ihm eine Gehilfin schaffen, die um ihn sei"? Sieht Paulus den Wert und die Schönheit der Ehe nicht? Er hat sie an anderer Stelle mit den höchsten Worten gewürdigt (Eph 5, 22—33). Er hat auch jetzt in unserem Abschnitt — sicher zur Enttäuschung vieler Korinther — die Ehelosigkeit nicht als das „Ideal" für einen Christen hingestellt. Aber er hat allerdings gerade aus seiner eigenen Lebenserfahrung heraus etwas „Gutes"[1] darin gesehen, wenn ein Mensch **„eine Frau nicht berührt"**. Wir müssen seinen Satz sehr genau hören. Er sagt nicht, daß Ehelosigkeit etwas Gutes und die Ehe etwas Schlechtes sei, sondern er stellt nur positiv fest, daß Ehelosigkeit etwas Gutes und nicht etwas Schlechtes ist. Dabei hat ihn der Heilige Geist gerade hier das schlichte Wort „Mensch" wählen lassen, damit jeder Schein vermieden wird, als erfordere das ganz echte und hohe Dasein eines „Heiligen" die Ehelosigkeit. Jedes „Gesetz" und jedes „Ideal" soll hier ausgeschlossen sein. Paulus hat es einfach selbst erfahren, wie frei und ungehindert er sein Leben für den Herrn zu leben vermag,

---

[1] „Gut" bedeutet hier nicht „sittlich gut", sondern hat den Sinn von „dienlich", „förderlich", den es auch für uns im Deutschen haben kann.

weil er keine Frau und keine Familie besitzt. Das ist etwas „Gutes". Paulus wird in V. 29—34 noch einmal auf diese maßgebende Betrachtungsweise zurückkommen[2]. Wir aber müssen diese späteren Ausführungen jetzt schon im Blick haben, wenn wir Paulus recht verstehen wollen. Nur derjenige, der in der ganzen, lebenserfüllenden Hingabe an Jesus steht und von Herzen durch die Nöte der Zeit dem kommenden Reich Gottes entgegeneilt, kann es im Sinne des Paulus selbst lesen: **„Gut ist es für einen Menschen, eine Frau nicht zu berühren."**

2 Aber Paulus weiß auch, daß dazu eine besondere „Gnadengabe aus Gott" (V. 7) nötig ist. Alle eigenmächtigen und darum auch ichhaften Versuche zum ehelosen Leben führen zu „Hurereien", wie es wörtlich heißt, stürzen in die **„Gefahren der Unzucht".** Die in Korinth ihren hohen Geistesstand durch ihre Ehelosigkeit beweisen wollten, gingen ohne Bedenken zu den Priesterinnen der Liebesgöttin. Paulus hat darum in seinem Brief mit Bedacht erst Kap. 6, 12—20 geschrieben, ehe er auf den Brief der Korinther mit seinen Fragen nach dem Eheleben der Christen eingeht. Der Ausweg solcher Art ist eindeutig abgeschnitten. Dann aber bleibt als Regel, auch in der vom Heiligen Geist erfüllten Gemeinde, daß **„jeder seine eigene Frau und eine jede ihren eigenen Mann habe".** Die Unterstreichung des „eigenen" Mannes und der **„eigenen"** Frau wehrt noch einmal jede fremde Befriedigung des Triebes ab. Paulus redet auch hier wieder nüchtern von den einfachen Notwendigkeiten und singt nicht ein Loblied auf die Schönheit des Ehestandes, das diejenigen, die ihn hier fragten, gar nicht verstanden hätten.

3 In Korinth drohte eine ganz andere Gefahr: die Scheinehe. Man blieb zwar verheiratet, aber man lehnte die körperliche Bindung aneinander ab, manchmal beiderseitig, manchmal nur von dem einen Teil aus. Wieder ist es bezeichnend, wie Paulus dagegen Stellung nimmt. Es ist für ihn ganz klar: **„Der Frau leiste der Mann die (eheliche) Pflicht, ebenso aber auch die Frau dem Manne."** Paulus sagt dabei kein Wort von der Kinderzeugung. Die später in der Kirche (bis heute!) weit verbreitete Meinung, als sei der eheliche Verkehr an sich selbst etwas „Unreines" und werde nur durch die Zeugung von Kindern annehmbar, liegt Paulus völlig fern. Zur Ehe gehört der eheliche Umgang, ohne Rücksicht darauf, ob er zum Werden eines Kindes führt oder nicht. Der Blickpunkt des Paulus ist auch hier wieder ein typisch anderer.

---

[2] Wir aber, die wir so selbstverständlich die Ehe rühmen, müssen schon still zuhören, wenn der bevollmächtigte Gesandte des Christus so zu uns spricht. Mancher Mann auch der evangelischen Christenheit (Christlieb, Bezzel) und noch mehr manche Frau in ihr würde es von Herzen wiederholen: „Ja, es ist gut!" Etwas ganz anderes ist eine durch die Verhältnisse erzwungene Ehelosigkeit vieler Mädchen. Hier kann Sehnsucht und Not nicht einfach mit dem Satz des Paulus abgefertigt werden. Wohl aber kann das erstaunliche und ganz „evangelische" Wort des Paulus für manches einzelne dieser Mädchen zur aufrichtenden Hilfe werden. In ihrer Lage darf sie es wissen: ihr Leben ist nicht ein zurückgesetztes und minderwertiges, sondern Gott hat für sie eine besondere Aufgabe, er hat Erfüllung für ihr Leben.

Er wendet sich gegen jede Eigenmächtigkeit und Ichhaftigkeit, die selbstverständlich die Verfügung über den eigenen Leib für sich in Anspruch nimmt. Nein! **„Die Frau hat nicht die Verfügung über ihren eigenen Leib, sondern der Mann; ebenso hat aber auch der Mann nicht die Verfügung über seinen eigenen Leib, sondern die Frau."** Wer darum einseitig selber bestimmen will, was er mit seinem Leib tut, der „beraubt" den andern. Paulus wählt dieses starke Wort für die Verweigerung der ehelichen Gemeinschaft: **„Beraubt einander nicht"**[3]. Möglich ist nur, daß in einer Ehe zweier Glaubenden beide freiwillig eine „Übereinkunft" treffen, „für eine bestimmte Zeit" auf den Umgang zu verzichten, **„damit ihr frei seid für das Gebet".**

4

5

Das hier stehende Wort kann „Muße haben, Zeit haben" bedeuten, aber auch „sich widmen, sich hingeben". In besonderen Zeiten hingegebenen Betens würde die Rücksicht auf eheliche Pflichten ablenkend und hindernd sein[4]. Die völlige Hingabe an das Beten ist nur gewährleistet, wenn alles andere zurücktritt. Dieser Verzicht der Ehegatten gehört dann mit zu dem „Fasten", das vielfach mit dem Beten verbunden sein muß[5]. Aber es ist ernst mit der zeitlichen Begrenzung dieses Verzichtes. Die Ehegatten sollen **„wiederum zusammenkommen, damit sie nicht versuche der Satan wegen ihrer Unfähigkeit, sich zu beherrschen".** Der Satan, der Feind Gottes und aller derer, die wahrhaft zu Gott gehören, achtet mit Ernst auf uns. Überheben wir uns, muten wir uns eigenmächtig mehr zu, als wir wirklich vermögen, dann greift der Satan ein und „versucht uns". Unter den Versuchungen stellt sich heraus, daß wir die lange Enthaltung nicht durchzuführen vermögen; unsere „Unfähigkeit, uns zu beherrschen", wird schmerzlich aufgedeckt.

Durch den ganzen Abschnitt geht die nüchterne Beurteilung der Dinge durch den erfahrenen Mann, der selber mit Freude und Dank ehelos lebt, aber an andern die Gefahren dieses Gebietes reichlich gesehen hatte. Auch hier, wie in dem ganzen Brief, wendet er sich gegen alle falschen Höhen und Höhenwege. Freilich, „Befehle" hatte er hier auch als Apostel nicht zu geben. **„Dieses aber sage ich als Zugeständnis, nicht als Befehl."** Er gibt seinen nüchternen Rat. Der Satz bezieht sich wohl nicht auf die zeitweilige Enthaltung von ehelichem Umgang, sondern auf das ganze bisher Gesagte, vor allem auf V. 1 f zurück. „Aber um der Gefahren der Unzucht willen habe jeder seine eigene Frau und eine jede habe ihren eigenen Mann", das konnte

6/7

---

[3] Diese Mahnung ist auch heute noch in mancher christlichen Ehe nötig. Paulus hat sie ganz allgemein gefaßt, ohne Rücksicht auf das Alter der Eheleute. Auch dem älteren Ehepartner ist das Berauben des andern nicht gestattet. So hart muß es offenbar bestimmten „geistlichen" Bestrebungen in Korinth gegenüber gesagt werden.
[4] Von dem im AT (2 Mo 19, 15; 1 Sam 21, 5) vorkommenden und auch im Heidentum sich findenden Gedanken, daß ehelicher Umgang kultisch unrein mache und den Verkehr mit Gott hindere, ist hier nichts zu merken. Paulus war auch darin frei vom Gesetz. Es ist auch zu bedenken, daß der Gebetsumgang mit Gott in der Gemeinde Jesu, ganz anders als in Israel, das Leben jedes Christen dauernd durchzog und durch die Ehe nicht unmöglich wurde. Paulus spricht hier von besonderen, intensiven Gebetszeiten.
[5] Dieser Hinweis ist ebenfalls heute in mancher christlichen Ehe nötig.

wie eine bindende Anordnung der Ehe durch den Apostel klingen, die höchstens in vereinzelten Fällen noch Raum zum ehelosen Leben ließ. Nein, als einen „Befehl" zum Heiraten hat es Paulus nicht gemeint. Er gesteht den natürlichen Lebensnotwendigkeiten der Menschen, auch der Christen, zu, was ihnen zugestanden werden muß. Grundsätzlich **„wünscht er, daß alle Menschen wären wie auch er selbst"**. Damit meint er nicht nur die äußere Tatsache des Unverheiratetseins, sondern die innere Freiheit und Fähigkeit dazu. Er gönnte gern allen seine frohe und reiche Lebenshaltung. Aber er weiß, dazu muß dem Menschen eine besondere Gabe von Gott her verliehen sein. **„Aber jeder hat eine eigene Gnadengabe von Gott, der eine so, der andere so."** Ein freies, unverkrampftes Stehen in der Ehelosigkeit ist ein „Charisma", das ist klar. Hat Paulus mit seinem Satz auch die Fähigkeit zur Ehe als eine „Gnadengabe", wenn auch ganz anderer Art, bezeichnen wollen? Das widerspräche der sehr nüchternen Begründung, die er am Anfang unseres Abschnittes der Ehe als Regelfall gegeben hat. Aber auch die Gemeindeglieder, denen die Gabe der Ehelosigkeit nicht geschenkt ist, sind damit nicht von den Gnadengaben Gottes überhaupt ausgeschlossen. Paulus wehrt auch hier alles ab, was eine falsche Einschätzung der Ehelosigkeit als eines „höheren" Standes bedeuten könnte. Nicht erst der Verzicht auf die Ehe macht zum Empfang von Gnadengaben würdig. So mochten manche Kreise in Korinth denken. Nein, auch die einfachen, in der Ehe lebenden Gemeindeglieder haben Gnadengaben, **„der eine so, der andere so"**.

DIE FRAGE DER EHESCHEIDUNG

1. Korinther 7, 8—16

zu Vers 9:
1 Tim 5, 14

zu Vers 10/11:
Mt 5, 32
Mk 10, 11 f

zu Vers 14:
Rö 14, 19
1 Tim 2, 15

zu Vers 16:
1 Pt 3, 1 f

8 Ich sage aber den Unverheirateten und den Witwen: Gut (ist es)
9 für sie, wenn sie bleiben wie auch ich selbst. * Wenn sie aber nicht enthaltsam sein können, sollen sie heiraten; denn besser ist es zu
10 heiraten als zu brennen. * Den Verheirateten aber gebiete ich, aber nicht ich, sondern der Herr, daß eine Frau vom Manne nicht
11 sich trenne — * wenn sie sich aber schon trennte, bleibe sie unverheiratet oder versöhne sich mit ihrem Mann — und ein Mann seine
12 Frau nicht entlasse. * Den übrigen aber sage ich meinerseits, nicht der Herr: Wenn ein Bruder eine ungläubige Frau hat, und sie ist
13 einverstanden, mit ihm zu wohnen, so entlasse er sie nicht. * Und eine Frau, welche einen ungläubigen Mann hat, und dieser ist einverstanden, mit ihr zu wohnen, so entlasse sie den Mann nicht.
14 * Denn geheiligt ist der ungläubige Mann in der Frau, und geheiligt ist die ungläubige Frau in dem Bruder. Sonst wären ja eure
15 Kinder unrein; nun aber sind sie heilig. * Wenn aber der Ungläubige sich trennt, so trenne er sich; es ist nicht gebunden der Bruder oder die Schwester in derartigen Fällen; im Frieden hat euch

16 Gott berufen. * Denn was weißt du, Frau, ob du den Mann retten wirst? Oder was weißt du, Mann, ob du die Frau retten wirst?

Ehelosigkeit, Ehe, Scheinehe ist nicht das einzige Thema, von dem hier gesprochen werden muß. Die Fragen greifen weiter aus. Es geht um die noch Unverheirateten und um die Verwitweten in der Gemeinde. Hier kann Paulus nur wiederholen, was er grundsätzlich im ersten Satz des Kapitels gesagt hat: „**Gut** (ist es) **für sie, wenn sie bleiben wie auch ich selbst.**" Noch einmal stellt er sein eigenes Beispiel, seine eigene frohe Erfahrung vor sie hin. Aber er greift sofort praktisch auf, was er über die „Gnadengabe" gesagt hat, die zur Ehelosigkeit gehört. Fehlt diese Gabe, „**können sie nicht enthaltsam sein, sollen sie heiraten.**" Es wird deutlich, wie „evangelisch" Paulus alles meint. Einen beständigen asketischen Kampf mit dem brennenden Begehren heißt er nicht gut, sondern sagt ihnen: „**Denn besser ist es zu heiraten als zu brennen**"[1]. Dies alles ist wieder nicht „Befehl", „Anordnung", sondern das, was er „Zugeständnis" nannte; es ist ein guter Rat von seiner Seite aus. Anders steht es mit den „**Verheirateten**"; ihnen „**gebietet**" der Apostel. Aber er verbessert sich sofort. Nicht er hat irgendwie zu „gebieten" von sich aus. Er gibt hier nur das klare Gebot des Herrn weiter. Wieder wird sichtbar, wie Paulus den „historischen Jesus" und seine Worte nicht nur gekannt, sondern heilig ernst genommen hat. Mt 19, 1—9 stand klar und bindend vor ihm. Eine „Scheidung" der Ehe unter Gläubigen ist ausgeschlossen. Dabei kann Paulus bei der Stellung der Frau in der damaligen Gesellschaft von der „Scheidung" einer Ehe nur in zwei verschiedenen Ausdrücken reden. Der Mann kann die Frau „entlassen", wegschikken. (Vgl. dazu die Auslegung von Mt 19, 1—9 in der W.Stb.) Die Frau kann nur „sich trennen", von dem Mann fortgehen. Beides ist für Glieder der Gemeinde durch ein klares Verbot des Herrn selbst ausgeschlossen.

Es kann aber sein, daß eine Frau sich bereits von ihrem Mann getrennt hat. Paulus müssen entsprechende Nachrichten vorgelegen haben. „Entlassungen" der Frau durch den Mann sind offenbar noch nicht geschehen; wohl aber hat sich hier und da eine Frau von ihrem Mann getrennt. Diese Sachlage spiegelt sich auch darin wider, daß Paulus im vorigen Vers ungewöhnlicherweise die Frau zuerst anspricht und ihr die Trennung vom Mann untersagt. Was soll nun werden? „**Wenn sie sich aber schon trennte, bleibe sie unverheiratet oder versöhne sich mit ihrem Mann.**" Ist die Scheidung auf Wunsch der Frau bereits erfolgt, so muß die Frau unverheiratet bleiben. Merkt sie, daß sie nun doch ohne Ehe nicht leben kann, suche sie die Aussöhnung mit dem Mann und die Rückkehr zu ihm. Von dem Verhalten des Man-

---

[1] An diesem Satz scheitert jede erzwungene Ehelosigkeit für ganze Gruppen und Stände. Es wird aber auch die ganze Not deutlich, in der heute nicht wenige Mädchen stehen, die des Paulus Rat „sie sollen heiraten" herzlich gern befolgen würden, aber keinen Partner finden. Die Gemeinde muß um diese Not wissen und Wege zur inneren Hilfe für alleinbleibende Mädchen suchen.

nes, dessen Frau sich von ihm getrennt hatte, schreibt Paulus nichts. Daß er unverheiratet bleiben müsse, wird nicht gesagt. Da aber die Rückkehr der Frau als möglich angesehen wird, rechnet Paulus offenbar damit, daß der Mann keine neue Ehe geschlossen hat. Es muß sich wohl um Vorgänge handeln, die in der noch jungen Gemeinde eben erst geschehen sind. Paulus schreibt kein Lehrbuch der christlichen Ethik, sondern spricht in ganz bestimmte Verhältnisse einer Gemeinde hinein.

12 Nun nimmt wieder er selbst das Wort: **"Den übrigen aber sage ich meinerseits, nicht der Herr."** Mit Sorgfalt und Deutlichkeit unterscheidet er seinen eigenen apostolischen Rat, wie gewichtig er sein mag, von dem absolut bindenden Wort des Herrn. Er sagt dieses sein Wort zu **"den übrigen"**. Der Inhalt des Wortes zeigt zugleich, wer diese "übrigen" waren. Es sind die Ehegatten, von denen nur der eine zum Glauben gekommen war. Wir sehen, daß die Taufe ganzer "Häuser" keineswegs die allgemeine Regel war. Es wird nicht selten geschehen sein, daß unter der Verkündigung des Paulus oder des Apollos nur der eine Teil des Ehepaares zum Glauben an Jesus kam, während der andere Teil die Botschaft abwies, sich gegen Jesus verschloß und in diesem eindeutigen Sinn "ungläubig" blieb. Der Sprachgebrauch zeigt, daß im "Glauben" das Entscheidende des Christseins gesehen wurde. Der Christ war "der Glaubende", und sein "Glaube" bestimmte seine ganze Existenz[2]. Dementsprechend ist der Nichtchrist der "Ungläubige", er sei nun Jude oder religiöser Heide[3].

12/13 Was soll nun geschehen? Ist nun nicht die Trennung geboten? Hier hat Paulus kein Gebot des Herrn. Denn auch Jesus hatte keine gesetzliche Regelung für alle vorkommenden Fälle gegeben, sondern sein Wort zur Ehescheidung in israelitische Verhältnisse hineingesprochen, wo es Mischehen in diesem Sinn gar nicht gab. Paulus muß von sich aus die Regelung einer Ehefrage treffen, die in dieser Weise erst jetzt im Raum der christlichen Gemeinde auftreten konnte. Es ist aber sehr bezeichnend, wie Paulus nun die Regelung trifft. Es wird in Korinth Stimmen gegeben haben, die die Trennung einer "Mischehe" geradezu forderten. Es sei einem "Gläubigen" nicht zuzumuten, mit einem "Ungläubigen" in der engen Gemeinschaft einer Ehe und eines Haushaltes zu leben. Paulus aber bestimmt: **"Wenn ein Bruder eine ungläubige Frau hat, und sie ist einverstanden, mit ihm zu wohnen, so entlasse er sie nicht. Und eine Frau, welche einen ungläubigen Mann hat, und dieser ist einverstanden, mit ihr zu wohnen, so entlasse sie den Mann nicht."** Dem Gebot des Herrn entspre-

---

[2] Vgl. die Anmerkung zu Kap. 10, 27 S. 174.
[3] Dadurch ist das "Christentum" bestimmt sowohl vom "Judentum" wie von jeder "Religion" unterschieden. Wohl wußte jeder Israelit vom Glauben und besaß auch Glauben. Aber eben, er besaß ihn "auch", hätte aber sein Israelitentum nie als "Gläubigsein" gekennzeichnet. Ebenso gab es in Korinth viele "religiöse" Menschen, die nicht nur gewohnheitsmäßig dem alten klassischen Götterglauben anhingen, sondern in den neuen Mysterienkulten eine intensive Frömmigkeit pflegten. Aber auch sie waren "ungläubig", sie sahen nicht in der glaubenden Hingabe an Jesus, den für sie Gekreuzigten und Auferstandenen, ihre einzige Rettung.

chend kann der Christ nie derjenige sein, der die Scheidung aktiv betreibt oder vollzieht. Darum wird zur Kennzeichnung dieses Tatbestandes der Ausdruck „entlassen" jetzt auch von der Frau gebraucht, auch wenn sie rechtlich den Mann nicht entlassen konnte. Ist der ungläubige Teil zur Fortführung der Ehe bereit, so bleibt die Ehe bestehen, so schwer sie für den gläubigen Partner sein mag.

Aber geht denn das? Verliert der gläubige Teil dadurch nicht seine „Heiligkeit"? Lebt er dann nicht zu Hause in einer Welt, die von Gott getrennt ist? Kann ihm das zugemutet werden? Paulus hat einen kraftvollen Zuspruch vom Glauben her: **„Denn geheiligt ist der ungläubige Mann in der Frau, und geheiligt ist die ungläubige Frau in dem Bruder."** Das kann nicht heißen, daß der ungläubige Teil sozusagen doch beinahe als Christ zu rechnen ist. Er ist und bleibt zunächst „ungläubig", also unerrettet. Aber weil der andere Teil gläubig ist und Gott gehört, ist das Haus und die Ehe auch für den ungläubigen Partner ein Heiligtum, ein Heiligkeitsbereich, ein Raum, der Gott gehört. In diesem Raum lebt er von seinem Segen umfaßt. Er lehnt sich nicht gegen diesen Segen auf, denn er ist ja „einverstanden", mit dem andern zusammen zu „wohnen". Nicht zufällig verwendet Paulus in seinem Satz den gleichen Ausdruck „geheiligt in ..." wie am Anfang des Briefes bei der Bezeichnung der Gemeindeglieder als „Geheiligte in Christus Jesus". Auch wir haben keine „Heiligkeit" in uns selber, sondern sind „Geheiligte" nur „in" Christus, in unserer Zugehörigkeit zu Jesus. So darf auch die freiwillig aufrechterhaltene Zugehörigkeit zu einem „Heiligen" in der Ehe ernst genommen werden: Sie macht den andern „geheiligt", auch wenn sie ihn noch nicht rettet.

Paulus beweist das durch den Blick auf die Kinder der Gemeinde. **„Sonst wären ja eure Kinder unrein; nun aber sind sie heilig."** Es sind nichtgetaufte Kinder, kleinere oder schon größere. Denn bei getauften Kindern konnte die Frage, ob sie „unrein" oder „heilig" sind, überhaupt nicht entstehen. Es handelt sich dabei auch nicht nur um Kinder aus Mischehen. Paulus sagt einfach **„eure Kinder"**. Wo „ihr" und „euer" steht, ist immer die ganze Gemeinde gemeint. Wenn also „eure", d. h. alle Kinder der ganzen Gemeinde „sonst" unrein wären, nun aber mitgeheiligt, durch die glaubenden Eltern „heilig" sind, ist es deutlich, daß die Taufe von Kindern in Korinth nicht üblich war. „Eure Kinder" wären ohne jede Frage „berufene Heilige", wenn „eure Kinder" getauft wären. Aber sie sind es nicht. Trotzdem sind sie nicht einfach **„unrein"**, sondern **„heilig"** durch die Zugehörigkeit zum Heiligtum des Hauses. Das ist auch den Korinthern gewiß. Dann können sie von daher gewiß sein, daß ebenso ein ungläubiger Eheteil in der gleichen Weise „geheiligt" ist durch den glaubenden Ehegatten. So kann der Glaubende in der engen Gemeinschaft der Ehe mit dem ungläubigen Ehegatten bleiben, ohne durch ihn selber „unrein" zu werden. Anders liegt es für eine Ehe, **„wenn der Ungläubige sich trennt"**. Dann hat der Gläubige nicht etwa von der Weisung des Herrn her die Pflicht, den andern in der Ehe festzuhalten. Nein, **„so** trenne er sich; es ist nicht gebunden der Bruder oder die Schwester in derartigen Fällen". Warum kann Paulus das sagen? Weil er nicht „gesetzlich" denkt und die Lebenswirklichkeit nicht mit starren, theoretischen Regeln meistern will. Was wird aus einer gewaltsam aufrechterhaltenen Ehe, wenn der Ungläubige ständig dem Glaubenden widerspricht und aus der Ehe heraus will? Solche Ehe wird ein beständiger, zerrüttender Krieg. Das aber ist nicht Gottes Wille. **„Im Frieden hat euch**[4] **Gott berufen."** Die grie Präposition „en" ist stärker als das ihr entsprechende „in" im Deutschen. Als Gottes Ruf die Korinther traf, stellte er sie in den Frieden mit ihm selbst und in den Frieden untereinander (vgl. Eph 2, 14—18; Rö 5, 1; Kol 3, 15). Dieser Friede wird bedroht und zerstört, wenn der gläubige Ehegatte den Ungläubigen gegen seinen Willen in der Ehe festhalten will.

16 Aber dann geht doch der Ungläubige verloren! Muß ich ihn nicht retten und darum die Ehe mit aller Macht aufrechterhalten? Paulus stellt dem die ernste Frage entgegen: **„Denn was weißt du, Frau, ob du den Mann retten wirst? Oder was weißt du, Mann, ob du die Frau retten wirst?"** Wir sehen, daß wir aus einem Wort wie Apg 16, 31 nicht ein Gesetz machen können, das immer zu gelten hätte, weil die Boten Jesu es einmal einem Mann so zugesagt haben: „Glaube an den Herrn Jesus, so wirst du und dein Haus errettet." Gott zwingt niemand zum Glauben, auch nicht um meines Gebetes willen, einfach weil ein solcher „Glaube" kein wirklicher Glaube mehr wäre. Zum echten Glauben gehört immer auch die Freiheit eigener Entscheidung, so sehr er Gottes Werk in unserm Herzen ist. Die eigenmächtige Entschlossenheit: Ich will und werde meinen Mann, meine Frau retten und zum Glauben bringen, verkennt dieses Geheimnis des Glaubens und ist selber nicht als Glaube zu bewundern[5].

BLEIBE IN DEINEM STANDE!

1. Korinther 7, 17—24

zu Vers 17:
1 Ko 7, 7
7, 20. 24

17 Vielmehr, wie einem jeden der Herr zugeteilt hat, wie jeden Gott berufen hat, so wandle er. Und so will ich es in den Gemeinden
18 allen gehalten wissen. * Als Beschnittener wurde einer berufen? Er ziehe nicht (eine Vorhaut) darüber. In der Vorhaut ist einer

---

[4] Die Lesart „uns" ist ebenfalls sehr gut bezeugt. Es ist schwer zu entscheiden, welches der ursprüngliche Wortlaut ist. Für beide Lesarten kann man gute Gründe beibringen.
[5] Konnte innerhalb einer bereits bestehenden Ehe der gläubige Teil immerhin noch geltend machen, daß er doch vor Gott viel Grund habe, auf die Bekehrung des nun einmal zu ihm gehörenden Partners zu hoffen, so ist es völlig grundloser Leichtsinn, wenn junge Gläubige mit einem Ungläubigen die Ehe schließen in der Erwartung, der andere werde sich dann in der Ehe bekehren. In solchen Fällen hat Jesus nicht mehr im Lebenszentrum des „Gläubigen" gestanden. Sonst hätte den Ungläubigen entweder die Entschiedenheit des Gläubigen abgeschreckt oder ihn vor der Heirat gewonnen. Und Zusagen, den gläubigen Teil auf seinem Wege nicht zu hindern, helfen nichts, selbst wenn sie eingehalten werden.

19 berufen worden? Er lasse sich nicht beschneiden. * Die Beschneidung ist nichts, und die Vorhaut ist nichts, sondern das Halten
20 der Gebote Gottes. * Ein jeder in dem Stand, in dem er beru-
21 fen wurde, in diesem bleibe er. * Als Sklave wurdest du berufen? Daran soll dir nichts liegen; aber wenn du auch frei werden
22 kannst, mache noch mehr Gebrauch davon. * Denn der im Herrn berufene Sklave ist ein Freigelassener des Herrn; in gleicher
23 Weise der Freie, wenn er berufen wurde, ein Sklave Christi. * Ihr
24 wurdet bar erkauft, werdet nicht Sklaven von Menschen. * Jeder, worin er berufen wurde, Brüder, darin bleibe er vor Gott.

zu Vers 19:
Rö 2, 25—29
Gal 5, 6; 6, 15
zu Vers 20:
1 Ko 7, 17. 24
zu Vers 22:
Eph 6, 6
Phlm 16
zu Vers 23:
Jo 8, 36
1 Ko 6, 20
zu Vers 24:
1 Ko 7, 17. 20

Der neue Abschnitt beginnt seltsamerweise mit einem „Vielmehr", das zunächst ohne jede Beziehung zu dem vorher Gesagten zu sein scheint. Aber Paulus blickt von dem, was er jetzt den Korinthern ans Herz legen will, von dem Bleiben im gegenwärtigen Zustand, auf die Erlaubnis zurück, unter bestimmten Bedingungen in die Lösung einer bestehenden Ehe zu willigen. Aber das sollte wirklich nur eine Ausnahme bleiben: „Vielmehr, wie einem jeden der Herr zugeteilt hat, wie jeden Gott berufen hat, so wandle er."
Mit diesem Grundsatz fiel für das Urchristentum eine sehr wesentliche Entscheidung. Mußte nicht aus dem Neuen, was das Evangelium brachte, ein Umsturz aller Verhältnisse hervorgehen? „Hier ist kein Jude noch Grieche, kein Sklave noch Freier, kein Mann noch Frau, denn ihr seid alle einer in Christus Jesus" (Gal 3, 28). Wenn das wahr ist, mußte nicht die Ehe, wenigstens in ihrer bisherigen Form, enden, die Sklaverei aufhören, jeder religiöse Unterschied verschwinden? Es hat in der Christenheit immer wieder Bewegungen gegeben, die solche Folgerungen mit Energie zogen. Auch in Korinth zeigten sich offenbar Bestrebungen dieser Art. Paulus aber widersteht ihnen im vollen Bewußtsein der Wichtigkeit der Sache, um die es ging. Darum versichert er ausdrücklich: „Und so will ich es in den Gemeinden allen gehalten wissen." Warum? Aus bloßer Rückständigkeit? Aber der ehemalige Pharisäer, der so radikal das Judentum hinter sich ließ, war nicht „rückständig". Aus Angst vor den Folgen? Ein Paulus hat nie etwas unterlassen aus Sorge vor Leiden. Nein, für Paulus ging der Grundsatz, den er in allen Gemeinden vertrat, aus dem Glauben hervor. Das zeigt sich in aller Klarheit an der Formulierung seines ersten Satzes. Paulus sagt nicht: „Vielmehr in den Verhältnissen, in denen einer nun einmal steht, in denen bleibe er", sondern: „Wie einem jeden der Herr zugeteilt hat, wie jeden Gott berufen hat, so wandle er." In einer Unbedingtheit, die wir weithin verloren haben, ist für Paulus Gott der Bestimmende und Leitende. Die Lebenslage, in der Gottes Ruf einen Menschen traf, ist nichts „Zufälliges"; Gott hat sie bereitet und hat den Menschen so gewollt, wie er ihn jetzt rief. Darum soll die Gemeinde, und jeder einzelne in ihr, aus den Verhältnissen, die Gott so oder so geordnet hat, nicht eigenmächtig ausbrechen. Und das Neue, das Gott jetzt in Christus schenkt, erweist seine befreiende Macht gerade in den alten Ver-

17

18	hältnissen. „**Als Beschnittener wurde einer berufen?**" So soll er das nicht künstlich ändern[1], sondern rechtschaffen ein Israelit bleiben. Ebenso soll einer aus den Nationen nicht meinen, durch nachträgliche Beschneidung etwas zu gewinnen. „**Die Beschneidung ist nichts,**
19	**und die Vorhaut ist nichts, sondern das Halten der Gebote Gottes.**" Das Neue, das Gott schenkt, ist so gründlich anders, daß eben darum eine Änderung in unserer menschlich-religiösen Zugehörigkeit nichts mehr bedeutet. Dies Neue ist „**das Halten der Gebote Gottes**", das wirkliche Leben nach dem Willen Gottes. Der Israelit hatte ein solches Leben durch „das Gesetz" zu erreichen versucht und war daran gescheitert. Darum nutzte ihm die Beschneidung nichts (vgl. W.Stb. Rö S. 81/82). Aber der wirkliche Christ, der Wiedergeborene und mit dem Geist Gottes beschenkte, vermag den Willen Gottes zu tun. Gottes große Rettungstat erfolgte ja, „damit die Rechtsforderung des Gesetzes erfüllt würde in uns, die wir nicht nach dem Fleische wandeln, sondern nach dem Geist" (Rö 8, 4). Darum bedarf der Christ der Beschneidung nicht mehr, wenn er aus den Nationen stammt, und gewinnt nichts, wenn er als Israelit sein Judentum möglichst verleugnet. Alles Äußere wird vor der neuen Lebensmöglichkeit un-
20	wichtig. Eben darum kann und soll man in diesem Äußeren ohne Änderung bleiben, damit für alle deutlich wird, wo der wahre und eigentliche Umbruch in einem Christenleben liegt. Paulus wiederholt mit Nachdruck: „**Ein jeder in dem Stand, in dem er berufen wurde, in diesem bleibe er.**"
21a	Aber gilt das auch für einen „Standesunterschied", der in das Leben viel fühlbarer einschnitt als der Unterschied von „Juden" und „Heiden", nämlich für den Gegensatz der „Sklaven" und der „Freien"? Man rechnet damit, daß in Korinth etwa zwei Drittel der Einwohner Sklaven waren. Nach der Schilderung der Gemeinde in Kap. 1, 26 ff hat man vielfach angenommen, daß der Prozentsatz der Sklaven in der Gemeinde eher noch höher war. Aber die bisherigen Ausführungen des Briefes reden doch wesentlich zu freien Menschen mit eigener Verfügungsgewalt über ihr Leben. Immerhin wird die Zahl der Sklaven in der Gemeinde auch nicht unerheblich gewesen sein. Sollten sie als Söhne des lebendigen Gottes, als künftige Weltrichter und Erben ewiger Herrlichkeit noch Sklaven bleiben? Mußte nicht durch die Gemeinde des Christus eine starke Bewegung auf Abschaffung der Sklaverei, mindestens auf Freilassung aller Sklaven der gläubig gewordenen Herren gehen? Uns scheint das rasch als selbstverständlich. Wir müssen aber sehr nüchtern sehen, daß solche Änderungen einer ganzen gesellschaftlichen Struktur mit weitreichenden Folgen belastet sind und darum nicht einfach privat an einzelnen Stellen vorgenommen werden können. Der Gesichtspunkt für Paulus ist aber noch ein ganz anderer. Wir müssen ihn zu verstehen suchen, auch wenn wir heutigen Christen anders zu denken gewöhnt sind.

---

[1] Es gab Juden, die durch ärztliche Kunst das Zeichen der Beschneidung rückgängig zu machen suchten. Für den Israeliten, der Christ wurde, konnte das besonders verlockend sein.

Für uns hat die Gestaltung unseres irdischen Lebens eine überragende Wichtigkeit bekommen. Unser Leben in Gott und unser zukünftiges Erbe wollen wir nur neben einer reichen und befriedigenden Erfüllung unseres Daseins jetzt und hier haben[2]. Für Paulus war das ernsthaft anders. Er kann dem Sklaven mit voller Überzeugung sagen: „**Als Sklave wurdest du berufen? Daran soll dir nichts liegen.**" Wieso nicht? „**Denn der im Herrn berufene Sklave ist ein Freigelassener des Herrn; in gleicher Weise der Freie, wenn er berufen wurde, ein Sklave Christi.**" Die Existenz in Christus ist für Paulus nicht die religiöse Umrahmung eines Lebens, das von ganz anderen Wirklichkeiten erfüllt und bestimmt ist, sondern diese Existenz in Christus ist das Maßgebende, alles Bestimmende und Erfüllende. Von der Freiheit und Gebundenheit in Christus wird für Paulus alle menschlich-zeitliche „Freiheit" oder „Sklaverei" tatsächlich unbedeutend. Darum kann er in einem Satz, der wie ein gewagtes Wortspiel klingt, gerade den Sklaven in der Gemeinde zurufen: „**Werdet nicht Sklaven von Menschen.**" Noch einmal, wie in Kap. 6, 19, und nun in diesem Zusammenhang noch anschaulicher, gebraucht Paulus das Bild: „**Ihr wurdet bar erkauft.**" Ihr seid wirklich und gültig das erkaufte Eigentum Jesu. Der Preis für euch ist in bar bezahlt (s. o. zu 6, 19). Gerade darum, um dieser völlig anderen „Hörigkeit" willen, gilt die noch einmal wiederholte Mahnung: „**Jeder, worin er berufen wurde, Brüder, darin bleibe er vor Gott.**" Bedeutsam steht gerade in diesem kurzen Satz in der Mitte die Anrede „Brüder". Jude, Grieche, Sklave, Freier, das bleibt und soll ruhig bleiben. Aber das Neue und Unerhörte ist das, was es bisher in der Welt einfach nicht gab: diese so verschiedenen Menschen sind „**Brüder**" in dieser wunderbaren Gleichheit der Liebe. Und mächtig steht in dem Sätzchen am Schluß das „**vor Gott**". Noch einmal wird deutlich, dies ist der beherrschende Gesichtspunkt für Paulus und dies darf der alles bestimmende Blick auch für die Korinther sein: „**Vor Gott.**" Wie Gott es haben will, so soll es sein. Wie Gott das Leben ordnet, so ist es recht. Wie mein Leben „vor Gott" daliegt, ist unendlich wichtiger, als wie es im Urteil der Menschen oder in meinen Augen aussieht. Nicht menschlicher „Konservatismus", sondern dieser alles beherrschende Blick auf Gott führt zu der Regel, die Paulus in dem kurzen Abschnitt dreimal wiederholt: Bleibe in den Lebensumständen, in denen dich Gottes Ruf traf[3].

Wie aber ist der Zusatz in V. 21 zu verstehen: „**Aber wenn du auch frei werden kannst, mache noch mehr Gebrauch davon**"? Aus dem „auch", das man zu den Worten „aber wenn du" hinzunimmt, hat

---

[2] Das wird ganz praktisch deutlich an der Nachwuchsnot, besonders in unseren Mutterhäusern. Die Lage einer „Diakonisse" ohne eigenes Einkommen und ohne die volle Freiheit eines privaten Lebens scheint auch dem gläubigen jungen Mädchen von heute untragbar. Es darf aber zugleich nicht ungesagt bleiben, wieviel es in manchem Mutterhaus an geistlicher Kraft und wirklicher „Mütterlichkeit" fehlt, so daß auch dienstbereite Mädchen dort nicht finden, was sie zu einem ganzen Diakonissenleben brauchen.

[3] Es sei an Hedwig von Rederns Lied erinnert: „Du stehst am Platz, den Gott dir gab."

man geschlossen, Paulus sagte dem Sklaven: „Selbst wenn du frei werden kannst, mache lieber Gebrauch von deinem bisherigen Sklavenstand." So allein entspräche es auch der grundsätzlichen Forderung: „Jeder bleibe in seinem Stand", die Paulus gleich noch einmal abschließend wiederholt. Aber die Aufforderung **„mache noch mehr Gebrauch davon"** kann der unbefangene Leser (bzw. in der damaligen Zeit der unbefangene Hörer) des Briefes doch nur auf das unmittelbar Vorhergehende, also auf die Möglichkeit des Freiwerdens beziehen. Hätte Paulus im Gegensatz zu dieser eben von ihm genannten Möglichkeit bei dem „Gebrauch davon machen" an die Sklavenstellung gedacht, hätte er das eindeutig zum Ausdruck bringen müssen[4]. Dem Grundsatz „Bleibe in deinem Stand" widerspricht insofern nicht der Rat: „Mache Gebrauch von der Möglichkeit der Freilassung", als hier keine eigenmächtige Durchbrechung der Verhältnisse geschah. Hier wurde tatsächlich nur eine Möglichkeit benutzt, die einwandfrei rechtlich und üblich war. Den „Stand" der „Freigelassenen" gab es in erheblichem Umfang. Bei diesem Verständnis des Satzes ist das „auch" nicht mit den vorangehenden Worten „aber wenn du" zu verbinden, sondern im Sinne von „sogar" zu der folgenden Aussage zu ziehen: „Aber wenn du sogar freiwerden kannst, dann mache noch mehr Gebrauch davon." Eine eindeutige Entscheidung, wie Paulus selber den Satz gemeint hat, ist nicht möglich.

EHELOSIGKEIT —
AUCH FÜR DIE MÄDCHEN DER GEMEINDE?

1. Korinther 7, 25—40

zu Vers 25:
2 Ko 4, 1; 8, 10
1 Tim 1, 12 f. 16
zu Vers 26:
Mt 24, 19 f
1 Ko 7, 29
zu Vers 29:
Lk 14, 26
Rö 13, 11
1 Ko 7, 26

25 **Betreffs der Mädchen aber besitze ich eine Anordnung des Herrn nicht, gebe aber meine Meinung ab als einer, der das Erbarmen vom Herrn empfangen hat, zuverlässig zu sein.** * **Ich meine nun,**
26 **dieses sei gut wegen der gegenwärtigen Not, daß es gut für den**
27 **Menschen ist, so zu sein.** * **Du bist an einer Frau gebunden? Suche nicht die Lösung. Du bist frei von einer Frau? Suche keine Frau. Wenn du aber auch heiratest, hast du keine Sünde begangen.**
28 * **Und wenn das Mädchen heiratet, hat es keine Sünde begangen. Drangsal aber für das Fleisch werden solche bekommen; ich mei-**
29 **nerseits aber möchte euch schonen.** * **Dieses aber sage ich, Brüder: die Zeit ist zusammengedrängt, daß fürderhin auch die, die Frauen**
30 **haben, seien, als ob sie keine haben,** * **und die Weinenden, als weinten sie nicht, und die sich Freuenden, als freuten sie sich**

---

[4] Wir müssen freilich unsererseits bedenken, daß der damalige Sklavenstand auch die volle wirtschaftliche Sicherung eines Menschen bedeutete, da das Gedeihen eines Sklaven der eigenste Vorteil des Herrn war. Der Weg in die Freiheit war nicht so einfach. Das AT rechnet daher ausdrücklich mit dem Fall, daß ein Sklave nicht freigelassen werden, sondern lieber bei seinem Herrn im Sklavenverhältnis bleiben will (2 Mo 15, 16 ff). Unmöglich ist also die uns völlig unverständlich erscheinende Auslegung: „Mache lieber Gebrauch von deinem Sklavenstand" nicht.

31 nicht, und die Kaufenden, als besäßen sie nicht, * und die die Welt
Nutzenden, als benutzten sie sie nicht. Denn es vergeht die Gestalt
32 dieser Welt. * Ich will aber, daß ihr ohne Sorge seid. Der Unverheiratete sorgt für die Angelegenheiten des Herrn, wie er dem
33 Herrn gefalle; * der Verheiratete aber sorgt für die Angelegenhei-
34 ten der Welt, wie er der Frau gefalle, * und ist geteilt. Und die unverheiratete Frau und das Mädchen trägt Sorge für die Angelegenheiten des Herrn, damit sie sei heilig sowohl dem Leibe wie dem Geiste nach. Die Verheiratete aber trägt Sorge für die Dinge
35 der Welt, wie sie dem Mann gefalle. * Dies aber sage ich zu eurem eigenen Nutzen, nicht daß ich euch eine Schlinge überwerfe, sondern zur rechten Schicklichkeit und festem Hängen am Herrn ohne
36 Ablenkung. * Wenn aber einer meint, nicht in Schicklichkeit zu handeln gegen sein Mädchen, wenn sie über die Blüte hinausgeht, und es soll so geschehen, der tue, was er will; er sündigt nicht, sie
37 mögen heiraten. * Wer aber in seinem Herzen feststeht, ohne eine Notwendigkeit zu haben, sondern Verfügung hat betreffs seines eigenen Willens, und dieses beschlossen hat in seinem Herzen,
38 sein Mädchen zu bewahren, der wird wohl tun. * Daher, wer sein Mädchen verheiratet, tut wohl, und wer sie nicht verheiraten will,
39 wird noch besser tun. * Eine Frau ist gebunden, solange ihr Mann lebt; wenn aber der Mann entschlafen ist, ist sie frei sich zu ver-
40 heiraten, mit wem sie will, aber nur im Herrn. * Glückseliger aber ist sie, wenn sie so bleibt, nach meiner Meinung; ich denke aber auch meinerseits Gottes Geist zu haben.

zu Vers 31:
1 Ko 9, 18
1 Jo 2, 15—17
zu Vers 33:
Lk 14, 20
Eph 5, 29
zu Vers 34:
1 Tim 5, 5
zu Vers 35:
Lk 10, 39 f
1 Ko 6, 12
zu Vers 39:
Rö 7, 2
zu Vers 40:
2 Ko 10, 7

„Betreffs der Mädchen", die Formulierung zeigt, daß auch hier eine besondere Anfrage im Brief der Gemeinde vorlag. Was soll aus den Töchtern der christlichen Häuser werden? Sie sind „Jungfrauen", „Mädchen", in jenem klaren Sinn, den das Wort auch für uns einmal hatte. Sollen sie ehelos bleiben? Vielleicht erwartete ein Teil der Gemeinde ein bestimmtes Ja von Paulus. Aber der Apostel betont sofort, daß hier eine klare „Anordnung des Herrn" nicht vorliege. Er kann hier nur „seine Meinung abgeben". Aber ist eine „apostolische Meinung" nicht höchste Autorität? Paulus denkt nicht so. Freilich, eine innere Autorität hat sie schon. Wohl hat nur das Erbarmen des Herrn ihn zum Apostel gemacht. Paulus hat das nicht nur zugestanden, sondern mit Nachdruck gerühmt: 2 Ko 4, 1; 1 Tim 1, 12 ff. Mochten seine Gegner gern auf seine dunkle Vergangenheit hinweisen, für ihn war es der Grund seines ganzen neuen Lebens und Dienstes, daß das Erbarmen Jesu ihm die große Aufgabe anvertraut hat. Gerade so ist es ihm geschenkt, **„zuverlässig zu sein"**. Darum hat sein Wort Gewicht, auch wenn er nur „seine Meinung" äußert. Man kann sich darauf verlassen.

25

Noch einmal wiederholt er, was er über Ehelosigkeit und Ehe schon ausgesprochen hat. Die umständliche Satzkonstruktion: „**Ich meine nun, dieses sei gut wegen der gegenwärtigen Not, daß es gut für einen Menschen ist, so zu sein**" zeigt, wie Paulus im Diktat an seine grund-

26

legende Aussage in Kap. 7, 1 zurückdenkt. Aber jetzt wird der Hintergrund deutlich, von dem aus er das Urteil „gut", d. h. „dienlich, hilfreich" fällte. Die Ehelosigkeit ist nicht an und für sich oder von religiösen Idealen her „gut", sondern **„wegen der gegenwärtigen Not"**. „**Gegenwärtige Not**" ist nicht „augenblickliche" Not, von der die Korinther wenig spüren. Sie ist vielmehr Not, die aus dem gegenwärtigen Äon entspringt, für die Gemeinde Jesu und ihre Glieder notwendig entspringt, auch wenn die satten, reichen und angesehenen Korinther noch nichts davon gemerkt haben. Auch sie werden dieser Not nicht entgehen, die den Christen als Christen im gegenwärtigen Äon trifft.

27   Ja, noch mehr. Das Denken des Apostels ist auch hier wieder „eschatologisch"[1] bestimmt. Das Wort, das bei Paulus meist „gegenwärtig" bedeutet, kann auch den Sinn von „hereinbrechen", „bevorstehend" haben. Die Not dieser Weltzeit steigert sich gerade dann aufs Höchste, wenn das Ende kommt und die letzte große Entscheidung naht. Davon ist Paulus mit dem ganzen NT überzeugt (Mt 24, 21 f; Offb 13). So sieht er die Lage, und von daher urteilt und rät er auch in der Frage der Ehe und der Verheiratung der gläubigen Mädchen. Es geht den letzten Kämpfen und Leiden entgegen, die von jedem Christen den äußersten Einsatz fordern. „Wer überwindet..." (Offb 2 u. 3), so klingt es auch im Herzen des Paulus. In dieser Lage kann er nur raten: **„Du bist an eine Frau gebunden? Suche nicht die Lösung. Du bist frei von einer Frau? Suche keine Frau."**

28   Wieder stehen wir an einem entscheidenden Punkt für das Verständnis des Kapitels und des ganzen Christseins überhaupt. Die Haltung des Paulus ist uns fremd, weil für uns das Sein in Christus nicht mehr jene Ganzheit und Geschlossenheit, jenen Reichtum und jenen Glanz hat, der in den Augen des Paulus unser ganzes irdisches Los dagegen belanglos macht. Wir kommen mit dem Denken des Apostels aber auch darum nicht zurecht, weil wir von der „Not" und „Drangsal" nichts mehr wissen, die zum Christenleben in diesem argen Äon gehört, und weil wir vollends nicht mehr ahnen, welche Anforderungen die letzte Zeit an die Gemeinde Jesu stellen wird. Heiraten ist nicht an sich etwas Verkehrtes und Sündliches, wie vielleicht mancher in Korinth urteilte, auch nicht für ein Mädchen aus gläubigem Hause. Darum stellt Paulus allen asketischen Idealen gegenüber noch einmal ausdrücklich fest: **„Wenn du aber auch heiratest, hast du keine Sünde begangen. Und wenn das Mädchen heiratet, hat es keine Sünde begangen."** Den Rat zur Ehelosigkeit gibt Paulus nicht aus Mißachtung der Ehe als solcher und aus einer Verdächtigung des geschlechtlichen Lebens, dessen Vollzug auch in der Ehe etwas „Sündliches" wäre. Sein Gesichtspunkt ist ein völlig anderer: **„Drangsal aber für das Fleisch werden solche bekommen; ich meinerseits aber möchte euch schonen."** Hier steht das Wort „thlipsis", das immer wieder das Leiden mannigfaltiger Art bezeichnet, das der

---

[1] Vgl. o. S. 29 Anm. 11.

an Jesus Glaubende um dieses seines Glaubens willen zu tragen hat und das in der Zeit vor der Wiederkunft Jesu seinen Höhepunkt erreicht. Dieses Leiden wird weit quälender, wenn man verheiratet ist und den Lebensgefährten mit davon betroffen sieht. Wir brauchen uns nur einmal auszumalen, was Frau und Kinder eines Apostels Paulus durchzumachen gehabt hätten. „Es ist gut, nicht verheiratet zu sein", wie oft wird Paulus das mit Recht gedacht haben². Das soll gerade das Mädchen in der Gemeinde wissen, daß das Heiraten ihr in dieser Zeit nicht das „Glück" bringt, sondern **„Drangsal für das Fleisch".**

Und nun stellt Paulus seinen eschatologischen Blick ausdrücklich vor die sichere und satte Gemeinde hin. **„Dieses aber sage ich, Brüder: die Zeit ist zusammengedrängt."** Der knappe Satz ist schwer zu verdeutlichen. Wir haben nicht das besondere Wort für „Zeit" als einer bestimmten entscheidungsvollen Zeit, wie es der Grieche im Wort „kairos" im Unterschied von „chronos", dem allgemeinen Zeitfluß, besaß³. Und in dem Wort **„zusammengedrängt"** liegt ein Zweifaches zugleich ausgedrückt. Dieser entscheidungsvolle Zeitraum ist nur kurz, „verkürzt", die Entscheidungen drängen sich zusammen. Wir haben darum keine Zeit für Nebendinge, sondern müssen gesammelt auf das ausgerichtet sein, was diese Zeit fordert. Und es sind Nöte, Kämpfe, Leiden, die diesen Zeitraum erfüllen. Es ist nicht nur eine „zusammengedrängte", sondern auch eine „bedrängnisvolle" Zeit, die nichts so harmlos leben läßt. Nun wird es ganz klar, warum Paulus unser Kapitel nicht mit Ausführungen über die Schönheit der Ehe und ihren Wert beginnen kann. Dafür ist jetzt einfach keine „Zeit". Wer in der Ehe — und Familie — glücklich leben will, wird die Schwere dieser Zeit nicht bestehen und rasch in die Gefahr des Verleugnens geraten und dem Einsatz für die Sache des Herrn sich entziehen. Darum müssen auch die Verheirateten eine ganz neue innere Haltung einnehmen: **„Daß fürderhin auch die, die Frauen haben, seien, als ob sie keine haben."** Und diese Haltung erstreckt sich auf alle Lebensverhältnisse. Gewiß gibt es auch jetzt **„Weinende"** und sich **„Freuende"**; natürlich muß auch noch weiter „gekauft" und „die Welt genutzt" werden. Allem aufgeregten Wesen von der Zukunftserwartung her hat Paulus immer entschlossen gewehrt (vgl. 1 Th 4, 11; 2 Th 2, 1 f; 3, 11). Bei allem gespannten und sehnenden Warten auf den Tag des Herrn bleibt er völlig nüchtern. Gerade darum weiß er auch, wie in diesem Warten und in den unvermeidbaren Leiden um Jesu willen alle diese Dinge wie Freude und Leid, Kauf und Erwerb, auch Ehe und menschliche Verbundenheit ihre Bedeutung verlieren,

29

30

---

[2] Freilich ist auch hier die lebendige Wahrheit nur durch scheinbar widersprüchliche Aussagen zu erfassen. So manches Lebensbild zeigt uns, wie Frauen im Mittragen der Drangsale und Nöte ihrer Männer dennoch in tieferem Sinn sehr glücklich waren und für ihren Mann unendlich viel bedeuteten. Paulus gibt ja auch bewußt nicht bindende Anordnungen, sondern sagt nur seine Meinung.

[3] „Chronos" ist die „physikalische", „kairos" die „geschichtliche" Zeit.

die sie für den natürlichen Menschen haben[4]. Hier gilt in allem das „Haben, als hätten wir nicht". Es ist das genaue Gegenstück zu der Schilderung der Endzeit, wie sie der Herr Jesus selbst vom Bilde der alten Gerichtszeiten her entwirft: „Sie aßen, sie tranken, sie heirateten, sie wurden geheiratet, bis zu dem Tage, da Noah in die Arche hineinging, und es kam die Flut und brachte alle um. Auf gleiche Weise geschah es in den Tagen Lots: Sie aßen, sie tranken, sie kauften, sie verkauften, sie pflanzten, sie bauten; an dem Tage aber, als Lot aus Sodom ging, da regnete es Feuer und Schwefel vom Himmel und brachte sie alle um" (Lk 17, 27—29). Das alles erfüllte das Denken und Leben der Menschen, während die Wetterwand des vernichtenden Gerichtes schon über ihnen stand. So aber können die „berufenen Heiligen", die mit dem Lebenseinsatz des Herrn Erkauften, die auf seinen Tag warten, nicht leben. Auch wenn sie das alles noch tun und tun müssen, was die Menschen vor der Sintflut, die Leute in Sodom vor der Katastrophe taten, sie tun es in einer völlig anderen Haltung, für die alle diese Dinge ihre erfüllende Wichtigkeit verloren haben:[5] „**Daß fürderhin auch die, die Frauen haben, seien, als ob sie keine haben, und die Weinenden, als weinten sie nicht, und die sich Freuenden, als freuten sie sich nicht, und die Kaufenden, als besäßen sie nicht, und die die Welt Nutzenden, als benutzten sie sie nicht."**

31 „**Denn es vergeht die Gestalt dieser Welt."** Das ist ganz objektiv für jeden sichtbar. Ist es ein nur negativer Eindruck von der Vergänglichkeit alles Irdischen, dann kann es auch zu jener Folgerung führen, der Paulus später entgegentritt: „Lasset uns essen und trinken, denn morgen sind wir tot" (15, 32). Paulus aber meint es ganz positiv. Die ganze Art dieser Todeswelt geht vorüber, die Schöpfung erhält die neue Gestalt, „die Schöpfung erwartet die Offenbarung der Söhne Gottes. Die Schöpfung selbst wird befreit werden von der Sklaverei der Vergänglichkeit zu der Freiheit der Herrlichkeit der Kinder Gottes" (Rö 8, 19. 21). Und wer so positiv, so erwartungsvoll die ganze Vorläufigkeit der gegenwärtigen Weltgestalt sieht, der hat von da aus die Haltung, die Paulus beschreibt, dieses „Haben, als hätten wir nicht"[6].

32/33 Durch diese „zusammengedrängte Zeit" „sorglos" hindurchzugehen, das ist es, was Paulus für die korinthischen Christen wünscht. „**Ich**

---

[4] Wir können es uns bildhaft etwa an den Stunden eines Schiffsunterganges verdeutlichen. Wie vieles wird jetzt unwichtig, was uns sonst lebhaft bewegte und uns sehr bedeutungsvoll erschien. Wie kommt es nur auf das eine an, mit entschlossenem Einsatz dieser Gefahr zu begegnen!
[5] Diese Haltung kann man nicht künstlich annehmen, weil es hier nun einmal so geschrieben steht. Aber unser Abschnitt ist allerdings eine tief einschneidende Frage an die Gemeinde von heute. Woran liegt es, daß diese Haltung an ihr kaum noch zu merken ist? Sind wir so sicher, daß diese Zeit n i c h t „zusammengedrängt" ist?
[6] So lebensbestimmend, so das ganze Christsein formend ist die echte Eschatologie. Wer die biblische Eschatologie streicht oder umformt, verliert damit die ntst Ethik. Weil heute in der Verkündigung die echte Eschatologie nicht der Gemeinde vor Augen gestellt und für sie nicht zum Lebensziel wird, darum gibt es solches „Haben, als hätten wir nicht" heute so wenig und ist das „Fremdlingsein" und das Leben als „wanderndes Gottesvolk" so selten.

will aber, daß ihr ohne Sorge seid." Das grie Wort „sorgen" ist so doppeldeutig wie unser deutsches Wort. **„Ohne Sorge"** sollen und dürfen wir sein. Das angstvolle „Sorgen" entspricht einer falschen Bewertung der gegenwärtigen Weltgestalt mit ihren Lockungen und Drohungen. Davon befreit uns die eschatologische Einstellung. Aber echtes Leben ist immer davon erfüllt, daß wir „für etwas sorgen". Und nun ergibt sich im Blick auf die Ehe ein notwendiger Unterschied: **„Der Unverheiratete sorgt für die Angelegenheiten des Herrn, wie er dem Herrn gefalle; der Verheiratete aber sorgt für die Angelegenheiten der Welt, wie er der Frau gefalle, und ist geteilt."** Dieses „Sorgen für die Angelegenheiten der Welt, wie er der Frau gefalle", ist nicht Sünde, sondern ist die Pflicht des Mannes, wenn er in der Ehe lebt. Paulus meint auch nicht, daß der verheiratete Christ nun einfach darin aufgeht und für die Angelegenheiten des Herrn nichts mehr übrig hat. Aber **„er ist geteilt"**[7]. Er muß nach zwei Seiten sehen und die Bedürfnisse seiner Frau und seiner Familie ebenso wahrnehmen wie die Interessen seines Herrn und seiner Sache. Das ist eine schwierige Aufgabe und kann rasch zu notvollen Spannungen führen, schon in ruhigen Zeiten und erst recht in Tagen der Not und Verfolgung. Der verheiratete Mann gerät in innere Zerrissenheit. Das gilt ebenso für die Frau. Die ehelose Frau, also die Witwe oder die vom Mann getrennte Frau und das unverheiratete Mädchen, können ganz für den Herrn da sein. **„Und die unverheiratete Frau und das Mädchen trägt Sorge für die Angelegenheiten des Herrn, damit sie sei heilig sowohl dem Leibe wie dem Geiste nach."** Wir müssen das Wort „heilig" hier wieder so „objektiv" fassen wie Kap. 1, 2. Nicht das meint Paulus, daß die Frau durch das eheliche Leben irgendwie „befleckt" und „unrein" würde. Aber er hatte das allerdings ausgesprochen, daß die Frau in der Ehe nicht mehr „die Verfügung über ihren Leib hat" (V. 4). Sie kann nicht mehr ganz und gar nach Leib und Seele dem Herrn angehören. Sie **„trägt Sorge für die Dinge der Welt, wie sie dem Mann gefalle".** Das ist nicht „Sünde", aber notwendig so.

Darum wünscht Paulus ernstlich die Ehelosigkeit der Mädchen in der Gemeinde. Aber er will bei diesem Wunsch jeden Druck, auch jeden inneren Zwang vermeiden. **„Dies aber sage ich zu eurem eigenen Nutzen, nicht daß ich euch eine Schlinge überwerfe."** Paulus will keinen Menschen in Korinth wie ein gefangenes Wild an der Schlinge in die Ehelosigkeit hineinziehen. Es wird im Hintergrund dieses Satzes das Mißtrauen sichtbar, das in Korinth gegen Paulus bestand und gegen das er sich im 2. Korintherbrief noch viel deutlicher wehren muß. Man warf ihm vor, daß er die Gemeinde beherrschen und in ihr nur seine eigene Meinung gelten lassen wollte (vgl.

---

[7] Die alte LÜ und die Elberfelder Bibel ziehen auf Grund des ihnen vorliegenden Textes das Wort „er ist geteilt" zu dem folgenden Satz und verstehen es als: „Es ist ein Unterschied" nämlich zwischen der Frau und dem Mädchen. In den verschiedenen Handschriften ist an dieser Stelle geändert und gebessert worden. Aber unsere Übersetzung, die dem Text bei Nestle folgt, ergibt einen guten und klaren Sinn.

o. S. 81 f). Er aber will in Wahrheit die ihm anvertraute Gemeinde gerade zum eigenen Urteil und zum rechten selbständigen Handeln erziehen. Wie müht er sich in unserem ganzen Brief darum. So will er auch jetzt nicht etwa in hinterhältiger Weise der Gemeinde „**eine Schlinge überwerfen**", um sie dahin zu ziehen, wohin er sie haben will. Es geht ihm um den „**eigenen Nutzen**" der Korinther. Dieser „eigene Nutzen" ist freilich nicht egoistisch und weltlich gemeint. Was Paulus der Gemeinde rät, soll „**zur rechten Schicklichkeit und festem Hängen am Herrn ohne Ablenkung**" dienen. Es geht Paulus dabei um die rechte Freiheit in den Entschließungen der Gemeinde im Blick auf ihre Mädchen. Diese Freiheit ist von zwei entgegengesetzten Seiten her bedroht. Einerseits lag auf dem unverheirateten Mädchen damals bei Juden und Griechen ein Makel. Es gehörte sich nicht, es war unschicklich, daß ein Mädchen ledig blieb. Hier darf das Empfinden der Gemeinde ein anderes werden. Gerade der Wunsch, ganz für den Herrn zu leben, war „**rechte Schicklichkeit**", zu der Paulus die Gemeinde zu ihrem eigenen Nutzen leiten wollte. Andererseits darf aber auch nicht das asketische Denken mancher christlichen Kreise in Korinth Mädchen zur Ehelosigkeit zwingen, als ob die Ehe etwas „unreines" und geistlich minderwertiges sei. Die Ehelosigkeit kann nur in voller Freiheit gewählt werden, wenn es Menschen um „**das feste Hängen am Herrn**" geht, das nur für die Ehelosen in ungestörter Weise „**ohne Ablenkung**" da sein kann.

Die Lage ist freilich heute eine völlig andere als damals. Die unverheiratete Frau ist heute selbstverständlich berufstätig und kann daher nicht so wie die ehelos gebliebene Frau damals „ohne Ablenkung" „Sorge für die Angelegenheiten des Herrn tragen". Und doch ist das Wort des Paulus für uns von ganz großer Bedeutung. Die Tatsache, daß Paulus dem unverheirateten Mann trotz seiner Berufstätigkeit zubilligt „er sorgt für die Angelegenheiten des Herrn", zeigt, daß für den Blick des Paulus die Ehe den Menschen in ganz anderer Weise beansprucht als der Beruf. Die Berufstätigkeit der Frau hindert sie dementsprechend noch nicht an dem „**festen Hängen am Herrn ohne Ablenkung**". Hier wird die Ehelosigkeit der Frau endlich einmal nicht als „Benachteiligung" und „Unglück" gewertet, sondern als eine große positive Möglichkeit im Dienst des Herrn gesehen. Jesus wartet gerade auch auf Frauen, die nicht von Mann und Familie gefordert werden, sondern ihre leiblichen und mütterlichen Gaben und Kräfte ihm ganz zur Verfügung stellen für die Sache seiner rettenden Liebe in dieser Todeswelt. Wie nötig hat es die Gemeinde heute gegenüber der einseitigen Schätzung der Ehe, dieses Stück der Bibel wieder zu lesen und sich anzueignen. Hier allein liegt die innere Hilfe für die alleinbleibenden Mädchen der Gemeinde (vgl. Anmerkung 2 S. 122), die vielfach gerade deshalb nicht geheiratet werden, weil sie wirkliche Christinnen sind.

36 Paulus wünscht für die ganze Gemeinde diese richtige Beurteilung. Aber er wahrt die Freiheit. Es kann einer, der bisher den Gedankengängen des Paulus entsprechend seine Tochter unverheiratet gelas-

sen hatte, nun doch **„meinen, nicht in Schicklichkeit zu handeln gegen sein Mädchen, wenn sie über die Blüte hinausgeht".** Paulus sagt nicht, wer dieser „jemand" ist. Er nennt auch nicht ausdrücklich den Vater. Einesteils war das nicht nötig, weil es in den meisten Fällen selbstverständlich der Vater war, der über die unverheirateten Töchter im Hause zu bestimmen hatte. Andererseits konnte es auch einmal der Vormund oder der Herr seines Hausgesindes sein[8]. Jedenfalls **„sündigt"** dieser „jemand" **„nicht"**, wenn er seiner „Meinung" folgt und das Mädchen nicht ehelos verblühen lassen will. Ein Bewerber um das Mädchen ist da, **„er tue, was er will; er sündigt nicht, sie mögen heiraten".** Der für das Mädchen Verantwortliche kann hier tun, was er von seinem Denken aus will.

Es kann aber auch anders sein. Es hat einer **„beschlossen in seinem Herzen, sein Mädchen zu bewahren".** Und nun wird er darin auch nicht wankend durch allerlei Erwägungen, ob es unschicklich sei, sein Mädchen so verblühen zu lassen. Er **„steht in seinem Herzen fest".** Es liegt auch keine **„Notwendigkeit"**[9] irgendwelcher Art vor, der Betreffende hat freie **„Verfügung betreffs seines eigenen Willens".** Dann **„wird er wohl tun"**, wenn er sein Mädchen ehelos bewahrt und es so zu einem Mädchen macht, das „heilig ist sowohl am Leibe wie auch am Geiste" und das ganz und gar „Sorge trägt für die Angelegenheiten des Herrn". Paulus kennt dabei für das Verhalten der Christen nicht nur das einfache Entweder-Oder von „sündigen" und „recht tun". Es gibt auch im richtigen und guten Handeln noch Unterschiede. **„Daher, wer sein Mädchen verheiratet, tut wohl, und wer sie nicht verheiraten will, wird noch besser tun."** Paulus bleibt klar bei dem, was er von Anfang an in unserm Kapitel ausgesprochen hat. Er sieht — nicht das „Schwerere" oder das „Höhere" — wohl aber das „Bessere" in der Ehelosigkeit; aber er scheut dabei alles Drängen und unterstreicht es nochmals, daß im Verheiraten einer Tochter so wenig wie im eigenen Heiraten etwas Sündliches liegt.

37

38

[8] Man hat aus dieser Ausdrucksweise „einer" und „sein Mädchen" den Schluß gezogen, es hätte sich in Korinth bereits um einen Brauch gehandelt, der dann in der Gnosis und später auch in der Kirche nachzuweisen ist, daß ein Asket eine Asketin, eine „Jungfrau" in sein Haus aufnahm, um ohne Ehe mit ihr eine Gemeinschaft des Lebens und Dienens zu haben. Aber das ist ein kühner Schluß, zu dem die Aussagen des Paulus keinen ausreichenden Grund geben. Hatte die junge Gemeinde schon solche seltsamen Dinge? Hätte der nüchterne Paulus, der V. 5 unseres Kapitels schrieb, es gebilligt? War in einer freiwilligen Lebensgemeinschaft eines Asketen mit einer Asketin der Mann so einseitig der Bestimmende und Verfügende, daß er nun die Ehe herbeiführte? Der Satz des Paulus versteht sich besser, wenn hier vom Vater, Vormund oder Herrn „seines Mädchens" die Rede ist. Zu erwägen ist aber der Vorschlag mancher Ausleger, den Satz des Paulus nicht auf Vater und Tochter, sondern auf Bräutigam und Braut zu beziehen. Die betreffenden Ausleger weisen darauf hin, daß die dunklen Andeutungen „ohne eine Notwendigkeit zu haben" und „er hat Verfügung betreffs seines eigenen Willens" von einem Verlobten besser zu verstehen wären als von einem Vater (vgl. aber die folgende Anmerkung). Es steht dem freilich eine erhebliche sprachliche Schwierigkeit entgegen, da in V. 38 das „gamizein" üblicherweise „verheiraten" und nicht „heiraten" heißt. Aber die betreffenden Ausleger halten diese Schwierigkeit nicht für unüberwindlich. Im hell Grie hätten auch Verben auf „izein" eine intransitive Bedeutung annehmen können.

[9] Solche „Notwendigkeiten" konnte es in vielfacher Weise geben; sie konnten in den Familienverhältnissen ihren Grund haben. Und „freie Verfügung betreffs seines eigenen Willens" hatte der Vater z. B. dann nicht, wenn er selber Sklave war.

39/40 Paulus hatte bereits in V. 8 den Witwen gesagt, daß „es gut ist, wenn sie bleiben, wie auch ich selbst". Jetzt schärft er der verheirateten Frau noch einmal ein, daß sie **„gebunden ist, solange ihr Mann lebt".** Er sichert aber ebenso der Witwe die volle Freiheit der Wiederverheiratung und der Wahl des Gatten zu. **„Wenn aber der Mann entschlafen ist, ist sie frei sich zu verheiraten, mit wem sie will."** Alle Gedanken an eine Weitergeltung der atst Bestimmungen über die Leviratsehe (vgl. 5 Mo 25, 5—10) sind damit abgewehrt. Selbstverständlich ist aber, daß die neue Ehe „nur im Herrn" geschlossen werden kann, daß also der neue Ehegatte ebenfalls Christ ist und daß den beiden Beteiligten die Ehe als vom Herrn geschenkt deutlich wurde. Freilich: **„Glückseliger ist sie, wenn sie so bleibt."** Noch einmal wählt Paulus ein Wort, das den „evangelischen" Charakter dieses „so Bleibens" ausdrückt. Die nicht wieder heiratende Witwe ist nicht „besser" oder „frömmer" oder „geistlicher", aber sie ist einfach „glücklicher". Das ist wenigstens „meine Meinung", sagt Paulus. Seine Meinung ist aber nicht irgendeine beliebige Ansicht. **„Ich denke aber auch meinerseits Gottes Geist zu haben."** Seine „Meinung" stammt aus einem vom Geist Gottes erfüllten und bestimmten Herzen und hat darum Gewicht. Wir erkennen aber wieder die Lage des Paulus. Er muß so etwas ausdrücklich versichern. Sein Urteil als Apostel ist nicht von selbst und sofort für die Korinther maßgebend. Männer, die anders als Paulus dachten, nahmen für sich selbst betont in Anspruch, den Geist zu haben und aus dem Geist heraus zu reden. Ihnen stellt Paulus hier seinen Satz entgegen.

„ERKENNTNIS" UND „LIEBE" IN DER FRAGE DES GENUSSES VON GÖTZENOPFERFLEISCH

1. Korinther 8, 1—13

zu Vers 1:
Apg 15, 29
Rö 14, 15. 19
15, 1—3
zu Vers 2/3:
Gal 6, 3; 4, 9
Jo 10, 14 f
zu Vers 4:
5 Mo 6, 4
zu Vers 5:
Jo 10, 34 f
1 Ko 10, 19 f
Ps 136, 2 f
zu Vers 6:
Jo 1, 3
Rö 11, 36
1 Ko 12, 5 f
Eph 4, 5
Kol 1, 16; 2, 10

1 Betreffs des Götzenopferfleisches — wir wissen, daß wir alle Er-
2 kenntnis besitzen. Die Erkenntnis bläht auf, aber die Liebe baut auf. * Wenn einer denkt, etwas erkannt zu haben, erkannte er noch
3 nicht so, wie man erkennen muß. * Wenn aber einer Gott liebt,
4 der ist erkannt von ihm. * Betreffs also des Essens von Götzenopferfleisch wissen wir, daß es keinen Götzen in der Welt (gibt)
5 und daß es keinen Gott (gibt) außer dem Einen. * Und selbst wenn es sogenannte Götter gibt, sei es im Himmel oder auf der Erde,
6 wie es ja (tatsächlich) viele Götter und viele Herren gibt, * aber für uns ist Einer Gott, der Vater, von welchem her das All und wir zu ihm hin, und ist Einer Herr, Jesus Christus, durch welchen das
7 All und wir durch ihn. * Aber nicht in allen ist die Erkenntnis; sondern einige durch die bis jetzt (fortwirkende) Gewöhnung an den Götzen essen es als Götzenopferfleisch, und ihr Gewissen, da
8 es schwach ist, wird befleckt. * Eine Speise aber wird uns nicht vor Gott darstellen; weder, wenn wir nicht essen, stehen wir zu-

9 rück, noch, wenn wir essen, haben wir einen Vorzug. * Seht aber darauf, daß nicht etwa eure Vollmacht selbst ein Anstoß zum Fall
10 werde für die Schwachen. * Denn wenn einer sieht dich, der du Erkenntnis besitzest, im Götzenhaus zu Tisch liegen, wird nicht sein Gewissen als eines, der schwach ist, aufgebaut werden zum
11 Essen des Götzenopferfleisches? * Verloren geht also der Schwache durch deine Erkenntnis, der Bruder, um dessentwillen Chri-
12 stus starb. * Wenn ihr so gegen die Brüder sündigt und ihr schwa-
13 ches Gewissen mißhandelt, sündigt ihr gegen Christus. * Darum, wenn eine Speise meinen Bruder zu Fall bringt, werde ich auf keinen Fall Fleisch essen für immer, damit ich nicht meinen Bruder zu Fall bringe.

zu Vers 7:
Rö 14, 23
1 Ko 10, 27 f
zu Vers 8:
Rö 14, 17
Hbr 13, 9
zu Vers 9:
Rö 14, 1. 13. 20
15, 1
Gal 5, 13
zu Vers 11:
Rö 14, 15
zu Vers 13:
Rö 14, 13. 21

Paulus greift eine weitere Frage der Korinther auf „betreffs des Götzenopferfleisches". Wenn wir diese Frage in ihrem Ernst verstehen wollen, müssen wir daran denken, daß im Altertum alles „Schlachten" ein religiöser Akt, ein „Opfern" war. Zum Zeichen dafür wurde irgendein Stück des geschlachteten Tieres ausdrücklich einer Gottheit gebracht und auf ihrem Altar verbrannt: Alles übrige Fleisch diente dann der menschlichen Nahrung. Es entstand die Frage, ob der Christ solches Fleisch essen darf oder nicht. Wie V. 10 zeigt, stand zunächst die Frage im Vordergrund, ob der Christ unmittelbar an Mahlzeiten in den Tempeln teilnehmen kann. Aber an V. 7. 13 merken wir, daß es zugleich um das „Opferfleisch" in umfassendem Sinn ging und daß Paulus hier schon mit dem Grund zu den Regeln von Kap. 10, 23 ff legen will. Die Frage war in der Gemeinde vielleicht dadurch besonders brennend geworden, weil ihren aus Israel stammenden Gliedern die Abscheu vor allem, was mit einem Götzen zu tun hatte, von klein auf so eingeprägt war, daß sie auch jetzt als Christen jeden Genuß von Götzenopferfleisch entschieden ablehnten. Das hieß in einer griechischen Stadt wie Korinth praktisch auf jeden Fleischgenuß zu verzichten. Es waren aber, wie besonders V. 7 zeigt, auch griechische Gemeindeglieder da, die von ihrer Vergangenheit her eine Scheu vor Fleisch hatten, das mit heidnischen Opfern in Zusammenhang stand. Ihnen gegenüber betonte eine Gruppe der „Starken" und „Freien", daß nach der christlichen Erkenntnis heidnische Götter doch gar nicht existierten (V. 4), daß darum alle Opferbräuche beim Schlachten völlig ins Leere gingen und das „Götzenopferfleisch" tatsächlich nur ganz gewöhnliches Fleisch sei, das der Christ aus seiner „Erkenntnis" heraus ohne jedes Bedenken essen könnte. Vielleicht hielten sie es geradezu für einen Akt christlichen Bekennens, wenn sie ohne Scheu solches Fleisch verzehrten, und freuten sich, wenn ihr gutes Beispiel die zaghaften und ängstlichen Gemeindeglieder mit fortriß. Nun war Paulus von der Gemeinde gefragt worden, wie er dazu stehe.

Wir sehen, es geht dabei nicht um eine bloße Einzelfrage. Wieder ist es das Thema der „Freiheit", das sich uns stellt. Die besondere Sitte von damals ist für uns vergangen. Es gibt bei uns kein „Götzenopferfleisch". Aber die Frage selbst: „Darf ein Christ ...?", die Frage nach der „Freiheit" des Christen beschäftigt auch uns in der Gemeinde Jesu immer neu.

Paulus stellt der konkreten Antwort eine kurze, aber mächtige und tiefe Besinnung voran, die seiner Antwort (und damit auch allen unsern Antworten in der Frage der „christlichen Freiheit") die Richtung weist. Er setzt ein mit einer Zustimmung zu dem, was die Korinther ihm schrieben: **„Wir wissen, daß wir alle Erkenntnis besitzen."** An „Erkenntnis" fehlt es infolge der christlichen Verkündigung und Unterweisung nicht. Eine Gemeinde wie Korinth war besonders „reich an allem Wort und aller Erkenntnis" (1, 5 f). Darum stimmt er mit einem **„Wir wissen"** dem zu, was die Korinther in ihrem anfragenden Brief ausgesprochen haben werden. Die Gruppe der „Freien" wollte das Leben und Verhalten einfach von der „Erkenntnis" her regeln[1]. Die christliche Erkenntnis zeigt, daß es Götzen nicht gibt. Also kann und soll jeder Christ „Götzenopferfleisch" essen. Paulus widerspricht. Die „Erkenntnis" kann und darf diese Rolle nicht spielen. Warum nicht? **„Die Erkenntnis bläht auf, aber die Liebe baut auf."** Zum ersten Mal erscheint das Wort „Liebe", das im Grunde bereits alle Ausführungen des Paulus bestimmt hat. Aber es ist, als ob Paulus die ausdrückliche Nennung des Wortes scheue. Hat auch er schon gesehen, wie mißverständlich das Wort ist? Wollte er es erst aussprechen, wenn er in Kap. 13 gründlich davon reden kann[2]?

Jetzt aber stellt er ausdrücklich der „Erkenntnis" die „Liebe" entgegen. In allem „Erkennen" liegt die Gefahr, daß es uns ein selbstisches Wohlgefühl bereitet. Im „Erkennen" genießen wir leicht die Kraft unseres eigenen Denkens und sehen auf die herab, die zu ähnlichen Leistungen nicht fähig sind. **„Die Erkenntnis bläht auf."** Ich achte nicht auf den andern, sondern bleibe ganz bei mir selbst und meinem geistigen Reichtum. So kommt keine echte Gemeinschaft zustande. Ganz anders ist die Liebe. Ihr geht es gerade um den andern und sein wahres Wohl. Ihr liegt an der Gemeinschaft und ihrem Aufbau. **„Die Liebe baut auf."** Und darum widerspricht Paulus den Korinthern, die allein von der Erkenntnis aus das Leben bestimmen und das Verhalten in allen Fragen regeln wollen. Nicht schon das Erkennen, sondern erst die Liebe kann das Leben der Gemeinde und unser persönliches Leben in ihr regieren. Paulus wird das sehr deutlich gerade an den Fragen des Götzenopferfleisches zeigen. Er hat damit zugleich eine grundlegende Wahrheit für alle Zeiten und für alle Probleme des Gemeindeaufbaues ausgesprochen. Unser Kapitel über das „Götzenopferfleisch", das uns zunächst ganz fremd anmutet ist dadurch von höchster Wichtigkeit für uns heute.

---

[1] Es ist auch unsere Versuchung, der „Erkenntnis" diese entscheidende Stellung zu geben. Wir haben darum besonders ernst auf die Sätze des Paulus zu hören.
[2] Es ist beachtenswert, daß Paulus auch im Brief an die Römer erst in Kap. 5, 5b von Gottes Liebe spricht, obwohl doch die rettende Gotteskraft nichts anderes ist als die „Liebe Gottes". Aber allen gefährlichen Mißverständnissen der „Liebe" gegenüber wollte Paulus erst die „Gerechtigkeit" Gottes klar herausgestellt haben.

Eine zweite Warnung an die Erkenntnisstolzen fügt Paulus hinzu. **„Wenn einer denkt, etwas erkannt zu haben, erkannte er noch nicht so, wie man erkennen muß."** In jedem Erkennen liegt die Gefahr, „fertig" zu sein und das jetzt Erkannte schon für der Weisheit letzten Schluß zu halten. Es ist die Gefahr des „Dogmatismus", in jeder weltlichen Lehre und Anschauung genauso wie in der Theologie. Aber damit ist das echte Erkennen verleugnet. Das echte Erkennen weiß um seine Unabgeschlossenheit, um sein ständiges Weitergehen, um seinen Stückwerkcharakter (13, 9). Das gilt vollends, wenn sein Gegenstand der ewige, lebendige Gott ist. Wer will hier „denken, **erkannt zu haben"**? Wenn einer so **„denkt", „erkannte er noch nicht so, wie man erkennen muß".** Wir lernten schon, daß nur Gottes eigener Geist die Tiefen Gottes erforscht (2, 9—12). Von Gott weiß darum nur der etwas, dem Gott seinen Geist schenkte. Dies Geschenk erhält aber wiederum nur der, der am Kreuz Jesu seine wunderbare Rettung glaubend erfaßte und Gottes Liebe erfuhr. Gerade ein solcher aber wird nicht stolz auf seine „Erkenntnisse" sein und nicht meinen, sich Gottes durch sein Erkennen bemächtigt zu haben. Er wird vielmehr Gott lieben und wird es verstehen, wenn Paulus die zunächst überraschende Folgerung zieht: **„Wenn aber einer Gott liebt, der ist erkannt von ihm."** Gott allein ist der wahrhaft Erkennende, vor dem unser stolzes Erkennen sehr klein wird. „Jetzt erkenne ich stückweise, dann aber werde ich durcherkennen, wie auch ich durcherkannt bin", so wird es uns Paulus in Kap. 13, 12 sagen. Es wird deutlich, wie Paulus im biblischen Verständnis des „Erkennens" lebt. Die Bibel sieht im Erkennen überhaupt nicht so wie die Korinther (und wir mit ihnen) den kalten Vorgang des sich Bemächtigens, sondern die liebende Hingabe an den Gegenstand des Erkennens, sein rechtes Erfassen in der Vereinigung mit ihm. So kann ja die Bibel das Wort „erkennen" für den ehelichen Umgang gebrauchen (1 Mo 4, 1). Von Gott erkannt sein heißt darum von Gott in Liebe erwählt und angesehen sein. Daß es so wunderbar mit mir steht, erkenne ich daran, daß die Liebe zu Gott in meinem Herzen wach geworden ist. Das aber ist unendlich wichtiger als alle meine noch so richtige „Erkenntnis", auf die ich in so gefährlicher Weise stolz sein kann.

Nun kommt Paulus von diesen grundlegenden Sätzen zu der besonderen Frage unseres Abschnittes zurück. Er stimmt dem Wissen der „Starken" und „Freien" zu: **„Betreffs des Essens von Götzenopferfleisch wissen wir, daß es keinen Götzen in der Welt** (gibt) **und daß es keinen Gott** (gibt) **außer dem Einen."** Er schränkt diese Zustimmung allerdings sofort ein. Ganz so einfach liegt die Sache doch nicht. **„Es gibt doch** (tatsächlich) **viele Götter und viele Herren."** Ist das ein bloßes Wortgespinst, wenn die Völker von allen diesen **„Göttern"** und **„Herren"** sprechen? Steht überhaupt keine Wirklichkeit dahinter? Paulus wird darüber noch etwas sehr Erschreckendes zu sagen haben (vgl. 10, 19—22), um welche Realitäten es sich im heidnischen Kultus handelt. Er hat aber auch schon in Kap. 2, 6. 8 von den „Herrschern dieses Äons" gesprochen und damit auf Geistermächte hingewiesen, die viel mehr, als wir denken, über und hinter allem Geschehen in der Welt stehen. Sie sind in ihrer Weise wirklich

6 **„Götter"** und **„Herren"**[3]. Doch jetzt läßt Paulus diese Fragen offen und stellt nur fest: **„Und selbst wenn es sogenannte Götter gibt, sei es im Himmel oder auf der Erde, wie es ja** (tatsächlich) **viele Götter und viele Herren gibt, aber für uns ist Einer Gott, der Vater, von welchem her das All und wir zu ihm hin."** Ganz betont steht in diesem Satz das **„aber für uns"**. „Wir", die Christen, sind eine Schar, die aus der übrigen Menschheit einzigartig herausgehoben ist. In allen Völkern der Erde fürchtet man „Götter" und „Herren", die man sich im „Himmel" wohnend denkt oder auf der „Erde", auf Bergen (Olymp!), in Quellen und Bäumen. **„Aber für uns"** ist all diese „Religion", all dieser Wahn vergangen. **„Wir"** wissen, **„daß es keinen Götzen in der Welt** (gibt)". „Wir" leben ohne Furcht. Diese „Wir", die Christen im römischen Reich, müssen es freilich tragen, daß sie dafür als „atheoi", als „Gottlose", geschmäht wurden. Aber für uns ist nur ein einziger, auf den das Wort „Gott" angewendet werden darf, der **„Eine"**, den Israel „Adonaj = Herr" nannte und den „wir" nun **„Vater"** nennen. Er aber ist gerade nicht „in der Welt", **„Von ihm her"** ist das All und **„zu ihm hin"** sind wir. Wie das ganze All sind auch wir von diesem einen Gott geschaffen. Aber in der Schöpfung sind wir unter allen Kreaturen etwas einzigartiges. Es ist das Wesen des Menschen, zu Gott, **„zu ihm hin"** und eben darum „zu seinem Bilde", geschaffen zu sein.

Und für uns ist **„Einer Herr, Jesus Christus, durch welchen das All und wir durch ihn"**. Der „Herr Jesus Christus" — den Ausdruck „Sohn" verwendet Paulus hier nicht, da man in der heidnischen Welt und auch in Korinth vor allen Dingen von den „Herren"[4] sprach — ist der Mittler der Schöpfung (vgl. Jo 1, 3. 10; Kol 1, 16; Hbr 1, 3). Auch für den Menschen als Menschen gilt, daß er durch Christus und für Christus geschaffen ist (vgl. dazu die Auslegung von Kol 1, 15ff in der W.Stb.) und so in einer Urbeziehung zu Jesus steht, die im Ursprung des Menschen selbst begründet ist und seiner geschichtlichen Begegnung mit Jesus vorausgeht. Aber das **„und wir durch ihn"** wird hier noch etwas anderes meinen. Durch Jesus Christus haben wir

---

[3] Vgl. auch Eph 6, 12. Auch der moderne Mensch hat mit diesen „Mächten" zu tun, wenn er vom „Schicksal" spricht oder in den mannigfaltigen Formen des Aberglaubens und in okkulten Gebundenheiten lebt, mitten in aller Wissenschaft und Technik.
[4] Das hier verwendete Wort „Kyrios" bezeichnet in seiner Grundbedeutung den „Herrn" als den Eigentümer und Besitzer. Es entspricht damit dem hbr. „Baal". Wie „Baal" dann der Ausdruck für die religiös verehrten „Herrn" und Spender bestimmter Güter und Gaben wie Korn, Obst, Öl usw. wurde, so bezeichnete man auch im Hellenismus mancherlei Göttergestalten als „Herren". Und von daher wiederum wurde der vergöttlichte Kaiser „Herr" im religiösen Sinn genannt. So war das Wort „Kyrios" als religiöser „Herrentitel" den Korinthern völlig vertraut! Nur das mußten sie in einer unerhörten Umstellung ihres Denkens lernen, daß alle diese so selbstverständlich als „Kyrios" Bezeichneten, bis hin zum Kaiser, keine wirklichen „Herren" waren, daß dieser göttliche Hoheitsname allein einem Einzigen zukam: Jesus Christus. Nur er war in Wahrheit „Kyrios, Herr", Weltherr, Allherr. Vgl. dazu das „Lexikon zur Bibel", Sp. 595.

unsere neue und einzigartige Existenz als „Christen". In diesem besonderen Sinn sind gerade „wir" und nur wir **„durch ihn"** geschaffen, durch ihn erwählt, durch ihn errettet, durch ihn Kinder Gottes, durch ihn geleitet und durch ihn einst vollendet. Das „zu Gott hin" erfüllt sich in diesem „durch Jesus Christus". Darum haben wir im prägnantesten und ausnahmelosen Sinn keinen andern „Herrn" mehr und sind allen andern Mächten und Gewalten entnommen.

Aber wenn Paulus das so sieht, muß er dann nicht auch allen die Regel geben: eßt ruhig Götzenopferfleisch und beweist darin eure klare Erkenntnis? Nein, denn nun gibt es Unterschiede in der Gemeinde, die nicht übersehen werden dürfen. Zwar „Erkenntnis besitzen wir alle" (V. 1) und doch: **„nicht in allen ist die Erkenntnis"**. Sie ist in ihnen nicht die alles bestimmende Macht. Vielmehr **„einige durch die bis jetzt (fortwirkende) Gewöhnung an den Götzen essen es als Götzenopferfleisch, und ihr Gewissen, da es schwach ist, wird befleckt"**. Es ist ein auch für uns wichtiger Tatbestand, auf den Paulus hinweist. Unser Wissen, unsere verstandesmäßige – z. B. theologische – Einsicht erreicht nicht immer auch die Tiefe unseres Wesens. Unser **„Gewissen"** sieht die Dinge oft ganz anders als unsere **„Erkenntnis"**. Es gab in Korinth Gemeindeglieder, die theoretisch der Lehre von der Nichtigkeit der Götzen selbstverständlich zugestimmt hätten; und doch sieht ihr Gewissen in dem Fleisch immer noch das „Götzenopfer"[5]. Dabei ist es ein „schwaches Gewissen". Nicht, weil es in falscher Weise ein „Götzenopfer" scheut, wo in Wirklichkeit keines vorhanden ist; damit wäre es nur ein „irrendes" Gewissen. Aber es ist **„schwach"**, weil es seinen Anspruch nicht durchsetzt und das Verhalten des Menschen nicht wirklich regiert. Diese Gemeindeglieder essen eben doch das Fleisch, das sie in ihrem Gewissen als Götzenopfer verabscheuen. Dadurch wird ihr Gewissen beschmutzt; ein schwerer und gefährlicher Vorgang[6]!

7

Darum wendet sich Paulus nun an die Starken und Freien, die ihm erkenntnismäßig ganz nahe stehen. Schon an der Art, wie diese „Starken" ihre Freiheit beim Teilnehmen an den Opfermahlzeiten zur Schau stellen, ist etwas falsch. Sehr nebensächliche Dinge werden hier wichtig gemacht. Die Freiheit, zu der uns Christus mit Hingabe seines Lebens befreit hat, besteht doch nicht in erster Linie in der Ermächtigung zum Fleischgenuß[7]. Mit der „Darstellung" solcher

8

---

[5] Das würde im Satz des Paulus noch deutlicher, wenn die Lesart: „einige durch ihr Gewissen bisher den Götzen gegenüber" die ursprüngliche wäre. Viele halten sie dafür.
[6] Die Theologie hat es mit Recht abgelehnt, wenn das Gewissen einfach als „Gottes Stimme" aufgefaßt wurde. Das Gewissen gibt nicht schon als solches Gottes klare Weisung wieder. Es besitzt überhaupt keine unveränderlichen Inhalte in sich selbst, sondern bezieht sich auf unsere anderweitigen Überzeugungen. Von falschen Anschauungen aus kann es – wie Paulus es an unserer Stelle durchaus meint – sachlich irren. Aber es ist das zentrale Organ unserer inneren Leitung und darf darum auch als irrendes Gewissen nicht durch Ungehorsam befleckt oder zerstört werden. Es ist nicht „Gottes Stimme", aber es ist der Ort in uns, an dem Gottes Stimme für uns vernehmlich wird. Vgl. dazu 2 Ko 4, 2 und das treffliche Buch von O. Hallesby, „Vom Gewissen", R. Brockhaus Verlag, 1961.
[7] Hier muß sich jeder prüfen, der auch heute die „evangelische Freiheit" vor allem in dem Genuß bestimmter Dinge gegeben sieht und sie darin eifrig verteidigt.

Freiheit imponieren wir vielleicht Menschen, aber nicht Gott. Wir werden einmal vor Gott „dargestellt werden" (Rö 14, 10; 2 Ko 4, 14; 11, 2). Aber dabei wird es nicht darum gehen, ob wir Fleisch aßen oder nicht. „**Eine Speise aber wird uns nicht vor Gott darstellen; weder, wenn wir nicht essen, stehen wir zurück, noch, wenn wir essen, haben wir einen Vorzug."**

9 Vor Gott ist unser Essen bedeutungslos. Aber für den Bruder kann es von schwerwiegender Bedeutung werden. „**Seht aber darauf, daß nicht etwa eure Vollmacht selbst ein Anstoß zum Fall werde für die Schwachen."** Unsere „Vollmacht", unsere „Freiheit", mit der wir das Fleisch essen, kann den „Schwachen" einen Stoß versetzen, durch den sie zu Fall kommen, eben weil sie zu schwach sind, um bei ihrer eigentlichen gewissensmäßigen Überzeugung zu bleiben. Jedes Handeln aber gegen unser Gewissen bringt uns zu Fall und verdirbt uns.

10 Das schildert nun Paulus anschaulich aus der Praxis. „**Denn wenn einer sieht dich, der du Erkenntnis besitzest, im Götzenhause zu Tisch liegen."** Wie kommt ein Christ überhaupt dazu, in einem Tempel zu Tisch zu liegen? Im Altertum kannte man keine Hotels und Gaststätten. Wer nicht reich genug war an Räumen und Sklaven, um seine Freunde im eigenen Haus zu bewirten, konnte sie zu einem Gastmahl im Tempel einladen[8]. Das dort dargereichte Fleisch ist sicher „Götzenopferfleisch". Aber soll der Christ auf eine Einladung seiner Freunde, auf solchen gesellschaftlichen Verkehr verzichten, während er doch weiß, daß es Götzen gar nicht gibt und das im Tempel aufgetragene Fleischgericht völlig harmlos ist? Paulus bestreitet ihm diese Freiheit für sich selbst in keiner Weise! Aber im Genuß seiner Freiheit vergißt er — den Bruder. Der Bruder „sieht ihn" dort im Tempel ohne Bedenken essen. Das Gewissen des Bruders sagt nein dazu, das darf man doch nicht tun. Aber der Bruder hat nicht die Kraft, bei dieser Überzeugung seines Gewissens zu bleiben, er ist „**schwach**" und so „**wird sein Gewissen als eines, der schwach ist, aufgebaut werden zum Essen des Götzenopferfleisches".** Auch hier zeigt sich die Kraft des Beispiels. Wie positiv sie Paulus werten konnte, haben wir oben zu Kap. 4, 16 f gesehen. Auch jetzt „baut das Beispiel auf". Aber es tut das in gefährlichster Weise. Denn nun ißt der Bruder etwas, was für sein Gewissen „Götzenopferfleisch" ist. Damit tut er eine Sünde, an der er verlorengeht. „Sünde" ist tödlich, „Sünde" bringt den Tod, das war für Paulus eine absolute Gewißheit. Keine

11 „Liebe" kann das ändern oder erweichen[9]. Eben darum mußte der Christus Gottes sterben, damit wir vom Todesurteil über unsere Sünde frei wurden. Aber nun führt die „Freiheit" der „Starken" zu dem schrecklichen Ergebnis: „**Verloren geht also der Schwache durch deine Erkenntnis, der Bruder, um dessentwillen Christus starb."** So

---

[8] Vgl. dazu die S. 171 zu Kap. 10, 21 mitgeteilte Einladung in den Serapis-Tempel.
[9] Es ist eine gefährliche Verkündigung „der Liebe Gottes", die dies nicht mehr todernst nimmt. Wir machen uns dieser gefährlichen Verkündigung schuldig, wenn unsere Botschaft von Gottes Liebe nicht mehr das Wort vom Kreuz ist.

gefährlich kann unsere Erkenntnis, auch die an sich selbst völlig richtige und zutreffende Erkenntnis, werden. Christus starb in Liebe zur Errettung des Bruders. Und wir mit unserer Erkenntnis bewirken, daß der im Opfer des Sohnes Gottes teuer Errettete dennoch verlorengeht. Wie unheimlich ist das. Welche Verantwortung liegt auf uns. Was können wir anrichten, wenn nicht die Liebe, sondern nur unsere Erkenntnis uns leitet[10]. Die Möglichkeit, daß der schwache Bruder diese seine Sünde erkennt und aufs neue zu Christus kommt und Vergebung findet, berücksichtigt Paulus jetzt nicht. Sie wird verhindert, wenn die Starken immer weiter ihre „Erkenntnis" als das einzig Richtige preisen und der ganzen Gemeinde als Regel aufzwingen. Dann **„mißhandeln"** sie immer weiter das **„schwache Gewissen"** der Brüder und veranlassen sie immer neu zu Handlungen, gegen die das Gewissen des Bruders sich sträubt. Dann aber tun diese „Freien" nicht nur den Brüdern Unrecht, sondern damit **„sündigen sie gegen Christus"**.

Paulus stellt der so genossenen und zur Schau gestellten Freiheit ein ganz anderes Verhalten entgegen. **„Darum, wenn eine Speise meinen Bruder zu Fall bringt, werde ich auf keinen Fall Fleisch essen für immer, damit ich nicht meinen Bruder zu Fall bringe."** In unsern Luther-Bibeln stand hier bisher „ärgern" und „Ärgernis"[11] und verleitete uns zu einem bedenklichen Mißverständnis dieser Stelle. Nicht das meint Paulus, daß nun umgekehrt die „Schwachen" die Gemeinde beherrschen sollen und daß die „Freien" sich zu fügen haben, wenn sich ein ängstlicher Christ über ihr Verhalten „ärgert" oder „Anstoß daran nimmt". In dem mit „ärgern" wiedergegebenen „skandalizein" steckt das Wort „Skandalon"[12], das das Stellholz in einer Falle bezeichnet. „Skandalizein" bedeutet also: jemand eine Falle stellen, jemand zu Fall bringen. Wenn der Bruder den „jemand" im Götzentempel hätte zu Tisch liegen sehen und hätte sich darüber nur „geärgert" oder hätte Anstoß daran genommen, wäre aber fest bei seiner eigenen Überzeugung geblieben und hätte selber kein solches Fleisch gegessen, dann wäre kein wesentlicher Schaden geschehen. Zur „Falle" wird mein Verhalten nur, wenn der Bruder dadurch verführt wird, mir etwas nachzumachen, was ich zwar tun kann, was aber für ihn vor seinem Gewissen als Sünde gilt und darum auch tatsächlich todbringende Sünde für ihn wird.

Und hier wird die Frage ernst für uns alle, die wir die „christliche Freiheit" lieben und in Anspruch nehmen. Wir können das für uns selbst mit vollem Recht tun. Aber – vergiß nicht den Bruder! Für sein Gewissen kann „Sünde" sein, was du nach deiner Erkenntnis tun kannst. Nun dränge den Bruder nicht durch dein Beispiel zu einem Tun, das sein Gewissen befleckt, weil er nicht stark genug ist, die Stimme seines Gewissens ruhig und fest deinem Beispiel und deinen

---

[10] Es bleibt aber in Geltung, was Paulus vom Wert und von der Unentbehrlichkeit des Erkennens gesagt hat. Vgl. o. S. 142.
[11] In der revidierten LÜ ist es erfreulicherweise durch „zur Sünde verführen" ersetzt.
[12] Vgl. o. S. 44 f.

überzeugenden Worten entgegenzuhalten. Oder sind wir Wortführer der „Freiheit" gar nicht so „frei", sondern so gebunden an bestimmte Dinge, daß wir sie auch im Blick auf den Bruder nicht loszulassen vermögen[13]?

Paulus hat uns an seinem Verhalten vor Augen gestellt, was „Liebe" ist. Sie ist nicht eine gutmütige Freundlichkeit, die den andern gern hat und ihm alles nachsieht. Sie ist das volle Ernstnehmen des andern. Darum nimmt sie auch das objektiv irrende Gewissen des andern ernst und sieht die Gefahr der Sünde, die den andern in ihrer ganzen Tödlichkeit bedroht. Von da ist die „Liebe" der Wille, selber fröhlich einen lebenslangen Verzicht auf etwas zu leisten, um den andern nicht zu einem Verhalten zu verführen, das für ihn Sünde sein würde. Die bloße „Erkenntnis" als solche führt mich zur unbegrenzten Freiheit. „Alles steht mir frei", wie sie in Korinth sagten. Paulus stellt dem nicht das Gesetz entgegen. Er argumentiert nicht von irgendwelchen „Geboten" aus. Aber die „Liebe" begrenzt die „Freiheit" um des Bruders willen, so wie sie Gottes Macht und Herrlichkeit am Kreuz „begrenzt" und zur Schwachheit und Torheit gemacht hat. So hat Paulus die Frage nach der „Freiheit" des Christen an einem für uns vergangenen praktischen Beispiel dennoch beispielhaft für alle Zeiten beantwortet.

DAS RECHT
DER BOTEN AUF LEBENSUNTERHALT

1. Korinther 9, 1—14

zu Vers 1:
Apg 9, 3 ff
26, 16
zu Vers 2:
2 Ko 3, 2 f
12, 12
zu Vers 4:
Lk 10, 7 f
zu Vers 5:
Apg 1, 14
zu Vers 6:
Apg 4, 36
2 Th 3, 8 f
zu Vers 7:
2 Tim 2, 4. 6
zu Vers 8:
Rö 3, 5

1 Bin ich nicht frei? Bin ich nicht Apostel? Habe ich nicht Jesus, un-
2 sern Herrn, gesehen? Seid nicht ihr mein Werk im Herrn? * Wenn ich für andere nicht Apostel bin, so bin ich es doch (wenigstens) für euch; denn das Siegel meines Apostolats seid ihr in dem Herrn.
3 * Meine Verteidigung denen gegenüber, die über mich zu Gericht
4 sitzen, ist diese. * Haben wir etwa nicht ein Recht, zu essen und zu
5 trinken? * Haben wir etwa nicht ein Recht, eine Schwester als Frau bei uns zu haben, wie auch die übrigen Apostel und die Brü-
6 der des Herrn und Kephas? * Oder haben allein ich und Barnabas
7 nicht das Recht, keine Erwerbsarbeit zu tun? * Wer tut Kriegsdienst auf eigenen Sold jemals? Wer pflanzt einen Weinberg und ißt nicht dessen Frucht? Oder wer weidet eine Herde und ißt nicht
8 von der Milch der Herde? * Rede ich dies nach Menschenweise,
9 oder sagt nicht dies auch das Gesetz? * Denn im Gesetz Mose steht

---

[13] Es hat noch niemand nachweisen können, warum der Genuß von Nikotin „sündiger" sein soll als der Genuß von Koffein. Aber wenn ein Christ, vielleicht sogar ein „namhafter" Prediger, durch sein Rauchen anders denkende Brüder dazu bringt, nun auch mit einem geschlagenen Gewissen die Zigarette wieder hervorzuholen, der sie vor Gott entsagt hatten, denn gilt diesem Christen genau das ernste Wort des Paulus in unserem Abschnitt.

geschrieben: „Du sollst einem dreschenden Ochsen nicht das Maul
10 verbinden." Liegt Gott etwa an den Ochsen? * Oder redet er
durchweg um unsertwillen? Um unsertwillen wurde es ja geschrieben, daß auf Hoffnung der Pflügende pflügen soll und der
11 Dreschende auf Hoffnung des Teilhabens (am Ertrag). * Wenn wir
euch die geistlichen Dinge gesät haben, ist es ein Großes, wenn
12 wir von euch die fleischlichen Dinge ernten? * Wenn andere an
dem Anrecht an euch teilhaben, nicht vielmehr wir? Aber wir
haben von diesem Recht keinen Gebrauch gemacht, sondern alles
ertragen wir, damit wir nicht irgendeine Hemmung bereiten dem
13 Evangelium des Christus. * Wißt ihr nicht, daß die, welche die
heiligen Dienste verrichten, das aus dem Heiligtum Stammende
essen, die an dem Altar Waltenden mit dem Altar (die darzubrin-
14 genden Gaben) teilen? * So hat auch der Herr den das Evangelium
Verkündigenden verordnet, von dem Evangelium zu leben.

zu Vers 9:
5 Mo 25, 4
1 Tim 5, 18
zu Vers 10:
Rö 4, 23 f
2 Tim 2, 6
Jak 5, 7
zu Vers 11:
Rö 15, 27
Phil 4, 17
zu Vers 12:
Apg 20, 34 f
2 Ko 11, 7. 9
12, 13
2 Th 3, 8 f
zu Vers 13:
4 Mo 18, 8. 31
5 Mo 18, 1—3
zu Vers 14:
Lk 10, 7
Gal 6, 6

„Bin ich nicht frei?" Auch in dem neuen Kapitel wird das Thema
der „Freiheit" von Paulus aufgenommen und weitergeführt. Er ist
mit der besonderen Frage der Stellung des Christen zum heidnischen
Kult noch nicht zu Ende. Er unterbricht diese in Kap. 10 fortgesetzte
Erörterung, um einen anderen Punkt zu besprechen, der ihn mit der
korinthischen Gemeinde in Spannung gebracht hatte. Es ist seine
Ablehnung jeder persönlichen Unterhaltsleistung seitens der Gemeinde und die Aufbringung seines Lebensunterhaltes durch eigene
Handarbeit. Der letzte, ganz persönlich gehaltene Satz des 8. Kapitels
mochte Paulus dazu anlassen, jetzt ein gründliches Wort über
diese seine „Freiheit" in seiner Lebensgestaltung zu schreiben. „Ich
bin bereit, überhaupt kein Fleisch zu essen für immer" und: „Ich bin
willens, überhaupt keine Bezahlung von den Gemeinden anzunehmen für immer", das waren wahrhaft parallele Sätze.

1

Es liegt Paulus daran, daß die Korinther ihn hierin recht verstehen
und es begreifen, daß es dabei wirklich um eine „Freiheit" geht. Daher begründet Paulus sehr eingehend, warum er durchaus das volle
Recht hätte, sich von den Gemeinden unterhalten zu lassen. Die
Gegner in Korinth mochten sein Verhalten zu Verdächtigungen gegen
ihn benutzt haben: da sähe man es ja, Paulus wage keine Leistungen
von den Gemeinden anzunehmen, weil er gar kein echter Apostel sei;
nur so erkläre sich das kümmerliche Leben, das er mit seiner Handarbeit wie ein Sklave führe; ein echter Gesandter des großen Königs
würde anders auftreten.

Darum wendet sich Paulus ausdrücklich an die, die „über ihn zu
Gericht sitzen", und legt ihnen eine „Apologie", eine „Verteidigungs-
rede" des „Angeklagten" vor. Dabei ist unsicher, ob wir den kurzen
Satz von V. 3 auf V. 1 f zurückzubeziehen haben oder ob er als Einleitung für die ganze folgende Erörterung gedacht ist. Inhaltlich gehört er jedenfalls zu beidem und wird darum auch von Paulus in
diesem doppelten Sinn gemeint und so an diesen Platz gestellt worden sein.

3

1	Das echte apostolische Amt des Paulus wird bestritten, da er nicht zu den „Zwölf" gehört und in seinem ganzen Auftreten die Größe und Würde eines Apostels vermissen läßt. Dem gegenüber erinnert Paulus die Korinther an das, was vor Damaskus geschehen ist. Er hat die persönliche, reale Begegnung mit dem Auferstandenen gehabt, die er von den späteren „Gesichtern und Offenbarungen des Herrn" (2 Ko 12, 1) bestimmt unterscheidet[1]. So kann er die Korinther mit voller Überzeugung fragen: „**Bin ich nicht Apostel? Habe ich nicht Jesus, unsern Herrn, gesehen?**" Das grundlegende Erfordernis eines
2	Apostels ist bei ihm erfüllt[2]. Und seinem apostolischen Auftrag fehlt auch nicht das „Siegel": „**Denn das Siegel meines Apostolats seid ihr in dem Herrn**"[3]. Wie können die Korinther an der Echtheit seines Auftrages zweifeln? Sie würden dann notwendig sofort auch die Echtheit ihres Christenstandes und ihr Dasein als Gemeinde Jesu bezweifeln müssen. „**Wenn ich für andere nicht Apostel bin, so bin ich es doch** (wenigstens) **für euch.**" Das ist die knappe, schlagende „Verteidigung" seines Apostolats gegen die, die in Korinth über ihn zu Gericht sitzen.
4/5	Dann aber hat er das gleiche „**Recht, zu essen und zu trinken**", das „**Recht, eine Schwester als Frau bei sich zu haben, wie auch die übrigen Apostel und die Brüder des Herrn und Kephas**". Wir erfahren interessante Dinge aus der ersten Christenheit, die offensichtlich in Korinth bekannt sind. Kephas, wieder mit seinem aramäischen Namen genannt, der auch den Griechen in Korinth geläufig gewesen sein muß, hat sich von seiner Frau nicht getrennt, sondern nimmt sie auf seine Apostelreisen mit. Auch „**die übrigen Apostel**" sind offenbar verheiratet. „Apostel" führen ihrem Auftrag entsprechend ein Wanderleben und können ihre Frau nicht allein zurücklassen, da es berufstätige Frauen mit eigenem Verdienst damals nicht gab. Sie müssen sie „bei sich haben" oder ganz wörtlich: „mit herumführen". Wir hören hier aber auch, daß nicht nur Jakobus, sondern „**die Brüder des Herrn**" überhaupt eine Rolle neben den Aposteln spielen. Kephas hat aber noch eine besondere Stellung über ihnen allen.
6	In Korinth ist ferner die enge Gemeinschaft zwischen Paulus und Barnabas bekannt. Paulus braucht nur mit einem kurzen Satz darauf

---

[1] Das ist für unsere heutigen Erörterungen der Auferstehung Jesu wichtig! Die Erklärung der Ostererfahrungen als „Visionen" bestreitet ein Paulus mit Bestimmtheit.

[2] In Apg 1, 21 f ist die wesentliche Aufgabe eines Apostels ebenfalls darin gesehen, daß er „ein Zeuge der Auferstehung" zu sein vermag. Wenn hier die Vorbedingung wesentlich erweitert ist auf das Dabeigewesensein „die ganze Zeit über, welche der Herr Jesus unter uns ein- und ausgegangen ist, von der Taufe des Johannes an bis auf den Tag, da er von uns genommen ist, ein Zeuge mit uns zu werden", so hängt das damit zusammen, daß es sich hier um den Eintritt in den Zwölferkreis handelt. In diesem Kreis konnte nur ein Mann stehen, der genauso wie die andern ein Augenzeuge des ganzen Lebens Jesu gewesen war. Es ist verständlich, wie von daher das Apostolat des Paulus immer wieder bestritten wurde. Ein „Apostel" Jesu und doch nicht einer der „Zwölf", das war für einfache Gemüter eine schwierige Sache.

[3] Auch der heutige Bote Jesu, vor allem der Evangelist, bedarf einer solchen Besiegelung seines Auftrages durch seinen Herrn. Diejenigen Kirchen handeln klug, die erst einmal etwas von diesem „Siegel" sehen wollen, ehe sie Menschen dauernde Aufträge geben. Die bloße Ausbildung mit einer noch so gut bestandenen Prüfung tut es nicht.

hinzuweisen. Die Gemeinde in Korinth weiß, daß beide Boten Jesu auch darin einig waren, keine Besoldung von den Gemeinden anzunehmen. Aber das ist keine Frage des Rechts! **„Oder haben allein ich und Barnabas nicht das Recht, keine Erwerbsarbeit zu tun?"** An drei einfachen Beispielen zeigt Paulus, wie selbstverständlich jeder Dienst auch das Recht auf einen entsprechenden Unterhalt einschließt. Niemand wird den harten **„Kriegsdienst"** tun und dann auch noch sich selber den Sold zahlen! **„Wer pflanzt einen Weinberg und ißt nicht dessen Frucht? Oder wer weidet eine Herde und ißt nicht von der Milch der Herde?"** Aber es ist Paulus wichtig, daß hier nicht nur aus Beispielen **„nach Menschenweise"** gefolgert wird, sondern daß auch **„das Gesetz"**, also das Alte Testament, es ausdrücklich bestätigt. **„Denn im Gesetz Mose steht geschrieben: ‚Du sollst einem dreschenden Ochsen nicht das Maul verbinden'."** Das Tier soll also bei dieser Arbeit immer wieder ein Maul voll von dem Getreide nehmen können. Und nun meint Paulus: **„Um unsertwillen wurde es ja geschrieben"**[4]. Wenn schon das Tier bei seiner Arbeit sich etwas zu seiner Stärkung nehmen darf, dann soll erst recht **„der Pflügende"** und **„Dreschende"** seine Arbeit **„auf Hoffnung des Teilhabens** (am Ertrag)" tun. Dann aber gilt diese ganz allgemeine und selbstverständliche Regel auch für allen geistlichen Dienst, für die Arbeit der Apostel und Prediger, Evangelisten und Lehrer in der Gemeinde. Sie haben das klare **„Recht, keine Erwerbsarbeit zu tun"**, sondern ihren Unterhalt von der Gemeinde zu empfangen. Dabei steht im Verkündigungsdienst Gabe und Lohn in gar keinem Verhältnis zueinander. Der Verkündiger ist ein „Sämann". Wieder merken wir die Bekanntschaft des Paulus mit dem „historischen Jesus" und mit seinem Wort. Der Verkündiger sät **„die geistlichen Dinge"**. Die Frucht aber, die er für sich selbst in den Gaben der Gemeinde erntet, sind **„fleischliche Dinge"**, also das, was man zum äußeren Leben braucht und im äußeren Leben verbraucht.

So liegen die Dinge grundsätzlich. Die Korinther waren aber daran gewöhnt, daß Paulus und seine Mitarbeiter keinen Unterhalt von der Gemeinde empfingen. Warum eigentlich nicht? Paulus liegt es daran, daß die Korinther die ganze „Freiheit" sehen, die hier zum Ausdruck kommt. Es ist nicht etwa so, wie die Korinther in träger Gewöhnung zu meinen scheinen, daß das Recht auf Unterhalt für alle andern Boten Jesu gelte, aber nicht für Paulus und seine Mitarbeiter. Nein, **„wenn andere an dem Anrecht an euch teilhaben, nicht vielmehr wir?"** Offenbar haben die Korinther andern Predigern und Lehrern gern zu ihrem Lebensunterhalt geholfen. Dann aber hatte den Anspruch darauf erst recht der Mann, dem die Gemeinde in Korinth ihr

---

[4] Wenn Paulus es dabei ablehnt, daß Gott bei einer solchen Gesetzesbestimmung an den Ochsen liegen könne, so werden wir hier anderer Meinung sein. Doch, Gott liegt auch an den Ochsen, Gott liegt auch an dem Tier. Das hat Jesus selbst eindeutig bestätigt. Wir freuen uns aber, die Freiheit zu haben, jenen Satz über den dreschenden Ochsen vielfältig auch auf uns selber anwenden zu dürfen. Welcher Verkündiger hätte seine Wahrheit nicht voll Freude erlebt. Er wurde bei seinem Dienst selber am reichsten beschenkt.

ganzes Dasein verdankte und der seine ganze Kraft an den Bau der Gemeinde gewendet hatte. Es ist also wirklich eine volle und ganze „Freiheit", wenn Paulus und seine Mitarbeiter — nicht umsonst steht hier wieder das „Wir" statt eines „Ich" — **„von diesem Recht keinen Gebrauch gemacht haben."** Paulus wird über seinen Grund dazu noch eingehend mit den Korinthern sprechen. Jetzt sagt er es vorweg mit einem kurzen Satz: **„Alles ertragen wir, damit wir nicht irgendeine Hemmung bereiten dem Evangelium des Christus."** Wir wissen, wie weit verbreitet auch heute die Meinung ist, der Pastor rede so, „weil er dafür bezahlt wird". Zur Zeit des Paulus war diese Mißdeutung noch viel näherliegend. Eine Fülle von Wanderrednern zog neben den Vertretern fremder Götterkulte und neben „Künstlern" aller Art durch das Land. Mindestens ein Teil von ihnen verstand es, Menschen das Geld aus der Tasche zu locken und so ein bequemes Dasein zu haben. Ein Bote des Evangeliums konnte für den Fernstehenden genauso aussehen wie einer dieser Männer. Paulus aber wollte auf keinen Fall mit ihnen verwechselt werden und das Evangelium nicht dem Verdacht aussetzen, als diene es irgendwie seinem persönlichen Vorteil. In klarer Selbstlosigkeit wollte er vor den Menschen und den Gemeinden stehen. Unübersehbar sollte allen sein: „Ich suche nicht das eure, sondern euch" (2 Ko 12, 14).

13 Ehe Paulus aber diese seine Haltung noch näher vor den Korinthern darstellt, fügt er zum Erweis des grundsätzlichen „Rechts" auf Besoldung noch zwei Hinweise auf die Diener des Alten Bundes an: **„Wißt ihr nicht, daß die, welche die heiligen Dienste verrichten, das aus dem Heiligtum Stammende essen, die an dem Altar Waltenden mit dem Altar** (die darzubringenden Gaben) **teilen?"** Auch schon im Alten Bund gab es den „hauptamtlichen" Dienst für Gott im Heiligtum und am Altar. Wer solchen Dienst tut, ist notwendigerweise von aller Erwerbsarbeit freigestellt, nährt sich von dem **„aus dem Heiligtum Stammenden"** und **„teilt mit dem Altar"** die Gaben. In dieser

14 gleichen Linie liegt als entscheidende Weisung das eigene Wort des Herrn: **„So hat auch der Herr den das Evangelium Verkündigenden verordnet, von dem Evangelium zu leben."** Paulus, von dem man manchmal behauptet hat, er habe sich um den historischen Jesus nicht gekümmert und nur den sterbenden und auferstehenden Gottessohn gekannt, weiß also genau von der Aussendung der Jünger und den sie begleitenden Worten Jesu, Lk 10, 7; Mt 10, 9—11. Das Wort des historischen Jesus ist ihm auch hier wieder maßgebend. Aber gerade wenn es so ist, warum weicht er dennoch von der Regel ab, die der Herr selbst seinen Boten mitgegeben hat? Dafür ist eine eingehende Begründung nötig, die Paulus im folgenden Abschnitt gibt[5].

---

[5] Es ist für heute wichtig, daß Paulus diesen ganzen ausführlichen Abschnitt geschrieben hat. Die Unterhaltung der Boten des Evangeliums durch die Gemeinden sah auch ein Paulus als die gültige Regel an, aus deren Befolgung keinem ein Vorwurf zu machen ist. Sein eigenes abweichendes Verhalten aber ist ganz bewußt eine „Ausnahme" und steht unter dem Gesichtspunkt der „Freiheit", nicht der „Regel".

DIE „FREIHEIT" DES PAULUS IN DER VÖLLIGEN HINGABE AN SEINEN DIENST

1. Korinther 9, 15—23

15 Ich meinerseits aber habe nicht Gebrauch gemacht von irgend etwas davon. Ich habe dies aber nicht geschrieben, damit es so geschehe mit mir. Denn gut wäre es für mich, lieber zu sterben als —
16 meinen Ruhm wird niemand entleeren. * Denn wenn ich evangelisiere, dann ist das wirklich für mich kein Ruhm. Eine Notwendigkeit liegt ja auf mir; denn wehe mir, wenn ich nicht evange-
17 lisieren würde. * Denn wenn ich aus eigenem Entschluß dies tue, habe ich Lohn; wenn aber ohne eigenen Entschluß, so bin ich mit
18 einem Haushalterdienst betraut. * Was ist mein Lohn? Daß ich bei der Evangelisation kostenfrei mache das Evangelium, so daß
19 ich nicht ausnütze mein Recht am Evangelium. * Denn obwohl ich frei bin von allen, habe ich mich allen zum Sklaven gemacht, da-
20 mit ich möglichst viele gewinne. * Und ich wurde den Juden wie ein Jude, damit ich Juden gewinne; denen unter dem Gesetz wie unter dem Gesetz, obwohl ich selbst nicht unter dem Gesetz bin,
21 damit ich die unter dem Gesetz gewinne; * den Gesetzlosen wie ein Gesetzloser, obwohl ich nicht ein Gesetzloser Gottes bin, sondern einer, der in Christus sein Gesetz hat, damit ich gewinne die
22 Gesetzlosen. * Ich wurde den Schwachen ein Schwacher, damit ich die Schwachen gewinne. Ihnen allen bin ich alles geworden, damit
23 ich unter allen Umständen einige errette. * Alles aber tue ich um des Evangeliums willen, damit ich Teilhaber an ihm werde.

zu Vers 15:
Apg 18, 3
1 Ko 4, 12
zu Vers 16:
Jer 20, 9
Lk 17, 10
zu Vers 17:
1 Ko 4, 1 f
Eph 3, 2
zu Vers 18:
1 Ko 7, 31
2 Ko 11, 7
zu Vers 19:
Mt 20, 26 f
1 Ko 10, 33
zu Vers 20:
Apg 16, 3
21, 20—26
Gal 2, 3
zu Vers 21:
Jo 13, 34
Gal 6, 2
zu Vers 22:
Rö 11, 14; 14, 1
15, 1; 2 Ko 11, 29
zu Vers 23:
Phil 1, 5

15

Sehr gründlich hat Paulus „nach Menschenweise" und von Gottes Wort her dargelegt, wie jeder Verkündiger der Botschaft, also auch Paulus und seine Mitarbeiter, das volle Recht hat, „vom Evangelium zu leben". Warum dieser umfangreiche Abschnitt seines Briefes? Er liest sich zunächst so, als wolle Paulus damit die Korinther veranlassen, ihm endlich den notwendigen Lebensunterhalt zu gewähren. Aber das Gegenteil ist der Fall. „**Ich habe dies aber nicht geschrieben, damit es so geschehe mit mir.**" Es soll vielmehr die ganze Freiheit seines völlig anderen Verhaltens hell ins Licht gestellt werden. „**Ich meinerseits aber habe nicht Gebrauch gemacht von irgend etwas davon.**" Und nun spricht er es mit überraschender Leidenschaftlichkeit aus, daß er und warum er von seiner Haltung nicht abgehen will. Die Erregung seines Herzens beim Diktat dieses Satzes kommt darin zum Ausdruck, daß er den Satz nicht regelrecht durchführt. „**Denn gut wäre es für mich, lieber zu sterben als — meinen Ruhm wird niemand entleeren.**"

Es geht Paulus um „**seinen Ruhm**". Wie seltsam, dieser Apostel der Glaubensgerechtigkeit hält mit heißem Verlangen „seinen Ruhm" fest und will lieber sterben als auf diesen Ruhm verzichten. Dabei war dies „lieber sterben" nicht einfach ein heftiger Ausdruck. Das Festhalten an diesem Ruhm, keinerlei Unterstützung von den Gemeinden anzunehmen, brachte ihm oft genug das Hungern (vgl. 4, 11) und konnte ihn eines Tages buchstäblich verhungern lassen. So ernst liegt ihm an diesem Ruhm. Vom „Rühmen" hat Paulus oft gesprochen. Es gehörte ihm zur inneren Kraft und Lebendigkeit eines Menschen, daß er „rühmen" konnte. Aber immer wies Paulus alles eigene Rühmen ab und ließ nur das frohlockende Preisen des Herrn und seiner Gnade zu (vgl. Rö 2, 23; 3, 27; Phil 3, 3; 1 Ko 1, 31; 4, 7). Und nun kennt er doch auch einen eigenen Ruhm und will ihn um keinen Preis missen.

16 Worin besteht dieser „Ruhm"? Wieder unterscheidet Paulus sich dabei tief von dem in Korinth üblichen Denken. Dort rühmte man auch, und dort rühmten sich allerlei neue Lehrer und Sendboten. Sie rühmen sich ihrer Gaben und Leistungen im Verkündigungsdienst. Das ist für Paulus ganz ausgeschlossen. „**Denn wenn ich evangelisiere, dann ist das wirklich für mich kein Ruhm. Eine Notwendigkeit liegt ja auf mir; denn wehe mir, wenn ich nicht evangelisieren würde.**" Paulus steht mit sachlichem Ernst in der Geschichte seines Lebens. Er ist nicht „freiwillig" Apostel geworden. Er ist als Verfolger von Jesus gestellt und als ein überwundener und begnadigter Feind zum Apostel gemacht worden. Das Wort des Herrn, das Paulus in seinem Rechenschaftsbericht vor Agrippa anführt: „Es ist schwer für dich, gegen den Stachel auszuschlagen" (Apg 26, 14), kennzeichnet genau die Lage des Paulus. Er ist wie ein eingespanntes Zugtier, das sich mit jedem Widerstreben und Aufbäumen den Stachel des Treibers tiefer ins Fleisch treibt. So „**liegt eine Notwendigkeit auf ihm**".

17 Der folgende Satz: „**denn wenn ich aus eigenem Entschluß dies tue, habe ich Lohn; wenn aber ohne eigenen Entschluß, so bin ich mit einem Haushalterdienst betraut**" ist darum nicht etwa so zu verstehen, als ob Paulus wechselweise seinen Dienst bald freiwillig tue und dann Lohn habe, bald unfreiwillig und ihn dann doch auch tun müsse. Paulus meint vielmehr, ein freiwillig übernommener Apostelsdienst würde ihm allerdings Lohn einbringen. Aber davon könne bei ihm keine Rede sein. Er wurde Apostel ohne eigene freie Wahl und ist darum in der Lage eines Sklaven, der von seinem Herrn mit einem Dienst betraut wurde (vgl. Kap. 4, 1 f) und nun ohne besonderen „Lohn" oder „Ruhm" einfach treu darin zu stehen hat. Sicherlich, auch die anderen Apostel wurden „berufen"; im letzten Sinn tritt keiner einfach „**aus eigenem Entschluß**" in Gottes Dienst, kein Prophet und kein Apostel. Aber es ist doch ein tiefer Unterschied zwischen jenen Jüngern, die sich Jesus schon angeschlossen hatten, ehe er sie zu Aposteln machte, und ihm, der aus der radikalen Auflehnung gegen Jesus in seinen Dienst herumgerissen wurde. Ein berühmter und sich rühmender Evangelist kann Paulus nicht sein.

18 „**Wehe mir, wenn ich nicht evangelisieren würde.**" Aber ihn verlangt nach einer Leistung, die nicht nur verordneter Dienst ist, sondern über alle Pflicht hinausgeht und so „Lohn" und „Ruhm" bringen

kann. „**Was ist mein Lohn? Daß ich bei der Evangelisation kostenfrei mache das Evangelium, so daß ich nicht ausnütze mein Recht am Evangelium.**" Dabei braucht Paulus das Wort „Lohn" hier im Sinne von „Ruhm". Gerade dadurch bekommt der Satz seine paradoxe Schärfe. Daß Paulus nicht wie jeder andere Arbeiter seinen Lohn nimmt, das gerade ist sein ganz besonderer „Lohn", sein „Ruhm, den niemand entleeren wird".

Wieder bleibt die Erörterung hier mit den Darlegungen des ersten Abschnittes parallel, weil es um die gleiche Grundfrage geht. Die Korinther suchen den Lohn und den Ruhm an der falschen Stelle, wie sie die Freiheit in falscher und gefährlicher Weise gebrauchen. Es fehlt ihnen der Sinn Christi, wie ihn Paulus den Philippern in Phil 2, 5—11 vor Augen malt. Die echte „Freiheit" ist der Verzicht der Liebe auf an sich erlaubte Dinge um der schwachen Brüder willen, und der echte „Ruhm" liegt nicht in den Leistungen im Verkündigungsdienst, im Zungenreden und in Gesichten und Offenbarungen, sondern im Verzicht auf das Unterhaltsrecht, in der dadurch notwendigen Handarbeit und in den damit verbundenen Entbehrungen. Was die Korinther für „unwürdig" hielten, die Zeltmacherarbeit eines bevollmächtigten Gesandten des Königs der Ewigkeiten, das gerade ist für Paulus der einzige „Lohn" und „Ruhm", den er zu haben vermag. Welch tief verschiedene Gesinnung bei Paulus und den Korinthern! Sie steht jeweils im inneren Zusammenhang mit der Schätzung oder Geringschätzung des Wortes vom Kreuz.

Die Einzelfrage seines Verzichtes auf jede Unterstützung durch die Gemeinde ist geklärt[1]. Nun beschreibt der Apostel weitergreifend seine Haltung in seinem Dienst überhaupt. Noch einmal tritt hervor, was er unter „Freiheit" versteht und wie er seine „Freiheit" gebraucht[2]. „**Denn obwohl ich frei bin von allen, habe ich mich allen zum Sklaven gemacht**"[3]. Warum tut Paulus das? Jetzt steht vor Paulus das Ziel seines ganzen Dienstes, und dieser Blick auf das Ziel beherrscht die folgenden Sätze. Während die neuen Lehrer in Korinth und anderswo, die Paulus mit Sorge betrachtet, im Dienst die eigene Größe und den eigenen Ruhm suchen, will Paulus nur das eine: Menschen für Jesus „gewinnen". Er hat sich allen zum Sklaven gemacht, „**damit ich möglichst viele gewinne**". Der Evangelist kann nicht vor die Menschen mit der Forderung treten, sie müßten ihm zustimmen und müßten sich nach ihm richten. Er muß seine Hörer im eigent-

19

---

[1] Sie wird allerdings im 2. Korintherbrief (12, 13—16) noch einmal aufgenommen werden müssen. Weil es sich nicht um theoretische Grundsätze, sondern um eine innere Haltung handelt, kann man mit noch so richtigen Worten diejenigen nicht überzeugen, die eine andere Haltung einnehmen.

[2] Martin Luther hat gerade von diesen Ausführungen des Paulus aus sein kostbares Büchlein „Von der Freiheit eines Christenmenschen" geschrieben und damit gezeigt, wie tief er Paulus und das ganze NT verstanden hat. Er sagt darin: „1. Ein Christenmensch ist ein freier Herr aller Dinge und niemand untertan. 2. Ein Christenmensch ist ein dienstbarer Knecht aller Dinge und jedermann untertan."

[3] Vgl. auch seinen Satz in 2 Ko 4, 5: „Denn wir predigen nicht uns selbst, sondern Jesus Christus, daß er sei der Herr, wir aber eure Knechte um Jesu willen."

lichsten Sinn des Wortes „gewinnen". Dazu muß er sie erst einmal in ihrer Art verstehen, auf diese ihre Art eingehen und das Positive daran erfassen. Das ist nicht bloße Wendigkeit und Geschicklichkeit, erst recht nicht eine Schauspielerei zum Einfangen von Ahnungslosen. Paulus wollte Menschen im Ernst gewinnen; so ging er im Ernst auf sie ein. Er trat vor die Juden nicht mit scheltender Kritik des Judentums; damit hätte er sich jeden jüdischen Hörer von vornherein verschlossen. Er kannte und achtete zeitlebens das Geschenk Gottes im Judentum (vgl. Rö 9, 1—5). Er hat auch nie bestritten, daß das Gesetz heilig und das Gebot heilig, recht und gut sei (Rö 7, 12). So konnte er gerade von da aus den Juden und „denen unter dem Gesetz"[4] das Evangelium bringen, **„obwohl er selbst nicht unter dem Gesetz ist".** Er konnte ihnen zeigen, wie diese seine Stellung nicht der Geringschätzung des Gesetzes entsprang, sondern wie er gerade durch das Gesetz dem Gesetz gestorben war, um für Gott zu leben (Gal 2, 19) und allein in dem gekreuzigten Christus die unentbehrliche Gerechtigkeit vor Gott zu finden. **„Und ich wurde den Juden wie ein Jude, damit ich Juden gewinne; denen unter dem Gesetz wie unter dem Gesetz, obwohl ich selbst nicht unter dem Gesetz bin, damit ich die unter dem Gesetz gewinne."**

21 Paulus fuhr an dieser Stelle nicht fort, wie wir es oftmals falsch zitiert hören: „Den Griechen wurde ich wie ein Grieche." So hätte er als Theoretiker am Schreibtisch vielleicht von seinem „Grundsatz" aus formuliert. Paulus aber stand in dem lebendigen Leben und wußte, daß man nicht künstlich „ein Grieche" werden kann, wenn man nicht als solcher geboren ist. Aber in einem sehr entscheidenden Punkt hat er sich den Griechen gleichgestellt. Sie waren „gesetzlose" Menschen[5]. Paulus hat sie nicht gedrängt, erst unter das Gesetz zu treten, ehe sie Christen werden können. Er hat sich selbst in voller Freiheit unter ihnen bewegt, hat die nach dem Gesetz unmögliche Tischgemeinschaft mit ihnen gehalten und ihre Freiheit vom Gesetz mit aller Kraft auch in Jerusalem verteidigt (Gal 2, 1—10; Apg 15). Dabei ist er doch selber nicht einfach ein **„Gesetzloser Gottes, sondern einer, der in Christus sein Gesetz hat".** Der knappe, mit einem Wortspiel geprägte grie Satz ist im Deutschen schwer wiederzugeben.

[4] Wenn Paulus hier „die unter dem Gesetz" von dem „Juden" unterscheidet und neben den „Juden" noch besonders nennt, dann wird er nicht nur an eigentliche „Proselyten" gedacht haben. An der Lage des Proselyten wird vielmehr klar, daß das Stehen unter dem Gesetz noch etwas anderes ist als die stammesmäßige Zugehörigkeit zum Judentum. Vielleicht sah Paulus im Sinne von Rö 2, 14 f etwas davon, wie auch der Nicht-Jude, ohne Proselyt zu werden, doch „unter dem Gesetz" sein kann. In der Tat ist ja aller Moralismus und Idealismus, auch alle bloße „Christlichkeit" ein Leben unter dem Gesetz.
[5] Der Ausdruck „gesetzlos" ist hier rein sachlich und ohne die Abwertung gebraucht, die wir sofort hineinlegen. Aber auch in dieser Sachlichkeit bedeutet er eine schwerwiegende Frage an uns. Das „Gesetz" ist dem Bundesvolk und nur dem Bundesvolk gegeben. Für die „Nationen" war es nicht da. War es richtig, daß wir es dennoch der Gemeinde aus den Nationen wenigstens zum Teil auferlegt haben? Paulus hat das offenbar nicht getan! Der Gebrauch des Wortes „gesetzlos" an unserer Stelle macht es fraglich, ob die Folgerungen, die in der Auslegung von 2 Th 2, 8 in der W.Stb. aus dem Wort gezogen worden sind, unbedingt gelten. Freilich ist das betonte „der Gesetzlose" noch etwas anderes als die „Gesetzlosen" hier.

Paulus schreibt, er selber sei kein „anomos theou", sondern ein „ennomos Christou", er stehe vor Gott nicht einfach ohne jedes Gesetz da, sondern habe in Christus das Gesetz seines Lebens. Das entspricht seiner Aussage in Rö 8, 2, daß „das Gesetz des Geistes" ihn freigemacht habe vom „Gesetz der Sünde und des Todes".[6] Nur so, in der Freiheit vom Gesetz, kann er überhaupt **„gewinnen die Gesetzlosen"**[7]. Aber auch nur so, als einer, der im „Gesetz des Christus" (Gal 6, 2) die lebendige Gestaltung seines Lebens gefunden hat, kann er Menschen zeigen, wie man „ohne Gesetz" zu klaren Normen für sein Leben zu kommen vermag. In Rö 6 hat Paulus das in klassischer Weise getan. Der Abschnitt Kap. 6, 12—20 unseres Briefes ist ein Beispiel dafür auf dem Gebiet der Sexualethik.

Eine besondere Not bildeten in den Gemeinden die **„Schwachen"**. Sie belasten tatsächlich jedes Gemeindeleben. Soll man sie überhaupt erst „gewinnen" und in die Gemeinde hereinholen? Ist es nicht lohnender, sich nur um Starke und leistungsfähige Menschen zu bemühen? Die „Starken" und die „Freien" waren darum nicht bereit, sich um diese Schwachen ernsthaft zu kümmern. Wir sahen es in Kap. 8 unsres Briefes vor uns. Paulus hat immer wieder darum gekämpft, daß auch die Schwachen ihren vollen Platz in der Gemeinde haben (vgl. 1 Th 5, 14; Rö 14, 1; 15, 1). Er hat auch sie zu gewinnen gesucht und ist dafür **„den Schwachen ein Schwacher"** geworden. Er hat nicht seine Kraft herausgestellt und die Schwachen überfordert, sondern sie in ihrer Schwachheit verstanden und geachtet.

Und nun faßt Paulus alles in einem Satz zusammen, der unvergeßlich in seiner knappen Prägung eine Grundregel alles Evangelisierens ausspricht: **„Ihnen allen bin ich alles geworden, damit ich unter allen Umständen einige errette."** Der Evangelist fordert nicht, sondern er dient. Er sucht darum den andern dort auf, wo er wirklich steht. Was der Sohn Gottes in seiner Menschwerdung im großen tat, das tut nun sein Bote immer aufs neue all den verschiedenen Menschen gegenüber, zu denen er kommt. Er versteht sie nicht nur gedanklich von einer überlegenen Höhe aus, sondern er „wird" ihnen alles; er kommt tatsächlich bis zu ihnen hin in ihren Lebensbereich und „lebt" mit ihnen, wie der heilige Gottessohn das ganze Menschenlos bis in das Leiden und Sterben hinein mit uns teilte[8]. Bei Paulus

---

[6] Für das Verständnis der Römerbriefstelle ergibt sich daraus die Möglichkeit, ja die Wahrscheinlichkeit, daß Paulus auch dort „mit dem Gesetz der Sünde und des Todes" nicht eine innere Gesetzlichkeit unseres Wesens oder eine Gesetzmäßigkeit der Sünde gemeint hat, sondern ganz konkret das Sinai-Gesetz, das gerade den Zweck hat, die Sünde übermächtig zu machen und den Sünder zum Tode zu verurteilen.

[7] Damit ist noch nichts über die wichtige Frage gesagt, ob nicht das Gesetz gerade als „Dienst der Verurteilung und des Todes" (2 Ko 3, 9—11) sein Werk auch an den Menschen aus den Nationen zu tun hat. Es ist die Frage, ob zur vollen Verkündigung auch die „Predigt des Gesetzes" gehört oder ob allein durch das Wort vom Kreuz Sündenerkenntnis, Zusammenbruch vor Gott und Umkehr gewirkt werden kann. — Übrigens zeigen die Vorgänge in Galatien und anderswo, wie leicht sich auch Menschen aus den Nationen gerade für das Gesetz im „gesetzlichen" Sinn „gewinnen" lassen.

[8] Das zeigt uns anschaulich das Leben und Dienen aller echten Missionare. Es ist die Frage an uns, ob wir im Dienst der Kirche in der Heimat auch nur von fern einen entsprechenden Ein-

wurde das besonders deutlich, wenn er, der beschnittene Israelit und ehemalige Pharisäer, völlig das „gesetzlose" Leben der Menschen aus den Nationen[9] teilte. Er hat dabei das Ziel des „Gewinnens". Aber nun wird der ganze Ernst des Gewinnens deutlich. Für den Evangelisten geht es nicht darum, Menschen für eine gute Sache zu werben, wie auch sonst in der Welt viele Bewegungen sich mit ganzem Einsatz um Anhänger mühen. Wo die Evangelisation und Volksmission Menschen nur für das Christentum oder für die Kirche gewinnen will, hat sie noch nicht begriffen, was eigentlich auf dem Spiel steht. Die Verkündigung des Evangelisten unterscheidet sich radikal von allen anderen Bemühungen um Menschen. Für sie ist das „Gewinnen" wesenhaft ein „Erretten". So sieht Paulus alle Menschen als „Verlorene", die durch das Wort vom Kreuz errettet werden müssen. Und vor diesem einzigartig großen und notwendigen Ziel kommt in sein Leben diese Hingabe an seinen Dienst. Paulus ist dabei von großer Nüchternheit. Er meint nicht in dieser Hingabe an die andern das sichere Mittel gefunden zu haben, nun auch „alle" zu erreichen und „alle" zu erretten. Mit dem schmerzvollen Ernst seiner vielfältigen Erfahrungen schreibt er vielmehr: „**damit ich unter allen Umständen einige errette**". Auch hier werden wir von ihm zu lernen haben. Wir suchen immer neu nach erfolgreichen Methoden und messen unsere Arbeit leicht an den großen Zahlen, die wir erreicht haben. Wieviele Menschen wir aber wirklich „errettet" haben, ist eine andere Frage. Wir werden voll Dank sein dürfen, wenn es die „einigen" sind, von denen ein Paulus sprach.

23 Was aber bedeutet der kurze Satz, mit dem Paulus diesen Abschnitt schließt? Paulus, der bevollmächtigte Bote, der „Vater" der korinthischen Christen, steht in bestimmter Weise über ihnen allen. Sie alle empfingen das Leben durch ihn, der ihnen wirksam die rettende Botschaft brachte. Ist damit für Paulus selbst das Evangelium ein selbstverständlicher und sicherer Besitz? Nein. Er muß auch seinerseits „**Teilhaber an ihm werden**". Gewiß wird er das ebenso wie alle andern nur durch den Glauben. Aber „Glaube" war für Paulus nie ein bloßes Gedankengebilde, sondern immer eine Haltung, die seine ganze Existenz bestimmte. Die Korinther sollen es endlich begreifen: an der ganzen Art, wie er unter Gefahren, Leiden und Entbehrungen die Botschaft ausbreitet, ohne sich von den Gemeinden unterhalten zu lassen, hängt sein eigener Anteil am Evangelium. Er droht ihn zu

---

satz unseres Lebens gewagt haben und heute wagen. Bleibt nicht der „Pfarrer" allzu sehr seiner bürgerlichen Welt verhaftet?

[9] Der uns aus der LÜ vertraute Ausdruck „Heiden" ist mit der Vorstellung des Primitiven belastet. Er ist sprachlich von der „Heide" abgeleitet und ist so die Übersetzung des lateinisch-kirchlichen Wortes „pagani". Auch wenn das Wort nicht Übersetzung, sondern germanischen Ursprungs ist und „wild", „niedrigstehend" bedeutet (RGG³, 1959, Sp 142), ist der Sinn der gleiche. Das „Christentum" beherrschte nach seiner Erhebung zur Staatsreligion die Städte der kultivierten Gegenden, und nur in entlegenen Landstrichen „im Wald und auf der Heide" hielten sich noch die alten Religionen. So wurden ihre Anhänger „Heideleute, Heiden" genannt. Wir ziehen daher den biblischen Ausdruck „Nationen" vor. Die „Nationen" stehen alle dem „Bundesvolk" Israel gegenüber, ohne Rücksicht auf die Höhe ihrer Kultur.

verlieren, wenn er sein Leben und seinen Dienst erweicht. **„Alles aber tue ich um des Evangeliums willen, damit ich Teilhaber an ihm werde."** Welch eine Mahnung lag darin für die stolzen und sicheren Korinther, die ihrem praktischen Verhalten keine Bedeutung für ihr geistliches Leben beilegten (vgl. 3, 1—15; 5, 1—8; 6, 1—11; 6, 12—20; 8, 1—13)[10]. Paulus ist diese Sache selbst so wichtig, daß er sie noch einmal abschließend an dem Bild des Sportlebens erläutert.

DER SPORTSMANN ALS BILD DES CHRISTEN

1. Korinther 9, 24—27

24 **Wißt ihr nicht, daß die im Stadion Laufenden wohl alle laufen, einer aber den Kampfpreis bekommt? So laufet, daß ihr ihn er-
25 greift.** * **Jeder aber, der am Wettkampf teilnimmt, lebt in jeder Hinsicht enthaltsam; jene freilich, um einen vergänglichen Kranz
26 zu bekommen, wir aber einen unvergänglichen.** * **Ich meinerseits laufe demnach so, nicht wie aufs Ungewisse; ich führe den Faust-
27 kampf so, nicht wie einer, der die Luft schlägt.** * **Sondern ich schlage meinem Leib ins Gesicht und behandle ihn als Sklaven, damit ich nicht andere als Herold zum Kampf gerufen habe und selber unbewährt werde.**

zu Vers 24:
Phil 3, 12—14
2 Tim 4, 7
zu Vers 25:
2 Tim 4, 4 f. 8
1 Pt 5, 4
Jak 1, 2
zu Vers 27:
Rö 8, 13 f
13, 14

Jedermann in Griechenland kannte die Dinge des Sportes. Korinth war dazu noch die Stadt der berühmten Isthmischen Spiele. Und wenn die Bewohner der Stadt zur Zeit des Paulus nicht mehr die Menschen des klassischen Altertums waren, so hatten sie doch selbstverständlich ihr großes Stadion, und Paulus konnte in der Sprache des Sportes mit ihnen reden. Sie wußten es, **„daß die im Stadion Laufenden wohl alle laufen, einer aber den Kampfpreis bekommt".** Aber nun sollen sie wirklich **„wissen",** was das bedeutet! Es liegt darin die Mahnung: „Lauft so, daß ihr den Kampfpreis ergreift." Das kann nicht sagen wollen, daß immer nur einige aus der ganzen Schar der Christen den Preis erlangen. Aber darauf macht das Bild aufmerksam, daß das bloße Antreten zum Lauf nicht genügt und den Kampfpreis keineswegs garantiert. Es muß der Lauf mit ganzem Einsatz bis zum Ziel durchgeführt werden. So steht es auch mit dem „Lauf" der Christen. Sein Beginn, das Christwerden, ist notwendig und entscheidend, und doch genügt es noch nicht, und der Christ ist damit noch nicht am Ziel. Der ganze lebenslange „Lauf" gehört dazu. So hat es Paulus für seine eigene Person in Phil 3, 12 ff geschildert[1].

24

---

[10] Schon das Rabbinat kannte die ernste Sorge um den Lehrer: „damit nicht seine Jünger die kommende Welt ererben und er selbst in den Hades hinuntergehe". Sind wir Prediger und Verkündiger von heute hier sorglos und selbstsicher geworden und meinen, uns könne es nicht fehlen, weil wir andere zu Jesus führen? Welch eine Richtlinie (oder Gerichtslinie!) ist für uns der ganze Satz des Apostels!
[1] Vgl. dazu W.Stb. Philipper-Kolosser, S. 128 ff.

Dabei besteht auch hier wieder das „Laufen" gerade im „Glauben halten"; aber umgekehrt ist auch das „Glauben" nur Wirklichkeit im steten „Lauf". So hat Paulus in seinem Bekenntnis kurz vor seinem Tode beides zusammengefaßt: „Ich habe den Lauf vollendet, ich habe Glauben gehalten" (2 Tim 4, 2).

25 Dazu gehört ein zweites, das die Korinther ebenfalls aus dem Sportsleben wissen: **„Jeder aber, der am Wettkampf teilnimmt, lebt in jeder Hinsicht enthaltsam."** Am Sportsmann entwickelt Paulus das Verständnis der evangelischen Askese. Der Sportsmann meidet im Training bestimmte Dinge, nicht weil sie an sich „schlecht" oder „verboten" wären. Seine Enthaltsamkeit ist auch weder Selbstzweck noch Selbstwert. Sie dient nur dem einen großen Ziel, den Siegespreis zu erlangen, und gehört einfach sachlich dazu, wenn man den ersehnten Kranz bekommen will. Freilich, er ist im Sport nur ein **„vergänglicher Kranz".** Vor dem Christen steht der **„unvergängliche Kranz"** ewigen Lebens. Dann darf und muß der Christ erst recht entschlossen alles meiden, was ihn im Lauf zu diesem Ziel hindern könnte. Es geht also nicht um die Frage, ob etwas „sündlich" oder vielleicht doch „erlaubt" oder sogar ganz gut und wertvoll sei. Es geht auch nicht darum, daß die Enthaltsamkeit an sich etwas „Höheres" und „Wertvolleres" wäre. Es handelt sich nicht um irgendwelche Gesetze oder Verbote. Der Vorwurf der „Gesetzlichkeit" ginge hier völlig fehl. Es geht einzig um das ewige Ziel und um den nowendigen, selbstgewollten Verzicht auf alles, was mich um dieses einzigartige Ziel bringen könnte.

Paulus bleibt darum auch bei der ganz allgemeinen Aussage: **„in jeder Hinsicht enthaltsam".** Was je den einzelnen Christen in seinem Lauf aufzuhalten oder zu hemmen droht, das kann sehr verschieden sein. Was dem einen nichts ausmacht, kann dem andern zur ernstlichen Gefahr werden. Es gibt hier keine allgemeinen Regeln. Aber es muß jeder Christ mit tiefem Ernst und entschlossener Klarheit darauf achten, was gerade ihn am Erreichen des Zieles hindern will. Das muß gelassen werden, wie „harmlos" oder „wertvoll" es an sich sein mag.

26 Dieser Verzicht ist freilich keine Spielerei. Paulus zeigt das an seinem eigenen Leben. **„Ich meinerseits laufe demnach so, nicht wie aufs Ungewisse."** Das Wort, das Paulus benutzt, heißt eigentlich „auf undeutliche Weise". Er läuft nicht so, daß man nicht klar erkennen könnte, wohin sein Lauf eigentlich geht. Er gleicht nicht einem Boxer, der ziellos **„die Luft schlägt".** Alles ist in seinem Leben gesammelt und zielbestimmt. Bei den Korinthern sah er jene Zweideutigkeit und Halbheit, die unser Christsein heute auch verdirbt. Der Blick geht auf zwei Ziele zugleich. Wohl will man die Ewigkeit nicht verlieren, aber das Verlangen und der Einsatz gilt gleichzeitig und vor allem dem irdischen Gedeihen. Wer aber gleichzeitig nach zwei Zielen läuft, dessen Lauf wird notwendig „undeutlich", **„ungewiß".** Man sieht dem Christen nicht mehr an, wohin er eigentlich läuft. In seinem Kampf schlägt er nicht mehr mit hartem Ernst zu; er sieht nicht

mehr den Feind, der ihn ums Leben bringen will; so kämpft der Christ wohl noch, aber oft genug **„wie einer, der die Luft schlägt"**.

Von diesem bequemen Christentum hat sich Paulus mit einem **„Ich meinerseits"** scharf unterschieden. Und dieser Unterschied ist unübersehbar deutlich an seiner ganzen Lebenshaltung, die die Korinther so befremdete. Nun formuliert Paulus mit einer uns erschreckenden Schroffheit: **„Ich schlage meinem Leib ins Gesicht und behandle ihn als Sklaven."** Meldet sich hier bei Paulus doch die Leibfeindlichkeit der ausgehenden Antike? Paulus bleibt aber auch hier im Bilde des Sportes, in dem der Wert des Leibes gerade besonders gewürdigt wird. Doch zum Sport gehört Training und Askese. Da wird nun einmal dem Leib mit seinen Ansprüchen[2] und seinen Weichlichkeiten „ins Gesicht geschlagen"; da wird er zum absolut gefügigen Werkzeug, zum „Sklaven" des Sportsmannes gemacht[3]. Paulus aber ist nicht nur „Sportsmann", er ist als Apostel sogar **„Herold"**, der **„andere zum Kampf ruft"**. Wie, wenn er nun selber versagt und **„selber unbewährt"**, selber „disqualifiziert" wird[4]? Das darf unter keinen Umständen geschehen. Darum übt er Training und Askese in letzter Schärfe. Alles das, was die Korinther an Paulus befremdet, gehört mit dazu. Wenn er anders als andere Apostel ohne Ehe einsam durch die Welt zieht, wenn er von den Gemeinden kein Geld annimmt, sondern sich neben seinem ganzen Aposteldienst den Lebensunterhalt mit seiner Hände Arbeit verdient, dann führt er freilich äußerlich ein armes, rauhes, entbehrungsreiches Leben. Sein Leib lehnt sich manches Mal dagegen auf und stellt seine Ansprüche an Pflege und Ruhe. Aber dann schlägt er diesem lästigen Bettler ins Gesicht und zeigt seinem Leib, daß er nicht „Herr" zu sein hat, sondern dienender Sklave ist. Aber so muß es gerade in seinem Leben sein. Wer andere „zum Kampf ruft", muß als vorbildlicher Kämpfer vor ihnen stehen. Es geht dabei aber zugleich um des Apostels eigenstes Heil. Der Schlußsatz verdeutlicht noch einmal, was Paulus in V. 23 im Blick auf seinen ganzen Dienst ausgesprochen hatte: „Alles aber tue ich um des Evangeliums willen, damit ich Teilhaber an ihm werde"[5].

---

[2] Es ist erschreckend, wie heute auch in gläubigen Häusern in der Kindererziehung allen solchen „Ansprüchen" einfach nachgegeben wird.

[3] Für uns heute wird dies alles besonders deutlich an der jahrelangen harten Schulung der Kosmonauten. Warum bewundern wir den Einsatz dieser Männer, der doch nur vergänglichen Zielen dient, und entrüsten uns über den Christen, wenn er für die große Ewigkeit mit dem gleichen Einsatz „trainiert"?

[4] Luthers Übersetzung: „Den andern predigen und selbst verwerflich werden" verleitet zu einem moralistischen Mißverständnis. Der Satz des Paulus ist viel sachlicher und tiefer gemeint und trifft gerade so jeden, der im Dienst der Verkündigung und Seelsorge steht.

[5] Uns modernen Christen ist das völlig fremd geworden. Der „Siegespreis der himmlischen Berufung Gottes in Christus Jesus" (Phil 3, 14) ist uns unwirklich und undeutlich. Die vielfältigen, dringenden Ansprüche des Lebens erscheinen uns maßgebend. Warum sollten wir ihnen noch ins Gesicht schlagen? Das himmlische Erbe fällt uns ja sowieso zu, weil wir „gläubig" sind. So unterscheidet sich der Christ in seiner Lebenshaltung und seinem Lebensstil nicht mehr von jedem anderen Menschen. Der „Lauf" des Christen ist „undeutlich" geworden, das Bild des Laufes im Stadion unanwendbar auf den behaglichen Christen der Gegenwart. Was würde ein Paulus, der so ernst mit seinen Korinthern redete, zu uns Christen von heute sagen?

DAS WARNENDE BEISPIEL DES VOLKES ISRAEL

1. Korinther 10, 1—13

zu Vers 1:
2 Mo 13, 21
14, 22. 29
Ps 78, 13 f
105, 39

zu Vers 3:
2 Mo 16, 4. 35
5 Mo 8, 3
Ps 78, 24 f
Jo 6, 49

zu Vers 4:
2 Mo 17, 6
4 Mo 20, 7—11
5 Mo 32, 4. 18
Ps 78, 15
1 Pt 2, 4

zu Vers 5:
4 Mo 14, 16. 22.
23. 30. 32
Hbr 3, 17

zu Vers 6:
Ps 78, 18—20

zu Vers 8:
4 Mo 25, 1—9

zu Vers 9:
4 Mo 21, 5 f

zu Vers 10:
4 Mo 14, 2. 36 f
17, 6—15
Hbr 3, 11. 17

zu Vers 11:
1 Pt 4, 7
Hbr 9, 26
1 Jo 2, 18

zu Vers 12:
Rö 11, 20
Gal 6, 1

zu Vers 13:
1 Ko 1, 9
1 Th 5, 24
2 Th 3, 3
Hbr 11, 11
Jak 1, 13

1 Denn ich will euch nicht in Unkenntnis lassen, Brüder, daß unsere Väter alle unter der Wolke waren und alle durch das Meer
2 hindurchgezogen * und alle auf Mose getauft wurden in der Wolke
3/4 und in dem Meer * und alle dieselbe geistliche Speise aßen * und alle denselben geistlichen Trank tranken. Sie tranken nämlich aus einem geistlichen begleitenden Felsen; der Fels aber war der Chri-
5 stus. * Aber nicht hatte Gott an den meisten von ihnen Gefallen;
6 denn sie wurden niedergestreckt in der Wüste. * Diese Dinge aber sind Vorbilder für uns geworden, damit wir nicht seien begierig
7 nach Bösem, gleichwie auch jene begierig waren. * Werdet auch nicht Götzendiener, wie einige von ihnen, wie geschrieben steht: „Es setzte sich das Volk zu essen und zu trinken, und sie standen
8 auf zu spielen." * Laßt uns auch nicht Unzucht treiben, gleichwie einige von ihnen Unzucht trieben und fielen an einem Tage drei-
9 undzwanzigtausend. * Laßt uns auch nicht den Herrn versuchen, wie einige von ihnen (ihn) versuchten und von den Schlangen ge-
10 tötet wurden. * Murret auch nicht, gleichwie einige von ihnen auch
11 murrten, und wurden umgebracht von dem Verderber. * Diese Dinge aber widerfuhren vorbildlich jenen; geschrieben aber sind sie zur Zurechtweisung von uns, auf welche die Endziele der
12 Zeitalter gekommen sind. * Daher, wer überzeugt ist zu stehen,
13 sehe zu, daß er nicht falle. * Keine Versuchung hat euch ergriffen als nur eine menschliche; treu aber ist Gott, der nicht zulassen wird, daß ihr versucht werdet über das, was ihr vermögt, sondern der zusammen mit der Versuchung auch den Ausgang schaffen wird, so daß ihr sie zu ertragen vermögt.

1 Der neue Abschnitt ist durch ein „Denn" mit den vorangehenden Ausführungen verbunden. Paulus beginnt nicht ein neues Thema, sondern verdeutlicht an der Geschichte der Väter Israels in neuer Weise, was er über den Ernst der Lebenshaltung der Korinthern soeben gesagt hatte. Die falsche „Freiheit" verbindet sich in Korinth mit einer falschen „Sicherheit" und Unbekümmertheit. Christen mit so hoher Weisheit und so erstaunlichen Geistesgaben kann es nicht fehlen. Sie brauchen auf ihren Wandel nicht zu achten. Nun zeigt ihnen Paulus an den „Vätern", wie man aus Ägypten errettet, mit Wundern Gottes beschenkt, auf dem Wege ins gelobte Land sein und doch noch umkommen kann. Wie er den Griechen das vertraute Bild des Sportsmannes vor Augen stellte, so mutet er den Christen, auch denen aus den Nationen, ohne weiteres zu, die atst Geschichte als für sie maßgebend zu verstehen. Die Väter Israels sind auch für die Korinther „unsere Väter". Aber sie sollen darin auch wirklich eine wissende Gemeinde sein, die ihr biblisches Wissen ernsthaft anwendet.

Paulus drückt das wieder mit der Formel aus: „Ich will nicht, daß ihr nicht erkennt" oder: **„Ich will euch nicht in Unkenntnis lassen."**

Was sollen die Korinther an den „Vätern" erkennen? Wir müssen annehmen, daß in der Gemeinde neben einem „Subjektivismus", der in hoher Weisheit und in auffallenden Geistesgaben das Kennzeichen des rechten Christen sah, ein „Objektivismus" stand, der in den „Sakramenten" die sichere Garantie des Heiles zu haben meinte[1]. Vielleicht hörte Paulus nach seinen ganzen Ausführungen in Kap. 9 von Korinth her den Einwand: „Aber Paulus, wir sind doch getauft! Wir feiern doch fort und fort das Herrenmahl. Damit ist doch das Erreichen des Zieles gewährleistet. Besondere Anstrengungen sind doch nun nicht mehr nötig!"

Wie haben auch wir aufmerksam zuzuhören, wenn Paulus jetzt zu diesem Einwand Stellung nimmt. Denn auch bei uns entsteht neben oder nach „subjektivistischen" Überspannungen des Glaubenslebens die Neigung, in dem „objektiven" Handeln Gottes, besonders im Sakrament, die Heilsgarantie zu finden. Wenn wir die Taufe empfingen, wenn uns im Abendmahl die geistliche Speise zuteil wird, haben wir dann nicht alles, was wir brauchen? Kann neben Gottes mächtigem Tun unser eigenes Verhalten noch von irgendwelcher Bedeutung sein?

Paulus stellt fest: „Getauft" waren auch die „Väter", die aus Ägypten auszogen. Die Korinther sollen daran denken, **„daß unsere Väter alle unter der Wolke waren und alle durch das Meer hindurchgezogen und alle auf Mose getauft wurden in der Wolke und in dem Meer"**. Wieso kann Paulus in dem Erleben Israels am Schilfmeer eine „Taufe" sehen? Hier war einerseits das äußere Taufgeschehen, das Eingetauchtwerden in das Wasser da. Das griechische „en" wird hier nicht örtliche, sondern instrumentale Bedeutung haben; die „Taufe" an den Vätern geschah mittels der Wolke und mittels des Meeres. Aber hier ereignete sich auch wesenhaft etwas, was der neutestamentlichen Taufe entspricht. „Der Zug durch das Rote Meer bedeutet die Trennung vom Land der Knechtschaft, die endgültige Absage an die Vergangenheit, den Abbruch aller Brücken zum Land der Sünde. Er erfolgte einmal und in einer Richtung und stellte Israel in die unlösbare Schicksalsgemeinschaft mit Mose. Hier wurden sie ‚auf Mose getauft'"[2]. Diese Formulierung **„auf Mose getauft"** macht uns besonders deutlich, daß das „Taufen auf jemand oder in jemand" (Rö 6, 3 ff) entscheidend zur Taufe gehört. Der Täufling wird so an den andern übereignet, ihm überschrieben (vgl. die Ausführungen zu 1, 13—15 o. S. 36) und gewinnt die „Anteilhabe" (1, 9) an ihm. Israel war schon mit dem von Gott erwählten Befreier verbunden.

---

[1] Für Christen aus dem Griechentum lag dieses Mißverständnis besonders nahe, weil auch in den verschiedenen „Mysterienkulten" der bloße Vollzug der Weihen ohne Rücksicht auf die sittliche Haltung den Besitz des ewigen Heiles garantierte. In der „Gnosis" (vgl. S. 218) finden wir später die gleiche Verbindung von „Weisheit" und „Freiheit" und „Sakramentalismus", wie sie in Korinth sich zu zeigen beginnt.
[2] So F. Laubach zu Hbr 11, 28 in der W.Stb.

| 3/4 | Die Väter hatten aber auch, was dem „Abendmahl" der Gemeinde entspricht. Sie **„aßen alle dieselbe geistliche Speise und tranken alle denselben geistlichen Trank".** Paulus denkt an das Manna, „das Brot vom Himmel", und an das Wasser aus dem Felsen. Dabei gleicht er mit der rabbinischen Schriftauslegung[3], in der er erzogen war, das „Wasser aus dem Felsen" dem „Manna" an. Es wurde wie das Manna dem Volk täglich neu zuteil. Darum „begleitete" der Felsen das Volk auf seiner Wanderung, um täglich neu sein Wasser zu spenden. **„Sie tranken nämlich aus einem geistlichen begleitenden Felsen."** Für Paulus war es aber volle Gewißheit, daß Gottes Heilshandeln auch im Alten Bund durch Christus geschah. Darum setzt er hier hinzu: **„Der Fels aber war der Christus."** Paulus will damit nicht sagen, daß Christus sich in einen Felsen verwandelt habe, sondern hinter dem für Israel sichtbaren Felsen stand in Wahrheit der Christus, der aus dem Felsen das Volk mitten in der Wüste tränkte. So liest der Christ im Heiligen Geist das Alte Testament! |

Paulus nennt hier die Speise, den Trank und den Felsen **„geistlich"**. Den Begriff „Sakrament" und „sakramental" kennt er mit dem ganzen NT nicht. Aber das, was Gott selber schenkt, das stammt aus dem Geist Gottes und ist von Gottes Leben und Geist erfüllt und wird darum mit dem gleichen Wort „geistlich" bezeichnet wie der Mensch, der Gottes Geist empfängt.

| 5 | So besaßen die Väter Israels in Christus im Grunde nicht weniger als die Gemeinde in Korinth. Wie reich waren sie von Gott begnadet und beschenkt. Aber gerade wenn wir das so vor Augen haben, trifft es uns tief, wenn wir weiterlesen: **„Aber nicht hatte Gott an den meisten von ihnen Gefallen; denn sie wurden niedergestreckt in der Wüste."** Paulus hat es betont hervorgehoben: unsere Väter waren „alle" unter der Wolke, „alle" durch das Meer hindurchgezogen, „alle" getauft auf Mose. So standen „alle" unter der Gnade Gottes, und dann kamen doch nicht „alle" ans Ziel, nicht einmal „viele". „Die meisten" von ihnen kamen um, weil „Gott kein Gefallen an ihnen hatte". Wie erschreckend ist das für alle sakramentale Sicherheit! Aber kein Zweifel, das ist die Wirklichkeit. Paulus hat das nicht nur so gedacht, sondern so steht es klar geschrieben. Und es ist wahrlich nicht nur ein einzelner Satz, auf den sich Paulus beruft. Er verweist auf die ganze Geschichte der Wüstenwanderung, wie sie uns im 2. |
| 6 | und 4. Buch Mose erzählt ist. Aber ehe er auf die Einzelheiten eingeht, lehnt er einen Einwand ab, den er von den stolzen und sicheren Korinthern erwartet: Ach, das sind alte Geschichten aus fernen Tagen, das war eben dieses Israel, was geht das uns Menschen des |

---

[3] Diese Auslegung „ist in der Tradition der Rabbinen noch nachweisbar. Nachdem nämlich Num 20, 7—13 die Geschichte vom Quellenwunder des Moses erzählt ist, kommt Num 21, 16—18 nach langer Wanderung das Volk zu einem Brunnen, der V. 16 ausdrücklich als der bereits 20, 7 f erwähnte bezeichnet wird. Das Targum Onkelos z. Num 21, 19 f löst die Schwierigkeit durch die Anmerkung ‚der Brunnen ... nachdem er ihnen gegeben war, stieg er mit ihnen in die Bachtäler hinab und aus den Bachtälern stieg er mit ihnen zu den Höhen empor'. Das ist genau der dem Paulus bekannte Midrasch, welchen die rabbinischen Quellen oft und vielfach ausgeschmückt wiederholen" (Lietzmann im „Handbuch z. NT", 1949, S. 45).

Neuen Bundes an? „**Diese Dinge aber sind Vorbilder für uns geworden.**" Israels Verhalten ist „typisch"[4], darum droht es, sich immer neu zu wiederholen, auch bei den Christen in Korinth, auch bei uns. So haben wir die Geschichten „der Väter" sehr aufmerksam zu lesen, eben mit dem Blick auf uns selbst. Paulus hilft uns dazu, indem er sofort von „uns" spricht und „die Väter" und ihr Verhalten nur zum Vergleich heranzieht: „**Damit wir nicht seien begierig nach Bösem, gleichwie auch jene begierig waren.**"

Gott hatte an den Vätern Großes getan. Aber Menschen sind keine toten Dinge, an denen sich Gottes Handeln mechanisch und darum unfehlbar auswirken könnte. Menschen bleiben auch unter der Gnade Gottes freie und verantwortliche Personen. Der Mensch kann zwar Gottes Gnade und Gottes Gaben nicht erringen und nicht verdienen, aber er kann sie verderben und ihren Segen zunichte machen. Beachten wir, daß Paulus seine Warnungen vor bösen Wegen, vor Götzendienst, vor Unzucht, ebenso wie vor einem Versuchen des Herrn oder vor dem Murren an Christen richtet, die er selber „berufene Heilige" nannte und denen er Reichtum an Wort und Erkenntnis und Geistesgaben dankbar zusprach (1, 2. 5). Aber gerade an diesen seinen Korinthern sah Paulus zumindest die gefährlichen Anfänge der gleichen Wege, die die Väter ins Verderben führten. Waren sie nicht „begierig nach Bösem", wenn sie um irdischer Güter willen mit Brüdern vor heidnischen Richtern Prozesse führten (6, 1—8)? „**Werdet auch nicht Götzendiener, wie einige von ihnen**" — nahmen sie den Götzendienst nicht allzuleicht, wenn sie in den Tempeln ihrer Stadt mit bei den Opfermahlzeiten (8, 10 f; 10, 20 f) saßen? „**Laßt uns auch nicht Unzucht treiben, gleichwie einige von ihnen**" — mußte Paulus nicht gründlich über die Unmöglichkeit des Verkehrs mit der Dirne sprechen (6, 12—20)? Und das „**Versuchen des Herrn**"? Nur wenige Zeilen später wird er die Gemeinde fragen: „Oder reizen wir den Herrn zur Eifersucht? Sind wir etwa stärker als er" (V. 22)? „**Murret auch nicht, gleichwie einige von ihnen auch murrten**" — mit dem „Murren" der Korinther hatte Paulus reichlich zu tun. Paulus erinnert die Gemeinde an den furchtbaren Ernst der Gerichte Gottes über die Väter: „**niedergestreckt in der Wüste**", es „**fielen an einem Tag dreiundzwanzigtausend**", „**von den Schlangen getötet**", „**umgebracht von dem Verderber**", und zeigt daran, wie ernst die Gemeinde die Dinge der konkreten Lebensführung zu nehmen hat. Man bleibt „fleischlich" trotz der erstaunlichen Geistesgaben, wenn man Zank und Neid unter sich duldet (3, 1—4), und man verfällt trotz der Taufe und dem heiligen Mahl dem tödlichen Gericht, wenn man in leichtfertiger Sicherheit der Sünde Raum gibt. So gehört auch dieses Stück des Briefes ganz in das Mühen des Paulus hinein, Kapitel um Kapitel die Korinther von ihren stolzen Höhen herunterzuholen und ihnen zu zeigen, wie im wirklich gelebten Leben die Entscheidungen über unser Christsein fallen. Darum unterstreicht Paulus noch einmal:

6—10

11

---

[4] Wörtlich heißt es: „Diese Dinge sind als Typen von uns geschehen."

„Diese Dinge aber widerfuhren vorbildlich[5] jenen; geschrieben aber wurden sie zur Zurechtweisung von uns." Sie sind „typisch". Darum hat sie auch Gott aufschreiben lassen, damit sie jeder neuen Generation aufs neue vor Augen ständen. Und ganz besonders hat Gott dabei schon an „uns" gedacht, „auf welche die Endziele der Zeitalter gekommen sind". Gott verfolgt durch die Weltzeitalter hindurch seine großen Ziele. Mit der Sendung des Messias und Welterlösers Jesus ist er seinen Zielen ganz nahe gekommen. Nun ist es „letzte Zeit". Wir leben schon unter den aufragenden „Endzielen der Zeitalter". Denn mit der Parusie Jesu, unsers Herrn, werden Gottes Ziele endgültig verwirklicht. Aber zum Ende hin wird der Weg für das wandernde Gottesvolk nicht leichter, sondern schwerer, die Versuchung nicht schwächer, sondern intensiver, der Entscheidungsernst unseres Lebens nicht geringer, sondern vollends groß.

12 Und nun wendet sich Paulus mit dringender Sorge an die vielen Sicheren und Selbstüberzeugten in Korinth. „Daher, wer überzeugt ist zu stehen, sehe zu, daß er nicht falle." Vielleicht ist ihre Meinung, zu „stehen", im Augenblick ganz zutreffend. Aber sie ahnen noch nicht die Wucht der Stöße, die sie treffen und zu Fall bringen können. Sie wenden freilich sofort ein, sie hätten doch allerlei Versuchungen siegreich bestanden und seien wirklich keine Anfänger im Glauben mehr. Aber Paulus warnt: „Keine Versuchung hat euch ergriffen als nur eine menschliche." Es gibt aber jenen „Ringkampf", von dem Paulus den Ephesern (6,12) schreibt, der „nicht gegen Fleisch und Blut, sondern gegen die Mächte, gegen die Gewalten, gegen die Weltherrscher dieser Finsternis, gegen die geisterhaften Wesen der Bosheit in den Himmeln droben" geführt werden muß. Paulus erwartet von der Zukunft das, was er den Thessalonichern (2 Th 2, 1—12) vor Augen stellte: Die Herrschaft des „Gesetzlosen", „dessen Parusie erfolgt nach der wirksamen Kraft Satans mit jeder Machttat und Wundern der Lüge und mit jedem Betrug der Ungerechtigkeit". Dann wird die Versuchung heiß und das „Stehen" kein Kinderspiel. Die Zeichen und Wunder des Antichristen werden nach dem Wort des Herrn sogar für die Auserwählten verführerisch sein. Die aus Ägypten geretteten, im Meer getauften und mit geistlicher Speise und Trank beschenkten Väter fielen; wird die Gemeinde der letzten Zeit unter den unerhörten Bedrängnissen und Versuchungen ans Ziel kommen?

13

So warnt Paulus die Korinther mit dem aufschreckenden „Vorbild der Väter". Aber nun kommt etwas Überraschendes. Paulus hat fort und fort den Einsatz der Christen so gefordert: Lauft zielklar, übt die notwendige Askese, gelüstet nicht nach Bösem! Werdet nicht Götzendiener! Bewahrt die Reinheit! Versucht nicht den Herrn! Murret nicht! Das waren Imperative genug. Und gerade das Beispiel der Väter sollte zeigen, wie alle Gnade Gottes nicht hilft, wenn Menschen den eigenen Einsatz versäumen. Aber nun schließt Paulus den Ab-

---

[5] Hier steht im grie Text „typikos = typisch".

schnitt doch nicht mit einem letzten Appell an die Treue der Korinther, sondern wendet den Blick zu der Treue Gottes. „**Treu aber ist Gott.**" Das tut Paulus nicht zufällig so. Es ist an ihm immer wieder zu sehen, wie bei ihm nie die einschüchternde Drohung das letzte Wort hat, wie er nie mit dem Negativen endet, sondern immer sein Wort positiv ausklingen läßt. Wir denken noch einmal an Kap. 4, 5; 4, 14; 5, 8; 6, 11. 20; 8, 13. Hier aber hat er von der Sache selbst her noch einen besonderen Grund zu seiner Blickwendung. Was heißt denn „Stehen" und worin besteht die „Versuchung"? So ernstlich es sich in Korinth für Paulus um „moralische" Dinge handelte, das „Stehen" ist aber nicht die feste moralische Haltung, und die „Versuchung" ist nicht eine moralische Verführung[6]. Es geht beim „Stehen" und bei der „Versuchung" immer um unser Verhältnis zu Gott[7]. Darum ging es bei Israel in der Wüstenwanderung. „Stand" es fest zu dem Wort und zu den Verheißungen Gottes, hielt es sich an den Unsichtbaren, als sähe es ihn, rechnete es mit seiner Bundestreue? Oder wandte es sich von dem unerträglich unsichtbaren Gott zu den sichtbaren Götzen, murrte es in den Schwierigkeiten, stellte es Gott auf die Probe, um seiner sicher zu sein, trotzte es seinen Weisungen und Verboten? Dazu sind die „Versuchungen" in den Nöten und in der Verlockungen unseres Weges da, um diese Frage zu beantworten. Gewollt war dabei die Antwort in der Bewährung des Glaubens. Erfolgt war die negative Antwort in immer erneutem Fallen. Die Gemeinde Jesu, auch die Gemeinde in Korinth, wird ebenso und in noch zunehmendem Maße in heißen Erprobungen nach der Echtheit ihres Glaubens gefragt. Es ist viel, was sie von ihrem Glauben weglocken und wegstoßen will. Darum kann sie jetzt nur eines vor dem „Fallen" bewahren und im „Stehen" erhalten: nicht das Sehen auf sich selbst, nicht das eigene Zusammennehmen und der eigene Vorsatz, sondern nur das Wegschauen von sich selber und der Blick auf die Treue Gottes. Wie nötig war das für die „Aufgeblasenen" in Korinth, die gerade an ihrer Selbstzufriedenheit und Selbstsicherheit zu fallen drohten. Aber es ist wohl auch so, daß sich hier Paulus selber in seiner tiefen Sorge um die Gemeinde in Korinth tröstet. Die Gemeinde schwankt schon jetzt in den „menschlichen" Erprobungen in erschreckender Weise. Was wird geschehen, wenn die Versuchungen härter und heißer werden? „**Treu aber ist Gott, der nicht zulassen wird, daß ihr versucht werdet über das, was ihr vermögt, sondern der zusammen mit der Versuchung auch den Ausgang schaffen wird, so daß ihr sie zu ertragen vermögt.**" Die Gemeinde darf beides haben, was zum Wesen des Glaubens gehört. Wirklicher Glaube sieht

---

[6] Martin Luther hat es in seiner Auslegung der sechsten Vaterunser-Bitte genau getroffen: „Gott versucht zwar niemand, aber wir bitten in diesem Gebet, daß uns Gott wolle behüten und erhalten, auf daß uns der Teufel, die Welt und unser Fleisch nicht betrüge und verführe in Mißglauben, Verzweiflung und andere große Schande und Laster; und ob wir damit angefochten würden, daß wir doch endlich gewinnen und den Sieg behalten."
[7] Es sei an Zinzendorfs Vers erinnert: „Halleluja! Ja und Amen! Herr, du wollest auf mich sehn, daß ich mög in deinem Namen fest bei deinem Worte stehn."

den ganzen Ernst des Lebens. Er mißt die Gefahren der Versuchungen und ist zum äußersten Einsatz mit aller Kraft bereit. Das entspricht dem Bild des Sportsmannes, wie Paulus es zeichnete. Aber der Glaube sieht zugleich Gott in seiner Treue über allem stehen und ruht wie ein Kind im Mutterschoß in Gottes Wort und Zusagen und erfährt darum jenen „Ausgang" der Erprobungen, der ihn zuletzt „untadelhaft an dem Tag unseres Herrn Jesus Christus" (1, 8) dastehen läßt, weil „Gott treu ist" (1, 9).

NOCH EINMAL WARNUNG VOR DEM GÖTZENOPFER

1. Korinther 10, 14—22

zu Vers 14:
1 Jo 5, 21

zu Vers 16:
Mt 26, 66 ff

zu Vers 17:
Rö 12, 5
1 Ko 12, 27

zu Vers 18:
2 Mo 32, 5 f

zu Vers 20:
3 Mo 17, 7
5 Mo 32, 17
Ps 107, 37
Offb 9, 20

zu Vers 21:
Mal 1, 7. 12
2 Ko 6, 15 f

zu Vers 22:
5 Mo 32, 21

14 **Eben deshalb, meine Geliebten, flieht vor dem Götzendienst.**
15 * **Als zu Verständigen rede ich; beurteilt ihr selbst, was ich sage.**
16 * **Der Becher der Segnung, den wir segnen, ist er nicht Anteilhabe an dem Blut des Christus? Das Brot, das wir brechen, ist es nicht**
17 **Anteilhabe an dem Leib des Christus?** * **Denn e i n Brot** (ist es), **e i n Leib sind wir, die vielen; denn alle nehmen wir teil an dem**
18 **e i n e n Brot.** * **Sehet an das Israel nach dem Fleisch; sind nicht**
19 **die, die die Opfer essen, Genossen des Altars?** * **Was sage ich nun? Daß ein Götzenopfer etwas sei? Oder daß ein Götzenbild etwas**
20 **sei?** * **Nein, aber was sie opfern, opfern sie Dämonen und nicht Gott. Ich will aber nicht, daß ihr Genossen der Dämonen werdet.**
21 * **Ihr könnt nicht den Becher des Herrn trinken und den Becher der Dämonen; ihr könnt nicht den Tisch des Herrn teilen und den**
22 **Tisch der Dämonen.** * **Oder wollen wir den Herrn zur Eifersucht reizen? Sind wir etwa stärker als er?**

14

Paulus ist sich wohl bewußt, die Frage nach der Teilnahme an Mahlzeiten in heidnischen Tempeln mit dem Kap. 8 noch nicht vollständig beantwortet zu haben. Dort war es ihm zunächst um den „schwachen Bruder" gegangen, der sich durch die Freiheit der „Starken" zu einem Verhalten verführen läßt, das von seinem eigenen Gewissen als Sünde verurteilt wird. Daran verdirbt ein Mensch. Aber ist die Teilnahme an der Tempelmahlzeit, abgesehen von der Rücksicht auf die Schwachen, dem Christen als solchem möglich? Nach den Ausführungen in Kap. 8 konnte es so scheinen. Nun aber hat Paulus seinen Korinthern vor Augen gestellt, wie Israels Väter trotz aller Gnade Gottes dem Verderben verfallen, wie ernst es also mit der Frage unserer tatsächlichen Lebenshaltung ist. Schon dabei war der „Götzendienst" besonders genannt; es ging in allem um das „Stehen" bei dem Wort des unsichtbaren Gottes statt des „Fallens" durch das Hängen am „Sichtbaren", das immer den Charakter des „Götzen" annimmt (vgl. dazu Rö 1, 23. 25). Nun spricht er mit einem betonten „eben deshalb" seine eindeutige Mahnung aus: „**Flieht vor dem Göt-**

zendienst." Hier gilt keine falsche Sicherheit und Überlegenheit. Hier gilt nur die „Flucht"[1], das entschlossene Fernbleiben aus den heidnischen Tempeln.

Auch hier wieder will Paulus nicht einfach mit „apostolischer Autorität" befehlen. Ihm liegt an der Willensbildung der Gemeinde aus eigener Erkenntnis heraus. **„Als zu Verständigen rede ich; beurteilt ihr selbst, was ich sage."** Er scheut sich nicht, seine bestimmte Aufforderung dem eigenen Urteil der Korinther zu unterstellen. Das ist das Zeichen seiner ganzen Gewißheit und Stärke. 15

Paulus verweist die Korinther auf das Herrenmahl, das sie täglich feiern. Ist es eine leere Zeremonie? Ist es bloße bildliche Darstellung allgemeiner Wahrheiten? Ist es eine bloße Erinnerungsfeier? Paulus hat soeben jedes falsche Vertrauen auf die Sakramente mit dem Hinweis auf die Väter zerschlagen. Das hindert ihn aber nicht, das Sakrament als solches in seiner ganzen Realität zu bezeugen. Im Herrenmahl geht es um eine reale Anteilhabe. **„Der Becher der Segnung, den wir segnen, ist er nicht Anteilhabe an dem Blut des Christus? Das Brot, das wir brechen, ist es nicht Anteilhabe an dem Leib des Christus?"** Warum Paulus hier mit dem Becher beginnt, ist nicht erkennbar. Vielleicht hebt sich ihm in Erinnerung an das Passamahl der festliche Becher, den er mit dem israelitischen Ausdruck „Becher der Segnung" nennt[2], ganz besonders hervor. Das Wesentliche aber ist der Realismus der Feier. Der Becher mit dem Wein versinnbildlicht nicht nur etwas und erinnert nicht nur an das einst vergossene Blut des Christus, sondern gibt die Anteilhabe an ihm[3]. Dieses „Blut" ist nicht eine magische „Substanz", die sich in dem Wein befindet, sondern es ist das vergossene Blut, mit dem wir erkauft sind und das uns rein macht von aller Sünde. Mit dem gesegneten Becher erhalten wir den realen Anteil an diesem Blut und an seiner wirksamen Kraft und damit an der errettenden Liebe des Christus selbst. 16

Wenn ebenso das Brot den Anteil **„an dem Leib des Christus"** gewährt, dann ist dieser „Leib" freilich zunächst der am Kreuz für uns in den Tod gegebene. Das ganze Leiden und Sterben des Herrn ist damit uns geschenkt. Es wird in seiner ganzen Heilsamkeit mit dem Brot uns zugeeignet. Aber Paulus hat offensichtlich nicht übersehen, daß der **„Leib des Christus"** zugleich auch eine gegenwärtige Größe ist in der „Gemeinde, welche da ist sein Leib" (Eph 1, 23). Darum 17

---

[1] Die Aufforderung „fliehe!" findet sich mehrfach an bedeutsamen Stellen. Vgl. Kap. 6, 18; 1 Tim 6, 11; 2 Tim 2, 22. In ihr liegt die Forderung, einer verlockenden Macht gegenüber sich auf keinerlei Probe, auf keinen Kampf einzulassen, sondern von vornherein ein totales Nein zu sagen. Wir dürfen diese aus schmerzlichen Erfahrungen geborene Klarheit weder für uns selbst noch für unsere Seelsorge verlieren. Vgl. schon oben S. 117 zu Kap. 6, 18.

[2] Über den Becher sprach der Hausvater und Leiter des Mahles den Segen, sobald er vor ihn hingestellt worden war. Dementsprechend wurde offenbar über dem Becher bei der Feier des Herrenmahles ein segnendes Wort gesagt.

[3] Vielleicht dürfen wir daran denken, daß „Anteil am Blut" nach Mt 23, 35; 27, 25 auch die Schuldverhaftung bezeichnen kann. Es gehört zum Ernst des Herrenmahles, daß die Erkenntnis und das Bekenntnis auch dieser „Anteilhabe" am Blut des Christus durch unsere Schuld nicht fehlt.

schließt er den Satz an: „**Denn e i n Brot** (ist es), **e i n Leib sind wir, die vielen; denn alle nehmen wir teil an dem e i n e n Brot.**" Es gehört für Paulus besonders zur Feier des Herrenmahles dazu, daß sie uns, die vielen, zu dem einen Leib des Christus zusammenschließt und so in die feste Gemeinschaft untereinander zusammenfügt. Darum hielt Paulus darauf, daß bei der Feier die eine große Flachbrotscheibe genommen und in Stücke zerbrochen wurde, so daß es wirklich das eine Brot war, das alle miteinander teilten. Das war aber nicht nur „Symbol"! In dem gemeinsamen Essen von dem einen Brot, in dem gemeinsamen Anteil an dem einen geopferten Christusleib

18 vollzieht sich real die Leibwerdung der vielen[4]. Paulus wollte jetzt nicht eine Lehre über das Abendmahl entwickeln. Er berief sich auf das Wissen, das die Korinther bereits über das Abendmahl besaßen. Der Zielpunkt seiner Ausführungen ist ein ganz anderer. Er will den Korinthern deutlich machen: kein Kultus ist einfach leer und gegenstandslos; jeder Kultus bringt uns in reale Gemeinschaft mit dem, dem der Kultus gilt. Darum erinnert Paulus nun an das **„Israel nach dem Fleisch"**. Es ist als dieses aus natürlicher Fortpflanzung entstandene Volk auch nur eine „natürliche" („fleischliche") Größe. Und doch gibt es in ihm den von Gott gestifteten Altar mit seiner Sühnkraft. An diesem Altar bekommen wirksam Anteil alle, **„die die Opfer essen"**, sie werden **„Genossen des Altars"**. Auch das ist den Korinthern fraglos klar.

19/20 Nun merken sie den entscheidenden Schritt, den Paulus tun will. Bringt der christliche Kultus und der israelitische Kultus in eine reale Verbindung und Anteilhabe, dann auch der heidnische. Will Paulus das sagen? Widerspricht er sich dann nicht selbst und dem, was er in Kap. 8, 4 ausdrücklich versichert hatte? Nein, dabei bleibt er. **„Was sage ich nun? Daß ein Götzenopfer etwas sei? Oder daß ein Götzenbild etwas sei? Nein."** Aber damit ist noch nicht alles gesagt. Auch der heidnische Kult gilt nicht einem Nichts; er geht nicht einfach ins Leere. Hinter den heidnischen Religionen und hinter dem heidnischen Kult stehen Wirklichkeiten. Darum hatte Paulus schon in Kap. 8 dem „Wissen", daß es keine Götzen in der Welt gibt und kein Gott ist außer dem „Einen", in V. 5 die seltsam schwebende Feststellung hinzugefügt: „Selbst wenn es sogenannte Götter gibt, sei es im Himmel oder auf der Erde, wie es ja tatsächlich viele Götter und viele Herren gibt." Jetzt wird deutlich, was er mit diesem Satz meinte. Die sogenannten „Götter" tragen zwar ihren Namen zu Unrecht. Die Bezeichnung „Gott" gebührt nur dem Einen, dem Vater Jesu Christi. Aber in den „Göttern" begegnen uns trotzdem unsichtbare Wesenheiten, „Dämonen und Geistermächte". Wir haben auch an das zu Kap. 2, 6—8 Gesagte zu denken. So stellt Paulus nun mit dem Schriftwort 5 Mo 32, 17 im Blick auf allen heidnischen Kultus

---

[4] Vor der gleichen Schuld und der gleichen Errettung in der freien Gnade des Christus verschwinden alle Unterschiede zwischen uns. Vgl. Gal 3, 28; Kol 3. 11. Hier sind wir tatsächlich in der Tiefe eins.

fest: „**Aber was sie opfern, opfern sie Dämonen und nicht Gott**"[5].
Darum ist jede Art der Teilnahme am heidnischen Tempelkult gefährlich[6], nicht nur um des schwachen Bruders willen, den man verleitet, sondern auch für die „Starken", die sich kein Gewissen daraus machen. Denn auch der heidnische Kult bringt in eine reale Gemeinschaft hinein, genauso wie das Herrenmahl oder der israelitische Opferdienst; nur daß es bei ihm die Gemeinschaft mit den Dämonen ist. Paulus kann hier nur mit aller Bestimmtheit sagen: „**Ich will aber nicht, daß ihr Genossen der Dämonen werdet.**" Hier gibt es gerade vom Herrenmahl her gesehen nur ein klares Entweder-Oder. Hier sind auch die Starken in der Gemeinde vor die Entscheidung gestellt. „**Ihr könnt nicht den Becher des Herrn trinken und den Becher der Dämonen; ihr könnt nicht den Tisch des Herrn teilen und den Tisch der Dämonen.**" Dabei hat das Wort „**ihr könnt nicht**" hier noch den vollen Klang des sachlich Unmöglichen. Wer am Tisch Jesu und am Tisch der Dämonen sitzen will, versucht etwas, was einfach nicht geht.

21

Das müssen die Korinther um so mehr verstehen, als auch ihre nicht christlichen Mitbürger selbst alle im Tempel gefeierten Mahlzeiten so „real" ansehen. So heißt es z. B. in einer privaten Einladung zum Essen: „Chairemon ladet dich zum Mahle ein an die Tafel des Kyrios Serapis im Serapeum, morgen d. h. am 15., von 9 Uhr an." Wir sehen den Gebrauch des Wortes „Kyrios = Herr". Der ägyptische Gott Serapis wird wie Jesus „Kyrios" genannt. Wir sehen, wie ein Tempel, das Serapeum, tatsächlich zugleich die Gaststätte war, zu der man einen Freund zum Essen einlud. Und vor allem sehen wir, wie dabei der Tisch die „Tafel des Serapis" war. Sobald erkannt wurde, daß die sogenannten „Götter" und „Herren" des Heidentums keine wirklichen Götter, sondern dämonische Mächte sind, mußte aus der „Tafel des Kyrios Serapis" oder anderer Götter ein „**Tisch der Dämonen**" werden, an dem man als Christ nicht mehr sitzen kann.

Noch einmal geht der Blick zurück zu den nicht umsonst vorher angeführten Geschichten „der Väter". Sie „haben Gott zur Eifersucht gereizt durch die Götter" (5 Mo 32, 21). Es ist merkwürdigerweise und doch sachlich notwendig so, daß bei Gott heilig und recht ist, was bei jeder Kreatur häßlich und falsch erscheint. „Gott kann sich selbst nicht verleugnen" (2 Tim 2, 13), während von uns die Selbstverleugnung gerade gefordert ist. Ebenso wacht Gott mit heiliger „Eifer-

---

[5] Diese Feststellung befremdet uns zunächst. Die Älteren unter uns sind alle noch ausgiebig in den griechischen und germanischen Göttersagen unterwiesen worden und fanden sie in ihrer Weise ganz tiefsinnig und schön. Und nun sollen dahinter „Dämonen" stehen? Aber die Wahrheit des paulinischen Urteils wird uns erschreckend deutlich, wenn wir erkennen, wie alles Heidentum, gerade auch das germanische, von Zauberkraft durchzogen ist. Das eigentlich „Wirksame" im Heidentum sind nicht die Göttergestalten und die von ihnen berichteten Mythen, sondern die gegenwärtigen Mächte der Finsternis in einem ausgebreiteten Zauberwesen. Darum sind auch die altgermanischen Zaubersprüche heute noch wirksam und können den, der es mit ihnen versucht, in unheimliche Bindungen verstricken.

[6] Ebenso ist jeder, der aus „Interesse" oder auch nur aus „Spaß" an okkulten Dingen teilnimmt, gefährdet. Selbst das bloße Dabeisein beim Kartenlegen und dgl. kann schon okkult behaften.

sucht" darüber, daß seine Gottheit in ihrer Alleingeltung geachtet wird, und „gibt seine Ehre keinem andern" (Jes 42, 8; 48, 11). Darum lassen sich die Gemeindeglieder in ein gefährliches Wagnis ein, die am „Tisch des Herrn" und am „Tisch der Dämonen" zu finden sind.

22 **„Wollen wir den Herrn zur Eifersucht reizen?"** Jesus hat von der Schöpfung her (wir sind „durch ihn geschaffen", Kap. 8, 6) und um der Erlösung willen (wir sind von ihm in „bar gekauft", 6, 20) das volle Eigentumsrecht. Dieses sein Recht macht er geltend. Wenn wir es verletzen und mit fremden „Herren" in Verbindung treten, reizen wir seinen Eifer. Wollen die Korinther das wagen? Sind sie auch in ihren Augen die „Starken", meinen sie damit wirklich **„stärker als er"** zu sein?

Wie merkwürdig entgegengesetzte Folgerungen kann man doch aus der gleichen Gewißheit ziehen. Die „Starken" in Korinth gehörten wohl besonders zu der Gruppe, in der man mit Betonung sagte: „Ich gehöre Christus" (1, 12). Sie schlossen daraus, also kann ich ruhig zur Dirne gehen und meine körperlichen Bedürfnisse befriedigen und kann ohne weiteres an den Mahlzeiten im heidnischen Tempel teilnehmen und Götzenopfer genießen; ich gehöre ja Christus, es kann mir nichts schaden. Paulus lebt in der gleichen Gewißheit, ein Eigentum Jesu zu sein, „in bar gekauft" von ihm. Für ihn aber ist die Folgerung eindeutig: Also kann ich in keiner Weise zugleich noch irgend jemand anderem gehören, weder leiblich der Dirne, mein Leib gehört dem Herrn, noch im Tempel den Dämonen, mein Anteil ist das Blut und der Leib des Herrn. Um die Frage der „Freiheit" und „Gebundenheit" ging es in dem ganzen vielfältigen Gespräch des Paulus mit den Korinthern. Um diese Frage geht es immer wieder in der Christenheit bis heute. Es ist bei Paulus keine Rede von irgendeinem Wiederaufrichten des „Gesetzes". Paulus kommt den Korinthern nicht in einem einzigen Satz mit irgendwelchen „Verboten". Genau entsprechend Rö 6 geht es allein um das Verhältnis zum Herrn. Aber um dieses Verhältnis geht es Paulus nun allerdings mit einem letzten Ernst. Die ganze konkrete Gebundenheit an den Herrn auf jedem Lebensgebiet macht frei von jeder andern Bindung. Paulus ist überzeugt, daß dies die wahre Freiheit ist.

UND WIE STEHT ES MIT DEM SONSTIGEN FLEISCHGENUSS?

1. Korinther 10, 23—11, 1

zu Vers 23:
1 Ko 6, 12
8, 1 f
Rö 14, 19
15, 2

zu Vers 24:
Phil 2, 4

23 Alles steht frei, aber nicht alles ist förderlich; alles steht frei, aber
24 nicht alles baut auf. * Niemand suche das Seine, sondern das des
25 andern. * Alles, was auf dem Fleischmarkt verkauft wird, das eßt,
26 nichts untersuchend um des Gewissens willen. * Des Herrn ist ja
27 die Erde und ihre Fülle. * Wenn einer der Ungläubigen euch einlädt, und ihr wollt hingehen, so eßt alles, was euch vorgesetzt

28 wird, nichts untersuchend um des Gewissens willen. * Wenn aber einer zu euch sagen würde: „Dies ist Geopfertes", dann eßt (es)
29 nicht um deswillen, der es aufgedeckt hat, und um des Gewissens willen. * Mit Gewissen meine ich aber nicht dein eigenes, sondern das des andern. Denn warum wird meine Freiheit beurteilt von
30 einem andern Gewissen? * Wenn ich meinerseits mit Danksagung genieße, warum werde ich verlästert über dem, wofür ich selber
31 danke? * Ob ihr nun eßt oder trinkt oder irgend etwas tut, alles
32 tut zur Ehre Gottes. * Seid unanstößig den Juden und den Grie-
33 chen und der Gemeinde Gottes, * wie auch ich in allen Stücken allen zu gefallen suche, nicht suchend meinen eigenen Vorteil,
11, 1 sondern den der vielen, damit sie errettet werden. * Seid Nachahmer von mir, wie auch ich von Christus.

zu Vers 25:
Rö 14, 2—10. 22
zu Vers 26:
Ps 24, 1; 50, 12
Rö 14, 14. 20
zu Vers 28:
Lk 10, 8
1 Ko 8, 7
zu Vers 29:
Rö 14, 3 f
14, 13
zu Vers 30:
Rö 14, 6
1 Tim 4, 3 f
zu Vers 31:
Lk 13, 26
Kol 3, 17
zu Vers 32:
Rö 15, 2
1 Ko 8, 13
zu Kap. 11, 1:
1 Ko 4, 16
Eph 5, 1
Phil 3, 17
1 Th 1, 6
2 Th 3, 7. 9
Hbr 6, 12; 13, 7

Die Teilnahme an Opfermahlzeiten in heidnischen Tempeln ist unmöglich, nicht nur im Blick auf den schwachen Bruder, sondern für den Christen als solchen. Das ist jetzt klar. Aber es bleibt eine wichtige Frage. Im griechischen Raum war eigentlich jedes Schlachten zugleich ein Opfer[1]. Es war also alles Fleisch irgendwie „Götzenopferfleisch". Wie sollen sich die Gemeindeglieder nun verhalten?

23

Ehe Paulus darüber spricht, stellt er noch einmal den Grundsatz seines Urteils heraus. Er tut es ähnlich wie in Kap. 6, 12 und doch mit kennzeichnenden Unterschieden. Sein Wort ist an unserer Stelle noch grundsätzlicher. Daher fehlt bei dem **„alles steht frei"** in den besten Handschriften hier das „mir". Paulus mit seinem gesetzesfreien Evangelium stimmt offensichtlich dieser ganzen Freiheit zu. Er schränkt sie auch hier ebenso wenig wie in Kap. 6, 12 durch gesetzliche Zäune ein. Aber wie in Kap. 6, 12 fügt er hinzu: **„Aber nicht alles ist förderlich."** Freiheit für das, was nicht fördert, sondern schadet, begehrt nur der Tor. Während Paulus angesichts des Themas in Kap. 6, 12 („aber ich meinerseits will nicht unter die Gewalt von etwas kommen") an die Sklaverei denkt, in die die Triebe uns stürzen können, macht er hier nach der ganzen Erörterung von Kap. 8 einen anderen Gesichtspunkt geltend: **„Alles steht frei, aber nicht alles baut auf."** Schon die ganze Fragestellung ist falsch, wenn ich nur nach meiner eigenen Freiheit, nach meinem eigenen Dürfen und Können frage. Es geht nicht um isolierte Einzelchristen, die nach ihren Erkenntnissen tun können, wie sie wollen, es geht um den Aufbau der Gemeinde. Und dieser „Bau" geschieht keineswegs nur durch die amtliche Tätigkeit bestimmter Mitarbeiter, auch nicht nur durch die Teilnahme aller Gemeindeglieder an Verkündigung und Seelsorge, sondern schon durch den „Wandel", durch das praktische Ver-

24

---

[1] Das spiegelt sich in der Sprache wider. Man benutzt das Wort „opfern" (grie thyo) einfach auch als Ausdruck für „schlachten". Auch der berufsmäßige Metzger vollzog irgendeine Opferzeremonie, und wenn er nur einige Stirnhaare des Tieres in die Flammen warf. Die noch in Resten erhaltene Fleischmarkthalle von Pompeji hatte neben dem Schlachtraum eine Kapelle für den Kaiserkult. Der enge Zusammenhang zwischen Opfer und Markt ist augenscheinlich. S. Lietzmann im „Handbuch zum NT", S. 51/52.

halten, und durch die Liebe, die die Gemeinschaft mit dem andern hält. Paulus unterstreicht mit Nachdruck: „**Niemand suche das Seine, sondern das des andern.**" Das ist es, was in Korinth so fehlte und was auch in unserem „Christentum" oft zu vermissen ist.

Von da aus und gerade nicht unter der Leitung von „Gesetzen" bekommen die praktischen Fragen unseres Verhaltens ihre Antwort. So fern die hier zur Besprechung stehenden Probleme uns heutigen Christen liegen, so wichtig ist es für uns zu sehen, wie ein Paulus überhaupt konkrete Einzelfragen des christlichen Lebens regelt. Es waren damals wie heute die Fragen um das „Darf ein Christ ...?"

25 Darf ein ernster Christ überhaupt noch Fleisch essen, wenn doch auch das auf dem Markt feilgebotene irgendwie mit einem Opferritus geschlachtet worden ist? Es gab gewiß in Korinth wie in Rom (Rö 14, 2) Christen aus Israel, die hier ein ganzes Nein sagten. Paulus entscheidet anders. „**Alles, was auf dem Fleischmarkt verkauft wird, das eßt.**" Hier ist nicht wie im Tempel ein „Tisch der Dämonen", an den man sich setzt und sich doch nicht setzen darf. Mag beim Schlachten geschehen sein, was da will, den Christen geht es nichts an. Er

26 muß „**nichts untersuchen um des Gewissens willen**". Warum nicht? „**Des Herrn ist ja die Erde und ihre Fülle.**" Dazu gehört auch das auf dem Markt einzukaufende Fleisch.

27 Aber wie steht es mit den Einladungen durch „Ungläubige"? Später im Brief (14, 23 f) wird Paulus die im eigentlichen Sinn „Ungläubigen" von den bloß „Ahnungslosen" unterscheiden. Hier meint der Ausdruck einfach Menschen aus dem Heidentum, die nicht Christen wurden[2]. „**Wenn einer der Ungläubigen euch einlädt, und ihr wollt hingehen.**" Paulus setzt bei der Befolgung einer derartigen Einladung einen Entschluß voraus, der nicht selbstverständlich ist. Der Christ kann solche Einladungen auch sehr wohl ablehnen und kann seine guten Gründe dafür haben. Aber Paulus verneint auch nicht die Möglichkeit des gesellschaftlichen Verkehrs mit Ungläubigen. Er bestätigt damit sehr positiv, was er in Kap. 5, 9 f geschrieben hatte. Ist ein Christ als Gast im heidnischen Hause, so gilt bei Tisch eine ähnliche Regel wie beim Einkauf auf dem Markt: „**Eßt alles, was euch vorgesetzt wird, nichts untersuchend um des Gewissens willen.**" Für den Eingeladenen ist das Vorgesetzte einfach Fleisch, das er mit Danksagung genießt; hier braucht nichts untersucht und erörtert zu werden.

28 Doch es kann eine ganz andere Situation entstehen: „**Wenn aber einer zu euch sagen würde: ‚Dies ist Geopfertes', dann eßt nicht um des Gewissens willen.**" Paulus erörtert jetzt nicht, wer dieser Tischgenosse ist und aus welchem Grund er einen solchen Hinweis gibt. Es könnte einer der Heiden sein, der aus Wohlwollen warnt oder der neugierig ist, wie sich ein Christ in dieser Frage verhält. Wir könnten aber auch an einen andern Christen denken, der ausdrücklich war-

---

[2] Es wird aber auch hier wieder deutlich, wie für Paulus sowohl das „Gläubigsein" wie das „Ungläubigsein" eindeutige, das ganze Sein eines Menschen bestimmende Haltungen waren! Vgl. auch Anmerkung zu Kap. 7, 12 S. 126 und die Anmerkung zu Kap. 14, 23 S. 240.

nen will³. Warum ist die Lage jetzt eine andere? Jetzt geht es nicht mehr um den eingeladenen Christen allein und um sein eigenes freies Gewissen. Jetzt geht es um den Mann, der den ausdrücklichen Hinweis gab und — wie Paulus hinzufügt — um dessen Gewissen. **"Mit Gewissen meine ich aber nicht dein eigenes, sondern das des andern."** Zur Erklärung dessen, was Paulus hier sagen will, werden wir auf Kap. 8 zurückgreifen müssen. Für das Gewissen eines schwachen Bruders wie für das Gewissen des Heiden i s t dieses Fleisch nun wirklich und ausdrücklich „Geopfertes". Nun hat der Christ nicht seine persönliche Freiheit herauszustellen und die Stärke seines Glaubens vorzuführen, sondern vom gebundenen Gewissen des andern her⁴ dieses Fleisch als Eigentum der Dämonen zu behandeln und nichts davon zu essen. Hier ist der „status confessionis" eingetreten, wie unsere reformatorischen Väter sagten, hier muß dem andern gegenüber „bekannt" werden. Eine an sich unwichtige Sache („ein adiaphoron" sagen die Theologen) bekommt als Ausdruck des Bekenntnisses auf einmal entscheidende Bedeutung, weil jetzt gerade an ihr die grundsätzliche Stellung bezeugt werden muß⁵.

29a

Grundsätzlich bleibt dem Christen die Freiheit seines Gewissens. **"Denn warum wird meine Freiheit beurteilt von einem anderen Gewissen? Wenn ich meinerseits mit Danksagung genieße, warum werde ich verlästert über dem, wofür ich selber danke?"** Diese Sätze unterstreichen erklärend, warum Paulus bei seiner Regel nicht an das eigene Gewissen des gläubigen Christen, sondern nur an das Gewissen des andern dachte⁶. Mein eigenes Gewissen kann und darf niemals von einem fremden Gewissen gerichtet werden, und in der Danksagung⁷ habe ich den einfachen, von aller Gesetzlichkeit und Kasuistik freien Maßstab für das, was ich darf. Wofür ich Gott redlich zu danken vermag, das ist nicht „sündlich", auch wenn es ein

29b/30

---

³ Im Text steht an Stelle von „Götzenopfer" das neutrale Wort „Geopfertes". Vielleicht wird auch der andersdenkende Christ als Gast im heidnischen Haus den abfälligen Ausdruck „Götzenopferfleisch" vermeiden und den hier stehenden Ausdruck „Geopfertes" verwenden. Es kann in diesem Ausdruck aber auch der Hinweis liegen, daß es einer der heidnischen Tischgenossen ist, der auf den Tatbestand der Herkunft des Fleisches aufmerksam machte.
⁴ In diesem Abschnitt wird uns erneut deutlich, wie absolut ernst Paulus das Gewissen genommen hat. Das ist festzuhalten, weil wir in der theologischen Literatur auf Äußerungen stoßen, die das Gewissen als eine nur menschliche uns subjektive Größe meinen entwerten zu sollen.
⁵ So haben später Christen lieber Folter und Tod auf sich genommen, um nicht das Körnchen Weihrauch vor dem Kaiserbild in die Flammen zu werfen. An sich ist ein solches Weihrauchkörnchen „nichts"; aber hier wäre es zum Zeichen der göttlichen Verehrung eines Menschen geworden. Darum mußte durch die Verweigerung dieses Körnchens das Nein zum Kaiserkult unmißverständlich ausgesprochen werden.
⁶ A. Schlatter legt die Sätze anders aus: „Würde er auch jetzt dennoch essen, so geschähe, was unbedingt vermieden werden muß. Nun würde das Gewissen des Freien, der zu essen imstande ist, von einem andern Gewissen gerichtet. Dies aber ist ein verwerfliches Verhalten, weil kein fremdes Gewissen das Recht hat, über das des andern zu richten, und da der Richtende den Essenden verurteilen wird, wird er um dessentwillen gelästert und als Sünder gescholten werden, wofür a. O. S. 304).
⁷ Die junge Christenheit nahm die jüdische Sitte des Dankgebetes beim Essen gern auch in ihr Leben hinein. An dieser kleinen Bemerkung des Paulus sehen wir: Paulus hält es für selbstverständlich, daß der Christ auch am Tisch des heidnischen Hauses sein Tischgebet nicht unterläßt.

„Essen von Götzenopferfleisch" ist. Wenn Paulus an das eigene Gewissen des beim Mahl sitzenden Christen denkt, dann teilt er grundsätzlich die Haltung der „Freien" in der Gemeinde. Der Gefährdung eines schwachen Gewissens durch die Freiheit der „Starken" ist Paulus mit ganzem Ernst entgegengetreten. Wenn aber der „Schwache" sich zum Richter aufwarf über die Freiheit seiner Brüder, dann weist Paulus das ebenso ab. Der ängstliche Christ, der jedes Fleisch als „Götzenopfer" scheut, soll und muß das für sich tun, solange ihn sein Gewissen dazu verpflichtet. Er hat aber nicht das Recht, den andern, der seinerseits „mit Danksagung" Fleisch genießt, zu „verlästern über dem, wofür er Gott dankt".

Es geht dabei um den „Bau" der Gemeinde! Die Einheit der Gemeinde ist bedroht, wenn die „Freien" und die „Ängstlichen" sich gegenseitig zu richten und zu verlästern beginnen. Jeder wirft dann dem andern vor, kein richtiger Christ zu sein und das Evangelium noch gar nicht verstanden zu haben: „Wie kann ein Christ noch Götzenopfer essen!" „Wie kann ein Christ sich noch vor Götzenopfer fürchten!" Nur in der brüderlichen Rücksichtnahme auf das Gewissen des andern kann die Einheit der Gemeinde bewahrt werden. Dabei ist aber die Aufgabe der praktischen Rücksichtnahme durch freiwilligen Verzicht auf die eigene Freiheit vor allem den „Starken" gestellt[8].

31 Nun zeigt Paulus noch einmal abschließend, daß es ihm nicht um ein Netzwerk einzelner Bestimmungen geht, sondern um eine Grundhaltung, aus der bestimmte Einzelentscheidungen fließen. Er gibt dieser Grundhaltung in ihrer Ausrichtung auf Gott einen herrlichen Ausdruck, so wie bei Paulus immer wieder die großen „dogmatischen" und „ethischen" Sätze echte Gelegenheitsworte sind. „**Ob ihr nun eßt oder trinkt oder irgend etwas tut, alles tut zur Ehre Gottes.**" Wie wunderbar, nun zerfällt unser Leben nicht mehr in eine „religiöse" (heilige, göttliche) und eine „weltliche" Hälfte. Nun haben auch die äußerlichsten und weltlichsten Dinge wie Essen und Trinken ihre Beziehung zu Gott und dürfen zu Gottes Ehre dienen. Das Tischgebet war also für Paulus keineswegs eine Formsache. Unser ganzes Tun, einschließlich Essen und Trinken, wird durch das Gebet wichtig, aber auch gereinigt und in Zucht genommen. Kein asketischer Klang ist hier zu hören; aber es leuchtet hell die Freiheit von allen Gebundenheiten.

32/33 Aber Paulus ging es in den ganzen Darlegungen immer um den andern. Auch das findet noch einmal seinen starken und lebendigen Ausdruck: „**Seid unanstößig den Juden und den Griechen und der Gemeinde Gottes, wie auch ich in allen Stücken allen zu gefallen suche, nicht suchend meinen eigenen Vorteil, sondern den der vielen,**

---

[8] Paulus hat wenige Jahre später von Korinth Rö 14, 1—12 geschrieben und dort die gleichen Grundsätze entwickelt. Auch dort geht es um den Fleischgenuß. Auch dort steht Paulus selbst offensichtlich zu den „Starken im Glauben". Auch dort fordert er um einer echten Gemeinschaft willen die gegenseitige Achtung des „Gewissens".

damit sie errettet werden." Die Freiheit des eigenen Gewissens hat Paulus machtvoll geschützt und für unantastbar erklärt. Von neuen Gesetzen ist keine Rede[9]. Aber der Christ in Korinth lebt zwischen Juden und Griechen und steht in der Gemeinde, darum kann er nicht einfach seine eigene Freiheit pflegen, die er grundsätzlich hat, sondern muß sehen, daß er den andern keinen Anstoß gibt. Er kann nicht nur auf seinen eigenen Vorteil bedacht sein, er sucht den Vorteil der andern. Und dieser **„Vorteil"** ist — ihre Errettung. Die Errettung von Menschen geschieht aber nicht durch das verkündigte Wort allein. Sie wird gefördert, wenn die ganze Haltung des Christen anziehend und gewinnend ist. Sie wird erschwert, wenn das Verhalten des Christen befremdend oder abstoßend wirkt. **„Seid unanstößig den Juden und den Griechen."** Das große Ziel des „Errettens" muß unser ganzes Leben bestimmen.

Aber ist es denn möglich, gleichzeitig so grundverschiedenen Menschen **„unanstößig"** zu sein? Erscheine ich nicht den „Griechen" sofort eng und lächerlich, wenn die „Juden" mit mir zufrieden sind? Bin ich den „Juden" nicht verdächtig, wenn ich den „Griechen" mich anpasse? Paulus verweist auf sein eigenes Beispiel. **„Wie auch ich in allen Stücken allen zu gefallen suche."** Er hat tatsächlich den Zugang zu Juden und Griechen gefunden und es erlebt, daß Menschen aus Israel wie Menschen aus den Nationen sich der Botschaft erschlossen. Dabei ist aber hier wie überall bei Paulus das Wort „alle" nicht statistisch, sondern wesensmäßig gemeint. Die Korinther hatten es genügend miterlebt, wieviel Anstoß die Juden ihrer Stadt an Paulus genommen hatten (vgl. Apg 18, 4—6). Sie werden auch von griechischen Bekannten manches verächtliche Wort über diesen „Juden" Paulus gehört haben. **„Seid unanstößig den Juden und den Griechen"** bedeutet also: gebt keinen unnötigen, keinen berechtigten Anstoß durch das übermäßige Herausstellen eurer eigenen „Freiheit". Denkt immer daran: ihr wollt doch gewinnen, erretten! Und seid auch **„unanstößig der Gemeinde Gottes"**. Tut nichts in eurer „Freiheit", was die Gemeinde verwirrt oder ihre herzliche Gemeinschaft stört. Bedenkt, es ist ja nicht „eure" Gemeinde, es ist **„Gottes Gemeinde"**, von Gott teuer erworben. Denkt darum nicht immer nur an euer eigenes Recht, sondern denkt an die Heiligkeit und Herrlichkeit dieses einzigen wirklichen „Tempels", den es in der Welt gibt. Die Sätze des Paulus aus Kap. 6, 17. 19 klingen hier nach.

Der erste kleine Satz des 11. Kapitels gehört als Abschluß der ganzen Erörterung hierher: **„Seid Nachahmer von mir, wie auch ich von Christus."** Gerade weil es sich in allem Verhalten um die konkrete Durchführung einer bestimmten „Haltung" handelt, bedarf der Christ des lebendigen „Vorbildes". Dem noch ungeübten Bergsteiger

---

[9] Auch nicht vom „tertius usus legis", dem „dritten Gebrauch des Gesetzes". Die Theologie der Reformationszeit sagte: „Gottes Gebote seien 1. nötig zur Regelung des äußeren gesellschaftlichen Lebens, 2. zur Erkenntnis der Sünde, 3. dienten sie aber auch als Lebensregeln für den erlösten und gläubig gewordenen Menschen." Paulus hat aber die Korinther nicht in diesem Sinne erneut an das Gesetz erinnert.

nützen Bücher und allgemeine Anweisungen wenig. Er muß Schritt für Schritt und Griff um Griff den erprobten Bergführer „nachahmen" können und so das eigene Bewältigen der Aufgabe lernen[10].

Paulus fordert die Christen in Korinth nicht unmittelbar auf: „Werdet Nachahmer Christi." Das ist beachtlich für uns, die wir mit der „Imitatio Christi", der „Nachahmung Christi", schnell bei der Hand sind. Paulus hielt hier etwas wie eine „Übersetzungsarbeit" für nötig, die den Christen aus den Nationen zeigte, wie der Weg Jesu heute in einer griechischen Stadt aussieht. Diese „Übersetzung" vollzog Paulus in seinem eigenen konkreten Leben.

Er selbst aber ist „Nachahmer des Christus". Paulus hat hier den Korinthern nicht näher erklärt, wie er das meint. Aber an Phil 2, 5 ff können wir sehen, wie er das „Vorbild" Jesu verstand. Es geht nicht um eine künstliche „Nachahmung" Jesu, nicht um eine Anpassung an einzelne Worte oder Handlungen von ihm. Das würde nur zu einer Karikatur führen. Es geht vielmehr um den „Sinn des Christus", den wir im Heiligen Geist „haben" (2, 16), um jene Grundgesinnung, die nichts festhalten will wie einen Raub, sondern die sich „entäußern" und die „Sklavengestalt" annehmen kann, um den andern zu dienen und ihnen zur Rettung zu helfen. Die „Nachahmung des Christus" ist nichts anderes als das, was Paulus schon in Kap. 4, 9—13, in Kap. 8, 13, in Kap. 9, 19—22 und nun in Kap. 11, 1 den Korinthern vor Augen gestellt hat.

UM DAS KOPFTUCH DER FRAU

1. Korinther 11, 2—16

zu Vers 2:
2 Th 2, 15

zu Vers 3:
1 Mo 3, 16
1 Ko 3, 23
Eph 4, 15
5, 23

zu Vers 7:
1 Mo 1, 27
5, 1

zu Vers 8:
1 Mo 2, 22 f
1 Tim 2, 13

zu Vers 9:
1 Mo 2, 18

zu Vers 10:
1 Mo 6, 2

2 **Ich lobe euch aber, daß ihr in allem meiner gedenkt und die Über-**
3 **lieferungen, wie ich (sie) euch gegeben habe, festhaltet.** * **Ich will aber, daß ihr wißt, daß jedes Mannes Haupt der Christus ist, das Haupt aber der Frau der Mann, das Haupt aber des Christus**
4 **Gott.** * **Jeder Mann, der beim Beten oder Weissagen etwas auf**
5 **dem Haupt hat, verunehrt sein Haupt.** * **Jede Frau aber, die betet oder weissagt mit unbedecktem Haupt, verunehrt ihr Haupt; denn**
6 **sie ist ein und dasselbe wie die Geschorene.** * **Denn wenn sich eine Frau nicht bedeckt, so lasse sie sich auch das Haar abschneiden; wenn es aber für eine Frau entehrend ist, daß ihr das Haar ab-**
7 **geschnitten oder geschoren wird, so soll sie sich bedecken.** * **Denn der Mann freilich ist nicht verpflichtet, sich das Haupt zu bedecken, da er Bild und Herrlichkeit Gottes ist; die Frau aber ist des**
8 **Mannes Herrlichkeit.** * **Denn nicht ist der Mann aus der Frau, son-**
9 **dern die Frau aus dem Mann;** * **und es wurde ja auch nicht geschaffen der Mann um der Frau willen, sondern die Frau um des**
10 **Mannes willen.** * **Darum ist die Frau verpflichtet, eine Macht auf**

---

[10] Vgl. die Auslegung zu Kap. 4, 16 o. S. 92.

11 dem Haupt zu haben um der Engel willen. * Jedoch ist weder die Frau ohne den Mann noch der Mann ohne die Frau im Herrn.
12 * Denn wie die Frau aus dem Manne, so ist auch der Mann durch
13 die Frau; das alles aber aus Gott. * Bei euch selbst urteilt: ist es
14 geziemend, daß eine Frau unbedeckt zu Gott betet? * Und lehrt euch nicht die Natur selbst, daß, wenn ein Mann langes Haar
15 trägt, es eine Unehre für ihn ist; * wenn aber eine Frau langes Haar hat, es eine Ehre für sie ist? Denn das lange Haar ist ihr als
16 eine Hülle gegeben. * Wenn aber einer rechthaberisch sein will, wir jedenfalls haben eine derartige Sitte nicht und auch nicht die Gemeinden Gottes.

Von der Frage des Fleischgenusses in einer Welt des Heidentums wendet sich Paulus einer weiteren Einzelfrage zu, die in Korinth offenbar die Gemüter bewegte. Schon in Kap. 7 spürten wir, daß in der Gemeinde, vor allem in einzelnen Frauenkreisen, ein Verlangen lebte, aus den Bindungen der Ehe herauszukommen und sich den ehelichen Pflichten zu entziehen. Paulus selbst hatte es in seiner Verkündigung betont ausgesprochen: „Da ist kein Jude noch Grieche, kein Sklave noch Freier, kein Mann noch Frau, denn ihr seid alle einer in Christus Jesus" (Gal 3, 28). Bedeutete das nicht auch praktisch die Gleichstellung von Mann und Frau? Muß nicht die Frau als Christin die volle „Freiheit" finden, die ihr bisher versagt war? Innere Haltungen werden im einzelnen konkreten Verhalten offenbar. Korinthische Frauen legten beim Beten und Weissagen[1] in der Gemeindeversammlung das Kopftuch[2] ab; sie wollen so „frei" dastehen wie der Mann. Es ging hier also nicht um eine bloße Äußerlichkeit, von der es gar nicht zu reden lohnte. Paulus weiß, warum er so gründlich auf diese Frage des Kopftuches eingeht. Und wir merken, warum der Abschnitt mit seinen uns zunächst recht fremden und unverständlichen Sätzen auch unsere Aufmerksamkeit verdient.

Dabei überrascht Paulus uns am Anfang und am Schluß unseres Abschnittes durch den Wert, den er auf „Überlieferungen" und „Sitten" legt. Vor der Sitte in den Gemeinden Gottes haben weitere Erörterungen zu schweigen (V. 16). Und voran steht das Lob, **„daß ihr in allem meiner gedenkt und die Überlieferungen, wie ich (sie) euch übergeben habe, festhaltet".** Paulus hat seine jüdische und pharisäische Vergangenheit bei seinem Christwerden nicht einfach ausradiert. Er weiß aus den jüdischen Gemeinden in der weiten Welt, welche bewahrende

2

---

[1] Über das „Weissagen" als besondere Geistesgabe vgl. die Ausführungen zu Kap. 14, S. 239. Es handelt sich dabei keineswegs nur oder auch nur in erster Linie um Mitteilungen über die Zukunft, sondern um ein bevollmächtigtes Reden unter der Leitung des Geistes Gottes überhaupt.
[2] Die griechische Frau trug zur Zeit des Paulus je nach der Mode eine Kopfbedeckung oder nicht. Dagegen galt für die Frau im Judentum die Forderung, ihr Haar außerhalb des Hauses zu verhüllen. Ganz strenge Jüdinnen trugen das Kopftuch sogar im Hause. Paulus hat offenbar diese Sitte auch in den Christengemeinden zur Geltung gebracht. Sie gehörte zu den „Überlieferungen", die er auch den Korinthern „übergeben" hat. Nun lehnen sich griechische Frauen der Gemeinde dagegen auf. Paulus ist gefragt, was er dazu sagt.

Macht die gleichmäßige Sitte haben kann (so sehr sie zugleich ein hartes Hindernis für das Evangelium bedeutete). Und er weiß, daß gerade für ein Leben des Glaubens das Empfangen und Weitergeben von „Überlieferungen" unentbehrlich ist. Wir werden darauf noch in Kap. 11, 23 und Kap. 15, 3 sehr ernstlich stoßen. Die Korinther werden selber in ihrem Schreiben an Paulus hervorgehoben haben, daß sie an den Ordnungen **„festhalten"**, die ihnen ihr Apostel von Anfang an überliefert hat. Gerade darum erbitten sie nun seinen Rat in der aufgebrochenen Frage, ob eine Ehefrau — darum handelt es sich im ganzen Abschnitt — unverschleiert beten und weissagen darf oder nicht.

3   Paulus beginnt seine Antwort mit der bekannten Formel: **„Ich will aber, daß ihr wißt."** Paulus möchte auch hier wieder nicht allein die bestehende Sitte oder die apostolische Autorität entscheiden lassen, sondern die Gemeinde zum eigenen Verständnis und dadurch zu einem eigenen Urteil führen. Diejenigen Korinther, die nach unterschiedsloser Gleichheit streben, müssen verstehen, daß die Wirklichkeit anders aussieht. Es hat jeder sein „Haupt", das ihn regiert und dem er mit ganzer Hingabe gehört und dient. **„Ich will aber, daß ihr wißt, daß jedes Mannes Haupt der Christus ist, das Haupt aber der Frau der Mann, das Haupt aber des Christus Gott."** Auch der „freie" Mann steht unter einem „Haupt", unter dem Christus. Wir erinnern uns an Kap. 7, 22: „der als freier Mann Berufene ist ein Sklave Christi". So hat auch die Frau ihr „Haupt" im Mann. Damit nicht sofort die Auflehnung gegen diese Zumutung aus dem Herzen mancher Frau aufsteigt, schließt Paulus den Satz mit dem Hinweis: **„Das Haupt aber des Christus ist Gott."** Also auch der, den die Gemeinde als „Herrn" anbetet, der „den Namen über alle Namen" hat, hat ein „Haupt" über sich und gehört und dient diesem Haupt in völliger Hingabe. An ihm kann die unwillige Frau sehen, daß die Unterstellung unter ein Haupt nicht Erniedrigung und Unglück ist, sondern gerade die volle Herrlichkeit des Dienens in sich trägt. Die Frau soll auch nicht der Willkür eines herrschenden Mannes ausgeliefert sein, sondern ihr Haupt in demjenigen Manne haben, der selber völlig der Diener seines Hauptes Christus ist.

4/5   Paulus fügt sofort dieser Grundaussage die Feststellung an: **„Jeder Mann, der beim Beten oder Weissagen etwas auf dem Haupt hat, verunehrt sein Haupt. Jede Frau aber, die betet oder weissagt mit unbedecktem Haupt, verunehrt ihr Haupt; denn sie ist ein und dasselbe wie die Geschorene."** Das Verständnis dieser Sätze ist dadurch erschwert, daß der in ihnen verwendete Ausdruck „Haupt" in einem doppelten Sinn gebraucht wird, teils konkret und teils sinnbildlich. Meint Paulus hier mit dem „Haupt", das jeweils durch das Verhalten von Mann und Frau „verunehrt" wird, ihren eigenen Kopf oder das „Haupt", das die Frau in ihrem Mann und der Mann in Christus besitzt? Nur im zweiten Fall bekommen die Aussagen des Apostels die Wucht und Tiefe, die wir bei einem Mann wie Paulus erwarten müssen.

7   sen. Und nur so wird der V. 7 als Erklärung dazu verständlich. **„Denn**

der Mann freilich ist nicht verpflichtet, sich das Haupt zu bedecken, da er Bild und Herrlichkeit Gottes ist." In Christus, seinem Haupt, ist der Mann als „Bild der Herrlichkeit Gottes" geschaffen. Darum „verunehrt" er dieses sein „Haupt", Christus, wenn er seinen Kopf beim Beten bedeckt. Dahinter steht das Empfinden, daß alles „Bedecken" und „Verhüllen" Ausdruck einer Scheu und Unterordnung ist. Der Mann darf und soll frei und ohne diese Art von Scheu vor Gott stehen, weil er in Christus „Bild der Herrlichkeit Gottes" ist.

Anders steht es für die Frau. Sie trägt nach der Sitte der Zeit, die in der jüdischen Gemeinde besonders streng eingehalten wurde, als Ehefrau einen Schleier. Wo diese Sitte herrschte, machte die Frau mit unverhülltem Haar sofort einen lockeren und herausfordernden Eindruck. Daher kann Paulus mit voller Überzeugung von solcher Frau sagen: **„denn sie ist ein und dasselbe wie die Geschorene."** Daß Paulus bei der „Geschorenen" an die Dirne gedacht habe, wie manche Ausleger, auch A. Schlatter meinen, ist nicht wahrscheinlich. Es fehlen alle zeitgenössischen Belege dafür, daß Dirnen damals ihr Haar scheren ließen oder geschoren bekamen. Dem leichtfertigen Mädchen lag die üppige und künstliche Frisur näher als der kahle Kopf[3]. Aber der Mann trug nach römischer Sitte den kurzgeschorenen oder sogar rasierten Kopf. Legt die Frau das Kopftuch ab, das sie als Frau kennzeichnet, will sie dem Mann möglichst „gleich" sein, nun, so vollende sie diese „Vermännlichung", indem sie sich wie ein Mann den Kopf scheren läßt! Dann hat sie ihr Ziel radikal erreicht. Es wird dann freilich in dieser radikalen Durchführung auch die ganze Unmöglichkeit und Häßlichkeit dieses Versuches offenbar. Paulus will durch diese äußerste Folgerung das Heraustreten aus der festen fraulichen Sitte abschreckend machen. So sagt er es sachlich im folgenden Satz, den er ausdrücklich mit einem „denn" an seine Äußerung in V. 5 anschließt: **„Denn wenn sich eine Frau nicht bedeckt, so lasse sie sich auch das Haar abschneiden; wenn es aber für eine Frau entehrend ist, daß ihr das Haar abgeschnitten oder geschoren wird, so soll sie sich bedecken."** Nun ist es klar, daß sie mit dem Ablegen des Kopftuches **„ihr Haupt"**, nämlich ihren Mann, **„verunehrt"**. Sie hat damit öffentlich die Unterordnung unter ihm aufgegeben und ihre Stellung als Frau verleugnet. Sie will nicht mehr in echtem Sinne Frau ihres Mannes sein, sondern in einer falschen Freiheit neben ihm stehen. Dabei ist sie doch der Schöpfungsordnung nach des Mannes Herrlichkeit. Das hat sie durch ihr unverschleiertes Auftreten verleugnet und so **„ihr Haupt verunehrt"**.

Die grundmäßige Stellung der Frau sieht Paulus im Schöpfungsbericht aufgezeigt. Paulus sieht dabei die beiden Schöpfungsberichte in 1 Mo 1, 27 und 1 Mo 2, 18—24 ganz in eins. „Der Mensch", der „zum Bilde Gottes" geschaffen ist, ist darum zunächst nur der Mann. Er allein stammt unmittelbar von Gott. Das kommt in seinem Beten

---

[3] Auch eine leichtfertige Frau, wie die „Sünderin" in Lk 7, kann mit ihren Haaren die Füße Jesu trocknen.

mit unbedecktem Haupt zum Ausdruck. „**Denn der Mann freilich ist nicht verpflichtet, sich das Haupt zu bedecken, da er Bild und Herrlichkeit Gottes ist.**" Die Frau aber ist nach 1 Mo 2, 28 erst später „**aus dem Mann**" und „**um des Mannes willen**" geschaffen. „**Denn nicht ist der Mann aus der Frau, sondern die Frau aus dem Mann.**" So ist die Frau „**des Mannes Herrlichkeit**" und hat im Manne ihr „**Haupt**".

10 Von hier aus werden wir auch den schwierigen V. 10 verstehen müssen, für den es allerdings keine eindeutige und allgemein anerkannte Auslegung gibt: „**Darum ist die Frau verpflichtet, eine Macht auf dem Haupt zu haben um der Engel willen.**" Die Korinther wußten, was Paulus mit diesem ganz kurzen Wort sagen wollte und was er mit dem Ausdruck „**eine Macht**" meinte, die die Frau auf dem Haupt zu haben verpflichtet sei. Wir wissen es leider nicht. Abzuweisen wird die Auslegung sein, die in den „**Engeln**" nach 1 Mo 6, 4 überirdische Wesen sah, gegen deren Begehrlichkeit sich die Frau durch das verhüllende Kopftuch schützen müsse. Paulus hätte dann schwerlich einfach von „den" Engeln gesprochen. Es findet sich in der rabbinischen Literatur nicht die geringste Andeutung, daß man damals den Bericht aus 1 Mo 6 irgendwie mit der Gegenwart in Verbindung gebracht hätte; was in ihm erzählt wird, bleibt für alle Ausleger wirklich ein „vorsintflutliches" Ereignis. Vor allem fiele der Satz dann ganz aus dem Zusammenhang heraus. Das sehr betonte „Darum" am Anfang des Satzes zeigt, daß Paulus ihn aber gerade im Zusammenhang mit der vorhergehenden Aussage verstanden wissen will. Diese Aussage betonte die schöpfungsmäßige Unterstellung der Frau unter den Mann. Ihr gibt die Frau Ausdruck durch das Tragen des Kopftuches. So ist die „**Macht**" entweder die von der Frau anerkannte Vollmacht des Mannes oder sie ist die Vollmacht der Frau zum Beten und Weissagen, die sie eben nur in der Einfügung in die schöpfungsmäßige Ordnung besitzt. Die Engel, die sich im Gottesdienst mit der Gemeinde verbinden, achten darauf und fördern oder hindern die Gebete der Frau, je nachdem sie deren Gehorsam oder Ungehorsam sehen. Die verkürzte Ausdrucksweise, daß die Frau ihre „**Vollmacht**" zum Beten und Weissagen gerade dadurch „**auf dem Haupt**" trage, weil sich dort das Zeichen ihrer willigen Unterstellung unter den Mann findet, erinnert dann an die Paradoxie des Satzes von Kap. 9, 18, wo der besondere „Lohn" des Apostels gerade darin besteht, daß er k e i n e n Lohn für seine apostolische Arbeit annimmt. Die Frau hat ihre „Freiheit" (exousia) zum Beten und Weissagen gerade dadurch, daß sie sich keine „Freiheit" anmaßt. Bei solchen Erklärungen müssen wir freilich darauf gefaßt sein, daß Paulus doch etwas ganz anderes gemeint haben kann, auf das wir nur gar nicht kommen, weil wir die Anschauungswelt einer damaligen Gemeinde nicht genügend kennen.

11 Hat Paulus bei seinen Darlegungen das, was er in Gal 3, 28 schrieb, vergessen? Nein, mit einem betonten „jedoch" stellt er der Schöpfungsordnung gegenüber fest: „**Jedoch ist weder die Frau ohne den Mann noch der Mann ohne die Frau im Herrn.**" Paulus will das Miß-

verständnis abwehren, als gelte das Geschaffensein zum Bild und zur Herrlichkeit Gottes der Frau eigentlich nicht und als werde ihr die Beziehung zu Gott nur auf dem Umwege über den Mann zuteil, der für sie „ihre Herrlichkeit" sei. Nein, „im Herrn", in Christus, stehen Mann und Frau fest verbunden nebeneinander. Die Aussage des Schöpfungsberichtes in 1 Mo 1, 27 „und schuf sie als Mann und als Weib" kommt zu ihrem Recht. Weder der Mann noch die Frau für sich allein bildet schon das Ziel Gottes. Das „weder Mann noch Weib" in Gal 3, 28 findet jetzt seine klare Bestätigung auch im Zusammenhang unseres Abschnittes. „Hier ist weder Mann noch Weib, sondern allzumal einer in Christus", das heißt jetzt: Es **„ist weder die Frau ohne den Mann noch der Mann ohne die Frau im Herrn".**

Ja, selbst die Natur gibt der Frau, die schöpfungsmäßig „aus dem Manne ist", doch auch wieder die Überordnung über den Mann: **„Denn wie die Frau aus dem Manne, so ist auch der Mann durch die Frau."** Zu seiner Mutter, von der er das Leben empfing, hat jeder Mann aufzusehen. **„Das alles aber aus Gott",** fügt Paulus hinzu. Es geht nicht darum, daß sich der Mann eine überlegene Stellung der Frau gegenüber anmaßt oder daß die Frau darauf pocht, wo denn der Mann ohne ihre Mutterschaft wäre. Gott hat alles so geschaffen und geordnet, wie es ist. Daran endet alles Murren und alle Auflehnung. Hier darf jeder willig und dankbar seine Stelle einnehmen und seinem Wesen gemäß leben und seinen Auftrag erfüllen.

12

Dabei ist wichtig zu sehen: gegen das Beten und Weissagen der Frauen in der Gemeinde als solches erhebt Paulus keine Bedenken! Hier ist die „Gleichberechtigung der Frau" anerkannt. Nur bleibe sie dabei wirklich „Frau" und werde nicht durch taktlose und häßliche Freiheit ein verzerrtes Abbild des Mannes.

Wir müssen bei unserem ganzen Abschnitt bedenken, daß Paulus hier nicht eine theologische Abhandlung von zeitloser Gültigkeit schrieb, sondern in die Lage einer ganz bestimmten Gemeinde hinein eine Anweisung geben will, einer Gemeinde, die ihr Leben zu einer ganz bestimmten Zeit und in einer bestimmt geprägten Umwelt zu führen hat. Darum ist manches an dieser Anweisung zeitbedingt. So war es ja auch schon im vorigen Abschnitt: „Götzenopferfleisch" gibt es bei uns nicht mehr. Unmittelbar waren die Ausführungen des Paulus nicht auf uns anzuwenden. Und doch sagten sie ganz Wichtiges auch für unser heutiges Christsein. So ist die Stellung der Frau heute ganz allgemein eine andere geworden. Die Frau mit dem unbedeckten Kopf ist für uns ein selbstverständlicher Anblick in der Öffentlichkeit. Wir empfinden die Frau und das Mädchen ohne Kopfbedeckung in gar keiner Weise mehr als „unweiblich" oder „herausfordernd". Das „Empfinden" hat sich hier gewandelt[4]. Wenn Paulus

13

---

[4] Wir müssen uns immer der Relativität und der Wandelbarkeit solcher „Empfindungen" bewußt bleiben. Wie schockierend und unmöglich wirkte noch vor einem Menschenalter eine Diakonisse auf dem Fahrrad. Wie „fatal" empfanden wir zunächst die kürzer werdenden Röcke. Heute haben wir uns an solche Dinge gewöhnt.

die Korinther auffordert: „**Bei euch selbst urteilt: ist es geziemend, daß eine Frau unbedeckt zu Gott betet?**", so konnte er damals damit rechnen, daß die Gemeindeglieder, rein vom Empfinden ihrer Zeit her, ohne daß jetzt Christentum und Glaube dabei eine Rolle spielten, ihm zustimmten und ein solches Verhalten für „nicht geziemend", für „anstößig" hielten. Wir heute aber empfinden darin anders und zwar wiederum, ohne daß Christentum und Glaube dabei mitsprechen.

14/15 Wie stark Paulus selber sich bei seinem Urteil gar nicht einfach vom Glauben bestimmt weiß, zeigt sein Hinweis auf die „Natur"[5]. „**Und lehrt euch nicht die Natur selbst, daß, wenn ein Mann langes Haar trägt, es eine Unehre für ihn ist; wenn aber eine Frau langes Haar hat, es eine Ehre für sie ist? Denn das lange Haar ist ihr als eine Hülle gegeben.**" Auch hier ist für uns sofort deutlich, wie unsicher und wandelbar solche „Lehre der Natur" ist. Für den Griechen der alten Zeit wie für den Germanen beim Mann das lange Haar durchaus ehrenvoll und das Kurzschneiden des Haares schimpflich! Erst in der Römerzeit kam der Kurzschnitt und die Rasur des Manneskopfes auf. Und es gibt heute noch Indianerstämme, bei denen jeder Mann, auch der Christ gewordene, den langen Zopf trägt und dies mit Stolz tut und eine „Ehre" darin sieht, recht langes Haar zu haben.

Und doch ist der Hinweis des Apostels auf die „Natur" nicht falsch, sondern richtig und wesentlich. Die Natur macht einen tiefen und unaustilgbaren Unterschied zwischen den Geschlechtern. Und dieser Unterschied betrifft nicht nur Einzelheiten, sondern bestimmt das ganze körperliche und seelische Sein. Und hinter der „Natur" steht Gott, der Mann und Frau in dieser ganzen Verschiedenheit gewollt hat, gerade damit ihre Einheit in der Ehe und ihre Einheit in Christus umso reicher und fester werde.

Und damit stehen wir vor dem eigentlichen Nerv in den Ausführungen des Apostels. Die Frau hat in der Gemeinde Jesu eine Stellung bekommen, die sie hoch aus allem heraushob, was der jüdischen wie der heidnischen Frau zugestanden war. Als „Glaubende" steht sie gleichberechtigt neben dem Mann in Christus; sie darf völlig anders als die Frau in der Synagoge oder die Frau im heidnischen Tempel beten und weissagen. Aber bleibt sie dabei dennoch ganz „Frau"? Oder strebte sie nach einer falschen „Gleichheit" mit dem Mann, die der Natur und dem Schöpferwillen Gottes zuwider lief? Für Paulus entschied sich das an einer „Äußerlichkeit": am Ablegen oder am willigen Tragen des Kopftuches als dem Kennzeichen der Ehefrau. Wir haben das „Kopftuch" in diesem Sinn nicht mehr, so wie wir auch das „Götzenopferfleisch" nicht mehr kennen. Der Hut der Frau hat mit dem „Kopftuch" der damaligen Zeit nichts zu tun.

---

[5] Wir sehen, wie ernsthaft Paulus das Denken der Menschen im griechischen Raum aufgenommen hat, unter denen er arbeitet. Er von sich aus hätte nie von „Natur" gesprochen und hat es auch sonst nicht getan. Anklänge finden wir nur in Rö 2, 14; 2, 27; 11, 21; Gal 2, 15; 4, 8. Paulus dachte von sich aus in dem biblischen Gedanken „Schöpfung", nicht in dem griechischen Gedanken „Natur".

Und selbst wenn Frauen und Mädchen heute ein Kopftuch umbinden, ist es doch in keiner Weise mehr d a s „Kopftuch", um das es Paulus damals ging. Das heutige Kopftuch ist kein „Zeichen" mehr. Mit ihm hat eine Frau heute keine „Macht auf ihrem Haupt". Aber für die Gemeinde Jesu geht es auch heute darum, daß ihre Männer ganze Männer und ihre Frauen echte Frauen bleiben. Und auch für uns wird sich die Wahrung der „Fraulichkeit" der weiblichen Gemeindeglieder in bestimmten „Äußerlichkeiten" entscheiden, wie alle inneren Haltungen in äußeren Verhaltensweisen konkret zum Ausdruck kommen. Ein klares Empfinden für das, was der Frau „geziemend" ist, muß in der Gemeinde Jesu lebendig sein[6]. Und das ist bis heute so: eine echte Frau will gar nicht „männlich" sein, und die Frau will keinen verweichlichten Mann.

Es ist, als ob Paulus selber merkt, wie er hier nicht so wie bei anderen Fragen objektiv und schlüssig seine Anschauung zu beweisen vermag, weil es sich um Urteile des Schicklichkeitsgefühles handelt. Er hört innerlich, wie beim Verlesen dieses Abschnittes seines Briefes Gemeindeglieder sagen: „Das überzeugt uns nicht; wir bleiben bei unserer Meinung, unsere Frauen dürfen das Kopftuch ablegen." Soll die Diskussion immer weitergehen? Nein. **„Wenn aber einer rechthaberisch sein will, wir jedenfalls haben eine derartige Sitte nicht und auch nicht die Gemeinden Gottes."** Einzelne Gruppen in der Gemeinde können sich nicht einfach eine **„derartige Sitte"** herausnehmen, die weder **„wir"**, also der Apostel und seine Mitarbeiter, noch die **„Gemeinden Gottes"** haben. Hier müssen sich die Andersdenkenden der geltenden und übereinstimmenden Sitte aller Gemeinden fügen.

16

DIE GEFÄHRDUNG DES HERRENMAHLES IN DER GEMEINDE

1. Korinther 11, 17—34

17 **Indem ich aber dieses anordne, lobe ich nicht, daß euer Zusammenkommen nicht zur Förderung, sondern zur Schädigung führt.**
18 * **Denn erstens, wenn ihr zusammenkommt in der Gemeinde, höre ich, daß Spaltungen unter euch bestehen; und zum Teil glaube**
19 **ich es.** * **Denn es muß sogar Parteiungen unter euch geben, damit**
20 **die Bewährten offenbar werden unter euch.** * **Wenn ihr nun zusammenkommt am gleichen Ort, so ist das nicht ein (wirkliches)**
21 **Essen des Herrenmahles;** * **denn jeder nimmt das eigene Mahl vorweg beim Essen, und der eine hungert, der andere ist trunken.**
22 * **Habt ihr denn nicht Häuser zum Essen und Trinken? Oder verachtet ihr die Gemeinde Gottes und beschämt die, welche nichts haben? Was soll ich euch sagen? Soll ich euch loben? Darin spreche**

zu Vers 17:
1 Ko 11, 2. 22
zu Vers 18:
1 Ko 1, 10—12
3, 3
14, 26 f
zu Vers 19:
5 Mo 13, 4
Mt 18, 7
1 Jo 2, 19
zu Vers 22:
Jk 2, 5 f

---

[6] Vgl. Anmerkung 2. Es gibt zweifellos modische Dinge, die eine Jüngerin Jesu nicht mitmachen kann, weil sie trotz der Mode häßlich oder herausfordernd sind.

1. Korinther 11, 17—34

zu Vers 23—25:
Mt 26, 26—28
Mk 14, 22—24
Lk 22, 19—21

zu Vers 24:
2 Mo 12, 14
13, 9; 5 Mo 16, 3

zu Vers 25:
2 Mo 24, 8
Jer 31, 31
Sach 9, 11
2 Ko 3, 6
Hbr 7, 22

zu Vers 26:
Mt 26. 29;
Offb 22, 20

zu Vers 27:
Hbr 6, 6; 10, 29

zu Vers 28:
Mt 26, 22
2 Ko 13, 5

zu Vers 29:
1 Ko 10, 16 f

zu Vers 30:
Rö 13, 11
Eph 5, 14
1 Th 5, 6

zu Vers 31:
Rö 14, 22

zu Vers 32:
1 Pt 4, 17
Hbr 12, 5—7

zu Vers 34:
1 Ko 7, 17; 16, 5

23 ich kein Lob aus. * Denn ich meinerseits empfing von dem Herrn her, was ich auch überliefert habe an euch, daß der Herr Jesus in
24 der Nacht, in welcher er preisgegeben wurde, Brot nahm * und nach dem Dankgebet es brach und sprach: Dies ist mein Leib, und
25 für euch; dies tut zu meinem Gedächtnis. * Ebenso auch den Becher nach dem Mahl, sagend: Dieser Becher ist der neue Bund in mei-
26 nem Blut, dies tut, so oft ihr trinkt, zu meinem Gedächtnis. * Denn so oft ihr eßt dieses Brot und den Kelch trinkt, verkündigt ihr den
27 Tod des Herrn, bis er kommt. * Also, wer etwa ißt das Brot oder trinkt den Becher des Herrn in unwürdiger Art, wird schuldig am
28 Leibe und am Blute des Herrn. * Es prüfe aber ein Mensch sich selbst, und so esse er von dem Brot und trinke von dem Becher.
29 * Denn der Essende und Trinkende ißt und trinkt sich selbst ein
30 Urteil, wenn er den Leib nicht unterscheidet. * Deshalb sind unter
31 euch viele schwach und krank, und nicht wenige schlafen. * Wenn wir aber uns selbst richtig beurteilten, würden wir nicht gerich-
32 tet; * gerichtet aber von dem Herrn werden wir gezüchtigt, damit
33 wir nicht zusammen mit der Welt verurteilt werden. * Daher, meine Brüder, wenn ihr zusammenkommt zum Essen, so wartet
34 aufeinander. * Wenn einer hungrig ist, der esse zu Hause, damit ihr nicht zur Verurteilung zusammenkommt. Das übrige werde ich anordnen, wenn ich komme[1].

Eine weitere Not des Gemeindelebens in Korinth bewegt Paulus: die Feier des Herrenmahles[2] ist in Unordnung. Hier will Paulus mit Ernst eingreifen. **„Indem ich aber dieses anordne"**, wird sich nicht auf den vorigen Abschnitt zurückbeziehen, sondern auf das voraus blicken, was Paulus hier mit Autorität vorzuschreiben gedenkt[3].

Aber auch hier folgen bezeichnenderweise doch nicht einfach „apostolische Verordnungen", sondern Paulus sucht das eigene Verständ-

---

[1] In dem ganzen Abschnitt ist die Abweichung der Handschriften bemerkenswert, auch wenn es sich nur um einzelne Worte handelt. Es ist die der LÜ zugrundeliegende Gruppe der „Koine" (Kennzeichnung „K"), die im Unterschied von der „ägyptischen" Textgestalt (Kennzeichnung „H") vielfach auszugleichen und den Text zu erleichtern sucht. So stellen D und G am Schluß von V. 22 u. 23 den Artikel vor „Brot": Es ist für den Leser schon „das" bekannte Brot der kirchlichen Feier. K setzt das „Nehmt, esset" in V. 24 vor das Brotwort des Herrn und gleicht es damit an den vertrauten Mt-Text (Kap. 26, 26) an; ebenso erweitert und erklärt K das knappe „für euch" durch ein hinzugefügtes „gebrochen". In V. 26 wie in V. 27 wird von K dem Becher bzw. dem Brot ein „dieses" angleichend beigesetzt. In V. 29 schien der knappe Wortlaut zu wenig verständlich. K fügt schon im Anfang des Satzes ein erklärendes „auf unwürdige Weise" und an seinem Schluß ein verdeutlichendes „des Herrn" ein. Wir verstehen, warum die Theologie heute die „ägyptische" Textform vorzieht und für die ursprünglichere hält. Es ist sehr verständlich, daß Abschreiber solche erklärenden und erleichternden Zusätze in einen älteren und knapperen Text unwillkürlich oder bewußt einfügen, während es wenig Wahrscheinlichkeit hat, daß solche Worte fortgelassen wurden, wenn sie im ursprünglichen Text standen.

[2] Wir sollten von dem Ausdruck „Abendmahl" zu dieser urchristlichen Benennung „Herrenmahl" zurückkehren. Denn nicht der „Abend" gibt diesem Mahl seine besondere Art und Bedeutung, sondern der „Herr", dessen Stiftung und Handlung dieses Mahl ist. So sprach Paulus auch schon Kap. 10, 21 vom „Becher des Herrn" und vom „Tisch des Herrn".

[3] In A, C und in lat und syrischen Übersetzungen lautet der Text umgekehrt: „Ich ordne dieses an, indem ich nicht lobe."

nis und den eigenen Willen der Gemeinde zu gewinnen. Im vorigen Abschnitt hat er zuerst **„loben"** können (11, 2). Hier kann er es nicht, weil **„euer Zusammenkommen nicht zur Förderung, sondern zur Schädigung führt"**. Die Korinther kommen zwar zusammen; über ein Fernbleiben von Gemeindeveranstaltungen ist nicht zu klagen. Umso schmerzlicher ist es, daß die täglichen Zusammenkünfte das Gemeindeleben dennoch nicht fördern, sondern schädigen. Wir sehen, wie es Paulus wieder um den „Aufbau" der Gemeinde geht.

Worin sieht Paulus diese „Schädigung" des Gemeindelebens? Paulus hat verschiedene Nöte im Blick und beginnt darum mit einem „erstens", ohne aber nachher die Mißstände bei der Feier des Herrenmahles mit einem „zweitens" oder „ferner" von der allgemeinen Not der Spaltungen abzuheben. **„Denn erstens, wenn ihr zusammenkommt in der Gemeinde, höre ich, daß Spaltungen unter euch bestehen."** Die Korinther „kommen in der Gemeinde zusammen", so daß die Gemeinde als solche und als ganze beisammen ist⁴. Aber gerade dann zeigen sich „Spaltungen" auf Grund der „Streitigkeiten", von denen gleich am Anfang des Briefes die Rede war. In Kap. 1, 10f waren nur „Streitigkeiten" als Tatsache festgestellt. Vor „Spaltungen" schien nur als vor einer möglichen Folge gewarnt zu werden. Jetzt „hört" Paulus, daß die Streitigkeiten bereits dazu geführt haben, daß man bei Gemeindeversammlungen in gesonderten Gruppen zusammensitzt. Man kann nicht mehr als ganze, einmütige Gemeinde beieinander sein; die Risse in der Gemeinde werden offenbar.

Paulus hat davon „gehört". Er fügt hinzu: **„Zum Teil glaube ich es."** Er meint damit schwerlich, daß seine Berichterstatter — er nennt hier nicht wie Kap. 1, 11 „die Leute der Chloe" — am Ende übertrieben haben könnten und daß ihnen nur „zum Teil" zu glauben ist. Für Paulus ist „glauben" ein viel wesentlicheres Wort. Ich „glaube" etwas, wenn ich es in seinem Zusammenhang und in seiner inneren Notwendigkeit erfasse. Darum fährt Paulus auch fort: **„Denn es muß sogar Parteiungen unter euch geben, damit die Bewährten offenbar werden unter euch."** Es ergibt eine fortschreitende und sich verfestigende Reihe, wenn aus „Streitigkeiten" zuerst „Spaltungen" und dann sogar „Parteiungen" werden⁵. In Korinth hatten sich die Gegensätze der verschiedenen Gruppen so verhärtet, daß sie sich als feste „Parteiungen" zusammen- und gegeneinander abschlossen. Das ist ein schmerzliches Geschehen. Aber Paulus sieht darüber jenes „muß", das in der ganzen biblischen Geschichte eine Rolle spielt. Es ist nicht ein unglücklicher Zufall, sondern es liegt hier eine Notwendigkeit

---

⁴ Wie klein muß selbst die relativ „große" Gemeinde in Korinth gewesen sein, daß ein solches Zusammenkommen räumlich möglich war, da es eine „Kirche" oder auch nur einen „Gemeindesaal" nicht gab. Das „Haus des Proselyten Titus Justus" (Apg 18, 7) war auch ein Privathaus, dessen Räumlichkeiten mit einem modernen, großen Gemeindesaal nicht konkurrieren konnten.

⁵ „Schisma = Spaltung" und „hairesis = Parteiung" ist deutlich unterschieden. Die gegeneinander stehenden rabbinischen Schulen sind „Spaltungen", aber die Sadduzäer sind eine „hairesis", eine „Partei".

vor, die ihren positiven Sinn hat: „**damit die Bewährten offenbar werden unter euch.**" Zu solcher Trennung innerhalb einer Gemeinde Jesu können sich nur unbewährte, unreife Christen hinreißen lassen. Nun werden in der Gemeinde die echten und gegründeten Christen offenbar, die sich diesem Treiben widersetzen und um die Einheit der Gläubigen sich mühen[6].

20 Aber nicht nur diese Gegensätze in der Gemeinde stören das Herrenmahl. Sie stören es freilich wirklich. Denn man kann ja nicht am Tisch dessen, der für alle starb, in mißtrauischen und gegeneinander verbitterten Gruppen sitzen[7]. Es kommt aber ein weiteres erschwerend hinzu. Zwar kommt noch die ganze Gemeinde „**am gleichen Ort**"[8] zusammen, das hat trotz allem Streit noch nicht aufgehört. Und doch „**ist das nicht ein** (wirkliches) **Essen des Herrenmahles**". Warum nicht? Nun ist es doch wichtig, daß Paulus jetzt nicht weiter auf die „Spaltungen" eingeht. Sie stören nicht speziell das Herrenmahl, sondern alle Zusammenkünfte der Gemeinde. Das Herrenmahl als solches ist bedroht durch etwas, was mit den „Parteiungen" nichts zu tun hat. Es folgt dem „erstens" von V. 18 tatsächlich ein „zweites", das nur nicht direkt als solches bezeichnet wird. Das kann ein Zeichen dafür sein, daß Paulus in einer gewissen Erregung und schmerzlich erschüttert von dem Ernst der Vorgänge den Brief weiter diktiert.

21 Was ist es, was eine wirkliche Feier des Herrenmahles unmöglich macht? „**Denn jeder nimmt das eigene Mahl vorweg beim Essen, und der eine hungert, der andere ist trunken.**" Wie ist das zu verstehen? Wir sehen zunächst, es ist in Korinth noch der gleiche Brauch lebendig, der auch die „Abendmahlsfeier" der Urgemeinde nach Apg 2, 46 f bestimmt. Es handelt sich nicht um eine feierliche gottesdienstliche Handlung, um ein „Sakrament des Altars". Man hielt vielmehr die gemeinsame Mahlzeit, wie Jesus es oft mit seinen Jüngern getan hatte, und bei dieser Mahlzeit wurde dann „das Brot gebrochen". Um den Becher mit Wein täglich zu reichen, war die Urgemeinde zu arm. Das „Brotbrechen", die Abendmahlsfeier, geschah innerhalb der gemeinsamen Mahlzeit. So war es auch in Korinth: Das Gemeindemahl war zugleich „Herrenmahl", und das Herrenmahl war „Gemeindemahl". Beides war in eins das Mahl der Jüngerschaft Jesu in der Gegenwart ihres Herrn. Aber nun trat in Korinth eine grundlegende Not und Schuld, mit der Paulus in allen Kapiteln des Briefes ringt, in neuer Form sehr sichtbar hervor. Man sah nicht den andern, man sah nur sich selbst und den eigenen Vorteil (10, 24. 33). Die mitgebrachten Lebensmittel wurden nicht verteilt und gemeinsam genossen. Jeder aß selber, was er mitbrachte. So traten die sozialen Unterschiede kraß hervor: „**der eine hungert, der andere ist trun-**

---

[6] Von dieser ruhigen und positiven Stellung eines Paulus auch zu solch schmerzlichen und gefährlichen Erscheinungen im Gemeindeleben dürfen wir lernen. Im Gemeindeleben muß nicht alles in Ordnung sein, es „muß" auch Krisen geben, die zu positiven Ergebnissen führen.
[7] Welche Fragen stellen sich hier an die Abendmahlsnöte in der Christenheit heute!
[8] Dieses Zusammenkommen, „epi to auto", ist geprägter ntst Ausdruck. Vgl. Kap. 14, 23; Apg 1, 15; 2, 1; 2, 44; 2, 47; 4, 26.

ken." Und das sollte noch „Mahl des Herrn Jesus" sein, bei dem „wir, die vielen, ein Leib sind"? (10, 17). Darum urteilt Paulus, es „**ist das nicht ein** (wirkliches) **Essen des Herrenmahles**". Immer ist es die gleiche Linie in Korinth: Neid und Eifersucht untereinander (3, 1—4), auftrumpfendes Abwerfen jeder sittlichen Norm (5, 1 ff), Prozesse untereinander vor heidnischen Richtern (6, 1), Freiheit im Umgang mit der Dirne (6, 12 ff), Freiheit zum Teilnehmen am Götzenopfer ohne Rücksicht auf den schwachen Bruder (8, 1 ff). Immer ist es das gründliche Mißverstehen der „Freiheit" und des geistlichen Lebens, immer das Fehlen der Liebe. Da hinein passen Feiern des Mahles, bei dem die Wohlhabenden lärmend und rücksichtslos genießen, während Brüder um sie her hungern! Jedes auf Goldgrund gemalte Bild der ersten Christenheit muß uns vergehen[9].

Wem es auf das Essen und Trinken als solches und nicht auf das gemeinsame Mahl ankam, der kann und soll dazu in seinem Haus bleiben. „**Habt ihr denn nicht Häuser zum Essen und Trinken?**", das ist die Frage an die Wohlhabenden in der Gemeinde, die die eigentliche Schuld an den unmöglichen Zuständen tragen. „**Oder verachtet ihr die Gemeinde Gottes und beschämt die, welche nichts haben?**" Im vollen Gegensatz zur Urgemeinde (Apg 2, 44 f; 4, 32—35) gab es in der Gemeinde in Korinth solche, „die nichts haben" und die dementsprechend „hungern". Schon das war ein „Verachten der Gemeinde Gottes". Hier war nicht mehr gesehen, was „Gemeinde Gottes" ist, wie sie zusammengehört und nicht ertragen sollte, daß in ihrer Mitte Menschen hungern, während andere im Überfluß leben. Vollends schlimm aber wurde die Verachtung der Gemeinde, wenn das notleidende Gemeindeglied seine Armut auch noch hilflos zur Schau gestellt sehen mußte und wenn so aus seinem Mangel eine „Beschämung", eine „Schande" wurde. Ihr „**beschämt die, welche nichts haben**".

Paulus, der Israelit, kannte derartiges aus seinen jüdischen Gemeinden nicht. Ratlos steht er davor: „**Was soll ich euch sagen?**" Will die Gemeinde auch etwa hier noch von ihrem Apostel „gelobt" werden? „**Darin spreche ich kein Lob aus.**" Wenn Paulus die Gemeinde nicht lobt, sondern mit erschreckendem Ernst über diese Mißstände beim Herrenmahl mit ihr spricht, dann muß die Gemeinde daran denken, Paulus ist in seinem Urteil ein gebundener Mann. Das „Herrenmahl" ist ja nicht seine eigene Erfindung und Einrichtung, über deren Gestaltung er darum auch selber verfügen könnte. Nein, „**denn ich meinerseits empfing von dem Herrn her, was ich euch überliefert habe an euch**".

Paulus gebraucht hier die alten, vertrauten Formeln seiner jüdischen und rabbinischen Vergangenheit. „Empfangen von..." und „überliefert an...", darin vollzog sich im Rabbinat aller Unterricht. Und darin lag eine Wahrheit, die auch der bekehrte Paulus nicht wegzuwerfen brauchte. Wer sich nicht sein religiöses Weltbild selbst

---

[9] Vgl. dazu auch Rö 13, 13 und die Auslegung in der W.Stb.

zurechtmacht, wer auch nicht in subjektiver, mystischer Versenkung der Gottheit begegnet, sondern an den lebendigen Gott glaubt, der seine mächtige Heilsgeschichte durch die Zeiten führt, dem müssen die „Großtaten Gottes" durch „Überlieferung" bekannt werden. Der muß diese Überlieferung „empfangen", der darf sie dann wieder andern „überliefern". Darum haben wir als Christen bis heute die „Geschichtsbücher" des AT und NT, und darum ist die Bibel überhaupt vor allem ein Erzählbuch. Freilich, von der rettenden Botschaft sagt Paulus in Gal 1, 12: „Ich habe es nämlich weder von einem Menschen empfangen noch gelernt, sondern durch eine Offenbarung Jesu Christi." Daß Jesus wahrhaftig der Sohn Gottes und mein Erretter ist, das kann ich überhaupt nicht „lernen", das muß mir im Heiligen Geist offenbar werden. Aber die geschichtlichen Ereignisse im Leben, Leiden, Sterben und Auferstehen Jesu wurden auch einem Paulus nicht von Jesus selbst vor Damaskus mitgeteilt; der Herr sprach damals nur ganz wenige Worte (s. Apg 9, 5 f). Hier war Paulus auf die „Überlieferungen" angewiesen. So „empfing" er auch den Bericht über die Einsetzung des Abendmahles zwar „vom Herrn her"[10], der das Mahl selber stiftete, aber doch durch die Kette der Zeugen, so wie er ihn dann auch wieder seinen Gemeinden weitergab[11].

23—25 „**Der Herr Jesus, in der Nacht, in welcher er preisgegeben wurde.**" Immer wieder haben wir daran zu denken, daß das für uns abgebrauchte Wort „Herr" ein mächtiger und bedeutungsschwerer Begriff war. Hier handelt der Eine, der in vollem Sinne „Kyrios", „**Herr**" war[12]. Zugleich aber ist er mit seinem Menschennamen „**Jesus**" genannt. Als der Menschgewordene konnte er Leib und Blut hingeben für eine verlorene Welt. Er handelt „**in der Nacht, in welcher er preisgegeben wurde**". Hier verwendet Paulus das gleiche Wort „preisgeben, dahingeben", das er auch in seiner mächtigen Aussage Rö 4, 25; 8, 32 gebraucht. So wird er auch an unserer Stelle nicht den Verrat des Judas besonders hervorheben wollen. Nicht durch solche Einzelheit ist diese Nacht wesentlich gekennzeichnet, sondern das bestimmt das ganze Geschehen, daß nun der „Kyrios", der „Sohn" vom Vater selbst „dahingegeben", an unserer Stelle dem Gericht und darum auch der Welt, dem Teufel, der Gottverlassenheit „**preisgegeben**" wird. Das zeigt uns, daß der Vater nicht passiv das Leiden und Sterben des Sohnes sich gefallen läßt, sondern daß darin die opfernde Liebe des Vaters ebenso unbegreiflich groß ist, wie die Liebe des Sohnes, der sich gehorsam opfern läßt.

[10] Wenn Paulus hier die Präposition „apo" und nicht „para" verwendet, so muß das nicht bedeuten, daß er unmittelbar von Jesus selbst den Bericht über die Einsetzung des Herrenmahles empfing; es weist aber darauf hin, daß Jesus selbst die ursprüngliche Quelle ist, auf die alle Berichte in der Gemeinde zurückgehen.
[11] Es ist hier nicht der Ort, um auf die Unterschiede in den uns vorliegenden schriftlichen Fixierungen des Berichtes bei Mt, Mk, Lk und Paulus einzugehen. Sie sind erstaunlich gering. Rein historisch betrachtet ist aber das, was Paulus den Korinthern schreibt, besonders wichtig. Paulus hat von vornherein diesen unseren Bericht an seine Gemeinden weitergegeben. Er lag also bereits wenige Jahre nach den Ereignissen selbst fest, und zwar so, wie wir ihn jetzt in seinem Text schriftlich vor uns haben. Auf welch festem historischen Boden stehen wir damit!
[12] Zu „Kyrios", „Herr" vgl. Anmerkung o. S. 144.

1. Korinther 11, 17—34

Der Herr Jesus **„nahm das Brot, und nach dem Dankgebet brach er es und sprach: Dies ist mein Leib, der für euch"**. Auch jetzt, da Jesus im „Brechen" des Brotes die ganze Wirklichkeit seines Leidens und Sterbens vor sich sieht, „dankt" er. Nicht Klage oder auch nur Abschiedswehmut erfüllt sein Herz, sondern Dank. Sein gebrochener Leib ist ja **„der für euch"**, wie hier mit der knappsten biblischen Zurückhaltung gesagt wird. In diesem kurzen verhaltenen **„für euch"** liegt alles: die ganze Liebe, die für Verschuldete und Verlorene sich hingibt, und der ganze ungeheure Gewinn, der aus diesem Opfer erwächst, die ewige Errettung der Verlorenen. Darum kann Jesus danken; und darum kann seine Gemeinde dies „Brechen des Brotes", dieses Gedenken an Preisgabe, Leiden und Tod als heilige F r e u d e n feier begehen.

Vom Verteilen des Brotes, vom Empfangen und Essen wird nichts gesagt. Die Teilnehmer an jenem Mahl der letzten Nacht bleiben völlig außerhalb des Blickfeldes. Nur der Herr selbst und sein Tun und Sagen füllt alles aus. Aber das Brot wurde „gebrochen", um den Genossen des Mahles gegeben und von ihnen gegessen zu werden. Jesus vollführte nicht eine sinnbildliche Handlung, um den Jüngern eine Wahrheit bildhaft und faßlich darzustellen, sondern er g a b ihnen mit dem gebrochenen Brot seinen Leib. Nicht einen mystischen Leib, eine verklärte, überirdische Substanz, sondern gerade seinen irdischen, für sie gebrochenen Leib. Aber diesen Leib in seiner ganzen Heilsbedeutung empfangen sie nun wirklich und „essen" ihn, nehmen ihn also in seiner ganzen Realität für sich an.

Jesus wollte nicht nur dieses eine Mahl mit seinen Jüngern halten und nicht nur diesem kleinen Kreise seine Liebe übereignen. Er sah hinaus auf die Gemeinde aller Zeiten und ordnete darum ausdrücklich an: **„Dies tut zu meinem Gedächtnis."** Dadurch wird das Mahl nicht eine bloße „Gedächtnisfeier". Echtes „Gedenken" vergegenwärtigt[13]. Das aber hat die Gemeinde wahrlich immer wieder nötig, daß ihre ganze Verlorenheit und die ganze Größe der rettenden Tat ihres Herrn lebendig vor ihr steht. Immer wieder beginnt auch der Gläubige zu „vergessen", wer er ist und was der Herr für ihn tat. Indem die Gemeinde im zerbrochenen Brot den Leib ihres Herrn empfängt, nimmt und ißt, „gedenkt" sie der ganzen Heilsgeschichte Gottes in Christus. Aber dieses „Gedenken" besteht nicht nur in „Gedanken" und Erinnerungen, sondern in einem „Tun", einer Handlung, einem wirklichen Empfangen. Paulus selbst war jedenfalls von der realen „Anteilhabe" an dem Leibe des Herrn überzeugt, wie wir es schon Kap. 10, 16 erfuhren[14].

---

[13] Wenn der erhöhte Herr Offb 2, 5 eine Gemeinde mahnt: „Gedenke, wovon du gefallen bist", dann meinte er gerrade nicht ein bloßes beschauliches Rückwärtsblicken, sondern eine schmerzhafte Vergegenwärtigung, was die Gemeinde besaß und verlor. Ebenso steht es mit den vielen Aufforderungen zum „Gedenken" im AT.

[14] Eine ganz neue Deutung der Formel „zu meinem Gedächtnis" hat Joachim Jeremias in seinem Buch „Die Abendmahlsworte Jesu", EVA, Berlin 1963, S. 229 ff vorgelegt. Gestützt auf ein beachtliches sprachliches Material sucht Jeremias nachzuweisen, daß Jesus mit diesem seinem Wort gemeint habe: „Damit Gott meiner gedenke." Gott sollte seiner, des Messias, gedenken,

„Ebenso auch den Becher nach dem Mahl"[15]. „Ebenso" wie mit dem Brot verfuhr Jesus also mit dem Becher. Auch ihn „nahm" er, auch über ihm sprach er das Dankgebet, ihn reichte er wie das Brot den Teilnehmern am Tisch. Es wird aber deutlich, wie sehr das „Abendmahl" in die ganze Mahlzeit eingegliedert war und nicht wie bei uns eine geschlossene Handlung in sich selbst darstellte. Das Brechen und Austeilen des Brotes durch den Hausvater gehörte in den Anfang einer Mahlzeit hinein. Diese nahm dann ihren Fortgang bis zum Schluß, und nun erst „nach dem Mahl", vom Brechen des Brotes zeitlich weit getrennt, wird der Becher gesegnet und gereicht.

Deutlicher als bei dem Brot wird hier von Jesus die ganze Heilsbedeutung der Gabe ausgesprochen: **„Dieser Becher ist der neue Bund in meinem Blut."** Hier wird uns besonders erkennbar, daß es bei aller Realität der Gabe doch nicht um irgendwelche heiligen Substanzen geht. In dem Becher ist nach Jesu eigenem Wort nicht eigentlich „das Blut", sondern in dem Becher ist **„der neue Bund"**, der nur seinerseits wieder „in dem Blut Jesu", durch sein Blut[16], zustandekommt. Wer diesen Becher empfängt und trinkt, empfängt damit nicht eine himmlische Materie, sondern den Anteil an dem neuen Bund. Gott hatte ihn durch den Propheten Jeremia verheißen (31, 31—34). Nun stiftet und vollzieht er ihn in Jesus. Diese Stiftung ist aber nicht eine einfache Sache, nicht eine bloße Willenserklärung. Die für diesen neuen Bund versprochene und für ihn notwendige Vergebung kann nur dadurch Wirklichkeit werden, daß die ganze Sündenlast fortgetragen wird von dem, der das unbefleckte, heilige Lamm Gottes ist (Jo 1, 29). Die Stiftung dieses Bundes konnte darum nur durch das Blut hindurch geschehen und kostete den hohen Preis des Fluchtodes des Sohnes Gottes.

26   Daran „erinnert" jede Feier des Herrenmahles[17]. Darum wird jede Abendmahlsfeier ausdrücklich eine Verkündigung des Todes des Herrn. **„Denn so oft ihr eßt dieses Brot und den Kelch trinkt, verkündigt ihr den Tod des Herrn, bis er kommt."** Dabei müssen wir die zentrale Aussage des Satzes in ihrer ganzen Wucht empfinden. Der

und bald den Tag der Parusie herbeiführen, an dem erst der ganze Ertrag des bitteren Leidens und Sterbens des Messias sichtbar wird. So sei jede Feier des Herrenmahles ein Flehen um dieses Gedenken Gottes. Wesentliche Teile des Buches sind auch für den Nichttheologen gut lesbar.

[15] Ob dieses Mahl ein Passamahl war, geht aus den Worten des Paulus nicht hervor. Das verwendete grie Wort kann auch für ein Passamahl gebraucht werden, bezeichnete aber zunächst das „Speisen" der Hauptmahlzeit, die am (frühen) Abend stattfand. Paulus legt mindestens keinen Wert darauf, daß es sich um ein Passamahl gehandelt habe, da jeder ausdrückliche Hinweis darauf bei ihm fehlt. Nur der festliche Weinbecher könnte ein gewisses Kennzeichen dafür sein. Aber wenn ihn Jesu Gegner einen „Fresser und Weinsäufer" nannten (Mt 11, 19), muß es diesen festlichen Becher auch sonst bei seinen Mahlzeiten gegeben haben.

[16] Vgl. die Bemerkung S. 128 über die instrumentale Bedeutung der grie Präposition „en".

[17] Darum wird auch beim Becher die Anordnung der Wiederholung ausgesprochen: „Dies tut, so oft ihr trinkt, zu meinem Gedächtnis." Die vom Brotwort abweichende Formulierung: „So oft ihr trinkt", weist darauf hin, daß in den armen Gemeinden der Urchristenheit nicht täglich der Wein zur Mahlzeit da sein konnte. Aber wenn der Becher gereicht werden kann, soll es „zu meinem Gedächtnis" geschehen. „Das Brechen des Brotes" dagegen war stets möglich; darum fehlt bei der Anordnung die Wiederholung des begrenzenden „so oft".

„**Tod des Herrn**" ist keine Selbstverständlichkeit. Unsere Weihnachtslieder rühmen das Wunder: „Er ist ein Kindlein worden klein, der alle Ding erhält allein." Aber noch unerhörter ist es, daß der den Tod schmeckt, der doch der „Kyrios", der göttliche Herr des Weltalls ist. Der Tod und alles, was mit dem Tode zusammenhängt, steht in solchem Gegensatz zu dem lebendigen Gott, daß der Hohepriester im Alten Bund nicht einmal an der Beerdigung von Vater und Mutter teilnehmen durfte, um nicht mit irgend etwas in Berührung zu kommen, was Tod heißt. Der Tod ist ja „der Sünde Sold" (Rö 6, 23). Tod und Sünde, Tod und Satan (Hbr 2, 14) stehen in engster Beziehung zueinander. Und nun soll der wahre Hohepriester, der „Herr", der Sohn Gottes selbst, der Heilige und Sündlose, den Tod nicht nur berühren, sondern selber des Todes sterben! Das ist von unausdenkbarer Furchtbarkeit und ist doch darum unsere Errettung aus dem verdienten Tod. Darum muß gerade der Becher der Festfreude an das unerhörte Geschehen, an das vergossene Blut erinnern. Und umgekehrt wird vergossenes Blut und bitteres Sterben uns zur tiefen, dankenden Freude. Jede Feier des Herrenmahles vereint das Unvereinbare: den T o d des H e r r n, und darum Fluch und Segen, Gericht und Gnade, tiefste Beugung und höchste Erhebung.

So ist auch die Feier des Herrenmahles „Wort vom Kreuz". Und dieses Wort sprechen in der Mahlfeier nicht nur einzelne Boten, nicht nur die Liturgen der Feier, sondern alle Teilnehmer durch ihr „Tun", durch ihr Essen und Trinken. „**Ihr verkündigt den Tod des Herrn**", sagt Paulus allen Gemeindegliedern in Korinth[18].

Diese Verkündigung in der Mahlfeier geschieht „**bis er kommt**". Das soll nicht nur die Selbstverständlichkeit feststellen, daß mit dem Kommen des Herrn diese Feier endet, und auch nicht nur mahnen, bis dahin sie nicht zu unterlassen. Der Zusatz soll vielmehr ausdrücklich darauf hinweisen, daß der „Herr", dessen Tod hier verkündigt wird, der Lebendige und der Kommende ist. Wieder zeigt sich der durchgehend eschatologische Zug des ganzen Glaubens und Lebens der Urchristenheit (vgl. 1, 7 und das dort Gesagte). Auch beim „Abendmahl" ist der Blick nicht nur rückwärts gewendet, so sehr es „zum Gedächtnis" gefeiert wird[19]. Das Mahl blickt vorwärts, dem Tag des Herrn entgegen, da Jesus erfüllend und vollendend das Festmahl des Reiches in unaussprechlicher, ewiger Freude mit den Seinen halten wird.

So hat der Herr selbst das Mahl gestiftet. Weder Paulus noch die Korinther können darüber verfügen. Wenn eine Gemeinde es aber

27

---

[18] Weil bei uns der Pastor die Abendmahlsfeier „hält", ist dieser Tatbestand aus dem Bewußtsein der Gemeinde geschwunden. Sie ist beim Abendmahl nur noch passiv empfangend. Das Mahl ist nicht mehr ihre eigene Sache. Das wird unterstrichen, wenn nur der „ordinierte Geistliche" die Feier halten kann und darf.

[19] Überzeugen uns die von J. Jeremias vorgetragenen Erkenntnisse, vgl. Anm. 14 S. 191, bedeutet das „Gedächtnis" vielmehr das „Gedenken Gottes" an den Messias zur Vollendung seines Werkes, dann würde der Zusatz „bis er kommt" noch verständlicher. Wenn Jesus „kommt", dann ist die im Abendmahl liegende Bitte um das Gedenken Gottes erfüllt, das Beten hat sein Ziel erreicht.

feiert, dann muß es der Stiftung entsprechend in würdiger Weise geschehen. Paulus bringt das zum Ausdruck, indem er den folgenden Satz mit einem nachdrücklichen „also" einleitet. **„Also, wer etwa ißt das Brot oder trinkt den Becher des Herrn in unwürdiger Art, wird schuldig am Leibe und am Blute des Herrn."** Wie wichtig kann eine Wortform sein. Die uns vertraute LÜ: „Wer aber unwürdig isset und trinket" zwang fast zu dem Verständnis „wer als ein Unwürdiger ißt und trinkt". Wieviele Menschen haben sich dadurch mit der Frage bitter gequält, ob sie nicht solche „Unwürdigen" seien und sich mit ihrer Teilnahme am Abendmahl an Leib und Blut des Herrn versündigen. Sie haben dadurch die Angst vor dem Abendmahl ins Herz bekommen, so daß sie so selten wie möglich oder gar nicht mehr der Einladung des Herrn Jesus folgten. Der grie Text aber sagt eindeutig: **„Wer in unwürdiger Art"** isset und trinket. So paßt es auch allein in den Zusammenhang des Abschnittes. Nicht das wirft Paulus den Korinthern vor, daß sie als unwürdige Leute zum Herrenmahl kommen, sondern daß sie es durch die unwürdige Weise ihrer Feier zerstören. Wenn am Tisch des Herrn Spaltungen die Gemeinde zerreißen, wenn dort der eine hungert und der andere trunken ist, während der unerhörte Tod des Kyrios für alle verkündigt wird, dann ist das eine „unwürdige Art". Sie ist dann aber nicht ein Schönheitsfehler, sondern hat eine schreckliche Wirkung, die die Korinther sich vor Augen halten müssen. Sie werden dadurch **„schuldig am Leibe und am Blute des Herrn".** „Teilhabe" am Leib und Blut des Christus ist jede Abendmahlsfeier in vollem Realismus, einerlei, wie sie begangen wird. Das aber steht zur Frage, ob diese Teilhabe eine rettende und begnadende oder eine schuldig machende und richtende ist. Dieses Schuldigwerden am Christus entspricht dem „Verachten der Gemeinde Gottes" (V. 22), vertieft es aber noch. Wer sich beim Mahl des Herrn so verhält, wie manche Korinther es taten, der verachtet damit nicht nur die Gemeinde Gottes, sondern verkennt und verachtet den Herrn selbst und sein ernstes, opferndes Lieben und wird damit „schuldig an seinem Leib und Blut", die doch gerade zu seiner Rettung hingegeben wurden. Wir stehen hier in der Nähe von Hbr 10, 28—31[20].

28 Vor diesem Ernst erwächst die Pflicht der „Prüfung". Paulus hat seine Mahnung **„Es prüfe aber ein Mensch sich selbst"** nicht näher erläutert. An eine dem „Abendmahl" vorangehende „Beichte" ist nirgends im NT gedacht. **„Sich selbst"** soll jeder **„prüfen".** Da es im folgenden Satz wie im Zusammenhang des ganzen Abschnittes um

---

[20] Wir können nicht schnell sagen, daß uns das nichts angehe. Zwar die besonderen Mißbräuche der Feier, wie sie in Korinth vorkamen, gibt es bei uns nicht, weil die kirchliche Art der Feier eine völlig andere ist. Aber feiern nicht auch die vielen „in unwürdiger Art", die ohne wirkliche Sündenerkenntnis und ohne einen eigentlichen Christusglauben zur Abendmahlsfeier kommen? Luther hat das in seinem Abendmahlslied sehr klar herausgehoben: „Solch groß Gnad und Barmherzigkeit sucht ein Herz in großer Arbeit. Ist dir wohl, so bleib davon, daß du nicht kriegest bösen Lohn. Hättst du dir was konnt erwerben, was braucht ich für dich zu sterben? Dieser Tisch auch dir nicht gilt, so du selber dir helfen willt" (EKG 154, V. 6 u. 8b). Aber wo wird das zu Herzen genommen?

das „Unterscheiden des Leibes", um die rechte Einstellung zum Herrenmahl wie zur Bruderschaft der Gemeinde geht, wird auch die Selbstprüfung sich vor allem darauf zu beziehen haben. Gewiß spielt dabei auch die Sündenerkenntnis eine Rolle. Die wahre „Würdigkeit" für den Tisch des Herrn Jesus liegt ja einzig in der tatsächlichen und von mir selbst bejahten „Unwürdigkeit". Jesus hielt einst und hält heute noch sein Mahl nur mit „Sündern". Nur „Verlorene" brauchen das rettende Opfer des Leibes und Blutes des Herrn[21]. Sie wissen dann aber auch um die ganze heilige Größe des Herrenmahles und entweihen es nicht durch eine unwürdige Feier. Sie sind erfüllt von der Liebe des Christus und darum bereit für die Bruderschaft. Die in Korinth eingerissenen Mißbräuche sind für sie unmöglich. Auf dieses zurechthelfende Ziel des „Prüfens" weist Paulus durch das dafür gebrauchte Wort „dokimazein" hin, das im Griechischen das positive Ergebnis mit einschließt, ähnlich, wie es auch bei uns geschieht, wenn wir von einer „geprüften Krankenschwester" reden. Darum fährt Paulus fort: **„und so esse er von dem Brot und trinke von dem Becher".** Jetzt, wo er klar weiß, was er beim Mahl des Herrn sucht, nicht „sein eigenes Essen" (V. 21), sondern wirklich diese große Gabe des Christus und die Bruderschaft der Gemeinde, „so" kann und soll er getrost und dankbar an den Tisch des Herrn kommen.

Aber noch einmal unterstreicht Paulus einer leichtfertigen Gemeinde gegenüber den ganzen Ernst: **„Denn der Essende und Trinkende ißt und trinkt sich selbst ein Urteil, wenn er den Leib nicht unterscheidet."** Bei dem **„Leib",** den hier einer **„nicht unterscheidet",** haben wir wie in Kap. 10, 16f daran zu denken, daß der Gedanke an den „Leib Christi", an die Gemeinde, immer mitschwingt. Die behaglich und üppig Schmausenden in Korinth „unterschieden" nicht mehr den für sie hingegebenen Leib des Christus im Brot von allen andern Nahrungsmitteln. Aber sie „unterschieden" auch nicht den Christusleib der Gemeinde von andern Zusammenkünften, bei denen man dem Hunger von Menschen gleichgültig zusehen und die Armen beschämen mochte. Doch ihr Essen und Trinken bleibt auch jetzt nicht unwirksam, trotz ihrer Gleichgültigkeit gegen den „Leib des Herrn". Sie essen und trinken nun beim Herrenmahl ihr Urteil in sich hinein. Wie ernst nimmt Paulus überall den Leib und die leiblichen Vorgänge! Der Leib gehört dem Herrn, an unserem Leibe verherrlichen wir Gott (5, 13; 6, 20). Unser Essen und Trinken bringt uns in reale Verbundenheit mit den Dämonen oder mit dem Leib und Blut des Christus (10, 16. 20). Mit Essen und Trinken ehren wir Gott (10, 31). Mit Essen und Trinken bringen wir uns selbst unter Gottes richtendes Urteil. Das sollen die Korinther immer wieder erkennen, die sich in falscher „Geistigkeit" und „Freiheit" um die realen, leibhaftigen Vorgänge nicht kümmern zu müssen meinen. Sie haben es selber vor Augen, daß das **„Urteil",** welches sie sich essen und trinken, nicht ein bloßes Wort

---

[21]Vgl. noch einmal Luthers Abendmahlslied in der vorigen Anmerkung.

oder gar nur eine Drohung des Apostels ist. Nein, dieses Urteil vollstreckt sich an ihnen: **„Deshalb sind unter euch viele schwach und krank, und nicht wenige schlafen."** Weil es in der unwürdigen Feier eines Mahles um Essen und Trinken geht, wirkt sich die Verschuldung gerade auch körperlich in Schwäche und Krankheit aus, ja führt sogar zu Todesfällen. Nochmals wird der ganze Realismus im Abendmahlsverständnis des Paulus sichtbar.

31 Sind jetzt Gemeindeglieder in Korinth erschrocken? Fragen sie, was sie tun können? Paulus hat für sie eine klare Antwort: **„Wenn wir aber uns selbst richtig beurteilten, würden wir nicht gerichtet."** Gott handelt nach der gnädigen Regel, daß er nicht mehr sein Gericht geschehen läßt, wenn ein Mensch über sich selbst redlich klar zu werden versucht und sich selbst das Urteil spricht. Aber noch mehr.

32 Bei Paulus beobachten wir auch hier wieder (vgl. o. S. 175) jene eigentümliche Wendung zum Positiven, die aus seinem Durchdrungensein vom Evangelium stammt. Selbst diejenigen, an denen sich ein Gericht schon vollzogen hat, vor allem jene „Schwachen und Kranken", müssen nicht verzweifeln, sondern dürfen es wissen: **„Gerichtet aber von dem Herrn werden wir gezüchtigt, damit wir nicht zusammen mit der Welt verurteilt werden."** Dabei ändert sich der Sinn des Satzes nicht wesentlich, ob wir die Worte „von dem Herrn" mit „gerichtet" oder mit „wir werden gezüchtigt" verbinden. Wichtig ist, daß Gerichte über den Gläubigen eine ernste Hilfe sein wollen, um dem Gericht über die Welt zu entgehen. Dieses Gericht hat Paulus immer erschreckend ernst angesehen, vgl. Rö 2, 5; 5, 9; 1 Th 1, 10. In diesem Gericht über die Welt waltet der Zorn. Wenn Zuchtgerichte Gottes den Glaubenden davor bewahren, **„zusammen mit der Welt verurteilt zu werden"**, dann kann er diese Zuchtgerichte mit dankbarer Beugung auf sich nehmen.

33/34 Paulus schließt ab. **„Daher, meine Brüder, wenn ihr zusammenkommt zum Essen, so wartet aufeinander."** Es wird deutlich, daß die scharfe Frage in V. 22 nicht etwa die ganze alte Weise der Mahlfeier abschaffen will! Es wäre wohl für Paulus wie für eine damalige Gemeinde ganz unvorstellbar gewesen, wie man Herrenmahl halten könne ohne gemeinsame Mahlzeit! Das Nehmen und Brechen des Brotes gehörte ganz einfach an den Anfang einer Mahlzeit; und erst „nach dem Essen" konnte nach dem Vorbild des Mahles Jesu der Becher gereicht werden. Aber die schlimmste Entwürdigung der Feier konnte vermieden werden, wenn wenigstens alle **„aufeinander warteten"**. Es mochte sich das ausgleichende Mitteilen von Lebensmitteln ganz von selbst ergeben, wenn der Wohlhabende nicht schon mit seinem reichlichen Essen fertig war, bis der Arme erst spät von seiner harten Arbeit zur Versammlung kam. Aber wird das Warten nicht schwierig, **„wenn einer hungrig ist"**? Nun, wenn es damit so schlimm steht, daß einer nicht warten kann, dann **„esse er zu Hause, damit ihr nicht zur Verurteilung zusammenkommt"**. Noch einmal klingt das harte Gerichtswort „Verurteilung" auf, das über dem ganzen Abschnitt steht und das in dem Eingangssatz, daß das Zusammenkommen der Korinther „nicht zur Förderung, sondern zur Schädigung führe", eigentlich schon gemeint war. Und noch einmal weist Paulus auf den erschütternden Widersinn hin, wenn das Zusammenkommen einer Gemeinde Jesu überhaupt und nun gar ihr Zusammenkommen zum Empfang des zu ihrer Errettung hingegebenen Leibes und Blutes zu ihrer Verurteilung und zu ihrem Verderben führt.

Es gab im einzelnen noch viele Dinge zu regeln. Aber das will Paulus nicht brieflich aus der Ferne tun. Konkrete Fragen und Schwierigkeiten müssen an Ort und Stelle besprochen und entschieden werden. **„Das übrige werde ich anordnen, wenn ich komme."** In der grie Form des Bedingungssatzes liegt eine gewisse Unbestimmtheit. Paulus kann noch nicht sicher sein baldiges Kommen versprechen. Am Schluß des Briefes sagt er darüber Näheres (16, 5—9).

In unserem Abschnitt über die Abendmahlsfeier fällt uns zweierlei auf. Sogar hier bei der Sakramentsverwaltung fehlt das „Amt". Paulus richtet nicht an den oder die „Amtsträger" die Aufforderung, für die Abstellung der Mißbräuche und die Einhaltung rechter Ordnung zu sorgen. Er wendet sich an die Gemeinde als ganze, weil sie selbst als solche und als ganze die Feier hält. Es fehlt offenbar auch eine feste „Liturgie" mit der Rezitation der Einsetzungsworte als Mittelpunkt. Sonst hätte der Apostel die Einsetzung des Mahles nicht ausführlich niederschreiben müssen, sondern die Gemeinde nur an ihr täglich wiederholtes liturgisches Gut zu erinnern brauchen.

Was dieser ganze Abschnitt für die Gemeinde von heute und für ihre Feier des Herrenmahles bedeutet, kann hier nicht erörtert werden. Das freilich ist gewiß, daß die kirchliche Feier des „Altarsakramentes", das nur von ordinierten oder geweihten Amtsträgern gespendet werden darf, nicht die einzig mögliche oder einzig berechtigte und einsetzungsgemäße Weise der Mahlfeier ist. Und es ist ernstlich zu fragen, ob wir uns nicht allzuweit von dem entfernt haben, was Paulus in unserem Abschnitt vom Mahl des Herrn und seinem rechten Vollzug sagt. Aber die Abendmahlsfeier hängt unlöslich mit der gesamten Art des heutigen „Gemeindelebens" zusammen. Es kann keine Rückkehr zum NT an einem einzelnen Punkt geben. Wenn Gott durch den ungeheuren Umbruch der Zeit die Gemeinde Jesu wieder „urchristlich" werden läßt, wird sich ganz von selbst auch ihre Feier des Herrenmahles dem ntst Bild nähern. So hat es schon Luther in der berühmten Vorrede zur „Deutschen Messe" gesehen. In der Schar derer, „die mit Ernst Christen sein wollen", gäbe es statt „vielen Gesinges" „eine feine kurze Weise, das Sakrament zu halten". Aus dem „Sakrament des Altars" würde wieder Mahlfeier der Gemeinde in der Gegenwart ihres Herrn, bei der alle den Tod des Herrn verkündigen, bis er kommt.

VON DEN WIRKUNGEN DES HEILIGEN GEISTES

1. Die Merkmale der Wirksamkeit des Geistes

1. Korinther 12, 1—11

zu Vers 1:
1 Ko 14, 1

zu Vers 2:
Hab 2, 18
Apg 17, 29
Gal 4, 8

zu Vers 3:
Mt 7, 21
Mk 9, 39
Jo 13, 13
Rö 8, 9; 10, 9
Phil 2, 11
1 Jo 4, 2; 5, 1

zu Vers 4:
Rö 12, 6
1 Ko 12, 1
Hebr 2, 4

zu Vers 5:
1 Ko 12, 28; 6, 6
Eph 4, 11

zu Vers 6:
Eph 1, 11; 4, 6

zu Vers 7:
1 Ko 14, 26

zu Vers 10:
Apg 2, 4
14, 1. 5. 24. 29
1 Ko 11, 4
1 Jo 4, 1

zu Vers 11:
Rö 12, 3
1 Ko 7, 7
Eph 4, 7

1 Über die Geisteswirkungen (oder: die Geistbegabten) aber, Brüder, will ich euch nicht in Unkenntnis lassen. * Ihr wißt, als ihr Heiden waret, wurdet ihr zu den stummen Götzenbildern, wie ihr irgend geleitet wurdet, hingeführt. * Darum tue ich euch kund, daß kein im Geiste Gottes Redender sagt: „Fluch über Jesus", und keiner ist imstande zu sagen: „Herr ist Jesus", als nur im Heiligen Geist. * Es gibt aber Zuteilungen von Gnadengaben, doch (es ist) derselbe Geist; * und es gibt Zuteilungen von Diensten, und (es ist) derselbe Herr; * und es gibt Zuteilungen von Wirkungen, aber (es ist) derselbe Gott, der da wirkt das alles in allen. * Einem jeden aber wird gegeben die Offenbarung des Geistes zum Nutzen. * Dem einen wird durch den Geist gegeben Wort der Weisheit, einem anderen aber Wort der Erkenntnis nach demselben Geist; * einem weiteren Glauben in demselben Geist; einem andern Heilungsgaben in dem einen Geist, * einem andern Wunderwirkungen, einem andern Prophetie, einem andern Unterscheidungen der Geister, einem weiteren Arten von Zungen, einem andern Auslegung der Zungen. * Alles dieses wirkt der eine und selbe Geist, zuteilend einem jeden in eigener Weise, wie er will.

1 Wie in Kap. 7, 1 u. 8, 1 geht Paulus auch hier auf eine Anfrage der Korinther ein. Seine Antwort wird sehr ausführlich und füllt die Kap. 12—14, ein Zeichen, daß Paulus hier an einem wesentlichen Punkt der Nöte im Gemeindeleben Korinths zu stehen meint. Auch hier geht es (wie gleich am Anfang des Briefes), um Uneinigkeit und Spaltungen, um „Eifersucht und Streit", die sich gerade an dem Reichtum und der Mannigfaltigkeit der Geisteswirkungen entzündeten. Darum liegt es Paulus in dem ganzen 12. Kapitel daran, die Einheit der Quelle allen Reichtums an „Gaben" und die Einheit der Gemeinde als des einen Leibes mit den vielen Gliedern den Korinthern machtvoll zu zeigen. Dabei weist sofort der Einsatz des Kapitels „Über die Geisteswirkungen" darauf hin, daß Paulus nicht nur über die „Charismata, die Geistesgaben" zu sprechen hat, sondern umfassender nach dem ganzen Wirken des Geistes gefragt worden ist[1]. Auch hier liegt ihm daran, daß die Gemeinde eine wissende und verstehende werde, die alle Vorgänge auf dem Gebiet des geistlichen Lebens selber recht zu beurteilen vermag. „Über die Geisteswirkungen (oder: die Geistbegabten) aber, Brüder, will ich euch nicht in

---

[1] Dabei fassen wir das am Anfang stehende Wort als Neutrum, als „Geisteswirkungen". Es könnte an sich auch ein Maskulinum sein und so die „Geistbegabten", die „Pneumatiker", bezeichnen. Aber Paulus wird es hier in Kap. 12, 1 nicht anders gebraucht haben wie in Kap. 14, 1, wo klar das Neutrum steht.

Unkenntnis lassen." Paulus beginnt daher mit einer grundlegenden Aussage, die den Korinthern das wesenhafte Kennzeichen der Wirksamkeit des Geistes überhaupt nennt. Weder das Heidentum noch das Judentum hat Heiligen Geist. Nur in der Gemeinde Jesu, da wo man Jesus als den „Kyrios" bekennt, ist der Geist am Werk.

Der Satz über das Heidentum ist sprachlich schwierig und nicht leicht zu übersetzen. Wir können diese Schwierigkeiten hier nicht im einzelnen erörtern. Die Übersetzung biegt den Satz notgedrungen ein Stück zurecht. **„Ihr wißt, als ihr Heiden waret, wurdet ihr zu den stummen Götzenbildern, wie ihr irgend geleitet wurdet, hingeführt."** Die Korinther kennen die heidnische Religion aus ihrer eigenen Vergangenheit. Sie wissen, daß sie damals nur **„stumme Götzenbilder"** hatten. Obwohl es dort kein lebendiges Wort, keine innere, das ganze Herz erfüllende und bewegende Gewißheit gab, nahmen sie doch eifrig am Kultus teil. Warum? Sie wurden irgendwie **„geleitet"** und **hingeführt".** Alle heidnische Religion ist ein unausweichliches Stück des Volkslebens und der festen Volkssitte[2]. Von Gottes Geist, der im Wort wirkt und eigene Überzeugung schafft, war da nichts zu merken. Man folgte gedankenlos der herrschenden Sitte.

Aber war nicht das Judentum etwas ganz anderes? War dort nicht ein lebendiger und redender Gott und darum auch klare Erkenntnis und bewußte Lebensordnung? So mancher in der Gemeinde mochte schon als Heide aufmerksam zum Judentum hinübergeschaut haben. Jetzt war in vielen Gemeinden ein Fragen da, ob man nicht zu Israel gehören müsse, um Jesus, dem Messias Israels, recht gehören zu können. Weil gerade für bisherige „Heiden" das Urteil hier schwierig war, **„darum tue ich euch kund, daß kein im Geiste Gottes Redender sagt: ‚Fluch über Jesus'."** Auch in der Synagoge zu Korinth war es bei der Verkündigung des Paulus zu „Lästerungen" (Apg 18, 6) gekommen. Damals hallten die Rufe „Fluch über Jesus" durch den Raum, wenn Paulus von Jesus sprach. Und auch jetzt steht in den Synagogen überall das Urteil über Jesus fest: Jesus ist der zu Recht am Fluchholz hingerichtete Gotteslästerer. Das aber ist das sichere Kennzeichen, daß hier nicht der Geist Gottes zu finden ist[3].

---

[2] Andere sehen in dem Satz des Paulus eine Erinnerung an den „Enthusiasmus", den es in manchen Kulten in der Tat gab, und übersetzen dementsprechend: „Ihr wurdet zu den Götzenbildern, wie ihr getrieben wurdet, hingerissen." Aber es ist recht unwahrscheinlich, daß die geringen Leute, die den wesentlichen Teil der Gemeinde bildeten (1, 26 ff), solchen enthusiastischen Kulten angehört haben sollten. Zudem stand in der Mitte der Mysterienkulte gerade nicht das stumme „Götzenbild". Dieses gab es nur in der offiziellen Religion. Vgl. Anm. S. 171.

[3] In der Zeit, da die Theologie einseitig den Hellenismus als wirksame Umwelt des jungen Christentums ansah, meinte man, den Satz des Paulus so verstehen zu sollen, daß in der Gemeinde selber enthusiastische Leute „Fluch über Jesus" gerufen hätten; nun kläre Paulus die Gemeinden darüber auf, daß so etwas nicht aus dem Heiligen Geist stamme. Aber sollten das nicht auch die Korinther selber gewußt haben? Und sollte ein Paulus, der seinerseits den Fluch über alle sprach, die Jesus nicht liebten (16, 22), für eine so furchtbare Verirrung in der Gemeinde nichts anderes gehabt haben als einen ruhig aufklärenden Satz? Zudem ist solcher „Fluch", ein solches „Anathema", eine typisch jüdische Sache, auf die Heiden gar nicht kommen konnten. Ekstatische Gemeindeglieder aus den Heiden mochten alles mögliche schreien, „Anathema Jesus" riefen sie ganz bestimmt nicht.

Denn das Wirken des Geistes geht genau in der entgegengesetzten Richtung und führt zu dem Bekenntnis: **„Herr ist Jesus."** Ja, **„keiner ist imstande zu sagen: ‚Herr ist Jesus', als nur im Heiligen Geist".** Lange Zeit, in den Jahrhunderten christlicher Gewöhnung, schien das freilich nicht zu stimmen. Aber gerade heute beginnen wir es wieder neu zu verstehen. Daß ein jüdischer Handwerker, der verhöhnt von den Menschen und verlassen von Gott hilflos am Kreuz endete, der „Kyrios"[4], der Herr des Weltalls, der Richter aller Milliarden Menschen sein soll, das kann kein „vernünftiger Mensch" erkennen. „Herr ist Jesus" — wer das mit klarer Überzeugung sagt, in dem wirkt es der Heilige Geist[5]. Denn eben dies ist nach Jo 16, 14 das eigenste und eigentliche Werk des Geistes, Jesus zu verherrlichen, Jesus in seiner ganzen Herrlichkeit zu zeigen. Durch den Heiligen Geist kommt es zu dem Urbekenntnis der Christenheit: **„Herr ist Jesus."** Alle weiteren „Bekenntnisse" und „Bekenntnisschriften" in der Christenheit sind nur nähere Ausführungen und Erklärungen dieses Grundbekenntnisses. Zugleich aber darf jeder, der dieses Grundbekenntnis redlich mit sprechen und in dem Menschen Jesus den „Kyrios" sehen kann, mit Dank und Freude wissen, daß der Geist in seinem Herzen wohnt und wirkt. Und die Gemeinde, die in diesem Bekenntnis lebt, ist der Ort der Gegenwart des Heiligen Geistes (3, 16)[6].

4 Aber diese Erkenntnis Jesu als des Kyrios ist nicht die einzige Wirkung des Geistes. Wir dürfen auch hier wieder nicht beim „Erkennen", bei der bloßen Theologie, stehenbleiben[7]. Paulus hat immer die Gemeinde und ihren Aufbau vor Augen. Es geht ihm im ganzen Brief nicht um die richtigen Gedanken bei dem einzelnen, einsamen Christen, sondern um das rechte Leben der Gemeinde Gottes. Dieses Leben aber in seiner ganzen Mannigfaltigkeit und seinem Reichtum

5/6 ist Wirkung und Geschenk des Geistes. Paulus wendet sich dem jetzt zu und zeigt den Korinthern: **„Es gibt Zuteilungen von Diensten, und** (es ist) **derselbe Herr; und es gibt Zuteilungen von Wirkungen, aber** (es ist) **derselbe Gott, der da wirkt das alles in allen."** Wie ist alles hier von Leben und Bewegung erfüllt! Es ist uns damit eine Wirklichkeit vor Augen gestellt, die wir Christen von heute ganz neu erfassen müssen.

Dieser Lebensreichtum der Gemeinde ist Wirkung des lebendigen Gottes. Die drei Sätze des Paulus weisen auf den Dreifaltigen Gott hin und stehen darum auch nicht einfach nebeneinander, sondern gehören eng zusammen. Der Geist gibt die **„Gnadengaben",** aber er

---

[4] Vgl. dazu Anm. S. 144.
[5] Darum sagten wir o. S. 126 mit Paulus, daß das Evangelium als solches nicht „gelernt" werden kann.
[6] Hier wird deutlich, daß der Besitz des Heiligen Geistes nicht ein Vorrecht einzelner „Großer" in der Christenheit, sondern unerläßliche Notwendigkeit für jeden einfachen Christen ist. Nur durch den Heiligen Geist kann man wirklich Christ sein. Zur Gemeinde Jesu gehören nur Menschen mit dem Heiligen Geist, die das unerhörte Bekenntnis „Herr ist Jesus" in Wahrheit auszusprechen vermögen.
[7] Vgl. o. S. 19 das gleich am Anfang des Briefes zum Wort „Apostel" Ausgeführte.

gibt sie, weil der Herr „Dienste" verleiht, zu denen wir die charismatische Ausrüstung nötig haben. Die vielfachen **„Wirkungen"** aber in den **„Diensten"** durch die **„Gnadengaben"** gehen zurück auf denselben Gott, **„der da wirkt das alles in allen"**. Der Geist handelt also nicht selbständig für sich, sondern ist mit dem Herrn verbunden und ist der Geist des wirkenden Gottes[8].

Darum kann Paulus die mächtige Einheit bezeugen, die hinter der ganzen Mannigfaltigkeit der **„Zuteilungen"** steht. Hier wird das Anliegen des Apostels sichtbar. Alle Vielfalt bringt die Gefahr mit sich, daß nun das Verschiedene gegeneinander ausgespielt oder abgewertet wird. Eine Gemeinde wie die korinthische mit so viel Neid und Eifersucht und solchem Mangel an Liebe war dieser Gefahr schon ein Stück erlegen. Aus Kap. 14 können wir schließen, daß in Korinth bei vielen die „Zunge" als überragende Geistesgabe galt, in der das Wirken des Geistes am sichersten und mächtigsten zu sehen sei. Andere, weniger auffallende Gaben wurden dagegen gering geschätzt. Vielleicht haben die Kreise der Gemeinde, die besonders zu Paulus hielten, gerade im Blick auf solche Wirrnisse in der Gemeinde den Apostel um Belehrung **„über die Geisteswirkungen"** gebeten. Paulus macht zunächst grundlegend klar, wie es **„der eine und selbe Geist"** ist, der die verschiedensten Gaben verleiht, und **„derselbe Herr"**, der alle Dienste überträgt, und in beiden **„derselbe Gott"**, der da **„wirkt alles in allen"**. Dann kann man Gaben, Dienste und Wirkungen nicht gegeneinander ausspielen. Sie kommen alle von dem Einen. Dabei hat jedes Charisma, jeder Dienst den eigenen unverbrüchlichen Wert und die volle Unentbehrlichkeit an seiner Stelle. Zugleich weist die Formulierung „Gott wirkt alles in all e n " auf die persönlichen Empfänger der verschiedenen Gaben und Dienste hin, auf die **„Geistbegabten"**. Auch kann man nicht gegeneinander abwerten und auch hier nicht „einer für den einen sich gegen den andern aufblähen" (4, 6). Wir stoßen immer wieder auf die gleichen Schäden in Korinth. Durch sie wird selbst der Reichtum göttlichen Gebens im Heiligen Geist entstellt und zum Mittel des Zankes und der Uneinigkeit gemacht[9].

Dagegen wendet sich der nächste kurze Satz und stellt grundlegend fest: **„Einem jeden aber wird gegeben die Offenbarung des Geistes zum Nutzen."** Dreierlei ist hier wichtig. **„Jeder"** wird von dem sich erweisenden Geist beschenkt[10]. Der Geist bevorzugt nicht einige „große" Männer, sondern will **„jeden"** in irgendeiner Weise ausrüsten. Darum muß dann allerdings auch für **„jeden"** in der Ge-

7

---

[8] Es wird an solchen Stellen deutlich, daß die Trinitätslehre der Kirche nicht die eigenwillige und überflüssige Erfindung ihrer Dogmatiker ist. Gewiß kennt das NT die Formel „Dreieinigkeit" nicht. Aber es bezeugt die wunderbare Wirklichkeit des Dreieinigen Gottes. Das kirchliche Dogma sucht nur lehrhaft zu fassen und gegen Irrtümer abzuschirmen, was im Zeugnis der Schrift tatsächlich vor uns steht.
[9] Welch einen Anschauungsunterricht hat der Herr damit seiner Gemeinde für alle Orte und Zeiten gegeben!
[10] An dieser Tatsache ist die Unterscheidung von „Geistlichen" und „Laien" als unbiblisch erwiesen.

meinde der Raum sein, mit dieser Ausrüstung wirklich tätig zu werden. Wo nur eine kleine Zahl von „Amtsträgern" alle „Dienste" auf sich selbst vereinigt und alles in die eigene Hand nimmt, können die „jedem" geschenkten Gaben sich nicht entfalten[11]. Dabei ist das, was der Geist in seiner Offenbarung gibt, wirklich freies Geschenk. Darum fehlt jeder Anlaß, sich selbst mit einer Gabe großzutun. Kap. 4, 7 steht nun aufs neue und in noch deutlicherer Weise vor uns. Und endlich werden alle Gaben gegeben **„zum Nutzen"**. „Charismata" sind also D i e n s t gaben des Heiligen Geistes, die nicht zur Beglückung oder Erhöhung einzelner Gemeindeglieder da sind, sondern den andern, der Gemeinde „nützen" sollen. Darum ist jeder einzelne, jeder Kreis, jede Bewegung gerichtet, bei der irgendwelche Geistesgaben zur eigenen Erhöhung herausgestellt werden. Echte Geistesträger d i e n e n und haben damit so viel zu tun, daß keine Zeit bleibt, sich selbst zu beobachten und sich selbst zu rühmen.

Nun gibt Paulus einen ersten Überblick über die **„Gnadengaben"** („Charismata"). Es ist ein reiche Fülle, bei der aber Paulus nicht ängstlich genau registriert. Bei der erneuten Aufzählung am Schluß des Kapitels weicht er von diesem ersten Überblick ruhig ab. Es geht ja um einfache Wirklichkeiten, nicht um ein „System" oder um dogmatische Forderungen. Davon gewinnt man sofort einen lebhaften Eindruck, wenn man das entsprechende Stück des Römerbriefes (12, 4—8) neben unsern Abschnitt stellt. In Rom sieht es mit den Diensten anders aus als in Korinth. Aber Paulus wehrt das, was in Korinth mehr da war als in Rom, nicht als Überschwang ab, schilt aber auch nicht die Römer als arm und rückständig, weil bei ihnen von „Zungen" oder „Heilungsgaben" nicht zu sprechen ist. Es müssen nicht in allen Gemeinden die gleichen Gaben da sein, und es muß durchaus nicht jede Gemeinde alle Gaben haben. Es handelt sich um „Zuteilungen", die in der freien Verfügung des Geistes stehen, und um „Dienste", über die allein der Herr verfügt. Wie sollte da Raum zu Kritik und Murren sein? Nur darauf dringt der Apostel in Rom wie in Korinth, daß die vorhandenen Gaben mit Hingabe gebraucht werden **„zum Nutzen"**.

8   Was Paulus nun nennt, sind alles echte, „übernatürliche" Fähigkeiten. Charismata sind nicht geheiligte Naturgaben. Wohl kann Gott auch natürliche Anlagen und Fähigkeiten in seinen Dienst stellen und sie dafür heiligen[12]. Aber davon ist jetzt nicht die Rede. Es

---

[11] Es hat hier ein verhängnisvoller Kreislauf eingesetzt. Weil schon sehr früh in der Kirchengeschichte das „Amt" alle Tätigkeiten in der Gemeinde an sich zog, traten die „Gaben" bei den Gemeindegliedern mehr und mehr zurück. Und weil nun scheinbar die „Gaben" nicht mehr da waren, meinte man, alles durch „Amtsträger" ausrichten zu müssen. Das „Gegenüber von Amt und Gemeinde" wirkte sich verhängnisvoll aus. Die Anziehungskraft von Freikirchen und Sekten liegt z. T. darin, daß hier noch oder wieder Raum für die Dienste und Gaben sogenannter „Laien" vorhanden ist.

[12] Ein schönes Beispiel ist der Missionar Jim Fraser, der schon als Student ein leidenschaftlicher Bergsteiger war. Gott führte ihn in das Land der Lisu, in dieses „großartige, struppige, felsige, nasse, wilde" Hochgebirgsland. „Wie wohl ich mich darin fühle", kann Fraser, der Bergsteiger, hinzusetzen.

handelt sich um Gaben des Heiligen Geistes, die mit Naturgaben nichts zu tun haben. Dabei ist bezeichnend, daß Paulus die in Korinth bewunderten „Zungen" nicht an die Spitze stellt. Ihm ist vor allem wichtig, was zum Aufbau der ganzen Gemeinde dient. Die Gemeinde aber braucht **„Weisheit"**, also die Fähigkeit, die praktischen Aufgaben des Lebens zu durchschauen und von Gott her die rechten Wege und Lösungen dafür zu finden. Sie braucht aber auch **„Erkenntnis"**, den gründlichen Einblick in Gottes Wahrheit und Gottes Heilsplan[13]. Und sie braucht nicht nur Weisheit und Erkenntnis als solche, sondern vielmehr das **„Wort der Weisheit"** und das **„Wort der Erkenntnis"**, das in rechter und hilfreicher Weise diese Weisheit und Erkenntnis der Gemeinde vermittelt. Der Geist gibt es: **„Dem einen wird durch den Geist gegeben Wort der Weisheit, einem anderen aber Wort der Erkenntnis nach demselben Geist."** Es ist aber bezeichnend, daß Paulus schon diese beiden so nah beieinander liegenden Gaben verschiedenen Gemeindegliedern zugeteilt sieht[14].

Nun erscheint **„Glaube"** als besonderes Charisma. Es kann damit nicht der Heilsglaube gemeint sein, den jeder besitzt und besitzen muß, der überhaupt Glied der Gemeinde sein will. Hier denkt Paulus an den **„Glauben"**, der einzelnen in besonderer Weise verliehen wird, wenn auch freilich „zum Nutzen" für die ganze Gemeinde. A. H. Franckes oder Georg Müllers „Glauben" hat nicht jedes Gemeindeglied und muß ihn auch nicht haben. Solche Männer (und Frauen!) des Glaubens erweisen in besonderer Art die Treue Gottes in seinen Verheißungen, die Macht des Gebetes, die Herrlichkeit des Rechnens mit Gott und stärken dadurch die Gemeinde als ganze und helfen zu ihrem Bau[15].

„Heilungsgaben" und **„Wunderwirkungen"** stehen im Plural. Das wird darauf hinweisen, daß Paulus nicht an die dauernde Ausrüstung einzelner mit Heilungskraft oder Wundermacht denkt. Immer wieder wird es Christen geschenkt, im Heiligen Geist Kranke zu heilen und in besonderen Notlagen Wunder zu tun. Also nicht „Krankenheiler" und „Wundertäter" schenkt der Geist, sondern „Heilungsgaben" und „Wunderwirkungen"[16]. Paulus rechnet in 2 Ko 12, 12

9

10

---

[13] Paulus verwendet hier den Begriff „Weisheit", den er in den ersten Kapiteln des Briefes umfassend gebrauchte, in der jüdischen Weise in einem engeren Sinn, der sich auf die Lebenspraxis bezieht. Vgl. die „Weisheitsliteratur" der Bibel („Sprüche Salomos" und „Prediger Salomo") und des Spätjudentums („Weisheit Salomos", „Jesus Sirach"). Was in Kap. 2, 6 ff „Gottes Weisheit im Geheimnis zu unserer Herrlichkeit" heißt, ist hier unter den Begriff der „Erkenntnis" gestellt.
[14] Was sollen wir dazu sagen, die wir uns daran gewöhnt haben, einem einzigen „Amtsträger" sämtliche zum Gemeindeaufbau notwendigen Dienste zu übertragen! Wie selbstverständlich erwarten wir, daß bei uns der eine Mann „Wort der Weisheit" und „Wort der Erkenntnis" und noch viele andere Gaben habe und alles in der Gemeinde Notwendige leisten könne.
[15] Darum ist das Studium von „Lebensbildern" so wichtig für uns. Das 11. Kapitel des Hebräerbriefes weist uns den Weg dazu. Aus der großen Fülle der Biographien nennen wir hier nur das zweibändige Werk über Hudson Taylor (Brunnen-Verlag, Gießen), das Lebensbild von Georg Müller „Niemals enttäuscht" (Schweickhart Verlag, 1950) und „Nichts unmöglich", Erinnerungen und Erfahrungen von Schwester Eva von Tiele-Winckler.
[16] Diese Gaben sind freilich eine notwendige Ausrüstung der Gemeinde. Die Gemeinde Jesu hat

„Zeichen und Wunder" zu den Notwendigkeiten seines apostolischen Berufes. „Heilungsgaben" hat er dabei nicht ausdrücklich genannt. Es gibt nach Mk 16, 18 ein heilendes Handauflegen der Boten Jesu, ja aller Glaubenden, das nicht eine Ausrüstung mit „Heilungsgaben" sein muß, sondern ein jeweiliges Handeln im Glauben darstellt. Das führt hinüber zu den Anweisungen von Jak 5, 14. Hier ist ganz deutlich, daß der Kranke nicht an besondere Älteste mit Heilungsgaben verwiesen wird, sondern erwarten darf, daß schlichte „Älteste der Gemeinde" durch das „Gebet des Glaubens" ihm die Hilfe in seiner Krankheitsnot bringen.

Nun werden **„Prophetie"** und **„Arten von Zungen"** genannt. Von beidem werden wir in Kap. 14 ausführlich hören. Wichtig ist aber, daß diesen beiden Gaben eine weitere zur Seite tritt; der „Prophetie" die **„Unterscheidung der Geister"**, den „Arten von Zungen" die **„Auslegung der Zungen"**. Warum ist das nötig? Wer prophetisch redet, beansprucht das Hören und das Gehorchen der Gemeinde. Ist die Gemeinde damit jedem Prophetenspruch einfach ausgeliefert? Den Thessalonichern schrieb Paulus: „Die Weissagungen schätzt nicht gering. Alles aber prüft, das Gute haltet fest" (1 Th 5, 19). Die Gemeinde hat selbst den Geist und kann darum auch beurteilen, ob das, was ein Prophet sagte, wirklich aus Gottes Geist stammt. Jetzt im Blick auf die Korinther sieht Paulus die Lage noch ernster. Neben den „Geistern der Propheten" (Kap. 14, 32) gibt es auch andere, fremde Geister, die sich einmischen können. Darum ist in der Gemeinde die besondere Gabe der **„Unterscheidungen der Geister"** sehr nötig[17]. Wieder steht hier der Plural, um anzudeuten, daß es nicht um eine gleichbleibende Qualität einzelner Gemeindeglieder geht, sondern um immer erneute „Zuteilungen", die immer wieder „einem andern" geschenkt werden können. Solche Gemeindeglieder nehmen der Gemeinde als ganzer die Pflicht der Prüfung des Weissagens nicht ab, geben ihr aber eine besondere Hilfe dazu.

Neben den **„Arten von Zungen"** steht die **„Auslegung der Zungen"**. Was Paulus mit „Arten" von Zungen eigentlich meint, wissen wir nicht, da er auch bei der ausführlichen Besprechung des Zungenredens in Kap. 14 kein anschauliches Bild der „Zungen" und ihrer „Arten" gibt. Es war das nicht nötig, die Korinther kannten es alles aus eigener Erfahrung. Am Anfang von Kap. 13 hören wir immerhin, daß es „Zungen der Menschen" und „Zungen der Engel" gibt. Aber welche „Art" von Zungen auch laut werden mag, die „Zunge"

---

mit tiefem Ernst zu warnen, wenn Menschen in Krankheit oder sonstiger Not nach den okkulten Hilfen greifen, die in einem dicht verzweigten Netz in hundert Formen über den ganzen Erdball angeboten werden. Aber die Gemeinde kann nicht nur immer „warnen", sie muß dann auch eine andere und echte Hilfe zeigen können. Die Apg gibt uns ein anschauliches Bild davon, wie Heilungsgaben und Heilungen der Botschaft von Jesus den Weg bereiten, Apg 5, 12—16; 9, 32—42; 19, 11 f.

[17] Seit es bei uns von den Erweckungsbewegungen her wieder mehr als früher Geistesgaben und Geisteswirkungen gibt, haben wir unter großen Schmerzen und Nöten zu lernen gehabt, wie nötig auch wir die „Unterscheidungsgaben" brauchen, wenn nicht schweres Unheil über die Gemeinde kommen soll. Vgl. auch die ernste Warnung 1 Jo 4, 1—3.

bleibt für alle andern unverständlich, wenn sie nicht „ausgelegt" bzw. in die übliche Sprache „übersetzt" wird. Darum will Paulus das Zungenreden in der Gemeindeversammlung nur haben, wenn auch die „**Auslegung der Zunge**" dazu geschenkt wird (14, 27 f).

Abschließend stellt Paulus noch einmal fest: „**Alles dieses wirkt der eine und selbe Geist, zuteilend einem jeden in eigener Weise, wie er will.**" Paulus schreibt hier dem Geist das gleiche „Wirken" zu, wie er es in V. 6 von Gott sagte. Vor allem aber betont er, daß hinter der ganzen großen Mannigfaltigkeit der genannten Gaben der „**eine und selbe Geist**" steht. Das schließt jede falsche Überbewertung und jede falsche Geringschätzung irgendeiner Gabe aus. Dabei ist der Geist der völlig freie Herr im „Zuteilen"[18] der Gaben. Er gibt sie „**einem jeden in eigener Weise**"[19] und „**wie er will**". In gar keiner Weise werden Gnadengaben verdient, erarbeitet oder errungen. Umso weniger kann sich an sie irgendein „Ruhm" heften. Zu rühmen ist nur der frei schenkende und begabende Geist[20].

11

VON DEN WIRKUNGEN DES HEILIGEN GEISTES
2. Die Gemeinde als „Christusleib"

1. Korinther 12, 12—31a

12 **Denn gleichwie der Leib e i n e r ist und Glieder in Vielzahl hat, aber alle die Glieder des Leibes, obwohl viele, e i n Leib sind, so**
13 **auch der Christus.** * **Denn es wurden ja in e i n e m Geiste wir alle zu e i n e m Leib getauft, ob Juden oder Griechen, ob Sklaven oder Freie, und wurden alle mit e i n e m Geist getränkt.**
14/15 * **Denn auch der Leib ist nicht e i n Glied, sondern viele.** * **Wenn der Fuß spräche: Weil ich nicht Hand bin, gehöre ich nicht zum**
16 **Leibe, so gehört er deswegen doch zum Leibe.** * **Und wenn das Ohr spräche: Weil ich nicht Auge bin, gehöre ich nicht zum Leibe,**
17 **so gehört es deswegen doch zum Leibe.** * **Wenn der ganze Leib Auge wäre, wo bliebe das Gehör? Wenn ganz Gehör, wo der Ge-**
18 **ruch?** * **Nun aber hat Gott die Glieder gesetzt, jedes einzelne von**
19 **ihnen am Leibe, wie er gewollt hat.** * **Wenn aber das alles e i n**
20 **Glied wäre, wo (wäre) der Leib?** * **Nun aber sind der Glieder**
21 **viele, aber der Leib einer.** * **Es kann aber nicht das Auge sagen zur Hand: ich habe dich nicht nötig; oder wiederum der Kopf zu**

zu Vers 12:
Rö 12, 4 f
1 Ko 12, 27
10, 17
zu Vers 13:
1 Ko 10, 2—4
Gal 3, 28
zu Vers 14:
1 Ko 12, 20
zu Vers 18:
1 Ko 15, 38
zu Vers 20:
1 Ko 12, 14

---

[18] Hier steht das Tätigkeitswort „zuteilen", von dem in V. 4—6 das Hauptwort „Zuteilungen" abgeleitet ist.

[19] In Kap. 12, 31; 14, 1; 14, 39 werden wir sehen, wie in lebendiger Spannung zu dieser Eigenmacht des Geistes dennoch ein „Streben", ein „eifriges Bemühen um Geistesgaben" für uns gibt.

[20] Darum kann der Geist in neuen Zeiten für neue Bedürfnisse auch neue „Gaben" verleihen, die damals noch nicht im Blick des Paulus liegen konnten. Es sei nur an die Gabe der Schriftstellerei und der Schriftleitung erinnert, wie sie Männer wie Wilhelm Busch und andere besaßen.

zu Vers 26:
Rö 12, 15
zu Vers 27:
Rö 12, 5
Eph 5, 30
zu Vers 28:
1 Ko 12, 5;
Eph 4, 11 f
zu Vers 31:
1 Ko 14, 1. 12

22 den Füßen: ich habe euch nicht nötig. * Nein, vielmehr die Glieder des Leibes, die schwächer zu sein scheinen, sind notwendig;
23 * und die wir für weniger ehrenvoll am Leibe halten, die umgeben wir mit besonderer Ehre; und unsere unanständigen (Glieder)
24 erhalten besondere Anständigkeit; * unsere anständigen aber haben es nicht nötig. Aber Gott hat den Leib zusammengemischt,
25 dem zurückstehenden besondere Ehre gebend, * damit nicht eine Spaltung in dem Leibe sei, sondern einträchtig füreinander sorg-
26 ten die Glieder. * Und wenn ein Glied leidet, leiden alle die Glieder mit; wenn ein Glied geehrt wird, freuen sich alle die Glieder
27 mit. * Ihr aber seid der Leib Christi und Glieder als Teil ange-
28 sehen. * Und die einen hat Gott gesetzt in der Gemeinde erstens zu Aposteln, zweitens zu Propheten, drittens zu Lehrern, dann Wunderkräfte, dann Heilungsgaben, Hilfeleistungen, Leitungs-
29 gaben, Arten von Zungen. * Sind etwa alle Apostel? Etwa alle
30 Propheten? Etwa alle Lehrer? Etwa alle Wunderkräfte? * Haben etwa alle Heilungsgaben? Reden etwa alle in Zungen? Legen
31a etwa alle aus? * Strebet aber nach den größeren Gnadengaben!

12 Das „denn" am Anfang des neuen Abschnittes zeigt, daß Paulus bei seinen Darlegungen über das Wirken des Geistes und über die Mannigfaltigkeit und Einheit der Gnadengaben immer schon die Gemeinde und ihr Leben vor Augen gehabt hat. Warum gibt es die vielen verschiedenen Dienste, die doch im einen Geist und unter dem einen Herrn in fester Einheit zueinander gehören? Deshalb, weil die Gemeinde der eine Leib mit den vielen verschiedenen Gliedern ist. „Denn gleichwie der Leib e i n e r ist und Glieder in Vielzahl hat, aber alle die Glieder des Leibes, obwohl viele, e i n Leib sind, so auch der Christus."
Über das „Geheimnis" der Gemeinde, „das vor den Äonen in Gott, dem Schöpfer des Alls, verborgen war" und „jetzt im Geist offenbar ist seinen heiligen Aposteln und Propheten" (Eph 3, 9. 5) macht Paulus hier keine Aussagen. Es steht aber doch vor den Korinthern da, wenn er seinen Satz nicht so abschließt, wie wir es erwarten würden: „so auch die Gemeinde", sondern die kühne Formulierung wagt: „so auch der Christus". Also die Gemeinde gehört als „Leib" völlig zu dem Christus hinzu, sie ist ein unablösbarer Bestandteil des Christus, und ohne die Gemeinde ist „der Christus" nicht mehr zu denken. Es lebt nicht über den Sternen ein Christus und auf Erden eine selbständige Gemeinde, die zu diesem Christus in gewissen Beziehungen des Glaubens steht. Christus ist auch nicht nur das „Haupt" eine Leibes, dem der Leib in voller Selbständigkeit gegenübersteht. Der Christus verleiblicht sich vielmehr in der Gemeinde, er wohnt im Heiligen Geist in ihr als in seinem Tempel. Der Christus ist nicht nur als „gepredigter" im „Wort" in der Welt, sondern lebt leibhaftig in seiner Gemeinde unter den Menschen, redet durch die Gemeinde, liebt durch sie, rettet durch sie, hilft und heilt durch sie. Welch eine Hoheit, aber auch welche Verantwortung liegt damit auf der Ge-

meinde. Das müssen gerade die Korinther bedenken, die in ihrem individuellen Freiheitsstreben „die Gemeinde Gottes verachten" (11, 22), Brüder ohne viel Bedenken verderben (8, 11) und „Holz, Heu, Stroh, Rohr" in den Bau der Gemeinde hineinkommen lassen. Auch die Dienstgaben des Heiligen Geistes werten sie nur dann richtig, wenn sie das Wesen der Gemeinde in ihrer ganzen Größe vor Augen haben.

Daß das Bild vom „Leib" für menschliches Gemeinschaftsleben im Altertum viel gebraucht worden ist, läßt sich leicht nachweisen. Aber seine Verwendung durch Paulus ist dennoch einzigartig. Es bleibt bei ihm nicht nur ein hilfreiches „Bild". Der Christusleib ist von Paulus vielmehr als eine volle Wirklichkeit erkannt und so vor die Korinther hingestellt.

Wie im vorigen Abschnitt liegt es Paulus den Spannungen und Spaltungen in Korinth gegenüber vor allem an der Einheit dieses Leibes. Der nun folgende Satz will darum nicht eigentlich auf die Frage antworten, wie wir die Zugehörigkeit zu diesem Leibe erlangen. Betont und hervorgehoben ist vielmehr die Einheit über der ganzen Mannigfaltigkeit der Menschen, aus denen die Gemeinde sich zusammensetzt. Solche Mannigfaltigkeit schafft sonst in der Welt die tiefen Gegensätze und Trennungen. Wie unüberwindlich war damals der „Jude" vom „Griechen" und der „Sklave" vom „Freien" geschieden. Aber diese bisher alles bestimmenden Unterschiede verloren ihre trennende Macht, als aus Juden und Griechen, Sklaven und Freien das Wundergebilde des Leibes Christi entstand. In Christus und in seinem Geist und Leben sind sich jetzt Juden und Griechen, Sklaven und Freie näher, als sich sonst Menschen in irgendwelchen Verbundenheiten der Rasse, der Nation, der Blutsverwandtschaft, der Kultur oder der persönlichen Freundschaft sein können. Wie kam das zustande? Nicht durch ein Streben und Ringen der Menschen, die sich um solche Einheit mühten. Um derartige Mißverständnisse auszuschließen, greift Paulus auf das Taufgeschehen zurück, das ganz allein von Gott her Menschen verschiedenster Art zusammenfügte: „**Denn wir wurden ja in einem Geiste wir alle zu einem Leib getauft, ob Juden oder Griechen, ob Sklaven oder Freie, und wurden alle mit einem Geist getränkt.**" Das „Getränktwerden mit dem Geist" könnte sich — wir denken an Kap. 10, 4 — auf das Herrenmahl beziehen. Doch wäre dann die Vergangenheitsform **„wir wurden getränkt"** verwunderlich. So wird auch diese Aussage mit zu dem Blick auf das Taufgeschehen gehören. Paulus ist im Verständnis der Taufe so real wie in seiner Auffassung des Herrenmahles. In der Taufe geschieht wirklich etwas, und zwar Entscheidendes. In der Taufe vollzieht sich ein Wirken des Geistes von Leben bestimmender Macht[1]. Es schafft aus den vielen den **einen** Leib, der

13

---

[1] Gerade darum wird niemand wagen können, diese Aussagen im Ernst auch auf die Scharen der nur traditionsgemäß als Säuglinge getauften Menschen anzuwenden. Oder man muß zum wenigsten mit den Lutherischen Bekenntnisschriften feststellen, daß „die Getauften wider das Gewissen gehandelt, die Sünden in ihnen herrschen lassen und also den Heiligen Geist in

von dem einen Geist erfüllt ist und alle seine Glieder mit dem einen Geist getränkt sieht[2].

14 Nun wendet sich Paulus der andern Seite der Wirklichkeit zu, die an einem „Leib" sichtbar wird. **„Denn auch der Leib ist nicht e i n Glied, sondern viele."** Der Leib lebt nur in der Vielheit seiner Glieder und von der ganzen Mannigfaltigkeit ihrer Funktionen. Die Einheit des Leibes Christi bedeutet also in keiner Weise Uniformierung! Darum hat Paulus auch auf dem Gebiet der Gnadengaben keinen Versuch gemacht, die römischen und die korinthischen Zustände einander anzugleichen, sondern hat jeder Gemeinde gelassen, was Gott ihr gab (vgl. o. S. 201). Darum stehen überhaupt alle Gemeinden, an die er Briefe schrieb, in voller, freier Eigenart vor uns. Und darum hat Paulus — trotz gelegentlicher Berufung auf übereinstimmende „Sitten" Kap. 11, 16 — nichts getan, die von ihm gegründeten Gemeinden organisatorisch zu einer „Kirche" zusammenzuschließen und ihnen eine einheitliche Spitze zu geben. Aber freilich kann die Einheit des Leibes nur gewahrt werden, wenn die Vielheit seiner Glieder recht geordnet ist. Die Lebensfähigkeit des Leibes liegt in dem Miteinander der Glieder in ihrer ganzen Unterschiedlichkeit. Dieses

15/16 rechte Miteinander sieht Paulus zunächst von „Minderwertigkeitskomplexen" bedroht und geht V. 15—18 auf diese Gefahr ein. Gemessen an den Fähigkeiten und Aufgaben eines andern Gliedes kann sich ein Glied gering und bedeutungslos vorkommen, als gehöre es gar nicht recht zum Leibe. **„Wenn der Fuß spräche: Weil ich nicht Hand bin, gehöre ich nicht zum Leibe, so gehört er deswegen doch zum Leibe. Und wenn das Ohr spräche: Weil ich nicht Auge bin, gehöre ich nicht zum Leibe, so gehört es deswegen doch zum Leibe."** Man kann diese Sätze auch als Frage fassen: „Gehört er nicht deswegen doch zum Leibe?" Es steht im grie Text hier eine doppelte Verneinung, die man im Deutschen schwer wiedergeben kann. Man müßte etwa sagen: „So ist er deshalb nicht nicht zugehörig zum Leibe"[3]. Was Paulus in die Lage von Korinth hinein sagen will, ist deutlich. Was war dort etwa ein Mann, der „nur" ein „Wort der Erkenntnis" besaß, neben dem bewunderten Zungenredner oder neben dem Bruder mit prophetischen Gesichten? War er überhaupt ein

17/18 echtes Glied des Leibes Christi? Aber der objektive Blick auf einen „Leib" sieht es ganz anders. Der Fuß ist gewiß nicht Hand und das

---

ihnen selbst betrübt und verloren haben" (Konkordienformel SD II 69). Dann ist aber der Satz des Paulus ebenfalls nicht mehr auf sie anwendbar.

[2] Der Christus kann wesensgemäß nur e i n e n Leib haben. Die Einheit der Gemeinde ist also nicht ein Ziel, nach dem wir streben und das wir durch bestimmte Bemühungen allmählicher oder schneller erreichen können. Die Einheit der Gemeinde ist fort und fort einfach eine Tatsache. Gerade auch durch den einen Geist, mit dem alle getränkt sind. Wir aber sind gefragt, ob wir diese Tatsache in unserm ganzen Verhalten beachten und anerkennen oder nicht. Der Angehörige jeder andern Denomination ist entweder noch kein Glied am Leibe Christi, dann darf ich in herzlicher Liebe helfen, daß er es wird; oder er ist es tatsächlich, dann kann ich in ihm nur voll und ganz den Bruder sehen, mit dem ich wesenhaft in dem einen Leib verbunden bin. Diese einfache und klare Erkenntnis ist die gesunde Grundlage der „Allianz". In diesem Sinne ist „Allianz" nicht Liebhaberei, sondern sachliche Notwendigkeit für jeden Christen.

[3] So Bachmann in seinem Kommentar zum 1. Korintherbrief, 1921³, S. 384.

Ohr nicht Auge; aber unentbehrlich zum Leben des Leibes sind Fuß und Ohr ebenso wie Hand und Auge. „Wenn der ganze Leib Auge wäre, wo bliebe das Gehör? Wenn ganz Gehör, wo der Geruch?" Über dem Leibe aber wird Gott sichtbar: **„Nun aber hat Gott die Glieder gesetzt, jedes einzelne von ihnen am Leibe, wie er gewollt hat."** Kann es vor diesem Willen Gottes noch Minderwertigkeitsgefühle und Verzagtheit geben? Auch die kleine Gabe und der unscheinbare Dienst stammen von Gott. Wir haben nicht nach andern zu sehen, die für unseren Blick reicher begabt sind und viel Größeres leisten. Wir haben erst recht nicht den vergeblichen Versuch zu machen, andere nachzuahmen[4]. Wir dürfen dankbar das sein, was wir sind, und so mit unserem Einsatz dem Ganzen dienen. **„Wenn aber das alles e i n Glied wäre, wo (wäre) der Leib? Nun aber sind der Glieder viele, aber der Leib einer."** 19/20

Die Minderwertigkeitsgefühle werden geweckt und vertieft durch die falschen Überlegenheitsgefühle anderer. Es kann sich auch ein Glied für das allein wichtige halten. Der Leib brauchte eigentlich nur aus ihm selbst und aus seinesgleichen zu bestehen. Wenn nur die Zungenredner da sind oder wenn nur die Lehrer der Gemeinde ihre hohe Weisheit vermitteln, dann hat sie alles Nötige für ihr geistliches Leben. So mögen manche Kreise in der korinthischen Gemeinde denken. Paulus wendet sich gegen diese Selbstüberschätzung. Wieder geht es dabei um die wirkliche Einheit, die durch die Selbstüberhebung der „Großen" bedroht ist. **„Es kann aber nicht das Auge sagen zur Hand: ich habe dich nicht nötig; oder wiederum der Kopf zu den Füßen: ich habe euch nicht nötig."** 21

Nun darf und muß jedes Glied, auch das kunstvollste und wichtigste, erkennen, wie es alle andern Glieder absolut nötig hat, das Auge die Hand, der Kopf die Füße. Ja, es ist dabei noch mehr zu sagen: **„Nein, vielmehr die Glieder des Leibes, die schwächer zu sein scheinen, sind notwendig"**[5]. Und in der Behandlung unserer Glieder bringen wir diese Wertung jedes einzelnen Gliedes selber zum Ausdruck: **„Und die wir für weniger ehrenvoll am Leibe halten, die umgeben wir mit besonderer Ehre; und unsere unanständigen (Glieder) erhalten besondere Anständigkeit; unsere anständigen aber haben es nicht nötig."** Paulus wird hier an die Glieder denken, denen wir durch ihre Bekleidung und Umhüllung gegenüber den unbekleideten „besondere Ehre" antun. Und deutlich spielt er dann auf die Organe unserer Geschlechtlichkeit an. Sie bleiben völlig verborgen, aber welche hohe und für den Bestand der Menschheit unentbehrliche Funktion ist ihnen verliehen. So kommt es auch im Leib Christi, in der Gemeinde, nicht auf den sichtbaren Platz, auf den hervorragenden Rang an, den wir einnehmen. Die unscheinbare alte Frau, die im 22/23

---

[4] Die Grenze zwischen einem echten Lernen von andern und einem falschen Nachahmen ist immer klar, weil es die Grenze zwischen Sachlichkeit und Ichhaftigkeit ist.
[5] Wir mögen etwa an jene winzigen Drüsen denken, die als „Langenhanssche Inseln" in der Bauchspeicheldrüse den Zuckerhaushalt des Körpers regeln. So unscheinbar sie sind, ihr Ausfall würde den Tod herbeiführen, während man ohne Auge, Hand und Fuß noch leben kann.

Verborgenen eine vollmächtige Beterin ist, kann wichtiger sein als ein Mann von weithin bekannter, öffentlicher Wirksamkeit[6].

24/25 Wieder geht der Blick zu Gott empor. „**Aber Gott hat den Leib zusammengemischt, dem zurückstehenden besondere Ehre gebend, damit nicht eine Spaltung in dem Leibe sei, sondern einträchtig füreinander sorgten die Glieder.**" „Eine Spaltung", genau das war es, was am Anfang des Briefes (1, 10) als Sorge vor dem Apostel stand und sich in 11, 18f bereits als bedrohliche Wirklichkeit zeigte. Die Korinther hatten es ruhig hingenommen und fanden vielleicht auch beim Hören des Briefes die Sorge ihres Apostels übertrieben. War ihr reiches, bewegtes Gemeindeleben mit seinen Geistesgaben wirklich durch solche Streitigkeiten gefährdet? Aber am Bilde des Leibes muß es ihnen doch klar werden. „**Spaltung**" in einem Leibe — jeder weiß, daß das schwere Entartung und vielleicht den Tod bedeutet. Wie aber kann sie vermieden werden? Nur, wenn wir in der Gemeinde der Art Gottes folgen, der „dem zurückstehenden Gliede besondere Ehre gab"; nur, wenn in dieser Weise „**einträchtig füreinander die Glieder sorgen**". Das war es, was in Korinth fehlte, wo die Starken rücksichtslos ihre „Freiheit" herausstellten und die besonders Begabten ihrer eigenen Größe lebten. Hier muß die Gemeinde umkehren zur „Liebe", die aufbaut.

26 Der Leib ist eine sehr bunte „Mischung" von großer Mannigfaltigkeit. Aber er ist so aufgebaut, daß alle Glieder zueinander gehören, einander unentbehrlich sind und füreinander sorgen. Darum ist es nicht eine Forderung, sondern die Feststellung einer Tatsache: „**Und wenn ein Glied leidet, leiden alle die Glieder mit; wenn ein Glied geehrt wird, freuen sich alle die Glieder mit.**" Wir haben bei diesem Satz nicht ein „sollen" einzuschieben, wie wir es unwillkürlich gern tun[7]. Im menschlichen Körper ist es eine schlichte Tatsache, daß die Erkrankung eines Gliedes die Funktion weit von ihm entfernter Glieder stören und das Wohlbefinden des ganzen Körpers beeinträchtigen kann, wie umgekehrt die Kraft jedes gesunden Gliedes dem Gedeihen aller andern zugute kommt. Ebenso handelt es sich im Zusammenleben der Gemeinde nicht um geforderte Gefühle der Mitfreude oder des Mitleidens, sondern um bedeutsame Tatsachen, die wir zur Kenntnis nehmen müssen. Lähmung und Entartung des geistlichen Lebens in einzelnen Gemeindegliedern wirkt sich unwillkürlich auf den Stand der ganzen Gemeinde aus; und jede Kraft und Belebung von Gliedern der Gemeinde fördert alle andern mit und schenkt der ganzen Gemeinde Freude. Die in Korinth proklamierte „Freiheit", die sich um die andern nicht kümmert und den schwachen Bruder ruhig zugrunde gehen läßt, ist nicht nur ein Un-

---

[6] In dem Lebensbild des Evangelisten Moody (Oncken-Verlag, 1900) wird es uns erzählt, wie zwei Frauen, die bei seinen Versammlungen meist vorn saßen und beteten, für ihn die Kraft des Heiligen Geistes erbaten und durch ihr Beten das mächtige Verlangen nach geistlicher Kraft in ihm weckten und er dann von dieser Kraft erfüllt wurde (S. 57/8).
[7] Wie viele „evangelische" Aussagen entstellen wir auf diese Weise und machen sie zum drückenden „Gesetz", z. B. Mt 5, 13 f.

recht, sondern auch ein folgenschwerer Irrtum. Wenn der Kopf sich um die Blutvergiftung des kleinen Fingers nicht kümmert, wird er selber mit sterben müssen. Aber umgekehrt dürfen sich auch die Schwachen und „Unbedeutenden" in der Gemeinde neidlos an den Brüdern und Schwestern mit hoher Begabung und großer Leistungsfähigkeit freuen; sie erhalten selber im Gemeindeleben Anteil daran. Auch hier gilt das „alles gehört euch" (3, 21). Wir sind kein Paulus; aber wir und ungezählte Menschen in allen Gemeinden der Erde leben von dem, was Paulus anvertraut wurde und was er unter heißen Mühen und Kämpfen weitergab.

Es liegt Paulus alles daran, das Leben des Leibes in seinen Gliedern in ganzer Wirklichkeit zu zeigen. In dieser Wirklichkeit stehen auch die Korinther. „**Ihr aber seid der Leib Christi und Glieder als Teil angesehen.**" Auch hier ist das Sein, die gegebene Wirklichkeit das erste. Das freilich weiß Paulus auch, daß eine Gemeinde als „Leib" nicht so von selbst funktioniert wie der menschliche Körper. Wir haben zwar den Leib Christi nicht erst herzustellen und uns nicht erst zu Gliedern zu „machen". Aber wir können das uns Verliehene beeinträchtigen oder sogar zerstören. Darum wird ja Paulus dann das 13. Kapitel schreiben und im 14. Kapitel eingehende Anweisungen für das Gemeindeleben geben. Aber zunächst liegt ihm daran, den Korinthern zu sagen: alles dies, was ich euch jetzt am menschlichen Leib gezeigt habe, das ist wirklich da; ihr s e i d Leib Christi, ihr s e i d Glieder. Also h a b t ihr die Einheit in der Mannigfaltigkeit der Glieder, Gaben, Kräfte und Dienste und h a b t diesen ganzen Reichtum in der Einheit der Gemeinde.

27

Nun kehrt Paulus noch einmal zu dem zurück, was er in V. 7—11 über die Charismata gesagt hatte. Jetzt aber, nach dem Unterricht über die Gemeinde als „Leib", kann es den Korinthern noch anders anschaulich werden. Nun fügt Paulus zu der Fülle der Dienstgaben, die jeweils einzelne in der Gemeinde bekommen, die drei Dienste hinzu, die offensichtlich nicht wechselnde Gaben sind, sondern zum festen „Beruf" bestimmter Menschen werden. Darum nennt er hier nicht Gaben und Kräfte, sondern Personen, und dies mit ausdrücklicher Zählung ihrer Reihenfolge: „**Und die einen hat Gott gesetzt in der Gemeinde erstens zu Aposteln, zweitens zu Propheten, drittens zu Lehrern.**"

28

Hier meint das Wort „**Gemeinde**" nicht die Einzelgemeinde Korinth, sondern die Gemeinde überhaupt, die Gemeinde überall, die aus der Arbeit der Apostel entsteht und in deren Entstehung gerade der Dienst der „**Apostel**"[8] ihr besonderes Ziel hat. Es ist aber bezeichnend, daß für die Gesamtheit aller „Einzelgemeinden" kein neues Wort geprägt wird, wie umgekehrt die Gemeinde in Korinth auch nicht die abschwächende Bezeichnung „Einzel"-Gemeinde erhält. Es ist alles wesenhaft und schlechthin „Gemeinde", die Schar der Glaubenden in Korinth und anderswo und die Summe aller

---

[8] Über das Wesen des „Apostels" s. o. S. 19.

Glaubenden in der ganzen Welt. Die Gesamtheit aller Gemeinden ist nicht wichtiger und in höherem Sinn „Gemeinde" oder „Kirche" als die „Ortsgemeinde" in Korinth, Philippi oder Ikonion.

Zum gemeindegründenden Dienst der Apostel treten **„Propheten"** und **„Lehrer"**[9]. Wir werden hier schon deutlich darauf hingewiesen, daß „Prophet sein" noch etwas anderes ist als die Dienstgaben des „propheteuein", die Paulus so dringlich allen Gemeindegliedern wünscht. Wir werden in Kap. 14 erneut darauf stoßen. Der **„Prophet"** empfängt Gewißheit über den Willen und die Pläne Gottes, tut sie der Gemeinde kund und leitet dadurch die Gemeinde. Die Gemeinde ist aber keineswegs auf immer neue prophetische Offenbarungen allein angewiesen. Neben dem „Propheten" steht der **„Lehrer"**, der auf Grund des Wortes Gottes der Gemeinde in reicher Weise zeigen kann, was Gott ihr schenkt und was er von ihr will. So steht in unserem Brief Paulus ganz besonders als „Lehrer" vor uns, der der Gemeinde nicht prophetische Sprüche zuruft, sondern sie zu einem Verstehen und Erfassen der göttlichen Wahrheit anleitet.

Im Unterschied zu Eph 4, 11 sind die „Evangelisten" und die „Hirten" hier nicht genannt. Vielleicht denkt Paulus bei den „Aposteln" nicht nur an die Apostel im engeren Sinn, sondern meint hier die Männer mit, die er später als „Evangelisten" besonders aufführen wird. Sie setzen ja die Arbeit der „Apostel" fort, verkünden die rettende Botschaft von Jesus, um aus erretteten Menschen „Gemeinde" entstehen oder durch sie eine schon bestehende Gemeinde wachsen zu lassen. Der „Hirtendienst" geschah mit durch „Apostel, Propheten und Lehrer", aber auch durch den gegenseitigen Dienst der Gemeindeglieder aneinander (Kol. 3, 16; 1 Th 4, 18; 5, 11) und hob sich erst später als eine eigene, bestimmten Gliedern übertragene Tätigkeit heraus. Es können mit den „Hirten" hier aber auch die Männer gemeint sein, die sonst „Älteste" genannt werden und die nach Apg 20, 28 besonders den Dienst des „Weidens" der Gemeinde zu tun haben. Paulus bezeichnet sie dort als „Bischöfe". Es ist in der Urchristenheit alles noch sehr frei und beweglich, ohne satzungsmäßig festgelegte „Ämter".

Zu den in besonderer Weise dauernd berufenen Männern treten die „Gaben", die jeweils Gemeindegliedern für den Dienst zuteil werden. „Wort der Weisheit", „Wort der Erkenntnis" und „Glaube" werden hier nicht noch einmal genannt; dagegen werden den **„Wunderkräften"** und **„Heilungsgaben"** noch **„Hilfeleistungen"** und **„Leitungsgaben"** hinzugefügt, die in V. 8—10 fehlen. Für das Leisten von Hilfe und für das Leiten gibt es freilich auch natürliche Fähigkeiten, die in der Gemeinde nicht zu verachten sind. Aber da eine „Gemeinde" keine weltliche Organisation, sondern ein „pneumatischer = geistlicher" Organismus ist, reicht hier auch das beste natürliche Können wesensgemäß nicht aus. Auch alles „Helfen" und „Leiten" bedarf hier einer

---

[9] Genauso finden wir es in Apg 13, 1 für Antiochia bezeugt.

„Begabung", wie sie nur der Heilige Geist schenken kann[10]. Es ist aber bezeichnend, daß die **„Leitungsgaben"** nicht unter den ersten, sondern unter den letzten Charismata stehen[11]. Zugleich werden wir darauf hingewiesen, daß wir gerade auch für die notwendigen leitenden Ämter der Gemeinde nicht einseitig nach Menschen mit entsprechenden Naturanlagen zu sehen haben, sondern die Geistesgaben des „Leitens" und „Verwaltens" ernstlich erbitten dürfen. Wie leicht verweltlichen sonst die Gemeinde und ihre Werke durch die geborenen Herrschernaturen. Zu allerletzt werden auch hier die **„Arten von Zungen"** genannt.

Nach dieser Aufzählung der mannigfaltigen Dienste und Gaben, die zum Leben der Gemeinde nötig sind, liegt es Paulus wieder daran, der Not in Korinth zu wehren, die — von Minderwertigkeits- und Hochmutskomplexen aus — das rechte Leben der Gemeinde hemmte. Darum nennt er noch einmal die Dienste und Gaben, nun aber mit der Frage, ob **„etwa alle"** in der Gemeinde auch jeden dieser Dienste innehaben und jede dieser Geistesgaben besitzen. Es ist klar, daß die Antwort hier nur lauten kann: „Nein, natürlich nicht." Es müssen nicht alle alles haben und alles können. Es darf jeder an seiner Stelle mit seiner Gabe dienen. Die Gemeinde als Ganze freilich darf und soll reich sein an vielen Kräften und Fähigkeiten, Diensten und Wirkungen; darin liegt ihre Lebendigkeit. Sie ist aber reich, wenn jedes ihrer vielen Glieder etwas aus diesem Reichtum besitzt und in den Dienst des Ganzen stellt.

Es muß überraschen und wie ein Widerspruch zu dem eben Gesagten und zu den Ausführungen in den V. 14—26 erscheinen, wenn Paulus das Kapitel mit der Aufforderung schließt: **„Strebet aber nach den größeren Gnadengaben."** Also gibt es doch „größere" und „geringere" Gaben? Müssen dann nicht doch die „Kleinen" in der Gemeinde verzagen („ich mit meiner geringen Gabe") und die „Großen" stolz werden („wir mit den besonders großen Gaben")? Aber Paulus redet jetzt nicht von den Charismata, die sie bereits besitzen und die alle notwendig sind, sondern von den Gaben des Geistes, nach denen alle sich ausstrecken dürfen. Es geht ja nicht um Naturanlagen und menschliche Begabungen, die einfach festliegen, es geht um Gaben, die der Heilige Geist „zuteilt". Hier darf und muß gefragt werden, was für den Bau der Gemeinde besonders wichtig ist. Und dann darf jeder, auch der Kleine und Schwache, nach dieser Gabe **„streben"**. Dabei wird Paulus in Kap. 14 gründlich und ernstlich zeigen, daß gerade das nicht die **„größeren Gaben"** sind, die in

---

[10] Dem entspricht genau, daß in Jerusalem für den Tischdienst bei den Witwen „Männer voll Heiligen Geistes und Weisheit" gefordert werden (Apg 6, 3).
[11] Es war eine bedenkliche Übernahme weltlichen und staatlichen Wesens in die Gemeinde, als die „Leitenden" in der Kirche an die erste Stelle traten und das große Ansehen erhielten. Freilich, es ist das Leiten, Ordnen, Verwalten auch in der Gemeinde nötig und soll an seiner Stelle herzlich mit Dank geschätzt sein, aber „Apostel, Propheten, Lehrer", „Wort der Weisheit", „Wort der Erkenntnis", „Glauben" haben für das Leben der Gemeinde eine wesenhafte Bedeutung.

Korinth dafür gelten: die „Arten von Zungen", sondern daß das „Weissagen", das vom Geist geleitete und gestaltete Wort, die „große" Gabe ist, nach der alle verlangen sollten. Das aber gehört zu den notwendigen und fruchtbaren Spannungen der lebendigen Wahrheit, daß Paulus in V. 11 hervorhob, wie frei der Heilige Geist nach seinem Willen die Gaben zuteilt, und nun hier betont, daß die Gaben von uns „**erstrebt**" werden können und sollen.

Wir tun gut, uns am Schluß dieses Kapitels noch einmal zu vergegenwärtigen, wie Paulus die „Gemeinde" gesehen hat. In gar keiner Weise ist sie eine Organisation und Institution. Darum kann in ihr auch nichts von Menschen „gemacht" werden. Das ist eine erschreckende Feststellung für uns, die wir als Menschen des Sündenfalles das eigene Können und Schaffenwollen so tief im Blut tragen. Die Gemeinde ist lebendiger Leib, den nur der Heilige Geist schafft und mit seinem Leben erfüllt. Wie schwer ist es uns, so völlig auf den Geist Gottes angewiesen zu sein! Wohl gibt es auch schon bei Paulus feste „hauptamtliche" Dienste in der Gemeinde. Aber von den Männern, die die Dienste versehen, sagt Paulus nicht, die Gemeinde habe sie sich ausgesucht und ausgebildet, sondern Gott habe sie „**gesetzt**". Und erst recht können die Gemeindeglieder (die „Laien") nicht zu dem „geschult" werden, was sie in der Gemeinde zu tun haben; sie können ihre Befähigung zum Dienst, wie den Dienst als solchen, nur als Auftrag des Herrn und als Dienstgabe des Geistes geschenkt bekommen[12].

Eine solche Gemeinde ist aber nicht eine ideale „unsichtbare Kirche", die in den tatsächlichen Gemeinden nur verborgen und unzulänglich in Erscheinung tritt. Die Gemeinde, wie Paulus sie sieht, ist als „Leib" des Christus, als Schöpfung des Heiligen Geistes stets in der Gemeinde Gottes in Korinth und anderswo leibhaftig und wirklich da. Sie ist „Gottes Bau", auf dem einen Grund Jesus Christus errichtet. Freilich kann in diesen Bau unechtes Material eingebaut, ja der Bau kann sogar schrecklicherweise „verderbt" werden (3, 11—13; 3, 17). Aber das bestätigt ja nur, daß die wirkliche konkrete Gemeinde der Gottesbau, der Christusleib, das Geisteswerk ist[13].

---

[12] Selbstverständlich ist dann auch Ausbildung und Schulung wichtig. Es ist beides wahr: Niemand wird durch Klavierstunden ein Beethoven, aber auch ein Beethoven mußte Klavierstunden haben.

[13] Es war freilich solche Gemeinde des Neuen Testamentes nicht eine sittenmäßige, volkskirchliche Institution, sondern sie bestand aus wirklich zum Glauben gekommenen, durch das Evangelium gezeugten Menschen (4, 15; 15, 1). Alle unsere grundsätzlichen und praktischen Nöte und Probleme um die „Kirche" und um unsere landeskirchlichen „Gemeinden" kommen aus der Tatsache, daß die Zugehörigkeit zur „Kirche" auf wesenhaft andere Weise zustandekommt als damals.

VON DEN WIRKUNGEN DES HEILIGEN GEISTES

3. Das Wesentliche in Zeit und Ewigkeit ist die Liebe

1. Korinther 12, 31b—13, 13

31b Und einen Weg noch weit darüber hinaus zeige ich euch (oder:
1 Und noch weit darüber hinaus zeige ich euch einen Weg). * Wenn ich mit den Zungen der Menschen rede und (denen) der Engel, Liebe aber nicht habe, bin ich ein tönendes Erz geworden oder
2 eine gellende Zymbel. * Und wenn ich Prophetengabe habe und weiß die Geheimnisse alle und alle Erkenntnis und wenn ich allen den Glauben habe, so daß ich Berge versetzte, Liebe aber nicht
3 habe, bin ich nichts. * Und wenn ich austeile alle meine Habe und wenn ich ausliefere meinen Leib, daß ich verbrannt werde, Liebe aber nicht habe, so nützt es mir nichts.
4 * Die Liebe ist langmütig, ist gütig, die Liebe ist nicht eifersüchtig,
5 die Liebe prahlt nicht, sie bläht sich nicht auf, * sie ist nicht taktlos, sie sucht nicht das Ihre, sie läßt sich nicht aufreizen, sie stellt das Böse nicht in Rechnung (oder: sie sinnt nicht auf Böses; vgl.
6 Sach 8, 17), * sie freut sich nicht an der Ungerechtigkeit, sie freut
7 sich aber mit an der Wahrheit. * Alles hält sie aus, alles glaubt
8 sie, alles hofft sie, alles duldet sie. * Die Liebe hört niemals auf. Prophetengaben — sie werden abgetan werden; Zungen — sie
9 werden aufhören; Erkenntnis — sie wird abgetan werden. * Denn
10 stückweise erkennen wir, und stückweise weissagen wir; * wenn aber kommt das Endgültige, wird das Stückweise abgetan wer-
11 den. * Als ich ein Kind war, redete ich wie ein Kind, dachte wie ein Kind, überlegte wie ein Kind; als ich ein Mann wurde, tat ich
12 ab, was zum Kind gehörte. * Denn wir sehen jetzt durch einen Spiegel in rätselhaftem Umriß, dann aber von Angesicht zu Angesicht. Jetzt erkenne ich stückweise, dann aber werde ich ganz
13 erkennen, wie ich auch ganz erkannt worden bin. * Nun aber bleibt Glaube, Hoffnung, Liebe, diese drei; die größte aber von diesen: die Liebe.

zu Vers 1:
Ps 150, 5
1 Ko 14, 6—9
zu Vers 2:
Mt 7, 22
17, 20
zu Vers 3:
Dan 3, 27
Mt 6, 2
zu Vers 4:
Rö 13, 10
1 Th 5, 14
Jak 3, 1*
zu Vers 5:
Sach 8, 17
Phil 2, 4
zu Vers 6:
Rö 12, 9
2 Ko 13, 8
zu Vers 7:
Spr 10, 12
Rö 15, 1
1 Pt 4, 8
zu Vers 12:
4 Mo 12, 8
Jo 10, 14
2 Ko 3, 18
5, 7; 1 Jo 3, 2
Jak 1, 23
zu Vers 13:
Kol 3, 14
1 Th 1, 3
5, 8
1 Jo 4, 16
Hbr 10, 22

Paulus hat in Kap. 12, 31a die Korinther aufgefordert, nach den besonders wertvollen Geistesgaben zu streben. An diese Aufforderung hätte er ohne weiteres die Darlegungen von Kap. 14 anschließen können. In ihnen spricht er ja vom „Wert" der Geistesgaben und zeigt, warum das „Weissagen" wertvoller und wichtiger ist als das Beten mit der Zunge. Aber nun unterbricht er seinen Gedankengang, um seinen Korinthern Entscheidendes zu sagen. „**Und einen Weg noch weit darüber hinaus zeige ich euch.**" Wir wissen nicht, ob das „weit darüber hinaus" wie in 2 Ko 1, 8; 4, 17 mit dem Verbum zu verbinden ist oder als eine Eigenschaftsbezeichnung zum „Weg" gehört. Beides ist dem Satzbau nach möglich. Im ersteren Fall würde Paulus selber unter dem Eindruck stehen, daß nun seine Unterwei-

31b

sung der Gemeinde alles bisherige weit überschreitet und ihre eigentliche Höhe erreicht. Im zweiten Fall würden wir daran erinnert, daß der Ausdruck „Weg" — besonders in der Apg — als Bezeichnung des Christentums überhaupt verwendet wird (Apg 9, 2; 24, 14; aber auch 13, 10; 16, 17; 18, 25). Paulus zeigt jetzt den Korinthern, worin das Christentum in seinem Wesen besteht und warum es ein so unerhörter, alles überragender „**Weg**" ist.

Es kommt das „Hohe Lied der Liebe". Aber 1 Ko 13 ist alles andere als ein lyrischer Erguß! Mit einem „Lied" hat dieses Kapitel nichts zu tun. Es ist ernstester Unterricht, genau in die Nöte des korinthischen Gemeindelebens hinein. Es ist ein mächtiges Gerichtswort und zugleich ein Wort über letzte, lebendige Gewißheiten.

Paulus schreibt von der „Liebe". Sie ist wirklich sein zentrales Wort. Aber gerade darum hat Paulus eine spürbare Scheu, davon zu sprechen. Es ist, als sehe er schon, wie leicht dieses Wort mißverstanden und mißbraucht werden kann. Auch im Römerbrief ist „die Liebe Gottes, die in Christus Jesus ist, unserm Herrn" die abschließende und alles tragende Gewißheit. Aber Paulus wählt erst das herbe Wort von der „Gerechtigkeit Gottes" und läßt ganze Kapitel davon beherrscht sein, ehe er in Rö 5, 5 ff und Rö 8, 35—39 die Liebe Gottes vor die Gemeinde hinstellt. Ebenso hat er in unserem Brief die Liebe überhaupt erst Kap. 8, 1 genannt. Und jetzt in Kap. 13 stellt er sie in die Mitte, nun freilich mit einer unvergleichlichen Kraft und Entschiedenheit.

Wie das ganze NT wählt er für „Liebe" das Wort „Agape", das in der Umwelt der Christenheit so gut wie gar nicht gebraucht wurde. Dort kannte man den „Eros", die verlangende Liebe, die freilich bei einem Mann wie Plato auch ein höchstes und edelstes Verlangen in sich tragen konnte, die aber dabei doch eine begehrende, auf das eigene Ich zurückbezogene Liebe bleibt. Mit „Agape" dagegen bezeichnete die erste Christenheit das Wunderbare, das sie von Gott her in Christus erfahren hatte: eine Liebe, die nichts für sich will, sondern alles hingibt und opfert, und dies für Unwerte, Schuldige, Feinde, für solche, die ihr nichts wiedergeben und ihr nicht wirklich danken können. Diese Agape ist darum zuerst und in ihrem Ursprung die Liebe Gottes (2 Ko 13, 13; 1 Jo 4, 16), die Liebe des Christus (2 Ko 5, 14; Gal 2, 20), die Liebe des Geistes (Rö 15, 30). Sie ist keine menschliche Möglichkeit, keine „höchste Tugend". Sie ist erst recht nicht das, was wir für gewöhnlich unter „Liebe", auch unter „christlicher Liebe", verstehen. Ein Stück Freundlichkeit und Hilfsbereitschaft bringt die Welt sehr gut auch ohne Christentum zustande. Die übliche „christliche Liebe" wäre wahrlich noch kein „**Weg weit darüber hinaus**". Sie ist noch nicht das „Sonderliche", von dem Jesus in Mt 5, 43—48 sprach. Die Agape kann uns nur in Christus durch den Heiligen Geist zuteil werden (Rö 5, 5b) als eine radikal neue, der alten Ichnatur entgegengesetzte Wirklichkeit. Aber so ist sie das Wesentliche des Christseins in Zeit und Ewigkeit.

1   Davon spricht Paulus nun, indem er sie mit dem Höchsten und

Größten vergleicht, was der Christ sonst noch haben mag. Paulus wählt dabei zuerst die in Korinth am meisten geschätzte Geistesgabe, die Zungenrede. **„Wenn ich mit den Zungen der Menschen rede und (denen) der Engel[1], Liebe aber nicht habe, bin ich ein tönendes Erz geworden oder eine gellende Zymbel."** Paulus stellt jetzt nicht allgemein unserem „Reden" die Liebe gegenüber und meint nicht, daß auch das beste Reden ohne Liebe nur einen blechernen Klang habe. Nein, dieser Anfang geht auf die Lage in Korinth ein, wo man die Geistesgabe der Zungenrede über alle anderen stellt und die Arten von Zungen pries. Paulus aber stellt dem die Möglichkeit entgegen (die er nur zu gut als bittere Wirklichkeit in Korinth kennt!), daß Gemeindeglieder die Gabe der „Zunge" in reichem Maße haben, aber dabei fehlt ihnen die Liebe. Wie steht es nun? Wir müssen auf jedes Wort achten. Die Männer in Korinth, die das Zungenreden erstrebten, meinten, dadurch etwas **„geworden"** zu sein. Paulus sagt ihnen: **„Geworden"** seid ihr **„ein tönendes Erz oder eine gellende Zymbel"**, wenn ihr keine Agape habt. Paulus entwertet damit nicht die Gabe der „Zunge" als solche. Er redet ja selber viel in Zungen und will dieses Reden auch nicht in Korinth gehindert haben (14, 5. 18. 31). Aber in sich selbst und für den Bau der Gemeinde sind Zungenredner ohne Liebe nur laut lärmende Instrumente, die nichts wahrhaft nützen. So sehr ist die Liebe der **„Weg weit darüber hinaus"**, auch über die erstaunlichste Geistesgabe. Welch ein Gericht ist dieses Wort!

Aber Paulus führt nicht etwa einseitig einen Angriff nur auf die „Zungenrede". Er wendet sich sofort den andern, den „größeren" Geistesgaben zu: **„Prophetengabe, Erkenntnis, Glaube."** Er nimmt wieder an, Gemeindeglieder hätten diese Gaben in höchstem Maße, so daß die prophetische Schau und die Erkenntnis in alle Geheimnisse hineinreicht und ein herrliches Wissen über die göttlichen Dinge entfaltet und der Glaube ein „Berge versetzender" ist[2]. Auch jetzt kann es sein, daß diesen Gemeindegliedern dabei die Liebe fehlt. Paulus sah das gerade in Korinth als eine Tatsache vor sich. Diese an Geistesgaben so reiche Gemeinde (15, 7) war zugleich erschreckend arm an Liebe. Was Paulus in den bisherigen Kapiteln des Briefes an schweren Schäden aufzuzeigen hatte, es war alles im letzten Grund das Fehlen der Liebe. Was aber wird aus Menschen mit wertvollsten und höchsten Geistesgaben, wenn sie „Liebe nicht haben"? Ist es ein Schönheitsfehler? Ist es ein erheblicher Mangel? Das Gerichtswort des Apostels ist viel schärfer: **„Und wenn ich Pro-**

2

---

[1] Ist hier eine „Sprache des Himmels" gemeint, die wir alle in der Ewigkeit einmal sprechen werden? Man könnte es denken; in Korinth wurde es vielleicht so gesehen. Aber V. 8 widerlegt diese Annahme: die Zungen „hören auf".

[2] Wieder merken wir, wie Paulus den historischen Jesus und sein Wort sehr wohl gekannt und ernst genommen hat. Zugleich wird zur Bestätigung des oben S. 203 Gesagten deutlich, daß es sich nicht um den rettenden Heilsglauben, sondern um „Glauben" als eine besondere und auffallende Geistesgabe handelt. Der Heilsglaube, der nach der Errettung am Kreuz greift, wird immer „der Glaube, der durch die Liebe tätig ist" (Gal 5, 6) sein. Dieser Glaube war bei der Verachtung des törichten Wortes vom Kreuz in Korinth schwach.

phetengabe habe und weiß die Geheimnisse alle und alle Erkenntnis und wenn ich allen den Glauben habe, so daß ich Berge versetzte, Liebe aber nicht habe, bin ich nichts." Hier erst recht kann von Paulus keine Geringschätzung der großen Gaben als solcher gemeint sein. Paulus wird nach diesem 13. Kapitel die Gemeinde in Kap. 14, 1 nochmals auffordern, sich eifrig um Geisteswirkungen zu mühen, und wird dabei den ganzen Wert des „Weissagens" herausstellen. Darum formuliert er auch hier wieder ganz persönlich. Nicht die hohen und großen Gaben sind „nichts". Aber **„ich bin nichts"**, wenn ich nur sie, aber nicht die Liebe habe. So einzigartig ist der Wert der Liebe.

Hier sind wir ganz besonders betroffen, weil wir als Menschen des europäischen Raumes alle den „faustischen" Drang nach Erkenntnis in uns tragen: „daß ich erkenne, was die Welt im Innersten zusammenhält." Wenn ich wirklich alle Probleme lösen, alle Geheimnisse wissen und alle Erkenntnis haben könnte, wenn ich als Christ ein unangreifbares Gedankensystem aufbaute mit Gott an der Spitze, eine unwiderlegliche christliche Weltanschauung, in der jede Frage ihre Antwort fände, wäre ich dann nicht am ersehnten Ziel? Wer das in der Christenheit leistete, wäre er nicht der größte und gesegnetste Mann in ihr? Paulus sagt uns, er wäre **„nichts"**, wenn er die Liebe nicht hat! Theologie ist eine gute Sache, das klare theologische Erkennen haben wir nötig, und eine „prophetische" Theologie ist kostbar. Aber das muß gerade der Theologe wissen, daß er nichts ist, wenn ihm die Liebe fehlt[3].

3 Dann geht es Paulus am Ende um ein „praktisches Christentum", ein „Christentum der Tat"? Fort mit dem dogmatischen Ballast, fort mit dem vielen Predigen und Reden, hin zur schlichten, helfenden Tat! Ist das etwa mit der „Liebe" gemeint, die die große Hauptsache sei? Wieder zeichnet Paulus dieses Christentum des praktischen Einsatzes in seiner möglichsten Vollendung: **„Und wenn ich austeile[4] alle meine Habe."** Paulus stellt sich vor, daß ein Gemeindeglied nicht nur in üblicher Weise manchem Notleidenden hilft, sondern alles, was es überhaupt besitzt, zur Linderung der Not weggibt. Ist das nicht groß und bewundernswert? Das mag es sein. Es mag auch vielen eine wertvolle Hilfe bedeuten. Was aber bedeutet es für „mich"? Wenn ich es nicht aus jener wirklichen „Agape", aus der selbstlosen, schenkenden Liebe heraus tue, **„so nützt es mir nichts"**. Paulus weiß, daß alles „Tun" als solches, auch das äußerlich ganz große und bewundernswerte, noch nicht zeigt, aus welchen Beweggründen es hervorgeht. Wieviel „Ich" kann hinter scheinbarer Aufopferung stehen!

---

[3] Von dem „faustischen" Streben aus, das sich in Korinth bereits bemerkbar machte, kam es sehr bald zur „Gnosis" (vgl. S. 163). Hier wollte man Gott und Welt und Mensch, die Schöpfung und Erlösung in einem großen Erkenntnissystem umfassen und die Gemeinde über das bloße „Glauben" zur „Gnosis = Erkenntnis" hinausführen. Die Kirche hat diese Bewegung mit Recht entschlossen abgelehnt. Die Gefahren dieses Erkenntnisstrebens sah Paulus schon in Korinth. Vgl. besonders Kap. 8 und die Ausführungen dazu auf S. 141 f.
[4] Paulus verwendet ein Wort, das in der Grundbedeutung „verfüttern" heißt.

Paulus kennt das im Blick auf allen Einsatz für Gott nur zu sehr aus seinem eigenen Leben. Welch eine unermüdliche Hingabe für Gottes Ehre schien in seiner Tätigkeit als junger Pharisäer zu liegen. Und doch war das alles im Lichte des Kreuzes Jesu in Wahrheit Selbstsucht und Sünde. Darum kann er nun auch im Blick auf den Einsatz für Gott die erschreckende Möglichkeit vor uns hinstellen: **„Und wenn ich austeile alle meine Habe und wenn ich ausliefere meinen Leib, daß ich verbrannt werde, Liebe aber nicht habe, so nützt es mir nichts."** Paulus schildert den Märtyrertod in der härtesten Form, den Tod auf dem Scheiterhaufen, der damals[5] praktisch kaum vorkam. Aber sei es selbst das Verbranntwerden, es muß auch dies nicht in lauterer Liebe geschehen. Wieviel ichhafte Gedanken haben tatsächlich später hinter manchem Drang zum Martyrium gestanden. Dann mag ich von Menschen und Gemeinde gefeiert werden, aber **„so nützt es mir nichts"**.

Welch ein Gericht ist dieser ganze Anfang des 13. Kapitels über das reiche, stolze Gemeindeleben (4, 4; 5, 2; 8, 1) in Korinth! Welch ein Gericht über uns! Viele Aussagen des Paulus nahm die Christenheit sehr genau und focht erbittert für die in ihnen liegende „reine Lehre". Nahm aber die Christenheit je das Urteil dieser drei Verse in seiner ganzen Schwere ebenso ernst: „Gellende Zymbel", „nichts", „nichts nütze"? Würde die ganze Kirchengeschichte nicht sehr anders aussehen, wenn die Christenheit es getan und sich nach diesen Aussagen in der doppelten Bedeutung des Wortes „gerichtet" hätte?

Nun beschreibt Paulus die „Liebe". Vielleicht sind wir enttäuscht, wenn wir seine Sätze in V. 4—7 lesen. Könnte man nicht viel „Tieferes" über die Liebe sagen? Was hier steht, erscheint doch alles recht „einfach". Zudem hören wir nach nur zwei positiven Aussagen acht Feststellungen darüber, was die Liebe n i c h t ist. Ist uns damit geholfen? Aber Paulus ist kein Philosoph, der das Wesen der Liebe allgemeingültig bestimmen will. Er weiß, daß solche allgemeinen Begriffsbestimmungen keinen Wert haben, weil die „Agape", wie wir schon sahen, keine „Tugend", keine menschliche Möglichkeit ist. Man kann sie nicht eigentlich beschreiben, man kann nur von ihr in Christus, im Wort vom Kreuz ergriffen werden. Und man kann dann nur bezeichnende Hinweise geben: so etwas tut die Liebe, und dies wiederum tut sie nicht. Diese Hinweise richten sich nach der Art und Lage dessen, dem man sie gibt. Paulus schreibt ja kein Buch, er schreibt bestimmten Menschen einen Brief. Er hat auch jetzt seine Korinther und ihre Nöte vor Augen und sagt alles in diese Nöte hinein, so gewiß er zugleich an den Menschen denkt, wie er ihn überall kennengelernt hatte. Und gerade von diesem Blick auf die praktischen Nöte in Korinth sind die verneinenden Aussagen des Paulus bestimmt. Indem sie feststellen, was die Liebe alles nicht tut, zeigen

4—7

---

[5] Das wurde bald anders! Wenige Jahre später brannten Christen als lebendige Fackeln in Neros Parkanlagen. Und in den Christenverfolgungen wurden nicht selten Männer und Frauen auf dem Scheiterhaufen verbrannt.

sie den Korinthern und uns, wovon uns die Liebe erlöst und freimacht.

4 Von Natur werden wir im Verhältnis zu den andern von unsern rasch wechselnden Zuneigungen und Abneigungen bestimmt. Schnell sind wir mit Menschen „fertig". Schnell ist unsere Geduld erschöpft. Die echte Liebe aber **„ist langmütig"**. Sie hat den langen Atem, könnten wir auch übersetzen. Sie „ist gütig", sie lebt nicht vom andern her, sondern aus dem eigenen schenkenden Reichtum. Sie ist nicht „geschöpfte Liebe", die sich an den liebenswerten Eigenschaften des andern entzündet, sondern „quellende Liebe", die den andern auch mit allen seinen Schwierigkeiten und Widerwärtigkeiten umfaßt.

Und nun müssen es gerade die Korinther hören, mit ihrer bitteren Eifersucht untereinander, ihrem Großtun, ihrer Aufgeblasenheit: **„Die Liebe ist nicht eifersüchtig, die Liebe prahlt nicht, sie bläht sich nicht auf"**[6]. Lernen die Korinther lieben, dann werden sie frei von diesen Verkehrtheiten, die ihr Gemeindeleben verderben.

5 Das nächste Wort ist nicht leicht richtig wiederzugeben. Wörtlich heißt es: „Die Liebe benimmt sich nicht unanständig"; aber das muß doch wohl nicht erst ausgesprochen werden. Oder dachte Paulus an die Trunkenen beim Herrenmahl und an die Frauen ohne Kopftuch (11, 21; 11, 13)? Wichtig aber wäre schon die Feststellung, gerade auch im christlichen Raum, die Liebe **„ist nicht taktlos"**. Sie verleiht auch dem einfachsten Menschen einen wunderbaren Takt, der für alles Zusammenleben so wohltuend und für alles Werben um andere so nötig ist. **„Sie sucht nicht das Ihre"**, das hat Paulus auch den geliebten Philippern noch ernstlich einschärfen müssen (Phil 2, 4; 2, 21). Wieviel mehr mußte es in Korinth gesagt werden! (Vgl. 10, 24. 33.) **„Sie läßt sich nicht aufreizen"**, „nicht erregen". Das ist wahr. Und doch haben wir daran zu denken, daß Lukas mit dem gleichen Wort „erregt werden" den inneren Zustand des Paulus beschreibt, als Paulus in Athen die vielen Tempel und Götterbilder sah: es „ergrimmte sein Geist in ihm" (Apg. 17, 16). Lukas hat den Apostel gewiß damit nicht tadeln und als lieblos hinstellen wollen. Nein, gerade von der wirklichen Liebe gilt beides zugleich: sie läßt sich nicht erregen, und sie wird tief erregt. Sie kann das Elend und die Irrwege der Menschen nicht ohne tiefe Erregung ansehen. Es wird an dieser Stelle besonders deutlich, daß es eine objektive und allgemein gültige Beschreibung der „Liebe" nicht gibt. Den Korinthern mit ihrer offensichtlichen Neigung zum erregten Streit und scharfen Urteilen muß gesagt werden: Wenn ihr liebtet, dann würde diese ungute „Erregung" bei euch verschwinden.

Von dem folgenden Satz wissen wir nicht genau, wie Paulus ihn verstanden wissen will. Er ist Zitat aus Sach 8, 17 und spricht dort eindeutig vom „Sinnen auf Böses". So entspräche der Satz der Fest-

---

[6] Die grie Schrift kennt keine Zeichensetzung. So wissen wir nicht, wie Paulus die einzelnen Worte miteinander verbunden haben wollte. Man kann V. 4 auch so fassen: „Die Liebe ist langmütig, gütig ist die Liebe, nicht eifersüchtig ist die Liebe, sie prahlt nicht, bläht sich nicht auf..." Am Sinn ändert sich dadurch nichts.

stellung von Rö 13, 10: „Die Liebe tut dem Nächsten nichts Böses", nur daß Paulus hier auf den inneren Vorgang achtete, der allem „Tun" des Bösen voraufgeht: Die Liebe „sinnt nicht auf Böses". Wieviel verborgenes „Sinnen" auf Böses ist in unserm argen Herzen. Wie nötig ist die frohe Botschaft, daß die Liebe davon frei macht. Vielleicht hat Paulus aber nur die Worte aus Sach 8, 17 genommen und ihnen dann den ganz andern Sinn gegeben: **„Sie stellt das Böse nicht in Rechnung."** Das kann die Liebe: Das Böse, das ihr angetan wird, sehen und empfinden, aber es dann doch einfach nicht in Rechnung stellen, sondern als gar nicht geschehen behandeln.

Liebe verbindet mit den andern und läßt uns ihr Leben herzlich teilen. Aber **„an der Ungerechtigkeit"** bei ihnen kann sich **„Liebe nicht freuen"**. Dagegen **„freut sie sich mit an der Wahrheit"**, an allem, was im Leben der andern wahr und darum heilsam und gut ist. Liebe im Sinn der Agape ist also gerade nicht „blind". Sie hat nichts zu tun mit dem weichlichen Beschönigen und Vertuschen, das bei uns oft als „christliche Liebe" gilt. Weil ihr an dem andern wahrhaft liegt, will sie ihm auch in Wahrheit helfen und ist mit der Wahrheit in festem Bund. So hat die Liebe Gottes in Jesus die Wahrheit des Menschen radikal, also bis in die verborgensten Wünsche des Herzens aufgedeckt, um die rettende Hilfe für den Menschen wirklich bringen zu können. Die schroffen Sätze der Bergpredigt Jesu gehören mit seiner unerhörten Barmherzigkeit gegen den Sünder unlöslich zusammen. „Das Wort vom Kreuz" ist ebenso durchdringende Wahrheit wie völlige Liebe. Darum gilt es auch von der christlichen Liebe in der Gemeinde: **„Sie freut sich mit an der Wahrheit."**

6

Und nun beschließt Paulus diese Schilderung der Liebe, die uns in manchem fast zu einfach erschien, mit einem gewaltigen Satz. In diesem Satz spricht Paulus seine radikale Sprache mit dem bei ihm so beliebten Wort „alles". Vier Mal ist es betont vorangestellt: **„Alles hält sie aus, alles glaubt sie, alles hofft sie, alles duldet sie."** Nun wird die Liebe gewaltig, völlig verschieden von aller bloßen Nettigkeit und Freundlichkeit und Gutmütigkeit, die wir oft schon „Liebe" nennen und mit Liebe verwechseln[7].

7

Nicht an den großen Werken, etwa am „Austeilen aller meiner Habe", ist die Liebe sicher zu erkennen. Sichtbar wird sie im **„Aushalten"**. Es ist freilich zu bedenken, ob Paulus hier das Wort „stegein" nicht in seinem ursprünglichen Sinn von „bei sich behalten, mit

---

[7] Eines der Bücher, die uns in besonderer Weise aus dieser gefährlichen Verwechslung heraushelfen und die Größe der wirklichen Liebe in heutiger Sprache vor Augen stellen, ist das Buch von J. H. Oldham: „Ein Mensch wagt zu lieben", MBK-Verlag. Auch in dem Lebenswerk der Amy Carmichael finden wir lebendigen Anschauungsunterricht. Sie schreibt selbst von der Liebe: „Wenn die Liebe unter uns zu schwinden droht, wenn es möglich wird, den leisesten Schatten eines lieblosen Wortes zu dulden, dann fängt unsere Gemeinschaft an zu sterben. Lieblosigkeit ist tödlich, sie ist gefährlicher als eine Cobra. Gerade so, wie ein winziger Tropfen des Cobragiftes sich schnell in dem ganzen Körper dessen verbreitet, dem es eingespritzt wurde, so genügt ein Tropfen galliger Lieblosigkeit in meinem oder deinem Herzen, daß er sich mit furchtbarer Macht in unserer ganzen Familie (in der Dohnavur-Familie, meint sie) ausbreitet; denn wir sind ein Leib" (R. Brockhaus Taschenbücher Nr. 30, S. 86).

Schweigen bedecken", gebraucht hat. Dann würde der Unterschied zu dem „**alles duldet sie**" noch viel klarer. Und wenn wir bedenken, wie schlecht wir „schweigen" können, wie rasch wir gerade von Nöten, Sünden und Schulden der andern reden, dann wird es eine große Sache, daß die Liebe „alles mit Schweigen bedeckt"[8]. Aber auch das „Aushalten" wäre etwas anderes als das „Dulden". Das „Dulden" ist das „Darunterbleiben" unter den Lasten, die der Liebe auferlegt werden oder die sie selbst sich auferlegt. Das ist eine stille, passive, aber sehr notwendige Haltung. Paulus läßt sie völlig unbegrenzt sein. Liebe duldet nicht „ziemlich viel", um sich dann der großen Lasten und des langen Tragens zu weigern, grenzenlos „**alles duldet sie**". Das „Aushalten" ist ein Stück aktiver. Die Liebe überschlägt die Kosten, sieht klar die Kämpfe, erwägt die Angriffe und Anfechtungen, spricht dann aber in voller Bereitschaft: Das alles nehme ich auf mich, das „**alles halte ich aus**". Wieder kennt sie dabei keine Grenze und Auswahl[9]. Wie das Kreuz Jesu aus seiner Liebe zu dieser Welt der Sünde notwendig erwuchs, so ist auch bei uns in dieser Welt und Zeit das Lieben vom Leiden unabtrennbar. Lieben kann jetzt und hier nur unter Schmerzen geschehen. Die Liebe hat in dieser Welt immer die Kreuzesform.

In den beiden mittleren Sätzen wird die Liebe mit dem Glauben und der Hoffnung verbunden. Das ist wichtig für das Verständnis des Verses 13, wo mit der Liebe zusammen auch Glaube und Hoffnung als „bleibend" bezeichnet werden. „**Alles glaubt die Liebe.**" Ist sie also leichtgläubig und vertrauensselig? Paulus hat das große Wort „Glauben" nie so mißbraucht, wie wir es im Deutschen leider gewohnt sind[10]. Für ihn ist „glauben" das Rechnen mit Gottes Verheißungen, Gottes Taten, Gottes Herzen[11]. Und ebenso „glaubt" die Liebe, indem sie für den andern bis in die verzweifeltsten Fälle hinein auf die schrankenlose äußere und innere Hilfe Gottes schaut[12]. Darum kann auch „**alles**" dem fürbittenden, wagenden Glauben zugemutet werden. Es wird hier deutlich, warum der besonders ermächtigte „Glaube" in Kap. 12, 9 zu den „Dienstgaben" gehört, deren gerade die Liebe bedarf.

Da sich dieses glaubende Erwarten der Liebe auf die Zukunft richtet, wird es zum „Hoffen". Das ist aber bei Paulus kein vages Wünschen und Träumen, mit dem man sich über die Schwere der

---

[8] Mutter Eva sah in H. Taylor den wahrhaft geheiligten Christen, weil sie in wochenlangem Zusammensein mit ihm erlebte, daß er niemals ein günstiges Wort über sich selbst und niemals ein ungünstiges Wort über einen andern sagte, auch da nicht, wo zu beidem sehr viel Veranlassung gewesen wäre. Er konnte „bei sich behalten", „mit Schweigen bedecken".
[9] Es ist für den ungesetzlichen, freien Blick in die Wirklichkeit nicht ohne Bedeutung, daß Paulus 1 Th 3, 1 mit der Verwendung des gleichen Wortes schreibt: „Ich hielt es nicht mehr aus." Und eben dies tat die Liebe, die in ihrer Freiheit sowohl „aushalten" wie auch „nicht aushalten" kann.
[10] Vgl. auch die Auslegung zu Kap. 11, 18 S. 187.
[11] Vgl. die Schilderung des Glaubens Abrahams in Rö 4.
[12] Etwas von diesem Erwarten der glaubenden Liebe spiegelt sich in A. Knapps schönem Passionslied „An dein Bluten und Erbleichen" wider: „Wenn schon Zornesflammen lodern, darfst du noch Erbarmung fordern, Hilfe, wo die Engel trauern, Leben in des Todes Schauern."

Gegenwart hinwegtäuscht. Gerade die wirkliche Liebe ist nicht blind und verschmäht alle Täuschungen und unwahren Vertröstungen. Aber sie kennt im Glauben jenes „Hoffen, da nichts zu hoffen ist", wie Luther Rö 4, 18 wiedergibt. Denn sie kennt den Gott, „der lebendig macht die Toten und ruft dem, was nicht ist, daß es sei" Rö 4, 17. Weil sie im Ernst liebt und den andern nicht aufgeben will und kann, darum ist auch dieses ihr „Hoffen wider Hoffnung" ein ganzes, unbedingtes, unablässiges: **„Alles hofft sie."** Nie kann sie etwas als „hoffnungslos" aufgeben, solange sie liebt. Jede Last des andern legt sie dabei sich selber auf und bleibt glaubend und hoffend unter ihr. Darum schließt sich das **„alles duldet sie"** so wahr an das **„alles hofft sie"** an. Gerade indem die Liebe die fremde Last zur eigenen macht und sie dadurch in ihrem ganzen Gewicht fühlt, kann sie nicht anders als in einer ganzen Hoffnung das Ende dieser Last erwarten.

Paulus schließt mit dieser Schilderung der Liebe sein Kapitel noch nicht. Er hat von der Liebe noch Erstaunliches zu sagen, um ihre einzigartige, alles überragende Wichtigkeit und Größe deutlich zu machen. Was Paulus jetzt schreibt, gehört zu dem Größten, was er überhaupt ausgesprochen hat. Und es ist schon erschreckend, wie wenig Theologie und Kirche gerade dieses Große aufgenommen und sich angeeignet haben. Verhängnisvoll hat sich ausgewirkt, daß man dieses Kapitel als ein „Hohes Lied" ansah, dem man immer wieder einmal ergriffen lauschte, das man darum aber in Theologie und Leben auch nicht allzu ernst nahm.

„Die Liebe fällt niemals", so steht es wörtlich da. Von unserer religiösen und moralischen Sprache her könnten wir aber das „Fallen" mißverstehen. Doch wenn wir im Morgenlied Paul Gerhardts singen: „Alles in allem muß brechen und fallen", dann leuchtet der Satz des Paulus in seinem hellen Glanz: „Die Liebe fällt niemals." Sie ist im genauen und eigentlichen Sinn das einzig Bleibende. **„Die Liebe hört niemals auf."** Sie ist die Substanz der Ewigkeit. Willst du in deinem Leben Ewigkeit haben, dann liebe. Wir erinnern uns an das, was wir am Anfang des Kapitels über die „Agape" sagten. Paulus redet zwar in diesem Abschnitt nicht von Gottes Liebe, sondern von unserer Liebe, die ebenso wie Prophetie, Zungenrede und Erkenntnis in uns selber zu finden sein muß. Aber diese Liebe stammt aus Gott und ist das göttliche Leben selbst. Darum ist sie etwas grundanderes als die ebenfalls von Gott her geschenkten „Gaben", Gott ist nicht Prophetie, Gott ist nicht Erkenntnis, Gott ist nicht Glaube, aber „Gott ist Liebe" (1 Jo 4, 16). Darum hört die Liebe so wenig auf wie der ewige Gott selbst.

Alles andere bleibt nicht! Wieder wendet sich Paulus dem Höchsten zu, was die Gaben des Geistes uns schenken. Nicht vom „Irdischen" sagt er, es vergehe, nicht vom eigenen Denken der Menschen, nicht von den bloßen Formen der Frömmigkeit. Hier stimmten wir ihm rasch und gerne zu. Nein, wie Keulenschläge muß es die Korinther (und uns) treffen, wenn es nun in herbster Knappheit des Ausdruckes heißt: **„Prophetengaben — sie werden abgetan werden;**

Zungen — sie werden aufhören; Erkenntnis — sie wird abgetan werden." Prophetengabe, Zungen, Erkenntnis, das stammt doch aus dem Geiste Gottes. Das war doch der herrliche Reichtum der Gemeinde, der sie über alles erhebt, was es in der Welt um sie her, selbst auf den geistigen Höhen der Menschheit gab. Und nun soll auch dies „abgetan werden — aufhören — abgetan werden"? Jetzt verstehen wir in neuer Weise, warum ein Mensch mit der vollkommenen Fülle der wertvollsten Dienstgaben des Geistes doch „nichts" ist, wenn er nicht Liebe hat. Er ist buchstäblich „nichts", weil ja sein ganzer Besitz einmal zunichte wird.

9/10 Aber warum ist das so? „**Denn stückweise erkennen wir.**" Wie gut, daß ein Mann wie Paulus das sagt, der ebenbürtig neben den großen Denkern der Menschheit steht. Hier ist kein Raum für den Verdacht, die Trauben würden nur darum für sauer erklärt, weil sie einem zu hoch hängen. Welche Fülle der Erkenntnis bei Paulus! Wie hat er sich gemüht, die ihm anvertrauten Gemeinden zu eigener gegründeter Erkenntnis zu führen. Und doch erklärt Paulus nun: „**stückweise erkennen wir.**" Er entwertet nicht das, was unser jetziges Erkennen uns erschloß. Wie hätte er sich auch sonst mit so leidenschaftlichem Ernst um das Erkennen bei sich selbst und in der Gemeinde gemüht. Er kann auch nicht einfach ausstreichen, was er in Kap. 2, 6—16 über das Erkennen Gottes im Heiligen Geist gesagt hat. Wir dürfen wirklich „wissen, was uns von Gott gnädig geschenkt worden ist". Und wir dürfen und müssen davon reden „nicht in von menschlicher Weisheit gelehrten Worten, sondern in vom Geist gelehrten" (2, 12 f). Aber das Erkennen, wie wir es jetzt in diesem Weltzeitalter haben, ist ein „stückweises". Im jetzigen Erkennen ist mein Verhältnis zu dem lebendigen Gott noch unzulänglich. Paulus wird uns das am Bild des „Spiegels" (V. 12) noch näher erläutern. „**Wir sehen jetzt durch einen Spiegel in rätselhaftem Umriß, dann aber von Angesicht zu Angesicht. Jetzt erkenne ich stückweise, dann aber werde ich ganz erkennen, wie ich auch ganz erkannt worden bin.**" Wenn dieses „ganze Erkennen" „von Angesicht zu Angesicht", dieses „Endgültige" kommt, dann wird unser jetziges „stückweise" Erkennen trotz seiner Herkunft aus dem Geiste Gottes „abgetan werden". Die lebendige Spannung müssen wir ertragen, daß unsere Gotteserkenntnis vom Geiste Gottes selbst geschenkte Wahrheit ist, für die wir nur staunend danken können (2, 10—16). Und doch zugleich etwas „Stückweises", das einem Endgültigen[13] und Ganzen weichen muß[14].

Mit dem „**Weissagen**", dem von Gottes Geist geleiteten Schauen und Reden, steht es nicht anders. Auch hier kann Paulus nicht abwerten wollen, was die Propheten gesagt haben. Er beruft sich ja

---

[13] Wir sind an die Übersetzung „das Vollkommene" gewöhnt, die auch ihr Recht hat, gerade als Gegensatz zum Stückwerk. Aber in dem Wort „teleion" steckt das Wort „telos", das „Ende" heißt, aber „Ende" nicht als aufhören, sondern als erreichtes Ziel. So ist von diesem „Ende" her das „teleion" das „Endgültige" oder das „Vollendete". Vgl. o. S. 30.
[14] Vgl. die eigentliche Auslegung von V. 12 auf S. 226 ff.

fort und fort mit ganzer Entschlossenheit auch auf das prophetische Wort. Und die prophetische Rede in der Gemeinde jetzt muß zwar geprüft werden, wird aber von Paulus aufs Höchste geschätzt. Nein, auch hier gilt das Urteil „stückweise" dem Weissagen als ganzem und als solchem. Es **„wird abgetan"**, nicht weil es irrig ist, sondern weil in dem endgültigen Zustand der Dinge das Schauen der unmittelbaren Gegenwart Gottes und seiner vollendeten Schöpfung alle prophetische Schau überflüssig macht.

Wir achten darauf, daß Paulus von den „Zungen" nicht in gleicher Weise formulieren konnte: „Stückweise" reden wir in Zungen. Darum erklärt er auch im Blick auf die **„Zungen"** nur **„sie hören auf"**. Die Zungenrede ist also nicht etwa Vorwegnahme der Sprache der Ewigkeit oder der neuen Welt, wie manche in Korinth meinen mochten. Vielleicht müssen wir von unserer Stelle aus schließen, daß Paulus in V. 1 von „Zungen der Engel" nur im Sinne der Korinther sprach, selber aber nicht an zungenredende Engel dachte. Sonst gäbe es ja wirklich „Zungen", die n i c h t aufhören[15]. Aber die echte Sprache der Engel spricht auch der größte Zungenbeter nicht.

Gilt das „Abgetanwerden" der Weissagung auch von der biblischen Prophetie, etwa von der Offenbarung des Johannes? Wir werden das Wort des Apostels nicht einschränken können. Wenn das Endgültige gekommen sein wird, dann wird es allerdings völlig anders sein als alle Bilder der Offenbarung. Aber das sagt ja gerade die Offenbarung selber mit „Unmöglichkeit" und „Unvorstellbarkeit" ihrer Bilder. Wir werden ganz gewiß kein wirkliches „erwürgtes Lamm mit sieben Hörnern und sieben Augen" auf dem Thron Gottes erblicken, und Gottes neue Stadt wird nicht buchstäblich Tore aus einer einzigen Riesenperle haben. Die ganze Bilderwelt ist dann „abgetan", nicht weil sie falsch war, sondern weil sie „erfüllt" ist und wir unmittelbar in der Wirklichkeit stehen, von der die Prophetie in ihren Bildern redete.

Aber verliert dann nicht doch alle prophetische Schau und auch alles Erkennen seinen Wert? Paulus schenkt uns ein sehr hilfreiches Gleichnis. **„Als ich ein Kind war, redete ich wie ein Kind, dachte wie ein Kind, überlegte wie ein Kind; als ich ein Mann wurde, tat ich ab, was zum Kind gehörte."** Die uns vertraute Übersetzung „was kindisch war" trifft sprachlich den Text nicht und entwertet in falscher Weise das Leben des Kindes. Paulus will uns gerade im Gegenteil sagen, natürlich redet, plant[16] und überlegt ein Kind so, wie ein Kind es tut und gar nicht anders tun kann. Das ist in keiner Weise falsch oder geringwertig. Der Mensch kann seine Kindheit nicht

11

---

[15] 2 Ko 12, 4 kann nicht dagegen eingewendet werden. Die Worte, die Paulus im Paradies hörte, waren nicht „unaussprechbar", weil sie in „Zungen" geschahen, sondern weil kein Mensch sie aussprechen „darf", wie die revidierte LÜ zutreffend sagt. Auch der Seher Johannes hört die Engel zwar mit gewaltigen Stimmen, aber durchaus in verständlichen Worten reden.

[16] Für „Denken" verwendet Paulus hier das grie Wort „phronein", das nicht die logische, sondern die strebende und gesinnungsmäßige Seite unserer „Gedanken" hervorhebt. So ist das Wort auch in Rö 8, 5—7 gebraucht.

überspringen, weil er als Mann einmal ganz anders sein wird. Er darf und soll seine Kinderzeit voll und ganz durchleben. So haben auch wir in dem Maße unseres jetzigen Lebens, beschenkt vom Heiligen Geist, zu erkennen und zu weissagen, auch wenn es nur „Stückwerk" ist. Aber freilich haben wir es dabei zu wissen und zu bedenken, daß ihm der vergängliche Stückwerkcharakter anhaftet, so wie das Kind in aller Intensität und in allem kindlichen Ernst seines Spielens doch zugleich weiß, daß es kein wirklicher Kapitän oder Flugzeugführer ist. Wenn das Kind zum Mann wird, dann wird es erfahren, daß die tatsächliche Leistung und Verantwortung eines Kapitäns auf einem wirklichen Schiff und die tatsächliche Führung eines Flugzeuges etwas unvergleichlich anderes ist, als es auch im hingegebensten Spiel sich vorstellen konnte. Nun muß der Mann **„abtun"** — es ist das gleiche Wort gebraucht wie vorher in dem Ausdruck „abgetan werden" —, was nur in der Kinderzeit sein Recht hatte. So wird die Wirklichkeit der hereinbrechenden Vollendung alles übersteigen, was wir jetzt noch so ernst und mit vorläufiger Notwendigkeit erkennen und prophetisch schauen. Zwischen dem „Endgültigen" und dem jetzigen „Stückwerk" besteht nicht nur ein quantitativer, sondern ein qualitativer Unterschied.

12 Eben dies drückt Paulus mit einem zweiten Bild und Vergleich aus, dem Vergleich zwischen dem „Spiegelbild" und der unmittelbaren Schau von Angesicht zu Angesicht. **„Denn wir sehen jetzt durch einen Spiegel in rätselhaftem Umriß, dann aber von Angesicht zu Angesicht."** Dabei haben wir an den Spiegel des Altertums zu denken, der nur aus einer blanken Metallscheibe bestand und nicht mehr als die Umrisse, und diese dunkel genug, wiedergab[17]. Aber es ist nicht nur ein Unterschied der Deutlichkeit und Helle, sondern ein wesenhafter Unterschied des ganzen Vorgangs, ob ich einen andern nur im **„Spiegel"** sehe oder ihm **„von Angesicht zu Angesicht"** tatsächlich begegne. Denn dann erst, Auge in Auge, habe ich ihn „wirklich". So ist bei unserer jetzigen „Erkenntnis" ihr Stückwerkcharakter als solcher zu merken. Wir stehen Gott noch nicht von Angesicht zu Angesicht gegenüber. Wir sehen Gott nur „im Spiegel" seiner Taten, „im Spiegel" seines Wortes. Schon in 4 Mo 12, 6—8 ist von Gott selbst in ähnlicher Weise ausgesprochen, was die dem Mose einzigartig geschenkte Begegnung mit Gott in aller nur „prophetischen" Gotteserkenntnis unterscheidet. Paulus wird an diese Stelle gedacht haben, die in der grie Übersetzung noch mehr den Worten des Paulus hier entspricht. Aber ist uns im Neuen Bund durch den innewohnenden Geist Gottes nicht ebensoviel oder noch mehr gegeben als einem Mose? Ist unsere Stelle nicht doch ein Widerspruch zu dem, was uns in Kap. 2, 6—16 zugesagt wurde? Das kann nicht sein. Wohl aber zeigt das Wort des Paulus die Grenze dessen, was Kap. 2, 6—16

---

[17] Paulus erläutert das Sehen im Metallspiegel durch die Hinzufügung „in rätselhaftem Umriß" oder wörtlich einfach: „im Rätsel". Das Altertum kannte genau wie wir den Ausdruck „in Rätseln reden". Paulus bildet dieser häufigen Redewendung seine Formulierung „in Rätseln sehen" nach.

uns gab. Es sind ja nur „des Geistes Erstlinge", die wir jetzt erhalten. Und auch da, wo der Geist Gottes selber in Gottes Herz blicken läßt, geschieht es immer noch „im Spiegel" des Kreuzes, wo Gottes Herrlichkeit in „Schwachheit und Torheit" erscheint. Und das weiß jeder Christ schmerzhaft genug, gerade wenn er ernstlich und wahrhaft im Erkennen steht, wie die gesehenen Umrisse so rätselvoll bleiben können[18]. Daher hatte Paulus auch in dem Abschnitt Kap. 2, 6—16 mit Zurückhaltung formuliert und vom Wirken des Geistes Gottes in unserem Herzen nur gesagt, daß wir „das von Gott uns gnädig Geschenkte" wissen können. Gott ist nicht etwa „ganz anders" als unsere Gotteserkenntnis im Heiligen Geist uns zeigt, so wie der Mensch auch nicht „ganz anders" aussieht, als er im antiken Spiegel erscheint. Aber das „Sehen im Spiegel" und das „Begegnen von Angesicht zu Angesicht" ist in sich selbst wesenhaft verschieden. Bei dem „Sehen im Spiegel" bleibt es dabei, daß wir „wandeln im Glauben und nicht im Schauen" (2 Ko 5, 7).

Wir merken beim Vergleich der verschiedenen Stellen allerdings auch, wie die lebendige Schilderung des Christenlebens ohne eine gleichzeitige Geltung scheinbar widersprechender Sätze nicht auskommt[19]. Das treibt zum Sehnen nach jenem „dann", in dem es alles anders wird. **„Dann"** kommt jenes **„von Angesicht zu Angesicht"**, das alles völlig ändert[20]. **„Dann aber werde ich ganz erkennen, wie ich auch ganz erkannt worden bin."** Von Gott bin ich völlig erkannt. Das zeigt sich daran, daß ich Gott liebe[21]. Im Heiligen Geist hat Gott mir jetzt schon Anteil an diesem neuen Erkennen gegeben. Jetzt schon sehe ich meine Verlorenheit vor Gott und sehe das unbegreifliche Geliebtwerden von dem, der sich nicht über mich täuscht, sondern mich bis in die letzten Abgründe meines Herzens durchschaut. Aber es bleibt

---

[18] Von hier aus kann uns klar werden, wie gefährlich es war, als die Kirchen der Reformation die Einheit der Kirche auf die Einheit der Lehre, also auf die Einheit der Erkenntnis gründeten. Kirche, auf „Stückwerk" erbaut, mußte notwendig in Stücke gehen in immer neuen Spaltungen auf dem Boden der Erkenntnis. Hätten Theologie und Kirche diesen Satz des Paulus „Wir sehen jetzt in einem Spiegel in rätselhaftem Umriß ..." ebenso eifrig festgehalten wie andere seiner Aussagen, wieviel „rabies theologorum" („Wut der Theologen") und wieviel spaltendes Gegeneinander der evangelischen Kirchen wäre uns erspart geblieben. „Durch einen Spiegel in rätselhaftem Umriß" — dieses Motto ergibt eine bescheidene und doch gerade gründliche Theologie. „Durch einen Spiegel in rätselhaftem Umriß" — dieses Motto würde Kirchen demütig aufeinander hören lassen.

[19] Schon die Fotos eines Bauwerkes von verschiedenen Seiten her sind als solche „widerspruchsvoll" und geben doch miteinander dem Betrachter ein lebendiges Bild des Ganzen.

[20] In ganz anderer Ausdrucksweise finden wir den gleichen Tatbestand auch bei Johannes. Wie mächtig weiß gerade Johannes den Reichtum dessen zu schildern, was wir bereits jetzt „haben". Vgl. 1 Jo 1, 1—4. Und doch blickt auch er mit tiefem Verlangen nach dem Endgültigen aus, da wir „ihn sehen werden, wie er ist" 1 Jo 3, 2. Ständig sind wir von den beiden Abwegen bedroht, entweder über dem Gegenwärtigen das Kommende zu vergessen, oder über dem Kommenden das Gegenwärtige gering zu achten. Paulus wie Johannes haben beides zugleich gekannt, das Gegenwärtige mit allem Einsatz zu durchleben und doch seinen Stückwerkcharakter nicht zu vergessen und darum das „Endgültige" heiß zu ersehnen. Die Braut freut sich des reichen Briefwechsels mit ihrem Verlobten und schreibt ihre Briefe mit ganzer Hingabe. Aber eben darum wartet ihr ganzes Herz auf den Hochzeitstag. Die „Briefe" sind „abgetan", wenn das wirkliche Zusammenleben da ist.

[21] Vgl. o. S. 143 das zu Kap. 8, 3 Ausgeführte.

auch dieses noch etwas „Stückweises". Das merken wir alle deutlich genug. Aber wenn das Unsichtbare, auf das wir jetzt schon „sehen" (2 Ko 4, 18), endgültig sichtbar werden wird, dann wird dem ganzen Erkennen Gottes ein ebenso ganzes Erkennen unsererseits antworten. Dann stehen nicht nur „rätselhafte Umrisse im Spiegel" vor uns, die jetzt freilich ein unschätzbarer Besitz für uns sind und uns Wahrheit, nicht Schein und Trug zeigen. Dann erfüllt sich das Verlangen, das schon einen Mose durchdrang: „Laß mich deine Herrlichkeit sehen" (2 Mo 33, 18). In geheimnisvoller Weise wird Mose als einzigem geschenkt, über das bloße Sehen im Spiegel hinauszukommen und wenigstens ein „Reden von Angesicht zu Angesicht" von Gott her zu erfahren (2 Mo 33, 11; 4 Mo 12, 8). Aber jenes ganze Sehen Gottes, zu dem wir ursprünglich geschaffen sind und das wir im Sündenfall verloren haben, bleibt auch einem Mose noch versagt (2 Mo 33, 20)[22]. Das Verlangen danach aber ist vom Wesen des Menschen her unaustilgbar und wird „**dann**" erfüllt werden. Aber „**dann**" gibt es nicht mehr das, was jetzt „Erkennen" und „Weissagen" ist.

13   Haben wir also nichts „Bleibendes"? Paulus bezeugt es nun am Schluß dieses Kapitels noch einmal: es bleibt Wesentliches unseres Christenlebens. „**Nun aber bleibt Glaube, Hoffnung, Liebe, diese drei.**" Vom Erkennen, vom Zungenbeten, vom Weissagen hatte Paulus sagen müssen: es wird abgetan, es hört auf. Vom „Glauben" und vom „Hoffen" hatte er das nicht gesagt! Wohl steht es nicht einfach gleichberechtigt neben der Liebe. Die Liebe ist und bleibt „**die größte von diesen**" oder „größer als diese". Aber wir sahen schon in V. 7, wie fest Glaube und Hoffnung mit der Liebe verbunden sind. Darum „fällt" beides so wenig wie die Liebe selbst. In zweifacher Weise läßt sich das verstehen. Paulus kann einfach meinen: indem das von der Liebe Geglaubte nun in voller Wirklichkeit geschaut und das von ihr Gehoffte in Herrlichkeit erlangt wird, „bleiben" Glaube und Hoffnung, wenn auch als erfüllte. Und es bedeutet für unser Christenleben sehr viel, wenn wir in diesem Sinne wissen dürfen: mag auch alles andere nur eine vorläufige Bedeutung haben und einmal aufhören, mein Glaube und mein Hoffen aber werden nicht so „abgetan", sie „bleiben", und in ihnen habe ich Ewiges wirklich ergriffen. Paulus kann aber auch daran denken, daß mit dem Lieben des „von Angesicht zu Angesicht" erkannten Gottes immer noch ein „Glauben", ein gehorchendes Vertrauen, verbunden bleiben wird.

Es wird auch das Geben und Schaffen des ewig reichen Gottes nie aufhören. So wird auch im „Endgültigen" die Liebe immer wieder zu erwarten und zu „hoffen" haben, was Gott noch für sie bereit hält. Nie wird Gott sagen, daß er jetzt allen seinen Reichtum erschöpft und nun nichts weiter mehr zu geben habe. So wird die Liebe auf ewig mit „Glauben" und „Hoffen" verbunden bleiben. Diese Auffas-

---

[22] Bezeichnend ist das, was Johannes in Offb 1, 9—17 bezeugt. Obwohl das Sehen des erhöhten Herrn für Johannes noch „im Geist" und noch nicht in völliger Gegenwart erfolgt, stürzt Johannes, der Lieblingsjünger Jesu, wie tot zu Boden. Noch viel weniger „konnte" ein Mose Gott jetzt „sehen".

sung wird auch darum die richtigere Auslegung sein, weil Paulus im ganzen Abschnitt stets von den Tätigkeiten als solchen, also vom „Erkennen" und „Weissagen", nicht von ihren Resultaten spricht. So wird er auch hier nicht vom Geglaubten und Gehofften sagen, daß es „bleibe", sondern vom Glauben und Hoffen als unserem Tun, so wie ja auch nicht das von uns Geliebte, sondern das Lieben selbst „bleibt".

Aber wenn auch das Glauben und Hoffen zusammen mit dem Lieben „bleibt", so ist doch die Liebe **„die größte von diesen"**. Schön hat das A. Schlatter begründet: „Das Lieben ist größer als das Glauben, weil es sich zu diesem verhält, wie das Ganze zum Teil, wie die Vollendung zum Anfang, wie die Frucht zur Wurzel. Begründet das Glauben das Empfangen, so erzeugt die Liebe das Geben; ist jenes die Erweckung des Lebens in uns, so ist dieses dessen Betätigung. Durch sie erreicht Gottes Liebe ihr Ziel in uns; mit ihr ist der gute Wille da, der nach dem göttlichen Willen gestaltet ist und uns ihm zum Werkzeug macht. Durch sie ist das Glauben über die Gefahr emporgehoben, daß es die Wahrheit Gottes bloß wisse, aber nicht tue, die Liebe Gottes begehre und doch nutzlos mache. Sie ist die ungeteilte Aufnahme der göttlichen Gnade; denn so durchdringt sie unser ganzes Wollen" (A. Schlatter, Der Glaube im NT[3], S. 373).

Paulus sah die tödliche Gefahr in Korinth. „Liebe haben sie nicht", das war sein Schmerz im Blick auf viele Gemeindeglieder. Dennoch sagte er kein Wort darüber, wie wir nun lieben lernen und zur Liebe kommen. In seinem Leben stand das mächtig genug vor allen, die es sehen wollten. Der ernste, fromme, saubere, nach dem Gesetz gerechte Saul von Tarsus hätte nicht eine Zeile dieses Kapitels schreiben können. Es war ihm eine fremde Welt. Es werden so auch bis heute alle Moralisten, alle gesetzlich Frommen ratlos und blind vor diesem Kapitel stehen. Aber nun ist es an Paulus als volle Wirklichkeit zu sehen: „Ist jemand in Christus, so ist er eine neue Kreatur, das Alte ist vergangen, siehe ein Neues ist geworden" (2 Ko 5, 17). Jetzt schreibt Paulus 1 Ko 13, jetzt ist das sein größtes und entscheidendes Wort, jetzt lebt er in dieser Liebe, von der er Zeugnis gibt. Wie ist das gekommen? Es kam in der Begegnung mit Jesus, und zwar gerade mit dem ihm verhaßten und ihn empörenden Jesus am Fluchholz. Als Gott ihm die Augen auftat und ihm seinen Sohn offenbarte (Gal 1, 13—16), da sah er in dem zerschlagenen, blutenden, ausgestoßenen, sterbenden Jesus nicht mehr den erwiesenen Gotteslästerer, den zu Recht Verfluchten, da sah er in ihm die Liebe, die alles aushält, alles glaubt, alles hofft, alles duldet. Da brach seine ganze eigene, selbstgerechte, kalte, lieblose Frömmigkeit zusammen. Der ganze bisherige Saul von Tarsus hatte aufgehört zu existieren. In ihm lebte nun Christus, der Sohn Gottes, der ihn geliebt und sich selbst für ihn dargegeben hatte. In der Schwachheit und Torheit Gottes am Kreuz sah er Gottes unbegreifliche Liebe, von der ihn nichts mehr scheiden konnte, der er nun aber gehören und dienen mußte mit jedem Atemzug. Nun wußte er es: „Wenn ich mit den Zungen der Menschen rede und denen der Engel, Liebe aber nicht habe, bin ich ein tönendes Erz geworden oder eine gellende Zymbel. Und wenn ich Prophetengabe habe und weiß die Geheimnisse alle und alle Erkenntnis und wenn ich allen den Glauben habe, so daß ich Berge versetzte, Liebe aber nicht habe, bin ich nichts. Und wenn ich austeile alle meine Habe und wenn ich ausliefere meinen Leib, daß ich verbrannt werde, Liebe aber nicht habe, so nützt es mir nichts."

VON DEN WIRKUNGEN DES HEILIGEN GEISTES
4. Vom „Zungenreden" und „Prophetischen Reden"

1. Korinther 14, 1—19

zu Vers 1:
1 Ko 11, 4
12, 10. 31
1 Th 5, 20

zu Vers 2:
Mk 16, 17
Apg 10, 46

zu Vers 3:
Apg 9, 31

zu Vers 5:
4 Mo 11, 29
1 Ko 13, 2
12, 10

zu Vers 6:
1 Ko 12, 8

zu Vers 9:
1 Ko 9, 26

zu Vers 12:
1 Ko 12, 31

zu Vers 13:
1 Ko 12, 10

zu Vers 15:
Neh 8, 6
1 Chro 13, 36
Eph 5, 19
Jak 5, 13

zu Vers 16:
2 Ko 1, 20

1 Jagt der Liebe nach, strebt aber auch eifrig nach Geisteswirkun-
2 gen, am meisten aber, daß ihr prophetisch redet. * Denn der Zungenredner redet nicht zu Menschen, sondern zu Gott; denn nie-
3 mand hört ihn, im Geist aber redet er Geheimnisse. * Der prophetisch Redende redet zu Menschen Aufbau und Ermahnung und
4 Zuspruch. * Der Zungenredner baut sich selbst auf; aber der pro-
5 phetisch Redende baut Gemeinde auf. * Ich will aber, daß ihr alle in Zungen redet, noch mehr aber, daß ihr prophetisch redet. Größer aber ist der prophetisch Redende als der Zungenredner, außer wenn er auch auslegt, damit die Gemeinde Aufbau empfange.
6 * Jetzt aber, wenn ich zu euch komme in Zungen redend, was werde ich euch nützen, wenn ich nicht zu euch reden werde in Offenbarung oder in Erkenntnis oder in Prophetie oder durch
7 Lehre? * So auch die leblosen Dinge, die einen Laut von sich geben, es sei Flöte oder Harfe, wenn sie den Tönen keinen Unterschied geben, wie soll man erkennen, was auf der Flöte oder
8 Harfe gespielt wird? * Und wenn die Trompete einen undeut-
9 lichen Laut gibt, wer wird sich zum Kampfe rüsten? * So auch ihr, wenn ihr durch die „Zunge" kein verständliches Wort gebt, wie soll das Geredete erkannt werden? Ihr werdet in den Wind
10 (wörtlich: in die Luft) Redende sein. * Es gibt wer weiß wie viele
11 Sprachen in der Welt, und nichts ist ohne Sprache. * Wenn ich nun die Bedeutung der Sprache nicht kenne, werde ich für den Redenden ein Fremdsprachiger (wörtlich: Barbar) sein und der Redende
12 für mich ein Fremdsprachiger (wörtlich: Barbar). * So auch ihr, da ihr ja Eiferer um Geistesmächte (wörtlich: Geister) seid, so
13 sucht zum Aufbau der Gemeinde, daß ihr die Fülle habt. * Daher
14 soll der Zungenredner beten, daß er auch auslegen (kann). * Denn wenn ich bete mit der „Zunge", so betet mein Geist, aber mein
15 Verstand ist dabei unfruchtbar. * Wie steht es nun? Ich will beten mit dem Geist, ich will beten aber auch mit dem Verstand; ich will lobsingen mit dem Geist, ich will lobsingen aber auch mit
16 dem Verstand. * Denn wenn du segnest im Geist, wie kann der, der den Platz des Unkundigen einnimmt, das Amen zu deiner

17 Danksagung sprechen, da er ja nicht weiß, was du sagst? * Denn du für deine Person sprichst wohl ein schönes Dankgebet, aber 18 der andere wird nicht aufgebaut. * Gott sei Dank, ich rede mehr 19 als ihr alle in Zungen; * aber in der Gemeinde will ich lieber fünf Worte mit meinem Verstand reden, damit ich auch andere unterweise, als unzählige Worte in „Zunge".

zu Vers 18:
1 Ko 1, 14

„**Jagt der Liebe nach.**" Nun denkt Paulus an die, die in Korinth keine Liebe oder allzuwenig Liebe haben. Er meint aber mit diesem seinen Wort auch die ganze Gemeinde. „**Liebe**" ist kein „Besitz", den ich ein für allemal sicher „habe". Gerade wenn ich meine, genug Liebe zu haben, habe ich schon keine rechte Liebe mehr. In der Liebe bleiben wir fort und fort „Schuldner", immer noch mehr und noch wahrer zu lieben (Rö 13, 8). Kennzeichnend ist 1 Th 4, 9f: Weil die Thessalonicher Bruderliebe haben, dürfen und sollen sie darin noch mehr überströmen. So ist der Liebe immer neu „**nachzujagen**". Dieser bildhafte Ausdruck weist ebenso wie das Bild des „Anziehens" (Kol 3, 14) darauf hin, daß wir die Liebe wohl nicht aus uns selbst hervorzubringen vermögen, daß sie uns aber auch nicht einfach in den Schoß fällt, sondern daß wir sie mit eigener voller Aktivität ergreifen und uns aneignen müssen.

1

Das 13. Kapitel zeigt uns die einzigartige Wichtigkeit der Liebe auch den höchsten Geistesgaben gegenüber. Das heißt aber nicht, daß diese Gaben wertlos wären. Nein, „**strebt aber auch eifrig nach Geisteswirkungen**". Indem die Liebe wahrhaft helfen will, braucht sie die Kräfte und Fähigkeiten, mit denen solche Hilfe wirksam geschehen kann. Trotz aller Geistesgaben bin ich ohne Liebe „nichts"; aber ohne Geisteswirkungen bleibe ich in meiner Liebe unwirksam. Es wird dann aber auch der Wert jeder Geistesgabe und die Rangordnung der Gaben von der Liebe bestimmt. Paulus hat mit klarer Absicht Kap. 14 nicht unmittelbar an Kap. 12 angeschlossen. Erst von der „Agape" läßt sich recht über die Geistesgaben urteilen. Hinter den Ausführungen von Kap. 14 steht die Klarheit von Kap. 13; Kap. 14 will von Kap. 13 her verstanden werden.

Paulus hatte am Schluß von Kap. 12 ganz allgemein gesagt: „Strebet nach den größeren Gaben." Das verdeutlicht er jetzt in klarer Bestimmtheit durch die Aufforderung: „**Am meisten aber, daß ihr prophetisch redet.**" Damit ist er bei der eigentlichen konkreten Frage, um die es in Korinth geht. Welches ist die „wertvollste", eigentlichste und „größte" Geistesgabe? In Korinth sagten offensichtlich viele: Das ist das Reden mit der „Zunge". Paulus widerspricht mit nachhaltigem Ernst und stellt dem „Zungenreden" das „prophetische Reden" als die besonders wichtige Geisteswirkung entgegen. Darum geht es in unserm ganzen Abschnitt. Wir müssen ihn jetzt als ganzen vor Augen haben, um in ein Gebiet einzudringen, das uns völlig fremd geworden ist.

Paulus stellt zunächst die beiden Gaben in ihrem wesentlichen Unterschied voneinander dar: „**Denn der Zungenredner redet nicht**

2/3

zu Menschen, sondern zu Gott; denn niemand hört ihn, im Geist aber redet er Geheimnisse. **Der prophetisch Redende redet zu Menschen Aufbau und Ermahnung und Zuspruch.**" Er schildert weder das Zungenreden noch das prophetische Reden als solches. Das ist auch nicht nötig. Die Korinther kennen beides zur Genüge. Für uns heute aber liegt es anders.

Wenn sich auch das „Zungenreden" wieder in weiterem Umfang regt und nicht nur in „Sekten", sondern auch in „Kirchen" durchbricht[1], so ist es doch den meisten heutigen Lesern des 1. Korintherbriefes unbekannt. Uns macht schon der Ausdruck „Zunge" Schwierigkeiten. Ganz gewiß ist nicht das körperliche Glied gemeint; das benötigen wir bei allem Sprechen, auch dem allergewöhnlichsten. Das Wort „glossa" kann auch „Sprache" bedeuten. So ist es von Lukas in der Pfingstgeschichte Apg 2, 11 gebraucht: „Wir hören sie in unsern Zungen die Großtaten Gottes reden!" Handelt es sich auch in Korinth um das Reden in fremden Sprachen?[2] Aber schon am Pfingsttage mußte das „Hörwunder", das „Übersetzen" durch den Heiligen Geist, hinzukommen, damit das Zungenreden der Jünger als heimatlicher Dialekt verstanden wurde. Denn diejenigen, die ablehnend blieben, hatten den Eindruck, „Trunkene" zu hören[3]. Erst recht muß es so in Korinth gewesen sein. Vers 23 wird dabei wichtig: Fremde, die in eine Gemeinde von Zungenrednern hineinkommen, würden sie nicht nur für trunken, sondern für wahnsinnig halten. Wir würden aber doch keinen für trunken oder geisteskrank ansehen, der auf einmal türkisch oder japanisch spräche, auch wenn wir kein Wort davon verstehen. Das grie Wort „glossa", das wir als Lehnwort „Glossen" übernommen haben, kann aber auch gerade den unverständlichen Ausdruck bezeichnen; vielleicht ist deshalb das rätselhaft-unverständliche Sprechen eine „Glossolalie", ein „Reden mit Zungen" genannt worden[4]. Es könnte aber auch einfach der Tatbestand festgehalten worden sein, den auch Paulus besonders hervorhebt, daß hier nicht mehr der Verstand die Rede regiert, sondern die „Zunge" des Menschen sich selbst überlassen ist und von einer

---

[1] Vgl. dazu aus der Schriftenreihe „Oekumenische Texte und Studien", Heft 27, „Die Gabe des Zungenredens in der Lutherischen Kirche" (Verlag R. F. Edel, Marburg).
[2] So hat man auch heute auf Fälle hingewiesen, bei denen schlichte Gemeindeglieder eine unverständliche Sprache redeten, die ein Kundiger dann als Hebräisch oder Griechisch erkannte. Leider bringt auch Pfarrer Christenson in dem genannten Heft über „Die Gabe des Zungenredens in der Lutherischen Kirche" S. 9 einen entsprechenden Bericht: „Ein französischer Dolmetscher von den Vereinten Nationen wohnte einer Zusammenkunft in Los Angeles bei, in der eine Botschaft in Zungen gesprochen und dann ausgelegt wurde. Der Dolmetscher von den Vereinten Nationen bestätigte, daß die Botschaft in Französisch gesprochen worden war und die erfolgte Auslegung richtig war. Weder der Zungenredner noch der Ausleger hatten je französisch gelernt." Macht denn der heilige, lebendige Gott solche Kunststücke, anstatt seine Botschaft sachlich in der Sprache zu senden, die die Anwesenden verstehen?
[3] Vgl. dazu die Auslegung in der W.Stb. zur Apostelgeschichte 2, 5—13.
[4] In den Zauberpapyri des Altertums gibt es zahlreich solche „Glossen", seltsame Ausdrücke, die als „voces mysticae", „geheimnisvolle Stimmen" bezeichnet werden. Manche lassen sich als Entstellung bekannter Worte erkennen. Auch wir gebrauchen solche geheimnisvoll-unsinnigen Worte, wenn wir mit mehr oder weniger Ernst den Zauberer spielen. Wir reden dann etwa von „Abra Kadabra" oder von „Hokuspokus". Dieser Ausdruck ist entstellt aus den

fremden Gewalt bewegt ist. Hier ist nicht Kopf oder Herz des Menschen, sondern nur seine „Zunge" Organ des Geistes.
Das ist jedenfalls deutlich, daß es sich um ein völlig unverständliches Reden handelt. „**Niemand hört ihn**" im Sinn eines verstehenden Hörens. Der Zungenredner mag das beste Dankgebet halten, aber es kann keiner das Amen dazu sagen, da er nicht weiß, was der Zungenredner sagte (V. 16). Paulus kann es V. 7—9 einer Musik oder einem Trompetensignal ohne klare Tonunterschiede vergleichen, die unverständlich und unwirksam bleiben. V. 10 f verdeutlicht er den gleichen Sachverhalt an einer Fremdsprache, deren Bedeutung ich nicht kenne. Ferner wird aus dem ganzen Abschnitt deutlich, daß es sich im Zungenreden nicht um Mitteilungen an die Menschen handelt, sondern um ein zu Gott hingewandtes Reden, um ein Beten in seinen mannigfaltigen Arten. „**Denn der Zungenredner redet nicht zu Menschen, sondern zu Gott.**" Paulus nennt dann V. 14—17 auch ausdrücklich das Beten, das Lobsingen, das Segnen, das Danken, alles Formen des Gebetes. Wir sollten darum lieber vom „Zungenb e t e n" als vom „Zungenr e d e n" sprechen. Viel Verwirrung, viel Irrtum würde dadurch vermieden[5].

Was ist im Gegensatz zu dem „Zungenreden" mit dem „propheteuein", dem „prophetischen Reden" gemeint? „**Der prophetisch Redende redet zu Menschen Aufbau und Ermahnung und Zuspruch.**" Dieser kurze Satz zeigt sofort, daß es sich nicht um ein „Prophezeien" in dem bei uns üblichen Sinn des Voraussagens der Zukunft handelt, wie wir etwa von „Wetterprophezeiung" und dergleichen reden. Das Wort als solches weist auf die „Propheten" des Alten Bundes hin. Wir mißverstehen aber diese Männer, wenn wir in ihnen lediglich die Verkündiger künftiger Ereignisse sehen. Sie hatten in erster Linie dem Volk, der Priesterschaft und dem König deren ganzes Versagen, ihre ganze Schuld vor Augen zu stellen. Sie hatten zur Umkehr zu rufen. Sie hatten an Gottes heiligen Willen zu erinnern, zu lehren, zu mahnen, zu trösten. Und nur innerhalb dieser großen Gesamtaufgabe haben sie dann auch auf die Zukunft hinzuweisen und mit bestimmten Enthüllungen über die Zukunft zu drohen und zu locken. Wer nun in der Gemeinde als „Prophet" redete, hatte nicht

3

---

lateinischen Einsetzungsworten des Abendmahls „hoc est corpus" („das ist mein Leib"). Hier wird deutlich, wie gefährlich auch solche scheinbar harmlosen Ausdrücke sind. Falls das Zungenreden, die „Glosso-lalie", formal den Namen von solchen „Glossen" her bekommen haben sollte, ist es seinem Wesen nach als vom Heiligen Geist gewirktes Reden etwas total anderes! Sprachliche Bezeichnungen sagen noch nichts über die bezeichnete Sache als solche.

[5] Dieser Sachlage entsprechen die Schilderungen in der Apostelgeschichte. Als die Heiden im Hause des Kornelius den Heiligen Geist empfangen und in „Zungenreden" ausbrechen, da „preisen sie Gott hoch" (Apg 10, 46). Aber auch das „Reden der Großtaten Gottes" am Pfingsttag wird nicht ein Mitteilen und Bezeugen gewesen sein; denn das erfolgt ja erst in der einfachen verständlichen Rede des Petrus. Es war auch dies vielmehr ein anbetendes und lobpreisendes Rühmen der Taten Gottes. Von da aus ist alles „Zungenreden" als unbiblisch erwiesen, das doch wieder „Mitteilung", „Offenbarung", „Mahnung" sein will, selbst wenn es übersetzt und dadurch verständlich wird. Wie sollte der lebendige Gott solche merkwürdigen Umwege gehen, während er doch durch das „prophetische Reden" seine Mahnungen, Tröstungen, Mitteilungen und Unterweisungen direkt an die Menschen heranbringen kann!

nur wie Agabus eine Hungersnot vorauszusagen, sondern, wie nun auch V. 3 ausdrücklich sagt, für den „**Aufbau**" durch „**Ermahnung und Zuspruch**" zu sorgen[6].

„**Prophetisch reden**" meint also ein klares Sprechen in einfachen Worten, geleitet und erfüllt vom Geist Gottes und darum Herz und Gewissen von Menschen treffend. Seinem Inhalt nach kann es je nach Gottes Auftrag ganz verschieden sein. Aber immer ist sein Ziel der Bau der Gemeinde als des Leibes Christi.

4/5 Nun kann Paulus den für ihn entscheidenden Unterschied zwischen „Zungenrede" und „prophetischer Rede" klar herausstellen. „**Der Zungenredner baut sich selbst auf; aber der prophetisch Redende baut Gemeinde auf.**" Das Wort „Aufbau" ist dabei nicht „erbaulich" gemeint, sondern noch ganz real als jenes „Bauen" verstanden, von dem Kap. 3 sprach. Es geht nicht um die Gemütsleben, auf das auch die unverständliche Zungenrede einen starken Eindruck machen könnte. Es geht um die Förderung, die Stärkung und Reinigung des tatsächlichen Lebens der Gemeinde[7]. Daraus ergibt sich die Wendung: „**Größer aber ist der prophetisch Redende als der Zungenredner.**" Dem entspricht die Willenserklärung des Apostels an die Gemeinde: „**Ich will aber, daß ihr alle in Zungen redet, noch mehr aber, daß ihr prophetisch redet.**" Auch die Zungenrede bleibt eine gute Gabe des Heiligen Geistes, die Paulus der ganzen Gemeinde wünscht. Er sagt dem bedenklichen Teil der Gemeinde ausdrücklich, daß sie das Reden in Zungen nicht hindern sollen (V. 39). Das ist das Große an diesem ganzen Abschnitt und das Vorbildliche für uns, daß bei Paulus jetzt kein Ton der „Polemik" hörbar wird, daß er keinen Versuch macht, das Zungenreden irgendwie herabzusetzen, um seine Gegner in Korinth, die das Zungenreden auch gegen ihn selbst ausspielten, mit negativen Äußerungen zu treffen. Paulus bleibt in einer wunderbaren Sachlichkeit. Aber gewiß, weit wichtiger ist die Gabe „prophetischer Rede". Nur ein Ausnahmefall ist möglich, der auch dem Zungenredner den gleichen Wert in der Gemeinde verleiht: „**Wenn er auch auslegt, damit die Gemeinde Aufbau empfange.**" Wieder wird der entscheidende Gesichtspunkt deutlich: der Aufbau der Gemeinde.

6 Paulus will die Sache sofort an einem praktischen Beispiel deutlich machen. Die Gemeinde erwartet den Besuch ihres Apostels. Paulus malt der Gemeinde diesen Besuch aus. „**Jetzt aber, wenn ich zu euch**

---

[6] Darum werden auch Apg 13, 1 im Dienst an der Gemeinde „Propheten und Lehrer" eng verbunden genannt; es ist auch dort sicher nicht gedacht, daß die „Propheten" nur ab und an einmal einzelne Ereignisse der Zukunft voraussagten. Der Aufbau der Gemeinde war ihr wesentliches Ziel.
[7] Gerade an der Verfälschung des Wortes „Erbauung" zeigt sich die gefährliche Entstellung des Christentums in der Neuzeit. Während das Bildwort vom „Bauen" so klar auf die Zusammenfügung der einzelnen Steine zu einem sinnvollen Ganzen hinweist, führt unsere Auffassung vom „Erbauen" dazu, daß sogar in der Gemeindeversammlung jeder einzelne einsam sich selbst „erbaut"! Was Paulus kritisch vom Zungenredner sagte: „er erbaut sich selbst", das ist für uns ganz ohne Zungenrede der Normalfall von Erbauung überhaupt geworden. Vgl. dagegen 1 Pt 2, 5.

komme in Zungen redend, was werde ich euch nützen, wenn ich nicht zu euch reden werde in Offenbarung oder in Erkenntnis oder in Prophetie oder durch Lehre?" Von dem Besuch ihres Apostels hat die Gemeinde nichts, wenn er nur als Zungenredner kommt. Die Möglichkeit der „Auslegung" berücksichtigt Paulus dabei nicht; offenbar ist sie eine seltene Sache, mit der nicht gerechnet werden kann. Und selbst wenn sie erfolgte, das, was die Gemeinde bei dem Besuch ihres Apostels bekommen muß: **„Offenbarung, Erkenntnis, Prophetie, Lehre"**, das alles bekäme sie dann nicht, denn das ist nicht Sache der „Zunge", sondern Sache des „prophetischen Redens". Denn so seltsam ist der heilige, lebendige Gott nicht, daß er in unverständlichen Lauten vor die Gemeinde bringt, was er ihr in klaren und deutlichen Worten sagen kann[8].

Paulus liegt es daran, daß die Gemeinde hier zum eigenen Urteil kommt. Darum verdeutlicht er die Sachlage an einfachen Bildern. Nur durch den Unterschied der Töne in Tonhöhe und Rhythmus kommt wirkliche Musik zustande (V. 7). Und ein Trompetensignal bringt niemand in Bewegung, wenn es nicht als dieses bestimmte Signal deutlich erkennbar ist (V. 8)[9]. Ebenso steht es mit allem Reden in der Gemeinde: **„So auch ihr, wenn ihr durch die ‚Zunge' kein verständliches Wort gebt, wie soll das Geredete erkannt werden? Ihr werdet in den Wind** (wörtlich: in die Luft) **Redende sein."** Wieder ist eine „Auslegung" der „Zunge" als offenbarer Ausnahmefall nicht berücksichtigt. Vom unverständlichen Zungenreden blickt Paulus hinüber zum Wesen der „Sprache" überhaupt. Ihr Sinn und Ziel ist gerade Verständlichkeit. Den, der eine unverständliche Sprache redete außerhalb des amtlichen Latein oder des gebildeten Griechisch, nannte man im römischen Weltreich einen „Barbaren". Alle Sprache, die der Gemeinschaft dienen will, endet, wenn wir einer des andern Sprache nicht verstehen können, in der hilflosen Feststellung „Barbar". **„Es gibt wer weiß wie viele Sprachen in der Welt, und nichts ist ohne Sprache. Wenn ich nun die Bedeutung der Sprache nicht kenne, werde ich für den Redenden ein Fremdsprachiger** (wörtlich: Barbar) **sein und der Redende für mich ein Fremdsprachiger** (wörtlich: Barbar)." Da ist der ganze Sinn der Sprache verfehlt.

7—11

Nun zieht Paulus die Folgerung aus seinen Darlegungen: **„So auch ihr, da ihr ja Eiferer um Geistesmächte** (wörtlich: Geister) **seid, so sucht zum Aufbau der Gemeinde, daß ihr die Fülle habt."** Paulus will in der korinthischen Gemeinde das „Eifern um Geistesmächte" nicht hindern oder auch nur abschwächen. Daß die Korinther **„Eiferer um Geister"**[10] sind, ist gut, Paulus will es von Herzen, daß sie **„die Fülle**

12

---

[8] Damit ist — auch im Rückblick auf die „Pfingstbewegung" — alles „Zungenreden" als unbiblisch erwiesen, das an sich reißt, was Gott vielmehr durch die prophetische Rede ohne Übersetzungsumwege der Gemeinde gibt. Auch „Offenbarungen" und „Prophetie" weist Paulus ausdrücklich nicht der Zungenrede, sondern der prophetischen Rede zu.
[9] Mit Recht hat man V. 8 immer wieder auf die Verkündigung als solche angewendet.
[10] Diese Formulierung will sagen, daß der Geist mit seinen Wirkungen und Gaben jedem einzelnen so zuteil wird, daß der eine Geist sich gleichsam in eine Fülle von „Geistern" auseinanderlegt.

haben". Er verwendet hier das bei ihm so geliebte Wort „perisseuein = überfließen". Paulus ist kein Mann der Dürftigkeit im göttlichen Leben der Gemeinde. Aber von der Liebe her muß bei diesem reichen Besitz der eine Gesichtspunkt alles beherrschen **"zum Aufbau der Gemeinde"**. Nicht meiner Befriedigung, meiner Größe, meinem Ansehen hat die mir geschenkte Gabe zu dienen, sondern den andern, den Brüdern, der Gemeinde und ihrem Bau.

13 Noch einmal sieht der Apostel auf den in Korinth so hoch angesehenen Zungenredner. Für ihn hat er den dringenden Rat: **"Daher soll der Zungenredner beten, daß er auch auslegen** (kann)." Im Zungenredner muß der Wille leben, der Gemeinde zu dienen; dieser Wille wird dann zum ernsthaften Beten um die seltene Gabe der Auslegung.

14 Die nächsten Verse machen uns deutlich, wie völlig der Inhalt alles echten Zungenredens ein „Beten" ist. „Beten", „lobsingen", „segnen", „danksagen", davon ist allein die Rede. Aber hier ist die „Auslegung" des Zungenbetens unbedingt nötig, wenn dieses Beten die ganze Gemeinde mit beteiligen und dadurch zu ihrem Aufbau wirksam werden soll. **"Denn wenn ich bete mit der ‚Zunge', so betet mein Geist, aber mein Verstand ist dabei unfruchtbar."** Nicht beim Darlegen einer Erkenntnis oder einer Offenbarung und Prophetie, die ja so verständlich wie möglich sein wollen, sondern beim **"Beten mit der Zunge"** wird der **"Verstand"** des Menschen ausgeschaltet, und es „betet mein Geist" in Lauten und Worten, die weder meinem eigenen noch dem Verstehen der andern zugänglich sind. Darum

15 bleibt hier **"mein Verstand unfruchtbar"**. Wie soll es nun in Korinth werden? Beides soll Raum haben: **"Ich will beten mit dem Geist, ich will beten aber auch mit dem Verstand; ich will lobsingen mit dem Geist, ich will lobsingen aber auch mit dem Verstand."** Aber es steht im Blick auf die Gemeinde und ihren Bau dennoch beides nicht gleichberechtigt und gleich wichtig nebeneinander. Da es auf den andern in der Gemeinde ankommt, muß der Zungenbeter bedenken:

16 **"Wenn du segnest im Geist, wie kann der, der den Platz des Unkundigen einnimmt, das Amen zu deiner Danksagung sprechen, da er ja nicht weiß, was du sagst?"** Der andere **"nimmt den Platz des Unkundigen ein"**[11], weil er nicht weiß, was der Zungenbeter sagt, und darum das Amen zum Gebet nicht sprechen kann. Wir sehen, wie Paulus auch hier die Sitte der jüdischen Gemeinde in die Gemeinden Jesu übernommen hat, daß die Versammelten mit einem lauten Amen das Beten der einzelnen Gemeindeglieder bestätigen und zu

17 ihrem eigenen Gebet machen. Nur dadurch baut das Beten des ein-

---

[11] Das Wort „idiotes = unkundig, uneingeweiht" wurde auch in den Mysterienkulten für die noch nicht geweihten Teilnehmer gebraucht, die dann auch auf bestimmten „Plätzen" saßen. Daraus zu schließen, es hätten so auch in der christlichen Gemeinde die noch nicht Getauften als solche „idiotai" auf bestimmten Plätzen gesessen und sie seien hier an unserer Stelle gemeint, ist völlig abwegig. Die getauften Vollmitglieder der Gemeinde verstanden den Zungenredner ja doch genauso wenig! Das Wort „idiotes" bezeichnet ganz allgemein den „Laien" im Gegensatz zum „Fachmann". Es ist als Lehnwort auch in die rabbinische Literatur übernommen worden.

zelnen die andern mit auf. Sonst „**sprichst du wohl ein schönes Dankgebet, aber der andere wird nicht aufgebaut**".

Paulus hat für seine Person die Folgerung aus dieser Grundhaltung gezogen. Einerseits stellt er fest: „**Gott sei Dank, ich rede mehr als ihr alle in Zungen.**" Das war für die Korinther eine überraschende Mitteilung! Sie hatten ihren Apostel selten oder nie in Zungen beten gehört. Die vom Zungenbeten erfüllten und bewegten Kreise der Gemeinde mochten darum manches kritische Wort über Paulus und seine Geistesausrüstung gesagt haben, da er ja die größte Gabe, das sicherste Kennzeichen des Geistes, die „Zunge", nicht oder nur in geringem Maße besitze. Nun müssen sie es hören, daß der von ihnen geringgeschätzte Mann mehr in Zungen redet als sie alle[12].

18

Doch dann fügt Paulus seiner Feststellung ein mächtiges „**Aber**" hinzu: „**Aber in der Gemeinde will ich lieber fünf Worte mit meinem Verstand reden, damit ich auch andere unterweise, als unzählige Worte in ‚Zungen'.**" So urteilt, so handelt die „Liebe", die nicht an sich selbst, sondern an die andern denkt und ihren Gewinn, nicht den eigenen, im Auge hat. Nur von der Liebe her gelangt die Gemeinde zur rechten Wertung der Geisteswirkungen. Die Liebe gönnt jedem die Gabe der „Zunge" für seinen Gebetsumgang mit Gott. Aber für den Gemeindeaufbau erstrebt sie andere Gaben, vor allem das prophetische Reden.

19

Hier stehen wir an der entscheidenden Stelle und bei dem, woran es Paulus eigentlich lag. Darum hat er die Auseinandersetzung unseres Kapitels, die er sofort an Kap. 12 hätte anschließen können, so gründlich mit dem 13. Kapitel unterbaut. Das sollen die Korinther begreifen: Es geht um die Gemeinde und ihren Aufbau. In der ganzen Frage um die Zungenrede kommen sie zu keinem klaren Urteil, solange sie nur den Einzelchristen mit seinen Gaben sehen und bewundern. Es geht aber nicht darum, was der einzelne für sich selbst besitzt und was dabei besonders groß und erstaunlich ist. Die Geistesgaben kann man nicht „an sich" werten und nicht in ihnen selbst Wertunterschiede entdecken[13]. Erst vom Blick auf die Gemeinde ergibt sich eine klare Rangordnung.

Es scheint nur eine Einzelfrage zu sein, die Paulus jetzt für die Gemeinde klärte. In Wirklichkeit fällt hier eine Entscheidung von großer Tragweite und umfassender Bedeutung. Was ist in der Gemeinde

---

[12] Auch wir haben das für unser Bild des Apostels und für unsere Stellung zum Zungenbeten zur Kenntnis zu nehmen.

[13] Die Korinther hatten die Neigung, gerade in der „Unverständlichkeit" der „Zunge" die Gewähr einer echten und besonderen Göttlichkeit zu sehen. War da nicht Gott mit Sicherheit am Werk, wenn der Verstand des Menschen ausgeschaltet wurde? Hier stoßen wir auf eine grundsätzliche und umfassende Frage, die bis in unsere Stellung zur Bibel hineinreicht. Bedeutet Gottes Wirken die Ausschaltung des Menschen? Ist die Bibel nur dann wahrhaft inspiriert, wenn die Schreiber der biblischen Bücher nur Empfänger eines göttlichen Diktates waren? Oder ist es Gottes Meisterwerk, daß er unter voller Einbeziehung der lebendigen Person und des eigenen freien Denkens und Wollens der Menschen seinen Willen vollzieht und sein Werk tut? Unsere Antwort wird davon abhängen, wie wir selber den lebendigen Gott in seiner Gnade erfahren haben und welches Grundbild Gottes wir bei den biblischen Zeugen vor uns sehen. Paulus jedenfalls urteilte anders als die Korinther.

wahrhaft groß? Was ist wahrhaft göttlich? Ist es das „Auffallende, Rätselhafte, Stürmische"? Ist es das, was den Menschen und seinen Verstand ausschaltet? Viele in Korinth dachten so, bestaunten die Zungenbeter in der Gemeindeversammlung, auch wenn sie kein Wort verstanden. Sie meinten, hier sei Gott gegenwärtig. Was wäre aus der Gemeinde, aus dem ganzen Christentum geworden, wenn dieses Denken sich durchgesetzt hätte? Paulus hatte aus dem Kreuz des Christus, aus der rettenden Liebe Gottes in ihrer Torheit und Schwachheit den völlig anderen Maßstab gewonnen. Fort und fort hatte er im Verlauf seines Briefes diesen Maßstab an das Gemeindeleben in Korinth mit seinen schweren Schäden gelegt. In Kap. 13 hatte er den Maßstab selbst in unverhüllter Deutlichkeit den Korinthern gezeigt. Nun wendet er ihn auf die Fragen der Geistesgaben an und schließt so das 14. Kapitel fest mit dem Ganzen des Briefes zusammen. Auch uns ist damit für immer gezeigt, wie wir die Gaben und Kräfte in der Gemeinde zu werten und zu gebrauchen haben und welche Stellung auch heute die Zungenrede, das Zungengebet einnehmen muß. Dann wird es kein „Problem", keine „Not" sein, wenn wir von dem gleichen, von der Liebe geleiteten Willen beseelt sind wie Paulus: **„In der Gemeinde will ich lieber fünf Worte mit meinem Verstand reden, damit ich auch andere unterweise, als unzählige Worte in ‚Zunge'."**

VON DEN WIRKUNGEN DES HEILIGEN GEISTES
5. Die Wirkung der beiden Geistesgaben auf die Ungläubigen

1. Korinther 14, 20—25

zu Vers 20:
Jer 4, 22
Mt 5, 48
Rö 16, 19
Eph 4, 14
Phil 3, 12. 15

zu Vers 21:
5 Mo 28, 49
Jes 28, 11
Mk 4, 11

zu Vers 23:
Apg 2, 13; 4, 13

zu Vers 24:
Jo 16, 8
Eph 5, 13
2 Ko 2, 15

zu Vers 25:
Jes 45, 14
60, 14
Dan 2, 47
Sach 8, 23
Jo 4, 19; 16, 8
1 Pt 3, 4

20 Brüder, seid nicht Kinder dem Verstand nach, sondern der Bosheit gegenüber seid unmündig, dem Verstand nach aber seid reife Menschen. * In dem Gesetz steht geschrieben: Durch Menschen
21 anderer Zungen und durch Lippen Fremder werde ich zu diesem Volk reden, und nicht einmal so werden sie auf mich hören,
22 spricht der Herr. * Also sind die Zungen zum Zeichen nicht für die Glaubenden, sondern für die Ungläubigen; aber die prophetische
23 Rede nicht für die Ungläubigen, sondern für die Glaubenden. * Wenn nun zusammenkäme die ganze Gemeinde am selben Ort und alle redeten in Zungen, herein kämen aber Unkundige oder Ungläu-
24 bige, werden sie nicht sagen, ihr wäret wahnsinnig? * Wenn aber alle prophetisch reden, herein aber kommt ein Ungläubiger oder ein Unkundiger, dann wird er überführt von allen, er wird be-
25 urteilt von allen, * das Verborgene seines Herzens wird offenbar, und so fallend auf sein Angesicht wird er Gott anbeten und bekennen, daß wahrhaftig Gott in (oder: unter) euch ist.

Paulus hat im ersten Abschnitt den ganzen Wert des Redens und Betens „mit dem Verstand" dem geheimnisvollen, aber unverständ-

… lichen Zungenbeten gegenüber herausgestellt. Jetzt aber faßt er alles in einem Grundsatz zusammen, der gerade aus seinem Munde von großer Bedeutung ist: **„Brüder, seid nicht Kinder dem Verstand nach, sondern der Bosheit gegenüber seid unmündig, dem Verstand nach aber seid reife Menschen."** Paulus hat in Kap. 1 und 2 die „Weisheit der Welt", den „Verstand der Verständigen", die „Weisheit dieses Äons" schroff abgelehnt: Sie erkennt Gott nicht und wird von Gott abgetan. So steht es mit dem Verstand und mit der Weisheit aber nicht, weil sie „Verstand" und „Weisheit" sind, sondern weil sie hier fleischliche Art an sich tragen und so Gott nicht erreichen. Damit ist nicht das Denken als solches und der Verstand als solcher entwertet und von dem Christentum ausgeschlossen. Es ist nicht das „Irrationale", das Rätselhafte, Unverständliche zum eigentlichen Gebiet göttlichen Lebens erhoben. Im Gegenteil! Paulus erwartet von den Christen, daß sie **„dem Verstand nach reife Menschen"** sind. **„Unmündig"**, unfähig sollen sie nur **„der Bosheit gegenüber"** sein. Wie wichtig und maßgebend ist dieser Grundsatz bis heute[1].

Ein merkwürdig widerspruchsvolles Bild bietet sich unseren Augen. Die Korinther verehrten die „Weisheit" und vermißten sie in der Verkündigung des Paulus, dabei aber begeisterten sie sich für die unverständliche Zungenrede und sahen in ihr am deutlichsten das Wirken des Geistes Gottes und waren zugleich sehr findig und klug in allerlei bösen Dingen. Paulus dagegen lehnte die „Weisheit" ab und setzte sich für die „Torheit" der Verkündigung ein, gleichzeitig aber wollte gerade er „lieber fünf Worte mit dem Verstand als unzählige in Zungen" reden und schätzte den reifen Verstand im Christen ganz hoch ein. Ihm ist Heiliger Geist und Verstand kein Gegensatz. Gerade durch den gereiften Verstand hindurch wirkt der Geist Gottes am Aufbau der Gemeinde.

Vor Paulus steht ein Wort, das Gott durch den Propheten Jesaja (28, 11) gesagt hat[2]: **„Durch Menschen anderer Zungen und durch Lippen Fremder werde ich zu diesem Volk reden, und nicht einmal so werden sie auf mich hören, spricht der Herr."** Wenn Israel das klare, verständliche Wort einer guten Botschaft nicht hören will, dann kann und wird Gott einmal in ganz anderer Weise mit ihm reden. Allerdings wird das nur zu Verstockung führen. Nach dem „historischen" Sinn des Prophetenwortes fragt Paulus jetzt nicht[3].

---

[1] Der Christ ist nicht kindisch und exzentrisch. Er erweist sich als nüchtern, verständig und tüchtig im Beruf und Leben. Aller egoistischen oder gar boshaften Gerissenheit gegenüber ist er freilich fremd und läßt sich dabei ruhig als „dumm" ansehen. Es sei dazu auf die Schilderung des Helden in Dostojewskis „Der Idiot" hingewiesen.

[2] Paulus sagt hier: „In dem Gesetz steht geschrieben", obwohl es ein Wort aus den „Propheten", nicht aus dem „Gesetz" im engeren Sinn, den 5 Büchern Mose, ist. Es konnte auch das ganze AT „die Thora", „das Gesetz" genannt werden.

[3] In Jes 28, 7—13 wird uns geschildert, wie Israel, einschließlich seiner trunkenen Priester und Propheten, den Boten Gottes verspottet und seine Rede in einem sinnlosen Lallen nachmacht. Da droht Jesaja in Gottes Auftrag dem Volk Israel damit, daß die Assyrer mit ihrer unverständlichen Sprache und ihrer fremden Zunge hereinbrechen und das Volk zerschlagen werden, da es Gottes freundliches Mahnen und Locken nicht hören wollte. Wir wissen nicht, woher

Ihm geht es um das Grundsätzliche. Gott kann ein besonderes „Zeichen" aufrichten, indem er in unverständlicher Sprache redet. Gott tut das jetzt in der Gemeinde durch die Gabe der Zungenrede. Für die Ungläubigen aber ist dies kein Reden, das zum Glauben bringt, sondern ein „Zeichen" zur Abschreckung und Verstockung[4]. „**Also sind die Zungen zum Zeichen nicht für die Glaubenden, sondern für die Ungläubigen; aber die prophetische Rede nicht für die Ungläubigen, sondern für die Glaubenden.**"

23 Was Paulus damit sagen will, zeigt er uns an einem praktischen Beispiel, das für uns von großer Wichtigkeit ist: „**Wenn nun zusammenkäme die ganze Gemeinde am selben Ort**[5] **und alle redeten in Zungen, herein kämen aber Unkundige oder Ungläubige, werden sie nicht sagen, ihr wäret wahnsinnig?**" Paulus unterscheidet sehr bestimmt die „Glaubenden"[6], die „Unkundigen", die „Ungläubigen". Wer das Evangelium noch gar nicht wirklich kennt, wer die Botschaft noch nie so hörte, daß er vor der Entscheidung seines Lebens stand, ist ein „idiotes", ein „Unkundiger", ein „Laie"[7]. Von „Unglauben" kann hier nicht gesprochen werden. Der „Unglaube" im eigentlichen Sinn ist eine aktive, bewußte Haltung; er ist das Nein zur gehörten und verstandenen Botschaft. Erst wenn der „Unkundige" die klare Verkündigung hört und ablehnt, wird er zu einem „Ungläubigen"[8]. Die Schilderung des Paulus zeigt aber, daß damit die endgültige Entscheidung seines Lebens noch nicht gefallen zu sein braucht. Paulus wird schwerlich eine bloße Konstruktion vor uns hinstellen. Es geschah offenbar öfter, daß Menschen in die Versammlung der Gemeinde kamen, die das Christentum erst kennenlernen wollten, daß aber auch Menschen, die zunächst abgelehnt hatten, von der Botschaft nicht loskamen und aufs neue die Gemeinde aufsuchten. Die Ge-

---

Paulus den von ihm angeführten Wortlaut des Prophetenspruches hat, der so weder im hebr Text noch in der LXX steht. Das für Paulus wichtige Stichwort „heteroglossai", das er auf die „Glossolalie" in der Gemeinde anwenden kann, kommt in der Übersetzung des AT durch Aquila vor. Aquila kann eine grie Übersetzung benutzt haben, die auch Paulus bekannt war.
[4] Das Wort „Zeichen" ist auch von Jesus so gebraucht worden, als er der Zeichenforderung der Pharisäer und Schriftgelehrten entgegenhielt, sie würden kein anderes Zeichen erhalten als das „Zeichen des Jona" (Mt 12, 38 f).
[5] Auch diese wohl größte und bedeutendste der paulinischen Gemeinden ist so klein, daß sie als ganze an einem Ort beieinander sein kann. Das sollen wir, die wir aus den großen Volkskirchen kommen, besonders bedenken. Wenn die „jungen Kirchen" in ihren Völkern fast durchweg eine kleine Minderheit bilden, so ist das vom Neuen Testament her gesehen eine normale Sache. Jesus selbst sprach von der „kleinen Herde", wenn er an seine Gemeinde dachte.
[6] Der moderne Gedanke, ein Glaubender könne selber nicht wissen, ob er glaube, und erst recht nicht, ob er morgen noch glauben werde, liegt Paulus völlig fern. Der Stand der „Glaubenden" war ihm ein klarer und beständiger. Nur wer „am Glauben Schiffbruch erlitt" (1 Tim 1, 19), verliert diesen Stand.
[7] Hier wird deutlich, wie unmöglich es ist, daß wir glaubende und erfahrene Gemeindeglieder als „Laien" bezeichnen! Vgl. auch die Anmerkung zu Kap. 14, 16 auf S. 236.
[8] Diesen Sprachgebrauch sollten wir uns wieder aneignen. Die Menschen um uns her sind — trotz Kindertaufe und Christenlehre — zum allergrößten Teil „Unkundige", auf die das Urteil von Mk 16, 16 nicht angewendet werden kann. Es ist aber der tiefe Ernst aller Evangelisation, daß sie einerseits wohl Glauben weckt, andererseits aber auch aus Unkundigen Ungläubige macht, die nun unter das schwere Urteil von Mk 16, 16 fallen.

meinde hatte jedenfalls eine weit offene Tür für alle, die hören wollten, und wies auch „Ungläubige" nicht ab.

Nun stellt Paulus sich vor, die ganze Gemeinde **redete in Zungen"**. Was wird die Wirkung auf die Besucher sein? Wird der bisher Ablehnende überwunden und gewonnen? Erkennt der Unkundige, welche Herrlichkeit im Christsein liegt? Nein, er hat den Eindruck, unter eine Schar von Geistesgestörten geraten zu sein[9]. In diesem Sinne sind die Zungen ein „Zeichen" für „Ungläubige", nämlich ein zurückstoßendes und erschreckendes Handeln Gottes.

Ganz anders wird es, wenn die ganze Gemeinde **„prophetisch redet"**. Jetzt stellt Paulus bei den hereinkommenden Besuchern den „**Ungläubigen**" betont voran. Denn nun geschieht etwas Kostbares. Sogar der bisher ablehnende Mann **„wird überführt von allen, beurteilt von allen, das Verborgene seines Herzens wird offenbar, und so fallend auf sein Angesicht wird er Gott anbeten und bekennen, daß wahrhaftig Gott in** (oder: unter) **euch ist"**. Paulus denkt sich das „prophetische Reden" nicht als eine Fülle geheimnisvoller Prophetensprüche und ekstatischer Zukunftsvisionen. Das hätte die Wirkung auf den „Ungläubigen" nie ausgeübt, die Paulus schildert. Die „prophetisch Redenden" reden auch hier „mit ihrem Verstand" und sie reden „Aufbau und Mahnung und Zuspruch" (V. 3). Sie tun dies „mit" ihrem Verstand und daher in einfacher, verständlicher Sprache; sie tun es nicht „aus" ihrem Verstand, sondern aus dem Heiligen Geist und unter der Leitung des Geistes. Darum tun sie es so, daß es den Besucher ins Gewissen trifft und er sein Innerstes erkannt und aufgedeckt sieht und vor der unentrinnbaren Gegenwart Gottes steht. Paulus denkt sich das sicherlich nicht so, daß die ganze weissagende Gemeinde auf die zwei Besucher einredet, sondern die Gemeinde hält ihre Versammlung zu ihrem eigenen Aufbau. Aber indem nun alle „prophetisch reden", geschieht es ohne ihre Absicht, ohne ihr direktes Wissen und Wollen, daß alles Gesagte die fremden Besucher ins Herz trifft und zum Zusammenbruch vor Gott führt. Nun verstehen wir, warum Paulus dieses „prophetische Reden" für die wichtigste und wertvollste Dienstgabe des Heiligen Geistes hält[10]. Nur diese Gabe vermag die Unkundigen, sogar auch Ungläubige zu überwinden, für Gott zu gewinnen, zur Gemeinde hinzuzutun und in diesem besonderen Sinn die Gemeinde zu „bauen".

24/25

---

[9] Hieraus geht klar hervor, daß wir uns die „Heiden" in Korinth (12, 2) nicht als Anhänger enthusiastischer und mantischer Kulte (vgl. Einleitung S. 12) zu denken haben. Ihnen wäre sonst das Bild einer zungenredenden Versammlung nicht so fremd und abstoßend gewesen. Unsere oben gegebene Auslegung von Kap. 12, 2 wird bestätigt.

[10] Wie völlig haben wir vergessen, daß auch bei uns für jede Verkündigung, für alle Evangelisation, gerade auch für diejenige „von Mann zu Mann" am Arbeitsplatz, für alle Seelsorge die Geistesgabe des „prophetischen Redens" unentbehrlich ist. Über ein allgemeines Bitten um das Wirken des Heiligen Geistes kommen wir meistens nicht hinaus. Der Herr hat das freilich oft mit dem Geschenk des „prophetischen Redens" beantwortet, so daß unter unserer Verkündigung das geschah, was Paulus hier schildert. Aber sollten wir nicht gerade darum zuversichtlich der Aufforderung des Paulus folgen und „eifrig das prophetische Reden erstreben" (V. 39)?

Und gerade diese Gnadengabe des Geistes ist als die unentbehrliche der Gemeinde auch zu allen Zeiten erhalten geblieben. Mögen andere auffallende Gaben wie Krankenheilung und Zungenrede sehr zurückgetreten oder fast verschwunden gewesen sein, Männer und Frauen mit „prophetischer Rede" hat die Gemeinde immer wieder und überall gehabt. Darum hat sich auch zu allen Zeiten unter den verschiedensten Verhältnissen und in mannigfaltigsten Formen das vollzogen, was Paulus uns in unseren Versen schildert. Unter dem geistgeleiteten Wort sahen sich Menschen bis in die verborgenen Dinge ihres Herzens und Lebens hinein durchschaut und ins Licht gestellt und erfuhren die Gegenwart des allwissenden Gottes im Heiligen Geist und kamen zum Glauben[11].

Bei dem Bekenntnis des innerlich überwundenen Besuchers: **„Wahrhaftig ist Gott in euch, in eurer Mitte"** hat Paulus unwillkürlich oder auch ganz bewußt Schriftstellen wie 1 Kö 18, 39; Da 2, 47; Jes 45, 14; Sach 8, 23 vor Augen gehabt. Was damals in besonderen Ereignissen geschah, das wiederholt sich jetzt, da der Geist mit seinen Gaben da ist, in der Gemeinde Jesu; in ihr wird es geradezu das Normale. Wenn „alle" weissagen, dann geschieht das, was Paulus schildert, und kann so Tag für Tag geschehen.

VON DEN WIRKUNGEN DES HEILIGEN GEISTES
6. Anordnungen für die Gemeindeversammlungen

1. Korinther 14, 26—33a

zu Vers 26:
Rö 14, 19
1 Ko 11, 18. 26
12, 7. 10
Eph 4, 12

zu Vers 29:
Apg 17, 11
1 Ko 12, 10
1 Th 5, 19—21

zu Vers 31:
2 Pt 1, 21

zu Vers 33:
Rö 15, 33
16, 20

26 **Wie ist es nun, Brüder? Wenn ihr zusammenkommt, hat jeder einen Psalm, hat eine Lehre, hat eine Offenbarung, hat eine „Zun-**
27 **ge", hat eine Auslegung: Alles geschehe zum Aufbau!** * **Wenn einer in Zungen redet, dann jeweils zwei oder höchstens drei, und**
28 **nacheinander, und einer lege aus.** * **Wenn aber kein Ausleger da ist, schweige (der Zungenredner) in der Versammlung, rede aber**
29 **für sich selbst und für Gott.** * **Propheten sollen zwei oder drei**
30 **reden, und die andern sollen (es) beurteilen.** * **Wenn aber einem andern eine Offenbarung zuteil wird, der dabeisitzt, soll der erste**
31 **schweigen.** * **Denn ihr könnt einer nach dem andern alle weis-**
32 **sagen, damit alle lernen und alle ermahnt werden.** * **Und die Gei-**
33a **ster der Propheten ordnen sich den Propheten unter.** * **Denn Gott ist nicht ein Gott der Unordnung, sondern des Friedens.**

---

[11] Spurgeon sagt in einer Predigt über Lk 5, 17: „Personen sind hierher gekommen, die selbst keinen Gedanken an Kommen gehabt, bis irgendeine besondere Sache sie herzog, und dann hat das gesprochene Wort so augenscheinlich auf ihre Lage gepaßt, daß sie sich gewundert haben. Wenn sie ihr Kommen vorher angezeigt und der Prediger alles über sie gewußt, so hätte er vielleicht nicht gewagt, ganz so persönlich zu sein; denn er ist ohne sein Vorwissen in kleine Einzelheiten und verborgene Umstände eingegangen, die er wissentlich nie enthüllt haben würde. Der Herr, der weiß, was im Kämmerlein getan ist, weiß seinen Diener so zu leiten, daß er das Rechte trifft und daß er zum Herzen spricht" („Neutestamentliche Bilder" — Predigten von C. H. Spurgeon, Heft I, 1890).

Hier erhalten wir das Bild eines „Gemeindegottesdienstes" in Korinth. Er weicht völlig von dem ab, was heute die gottesdienstliche Versammlung einer Gemeinde kennzeichnet. Dazu hebt Schlatter besonders hervor: „Der vom Rhetor[1] unterwiesene Prediger erscheint nicht in der Reihe derer, die den Gottesdienst fruchtbar machen"[2]. Erst recht ist er nicht derjenige, der im wesentlichen allein „den Gottesdienst hält". Es ist vielmehr das Kennzeichen der Gemeindeversammlung, daß „jeder" etwas hat und zum Leben der Gemeinde beiträgt. **„Wenn ihr zusammenkommt, hat jeder einen Psalm, hat eine Lehre, hat eine Offenbarung, hat eine ‚Zunge', hat eine Auslegung: Alles geschehe zum Aufbau!"** Wenn dabei als erstes der **„Psalm"** genannt wird, so ist nicht daran gedacht, daß jemand einen atst Psalm vorträgt. Der Heilige Geist schenkt immer neue Lieder, die von der Gemeinde aufgenommen werden und zum Bau der Gemeinde helfen[3]. Auch die **„Lehre"** ist nicht Sache der einzelnen „Amtsträger"; jeder kann mit einer **„Lehre"** beschenkt werden und sie der Gemeinde weitergeben. Paulus nennt aber auch die **„Offenbarung"**, die **„Zunge"** und ihre **„Auslegung"**[4]. So geht es in Korinth in der Gemeinde zu. Ein so lebhafter Reichtum der Äußerungen in der Gemeindeversammlung ist ein Geschenk. Aber es liegt in ihm die Gefahr, daß er zur Unordnung führt[5].

Darum greift Paulus ordnend ein. Er hebt sofort wieder den Gesichtspunkt hervor, der nicht von einem Ordnungsprinzip als solchem, sondern von der Liebe bestimmt ist. **„Alles geschehe zum Aufbau"**. Daß die Gemeinde aufgebaut wird, darauf allein kommt es an, dazu muß alles dienen, danach muß alles sich richten. Paulus gibt nun dafür einzelne Anweisungen und beginnt mit den **„Zungenrednern"**. Sie hatten sich in Korinth offenbar in größerer Zahl in den Vordergrund gedrängt und dabei auch gleichzeitig gebetet. Paulus schließt sie vom Gemeindegottesdienst nicht aus, wenn ein „Ausleger", ein „Übersetzer" da ist. Aber auch dann sollen es nur **„zwei oder höchstens drei"** sein, und sie sollen nacheinander beten. Ist kein Ausleger da, dann **„schweige (der Zungenredner) in der Versammlung"**; dann ist die verborgene Stille seines Gebetslebens der Ort, wo er **„für sich selbst und für Gott redet"** und **„sich selbst baut"** (V. 4).

---

[1] Der Rhetor ist der Fachmann der Redekunst („Rhetorik"), der andere im Reden ausbildet.
[2] A. Schlatter, „Paulus, der Bote Jesu", S. 383.
[3] Wir dürfen an das denken, was wir von den Singegottesdiensten der Brüdergemeine zur Zeit Zinzendorfs hören. Vgl. E. Beyreuther, „Zinzendorf und die sich allhier beisammen finden", Marburg 1959, S. 83 ff. Aber auch sonst: Welche Rolle hat wieder und wieder das geistliche Lied beim Aufbau der Gemeinde gespielt!
[4] Hier sieht es wieder so aus, als sei die „Auslegung" der Zungenrede doch häufiger vorgekommen. Vielleicht aber will Paulus hier wie in Kap. 12, 10 die Auslegungsgabe nicht übergehen und ordnet sie in der Form seines Satzes so an, daß sie wie eine häufig und regelmäßig geschenkte aussieht. V. 28 stellt dann ein etwaiges Mißverständnis richtig.
[5] Darum ist diese Form des Gemeindelebens nicht ein „Ideal" oder gar ein „Gesetz", das wir einfach nachzumachen hätten. Unter anderen Verhältnissen und zu andern Zeiten können andere Formen und Gestaltungen nötig und sachgemäß sein. In der modernen Arbeitswelt werden wir hauptamtliche Mitarbeiter in der Gemeinde, die für die eigene stille Zurüstung Zeit haben, in den Zusammenkünften der Gemeinde nicht entbehren können. Aber freilich, sie dürfen die Gemeindeglieder nicht einfach zum Schweigen bringen.

29/31	Das Verständnis der nächsten Sätze ist nicht einfach. Es scheint ein Widerspruch vorzuliegen zwischen der Anordnung „**Propheten sollen zwei oder drei reden**" und der Zusicherung „**Ihr könnt einer nach dem andern alle prophetisch reden**". Der Widerspruch löst sich nur, wenn wir in den „**Propheten**" noch etwas anderes sehen als in den „prophetisch redenden" Gemeindegliedern. Im Blick auf dieses „prophetische Reden" hat Paulus es sich als einen erwünschten Zustand vorstellen können, daß „**alle weissagen**", und hat dementsprechend die Gemeindeglieder ohne Einschränkung aufgefordert, nach der Gabe des „prophetischen Redens" zu streben. Dann kann er jetzt nicht nur zwei oder drei zu Worte kommen lassen. Nein, es gibt offenbar „**Propheten**" in besonderem Sinn, die darum auch in der Aufzählung Kap. 12, 38 als dauernd Beauftragte erscheinen. Aus dieser feststehenden Gruppe sollen in jeder Gemeindeversammlung zwei oder drei zu Wort kommen. Wir beachten den Unterschied zwischen V. 27 u. 29. Vom Zungenredner und seinem Auftreten spricht Paulus nur bedingt: „**Wenn einer in Zungen redet**" und wenn ein Ausleger zur Stelle ist. Solche Bedingungen fallen bei den „**Propheten**" fort. Sie sind der Gemeinde ganz gewiß geschenkt und sind darum zur Stelle und „**sollen**" reden. Freilich auch von ihnen nur zwei oder drei, „**und die andern sollen (es) beurteilen**". Bei den „**andern**" denken wir zunächst an alle anderen „Propheten", außer den jetzt gerade sprechenden; sie sind besonders zu solchem Urteil berufen. 1 Th 5, 20f zeigt aber, daß Paulus grundsätzlich die ganze Gemeinde durch den ihr innewohnenden Heiligen Geist als berechtigt und verpflichtet zur „Prüfung" der Propheten und ihrer Aussprüche ansieht. So kann er auch an unserer Stelle unter den „**andern**" die Gemeindeglieder als solche verstehen. Die besondere Gabe der „Geisterunterscheidung" wird dabei nicht erwähnt. Es ist hier alles ganz frei und lebendig
30	gesehen, ohne systematische Festlegung. Es kann aber auch einem Propheten oder einem Gemeindeglied, das „**dabeisitzt**" und hört, „**eine Offenbarung zuteil werden**". Dann soll der Betreffende nicht warten, bis der noch redende Prophet fertig ist, sondern es als Zeichen nehmen, daß der Herr, der die Offenbarung gibt, jetzt dieses neue Wort gesagt haben will. Dann „**soll der erste schweigen**". Kann er das? Wird er nicht so vom Geist „getrieben", daß er willenlos weitersprechen muß? So sieht Paulus das Wirken des Heiligen Geistes nicht an.
32	„**Die Geister der Propheten ordnen sich den Propheten unter.**" Paulus bildet hier — wie auch schon in V. 12 — den Plural von Geist, ein für uns zunächst seltsamer Klang. Paulus meint nicht, daß der Heilige Geist sich in eine Vielheit von „Geistern" auflöst, wohl aber, daß er sich dem einzelnen Menschen in seinem Wirken so schenkt, daß es jetzt „sein Geist" wird. Umso erstaunlicher wird dann die Aussage, daß der Geist, der nach Kap. 12, 11 seine Gaben souverän austeilt, wie er will, sich jetzt Menschen „**unterordnet**". Wie kann
33a	das sein? Es liegt darin begründet, daß „**Gott nicht ein Gott der Unordnung, sondern des Friedens ist**". Sein Geist richtet darum auch nicht ein Durcheinander an, indem er in mehreren Propheten gleich-

zeitig gegeneinander redet. Der Geist selbst ist im ersten Redner zum Schweigen willig, wenn er in einem andern seine Stimme erheben will. Darum kann der Prophet auch schweigen und muß nicht hemmungslos weiterreden. Es ist in der Formulierung des begründenden Satzes schön, daß Paulus den lebendigen Gott nicht einen „Gott der Ordnung" nennt, sondern den Gegensatz zur „**Unordnung**" vielmehr im „**Frieden**" sieht. Es liegt Gott nicht an der Ordnung als solcher. Es liegt ihm aber alles an der Gemeinschaft untereinander, an dem Zusammenwirken aller Glieder im vollen Frieden.

Und nun noch einmal der Satz, der im Widerspruch zu V. 29 zu stehen scheint mit dem „denn", mit dem er beginnt: „**Denn ihr könnt einer nach dem andern alle prophetisch reden**". Dieses „denn" ist nur zu verstehen, wenn die Zahl der weissagenden „Propheten" darum gerade so eingeschränkt wird, damit möglichst „**alle**" Gemeindeglieder das so wesentliche „prophetische Reden" ausüben können, und das wieder zu dem Zweck, „**damit alle lernen und alle ermahnt werden**". Die vom Geist geleitete Rede soll in solcher Fülle und Mannigfaltigkeit ergehen, damit jeder in der Gemeinde das empfängt, was er für sein Glaubensleben an Lehre und Mahnung braucht[6].

31

DIE FRAUEN SOLLEN IN DER GEMEINDEVERSAMMLUNG SCHWEIGEN

1. Korinther 14, 33b—36

33b/34 **Wie in allen Gemeinden der Heiligen** * **sollen die Frauen in den Gemeinden (Gemeindeversammlungen) schweigen. Denn es ist ihnen nicht erlaubt zu reden, sondern sie sollen sich unterord-**
35 **nen, wie auch das Gesetz sagt.** * **Wenn sie aber etwas lernen wollen, sollen sie zu Hause ihre eigenen Männer fragen. Denn es ist eine Schande für eine Frau, zu reden in einer Gemeinde (Gemein-**
36 **deversammlung).** * **Oder ist von euch das Wort Gottes ausgegangen? Oder ist es zu euch allein gelangt?**

zu Vers 33:
Rö 15, 33
16, 20
zu Vers 34:
1 Mo 3, 16
1 Ko 11, 3
Eph 5, 22
1 Tim 2, 11 f
Tit 2, 5
1 Pt 3, 1

Hier kommen wir an eine besonders schwierige Stelle unseres Kapitels. Schwierig ist sie ihrem Inhalt nach, weil sie den Aussagen des Abschnittes 11, 2—16 widerspricht. Dort war der Frau befohlen, beim Beten und prophetischen Reden in der Öffentlichkeit das „Kopftuch" zu tragen. Das Beten und Reden als solches war ihr nicht verwehrt. Jetzt wird der Frau ein absolutes Schweigegebot in der Gemeinde (-versammlung) auferlegt. „**Wie in allen Gemeinden der Heiligen**

33b/34

---

* Welche Verarmung muß in der Gemeinde eintreten, wenn nur ein einziger Mann das Wort hat! Er kann in der Begrenztheit seines natürlichen Wesens und seiner geistlichen Begabung immer nur einen Teil der Gemeinde ansprechen, und andern hat er nicht zu geben, was sie brauchen. Es ist einfach so, daß jeder Pastor oder Prediger nur bestimmte Gemeindeglieder erreicht. Es werden nicht mehr „alle" so unterwiesen und ermahnt, wie sie es nötig hätten.

sollen die Frauen in den Gemeinden (Gemeindeversammlungen) schweigen. Denn es ist ihnen nicht erlaubt zu reden, sondern sie sollen sich unterordnen, wie auch das Gesetz sagt."** Die Auskunft, es habe sich in Kap. 11, 2—6 nicht um das Reden der Frau in der Gemeindeversammlung, sondern im häuslichen Glaubensleben oder bei Hausgottesdiensten gehandelt, hilft uns nicht weiter. Das „Beten" möchte allenfalls zu Hause geschehen, das „prophetische Reden" aber bedarf der Hörerschaft, wenn es sinnvoll sein soll. Und sollte sich Paulus dafür ereifert haben, daß die Frau beim Beten in ihrem Hause ein Kopftuch trägt?

35 Inhaltlich schwirig ist auch die positive Anweisung: **„Wenn sie aber etwas lernen wollen, sollen sie zu Hause ihre eigenen Männer fragen."** Hat Paulus vergessen, daß er in Kap. 7, 13 von Frauen sprach, die ungläubige Männer haben? Was sollen diese Frauen tun? Zugleich sehen wir an diesem Satz, wie absolut das Redeverbot gemeint ist: Nicht einmal Fragen dürfen die Frauen in der Versammlung stellen. Aber wenn Paulus eben davon sprach, daß alle durch das prophetische Reden aller lernen sollten, „lernte" dann nicht auch die zuhörende Frau etwas? Mußte sie erst „fragen", um etwas zu „lernen"?

Auffallend ist aber auch der Unterschied in der ganzen Art des Schreibens. Wie weit holt Kap. 11, 2—16 aus, wie gründlich wird alles erörtert. Wie wird um das eigene Verständnis der Korinther geworben, obwohl es hier doch nur um das „Kopftuch" geht. Dagegen jetzt, wo es sich um die ganze Stellung der Frau in dem Gemeindeleben handelt, wird ihr kurz und schroff das völlige Schweigen auferlegt. Und als Begründung wird neben dem Hinweis auf die einheitliche Sitte **„in allen Gemeinden der Heiligen"** nur die Behauptung hingestellt: **„Denn es ist eine Schande für eine Frau, zu reden in einer Gemeinde (Gemeindeversammlung)."** Auch der Hinweis auf das „Gesetz" muß uns auffallen bei dem Apostel, der in Rö 6, 14; 7, 4; Gal 5, 18 den Christen mit solcher Entschiedenheit sagt, daß sie nicht mehr unter dem Gesetz stünden.

Dazu kommen formale Schwierigkeiten. Der erste Satz ist in seiner jetzigen Form ungeschickt: **„Wie in allen Gemeinden der Heiligen sollen die Frauen in den Gemeinden schweigen."** Der Satz müßte doch lauten: „Wie in allen Gemeinden der Heiligen sollen auch in eurer Gemeinde die Frauen schweigen." V. 37 aber würde ohne jede Schwierigkeit gut an V. 33a unmittelbar anschließen. So ist aus inhaltlichen und formellen Gründen zu bedenken, ob nicht diese ganze Stelle ein erst später in den Text gekommener Einschub ist, den Paulus nicht selbst schrieb. Auch der Befund bei den Handschriften kann diese Vermutung unterstützen. Eine Reihe von ihnen bringt unseren Abschnitt erst nach V. 40[1]. Ein durchschlagender „Beweis"

---

[1] Leipold („Die Frau in der antiken Welt und im Urchristentum") schreibt dazu, wenn ein Textstück seine Stellung wechselt, sei das oft „ein Anzeichen dafür, daß der Abschnitt später zugesetzt wurde. (Solche Nachträge, die zuerst am Rande stehen, werden von den späteren Abschreibern leicht an falscher Stelle eingefügt; die Nachfolger suchen dann zu bessern.)"

dafür, daß unsere Verse ein späterer Zusatz sind, läßt sich aber nicht führen. Und gibt es nicht doch auch andere Möglichkeiten, unsere Stelle zu verstehen? Einmal ist in ihr offensichtlich von der Ehefrau, nicht von der Frau im allgemeinen die Rede. War es für Paulus unerträglich, daß eine Ehefrau in Anwesenheit ihres Mannes vor einer Versammlung das Wort nahm und sich damit in einer für die damalige Zeit unmöglichen Weise neben den Mann oder gar über ihn stellte? (Vgl. dazu 1 Tim 2, 12.) Paulus hat soeben mit Sorge an die „Unordnung" im reichen Gemeindeleben der Korinther gedacht. Hatten dabei Frauen in ihrer raschen und leicht gefühlsbedingten Art[2] zu aufgeregten Szenen beigetragen? Bewegte den Apostel jetzt noch einmal das ganze Empfinden seiner Zeit? Vielleicht liegt die Lösung der Schwierigkeit auch darin, daß an unserer Stelle speziell das Lehrgespräch gemeint ist. Das legt der Hinweis auf das „Lernen" nahe. Die Frau mag in der Gemeindeversammlung beten und prophetisch reden, wenn der Geist sie dazu führt. Wie sollte Paulus verbieten, was Wirkung des Geistes Gottes ist. Aber „lehren" und in der überlegenen Weise das Wort ergreifen, das soll sie nicht. Damit würden wir in der Nähe von 1 Tim 2, 12 stehen, wo der Apostel der Frau ausdrücklich das „Lehren" nicht gestattet. Er sieht darin eine „Erhebung über den Mann". Aber über ein „Vielleicht" kommen wir auch so nicht hinaus. Im Text ist der Frau nun einmal das ganze „Schweigen" befohlen. Hier, wie so oft, wissen wir zu wenig, um zu einem abschließenden Urteil darüber zu gelangen, was Paulus in unsern Versen konkret gemeint und wie er seine Aussagen hier mit denen in Kap. 11, 2—16 vereint hat.

Daß Paulus bei dem Redeverbot an die Frau keine andere Begründung bringt als nur die einheitliche Sitte der Gemeinden und das Gefühlsurteil, es sei „**eine Schande für eine Frau, zu reden in einer Gemeinde** (Gemeindeversammlung)", erleichtert uns heute die eigene Stellungnahme. Was Paulus in dieser Frage den Korinthern sagt, hatte sein ganzes Recht und volles Gewicht in der damaligen Zeit. Der große griechische Schriftsteller Plutarch urteilt: „Nicht nur der Arm, sondern nicht einmal das Wort der züchtigen Frau soll öffentlich sein, und sie soll ihre Stimme wie eine Entblößung scheuen und unter den Menschen draußen behüten." Von der Synagoge her kannte Paulus ebenfalls die schweigende Frau als ganz selbstverständlich. Sollte die junge Christenheit die Sitte der Zeit durchbrechen, das Schicklichkeitsgefühl bei Heiden und Juden verletzen und die Gefahr der Unordnung in ihren Versammlungen steigern? Im Empfinden jener Zeit wäre ganz ebenso auch die Lehrerin, die Ärztin, die Traktoristin, die Ministerin eine Unmöglichkeit, ein unerträglicher Anblick (eine „Schande") gewesen. Nun liegt es Paulus daran, daß dieses starke Empfinden der Zeit in der Gemeinde Jesu nicht verletzt wird. Dem Evangelium darf nicht dadurch der Weg verbaut werden,

---

[2] Es ist nicht ohne Gewicht, daß die Pfingstbewegung zuerst durch Frauen nach Deutschland getragen worden ist.

36 daß es in den Kreisen der Bevölkerung heißt: Die christlichen Frauen werden schamlos und ergreifen in aller Öffentlichkeit das Wort und reden mit den Männern um die Wette. Es geht vor allem nicht, daß hier eine einzelne Gemeinde, wie Korinth, eigenmächtig ein Verhalten durchbricht, das in allen Gemeinden der Heiligen mit Bestimmtheit eingehalten wird. Da muß Paulus die Korinther fragen: „**Oder ist von euch das Wort Gottes ausgegangen? Oder ist es zu euch allein gelangt?**" Der Gesichtspunkt des Apostels, wenn er unseren Abschnitt in seinem Brief schrieb, ist einfach der: Die Gemeinde Jesu kann und darf der Frau nicht eine Stellung geben, die sie sonst in der Öffentlichkeit nicht hat und die dem sittlichen Empfinden der Zeit widerspricht. Dann heißt es aber für uns heute: die Gemeinde Jesu kann und darf der Frau nicht eine Stellung verweigern, die sie sonst in der Öffentlichkeit hat und die dem ganzen selbstverständlichen Empfinden der Zeit entspricht! So wie damals die öffentlich redende Frau, so würde heute die zum Schweigen verurteilte Frau eine befremdende Ausnahme darstellen. Der Satz des Paulus „**Es ist eine Schande für eine Frau, zu reden in einer Gemeinde**" gilt einfach für uns nicht mehr. Keiner von uns wird so empfinden, und ein Paulus würde diesen Satz heute nicht mehr einer Gemeinde schreiben können. Freilich geht es — wie auch in dem Abschnitt von dem „Kopftuch" — bis heute darum, daß die Frau ganz und echte „Frau" bleibe. Die Gemeinde der Heiligen wird mit Ernst darauf achten, daß das in ihrem Raum geschieht. Was aber „echt fraulich" ist und wo die Grenze zum „Unweiblichen" läuft, das wird in den verschiedenen Zeiten sehr verschieden empfunden und beurteilt werden. Wenn feinste und edelste Frauen von der Parlamentstribüne sprechen, kann die Frau auf der Kanzel nicht auf einmal eine „Schande" sein[3].

EIN ZUSAMMENFASSENDES WORT ÜBER DIE GEISTESGABEN

1. Korinther 14, 37—40

zu Vers 37—40:
Kol 2, 5
1 Th 5, 20
1 Jo 4, 6

37 **Wenn einer überzeugt ist, ein Prophet zu sein oder ein Geistesträger, so erkenne er, was ich euch schreibe, daß es des Herrn**
38 (Gebot) **ist;** * **wenn aber jemand (es) nicht erkennt, so wird er** (von Gott) **nicht erkannt** (oder: wenn aber jemand [es] nicht erkennt,
39 so möge er nicht erkennen). * **Daher, Brüder, erstrebt eifrig das prophetische Reden, und das Reden in Zungen hindert nicht.**
40 * **Alles aber geschehe anständig und in guter Ordnung.**

---

[3] Eine Parallele haben wir auf einem viel weniger heiklen Gebiet. Paulus wird uns sofort zu Beginn des nächsten Kapitels bei der Aufzählung der Zeugen des Auferstandenen die Frauen, die den Herrn als erste sahen, völlig verschweigen; das Zeugnis der Frau hatte in der damaligen Welt keine Geltung. Wir heute werden die Frauen ebenso selbstverständlich mit nennen, weil bei uns vor Gericht und überall das Zeugnis der Frau genauso gilt wie das des Mannes.

Paulus kommt zum Abschluß der ganzen Erörterung und blickt noch einmal auf sie zurück. V. 37 knüpft unmittelbar an die Anweisungen von V. 26—33 an und sagt im Blick auf die dort gegebenen Regeln: **"Wenn einer überzeugt ist, ein Prophet zu sein oder ein Geistesträger, so erkenne er, was ich euch schreibe, daß es des Herrn (Gebot) ist."** Paulus hat bei der Erörterung der Ehefragen sehr bestimmt zwischen dem unterschieden, was der Herr selbst gebietet, und dem, was sein apostolischer Rat ist (vgl. Kap. 7, 10.13). Jetzt, bei der Anordnung für die Gemeindeversammlung, ist er überzeugt, das Gebot des Herrn zu vertreten. Wir werden nicht anzunehmen haben, daß Paulus ein diesbezügliches Wort Jesu besaß, das uns verloren gegangen ist. Aber Paulus hat durch die Stellung des 13. Kapitels in der Mitte der ganzen Erörterung die Liebe zum letzten Maßstab gemacht und von da aus die Grundregel "alles zum Aufbau der Gemeinde" geprägt. Die Liebe aber ist eindeutig und bestimmt das Gebot des Herrn. Wahrscheinlich hat aber die Handschriften-Gruppe, die das Wort "Gebot" hier gar nicht bringt, den ursprünglicheren Text. Eine spätere Einfügung des Wortes zu dem bloßen Genitiv "des Herrn" ist weit leichter zu verstehen als seine Fortlassung, wenn es bereits im Text stand. Paulus würde sich dann gar nicht auf ein bestimmtes "Gebot" des Herrn berufen, sondern nur sagen, daß seine Anweisungen nicht eigener Willkür entspringen, sondern vom Herrn stammen und dem ganzen "Sinn Christi" (6, 16) entsprechen. Das muß und wird gerade der Prophet und jeder andere Geistesträger, auch der echte Zungenredner, erkennen und sich darum der Regel des Apostels fügen. Paulus rechnet aber auch mit Widerspruch von "Geistesträgern", die sich das ungezügelte Reden unter dem unwiderstehlichen "Trieb" oder "Zwang" des Geistes nicht nehmen lassen wollen. Dann kann Paulus nur eine Folgerung ziehen: **"Wenn aber jemand** (es) **nicht erkennt, so wird er** (von Gott) **nicht erkannt."** Dieser "jemand" ist trotz seiner Einbildung, ganz besonders vom Geist Gottes erfüllt zu sein, nicht wahrhaft Gottes Eigentum und handelt darum eigenmächtig unter "Trieben", die gerade nicht aus dem Geiste Gottes stammen[1].

Noch einmal wird sichtbar, wie es in Korinth praktisch nur um das Zungenreden und das Weissagen geht. Um die vielen andern "Gaben" ist kein Streit; sie werden in Korinth geschätzt; ohne daß einer von ihnen, etwa dem Heilen, eine überragende Stellung zugewiesen wird[2]. In knappster Formulierung wird alles Dargelegte zusammen-

37

38

39

---
[1] Die Handschriften der Koine lesen statt "er wird nicht erkannt" vielmehr "so möge er es nicht erkennen". Wir würden modern formulieren: Wenn jemand es nicht erkennt, so lasse er es eben bleiben. Mit ihm weiter diskutieren und verhandeln kann und will Paulus nicht. Belehrt ihn der Geist Gottes nicht vom Liebesgebot des Herrn her, dann wird ihn Paulus auch nicht belehren können.
[2] Heute ist das in manchen Bewegungen anders, wo das Heilen als die entscheidendste Äußerrung des im Geist gegenwärtigen Herrn und darum als der sichtlichste Ausweis einer Bewegung gilt. Hier würde entsprechend unserem Kapitel zu zeigen sein, daß das Heilen so wenig wie das Zungenbeten im eigentlichen Sinn "Gemeinde baut" und daß darum ganz anders als die "Heilungsgaben" das "prophetische Reden" zu schätzen und zu erstreben ist.

gefaßt: „**Daher, Brüder, erstrebt eifrig das prophetische Reden, und das Reden in Zungen hindert nicht.**" Wir merken, daß es Kreise in der Gemeinde gab, die mit starkem Bedenken vor dem Zungenreden standen und es am liebsten „gehindert" hätten. Vielleicht hatten diese Kreise von Paulus auf ihre Anfrage hin (12, 1) ein apostolisches Verbot des Zungenredens erwartet. Nun müssen sie hören, daß Paulus selbst mehr als alle andern in Zungen betet. Und wie sollte Paulus verbieten, was der Geist Gottes wirkt? Nur soll das Zungenbeten nicht besonders gesucht werden, da es für den Aufbau der Gemeinde keinen Wert hat. Das „**eifrige Streben**" gilt der entscheidenden Gabe des „propheteuein", des „**prophetischen Redens**". Und unbedingtes Erfordernis ist, daß nichts zügellos durcheinander geht und nicht ichhaft und lieblos gehandelt wird, sondern „**alles geschehe anständig und in guter Ordnung**". Dies aber ist auch wiederum genügend. Eine bestimmte „Ordnung", die aus dogmatischen oder liturgischen Gründen die einzig richtige wäre, schreibt der Apostel nicht vor. Es geht um das freie Handeln Gottes im Heiligen Geist; wie sollte das in vorgeschriebenen Ordnungen einzufangen sein[3]. Ganz gewiß aber will „der Gott des Friedens" Wohlanständigkeit und gute Ordnung als solche. Alles Zuchtlose, Haltlose, Triebhafte ist von vornherein als ungöttlich gekennzeichnet. In dem Schlußsatz des großen Abschnittes tritt noch einmal hervor, was uns oben S. 244 über die umfassende Bedeutung der Entscheidung des Paulus in der Frage der Geistesgaben klar wurde.

DER GRUNDBESTAND DES EVANGELIUMS

1. Korinther 15, 1—11

zu Vers 1:
1 Ko 16, 13
2 Ko 1, 24
Rö 11, 20

zu Vers 2:
1 Ko 15, 14. 17

zu Vers 3:
Jes 53, 3—12
Jo 1, 29
Rö 4, 25
1 Pt 2, 24

1 Ich tue euch aber kund, Brüder, das Evangelium, das ich euch evangelisiert habe, das ihr auch angenommen habt, in welchem
2 ihr auch steht, * durch welches ihr auch errettet werdet, — mit welchem Wort habe ich (es) euch evangelisiert, wenn ihr es behalten habt, es sei denn, daß ihr vergeblich zum Glauben kamt?
3 * Ich habe euch nämlich vor allem überliefert, was ich auch überkommen habe, daß Christus gestorben ist für unsere Sünden ge-
4 mäß den Schriften * und daß er begraben wurde und daß er auf-
5 erweckt wurde am dritten Tage gemäß den Schriften * und daß
6 er gesehen wurde von Kephas, dann von den Zwölf. * Danach

---

[3] Luther hat zu den Formen und Ordnungen im Gemeindeleben in ähnlicher Freiheit gestanden. Er schreibt in der „Deutschen Messe" (1526): „Vor allen Dingen will ich gar freundlich gebeten haben, auch um Gottes Willen, alle diejenigen, so diese unsere Ordnung im Gottesdienst sehen oder befolgen wollen, daß sie ja kein notwendig Gesetz daraus machen, noch jemands Gewissen darein verstricken oder damit fangen; sondern sie, der christlichen Freiheit entsprechend, nach ihrem Gefallen gebrauchen, wie, wo, wann und wie lange es die Sache mit sich bringt und fordert" (Luther deutsch, Band 6, EVA).

wurde er gesehen von über fünfhundert Brüdern auf einmal, von denen die meisten bis jetzt (am Leben) geblieben sind, einige aber
7 sind entschlafen. * Danach wurde er gesehen von Jakobus, dann
8 von den Aposteln allen. * Am letzten aber von allen, wie von der
9 Fehlgeburt, wurde er gesehen auch von mir. * Denn ich bin der geringste der Apostel, der ich nicht tauglich bin, ein Apostel genannt zu werden, weil ich verfolgt habe die Gemeinde Gottes.
10 * Aber durch Gottes Gnade bin ich, was ich bin, und seine Gnade gegen mich ist nicht vergeblich gewesen, sondern viel mehr als sie alle habe ich gearbeitet, nicht ich aber, sondern die Gnade Gottes
11 mit mir. * Sei nun ich es oder jene, so verkündigen wir, und so habt ihr es glaubend angenommen.

zu Vers 4:
Mt 16, 21
Mk 16, 14
zu Vers 5:
Lk 24, 34
Jo 21, 15 ff
zu Vers 7:
Lk 24, 50 f
Apg 12, 17
zu Vers 8:
1 Ko 9, 1
zu Vers 9:
Apg 8, 3
26, 9—11
Gal 1, 13
Eph 3, 8
1 Tim 1, 15
zu Vers 10:
Apg 14, 26
1 Ko 3, 10
2 Ko 6, 1; 11, 23
Gal 1, 15
1 Tim 1, 13 f

Hat Paulus nun alles mit den Korinthern durchgesprochen, was nötig war? Auf alle ihre Fragen ist er eingegangen, alle Nöte des Gemeindelebens hat er berührt. Aber nun steht vor ihm eine Sache, die in die Grundlage des Glaubens hineinreicht und das Zentrum der Botschaft selbst antastet[1]. Paulus hat erfahren: „Es sagen unter euch einige, eine Auferstehung Toter gibt es nicht" (V. 12). Hier ist der Apostel gefordert, dazu muß er Stellung nehmen. Und wenn er schon bei Einzelfragen des Gemeindelebens weit ausholte, um der Gemeinde zu einem begründeten Urteil zu helfen, so muß er in dieser Sache erst recht eine gründliche und umfassende Unterweisung erteilen. So kommt es in unserm Brief zu dem gewaltigen 15. Kapitel. Auch dieses Kapitel von der Totenauferstehung ist nicht das Kapitel eines Lehrbuches der Dogmatik, sondern ist der Abschnitt eines Briefes, der auf bestimmte Gedanken, Vorstellungen und Einwände der Briefempfänger eingeht. Aber gerade dieses Kapitel zeigt zugleich, warum sich Paulus „den Lehrer der Völker im Glauben und in der Wahrheit" nennt (1 Tim 2, 7).

Paulus legt gerade hier ganz festen Grund. Es liegt ihm daran, den Korinthern zu zeigen, daß es sich in dieser Frage der Auferstehung nicht um „Auffassungen" handelt, die verschieden sein können, nicht um einen einzelnen Lehrpunkt, in dem man ruhig auch anders denken kann. Hier steht das Evangelium als solches auf dem Spiel. Darum beginnt Paulus mit diesem Evangelium selbst: „**Ich tue euch aber kund, Brüder, das Evangelium, das ich euch evangelisiert habe.**" Wieviel Lehre es auch enthalten mag, das Evangelium als solches ist nicht eine zu lernende Lehre, sondern „Kraft Gottes zur Rettung" (Rö 1, 16), „Torheit Gottes" zur Rettung der „Glaubenden" (1, 21). Darum hat es sofort den vollen subjektiven Bezug auf die Korinther: „**das ihr auch angenommen habt, in welchem ihr auch steht, durch welches ihr auch errettet werdet**"[2]. Das Evangelium wird nicht nur

1

2

---

[1] Daß eine Umdeutung der Auferstehung von tödlicher Wirkung ist, das ist auch für uns heute gut und notwendig zu sehen.
[2] Paulus kann bei der Gemeinde, an die er schreibt, dies alles als Grundlage des brieflichen Gespräches voraussetzen. Wie anders steht es vielfach mit unseren heutigen Gemeinden. Wie schwer ist darum der Dienst der Verkündigung und der Seelsorge bei denen, die gerade das eigentliche Evangelium nicht „angenommen haben" und nicht „in ihm stehen".

gelernt und gewußt, sondern persönlich „**angenommen**". Es ist ein Lebensfundament, auf oder in welchem man „**steht**", und es ist nicht ein Gegenstand interessanten Wissens, sondern das einzige Mittel der „**Errettung**" aus ewigem Verderben. Kann man dann an diesem Evangelium etwas ändern, von ihm etwas abstreichen?[3] Aber es geht nicht um irgend „etwas", das am Evangelium gestrichen werden sollte, und auch nicht um das Evangelium im allgemeinen und als ganzes. Paulus will mit den Korinthern nicht über das Evangelium überhaupt sprechen, sondern wendet sich einem ganz bestimmten Punkt zu, der in Korinth fraglich geworden ist oder sogar geleugnet wird. Das kommt in der Satzkonstruktion zum Ausdruck, die schon von früh an zu Änderungen und Glättungen verlockt hat. Paulus stellt das Evangelium vor die Korinther hin und spricht ihnen zu, daß sie es angenommen haben, daß sie darin stehen und dadurch errettet werden. Jetzt aber richtet er die Frage an sie: „**Mit welchem Wort habe ich (es) euch evangelisiert?**" Habt ihr „behalten", w a s ich euch da bezeugt habe? Habt ihr nicht gemerkt, daß ich euch im Evangelium gerade die Auferstehung der Toten verkündigte, die ihr jetzt zu leugnen beginnt? Oder seid ihr am Ende doch „**vergeblich zum Glauben gekommen**", obwohl ich euch eben zusprach, daß ihr in diesem Evangelium steht? Dann wäre etwas eingetreten, dessen ganzen Ernst sich die Korinther deutlich machen müssen. Vergeblich zum Glauben gekommen zu sein, das Evangelium nicht in seinem vollen Wortlaut behalten zu haben, das hieße: nicht errettet zu sein! Paulus wird das den Korinthern V. 14—19 mit Nachdruck sachlich klar machen.

3 Jetzt aber stellt er noch einmal das Evangelium selbst vor die Korinther hin, wobei auf die „Auferstehung" mehr und mehr das ganze Gewicht fällt. „**Ich habe euch nämlich vor allem überliefert, was ich auch überkommen habe.**" Das Evangelium ist eine reiche Botschaft; aber es gibt in ihm ein „vor allem", ein alles beherrschendes Zentrum[4]. Dieses „vor allem" ist gerade nicht ein „centrum Paulinum"! Paulus, der im Galaterbrief (1, 12) betonen kann, daß er das Evangelium „weder von einem Menschen empfangen noch gelernt hat, sondern durch eine Offenbarung Jesu Christi", gebraucht hier mit voller Absicht die Fachausdrücke des Rabbinats, die ihm von Jugend auf für das Lernen von andern vertraut sind: „**überkommen — überliefern**". Die Korinther sollen sich seinen Darlegungen nicht mit der Ausrede entziehen können, es handele sich nur um Sondermeinungen des Paulus. Nein, der Apostel steht hier voll und ganz im Strom der Gesamtüberlieferung und gibt nicht eigene Gedanken weiter. Das

---

[3] Weil wir diesen rettenden Charakter der Botschaft nicht mehr wirklich sehen, darum gibt es bei uns diese Leichtigkeit und Behendigkeit, am Evangelium nach unseren Gedanken und nach den angeblichen Erfordernissen des „modernen Menschen" zu ändern und zu streichen.
[4] Es ist eine wesentliche Tat der Reformation, dieses „Zentrum" wieder zur klaren Mitte des gesamten Schriftverständnisses und aller Verkündigung gemacht zu haben. Die Reformation sprach mit Recht von dem „articulus stantis et cadentis ecclesia", von „dem Artikel, mit dem die Kirche steht und fällt". Wo aber ist das heute im uferlosen Fluten der „Meinungen" in Theologie und Kirche geblieben?

ist kein Widerspruch zu Gal 1, 12. Das Wort des auferstandenen Herrn zu Saul von Tarsus vor Damaskus ist so knapp wie nur möglich: „Ich bin Jesus, den du verfolgst." Nur diese eine Tatsache, daß der ans Kreuz geschlagene Jesus wahrhaftig der Lebendige und der Kyrios ist, wurde dem bisherigen Verfolger unmittelbar durch die Offenbarung Jesu gewiß. Alles andere, alle Einzelheiten, alle Zusammenhänge der Geschichte Jesu mußte er von denen lernen, die von Anfang an mit dem Jesus gewesen waren[5].

Jesus hatte bei seiner Begegnung mit Paulus nicht einmal von dem Sinn und dem Ziel seines Leidens und Sterbens gesprochen. Wohl wird dem bekehrten Paulus die grundlegende Lösung des anstößigen Rätsels, warum der Messias Jesus, von Israel ausgestoßen, als Verfluchter (Gal 3, 13) am Pfahl sterben mußte, im Heiligen Geist selber aufgeleuchtet sein: **„daß Christus gestorben ist für unsere Sünden."** Denn er hat sofort Jesus verkündigt und erst drei Jahre später Petrus in Jerusalem besucht. Zugleich aber war es für ihn von größter Wichtigkeit, daß er es von Petrus und der Urgemeinde genauso hörte: **„Christus ist gestorben für unsere Sünden, gemäß den Schriften."**

Wir sind an den kurzen Satz so gewöhnt, daß wir ihn ohne besondere Erschütterung hören können. Aber was ist uns mit ihm gesagt! Wie schrecklich müssen unsere Sünden sein, wenn sie diesen furchtbaren Fluchtod des Messias zu unserer Rettung nötig machten[6]. Wie gewiß aber ist unsere Errettung, unsere klare Stellung vor Gott, wenn Gott dieses Äußerste für uns getan hat! Paulus ist hier ganz eins mit der Überlieferung der Urchristenheit. Bei allem Reichtum an Worten und Taten Jesu, die sie berichten, sind die Evangelien vor allem „Passionsgeschichte" und eilen auf das Kreuz zu[7]. Was Jesus getan hat an Heilungen von Kranken, an Befreiung dämonisch Gebundener, an Zurechtbringen von Menschenleben, es ist alles von vornherein gegründet in seinem Sterben für unsere Sünden und wird mit diesem Sterben besiegelt. Paulus war darum mit vollem Recht und mit ganzer Überzeugung entschlossen, „nichts zu wissen, als nur Jesus Christus und diesen als Gekreuzigten" (2, 2). Auch dabei war er sich der Übereinstimmung mit **„den Schriften"** gewiß. Er hat den Korinthern jetzt nicht einzelne Schriftbeweise geben müssen. Wir wissen aus seinen Briefen, wie er in seinen Darlegungen fort und fort auf das verweist, was geschrieben steht. Dabei geht es ihm nicht

---

[5] Vgl. das zu Kap. 11, 23 Ausgeführte S. 189 f.
[6] Die Erkenntnis der Sünde ist der entscheidende Punkt der Theologie. Das Augsburgische Bekenntnis sagt es treffend: „Diese ganze Lehre muß auf diesen Kampf des erschrockenen Gewissens bezogen werden und ist ohne jenen Kampf überhaupt nicht zu verstehen" (Augsburgisches Bekenntnis XX, 17 lat Text). Die Leugnung der wahren Gottessohnschaft Jesu, die Gleichgültigkeit gegen die Heilstatsachen ist immer nur da möglich, wo man das ganze Gewicht der Sünde noch nicht oder nicht mehr erkennt.
[7] In diesem Sinn hat das Apostolikum recht, wenn es an das „geboren" sofort das „gelitten und gekreuzigt" anschließt. Wir haben es schon mehrfach bemerkt, daß einem Paulus der „historische Jesus" sehr wohl bekannt und als der „Herr" mit seinem Wort wichtig war. Aber die eigentliche Tat Jesu ist und bleibt sein Sterben am Kreuz für unsere Sünden. Alle Verkündigung ist daran zu messen, ob das in ihr deutlich wird.

um ein System ast Theologie, sondern immer um einzelne entscheidende Worte, die ihm die überzeugende Stimme der „**Schriften**" sind[8].

4 „**Daß er begraben wurde**", fügt Paulus ausdrücklich hinzu. In diesem „**Begraben**" liegt die volle Wirklichkeit und der ganze Ernst des Todes. Die Frauen, die Jünger, die Freunde müssen die Schrecklichkeit des Todes durchleiden, als dieser „Lebendige", der unter ihnen so mächtig wirksam gewesen war, nun mit gebrochenem Auge als starrer Leichnam vor ihnen lag. Das war Paulus aber auch von Bedeutung im Blick auf den ebenso wirklichen Tod des alten Menschen mit seinen Sünden. „Wir wurden mit ihm zusammen begraben durch die Taufe in den Tod" (Rö 6, 4). „Mit ihm wurdet ihr begraben durch die Taufe" (Kol 2, 12). Zugleich war dieser Punkt in der Verkündigung wichtig, um von vornherein alle Gerüchte abzuschneiden, die die Auferstehungsbotschaft mit Hinweisen auf einen etwaigen Scheintod entkräften wollen. Jesus war wirklich tot und in ein bestimmtes und bekanntes Grab gelegt[9]. Aber sein Grab war auch wirklich leer.

Aber nun endet die Kunde von Jesus nicht mit dem „gestorben, begraben". Sonst gäbe es kein „Christentum". Nun kam die Botschaft „**und daß er auferweckt wurde am dritten Tage gemäß den Schriften**". Ist damit Kap. 1, 18 und 2, 2 als Verkürzung des Evangeliums erwiesen? Ist das Christentum nicht vielmehr „Wort der Auferstehung" als „Wort vom Kreuz"? Mußte Paulus nicht entschlossen sein, gerade in Korinth „allein Jesus Christus und ihn als den Auferstandenen" zu kennen und zu predigen? Paulus wird es im nächsten Abschnitt noch ausführen, wie in der Tat das Kreuz seine ganze Bedeutung für uns verlöre, wenn Christus nicht auferstanden ist. Und doch fügt die Auferweckung Jesu dem entscheidenden, rettenden Wort vom Kreuz „**gestorben für unsere Sünden**" nichts Neues und Höheres hinzu, sondern macht nur dieses Wort zu einem gültigen und wirksamen[10]. Auch diese Auferweckung des Messias ist in den „Schriften" vorausbezeugt. Paulus gibt auch hier nicht bestimmte Stellen an[11]. Um diese Vorausbezeugung der Auferstehung Jesu in den Schriften

---

[8] Wir könnten dabei vor allem an Jes 53; Sach 13, 7 denken. Der Gebrauch der Mehrzahl „die Schriften" legte sich deshalb nahe, weil man damals tatsächlich nicht ein einheitliches Buch „Die Bibel" hatte, sondern eine Sammlung von Schriftrollen.
[9] Das Grab Jesu ist darum bis heute für unsere Gewißheit seiner Auferstehung wichtig. Da Jesus begraben worden ist und seine Freunde und Angehörigen sein Grab kannten, wäre die Verkündigung seiner Auferstehung für den Hohen Rat sehr einfach zu widerlegen gewesen, indem er jeden den toten Jesus in seinem Grab sehen ließ. Auch bei den Jüngern selbst hätten alle „Ostererlebnisse" nicht das Geringste bewirken können, wenn sie sich jeden Tag davon überzeugen konnten, daß der Leichnam ihres Meisters sichtbar dort im Grabe lag. Vgl. Künneth, „Theologie der Auferstehung", 1951[4], und P. Althaus, „Die Wahrheit des kirchlichen Osterglaubens", 1941[2], S. 30 ff.
[10] Auch in der Vollendung mitten auf dem Thron Gottes ist Jesus nicht anders zu sehen denn als das „Lamm mit der Todeswunde" (Offb 5, 12).
[11] Wir sehen aus seiner Verkündigung im pisidischen Antiochia im Blick auf die Auferweckung Jesu deutlicher als im Blick auf sein Kreuz, wie Paulus den „Schriftbeweis" dafür führte (Apg 13, 33—37).

zu sehen, gehörte der neue, von Gott geöffnete Blick dazu. „Denn sie verstanden die Schrift noch nicht, daß er von den Toten auferstehen müßte", sagt Johannes von den Jüngern (Jo 20, 9). Für den Israeliten Paulus war es aber von entscheidender Bedeutung, daß er sich bei dieser Botschaft in der Übereinstimmung mit den Schriften wissen konnte.

Doch die Auferweckung des Herrn Jesus ist keine „Lehre", die man aus den Schriften „beweisen" könnte oder müßte. Sie ist die Botschaft von einer Wirklichkeit, die **„gesehen"** worden ist und darum bezeugt werden kann. Darum klingt nun das „gesehen, gesehen, gesehen" durch alle folgenden Verse[12]. Nicht die Auferweckung als solche wurde gesehen, wohl aber der auferweckte Herr. Es geht in seiner Auferweckung wie in seinem Sterben für unsere Sünden schlechterdings um Tatsachen. Hier ist etwas geschehen, was die Lage zwischen Gott und uns Menschen total veränderte. Nicht Gedanken und Ansichten über Gott haben sich gewandelt, sondern das ungeheure Gewicht der Menschheitsschuld und meiner Schuld ist weggehoben. Nicht „gedanklich", sondern „tat-sächlich". Gottes Tat in der Auferweckung des Gekreuzigten bestätigt die Tat Jesu in seinem Sterben und schenkt uns unsern Erretter für immer in lebendiger Gegenwart. Taten aber und aus den Taten entstandene Tatsachen können und müssen „gesehen" und als solche bezeugt werden von bestimmten Zeugen. Darum gibt Paulus den Korinthern diese genaue Liste der Zeugen, die das „sahen"[13].

Die Zeugenreihe, die Paulus vor uns auftreten läßt, ist so in den Osterberichten der Evangelien nicht zu finden. Die Nichterwähnung der Frauen, die Jesus zuerst sahen (Mt 28, 9 f; Mk 16, 9; Jo 20, 11)[14], besagt keineswegs, daß Paulus diese ersten Zeugen der Auferstehung nicht gekannt habe. Aber sie sind in der damaligen Zeit als „amtliche" Zeugen nicht brauchbar[15]. Aber, **„daß er gesehen wurde von Kephas, dann von den Zwölf"** würden wir aus den Ostergeschichten so nicht entnehmen. **Petrus** steht in den Berichten der Evangelien

---

[12] Die Übersetzungen bieten statt diesem „gesehen" vielfach ein „ist erschienen". Das ist bedenklich! Denn für unser Sprachgefühl ist eine „Erscheinung" etwas Ungewisses, was sich dann auch als „Schein" herausstellen kann. Paulus liegt es aber an „Zeugen", die sagen können, was sie wirklich „sahen".

[13] Es ist seltsam zu sehen, wie die Theologie sich manchmal bemüht (sogar auch bei Karl Barth), Paulus auf keinen Fall sagen zu lassen, was er für jeden unbefangenen Leser zweifellos sagt und sagen will. Es geht ihm den Korinthern gegenüber, die die Auferstehung leugnen, gerade um den „historischen Beweis" für die Tatsächlichkeit der Auferweckung Jesu. Paulus weiß wohl, daß die Auferstehung „das Ende der Geschichte" und der Anbruch der neuen Welt und dementsprechend nicht ein vorfindbares Stück dieser Welt ist. Aber der Auferstandene kann uns in dieser Welt erreichen, uns begegnen und sich sichtbar machen, für wen er will. Christus lebt und wirkt in voller Tatsächlichkeit. Darum geht es in diesem geschichtlichen Zeugenbeweis. Vgl. dazu die ausgezeichneten Schriften von W. Künneth, „Theologie der Auferstehung", München 1951², und „Glauben an Jesus", Hamburg 1963³, S. 149 ff.

[14] Daß Jesus den Frauen die erste Begegnung mit ihm als dem Auferstandenen schenkt, ist sein Bekenntnis zu ihrer Treue und Liebe bis unter das Kreuz hin (Mt 27, 55 ff; Mk 15, 40 f; Lk 23, 49; Jo 19, 25). Es ist schon beachtlich, welche Rolle die Frau im NT spielt.

[15] Darum ist ihre Weglassung eine Bestätigung dafür, daß es Paulus hier tatsächlich um einen „Beweis" ging, der volle Gültigkeit haben sollte.

keineswegs deutlich als der Mann vor uns, der zuerst den Herrn sah. Bei Matthäus (28, 16f) ist nach den Frauen sofort von den „Elf" die Rede, bei Markus (16, 12) kommen noch die beiden Emmaus-Jünger zuvor. Nur bei Lukas (24, 34) wird den Emmaus-Jüngern gegenüber ausgesagt, „daß der Herr wirklich auferweckt und dem Simon erschienen sei". Auch bei Johannes wird Petrus erst bei den späteren Offenbarungen am See Tiberias besonders hervorgehoben. Die „**Zwölf**" — die Evangelien sagen nach dem Verrat des Judas genauer die „Elf" — sind dann aber auch in den Evangelien der Kreis, der vor allem die wunderbare Gegenwart des Auferstandenen (durch die verschlossenen Türen hindurch, Jo 20, 14) erfährt.

6 In den Evangelien nicht unterzubringen ist das Ereignis, das Paulus als das dritte nennt: „**Danach wurde er gesehen von über fünfhundert Brüdern auf einmal, von denen die meisten bis jetzt** (am Leben) **geblieben sind, einige aber sind entschlafen.**" Wir werden dieses Ereignis in Galiläa zu suchen haben, da in Jerusalem schwerlich der Raum für eine solche Versammlung zu finden war[16]. An der Tatsächlichkeit dieses Ereignisses ist nicht zu zweifeln. Paulus bemerkt gerade hier, daß von diesen fünfhundert die meisten noch leben und nach diesem Ereignis gefragt werden können. Die Beweiskraft einer solchen Begegnung mit dem Auferstandenen, die einer so erheblichen Schar von Menschen auf einmal zuteil wurde, ist besonders groß.

7 „**Danach wurde er gesehen von Jakobus.**" Von diesem Wiedersehen zwischen Jesus und seinem Bruder Jakobus erzählen uns die Evangelien nichts. Und doch muß es für Jakobus nach seiner früheren Stellung zu Jesus (vgl. Jo 7, 3—5; Mk 3, 21. 31) ein erschütterndes Erleben gewesen sein. Zugleich hatte es weitreichende Folgen für die Geschichte der Urgemeinde. Jakobus wurde schließlich der eigentlich führende Mann in Jerusalem (vgl. Apg 12, 17; 15, 13 bestätigt durch Gal 2, 9). Wenn Paulus danach noch hinzufügt: „**dann von den Aposteln allen**", unterscheidet er offenbar einen weiteren Kreis der Sendboten Jesu von den „Zwölf", der für ihn jedoch auch eine bestimmte und abgegrenzte Größe war. Eine heidenchristliche Gemeinde wie Korinth kannte diese „**Apostel alle**" in weiterem Sinn, so daß Paulus — leider! — keinen Anlaß hatte, ihre Zahl zu nennen und die Grundlage ihrer Berufung zu kennzeichnen. Man hat an die „Siebzig" (Lk 10, 1) gedacht. Daß gerade der mit Paulus verbundene Lukas sie in seinem Evangelium erwähnt, ist beachtlich. Aber würde Paulus dann nicht ebenfalls in Parallele zu den „Zwölf" von den „Siebzig" gesprochen haben?

So bleiben viele wichtige Fragen für uns offen. Wir sind nicht in der Lage, ein vollständiges und eindeutiges Bild der Osterereignisse

---

[16] Manche Theologen haben angenommen, in dieser Aussage des Paulus sei das Pfingstereignis gemeint. Aber der Bericht über Pfingsten enthält nicht die leiseste Andeutung, daß damals der Auferstandene gesehen worden sei. Lukas spricht auch nicht von mehr als fünfhundert, sondern nur von einhundertundzwanzig Brüdern, sogar einschließlich der Frauen. Es ist besser, Fragen offen zu lassen, als in solcher Weise zu konstruieren.

zu rekonstruieren. Das liegt mit daran, daß die erste Christenheit dies typisch moderne Bedürfnis nach einem solchen Bild hier so wenig wie an anderer Stelle kannte[17]. Es ist das ein Zeichen ihrer völligen und mächtigen Gewißheit in der Sache selbst. Sie besitzt eine Fülle der Zeugnisse, das ist ihr genug. Wir dürfen aber für das Wort des Paulus an unserer Stelle besonders dankbar sein. Es ist auch „historisch" sehr wertvoll. Hier stellt ein Mann, der sehr kurz nach den Ereignissen Christ wurde, mit dem sichtlichen Bestreben der Gründlichkeit die wesentlichen Zeugen des Auferstandenen fest.

Nun nennt Paulus zum Schluß auch sich selbst als „Zeugen der Auferstehung" (Apg 1, 22). „**Am letzten aber von allen, wie von der Fehlgeburt, wurde er gesehen auch von mir. Denn ich bin der geringste der Apostel, der ich nicht tauglich bin, ein Apostel genannt zu werden, weil ich verfolgt habe die Gemeinde Gottes.**" Er muß mit in der Zeugenreihe stehen, wenn er überhaupt ein wirklicher „Apostel" ist. Aber er ist darin nur so etwas wie „die Fehlgeburt"[18] oder „die Mißgeburt" eines Apostels. Denn die Aufgabe eines Apostels ist der grundlegende Aufbau der „Gemeinde Gottes". Paulus aber hat vielmehr „**die Gemeinde Gottes verfolgt**" und sie zu vernichten gesucht (Gal 1, 13). So war er — völlig anders als alle anderen „Apostel" bei all ihrem Versagen — in sich selbst das genaue Gegenteil eines Apostels. Er ist „**nicht tauglich, ein Apostel genannt zu werden**", und so „**der geringste der Apostel**". 8/9

Wenn er dennoch Apostel ist, dann ist darin die freie Gnade Gottes in ihrer ganzen Mächtigkeit zu sehen. „**Aber durch Gottes Gnade bin ich, was ich bin.**" Daß Gott gerade diese „Fehlgeburt", diesen Verfolger, diesen unmöglichen Mann zum Apostel beruft, das ist „**Gnade Gottes**" in ihrer ganzen Freiheit und Herrlichkeit. Paulus mag an das denken, was Gott über Israels Erwählung in Hes 16, 4—6 gesagt hat. Darin ist Gnade immer wieder „Gnade", daß sie sich gerade des Elendesten und Schlechtesten annimmt. Paulus hat das in Kap. 1, 26 ff der korinthischen Gemeinde an ihrer eigenen Zusammensetzung gezeigt. Es trifft aber in besonderer Weise auch auf ihn selber zu. „**Gnade**" des lebendigen Gottes aber ist zugleich das Wirksamste, was es gibt, und ist auch gegen Paulus „**nicht vergeblich gewesen**". Und warum nicht? In seiner Antwort nennt Paulus nicht seine innere Glückseligkeit, nicht seine Offenbarungen und Geistesgaben, nicht einmal die Erfolge seines Wirkens. Er nennt nur das eine: „**Viel mehr als sie alle habe ich gearbeitet.**" Gnade macht tätig, 10

---

[17] Man sehe nur, wie sorglos nach dieser Richtung ein Historiker wie Lukas in ein und demselben Buch die drei verschiedenen Berichte über die Bekehrung des Paulus nebenenanderstellte (Apg 9; 22; 26).

[18] „Ektroma" ist nicht „Frühgeburt", sondern bezeichnet den lebensunfähigen, durch einen Abort aus dem Mutterschoß hervorgegangenen Embryo. So steht es im LXX-Text von Hio 3, 16; Ps 58, 9; 4 Mo 12, 12. Das Wort kann aber auch so wie unser Ausdruck „Mißgeburt" als Schimpfwort verwendet werden und das „Scheusal von Geburt an" bedeuten. Der erste Sinn des Wortes liegt näher, weil er von biblischen Stellen bestätigt wird. Saul von Tarsus, der Verfolger der Gemeinde, war als Apostel an und für sich gar nicht „lebensfähig".

Gnade ermächtigt und befähigt zu Einsatz, Hingabe, Arbeit und Leiden. Für Paulus war sein „Dienst" nicht ein bitterer Zusatz zur süßen Gnade, die er genießen wollte, sondern gerade Höhe der Gnade selbst und letzte Tiefe des ihm erwiesenen Erbarmens (vgl. 2 Ko 4, 1; 1 Tim 1, 12—14). Darum gehört für ihn das ganz zusammen, was wir so leicht auseinanderreißen und gegeneinander kehren: „Gnade" und „Arbeit", reine Demut und sachliches Selbstbewußtsein. Mit voller Überzeugung weiß er sich als den geringsten der Apostel und bricht doch nichts von der Tatsache ab, daß sein Einsatz als Apostel die Arbeit aller andern übertrifft. Denn auch diese Tatsache ist lauter „Gnade". Wieder werden wir darauf hingewiesen, daß Gottes Größe und Herrlichkeit gerade darin besteht, daß sein Wirken die eigene Wirksamkeit des Menschen nicht verdrängt, sondern schafft und stärkt (vgl. o. S. 80). Echte Demut setzt sich nicht künstlich selbst herunter, sie würde damit auch die Gnade Gottes herabsetzen, sondern bekennt es in dieser eigentümlichen Verbindung von Demut und wahrhaftigem Sehen auf das eigene Lebenswerk: **„Durch Gottes Gnade bin ich, was ich bin."** Paulus wird hier schon unwillkürlich denen antworten, die in Korinth sein Apostolat verdächtigen und ihn tief unter die andern, die echten und wahren Apostel stellen. Im 11. Kapitel des 2. Briefes geht er ausführlich darauf ein. 2 Ko 11, 21—33 ist die mächtige Illustration zu dem kurzen Satz unseres Textes: **„viel mehr als sie alle habe ich gearbeitet."** Er gibt es seinen Gegnern in Korinth völlig zu: „Am letzten von allen" sah er Jesus; nur eine „Fehlgeburt von Apostel" ist er, der geringste von allen, nicht tauglich, ein Apostel zu heißen. Sie haben recht, die ihn gar nicht als Apostel anerkennen wollen und einen Petrus hoch über ihn erheben. Paulus hat alle seine Aussagen in der Zeitform der Gegenwart gemacht und von seiner Untauglichkeit zum Apostel nicht als von einer überholten Vergangenheit gesprochen. Aber nun sollen sich die Korinther hüten, gegen Gottes Gnade zu streiten, die ihn dennoch zum Apostel berufen hat. Wenn sie den Einsatz, die Arbeit, das Leiden seines apostolischen Lebens mit dem der andern vergleichen, werden sie das Übergewicht bei Paulus darin nicht leugnen können.

Will Paulus sich selbst rühmen? Nein, er setzt sofort hinzu: **„nicht ich aber, sondern die Gnade Gottes mit mir."** Paulus unterstreicht noch einmal das Verhältnis der Wirksamkeit Gottes zur Wirksamkeit des Menschen, das mit üblicher menschlicher Logik nicht zu fassen ist. Logisch konnte nur entweder Paulus oder die Gnade Gottes soviel gearbeitet haben. Paulus gibt hier den lebendigen, geheimnisvollen Tatbestand wieder: er, wirklich er selbst, hat gearbeitet, geleistet, gelitten, und ohne seinen totalen Einsatz wäre alles nicht geworden, was nun als apostolisches Werk vor den Korinthern steht. Und doch war zugleich alles Gnade. Paulus kann nichts sich selbst zuschreiben und hat keinen prozentualen Anteil am Werk der Gnade, den er für sich in Anspruch nehmen könnte.

11 Paulus schließt diese ganze Grundlegung für sein Gespräch mit den Korinthern über die Auferstehungsfrage ab mit der Feststellung:

„Sei nun ich es oder jene, so verkündigen wir, und so habt ihr es glaubend angenommen." Mag es wichtige Unterschiede im Verständnis des Evangeliums zwischen ihm und den Jerusalemer Aposteln geben, in der Verkündigung des Evangeliums selbst weiß er sich mit allen einig. Er hat kein eigenes „paulinisches" Evangelium und will es nicht haben. „Herold"[19] ist er, der die Botschaft des Königs in strenger Treue ausruft. Darum sagt er grundmäßig das gleiche wie Petrus, Johannes und Jakobus. Die Korinther können sich nicht durch Berufung auf andere Apostel seiner Botschaft entziehen. Auch für uns ist es wichtig zu wissen, daß es das eine, eindeutige Evangelium gibt, vor dem alle Unterschiede der Boten unwichtig werden. Die Gemeinde Jesu ist schwer gefährdet, wenn ihre Prediger nicht mehr einmütig sagen können: „Sei nun ich es oder jene, so verkündigen wir, und so habt ihr es glaubend angenommen!"

DIE KONSEQUENZEN DER LEUGNUNG DER AUFERSTEHUNG JESU
1. Korinther 15, 12—19

12 Wenn aber Christus verkündigt wird, daß er aus den Toten auferweckt worden ist, wie sagen unter euch einige, Auferstehung
13 Toter gibt es nicht? * Wenn es aber eine Auferstehung Toter nicht
14 gibt, dann ist auch Christus nicht auferweckt; * wenn aber Christus nicht auferweckt ist, dann ist leer unsere Verkündigung, leer
15 auch euer Glaube; * wir werden aber auch erfunden als falsche Zeugen Gottes, weil wir bezeugt haben gegen Gott, daß er den Christus auferweckte, den er nicht auferweckt hat, wenn ja doch
16 Tote nicht auferweckt werden. * Denn wenn Tote nicht auferweckt
17 werden, dann ist auch Christus nicht auferweckt; * wenn aber Christus nicht auferweckt ist, vergeblich ist dann euer Glaube,
18 noch seid ihr dann in euren Sünden. * Folglich sind auch die in
19 Christus Entschlafenen verloren. * Wenn wir weiter nichts sind als solche, die in diesem Leben auf Christus gehofft haben, dann sind wir bemitleidenswerter als alle (andern) Menschen.

zu Vers 12:
Mt 22, 23 f
Apg 4, 2
2 Tim 2, 18

zu Vers 15:
Apg 1, 21 f
1 Jo 5, 10

zu Vers 17:
1 Th 4, 14

Paulus hat vor die Gemeinde die grundlegende Botschaft gestellt, die alle Apostel einmütig verkündigen und die auch die Korinther selbst angenommen haben und glauben. Von da aus geht er gegen die Zweifel an, die in Korinth im Blick auf die Auferstehung der Toten aufgebrochen sind. Er richtet von der festen und klaren Position der Verkündigung und des Glaubens aus die Frage an die Korinther: „Wenn aber Christus verkündigt wird, daß er aus den Toten auf-

12

---

[19] Für „verkündigen" steht hier das Wort „herolden", das stärker als das Wort „evangelisieren" die unbedingte Bindung an den bestimmten Auftrag hervorhebt.

erweckt worden ist, wie sagen unter euch einige, **Auferstehung Toter gibt es nicht?**"[1]

In welchem Sinn und mit welcher Begründung diese Leugnung der Auferstehung in Korinth vertreten wurde, läßt Paulus nicht erkennen. Er hält sich nicht damit auf, Gründe der Gegner zu erörtern und zu widerlegen. Es wird aber deutlich, daß es sich erst um Anfänge einer gefährlichen Verirrung handelt. Nur „**einige unter euch**" sagen: „**Auferstehung Toter gibt es nicht.**" Und die, die es sagten, schritten nicht zur Leugnung der Auferstehung Jesu fort und zogen überhaupt keine klaren Folgerungen aus ihrer Behauptung. Paulus bekämpft die beginnende Verirrung mit dem Aufweis der notwendigen Folgerungen und mit dem Hinweis auf die Tatsache der Auferweckung des Herrn. Paulus fürchtet offensichtlich, daß die Verirrung weiter in die Gemeinde eindringen und schweren Schaden anrichten kann. Aus all dem geht hervor, daß die betreffenden Korinther ohne besondere „Gründe" und tiefere Überlegungen einfach dem „griechischen" Denken und Empfinden folgten, für das die „Auferstehung Toter" eine peinliche oder lächerliche Sache war. Vgl. Apg 17, 32. War es nötig, das Christentum mit einem solchen Anstoß für seine Umgebung zu belasten, während man doch in den großen gegenwärtigen Erlebnissen wie etwa dem „Zungenreden" oder den tiefsinnigen Gedanken christlicher „Weisheit" etwas hatte, was einem selbst und zugleich auch der Umwelt imponieren konnte? Angesichts einer inneren Haltung, wie Kap. 4, 8 sie schilderte, konnte die Auferstehungshoffnung preisgegeben werden. Wer die harte Grenze des gegenwärtigen Heilsbesitzes nicht tief erleidet, wird das sehnliche „Erwarten" des kommenden Heiles (1, 7; Phil 3, 20; 1 Th 1, 10) leicht verlieren. Für uns ist es wichtig, die nun folgenden Ausführungen des Paulus zu hören im Blick auf die Bestreitung oder Umdeutung der Auferstehungsbotschaft in unserer eigenen Zeit. Wir merken dann, wie die Ablehnung der Auferstehung hinter ihren vielfältigen, wechselnden „Begründungen" zuletzt immer den gleichen eigentlichen Grund hat. Die Botschaft von der Auferstehung der Toten ist der schärfste Angriff auf unsere ganze irdische Selbstsicherheit, gerade auch in ihrer religiösen Verbrämung. Sie ist auch die Durchbrechung und Aufhebung jedes geschlossenen natürlichen Weltbildes, sei dieses nun ein „griechisches" oder „gnostisches" oder „modernes".

13 Es liegt Paulus vor allem daran, daß die Korinther den Widerspruch sehen, in den sie hier zu ihrem eigenen Glauben und zu der ihn tragenden Botschaft geraten. Man kann nicht die Auferstehung Toter bestreiten und zugleich die Auferweckung Jesu Christi fest-

---

[1] Es ist beachtlich, daß das Neue Testament niemals sagt: Christus sei „aus dem Tode" auferweckt, sondern stets formuliert „auferweckt aus den Toten". Daran wird deutlich, daß das Neue Testament nicht an ein Versinken im „Tod", in einem Nichtsein, denkt, sondern mit dem Reich der Toten rechnet, in das auch Jesus bei seinem Sterben eingegangen ist. Aus der unendlichen Schar der Toten wird er nun als „Erstling" herausgerufen zum neuen Leben in einem Herrlichkeitsleib und zur neuen Wirksamkeit in göttlicher Macht. Das ist bedeutsam auch für unser Denken im Blick auf unser eigenes Sterben.

halten². Die Männer in Korinth, die heute die Auferstehung als solche ablehnen, werden morgen auch die Auferstehung Jesu von den Toten aus der Botschaft streichen müssen. **„Wenn es aber eine Auferstehung Toter nicht gibt, dann ist auch Christus nicht auferweckt."** Paulus erwartet, daß die Gegner diese Folgerung einsehen. Aber er erwartet auch, daß sie erklären: Und wenn schon folgerichtig dieser einzelne Punkt der Botschaft gestrichen oder umgedeutet werden muß, ändert das etwas am Christsein als solchem? Hier setzt der ganze Widerspruch des Apostels ein. Es liegt ihm alles daran, der Gemeinde die ganze Kette der unvermeidlichen Konsequenzen zu zeigen, die sich aus der Leugnung der Auferstehung ergeben. Es ist nicht ein einzelner Stein aus dem Gebäude ausgebrochen, den man ganz gut entbehren kann, ja, der einem sogar störend für das Gebäude erscheinen mochte. Hier stürzt vielmehr das gesamte Gebäude ein. Paulus weist das zunächst an den beiden grundlegenden Tatbeständen nach, die in Korinth noch gelten (V. 11): an der **„Verkündigung"** und dem **„Glauben".** Merken die Korinther — und wir mit ihnen! — denn nicht, wie beides der Form nach noch da sein mag, aber **„leer"** wird, nur noch leere Hülsen, leere Formen, wenn man die Auferstehung streicht? **„Wenn aber Christus nicht auferweckt ist, dann ist leer unsere Verkündigung, leer auch euer Glaube."** Die Verkündigung hat zuletzt nur einen einzigen Inhalt: Jesus, den Christus. Wenn aber dieser Jesus „tot" ist und heute nicht mehr lebt und handelt, dann ist die Botschaft von ihm gegenstandslos und alles Reden von ihm sinnlos. Damit endet aber auch aller Christenglaube. Denn „Glaube" ist nicht ein System von Gedanken über Gott, sondern das personhafte Verhältnis zu Jesus, das vertrauende und gehorsame Halten an ihm, das Rechnen mit seiner wirksamen Macht und Gnade. Was bleibt davon übrig, wenn Jesus nicht auferstanden ist?³ „Glaube" an einen Toten ist gegenstandslos und darum sinnlos. 14

Die Korinther müssen aber auch bedenken, welches Urteil sie dabei nicht nur über Paulus, sondern über alle Sendboten des Evangeliums fällen. **„Wir werden aber auch erfunden als falsche Zeugen Gottes, weil wir bezeugt haben gegen Gott, daß er den Christus auferweckte, den er nicht auferweckt hat, wenn ja doch Tote nicht auferweckt werden."** Hier verwendet Paulus das gleiche **„Wir"** wie in V. 11, durch welches er sich bei allen Unterschieden im einzelnen doch für das Grundzeugnis des Evangeliums mit allen Aposteln zusammenfaßt. Petrus, Johannes, Jakobus sind dann ebenso „Lügenzeugen" wie er. 15

---

² Das wäre etwa so, als ob um die Jahrhundertwende jemand die Tatsachen der Luftfahrten des Grafen Zeppelin anerkannt und gleichzeitig die Möglichkeit lenkbarer Luftschiffe grundsätzlich bestritten hätte.
³ Man darf der Härte und der Anstößigkeit der biblischen Auferstehungsbotschaft für den heutigen Menschen nicht dadurch ausweichen wollen, daß man Jesus nur „ins Wort auferstanden" sein läßt. Denn dieses Wort wird zum leeren Wort, wenn die Wirklichkeit fehlt, von der es redet. Eine verhängnisvolle Verkehrung von 180 Grad hat hier stattgefunden. Denn nicht das Wort trägt und schafft die Auferstehung, sondern die faktische Auferstehung schafft und trägt das sie bezeugende Wort. Der entscheidende Sieg geschieht nicht in der Siegesnachricht, sondern die Siegesnachricht ist nur möglich, weil der Sieg tatsächlich errungen wurde.

Hier wird in besonderer Weise deutlich, wie sehr das Evangelium Verkündigung von „Tatsachen" ist, die durch Gottes „Taten" entstanden sind. Es geht nicht um Gedanken über Gott, bei denen sich der Denker irren könnte und dürfte, denn Irren ist menschlich. Es geht um die Bezeugung dessen, was Gott getan hat. Und hier „gegen Gott" Handlungen Gottes zu bezeugen, die Gott niemals ausgeführt hat, das wäre nicht entschuldbarer Irrtum, sondern höchster Frevel[4]. Angesichts solcher Sätze des Paulus ist es erstaunlich, wie rasch und leichthin man immer wieder den Aposteln unterstellt hat, eigene Erfindungen, grundlose Behauptungen, billige Märchen verbreitet zu haben.

16 Und noch einmal leitet Paulus die Korinther an, zu erfassen, welche Folgen die Leugnung der Auferstehung für das ganze Glaubensleben haben muß. Er unterstreicht die unabweisbare Folgerung von V. 13: **„Denn wenn Tote nicht auferweckt werden, dann ist auch Christus nicht auferweckt."** Man kann einfach nicht in einem Atemzug die Auferstehung Toter leugnen und die Auferstehung Jesu bekennen. Fällt aber die Auferstehung Jesu dahin, **„vergeblich ist dann**
17 **unser Glaube".** Paulus wiederholt seine Aussage von V. 14, nur daß er jetzt das Wort **„vergeblich"** an die Stelle des Wortes „leer" setzt. Die Korinther mögen weiter an Jesus zu „glauben" versuchen, aber dieser Versuch ist **„vergeblich".** Über die Kluft des Todes hinweg erreichen sie Jesus nicht mehr. Nur wenn uns Jesus in seiner Auferweckung durch Gott in neuer Lebendigkeit geschenkt worden ist, kann ihn unser Glaube wirklich erreichen und erfassen.

Paulus zeigt weiter eine aufschreckende Folgerung: **„Noch seid ihr dann in euren Sünden."** Ist nicht „das Wort vom Kreuz" noch da, auch wenn Jesus nicht wirklich von den Toten auferstanden ist? Geschah nicht dort am Kreuz unsere Errettung? Macht das Blut Jesu nicht rein von aller Sünde? Nein, nicht „das Kreuz" errettet uns wie ein sachliches, unpersönliches Instrument, und nicht „das Blut Jesu" als Substanz macht uns rein. Paul Humburg hat es treffend gesagt: „Wir haben kein Heilmittel gegen die Sünde, wir haben einen Heilsmittler. Alles hängt an der Gemeinschaft mit Jesus, dem Versöhner und Erretter. Alles ist ganz persönlich. Man kann nur aus Jesu Hand die ewige Gnade Gottes empfangen!" Die ganze Last unserer Sünde liegt noch auf uns, wenn die erkaltete Hand Jesu mir diese rettende Gnade gar nicht mehr darreichen kann.

18 Diese Sachlage wird schwerwiegend, wenn es um unser ewiges Schicksal geht. Durch ein vorangestelltes und betontes **„folglich"** zeigt Paulus, daß er in V. 18 aus den eben genannten Folgerungen eine letzte und wichtigste Konsequenz zieht: **„Folglich sind auch die in Christus Entschlafenen verloren."** Wieso? Gibt es nicht auch ohne

---

[4] Auch der heutige Verkünder muß wissen, was er tut. Solange er nur menschliche und religiöse Gedanken und Gefühle pflegen will, mag seine Verantwortung gering sein. Sobald er aber ernsthaft Aussagen über Gott und Gottes Taten macht, steht er in einer höchsten Verantwortung. Hier wiegt jedes Wort schwer, hier hat er nur die Wahl, echter Wahrheitszeuge oder Lügner wider Gott zu sein.

„Auferstehung" ein „Weiterleben", dem man die in Christus entschlafenen Geschwister getrost überlassen kann? Paulus behauptet nicht, daß diese Entschlafenen nicht mehr existieren, wenn Jesus nicht auferstanden ist, und daß ohne Jesu Auferstehung alles mit dem Tode aus sei. Aber das allerdings sagt er, und das ist unendlich viel schrecklicher als jedes Erlöschen des Lebens durch den Tod: Diese Entschlafenen **„sind verloren"**. Sie sind es, gerade w e i l sie fortleben, aber nun als unerlöste, noch mit ihren Sünden belastete, unter dem Zorn Gottes stehende Menschen[5]. Sie entschliefen zwar „in Christus". Das haben die Korinther an diesen Sterbebetten miterlebt. Aber das war nur eine schreckliche Täuschung. Dieser Christus, auf den sie sich sterbend verließen, existiert in Wirklichkeit nicht. Sie stürzen ins Leere, in das Dunkel des Totenreiches und sind ohne die Vergebung ihrer Sünden verloren unter dem Zorn Gottes.

Paulus faßt zusammen: Was wird ohne die Auferstehung Jesu aus dem ganzen Christsein? Wir sind dann als Christen **„weiter nichts als solche, die in diesem Leben auf Christus gehofft haben."** Irdische Hoffnungen aber erfüllt Christus gerade nicht. Der in dieser Welt Gekreuzigte hat für die Seinen nur das Kreuz. Sie haben um seinetwillen Mühsal und Entbehrungen, Verfolgung und Leiden auf sich zu nehmen, wie Jesus es ihnen von vornherein gesagt hat. Aber das tun sie nun für nichts und wieder nichts, wenn es keine Auferstehung Toter gibt und auch Christus nicht auferstanden ist. Dann sind sie **„bemitleidenswerter als alle** (andern) **Menschen"**. Viel besser haben es dann die Millionen von Menschen, die diesen Christus gar nicht erst kennen, für ihn nicht leiden und entsagen, sondern ohne ihn, so gut sie es können, ihr irdisches Leben ausschöpfen und sich nicht mit vergeblichen Hoffnungen täuschen.

Es geht eine einheitliche Linie durch unseren Abschnitt Kap. 15, 1—19. Es ist die Linie eines klaren und nüchternen Realismus. Die Korinther drohten einer Gefahr zu erliegen, die auch wir nur zu gut kennen. Das „Christentum" scheint auch bei uns für viele Gemeindeglieder aus „Gedanken" und „Anschauungen" zu bestehen, die man von Kanzel und Katheder in sehr verschiedener Weise hören kann und über die man sich dann seine eigenen Gedanken macht. Manche dieser Anschauungen leuchten ein, man übernimmt sie; andere, wie etwa der Gedanke der „Auferstehung", bleiben einem fremd, man streicht sie aus. Ein „Christ" bleibt man trotzdem, weil man andere christliche Gedanken durchaus bejaht. Paulus sah die tödliche Gefahr, die gerade dadurch für die Wirklichkeit unserer ganzen Existenz heraufsteigt. Im Christenleben handelt es sich nicht um An-

---

[5] Hier liegt der eigentliche und wesentliche Unterschied zum griechischen „Unsterblichkeitsglauben". Das ist die große Täuschung, wenn man die Unsterblichkeit der Seele, das Fortleben nach dem Tode, ohne weiteres mit „Seligkeit" gleichsetzt. Hier ist das Gottesverhältnis des Menschen und die ganze Last seiner Sünde verkannt. Die „Unsterblichkeit" des Menschen, d. h. die Tatsache, daß der Mensch gerade nicht vor Gott in den Tod und in das Nichts fliehen kann, daß er „fortleben" und seine Verantwortung tragen muß, ist ohne Christus nicht das Glück, sondern die ewige Not des Menschen, seine endgültige „Verlorenheit".

schauungen, sondern um Tatsachen, von denen unser Leben in Zeit und Ewigkeit bestimmt ist. Streicht man die Auferstehung, dann ist damit nicht ein Gedanke gestrichen, der durch andersartige Gedanken ersetzt werden könnte, sondern es ist unserem ganzen Heil der Boden entzogen. Leere Verkündigung, leerer Glaube, Stempelung der Apostel zu Lügenpropheten, bleibende Sündenlast, verlorene Entschlafene, hoffnungsloses Elend der christlichen Existenz — das ist das Trümmerfeld, das der kluge Mann mit seiner — wie er meint — harmlosen Gedankenoperation an einem ihm unbequemen Punkt der Lehre angerichtet hat.

DIE WELTUMFASSENDE BEDEUTUNG DER AUFERSTEHUNG JESU

1. Korinther 15, 20—28

zu Vers 20:
Apg 26, 23
1 Ko 6, 14
Kol 1, 18
zu Vers 21:
1 Mo 3, 17—19
Rö 5, 12. 18. 21
zu Vers 23:
Rö 8, 9—11
1 Th 4, 15 f
Offb 20, 5
zu Vers 24:
Da 2, 44
Eph 1, 20 f
zu Vers 25:
Ps 110, 1
Mt 22, 44
Lk 19, 27
zu Vers 26:
Offb 20, 14; 21, 4
zu Vers 27/28:
Ps 8, 7
Mt 28, 18
1 Ko 3, 23; 11, 3
Phil 3, 21
Kol 3, 11
Hbr 2, 6—8

20 **Nun aber ist Christus auferweckt aus den Toten, der Erstling der**
21 **Entschlafenen.** * Denn da ja **durch einen Menschen der Tod** (kam), (kommt) **auch durch einen Menschen die Auferstehung der Toten.**
22 ***Denn wie in dem Adam alle sterben, so werden auch in dem**
23 **Christus alle lebendig gemacht werden.** * **Ein jeder aber in seiner eigenen Abteilung: der Erstling Christus,** sodann **die Christus**
24 **Gehörenden bei seiner Parusie,** * dann **das Ende, wenn er die Königsherrschaft dem Gott und Vater übergibt, wenn er jede**
25 **Herrschaft und jede Macht und Gewalt beseitigt hat.** * Denn er muß königlich herrschen, „bis er alle Feinde unter seine Füße
26 gelegt hat". * Als letzter Feind wird beseitigt der Tod. * Denn
27 „alles ordnete er unter seine Füße". Wenn er aber sagt, daß alles (ihm) untergeordnet sei, so offenbar außer dem, der ihm unter-
28 geordnet hat das Alles. * Wenn ihm aber untergeordnet sein wird das Alles, dann wird auch er selbst, der Sohn, sich unterordnen dem, der ihm das Alles untergeordnet hat, damit Gott sei alles in allem (oder: allen).

Paulus hat das Trümmerfeld gezeigt, das dann entsteht, wenn die Auferstehung geleugnet wird. Nun stellt er gerade angesichts dieser Trümmer allen Fragen, Zweifeln und Leugnungen gegenüber triumphierend die Tatsache fest: „**Nun aber**[1] **ist Christus auferweckt aus den Toten, der Erstling der Entschlafenen.**" Es geht nicht um die Lösungen von Problemen, nicht um gedankliche Auseinandersetzungen, es geht einzig um die Wirklichkeit: „Christus ist auferweckt." Denn die Wirklichkeit wird nicht von unseren Gedanken bestimmt, sondern

20

---

[1] Mit diesem gleichen „Nun aber" kennzeichnet Paulus in Rö 3, 21 die große Wendung. Im Römerbrief ist es, dem Wesenszug jenes Schreibens entsprechend, die Wendung von der Verdammnis zur Gerechtigkeit. Hier im Zuge unseres Kapitels diejenige vom Tod zum Leben. Beide Wendungen laufen nicht nur parallel, sondern sind in der Tiefe verbunden. Das „Nun aber" von 1 Ko 15, 20 ist nur möglich, weil das „Nun aber" von Rö 3, 21 gilt.

unsere Gedanken haben sich nach der Wirklichkeit zu richten. Paulus formuliert, unter der Leitung des Heiligen Geistes, die Feststellung dieser Wirklichkeit gleich so, daß sie nicht eine vereinzelte und beziehungslose Tatsache, nicht ein bloßes Stück der Geschichte Jesu als solcher bleibt. Jesus ist in seiner Auferstehung der **„Erstling der Entschlafenen"**. Das Wort „Erstling" bezeichnet nicht einfach den zeitlichen Vorrang vor andern, sondern weist auf einen inneren, begründenden Zusammenhang hin. Dem „Erstling" folgt mit Notwendigkeit Weiteres. So ist der „Erstling" etwa die erste Garbe des großen Erntefeldes, die den Beginn der Ernte selbst anzeigt und darum die Fülle der weiteren Garben zur Folge haben muß. Damit wendet sich Paulus in besonderer Weise gegen die Anschauung der Korinther, die die Auferweckung Jesu selbst nicht bestritten, aber in ihr eine einzigartige Ausnahme sahen, ohne Beziehung zu unserem eigenen Todesschicksal. Mochte Jesus, der Sohn Gottes, immerhin aus dem Reich der Toten in neuer Lebendigkeit und Leibhaftigkeit hervorgegangen sein, das bewies noch nichts für die gewöhnlichen Christen, an deren Auferstehen man nicht glauben wollte! Paulus aber zeigt, wie der „Erstling" nur der Anfang einer ihm notwendig folgenden Reihe ist und wie darum mit seiner Auferstehung eine immer weiter ausgreifende Bewegung beginnt. So geht dieses Ereignis des Ostermorgens die Korinther (und uns!) unmittelbar an und schließt ihre (und unsere!) eigene Auferstehung ein. Mit dem Glauben an Jesu Auferstehung bejahen sie zugleich ihre Zukunft, ja, die Zukunft der ganzen Schöpfung. Das wird Paulus nun in gedrängter Kürze, aber auch in mächtiger Wucht vor uns entfalten.

Dabei bedürfen wir noch mehr als die Korinther einer inneren Umstellung unseres Denkens. Wir verlangen nach dem „System", nach Vollständigkeit der Darstellung, nach der Beantwortung aller unserer Fragen und Probleme. Paulus aber weiß sich an das gebunden, was er vom Stückwerkcharakter aller Prophetie in Kap. 13, 9 selbst geschrieben hatte. Darum gibt uns Paulus in der nun folgenden, äußerst knappen Darstellung keine Einzelheiten und sagt uns vieles nicht, was wir gern wissen möchten. Nur die großen Linien des Zukunftsbildes zeigt er, diese freilich in voller Klarheit und Gewißheit. Was alles wir jetzt noch nicht wissen können, macht Paulus offensichtlich keine Not und widerlegt und entwertet ihm nicht, was von der Zukunft gesagt werden kann und muß. Diese biblische Art des Denkens haben wir ganz neu zu lernen[2].

Vor allem aber müssen wir los von unserem Individualismus, dem es nur um das „Selig-werden" des einzelnen geht. Davon spricht Paulus in unserem Abschnitt überhaupt nicht. Paulus sieht die

21

---

[2] Gerade in der Eschatologie entstehen viele Nöte und Schwierigkeiten dadurch, daß wir mehr wissen wollen, als das biblische Wort uns jetzt zu wissen erlaubt. Dann wollen wir mit eigenen Konstruktionen die Lücken ausfüllen und machen dadurch nur selber den Boden schwankend. Wir haben uns mit dem zu begnügen, was das prophetische Wort uns zeigt; das ist wahrlich reich und herrlich genug. Dieses haben wir allerdings mit aller Gewißheit festzuhalten, wie sehr es unserem natürlichen Denken widersprechen und viele Fragen offen lassen mag.

Menschheit in ihren großen Zusammenhängen vor sich, durch die das Los des einzelnen bestimmt wird. Das erste, was er von diesen bestimmenden Zusammenhängen sagt, ist dies, daß sie nicht durch künstliche Eingriffe Gottes von außen zustandekommen, sondern in der Menschheit selbst je **„durch einen Menschen"** geschaffen werden. Das gilt auch im Blick auf die Frage, mit der es Paulus an dieser Stelle allein zu tun hat im Blick auf das Todesverhängnis der Menschheit und seine Durchbrechung bei der Auferstehung der Toten. **„Denn da ja durch einen Menschen der Tod (kam), (kommt) auch durch einen Menschen die Auferstehung der Toten." „Durch einen Menschen"** fallen die großen Entscheidungen. Diese Menschen sind damit „Erstlinge", die als Menschen ganz zur Menschheit gehören, die aber zugleich mit fortwirkender Macht das Geschick Ungezählter zum Tode oder zum Leben bestimmen. Darum ist es so wichtig, daß auch Jesus „ein Mensch" ist und als solcher ganz zur Menschheit gehört,

22 weil er nur so „der Erstling" in ihr werden kann. Und nun zeigt Paulus, wer diese beiden „Menschen" sind, von denen solche gewaltigen Wirkungen ausgehen. **„Denn wie in dem Adam alle sterben, so werden auch in dem Christus alle lebendig gemacht werden."** Der eine Mensch ist **„der Adam"**, also der, der ausdrücklich „Adam = Mensch" heißt. Der Artikel zeigt, daß hier nicht ein einzelner Mensch gemeint ist, der nur gerade diesen Namen trägt, sondern das wirksame Haupt der Menschheit, durch das sie als ganze mit dem unentrinnbaren Sterben beladen worden ist. Paulus formuliert darum, daß **„in dem Adam alle sterben"**. Ihm steht gegenüber **„der Christus"**. Auch er ist Glied der Menschheit; aber wie sein Christustitel zeigt, ist er vollends das bestimmende und schaffende Haupt, welches das Leben in die sterbende Menschheit trägt. **„In dem Christus werden alle lebendig gemacht werden."** Auf die Frage nach der Schuld Adams und der entsprechenden Schuldtilgung durch Christus als Voraussetzung der Lebensverleihung geht Paulus hier nicht wie in Rö 5, 12—21 ein. Er bleibt streng bei dem Thema, das ihm jetzt durch die Leugnung der Auferstehung in Korinth gestellt ist[3]. Und auch darauf fällt jetzt nicht sein Blick, daß die Abhängigkeit der Menschheit von „dem Adam" und von „dem Christus" eine wesenhaft verschiedene ist und das Wort „alle" dementsprechend in den beiden Satzhälften, trotz seiner äußeren Gleichheit, einen verschiedenen Inhalt hat. **„In dem Adam"** sterben tatsächlich **„alle"** Menschen ausnahmslos, denn sie sind von Natur ausnahmslos alle **„in dem Adam"**, Adamssöhne, **„Fleisch". „In dem Christus"** ist freilich auch für **„alle"** ausnahmslos die Möglichkeit geschenkt, zum Leben zu gelangen. Aber tatsächlich

---

[3] Es ist aber für den Leser wichtig, den Abschnitt Rö 5, 12—21 zu unserem Text zu vergleichen. Beide Abschnitte sind parallel und sind bestimmt von dem Thema des Briefes, in dem sie stehen. Rö 5, 12—21 spricht von Sünde und Gnade und ist dadurch in manchem „tiefer" als 1 Kor 15, 20—28, dafür aber auch wesentlich auf die Gegenwart beschränkt, auch wenn das ewige Leben als Ziel der königlichen Herrschaft der Gnade genannt wird. Unser Abschnitt spricht von Tod und Leben und gibt den gewaltigen Durchblick durch die Zukunft bis zum letzten Ziel.

sind keineswegs „alle" Menschen „in dem Christus". Nur die alle sind es, die zum Glauben an Christus kamen und ein Eigentum Jesu wurden. Nur sie werden im eigentlichen Sinn „in dem Christus lebendig gemacht werden"[4]. In dem Wort „lebendig gemacht werden" ist jener Ausdruck für „Leben" („zoe") enthalten, der im NT auch ohne ein hinzugefügtes „ewig" in sich selbst schon das eigentliche, echte, dem Tode nicht verfallende Leben bezeichnen kann. Auch die „Verlorenen" müssen nach ihrem leiblichen Tod „fortleben", aber dieses Leben „draußen" (Offb 22, 15) in der „Finsternis" (Mt 8, 12; 22, 13; 25, 30), „fern von dem Angesicht des Herrn und von seiner heiligen Macht" (2 Th 1, 9) ist gerade nicht wirkliches „Leben", sondern ewiger Tod.

Aber das ist wahr und muß von uns wie von den Korinthern wohl beachtet werden: es geht in dem Werk des Christus so wenig wie in dem „Werk" des Adam um vereinzelte Seelen, die als solche zusammenhanglos durch Jesus das Leben erhalten. Es geht vielmehr um die Offenbarung des großen Planes Gottes bis zum letzten, das All umspannenden Ziel. Es geht um ein „Lebendigmachen" großen Ausmaßes, das die Schöpfung selbst von den Todesmächten befreit und zu der herrlichen Freiheit der Söhne Gottes bringt (vgl. Rö 8, 21). Dieser Plan Gottes wird aber in Stufen verwirklicht. Dadurch entstehen „Abteilungen", innerhalb derer die einzelnen den Anteil an dem neuen, von Christus gebrachten Leben erhalten: **„Ein jeder aber in seiner eigenen Abteilung: der Erstling Christus, sodann die Christus Gehörenden bei seiner Parusie."**

Die erste **„Abteilung"**[5] dieser Lebendigmachung und Neuschöpfung ist bereits auf den Plan getreten. Es ist der Christus selbst, der als **„Erstling"** der Anfänger und der Garant alles Folgenden ist. Ihm folgen **„die Christus Gehörenden** (wörtlich: „die des Christus", die „Christusleute") **bei seiner Parusie".** Paulus kann sich mit dieser kurzen Feststellung begnügen, weil er den Korinthern ebenso wie den Thessalonichern (vgl. 2 Th 2, 5; 1 Th 4, 13—18; 5, 1—11) dies alles schon bei seiner mündlichen Verkündigung eingehend dargestellt hat. Für uns aber ist durch den kurzen Satz auch in diesem „klassischen" Brief des Paulus bestätigt, daß die **„Parusie"** Jesu zunächst nur seiner Gemeinde gilt und ihre Toten auferstehen läßt und die Gemeinde als ganze entrückt und vollendet.

Danach erst kommen die gewaltigen Ereignisse des **„Endes"**, an denen die mit ihrem Haupt für immer vereinigte Gemeinde den

---

[4] Man könnte freilich auch daran denken, daß tatsächlich „alle" Menschen, die in dem Adam sterben, auch auferstehen und vor das Gericht des Christus kommen müssen.' Aber dort wird keineswegs „allen" das Leben zuteil, sondern vielen der „Zweite Tod" (vgl. Offb 20, 14 f, aber auch in unserem Brief das Wort von den „Verlorenen" Kap. 1, 18 und vom Gericht über die Welt in Kap. 6, 2 und 11, 32). Eine Lehre von der „Allversöhnung" läßt sich mit unserm V. 12 auf keinen Fall begründen, wie immer wir das „Lebendiggemachtwerden durch den Christus" verstehen.
[5] Es handelt sich hier in der Tat um ein militärisches Wort. Die Gewalt und Planmäßigkeit im Vollzug der eschatologischen Ereignisse kann Paulus hier wie auch 1 Th 4, 16 f in militärischen Bildern am besten zum Ausdruck bringen.

vollen und unmittelbaren Anteil hat. Es gibt also nach der klaren Verkündigung des Apostels eine Auferstehung und Lebendigmachung der Glaubenden v o r den Endereignissen, also auch vor dem Endgericht. „**Dann das Ende.**" Um das Bild der Abteilungen streng durchführen, hat man das Wort „to telos" hier mit „der Rest" übersetzen wollen. Aber diese Übersetzung ist nach unserer Kenntnis des damaligen Grie nicht möglich. Sie würde auch inhaltlich zu unmöglichen Folgerungen führen. Sollte Paulus nach der Auferstehung der „kleinen Herde" die ganze übrige Menschheit als „Rest" bezeichnen? Vor allem aber würde er, der so ernst von Verlorenheit und von der notwendigen Errettung durch Christus gesprochen hat, plötzlich mit einem Federstrich diesem „Rest", d. h. der ganzen übrigen Menschheit, in Bausch und Bogen das „Lebendiggemachtwerden in dem Christus" mit zugesprochen haben? Das ist ausgeschlossen. Das Bild der „Abteilungen" ist von Paulus selbst nicht so streng gemeint, sondern soll nur die stufenweise Durchführung des Heilsplanes kennzeichnen. Denn auch der „Erstling", Christus selbst, ist ja nicht eigentlich eine „Abteilung".

Das „Ende" meint auch hier das „Endziel", den letzten krönenden Abschluß des ganzen Werkes Jesu, wie der sofort anschließende, den Schlußvers 28 schon vorausnehmende Satz zeigt: „**Wenn er die Königsherrschaft dem Gott und Vater übergibt.**" Der Verwirklichung dieses Zieles aber gehen notwendig königliche Taten Jesu oder auch Gottes selbst vorher, die Paulus nun erst nennt: „**Wenn er jede Herrschaft und jede Macht und Gewalt beseitigt hat.**" Es ist für jeden einfachsten Christen, der das Vaterunser mit Ernst betet, sehr deutlich, daß in der Welt jetzt Gottes Namen nicht geheiligt wird, Gottes guter und heiliger Wille nicht geschieht und darum Gottes Reich nicht da ist. Woran liegt das? Luther spricht in seiner Erklärung des Vaterunsers von „allem bösen Rat und Willen, so uns den Namen Gottes nicht heiligen und sein Reich nicht kommen lassen wollen, als da ist des Teufels, der Welt und unseres Fleisches Wille". Im Vaterunser erbitten wir es, daß Gott all diesen bösen Rat und Willen „bricht und hindert". Wir dürfen mancherlei Erhörung dieser Bitte schon jetzt erleben. Aber unser dringendes Sehnen geht dahin, daß alles das, was Gottes völliger Herrschaft im Wege steht, gänzlich „**beseitigt**" wird. Und eben dies wird uns hier zugesagt[6]. Wer unter diesem Weltlauf leidet und die ganze Flut tausendfacher Angst, Not und Qual sieht, die das Leben ungezählter Menschen belastet und zerstört, dem wird es eine unentbehrliche und selige Botschaft, daß Gott in Christus „**jede Herrschaft und jede Macht und Gewalt**" gottfeindlicher Art „beseitigen" wird. Erst ihre Beseitigung macht Bahn für die neue Lebensfülle der Schöpfung in der Königsherrschaft Gottes. So befremdend für uns der Gedanke ist, daß gegenwärtig gar nicht eigent-

[6] A. Schlatter will hier auch an die Engelmächte denken, die in Gottes Dienst stehen und die doch beseitigt werden müssen, wenn Gott selbst unmittelbar regieren und alles in allem sein will. Aber hätte Paulus im Blick auf diese Engel das Wort „beseitigen" gebraucht, und konnte er sie mit den Finsternismächten einfach in eins zusammenfassen?

lich Gott diese seine Welt regiert, sondern ein ganz anderer der „Fürst dieser Welt" (Jo 12, 31), ja „der Gott dieser Welt" (2 Ko 4, 4) ist, es entspricht dies allein ebenso der von uns erlebten Wirklichkeit wie dem Grundzug des Evangeliums selbst. „Das Reich Gottes ist nahe", das ist die Grundverkündigung des Täufers wie des Christus selbst. „Dein Reich komme", ist darum die zentrale Bitte im Gebet der Jünger. Warum sollte so verkündigt und so gebetet werden, wenn Gott bereits immer schon und jetzt schon der königlich in der Welt Regierende wäre?[7]

Und nun erweist sich Paulus als „Chiliast"[8]. Er nennt freilich nicht den Zeitraum von tausend Jahren bei der Herrschaft des Christus. Paulus ist hier wie in allen Einzelheiten von strenger Zurückhaltung, aber er bezeugt eine königliche Herrschaft Jesu „nach" seiner Parusie und nach der Auferweckung und Vollendung der glaubenden Gemeinde. Es ist die Herrschaft Jesu, die die Urchristenheit in Ps 110, 1 geweissagt fand. **„Denn er muß königlich herrschen, ‚bis er alle Feinde unter seine Füße gelegt hat'."** Wer ist dabei das Subjekt der zweiten Aussage? Ist es Christus selbst, der während dieser seiner Königsherrschaft sich alle seine Feinde unterwirft? Der Rückblick auf V. 24 legt zunächst diese Auffassung nahe. Aber es könnte auch schon in V. 24 ein Wechsel des Subjektes stillschweigend mit gedacht sein. Der, der **„jede Herrschaft und jede Macht und jede Gewalt beseitigt hat"** könnte eben der Gott und Vater sein, dem Christus die Herrschaft übergibt. So ist jedenfalls in Eph 1, 20 f Gott selbst der Handelnde, der den Christus „zu seiner Rechten im Himmel gesetzt hat über alle Reiche, Gewalt, Macht, Herrschaft". So entspricht es auch allein Ps. 110, 1 selbst. Aber das Handeln Gottes muß den Sohn nicht untätig machen. Auch die Versöhnung ist Gottes eigenes Werk (2 Ko 5, 19) und geschieht doch nur in dem äußersten Einsatz Jesu selbst. So liegt es in der Sache begründet, daß die Frage nach dem Subjekt der Aussagen von V. 25b nicht eindeutig beantwortet werden kann. „Alles legt ihm Gott zu Fuß" bezeugt die Gemeinde in ihrem Lied. Aber zugleich ist Jesus selbst der „königlich Herrschende", der seine Feinde unter seine Füße zwingt und dann erst die Königsherrschaft dem Vater übergibt[9].

25

---

[7] Es ist für unser Gespräch mit fragenden oder ablehnenden Menschen von großer Wichtigkeit, das zu beachten. Die Ablehnung des Glaubens an Gott wurzelt zuletzt fast immer in den Nöten und Dunkelheiten der uns umgebenden Welt, die entweder die Allmacht oder die Liebe Gottes zu widerlegen scheinen. Wie kann ein Gott und Vater sein, wenn doch die Welt so aussieht, wie sie es praktisch tut? Hier helfen keine Beschwichtigungsversuche. Der Todescharakter der Welt muß zugegeben werden. Er wird gerade von der biblischen Botschaft mit aller Klarheit gekennzeichnet. Die Bibel sieht den jetzigen Weltzustand als „Nacht" (Rö 13, 12; 1 Th 5, 1—11). Die Welt ist nicht mehr die ursprüngliche Schöpfung und unmittelbare Königsherrschaft Gottes, wie eine falsche Theologie des ersten Artikels verkennt. Die Christenheit hätte sich selbst und andern viele Anstöße und Glaubensnöte erspart, wenn sie das immer mit aller Deutlichkeit bezeugt hätte. Hier rächt sich der Verlust der biblischen Eschatologie und des ganzen biblischen Weltbildes.

[8] Von dem grie Wort „chilia = tausend" in Offb 20, 6 her wurden die an das tausendjährige Reich Glaubenden „Chiliasten" genannt und von den Landeskirchen weithin abgelehnt.

[9] Es ist eine bedenkliche Sache, wenn die „Entmythologisierung" dazu führt, der Eschatologie ihren eigentlichen Zukunftscharakter zu nehmen und die Erfüllung der eschatologischen Aus-

26 **„Als letzter Feind wird beseitigt der Tod."** Das muß nicht heißen, daß der Tod als solcher „der letzte Feind", der größte und schlimmste aller Feinde ist. Aber das ist allerdings sehr nötig für uns, daß wir den Feindcharakter des Todes erkennen. Wie wir in der Christenheit die gegenwärtige Welt ohne weiteres als Gottes Welt und Reich anzusehen gewöhnt sind, so haben wir auch den Tod als ein Stück natürlicher Ordnung hingenommen, ja sogar in ausdrücklichem Widerspruch zur Schrift zum „Freund" erklärt[10]. In Wahrheit ist und bleibt er der **„Feind"**, selbst noch für den erlösten Christen, dessen Leib „tot ist um der Sünde willen" (Rö 8, 10) und der darum durch jene „Entkleidung", jenen Abbruch des „Zeltes", hindurch muß, vor dem auch einem Paulus bangte (2 Ko 5, 4). Hinter dem Tod steht nach Hbr 2, 14 als der eigentliche Gewalthaber der Teufel. Sein Sturz in den Feuersee (Offb 20, 10) ist das entscheidendste Ereignis, weil damit das Haupt und der Ursprung aller Auflehnung gegen Gott beseitigt ist. Aber auch nach der Darstellung der Offenbarung folgt dann Kap. 20, 14: „Der Tod und sein Reich wurden geworfen in den feurigen Pfuhl." Der Tod selber hat nun den Tod, den ewigen Tod zu erleiden. Er ist somit die **„letzte"** aller Feindesmächte, die aus Gottes Welt ausgestoßen werden. Paulus will mit dem Ausdruck „als letzter Feind" sagen, daß der Tod erst aufgehoben werden kann, nachdem alle andern Feinde beseitigt sind, in deren Gefolge der Tod seinen Einzug in die Schöpfung Gottes gehalten hat.

27 Darum betont Paulus gerade an dieser Stelle mit Ps 8, 7: **„Denn alles ordnete er unter seine Füße."** Das gesamte Feindesland ist restlos Eigentum des Königs Jesus geworden. Nun ist der Raum frei für eine neue Welt, eine Welt ohne Satan und Sünde und darum auch ohne Tod und Leid, eine Welt, in der das Zelt Gottes unter seinen Menschen stehen kann (Offb 21, 3 f). Aber Paulus bringt nichts von einer solchen Schilderung. Er heftet seinen und unsern Blick einzig auf Gott selbst. Paulus benutzt dabei das Wort „unterordnen", das grundsätzlich das Ziel bezeichnet, das Gott von vornherein ins Auge gefaßt hat. Alles soll dem geliebten Sohn unterstellt sein. **„Denn alles ordnete er unter seine Füße."** Dieses Ziel wird einmal erreicht, weil der allmächtige Gott es erreicht haben will. Alles ist Jesus untergeordnet. Es beugt sich jedes Knie vor ihm, und es bekennt jede Zunge, daß Jesus Christus der Herr sei zur Ehre Gottes des Vaters (Phil 2, 11). Wie nun? Genießt der Sohn diesen Triumph seiner Herrschaft? Hält er es jetzt doch für einen Raub, Gott gleich zu sein? Hält

---

sagen bereits für die Gegenwart in Anspruch zu nehmen. So hieß es z. B. auf dem Kölner Kirchentag 1965: „Immer wieder vergißt die Kirche, daß Christus den Mächten die Herrschaft genommen und das Gesicht der Welt, in der wir leben, verwandelt hat." Nein! das wird Christus erst in der Zukunft tun. Darum bleibt im ganzen Neuen Testament die „Welt" das Machtgebiet der Finsternis, dem die Gemeinde Jesu mit äußerster Wachsamkeit gegenüberstehen muß. Vgl. Eph 6, 10—17; 1 Jo 2, 15—17; Rö 12, 2; Jo 15, 18 f; 17, 9; Gal 1, 4; 6, 14; Jak 1, 27; 4, 4.

[10] Auch der häufig gebrauchte Ausdruck „Gott, der Herr über Leben und Tod" erweckt den Eindruck, als ob „Leben" und „Tod" zwei gleichberechtigte Gegebenheiten seien, über die Gott verfügt. Bestimmungen des AT wie z. B. 4 Mo 19, 13; 3 Mo 21, 1—4. 10 f können uns zeigen, in welchem heiligen Gegensatz der lebendige Gott gegen den Tod steht.

er jetzt mit gutem Recht die Herrschaft fest, die der Vater selber ihm gab? Nein! Zu „allem", was Gott unter die Füße Jesu geordnet hat, gehört nicht der lebendige Gott selbst. **„Wenn er aber sagt, daß alles (ihm) untergeordnet sei, so offenbar außer dem, der ihm untergeordnet hat das Alles."** Und nun erweist Jesus sich vollends als der „Sohn", dessen Herz nur eines erfüllt: „Vater, dein Name ... dein Reich ... dein Wille." Nun vollzieht diese glühende Sohnesliebe zum Vater ihren höchsten und letzten Liebesakt: **„Wenn ihm aber untergeordnet sein wird das Alles, dann wird auch er selbst, der Sohn, sich unterordnen dem, der ihm das Alles untergeordnet hat, damit Gott sei alles in allem** (oder: allen)."

28

Nun wird es endgültig klar, daß Unterwerfung unter Gott nicht Verlust, Beeinträchtigung oder gar „Schande" ist. So konnte immer nur das satanische Gift in unserm Blut denken. Nein, es ist die Freude und die Ehre, das Leben und das ewige Glück des Sohnes, dem Vater unterworfen zu sein mit allem, was Gott ihm geschenkt hatte. Aber auch die erneuerte und gereinigte Schöpfung und Menschheit hat ihre Wonne und ihr wahres Leben darin, daß **„Gott alles in allem ist"**[11]. Alle ihre „Eitelkeit", alle ihre Not und all ihr Verderben kamen aus dem Losriß von Gott. Nun aber spiegelt die Schöpfung in reiner Klarheit in allem die Herrlichkeit Gottes wider. Nun ist die Bitte um die Heiligung des Namens Gottes am Ziel. An allem, was da ist und lebt, ist der Name Gottes hell zu lesen. Die ganze Schöpfung rühmt nun einzig seinen Namen. Eine Gottesfrage existiert nicht mehr. Nun ist die Bitte um das Kommen des Reiches erfüllt. Gott herrscht allüberall und verwirklicht so auch die dritte Bitte, daß sein Wille auf Erden wie im Himmel geschehen möge. Gottes Wille geschieht durch und durch im ganzen All, und darum ist nun alles gut.

Wo aber bleibt „mein Seligwerden"? Es ist eingeschlossen in dieses **Gott alles in allem**". Es ist mir darin garantiert, wenn der Geist des Sohnes in meinem Herzen wohnt und ich durch ihn ein wahrhaft erlöster Mensch geworden bin, der mit dem Sohn in der Herrschaft des Vaters das Ziel seines Wünschens hat und mit dem Sohn in der Unterwerfung unter Gott den Sinn und die Wonne seines Lebens sieht.

Weist dieser Schluß nun doch noch auf eine „Allversöhnung" hin? **„Gott alles in allen"** — ist nun noch Raum für irgend etwas außer Gott? Aber Paulus sprach nicht von einer endlichen G e w i n n u n g „jeder Herrschaft und jeder Macht und jeder Gewalt" für Gott, sondern von ihrer B e s e i t i g u n g. Und er nennt den Tod auch bei seiner Beseitigung noch ausdrücklich den „letzten F e i n d". Wo sich alle diese Feinde nun befinden, wie ihre Existenz jetzt aussieht, darüber sagt Paulus hier nichts. Und wir sollen nicht mehr wissen wollen, als uns im Wort gegeben ist. Erst recht schildert uns Paulus in diesen äußerst knappen Sätzen nichts vom Schicksal der Menschen,

---

[11] Es ist für uns unvorstellbar, daß es dann kein „Interesse", kein Gefühl, keinen Gedanken, kein Wort, kein Lob geben wird, das nicht diesem Einen, unserm Gott, gelten wird.

die nicht zum Glauben an Jesus kamen. Aber damit hebt er nicht auf, daß die Heiligen die Welt richten werden (6, 2) und daß das letzte Zorngericht Gottes von furchtbarem Ernst ist (Rö 2, 5; 5, 9; 1 Th 1, 10). Alle Sonderlehren und Irrlehren wie die Lehre von der „Allversöhnung" entstehen immer aus jenem Mißbrauch der Schrift, der einzelne Stellen aus ihr herausnimmt und zu einem System zusammenfügt, ohne die Fülle ihrer anderen Aussagen zu beachten[12]. Wir wollen unsern Abschnitt in seiner ganzen Größe und in seinem ganzen Reichtum hören und in uns aufnehmen, wie er uns vom Heiligen Geist durch Paulus geschenkt ist. Wir werden ein kraftvolles, klares und zielgerichtetes Christenleben führen, wenn wir in seinen mächtigen Linien bleiben. Er zeigt uns, was es heißt, „wiedergeboren zu sein zu einer lebendigen Hoffnung durch die Auferstehung Jesu Christi von den Toten" und darum jetzt schon mitten in Tod und Leid im Glauben in einer „unaussprechlichen und verherrlichten Freude" zu stehen (1 Pt 1, 3. 8). Soweit uns andere Stellen der Schrift Fragen beantworten können, die Paulus hier offenläßt, werden wir dafür dankbar sein. Es werden aber alle Einzelfragen in dem Maße an falschem Interesse für uns verlieren, in dem wir selber in dem Sohnesgeist Jesu die drei ersten Bitten des Vaterunsers ernsthaft zu beten lernen.

DIE BEDEUTUNG DER AUFERSTEHUNG FÜR DIE PERSÖNLICHE LEBENSHALTUNG

1. Korinther 15, 29—34

zu Vers 30/31:
Rö 8, 36
2 Ko 4, 10 f
zu Vers 32:
Apg 19, 29
20, 3
2 Ko 1, 8
zu Vers 34:
Rö 13, 11
1 Ko 6, 5
Eph 5, 14 f
1 Th 5, 6—8

29 Was werden sonst die tun, die sich taufen lassen für die Toten? Wenn überhaupt Tote nicht auferweckt werden, warum lassen sie
30 sich auch taufen für sie? * Warum setzen auch wir uns Gefahren
31 aus jede Stunde? * Tag für Tag sterbe ich, so wahr ihr mein Ruhm seid, Brüder, den ich besitze in Christus Jesus, unserm Herrn!
32 * Wenn ich nach Menschenweise den Tierkampf in Ephesus bestanden habe, was nützt es mir? Wenn Tote nicht auferweckt werden, so „laßt uns essen und trinken, denn morgen sind wir
33 tot". * Laßt euch nicht verführen! „Schlechter Umgang verdirbt
34 (oder: schlechte Gespräche verderben) gute Sitten." * Werdet rechtschaffen nüchtern und sündigt nicht. Denn in Unkenntnis Gottes sind einige befangen; zur Beschämung sage ich es euch.

29 Von der „Seligkeit" des einzelnen hat Paulus nicht gesprochen. Aber was die Gewißheit der Auferstehung oder ihre Leugnung für das Leben und den Einsatz des einzelnen bedeutet, davon spricht er nun. Er schreibt darüber als sehr nüchterner Realist, der allen idealistischen Redensarten abhold ist.

---

[12] Das „wiederum steht auch geschrieben" von Mt 4, 7 haben wir nicht nur dem Teufel, sondern auch den Neigungen unseres eigenen Herzens gegenüber sehr nötig.

Dabei bietet der erste Satz unserem Verständnis große Schwierigkeiten. **„Was werden sonst die tun, die sich taufen lassen für die Toten? Wenn überhaupt Tote nicht auferweckt werden, warum lassen sie sich auch taufen für sie?"** Hat in Korinth die Sitte bestanden, daß Gemeindeglieder sich für ihre bereits verstorbenen Angehörigen stellvertretend taufen ließen, um auch ihnen dadurch noch das Heil zuzuwenden? So hat die Auslegung dieser Stelle immer wieder angenommen[1]. Aber dagegen erheben sich doch große Bedenken. Sollte Paulus eine derartige Entstellung seiner Botschaft in Korinth geduldet haben? Man sagt, Paulus habe dieser Sitte damit noch keine Billigung erteilt, daß er sich hier auf sie bezieht. Er nehme hier weder positiv noch negativ Stellung zu ihr, sondern benutze sie nur einfach als Beweismittel. Aber der Paulus, den das abgelegte Kopftuch von Frauen in Korinth so bekümmerte, daß er ausführlich darüber redet, sollte ruhig zugesehen haben, wenn in der ihm anvertrauten Gemeinde ein so groteskes Mißverständnis des Evangeliums einriß? Man suchte die Schwierigkeit dadurch zu verringern, daß man erklärte, es habe sich dabei nur um Verstorbene gehandelt, die bereits zum Glauben gekommen, aber durch den Tod am Empfang der Taufe gehindert worden waren. Ein solcher Fall konnte doch aber in der zahlenmäßig nicht großen Gemeinde (vgl. o. S. 240) nur ganz ausnahmsweise einmal eingetreten sein. Paulus konnte dann nicht von denen, „die sich für die Toten taufen lassen", als von einer ganzen Schar reden.

Doch solche Fragen und Bedenken von der Sache her vermögen nicht den letzten Ausschlag für das Verständnis einer Stelle zu geben. Es könnte doch möglich gewesen sein, was uns innerlich ganz unmöglich erscheint. Entscheiden kann nur der Wortlaut der Stelle selber. Auf ihn haben wir darum sorgfältig zu achten. Bezöge sich der Satz des Paulus auf eine solche Sitte, wie die übliche Auslegung annimmt, dann hätte Paulus schreiben müssen: „Was werden sonst die tun, die sich für Tote taufen lassen?" Er formuliert aber **„für d i e Toten"** und kann mit „den" Toten nicht vereinzelte tote Angehörige von Gemeindegliedern meinen. Unerklärlich wäre auch die Form der Frage, die er an diese Gruppe richtet: **„Was werden sie tun?"**, anstelle eines fragenden: „Was haben sie getan?" oder: „Was tun sie?" Und vollends unverständlich wäre die von Paulus vorgenommene Anknüpfung des folgenden Satzes mit einem „auch": **„Warum setzen auch wir uns Gefahren aus jede Stunde?"** Was hätte die Lebensgefährdung des Paulus mit der Sitte stellvertretender Taufen für Verstorbene zu tun? Der erste Satz stände fremd und zusammenhanglos vor dem Ganzen der folgenden Ausführungen.

Es geht in unserem Abschnitt um die Lebenshaltung der Christen, es geht um ihre Bereitschaft zum Einsatz, zum Leiden und zum Ster-

---

[1] Eifrig hat die Forschung nach Parallelen in den Mysterienkulten und nach Spuren solcher „Vikariatstaufen" in der alten Kirche gesucht, ohne etwas wirklich Beweisendes zu finden. Und was hätten schon solche Bräuche in heidnischen Kulten für den Israeliten Paulus und für eine von ihm gegründete und geleitete Gemeinde Jesu bedeutet!

ben. Dann muß auch sofort der erste Satz dieses Abschnittes einen entsprechenden Sinn haben. Und nun hatte ja in der Tat schon Jesus selbst sein Leiden und Sterben als eine „Taufe" bezeichnet: Mt 20, 22; Lk 12, 50. Wie nahe liegt es von daher, daß man nun auch in seiner Gemeinde den Märtyrertod als ein „Getauftwerden" auffaßte und bezeichnete. So sprach man noch lange in der alten Kirche von der „Bluttaufe" der Märtyrer. Paulus seinerseits hob an der Taufe gerade das Sterben und das Begrabenwerden als einen wesentlichen Vorgang hervor (Rö 6, 3—5; Kol 2, 12). So konnte er nun auch umgekehrt das Sterben ein „Getauftwerden für die Toten" nennen. Unser Abschnitt setzt dann sofort mit der entscheidenden Frage ein, was aus dem Martyrium wird, wenn es keine Auferstehung gibt? **„Was werden sonst die tun, die sich taufen lassen für die Toten?"** Noch lebt ja die korinthische Gemeinde in Sicherheit und Großartigkeit[2]. Aber jene „Taufe für die Toten", zu der Jünger Jesu bereit sein müssen, kann sehr rasch auch über sie in Korinth kommen. Was „werden sie dann tun?" Werden sie dann Wohlsein und Leben vergeblich drangeben? Werden sie mit tiefer Enttäuschung erfahren, daß sie rettungslos dem Tode verfallen? Wird alles Märtyrertum damit nicht sinnlos? **„Wenn überhaupt Tote nicht auferweckt werden, warum lassen sie sich auch taufen für sie?"**

Dürfen wir noch einen Schritt weitergehen, wie auch Schlatter es tut[3], und die Formulierung „für die Toten = zugunsten der Toten" ganz wörtlich nehmen? Aus dem Kreise der Zwölf hatte der Apostel Jakobus bereits die Bluttaufe erlitten (Apg 12, 2). Konnte und durfte ein Apostel sterben? War er nicht dringend nötig zu dem Wirken, das Jesus selbst den Zwölf aufgetragen hatte? Aber für den Herrn selbst hatte das Sterben, der Gang in das Reich der Toten, eine mächtige neue Wirksamkeit gebracht (1 Pt 3, 19 f). Durfte es so nicht auch für den Jünger werden, daß sein frühes, gewaltsames Sterben den Toten zugute kam und den ungezählten Scharen im Totenreich, die das Evangelium nie gehört hatten, nun die Botschaft des Lebens brachte? Dann war das Sterben eines Jakobus, das Sterben der Boten Jesu überhaupt wahrhaft ein „Getauftwerden für die Toten".

30 Nun geht der Gedankengang folgerichtig weiter: **„Warum setzen auch wir uns Gefahren aus jede Stunde?"** Paulus hat zwar den Märtyrertod selbst noch nicht erlitten. Aber jede Stunde ist sein Leben bedroht, in jeder Stunde kann auch ihm das „Getauftwerden für die Toten" zuteil werden. Als ein todgeweihter Kämpfer in der Arena der Welt hatte er sich schon in Kap. 4, 9 mit den andern Aposteln zusammen bezeichnet. Wir sehen unsererseits meist nur den „großen

---

[2] Es paßt zu dieser Auffassung unserer Stelle, daß Paulus nicht formuliert: „Was werden diejenigen u n t e r e u c h tun, die sich taufen lassen für die Toten?" So hätte er schreiben müssen, wenn er an einzelne Korinther dachte, die an sich eine Vikariatstaufe für verstorbene Angehörige vollziehen ließen. Paulus spricht aber völlig allgemein und ohne Bezug auf Korinth von denen, „die sich taufen lassen für die Toten". Solche Märtyrer gab es in Korinth gerade nicht, wohl aber in andern Gemeinden, von denen die Korinther wußten.
[3] Vgl. zu dieser ganzen Stelle Schlatters gründliche Ausführungen in „Paulus, der Bote Jesu", S. 420 ff.

Apostel", den erfolgreichen Missionar, den Gründer der europäischen Kirche, den Verfasser der gewaltigen Briefe. Wir vergessen darüber allzu leicht, welch ein Leben der Leiden und ständigen Todesgefahr er geführt hat. Darum ist es auch für uns gut, wenn er jetzt den Korinthern versichert: „**Tag für Tag sterbe ich.**" Das ist nicht „geistlich" und „erbaulich" gemeint, wie wir es bei dem Fehlen wirklicher Lebensbedrohung in einer staatlich gesicherten Christenheit gern aufgefaßt und angewendet haben. Paulus trug höchst real und praktisch „Die Tötung Jesu allezeit an seinem Leibe" (2 Ko 4, 10) und wollte es auch nicht anders haben (Phil 3, 10). Aber wie sinnlos wurde das, wenn es keine Auferstehung gibt.

31

Die Korinther hören solche Sätze nicht gern. Sie haben sich immer wieder über die Leiden des Apostels geärgert. Sie möchten jetzt in diesem Satz vom täglichen Sterben eine peinliche Übertreibung sehen. Darum setzt Paulus eine Versicherung hinzu: „**So wahr ihr mein Ruhm seid, Brüder, den ich besitze in Christus Jesus, unserm Herrn!**" Der Satz heißt wörtlich: „Bei eurem Rühmen (unserm Rühmen), Brüder, das ich besitze in Christus Jesus, unserm Herrn." Paulus konnte diesem Wortlaut nach auch gemeint haben, daß sich die Korinther trotz allem seiner rühmten und daß er so auf das Ansehen zurückgreifen darf, das er in Korinth besitzt. Wäre dieses Ansehen zustandegekommen, wenn er nicht dieses Leben des ständigen Einsatzes geführt hätte? Aber die Formulierung, Paulus „**besitze**" dieses Rühmen der Korinther, ist doch sprachlich hart. Und „euer Rühmen" kann in der grie Sprache durchaus auch ein „Rühmen an euch" bedeuten. In jedem Falle aber, ob sich nun Paulus der Korinther oder die Korinther sich ihres Apostels rühmen, „**besitzt**" Paulus das Rühmen nur „**in Christus Jesus, unserm Herrn**". Nie ist es ein eigener, in ihm selbst ruhender und von ihm selbst erworbener Ruhm. Das „nicht aber ich, sondern Gottes Gnade mit mir" aus V. 10 des Kapitels kehrt hier konkret wieder. Wir sehen, wie umfassend und völlig sich des Paulus ganzes Leben „in" Christus Jesus vollzog, wie alles in seinem Leben von Christus her bestimmt wurde.

Paulus wird in diesem Zusammenhang an ein einzelnes Erlebnis besonders schwerer Gefährdung in Ephesus erinnert. „**Wenn ich nach Menschenweise den Tierkampf in Ephesus bestanden habe, was nützt es mir?**" Dieses Erlebnis mit bestimmten, uns bekannten Vorgängen, etwa mit dem Aufstand der Silberschmiede (Apg 19, 23 ff) zu identifizieren, ist vergeblich. Dieses Bemühen hat auch nur geringen Wert, da selbst sein Gelingen nur unser Wissen vervollständigen, aber zum inneren Verständnis unserer Stelle nichts beitragen würde. Das aber ist sicher, daß das Wort vom „Bestehen des Tierkampfes" bildlich und nicht wörtlich gemeint ist. Wäre Paulus in Ephesus tatsächlich zum Tierkampf in der Arena verurteilt worden, hätte er ein so besonderes Leiden in 2 Ko 11, 33 nicht unerwähnt gelassen. Und sollte er nicht den Versuch einer solchen Verurteilung, ähnlich wie in Jerusalem den Versuch seiner Folterung, mit dem Hinweis auf sein römisches Bürgerrecht vereitelt haben? Zudem erinnert er mit dem

32

Ausdruck „nach Menschenweise mit Bestien kämpfen" nicht an Verurteilte, sondern an berufsmäßige Gladiatoren, die für Geld und Ruhm den Tierkampf wagen. Mit dieser Blickrichtung gehört dann dieser Satz in besonderer Weise in unsern Abschnitt hinein. O ja, es gibt schon Menschen, die auch ohne Auferstehungsgewißheit ihr Leben einsetzen, wie es die Gladiatoren tun. Aber sie haben dabei **„nach Menschenweise"** ihren reellen irdischen Gewinn vor Augen. So aber kann Paulus seinen Leidensweg gerade nicht gehen. Er erwarb dabei weder Reichtum noch weltliche Ehren. Danach verlangt ihn auch nicht. Was sollten sie ihm „nützen"? **„Nützen"** kann sein ganzer steter Lebenseinsatz nur, wenn es die Auferstehung der Toten gibt.

Daß Paulus eine besondere Lebensgefährdung aus Ephesus erwähnt, hat seinen Grund zunächst darin, daß sein Brief aus Ephesus geschrieben ist. Daß aber der jüdische Haß gegen Paulus in der „Asia", deren Hauptstadt Ephesus ist, besonders leidenschaftlich und gefährlich war, zeigt sowohl die Mitteilung des Paulus in 2 Ko 1, wie die Schilderung der Apg 21, 27—29. Da Trophimus ein Epheser ist, waren offenbar auch die „Juden aus der Asia", die hier in wilder Leidenschaft nach Paulus greifen, in Ephesus zu Hause.

Und nun zieht Paulus mit einem Wort aus Jes 22, 13 die nüchterne Folgerung: **„Wenn Tote nicht auferweckt werden, so ‚laßt uns essen und trinken, denn morgen sind wir tot'."** Darum geht es Paulus in dem ganzen Kapitel, daß die „Denker" in Korinth begreifen, wie folgenschwer ihre leicht vollzogenen Gedankenoperationen in Wirklichkeit sind. Man kann die Auferstehung „gedanklich" leicht streichen und meint, damit unnötige Anstöße für den modernen Menschen in Korinth beseitigt zu haben. Welche Folge aber muß diese Streichung gerade für die praktische Lebenshaltung mit sich bringen! Sind wir wirklich morgen tot und weiter nichts, dann bleibt für jeden nüchtern und real denkenden Menschen nur die Erfüllung dieser kurzen irdischen Lebensspanne übrig. Und sie wird zuletzt im „Essen und Trinken" bestehen, auch wenn die Mahlzeiten mit allerlei „geistigen Genüssen" gewürzt werden mögen. Auch in der Gemeinde Jesu muß sich mit Folgerichtigkeit dieser Sinn durchsetzen, wenn die Gewißheit der Auferstehung zurücktritt oder völlig schwindet[4].

33 Darum warnt Paulus vor der hier vorliegenden Verführung: **„Laßt euch nicht verführen!"** Er spricht die Gefahr, die er für Korinth sieht, in einem Vers des griechischen Dichters Menander aus. Dieser Vers wird als „geflügeltes Wort" in Korinth bekannt gewesen sein, wie auch wir viele Dichterworte als sprichwörtliche Sätze kennen, ohne daß wir den betreffenden Dichter selbst gelesen haben müssen. **„Schlechter Umgang verdirbt** (oder: schlechte Gespräche verderben) **gute Sitten."**

Die „Verführung" in Korinth kam nicht aus der Gemeinde selbst;

---

[4] Das ist in der Geschichte der Christenheit deutlich genug zu sehen. Welch eine Rolle spielt das Essen und Trinken tatsächlich bis in unsere „gläubigen Kreise" hinein, weil die Auferstehung zwar nicht geleugnet wird, aber weithin keine lebendige und erfüllende Hoffnung mehr ist.

sie kam von einem „schlechten Umgang", wahrscheinlich von einem in falscher Weise festgehaltenen Verkehr mit heidnischen Stadtgenossen. Die Frage eines solchen Umgangs mit ungläubigen und sittlich verdorbenen Menschen ihrer Umgebung hatte die Gemeinde offensichtlich beschäftigt. Wenn Paulus in Kap. 5, 9 ff ein Mißverständnis seiner früheren brieflichen Äußerungen richtigstellen muß, so spürt man, wie hier in der Gemeinde ein empfindlicher Punkt lag: man wollte sich alte freundschaftliche Beziehungen in die Stadt hinein nicht verbieten lassen; man wollte „frei" und „weltoffen" bleiben, weil man sich reich und überlegen genug fühlte (4, 8). Aber nun kam von den griechischen Freunden und Bekannten her das ganze Kopfschütteln über diesen unsinnigen Auferstehungsglauben in die Gemeinde hinein. Die Korinther mochten entschuldigend sagen: Aber wir führen da ja nur „Gespräche"; man kann doch solche Gedanken einmal erörtern. Nein, widerspricht Paulus, solche „Gespräche" und Erörterungen bleiben nicht ohne gefährliche Wirkungen. „Gedanken" setzen sich in uns fest und bestimmen dann mehr und mehr unsere innere Einstellung und unsere tatsächliche Lebenshaltung. „Schlechter Umgang verdirbt (oder: schlechte Gespräche verderben) gute Sitten." Auch hier erfährt unsere grundsätzliche „Freiheit" als Christen eine notwendige Einschränkung[5].

Paulus schließt mit der überraschenden Aufforderung: „Werdet rechtschaffen nüchtern." Uns scheint — wie so manchem Christen aus dem echten Griechentum in Korinth — die Auferstehungshoffnung „unnüchtern", und ein Leben ständiger Todesgefahr und täglichen Sterbens „überspannt" und töricht. Paulus sieht es genau umgekehrt. Er geht von den Tatsachen aus, von denen das Evangelium spricht. Tatsache ist die Auferstehung Jesu von den Toten. Tatsache ist der gewaltige Plan Gottes, den Jesus bis zum letzten Ziel durchführen wird. Tatsache ist dann auch unsere Auferstehung von den Toten. Mit diesen mächtigen Tatsachen n i c h t zu rechnen, an ihnen vorbei zu leben und so das eigentliche Leben zu verfehlen, das ist Mangel an „Nüchternheit", das ist unverantwortliche Träumerei. Darum sollen die Korinther aus aller Gedankenspielerei in der Auferstehungsfrage erwachen und nüchtern auf den Boden der Tatsachen treten, die sie doch gehört und angenommen haben (V. 1)[6], sonst „sündigen" sie. Alles Leben außerhalb der großen göttlichen Tatsachen führt zum

34

---

[5] Von hier aus ist auch das wahllose Lesen von Büchern nicht leicht zu nehmen. Ein glaubender Christ „muß" durchaus nicht alles gelesen haben! Gerade er sollte die wenige Zeit, die ihm zum Lesen verbleibt, sehr sorgfältig anwenden und nur Wertvolles und Aufbauendes in sich aufnehmen. Wieviel völlig überflüssiges Zweifeln und Problematisieren lassen wir durch unsere Lektüre in unser Herz hinein, was wir dann nur mühsam und unter viel Not wieder los werden können. Den Vorwurf, daß wir „engstirnig" und „rückständig" seien, sollten wir fröhlich tragen.

[6] Unvermeidlich ist auch für uns der Zusammenstoß mit unserer Umwelt, die da „Schwärmerei" und „Mystizismus" sieht, wo wir in den göttlichen Tatsachen leben. Wir haben aber so zu evangelisieren, daß es so deutlich wie möglich wird, daß wir mit der größten Nüchternheit „wahre und vernünftige Worte reden" (Apg 26, 25). Wir haben den Menschen zu sagen, daß sie gerade dann träumen und schwärmen, wenn sie die entscheidenden göttlichen Wirklichkeiten nicht beachten.

Ungehorsam, zum eigenmächtigen und vom Ich bestimmten Wandel und also zur Sünde. Wie tief die Folgen des schlechten Umgangs und des Spielens mit „Gedanken" entgegen den göttlichen Tatsachen reichen, spricht Paulus mit einem scharfen Satz aus, der unsern Abschnitt beschließt: **„Denn in Unkenntnis Gottes sind einige befangen; zur Beschämung sage ich es euch."** Dieses Urteil trifft diese „einigen" und die ganze Gemeinde hart. Denn gerade auf ihre „Erkenntnis" waren die Korinther stolz (Kap. 8, 1), und Paulus selbst hatte am Anfang des Briefes dafür gedankt, daß sie reich sind an aller Erkenntnis. Und über die ihnen viel zu geringe Weisheit eines Paulus hinaus meinten sie in Korinth noch ganz andere Höhen der Gotteserkenntnis gewonnen zu haben. Nun sagt Paulus ihnen dies Wort von ihrer **„Unkenntnis Gottes"**. Es ist genau der gleiche Vorwurf, den Jesus selbst Mt 22, 29 gegen die Sadduzäer erhebt, und es ist auch genau die gleiche Sache, um die es bei Jesus wie hier bei Paulus geht. Wird nicht auch hier wieder der Einfluß des Wortes Jesu auf Paulus sichtbar? Wer aber die Auferstehung aus rationalen Gründen leugnet, der kennt Gott nicht und will das Handeln des lebendigen Gottes in die engen Grenzen seines kleinen Verstandes einschließen. Gott wird nicht von unseren Meinungen aus erkannt, sondern aus den Tatsachen, die er selbst in der Heilsgeschichte geschaffen hat. Darauf sollen die Korinther sich besinnen, dazu soll der beschämende Vorwurf ihres Apostels sie bringen.

DER GEISTLICHE LEIB

1. Korinther 15, 35—49

zu Vers 36:
1 Mo 1, 11
Jo 12, 24

zu Vers 43:
Phil 3, 20 f
Kol 3, 4

zu Vers 44:
1 Mo 2, 7
1 Pt 3, 18

35 Aber es wird einer sagen: Wie werden die Toten auferweckt? Mit
36 was für einem Leib kommen sie? * Tor, was du selber säst, wird
37 nicht lebendig gemacht, wenn es nicht stirbt. * Und was du säst — nicht den Leib, der werden soll, säst du, sondern ein nacktes Korn, zum Beispiel von Weizen oder von einem der andern (Gewächse).
38 * Gott aber gibt ihm einen Leib, wie er gewollt hat, und einem
39 jeden der Samen einen eigenen Leib. * Nicht alles Fleisch ist dasselbe Fleisch, sondern ein anderes ist das der Menschen, ein anderes aber das Fleisch der Herdentiere, ein anderes das Fleisch
40 der Vögel, ein anderes das der Fische. * Und (es gibt) himmlische Leiber und irdische Leiber, aber anders ist die Herrlichkeit der
41 himmlischen, anders die der irdischen. * Anders ist die Herrlichkeit der Sonne und anders die Herrlichkeit des Mondes und anders die Herrlichkeit der Sterne; denn Stern unterscheidet sich
42 von Stern an Herrlichkeit. * So ist's auch mit der Auferstehung der Toten. Gesät wird in Vergänglichkeit, auferweckt in Unver-
43 gänglichkeit; * gesät wird in Unehre, auferweckt in Herrlichkeit;
44 gesät wird in Schwachheit, auferweckt wird in Kraft. * Gesät wird ein seelischer Leib, auferweckt wird ein geistlicher Leib. Wenn es

45 einen seelischen Leib gibt, so gibt es auch einen geistlichen. * In
diesem Sinne steht auch geschrieben: Es wurde der erste Mensch,
Adam, zu einer lebendigen Seele; der letzte Adam zum lebendig-
46 machenden Geist. * Aber nicht das Geistliche ist das erste, sondern
das Seelische, danach das Geistliche. (Oder: Aber nicht der geistliche
[Leib] ist der erste, sondern der seelische, danach der geistliche.)
47 * Der erste Mensch ist von Erde, irden; der zweite Mensch ist vom
48 Himmel. * Wie der Irdene, so auch die Irdenen, und wie der Himm-
49 lische, so auch die Himmlischen. * Und wie wir getragen haben das
Bild des Irdenen, so werden wir tragen auch das Bild des Himmlischen.

zu Vers 45:
Jo 6, 63; 20, 22
2 Ko 3, 6. 17
zu Vers 47:
1 Mo 2, 7
zu Vers 49:
1 Mo 5, 3
Ps 51, 7

Paulus ist ein gründlicher und liebevoller Lehrer. Er begnügt sich
nicht damit, die Tatsache der Auferstehung festgestellt und ihre Bedeutung sowohl für die Zukunft der gesamten Schöpfung wie für den
Lebenseinsatz jedes einzelnen Christen gezeigt zu haben. Er gibt nun
den Fragen Raum, die in der Gemeinde aufgebrochen sind und aus
denen die Leugnung der Auferstehung ihre Kraft nimmt. „Aber es
wird einer sagen: Wie werden die Toten auferweckt? Mit was für
einem Leib kommen sie?" Es ist für das ganze Denken des Paulus
kennzeichnend und für unser Denken eine wichtige Wegweisung, daß
er jetzt erst diese Fragen zuläßt und behandelt. Wenn wir mit unseren Fragen und Problemen b e g i n n e n , finden wir aus dem Irr-
garten der Ungewißheit nicht wieder heraus und verbauen uns selbst
den Blick für die Wirklichkeiten. Tatsachen und Wirklichkeiten sind
das Erste und Entscheidende. Haben wir sie klar erkannt, dann
mögen wir auch unsere Fragen an sie richten. Der „Theologe" kann
nicht anders arbeiten als der Naturforscher. Jeder Physiker beobachtet zuerst genau die tatsächlichen Vorgänge und sucht dann zu ergründen, wie sie zustandekommen und wie sie „möglich" sind. So
stellte auch Paulus zuerst vor die Korinther die Tatsache der Auferstehung. Nun erst nach dieser gründlichen Unterweisung nimmt er
ihre F r a g e n auf.

Ist es ein echtes Fragen, das wirklich wissen will? Oder kleidet sich
nur die Kritik oder die Ablehnung in die Form einer Frage?[1] Die
Anrede „Tor" zeigt, daß Paulus zumindest die Einmischung falscher
Motive in das Fragen der Korinther empfand. „Wir können uns nicht
vorstellen, wie die Auferstehung der Toten vor sich gehen soll, also
kann es keine Auferweckung geben. Wir können uns kein Bild der
neuen Leiblichkeit machen, die die Auferstandenen haben sollen,
folglich vermögen wir auch nicht an die Auferstehung zu glauben."
Wie sehr wird auch unser Denken immer wieder von solcher „Logik"
beherrscht[2]. Diese „Logik" aber ist „töricht". Sie beachtet nicht, daß

---
[1] Diese Unterscheidung ist auch für uns im Umgang mit Menschen wichtig.
[2] Die moderne Physik ist uns hier weit überlegen. Sie hat es lernen müssen, die Wirklichkeit von lauter „unvorstellbaren" Dingen anzuerkennen. Es gibt kein anschauliches „Atommodell". Die Vorgänge im Reich der Atome sind nur noch in mathematischen Gleichungen, nicht mehr in einsichtigen Vorstellungen zu erfassen.

die ganze Wirklichkeit um uns her von sehr erstaunlichen Vorgängen erfüllt ist, die uns das Wunder der Auferweckung der Toten zwar nicht erklären, aber doch verständlich machen können. Dabei handelt es sich bei Paulus nicht um bloße „Gleichnisse", die uns schwer faßbare Dinge in Bildern verdeutlichen sollen. Paulus will mehr als dies. In jenen erstaunlichen Vorgängen um uns her ist der lebendige Gott am Werk und erweist in ihnen seine unendliche Schaffenskraft. Auf diesen Gott und diese unendliche Schaffenskraft soll der „Tor" seinen Blick richten, um es dann durchaus verständlich zu finden, daß dieser Gott auch die Toten auferwecken und mit einem neuen und völlig andersartigen Leib beschenken kann.

36 **„Tor, was du selber säst, wird nicht lebendig gemacht, wenn es nicht stirbt."** Mit dem im Griechischen besonders betonten „du", „du selber" erinnert der Apostel die Fragenden in Korinth an ihre eigenen Erfahrungen und Erkenntnisse, die sie besitzen. Der ist ein „Tor", der bei aller seiner kritischen Klugheit solche Erfahrungen und Erkenntnisse nicht verwertet. Bei jedem Säen erleben wir es, daß die Same nicht bleibt, was er ist, sondern als Samenkorn enden und „sterben" muß, damit etwas Neues, die völlig anders gestaltete
37/38 Pflanze, daraus wird. Wir säen nicht die künftige Pflanze selbst. **„Und was du säst — nicht den Leib, der werden soll, säst du, sondern ein nacktes Korn, zum Beispiel von Weizen oder von einem der andern (Gewächse)."** Nun geschieht das Wunder: **„Gott aber gibt ihm einen Leib, wie er gewollt hat, und einem jeden der Samen einen eigenen Leib."** Das ist die immer neue Nachwirkung der grundlegenden Schöpfungsbefehle 1 Mo 1, 11 f.

39 Von da aus sieht Paulus überhaupt in die ganze Fülle und Mannigfaltigkeit der Schöpfung hinein. Menschen, Herdentiere, Vögel, Fische, sie alle sind **„Fleisch"**. Aber wie verschieden ist ihr „Fleisch". **„Ein anderes ist das der Menschen, ein anderes aber das Fleisch der Herdentiere, ein anderes das Fleisch der Vögel, ein anderes das der Fische."** Das Wort „Fleisch" meint dabei gerade nicht das, was wir heute darunter verstehen, die Substanz ihres Körpers, sondern ihre ganze irdische Existenzweise und Wesensart. Die irdische Schöpfung um uns her mit Pflanzen, Tier und Mensch ist nicht arm und eintönig, sondern zeigt einen unfaßlichen Reichtum, eine ungeheure Mannig-
40 faltigkeit der Gestaltung. Dabei endet die Schöpfung Gottes nicht an der Grenze der Sichtbarkeit. Es gibt auch den „Himmel", d. h. die ganze jenseitige unsichtbare Welt. Das vermehrt noch die wunderbare Vielfalt dessen, was Gott ins Dasein gerufen hat. **„Und (es gibt) himmlische Leiber und irdische Leiber, aber anders ist die Herrlichkeit der himmlischen, anders die der irdischen."** Die himmlische Welt ist kein leerer Raum. Dort leben die Engelheere, aber auch die Scharen der vollendeten Gerechten in der Stadt des lebendigen Gottes (Hbr 12, 22 f). Sie leben nicht „im Fleisch", aber auch sie haben einen „Leib", wie auch der Mensch auf Erden einen „Leib" hat, der nicht einfach der Vergänglichkeit gehört, sondern dem Herrn (6, 13—15).

Doch wie verschieden ist die „**Herrlichkeit**"[3] der himmlischen und der irdischen Leiber. Und welche Fülle und Mannigfaltigkeit an Glanz und Herrlichkeit zeigt uns jeder Blick zum Firmament: „**Anders ist die Herrlichkeit der Sonne und anders die Herrlichkeit des Mondes und anders die Herrlichkeit der Sterne; denn Stern unterscheidet sich von Stern an Herrlichkeit.**"

Paulus zieht aus all dem die Folgerung: „**So ist's auch mit der Auferstehung der Toten.**" Noch einmal merken wir, es ging Paulus nicht um bloße Bilder oder Sinnbilder. Die Wirklichkeit der Auferstehung der Toten zeigt tatsächlich Züge, die wir schon an Gottes Handeln in der Welt um uns her wahrnehmen können und die uns darum auch die Auferstehung nicht nur als unerklärliches und unglaubhaftes Rätsel ansehen lassen. Gottes Schaffen umspannt auch um uns her schon den mannigfaltigsten Reichtum und mächtige Gegensätze. Nirgends ist Gott arm und eintönig, nirgends begrenzt in seinem unendlichen Schaffen und Tun. Wunder über Wunder stehen in der Natur vor uns. Und diesem Gott wollten wir nicht zutrauen, daß er auch der alten irdischen Existenz des Menschen eine neue überirdische Existenz und Lebendigkeit entgegensetzen kann? Nein, „**so**", also ganz entsprechend dem Handeln des lebendigen Gottes in seiner ungeheuren Schöpfung, „**ist's auch mit der Auferstehung der Toten**". In ihr vollzieht sich ein ähnlicher Vorgang wie beim Aussäen des „nackten Korns" und dem Aufsprießen der lebendigen Pflanze. „**Gesät wird in Vergänglichkeit, auferweckt in Unvergänglichkeit; gesät wird in Unehre, auferweckt in Herrlichkeit; gesät wird in Schwachheit, auferweckt wird in Kraft.**" Mit dem „Säen" hat Paulus nicht das Begraben gemeint. In seiner Umwelt war das „Beerdigen", das wir als ein „Aussäen" empfinden können, nicht so allgemein üblich. Das „Säen" umfaßt vielmehr das ganze Geschenk unserer irdischen Existenz. Nicht erst im Sterben, sondern in unserem ganzen Leben kennzeichnen darum auch „**Vergänglichkeit, Unehre, Schwachheit**" unser Dasein. Uns fehlt ja die Herrlichkeit Gottes (Rö 3, 23), die dem Menschen als dem Bilde Gottes zugedacht war. Paulus reflektiert auch hier wieder nicht auf den Sündenfall und die Sünde, durch die unser Leben die „Unehre" ebenso wie die „Vergänglichkeit" und „Schwachheit" bekommen hat. Er nennt einfach diese Tatsachen unserer Existenz, die jeder kennt und zugeben muß. So gleicht jetzt der Mensch dem „nackten Samenkorn". Aber darum müssen wir auch nicht in diesem Zustand bleiben. Wie das Samenkorn „stirbt" und durch dieses Sterben hindurch zur lebendigen Pflanze wird, der Gott den neuen Leib gibt, so geschieht es auch mit uns. Durch das Sterben hindurch erhalten wir von Gott die neue Existenzweise, die durch „**Unvergänglichkeit, Herrlichkeit, Kraft**" gekennzeichnet ist. Das „Ster-

---

[3] Das im NT vielfach gebrauchte Wort „doxa" trägt den Sinn von „Lichtglanz" in sich und könnte im folgenden Vers, der von Sonne, Mond und Sternen handelt, auch einfach so übersetzt werden. Auch von den „himmlischen Leibern" könnte gelten, daß sie „strahlen". Aber wir bleiben besser bei dem umfassenden Ausdruck „Herrlichkeit", der mehr meint als nur den Lichtglanz.

ben" widerlegt nicht die Möglichkeit des Auferstehens, sondern ist gerade die Vorbedingung für seine Verwirklichung[4]. Sollten wir uns nicht freuen, anstatt kritisch und ablehnend zu fragen? Sollten wir nicht willig die „Leiden des jetzigen Äons" auf uns nehmen, die doch „nicht wert sind der Herrlichkeit, die an uns soll offenbart werden" (Rö 8, 18), und uns getrost „für die Toten taufen" lassen, wenn Gott so Großes für uns bereit hat?

44 Paulus faßt zusammen: **„Gesät wird ein seelischer Leib, auferweckt wird ein geistlicher Leib."** Es geht um den „Leib". Eine leiblose Existenz ist für den realistischen Paulus unvorstellbar[5]. Alles, was lebt, bedarf zum Ausdruck und Organ seiner Lebendigkeit des Leibes und besitzt darum auch einen Leib. Dieser unser Leib ist aber jetzt ein **„seelischer"**, weil der Mensch selbst von Natur ein „seelischer Mensch" (2, 14) ist. **„Seelisch"** ist unser jetziger Leib, weil er von unserer „Seele" beherrscht wird und zur Erfüllung ihrer Bedürfnisse geeignet ist. Nun aber ist uns als den Glaubenden durch Jesus der Geist geschenkt worden. „Wir aber haben nicht den Geist der Welt empfangen, sondern den Geist aus Gott" (2, 12). Dadurch kommt in unser Leben der tiefe Zwiespalt hinein, den ebenso Rö 8, 10 wie besonders Gal 5, 17 schildert. Darum empfinden wir unseren „seelischen" Leib als „Leib der Niedrigkeit" (Phil 3, 21) und sehnen uns gerade als solche, die des Geistes Erstlingsgabe empfingen, nach „der Erlösung unseres Leibes" (Rö 8, 23). Als „Geistesmenschen" bedürfen wir eines völlig anderen Leibes. Paulus nennt ihn den „geistlichen Leib", nicht weil er aus „Geist" wie aus einem feinen Stoff besteht („stofflich" hat sich der Apostel den Heiligen Geist bei aller Realität nicht gedacht), sondern weil er vom Heiligen Geist gestaltet und regiert ist. Dieser Leib ist nicht mehr ein Hindernis für das volle Leben des Geistes, sondern steht seinem Wirken in „Unvergänglichkeit, Herrlichkeit und Kraft" zur Verfügung.

Notwendig braucht der Mensch, in dem der Geist Gottes wohnt, solchen „geistlichen Leib", durch den unsere jetzige zwiespältige Existenz ihr ersehntes Ende findet. Aber werden wir ihn auch ganz gewiß erhalten? **„Wenn es einen seelischen Leib gibt, so gibt es auch einen geistlichen."** Paulus übt mit dieser seiner Schlußfolgerung eine echte „Logik". Die „Seele" des Menschen hat von Gott den Leib erhal-

---

[4] Wir werden beim Anblick des Sterbens freilich auch immer wieder mit der Anfechtung zu tun haben, von der ein so mächtiger Glaubensmann wie Vilmar schreibt: „Der Tod ist und bleibt etwas geradezu Gräßliches, soll es auch bleiben, sonst wäre er nicht der Sünde Sold, und ich für meinen Teil habe ihn an etwa zwanzig Sterbebetten, an denen ich gestanden habe, ausnahmslos so empfunden. Vorstellen kann man sich nicht, daß auf diesen gräßlichen Kampf und das klägliche Ende desselben — den letzten Hauch und das Lebloswerden — ein neues Leben folgen werde, folgen könne — nur g l a u b e n kann man es, aber es ist auch die schwerste Glaubensprobe, welche uns gestellt wird" (A. Roth, August Vilmar, Christopherus-Verlag, Neumünster 1931).

[5] Auch für uns ist sie das. Die fortlebende Seele eines Menschen stellen wir uns unwillkürlich in leibhafter Gestalt vor, auch wenn wir die Stofflichkeit dieser Gestalt noch so fein und hauchartig denken. Selbst Gott können wir nur in leiblichen Vorstellungen vor Augen haben, indem wir von seiner „rechten Hand", seinem „Auge", seinem „Ohr" sprechen. Vgl. dazu auch die Ausführungen zu Kap. 6, 12 ff.

ten, der zu ihr paßt und ihren Bedürfnissen entspricht. Nun gab Gott seinen Geist in Menschenherzen. Darum wird er auch einen Leib schaffen und schenken, der dem Geist entspricht und seinen Regungen als williges und ebenbürtiges Werkzeug dient. Wie „unlogisch" wäre Gott, wenn er der „Seele" das notwendige Organ schüfe, seinem eigenen Geist aber ein solches Organ versagte! Es ist „Torheit", Gottes Logik nicht anzuerkennen, nur weil unsere jetzigen Vorstellungsmöglichkeiten hier versagen.

Paulus verweist zugleich auf die Schrift. Er weiß dabei selber, daß er seine Darlegungen nicht einfach wörtlich in der Schrift aufzeigen kann. Darum formuliert er: „Auf diese Weise" oder **„in diesem Sinne"** steht geschrieben: **„Es wurde der erste Mensch, Adam, zu einer lebendigen Seele; der letzte Adam zum lebendigmachenden Geist."** Paulus nimmt 1 Mo 2, 7 auf, den Urtext ein wenig erweiternd. Auch ganz abgesehen vom Sündenfall war der **„erste Mensch"** nur eine **„lebendige Seele"**, ein „seelischer Mensch", mehr noch nicht, so groß es auch ist, „Mensch" und „lebendige Seele" zu sein. Diesem Adam steht hier wie in V. 22 der Christus gegenüber, der aber hier nicht mit seinem Messiastitel bezeichnet, sondern als Gegenbild des „ersten Menschen" der **„letzte Adam"** genannt wird. Auch er ist ein „Adam", ein Mensch, und der Anfänger einer Menschheitsreihe. Aber er ist in seinem Wesen etwas ganz anderes als jener Adam, nicht „eine lebendige Seele", sondern **„lebendigmachender Geist"**. Dafür stützt sich Paulus nicht auf eine besondere Schriftstelle wie etwa Jes 11, 2. Die ganze Wirklichkeit dieses „letzten Adam" steht klar vor der Gemeinde, die durch den Heiligen Geist in Jesus den „Kyrios" erkennt (12, 3b) und von ihm selber den Geist mit der Fülle seiner Gaben empfangen hat. Die Gemeinde ist, wie schon jeder einzelne Christ, selbst der lebendige Beweis für den **„letzten Adam"** als einen **„lebendigmachenden Geist"**[6].

Das Rätsel des Menschen, seines Ursprungs, seines Wesens, seines Zieles, hat notwendig von jeher das Denken des Menschen bewegt. In Mythen, Religionen und Philosophien hat man die Lösung des Rätsels finden und aussprechen zu können gemeint. Im Osten weit verbreitet war der Gedanke an einen himmlischen Urmenschen, der einmal aus dem Himmel kommen, sich des entstellten Menschen in der Welt annehmen und ihn wieder zum wahren Menschen machen werde[7].

---

[6] Paulus hat diese mächtige und in den Tatsachen der Geschichte Jesu begründete Erkenntnis in seinem Verständnis von 1 Mo 2, 7 wiedergefunden. Darum gibt er diese Schriftstelle nicht eigentlich als „Zitat" so, wie wir sie in unserer Bibel finden, sondern legt sie sofort in einer freien Wiedergabe aus. Dabei wäre es „denkbar, daß Paulus etwa von seinem Gedanken aus, Christus sei als der Präexistente der Mittler der Weltschöpfung Kap. 8, 6, die ‚pnoe zoes' (den ‚lebendigen Odem') in 1 Mo 2, 7 als Auswirkung Christi verstanden und so schon dort ihn in der Funktion angedeutet gefunden habe, zu welcher er dann in besonderem Sinn durch seine Auferweckung bestimmt ward. Er hätte dann eine christologisch-messianische Ausdeutung des Bibelwortes vollzogen" (Bachmann, Der 1. Brief des Paulus an die Korinther, 1921³, S. 468).
[7] Alle solchen Vorstellungen können eine Ahnung der Wahrheit enthalten, wie auch die Schöpfungssagen in allen Völkern mehr oder weniger deutliche Erinnerungen an echte Uroffenbarungen bewahren. Im Licht des klaren biblischen Wortes erkennt man freilich ihre Verworrenheit und Dunkelheit.

Jüdische Philosophen verbanden damit die beiden Berichte der Bibel über die Erschaffung des Menschen. In 1 Mo 1, 27 sahen sie dann den Urmenschen in seiner göttlichen Herrlichkeit dargestellt[8] und in 1 Mo 2, 7 den jetzigen Menschen in seiner irdischen Art und Begrenztheit.

46/47 Es ist wohl möglich, daß Paulus solche Spekulationen gekannt hat und sich hier ausdrücklich auf sie bezieht und sich gegen sie wendet, wenn er jetzt feststellt: **„Aber nicht das Geistliche ist das erste, sondern das Seelische, danach das Geistliche.** (Oder: Aber nicht der geistliche [Leib] ist der erste, sondern der seelische, danach der geistliche.) **Der erste Mensch ist von der Erde, irden; der zweite Mensch ist vom Himmel."** Es ist genau umgekehrt, wie die jüdischen Denker lehren.

Für Paulus ist der Mensch von 1 Mo 2, 7 kein anderer als der von 1 Mo 1, 27. In beiden Stellen ist von dem einen gleichen, wirklichen Menschen die Rede, der zum Bild Gottes bestimmt ist und dieses Bild auch durch Christus erlangen wird (Rö 8, 29), den aber Gott „von Erde" gemacht hat, so daß er die „irdische" oder **„irdene"**, erdhafte Art an sich trägt. Gerade als solcher ist er der **„erste Mensch"**, der erdähnliche Mensch, der durch die Jahrtausende der Geschichte in dieser seiner Art lebt, bis dann erst in der Fülle der Zeit der **„zweite Mensch"**, Jesus, kam. Er ist **„vom Himmel"**. Paulus wird mit dieser Aussage an unserer Stelle nicht so sehr an die Präexistenz Jesu im Himmel denken. Er will hier die Wesensverschiedenheit der beiden Menschen kennzeichnen, ihren Erdcharakter oder ihren Himmelscharakter. Darum sagt Paulus wörtlich, daß der zweite Mensch **„aus Himmel"** sei (nicht „vom Himmel"), wie der erste **„aus Erde"**. So hat auch Jesus selbst in Jo 8, 23 mit den Ausdrücken „von oben" und „von unten" nicht so sehr den Ort seiner Herkunft, sondern die Art seines Wesens betonen wollen.

48/49 Die beiden „Adame" bleiben nicht einsame Gestalten, die sich nur als solche in ihrer Wesensverschiedenheit gegenüberstehen. Gerade als „Adame" sind sie dazu da, eine Menschheit hervorzubringen, die in ihnen die Quelle ihres Daseins und die Formung ihres Wesens hat. Darum fährt Paulus fort: **„Wie der Irdene, so auch die Irdenen, und wie der Himmlische, so auch die Himmlischen."** Darum gibt es seit dem Kommen dieses „letzten Adam" zwei tief verschiedene Menschheitsreihen. Zu der ersten, irdenen Menschheit gehören wir alle von Natur und **„tragen"** von Geburt her **„das Bild des irdenen"** Menschen. Aber wenn wir Glaubende sind, dann ist ein Existenzwandel in uns vorgegangen. Das NT häuft die Bilder, um das auszudrücken. Um nur bei Paulus selbst zu bleiben: in Christus sind wir schon „eine neue Schöpfung" (2 Ko 5, 17); wir haben „den neuen Menschen angezogen, der nach Gott geschaffen ist" (Eph 4, 24; Kol 3, 10); wir „sind mit Christus auferstanden" (Kol 3, 1); wir „werden in sein Bild

---

[8] Das im Urtext stehende „männlich und weiblich" (LU „als Mann und Weib") wurde dabei gerade als Überlegenheit über den späteren Geschlechtsunterschied aufgefaßt. Der Urmensch war noch „männlich u n d weiblich" in einer Person. Erst in Kap. 2, 7 wird der Mensch geschaffen, der in seiner einseitigen Begrenztheit als „Mann" das Gegenüber der „Frau" braucht und in der besonderen Schöpfung des Weibes es auch erhält.

umgestaltet von Herrlichkeit zu Herrlichkeit" (2 Ko 3, 18); wir „sind mit Christus in die Himmelswelt gesetzt" (Eph 2, 6). Darum gilt uns jetzt schon die Aussage: „**Wie der Himmlische, so auch die Himmlischen.**" In Christus sind wir bereits „Himmelsmenschen". Freilich, es bleibt zugleich noch bei jener Unfertigkeit und bei dem Zwiespalt, wie wir ihn eben an Rö 8, 10 und Gal 5, 17 vor Augen hatten. Diesen eigentümlichen Zwischenzustand drückt Paulus hier dadurch aus, daß er zwar von unserer Zugehörigkeit zur Erdenmenschheit und unserm Bestimmtsein vom irdischen Adam in der Form der Vergangenheit, nicht in der Form der Gegenwart spricht: „**Wie wir getragen haben das Bild des Irdenen**", daß er aber von dem Bild des Himmlischen nicht zu sagen vermag, wir trügen es bereits jetzt. Hier muß er formulieren: „**So werden wir tragen auch das Bild des Himmlischen.**" Er denkt jetzt in diesem Kapitel nicht wie in jenen andern angeführten Stellen an das, was der Geist heute schon inwendig in uns schafft, sondern an unsern Leib, der noch „tot ist um der Sünde willen" und daher ein „Niedrigkeitsleib" ist und erst in der Auferstehung „gleichgestaltet wird seinem Herrlichkeitsleib" (Phil 3, 21). Erst wenn das geschehen sein wird, „**tragen wir**" voll und ganz und ohne Einschränkung „**das Bild des Himmlischen**". Aber es ist klar: für Paulus ist das nicht eine bloße unbegründete Behauptung. Die beiden Adame sind ja da! Der „letzte Adam" ist erschienen und muß eine Menschheit haben, die seinem Wesen entspricht. Er hat sein errettendes Werk getan, sein umgestaltendes Werk im Heiligen Geist begonnen. Er muß und wird dieses Werk vollenden. Vor dieser Notwendigkeit und Folgerichtigkeit verlieren die Fragen nach der „Möglichkeit" der Auferstehung und nach der Art der neuen Leiblichkeit ihre hindernde Kraft. Nun ist wirklich ein „Tor", wer in der Gemeinde Jesu stehend das nicht erkennen und in sein Herz aufnehmen will.

DAS GESCHEHEN DER AUFERSTEHUNG DER TOTEN

1. Korinther 15, 50—58

50 Das aber sage ich, Brüder, daß Fleisch und Blut die Königsherrschaft Gottes zu ererben nicht imstande ist, und auch nicht die
51 Vergänglichkeit die Unvergänglichkeit ererbt. * Siehe, ein Geheimnis sage ich euch: nicht alle werden wir entschlafen, alle aber
52 werden wir verwandelt werden, * in einem Nu, in einem Augenblick, bei der letzten Posaune. Denn posaunen wird es, und die Toten werden auferweckt werden als Unvergängliche, und wir
53 unsererseits werden verwandelt werden. * Denn notwendig muß dieses Vergängliche anziehen Unvergänglichkeit und dieses Sterb-
54 liche anziehen Unsterblichkeit. * Wenn aber dieses Vergängliche

zu Vers 50—52:
Mt 24, 31
1 Ko 6, 9 f
1 Th 4, 15—17
zu Vers 53:
2 Ko 5, 4

zu Vers 55:
Jes 25, 8
Hos 13, 14
2 Tim 1, 10
zu Vers 56:
Rö 5, 12 f. 20
7, 7—13
Hbr 2, 14
zu Vers 57:
Rö 6, 14; 7, 25
8, 1 f; 1 Jo 5, 4
zu Vers 58:
Kol 1, 23
1 Th 3, 5

50 anzieht Unvergänglichkeit und dieses Sterbliche anzieht Unsterblichkeit, dann wird sich verwirklichen das Wort, das geschrieben
55 steht: Verschlungen ward der Tod in Sieg. * Wo ist, o Tod, dein
56 Sieg? Wo ist, o Tod, dein Stachel? * Der Stachel aber des Todes
57 (ist) die Sünde, die Kraft aber der Sünde (ist) das Gesetz. * Gott aber (sei) Dank, der uns den Sieg gibt durch unsern Herrn Jesus
58 Christus. * Darum, meine geliebten Brüder, seid fest, unbeweglich, überfließend in dem Werk des Herrn allezeit, da ihr wisset, daß eure Arbeit (wirklich) nicht vergeblich ist im Herrn.

Paulus ist auf die Fragen und Einwände der Korinther eingegangen. Er mußte es als Lehrer und Vater der Gemeinde tun. Aber er spürt auch die Gefahr, die immer in solchem Eingehen auf Fragen und Bedenken liegt. Indem wir göttliche Dinge verständlich zu machen suchen und sie den andern nahebringen, können sie ihre Fremdheit, Wucht und Größe verlieren und allzu einfach und verständlich werden[1]. Darum liegt es Paulus daran, nun am Schluß dieses Kapitels noch einmal auszusprechen, wie die Botschaft von der Auferstehung der Toten alles erschütternd in unser Leben hineinbricht und alles Irdischgesinntsein zerschlägt. **„Das aber sage ich, Brüder, daß Fleisch und Blut die Königsherrschaft Gottes zu ererben nicht imstande ist."** Das Auferstehungsleben ist nicht Fortsetzung des irdischen Daseins in alle Ewigkeit. Es gibt keine Bewahrung unserer irdisch-behaglichen Lebensgewohnheiten, an denen wir hängen. Diese ganz ichhafte, irdische Daseinsart nennt Paulus nach dem Sprachgebrauch der Bibel **„Fleisch und Blut"**. Damit ist nicht nur unsere Körperlichkeit als solche gemeint, obwohl auch sie mit dazu gehört, sondern unser ganzes jetziges Wesen bis in unser Denken und in unsere „Geistigkeit" hinein[2]. Dieses unser allzu bekanntes Ichwesen hat keinen Platz da, wo Gott regiert und „alles in allem" ist. Es ist wesensmäßig **„nicht imstande"**, Gottes Reich zu ererben. Das ist im grie Text dadurch zum Ausdruck gebracht, daß nicht nur **„Fleisch und Blut"**, sondern auch die **„Königsherrschaft Gottes"** ohne Artikel dasteht. So etwas wie **„Königsherrschaft Gottes"** kann von so etwas wie **„Fleisch und Blut"** unmöglich ererbt werden. **„Fleisch und Blut"** und **„Königsherrschaft Gottes"** sind in sich selbst diametrale Gegensätze. Darum kann niemand in Korinth hoffen, seine natürliche Menschenart in das Reich Gottes mit hineinnehmen zu können. Sind die Korinther trotz hoher Geistesgaben doch noch so sehr „Menschen" und „fleischlich", wie Paulus es ihnen in Kap. 3, 1—4 zeigen mußte, dann passen sie nicht in das kommende Reich, in die neue Welt Gottes

---

[1] Wie sehr hat auch bei uns das redliche Mühen der reformatorischen Kirchen um rechte und verständliche Belehrung der Kinder im Unterricht, der Erwachsenen in der Predigt dazu beigetragen, aus dem gewaltigen, zum totalen Umbruch führenden Evangelium eine harmlose Erbauungssache zu machen. Nichts gab mehr einen Anstoß, und eben darum gab auch nichts mehr einen wirklichen „Anstoß zu einer ewigen Bewegung".
[2] Das Wort Jesu an Petrus Mt 16, 17 zeigt uns eindeutig diese Bedeutung des Ausdrucks „Fleisch und Blut".

hinein. Die „Auferstehung" ist nicht die Wiederherstellung des vom Tode leider zerstörten und abgebrochenen Lebens[3]! Paulus fügt hinzu, daß **„auch nicht die Vergänglichkeit die Unvergänglichkeit ererbt"**. Das ist wichtig für unsere eigene Klarheit in dieser Sache. Die Vergänglichkeit „ererbt" nicht die Unvergänglichkeit, es käme sonst das Mißgebilde einer „unvergänglichen Vergänglichkeit" heraus. Und das wäre nicht nur ein logischer Widerspruch, sondern auch eine erlebensmäßige Unerträglichkeit. Wohl haben wir uns als Kinder gewünscht, es „bliebe immer Weihnachten". Aber das war ein kindischer Wunsch, dessen Erfüllung uns sehr bald das Leben verdorben hätte. Wir sehnen uns freilich aus all dem stetigen Wechsel und aller Unbeständigkeit unseres Lebens heraus nach „Unvergänglichkeit", nach dem „unbeweglichen Reich" (Hbr 12, 28). Aber auch das Schönste und Köstlichste unseres Lebens könnte solche „Unbeweglichkeit", solche ewige Dauer nicht ertragen. Es muß eine völlige „Verwandlung" mit uns und unserem Leben geschehen, damit wir die Unvergänglichkeit aushalten können. Wir dürfen aber daran denken, daß Paulus nach Kap. 13, 8 etwas in unserem Leben kannte, das so, wie es ist, in die Ewigkeit hinein bleibt: die Liebe, die in Gottes Wesen liegt und durch den Geist Gottes in uns lebt.

Zugleich antwortet Paulus mit diesen Sätzen denen, die die Auferstehung leugnen, gerade weil sie mit Recht eine ewige Fortsetzung des irdischen Daseins und darum auch eine bloße Wiederbelebung der irdischen Leiber ablehnen. Die jüdische Auferstehungshoffnung konnte im Pharisäismus diese bedenkliche Gestalt annehmen. Die Botschaft des Paulus mochte in ähnlicher Weise von manchen Gemeindegliedern in Korinth mißverstanden worden sein. Schon bei Jesus selbst gab dieses pharisäische Mißverständnis der Auferstehung der spöttischen Kritik der Sadduzäer ein gewisses Recht. Wenn tatsächlich „Fleisch und Blut" das Reich Gottes ererben könnte, dann wäre wirklich die Frage zu stellen, wem dann die Frau gehören solle, die von Brüdern nacheinander in der Leviratsehe geheiratet worden war. Jesus wies diese Frage ab, aber damit auch die ganze Vorstellungswelt, die hinter ihr stand. „In der Auferstehung werden sie weder freien noch sich freien lassen, sondern sie sind gleichwie die Engel im Himmel" (Mt 22, 30). Genauso sieht es Paulus. Gerade die ernsten Christen sollen nicht meinen, er mute ihnen den Glauben an wiederbelebte Leichname und an die Fortsetzung des irdischen Lebens in alle Ewigkeit zu.

Und nun stellt er das positive Gegenstück zu der Abweisung falscher Vorstellungen vor die Gemeinde. Es ist dies ein **„Geheimnis"**, das sich trotz aller Verdeutlichungen in V. 35—49 nicht einfach auflösen läßt. Paulus kennt viele solche „Geheimnisse"[4] und weiß, daß der Glaube von Geheimnissen lebt. Das Handeln des lebendigen Got-

51

---

[3] Wie völlig verkennt das die bürgerliche Ewigkeitshoffnung, die als Rest des Christentums noch übriggeblieben ist und die sich unter dem „Himmel" nur noch das „Wiedersehen" mit den nächsten Verwandten vorstellt.
[4] Vgl. o. S. 58 u. 82 zu Kap. 2, 7; 4, 1 und W.Stb. zu Rö 11, 25.

tes muß für uns Menschen immer geheimnisvoll sein und bleiben. So hat Paulus auch im Blick auf die Auferstehung der Toten der Gemeinde ein Mysterium mitzuteilen: „Siehe, ein Geheimnis sage ich euch: nicht alle werden wir entschlafen, alle aber werden wir verwandelt werden." Das „Siehe" findet sich in der Bibel immer wieder da, wo Gottes Eingreifen nahe ist und unsere gespannte Aufmerksamkeit fordert[5]. Bisher hatte Paulus von der Auferstehung der Toten gesprochen und also auch das Sterben der Gemeindeglieder vorausgesetzt. Aber werden denn „alle" sterben? Paulus verneint das[6]. Aber auch, wenn ein (großer) Teil der Gemeinde die Parusie Jesu noch hier auf Erden miterlebt, werden diese Christen nicht einfach so, wie sie sind, in das Reich Gottes einziehen. Nein, „alle werden verwandelt werden". Das also muß jeder, der wirklich Ewigkeitshoffnung hat, ganz klar wissen: es geht nicht um ein „Weiterleben" nach dem Tode oder nach der Parusie, es geht um jene tiefgreifende „Verwandlung", von der Paulus im Blick auf die Gestorbenen schon V. 42 f gesprochen hatte. Erst durch unser Ja zu dieser geheimnisvollen Verwandlung wird unsere Hoffnung echt und lebendig[7].

Denn diese „Verwandlung" ist zwar ein Geheimnis, aber nicht eine rätselhafte Verzauberung in etwas völlig Unbekanntes. Das Wort vom „geistlichen Leib" sagte uns bereits etwas durchaus Verständliches. Durch diese „Verwandlung" werden wir einen Leib haben, der ganz vom Geist Gottes gestaltet und regiert ist und dem Geiste nicht wie der jetzige „tote" Leib (Rö 8, 10) Widerstand und Grenzen entgegensetzt. Und wenn die „Liebe" bleibt (13, 8), dann wird die neue Existenz eine ganz von der Liebe erfüllte sein. Die letzte, abschließende „Verwandlung" vollendet nur jenes „Umgestaltetwerden in das Bild Jesu", das jetzt schon anfangsweise in uns geschieht (2 Ko 3, 18). Eindeutig und einmütig zeigt uns das ganze ntst Zeugnis als Endziel „die Verwandlung" in die Gleichheit mit Jesus: Rö 8, 29; 1 Jo 3, 2; Phil 3, 21. Das ist zwar unerhört geheimnisvoll und überragt alles, was wir uns ausdenken können, und ist doch für den im Glauben und in der Heiligung stehenden Christen nicht einfach unvorstellbar.

---

[5] Vgl. Jes 40, 9; 42, 1; Sach 9, 9; Lk 2, 10; Jo 1, 29; Offb 3, 20 u. a.
[6] Der Satz lautet im Text eigentlich: „Alle werden wir nicht entschlafen." Das konnte so klingen, als ob Paulus allen Korinthern versprechen wollte, daß sie nicht sterben, sondern ohne Tod die Parusie des Herrn erleben würden. Das ist aber — allein schon angesichts von Kap. 11, 30 und Kap. 15, 29—32 — unmöglich. Zu seiner mißverständlichen Stellung der Worte kann Paulus einfach dadurch veranlaßt sein, daß im Griechischen ein „nicht" immer zum Verbum gehörte. Ein entsprechendes Beispiel finden wir in 2 Ko 7, 3, wo ebenfalls das „nicht" sinngemäß zu den Worten „zur Verurteilung" gehört, aber zum Verbum gestellt ist. Vielleicht lag dem Apostel aber auch daran, das Wort „alle" betont an die Spitze des Satzes zu stellen.
[7] Erst von da aus sind auch die Einwände zu überwinden, die gerade ernste Menschen gegen unsere Ewigkeitshoffnung erheben. Ist sie nicht ein lebhafter Traum? Ist sie nicht nur das Angstprodukt unseres Ich, das sich in das Sterben nicht schicken will? Kann unser Leben, kann gerade auch unser Zusammenleben mit unsern Nächsten eine Ewigkeit aushalten? Mit vollem Recht treffen diese Fragen sehr viel „Hoffnungen", die sich christlich nennen, aber nicht biblisch sind. Unsere volkskirchliche Beerdigungspraxis und unsere „tröstlichen Worte" an Sarg und Grab haben sich erschreckend ausgewirkt.

Darum können wir es auch mit ganzem Herzen als Ziel ergreifen und uns darauf freuen. Wie bedeutsam sind diese kurzen Aussagen des Apostels für unser ganzes Denken und Leben als Christen. Erschreckend und erschütternd sind sie für alle, die noch an „Fleisch und Blut" hängen und darum den Abbruch ihrer irdischen Existenz fürchten und von der Ewigkeit eigentlich nur deren Sicherung und Verlängerung wünschen. Wer aber unter dem Wort vom Kreuz seine Sündhaftigkeit und Verlorenheit sah und im Kreuz seine Rettung ergriff, wer von da aus sein Leben auf dieser Welt „hassen" gelernt hat (Jo 12, 25), dem wird es in allem Erschrecken zu einer Freude, **„daß Fleisch und Blut die Königsherrschaft Gottes zu ererben nicht imstande ist, und auch nicht die Vergänglichkeit die Unvergänglichkeit ererbt".** Und wer Jesus über alles liebt, wer den Heiligen Geist empfing und durch den Geist die Liebe und die beginnende Umgestaltung in das Bild Jesu, der sehnt sich nach der völligen Verwandlung, die ihn mit dem Herrn bis in seine Leiblichkeit hinein gleich macht. Für ihn wird es — bei allem Erzittern von Fleisch und Blut, das auch noch in ihm lebt — der Höhepunkt des süßen Evangeliums: **„Alle werden wir verwandelt werden"**[8].

Diese Verwandlung ist dann aber nicht mehr eine allmähliche Umgestaltung oder ein Wachstumsprozeß, sondern sie geschieht **„in einem Nu, in einem Augenblick"**[9]. Wann geschieht sie? **„Bei der letzten Posaune."** Es ist unvermeidlich, daß wir bei diesem Wort zu den sieben Posaunen der Offenbarung hinüberblicken. Auch dort gibt es eine „letzte Posaune", bei deren Ertönen der Himmel darüber jubelt, daß nun „die Reiche der Welt unseres Herrn und seines Christus geworden sind und er regieren wird von Ewigkeit zu Ewigkeit" (Offb 11, 15). Wir merken hier, was wir auch sonst zu bedenken vielfachen Anlaß haben, daß die Verkündigung des Paulus weit reicher und vielseitiger war, als ihr Niederschlag in den Briefen uns zu zeigen vermag. Darum ist es töricht, aus dem Schweigen der Briefe zu folgern, daß Paulus bestimmte Lehren und Anschauungen nicht gekannt habe. Seine Eschatologie wird derjenigen der Offenbarung viel ähnlicher gewesen sein, als wir in der Theologie oft angenommen haben. Auch an 1 Th 4, 16 haben wir bei dem Wort von der Posaune zu denken. Die dort genannte Posaune, bei deren Schall Jesus aus der Himmelswelt herabkommt, wird ebenfalls die „letzte" sein, auch wenn Paulus an dieser Stelle sie nicht ausdrücklich so nennt.

52

„Denn posaunen wird es, und die Toten werden auferweckt werden als Unvergängliche, und wir unsererseits werden verwandelt werden." Das ist das mächtige, abschließende Ereignis in der Ge-

---

[8] „Wie wird uns sein, wenn wir vom hellen Strahle / des ewgen Lichtes übergossen stehn / und — o der Wonne! — dann zum ersten Male / uns frei und rein von aller Sünde sehn; wenn wir, durch keinen Makel ausgeschlossen / und nicht zurückgescheucht von Schuld und Pein, als Himmelsbürger, Gottes Hausgenossen, eintreten dürfen in der Selgen Reihn!" (GL 615, 2)
[9] An dieser klaren Aussage scheitert jede Lehre vom „Fegefeuer", aber auch jede andere, auch in der evangelischen Christenheit beliebte Ausmalung des Jenseits mit „Stufen" und „Erziehungsstätten" für die noch unvollkommenen Gläubigen.

schichte der Gemeinde, von dem auch 1 Th 4, 13—18 und Phil 3, 20 f sprechen und das bereits in V. 22 f unseres Kapitels kurz angedeutet war. Es geht dabei zunächst nur um die Gemeinde, um die, „die Christus gehören". Die Auswirkung dieses Ereignisses in die Welt hinein folgt dann erst in der Beseitigung aller gottfeindlichen Verderbensmächte (V. 24—28); davon spricht Paulus jetzt nicht noch einmal.

53 Dagegen prägt er es der Gemeinde noch einmal ein, damit es ganz klar von ihr ergriffen wird und keine falschen und verkürzten Hoffnungen bei ihr bestehen bleiben: **„Denn notwendig muß dieses Vergängliche anziehen Unvergänglichkeit und dieses Sterbliche anziehen Unsterblichkeit."** Wie groß ist das. Wir kennen jetzt nur das Dasein, dessen Kennzeichen Vergänglichkeit und Sterblichkeit sind. Karl Heim hat in besonderer Weise deutlich gemacht, wie das in der Existenzform der ganzen gegenwärtigen Welt begründet liegt[10]. Es ist eine grundlegende, für uns jetzt unvorstellbare Verwandlung dieser ganzen Existenzform notwendig, damit es Unvergänglichkeit und Unsterblichkeit überhaupt geben kann. Etwas ganz Neues haben wir zu erwarten, das ist erschreckend und beglückend zugleich. Paulus unterstreicht dabei die unbedingte Notwendigkeit dieses Geschehens. Er verwendet dabei jenes Wort „es muß", das bereits in Jesu Mund die Unausweichlichkeit eines von Gott her notwendigen Geschehens bezeichnete und auch von Paulus so gebraucht wurde (Mt

54 16, 21; 24, 6; 26, 54; Jo 3, 14; 20, 9; 1 Ko 11, 19; 15, 25; 2 Ko 5, 10). Vorausgesagt ist das große Ereignis schon im prophetischen Wort. Paulus stellt zunächst Jes 25, 8 vor uns hin: **„Verschlungen ward der Tod in Sieg."** Wir lesen das Wort in unseren Luther-Bibeln und auch im hbr Text anders: „Er wird den Tod verschlingen ewiglich." Wo Paulus den von ihm gebrauchten Wortlaut fand, können wir nicht mehr feststellen. Es kommt auch nicht darauf an. So oder so enthält das Wort die mächtigen Aussagen vom Ende des Todes, die wir schon in V. 26 bedachten. Welch eine Herrlichkeit, daß es dieses Ende des Todes gibt, daß wir uns darauf freuen dürfen.

Wenn dies prophetisch Vorausgesagte Wirklichkeit wird, wenn **„dieses Vergängliche anzieht Unvergänglichkeit und dieses Sterbliche anzieht Unsterblichkeit, dann wird sich verwirklichen das Wort, das geschrieben steht: Verschlungen ward der Tod in Sieg".** Es zeigt unsere Leichtfertigkeit im Umgang mit dem Wort und unsere Eigenmächtigkeit in der Verkündigung der Botschaft, wenn wir in unserer erbaulichen Rede häufig so tun, als sei dieses Wort jetzt schon, etwa durch das Osterereignis erfüllt. Nein, Paulus sagt ausdrücklich, „dann" wird es sich verwirklichen, und verweist uns klar auf die Zukunft. Wir sollten das beachten, sonst bekommt unser erbauliches Reden den Charakter der Unwirklichkeit, der ihm für den Hörer auch dann den Ernst nimmt, wenn es echte Wahrheit bezeugt. Der Tod ist wahrlich jetzt noch nicht **„verschlungen in Sieg".** Er hat in

---

[10] Vgl. K. Heim „Glaubensgewißheit", EVA, Berlin 1949⁴; „Der christliche Gottesglaube und die Naturwissenschaft", Furche Verlag, 1953², S. 156 ff.

den Weltkriegen unerhörte Triumphe gefeiert. Und schon existieren Vernichtungsmittel, mit denen er das Leben auf der ganzen Erde auslöschen könnte. Der Sieg Jesu aber in seiner Parusie wird den Triumphator Tod in den Sieg verschlingen und Jes 25, 8 erfüllen.

55 Paulus verbindet mit der Jesaja-Stelle ein Wort aus Hos 13, 14. Auch dieses Wort lesen wir bei Hosea selbst (im Luthertext, aber auch in der Elberfelder Übersetzung) anders als hier bei Paulus. „**Wo ist, o Tod, dein Sieg? Wo ist, o Tod, dein Stachel?**" schreibt Paulus hier. Wieder können wir nicht feststellen, woher Paulus seine Formulierung des Wortes hat[11], und wieder ist dies vor der Aussage selbst unwichtig.

56 Paulus liegt es aber nicht nur an dem Triumph, der in diesen herausfordernden Fragen an den Tod liegt. Er weist vielmehr auf den ernsten Hintergrund hin, der in diesen Fragen sichtbar wird. Der Tod besitzt tatsächlich einen „**Stachel**". Es wird hier, wie Apg 5, 5 und in seiner Weise auch Jes 9, 3, der zugespitzte Stecken gemeint sein, mit dem das Zugtier „angestachelt" wurde und den man auch Gefangenen und Sklaven gegenüber anwendete. Dieser „**Stachel des Todes (ist) die Sünde**". Jetzt sagt Paulus ganz kurz etwas von dem, was er in unserem ganzen Kapitel sonst nicht berührte, um nur streng bei seinem Thema zu bleiben. Der Tod hat seine Macht über uns, weil wir Sünder sind! Unsere Schuld handhabt er als den Stecken, mit dem er uns auf seinen Weg hinein in das Totenreich zwingt, wie heftig wir uns auch dagegen sträuben mögen. Und warum hat wiederum die Sünde diese Gewalt? „**Die Kraft aber der Sünde** (ist) **das Gesetz.**" In diesen wenigen Worten faßt Paulus seine ganze Lehre vom Gesetz zusammen, wie er sie im Römerbrief eingehend dargelegt hat. Paulus kann sich auf diese knappe Bemerkung beschränken. Die Korinther verstehen sie sofort, weil Paulus auch in Korinth das gelehrt hat, was er im Römerbrief, besonders in Kap. 7, ausführt. Es wird darum in diesem kleinen Satz beides liegen, was Paulus im Gesetz gegeben sieht. Es ist der „Dienst der Verurteilung" und darum „Dienst des Todes" (2 Ko 3). Es spricht das Todesurteil über die Sünde und den Sünder. Darum allein kann der Tod unsere Sünde als seine Treibstachel zum Sterben benutzen. Aber die Formulierung weist ebenso auf jene andere unheimliche Tatsache hin, daß die Sünde gerade das Gebot als Angriffspunkt bei uns benutzt und die vorher „tote" Sünde lebendig macht und die Sünde erst zu ihrer vollen Kraft steigert (Rö 5, 20; 7, 13). So dient gerade das Gesetz dem Tode und drückt ihm erst diesen furchtbaren Stachel in die Hand und macht das Sterben für uns zur unentrinnbaren und schrecklichen Notwendigkeit. Wie aber jubelt nun aus dieser Lage heraus der Dank.

57 „**Gott aber** (sei) **Dank, der uns den Sieg gibt durch unsern Herrn Jesus Chri-**

---

[11] Die Textgestalt der Koine, die der Übersetzung Luthers zugrundeliegt, kehrt die Reihenfolge der Worte „Sieg" und „Stachel" um und ersetzt in der zweiten Anrede das Wort „Tod" durch das Wort „Hades". „Hades" ist aber nicht die Hölle, sondern das Totenreich. Luthers Verwendung des Ausdrucks „Hölle" ist hier wie an vielen andern Stellen höchst unglücklich und irreführend. Leider hat auch die revidierte Ausgabe den Ausdruck hier stehenlassen.

stus." Nicht mit einem einfachen Machtspruch oder Machterweis Gottes kann uns die Rettung zuteil werden. Gottes eigenes Gesetz steht dem im Wege. Gott selbst hat durch das Gesetz dem Tode den Treibstachel gegeben und kann ihn jetzt nicht wieder willkürlich fortnehmen. Nein, es mußte Jesus Christus Mensch werden, geboren vom Weibe und unter das Gesetz getan; er mußte gehorsam werden bis zum Tode, ja zum Tode am Kreuz; noch mehr, er mußte ein Fluch werden für uns und dadurch uns mit heiliger Gerechtigkeit vom Fluch des Gesetzes loskaufen. Nur so, nur „**durch unsern Herrn Jesus Christus**", und darum auch nur solchen, die in Christus Jesus ihren „**Herrn**" haben, konnte Gott den Sieg über den Tod geben. Welch ein unauslöschlicher Dank liegt darum über jedem Christenleben. Ein Dank, der noch die Ewigkeit mit Anbetung, Lob und Preis erfüllen wird[12].

58 Und nun schließt Paulus dieses gewaltige Kapitel. Dieser Schluß ist überraschend und doch „paulinisch" und echt biblisch. Nicht beim bloßen Danken als solchem hält Paulus die Gemeinde fest. Nicht zum immer neuen Ausmalen der großen Zukunft leitete er sie an. Seine Folgerung, sein „**darum**", ist ein ganz anderes. In die Gegenwart stellt er sie gerade von der ungeheuren Zukunft her und weist sie in der Gegenwart in Kampf, Leiden und in die Arbeit hinein. „**Darum, meine geliebten Brüder, seid fest, unbeweglich, überfließend in dem Werk des Herrn allezeit, da ihr wisset, daß unsere Arbeit** (wirklich) **nicht vergeblich ist im Herrn.**"

Paulus hat große und leider berechtigte Sorgen um seine Korinther. Aber nun im Blick auf die alles vollendende Zukunft in ihrer Herrlichkeit wird seine Anrede an sie ganz warm. „**Meine geliebten Brüder**" nennt er sie. Er sieht sie mit sich selbst zusammen am Ziel als die große Bruderschaft um den erstgeborenen Bruder Christus her. Alles Gefährdende und Entstellende ist dann vergangen. So umfaßt er sie alle dort in Korinth mit neuer Liebe.

Liebe ist aber nicht blind. Paulus sieht, wie gerade diese lebhaften Korinther allzuleicht „beweglich" sind. Was Paulus dann den Ephesern schreibt, gilt auch für die Korinther. Sie sollen nicht mehr „Kinder sein, die sich bewegen und umhertreiben lassen von jeglichem Wind der Lehre durch Bosheit der Menschen und Täuscherei, womit sie uns beschleichen und uns verführen" (Eph 4, 14). Wollen sie nicht endlich „**fest, unbeweglich**" werden? Paulus bittet sie darum. Und dieses feste, unbewegliche Stehen wurzelt gerade auch in der großen Hoffnung. Ähnlich sagt Paulus es den von Irrlehre bedrohten Kolossern: „Wenn ihr nur bleibet im Glauben, gegründet und fest, und nicht weichet von der Hoffnung des Evangeliums" (Kol 1, 23). So mahnt auch der Hebräerbrief eine gefährdete und schwankende Gemeinde: „Lasset uns halten an dem Bekenntnis der Hoffnung und

---

[12] Die scheinbar „trockenen" und „dogmatischen" Sätze des V. 56 gehören durchaus an diesen Platz und sind in Wahrheit mächtige und unentbehrliche Aussagen, wenn V. 57 in seiner Tiefe erfaßt werden soll.

nicht wanken; denn er ist treu, der sie verheißen hat" (Hbr 10, 23). Von dem großen Ziel her wird alles bestimmt und gestaltet. Lassen sie sich nur hier „nicht wegbewegen" von der Botschaft, dann wird auch alles andere in Ordnung kommen. „**Fest, unbeweglich**" gilt es aber für die Gemeinde nicht nur den falschen Auffassungen in ihrer eigenen Mitte gegenüber zu bleiben. „**Fest, unbeweglich**" hat sie ebenso in allen Kämpfen und Leiden zu stehen, die früher oder später auch über sie wie über die andern Gemeinden kommen werden. Wenn auch die Korinther jede Stunde Gefahren ausgesetzt sein werden und Tag für Tag zu sterben haben (V. 30 f), dann werden sie das nur können, wenn sie „das Vertrauen und den Ruhm der Hoffnung bis ans Ende fest behalten" (Hbr 3, 6).

Aber diese Festigkeit und Unbeweglichkeit hat nichts mit Erstarrung zu tun. Paulus wünscht die Gemeinde zugleich „**überfließend in dem Werk des Herrn allezeit**". Unser Wort „überfließen" ist darum eine zutreffende Wiedergabe des hier stehenden „perisseuein", weil es die beiden Seiten des grie Begriffes anklingen läßt: die Fülle des Reichtums und das Wachstum darin. Wenn sich ein Gefäß immer wachsend füllt, dann fließt es schließlich über. So will Paulus die Gemeinde „**überfließend in dem Werk des Herrn**" sehen. Von Timotheus wird er in Kap. 16, 10 sagen, er wirke das Werk des Herrn wie auch er, Paulus selbst. Aber der Gedanke liegt Paulus völlig fern, daß nur sie, die „hauptamtlichen" Kräfte mit kirchlichen Titeln, an diesem Werk stünden, während die Gemeinde nur das passive Objekt ihres Dienstes sei. Wohl verkennt er nicht die unersetzbare Aufgabe der von Gott zur Gründung von Gemeinden Berufenen: „Denn Gottes Mitarbeiter sind wir; Gottes Ackerfeld, Gottes Bau seid ihr" (3, 9). Aber wenn die Gemeinde in dieser Weise als „Gottes Bau und Gottes Acker" auch Objekt des apostolischen Dienstes sein kann, so ist sie doch zugleich ganz Subjekt der Arbeit für Gott und am „Werk des Herrn" lebendig beteiligt. Nicht nur gelegentliche Zuhilfe sollen sie den leitenden Männern leisten, sondern in reichem und immer wachsendem Maße am Werk des Herrn teilnehmen. Dabei haben wir den Genitiv wieder als einen solchen des Objektes und des Subjektes zu verstehen. Das „Werk des Herrn" ist das, was wir für den Herrn tun und ihm an Einsatz und Arbeit darbringen. Aber eigentlich ist es das Wirken des Herrn selbst, in das Er uns und seine Gemeinde hineinnimmt. Es ist die fortgehende Arbeit der rettenden Liebe Jesu, die uns zu Werkzeugen nimmt und durch uns zu den andern kommt. Darum braucht Paulus auch nicht den Korinthern im einzelnen zu sagen, was sie nun „in dem Werk des Herrn" als „Mitarbeiter Gottes" zu tun haben. Das werden sie als lebendige Glieder des Leibes Christi fort und fort selber sehen. Und die Männer mit der prophetischen Gabe in ihrer Mitte werden ihnen dabei helfen. Angesichts der gewaltigen Zukunft wird die Gemeinde dann nicht nur mühsam das eine oder andere zu leisten suchen, sondern wird „überfließen" in dem unermüdlichen Einsatz aus brennendem Herzen für Gottes große Sache in Korinth, in Griechenland, in der ganzen Welt.

Freilich, ein bloßer Genuß ist das nicht. Das „Werk des Herrn" war für Jesus selbst das Tragen schwerster Lasten, war blutiger Schweiß und heiße Kreuzesarbeit. So kostet auch unsere Beteiligung an seinem Werk ganzen Einsatz und harte Arbeit. Es ist nicht eine hübsche Nebenbeschäftigung zur Bereicherung unseres eigenen Lebens. „Kopos", also Anstrengung, Mühsal, Arbeit ist erforderlich. Es kommt dabei auch die Anfechtung, die schon der Prophet kannte (Jes 49, 4) und die auch Paulus selbst nicht fremd war (Phil 2, 16): Bleibt nicht all unser Einsatz vergeblich? Erleben wir nicht Enttäuschung über Enttäuschung? Nein, die Korinther dürfen es „wissen", und gerade von der Auferstehung her **„wissen, daß ihre Arbeit** (wirklich) **nicht vergeblich ist im Herrn".** Die große Ernte kommt, die alle Arbeit lohnt. Denn nicht zeitlichen, vergänglichen Erfolgen gilt ihr Einsatz, wie es bei aller andern Arbeit auf Erden der Fall ist. Weil die Auferstehung Wirklichkeit ist, darf ihr Mühen unvergängliche, ewige Resultate haben. Es ist in diesem tiefsten Sinn **„nicht vergeblich im Herrn"**[13].

ANORDNUNGEN IM BLICK AUF DIE GELDSAMMLUNG FÜR JERUSALEM

1. Korinther 16, 1—4

zu Vers 1:
Apg 11, 29
2 Ko 8, 19
Gal 2, 10

zu Vers 2:
Apg 20, 7

zu Vers 3/4:
2 Ko 8, 16. 19 f

1 **Betreffs der Geldsammlung für die Heiligen, wie ich es für die Gemeinden Galatiens angeordnet habe, so macht auch ihr es.** * **An jedem ersten Wochentag lege jeder bei sich zu Hause** (etwas) **zurück, indem er spart, wieviel ihm etwa gelingen mag, damit nicht, wenn ich komme, dann erst Sammlungen geschehen.** * **Wenn ich aber angekommen bin, will ich die, die ihr tüchtig befindet, mit Briefen senden, um euer Geschenk nach Jerusalem zu bringen.** * **Wenn es sich aber lohnt, daß ich auch selber reise, werden sie mit mir zusammen reisen.**

1 Das „Werk des Herrn", in dem die Gemeinde „überfließen" soll, erinnert Paulus an einen besonderen Dienst, den er von allen seinen Gemeinden und darum nun auch von Korinth erwartet. „**Betreffs der Geldsammlung für die Heiligen, wie ich es für die Gemeinden Galatiens angeordnet habe, so macht auch ihr es.**" Vielleicht weist die Formulierung „betreffs der Geldsammlung für die Heiligen" in Parallele zu Kap. 7, 1. 25; 8, 1; 12, 1 darauf hin, daß die Korinther selber nach dieser Sammlung und nach der Möglichkeit ihrer Durchführung gefragt haben. Es geht dabei um die „**Geldsammlung für die Heili-**

---

[13] Wie beschämend ist für uns der Einsatz von Menschen in den weltlichen Berufen. Welche Opfer an Zeit und Kraft werden hier gebracht, obwohl doch alles hier Erreichte rasch vergeht. Uns aber erscheint im Werk des Herrn so leicht alles zu viel, zu schwer, während es doch dabei um eine ewige Ernte geht.

gen", also für die Urgemeinde in Jerusalem. Zwar sind alle Christen „berufene Heilige" (1, 2); aber **die Heiligen** in einem einzigartigen Sinn sind die Glieder der Urgemeinde in Jerusalem. Von der Gemeinde dort ist das Evangelium ausgegangen, das nun in aller Welt, auch in Korinth, Menschen errettet und der Christusgemeinde einleibt. Darum haben alle Gemeinden der Urgemeinde zu danken und sich ihrer notvollen Lage[1] anzunehmen. So war es auf dem Apostelkonzil ausdrücklich vereinbart worden (Gal 2, 10), und so trug es Paulus als Apostel Jesu und als Israelit in seinem Herzen (Rö 15, 25ff). „Denn so die Heiden sind ihrer geistlichen Güter teilhaftig geworden, ist's billig, daß sie ihnen auch in leiblichen Gütern Dienst erweisen" (Rö 15, 27). Nun will Paulus eine besondere Sammlung in allen Gemeinden durchführen, die aus seiner apostolischen Arbeit entstanden sind. In den **„Gemeinden Galatiens"**[2] hat Paulus dafür bereits „Anordnungen" gegeben, die jetzt auch für Korinth gelten sollen. Was Paulus **„für die Gemeinden Galatiens angeordnet"** hat, wissen wir nicht, können es aber aus V. 2 ohne weiteres schließen. Die Tatsache der Sammlung als solcher ist den Korinthern offenbar schon bekannt. Es ist aber praktisch noch nichts dafür in Korinth geschehen. Paulus wird auch im zweiten Brief noch einmal eingehend und dringlich an diese Sache erinnern müssen.

Nicht in den Zusammenkünften der Gemeinde soll gesammelt werden. „Kollekten" in unserem Sinn gab es offenbar damals noch nicht. Vielmehr, **„an jedem ersten Wochentag lege jeder bei sich zu Hause** (etwas) **zurück"**. Der erste Tag der Woche könnte deshalb genannt sein, weil überhaupt ein bestimmter Tag an das Sammeln erinnern sollte; und das geschah am besten gleich am ersten Tag jeder Woche. Da aber auch sonst der erste Tag der Woche in den Gemeinden sich hervorzuheben begann (vgl. Apg 20, 7), wird auch diese Anordnung des Paulus auf das Werden des „Sonntags" in den Gemeinden hinweisen.

2

Das Wesentliche aber ist, daß Paulus nicht an eine einmalige, sondern an eine durch lange Zeit fortgesetzte Sammlung denkt. Seinen Grund dafür gibt er nicht an. Wenn wir aber an die Zusammensetzung der Gemeinde nach Kap. 1, 26ff denken, ist es klar, daß eine solche Gemeinde nicht zu einer einmaligen großen Gabe imstande war. Nur durch die Ansammlung vieler kleiner Beträge Woche für Woche konnte eine lohnende Summe für Jerusalem zusammenkommen. Seine Anordnung will also das Geben der Gemeinde erleichtern.

Das ist um so wichtiger, als Paulus, dem Mann der Freiheit und Echtheit, auch bei dieser Sammlung an wirklich freiem und willigem Geben lag. Das wird er im zweiten Brief noch besonders betonen (2 Ko 8, 28ff). Aber auch hier gibt er als Maßstab für den einzelnen Geber an: **„indem er spart, wieviel ihm etwa gelingen mag."** Keiner

---

[1] Vgl. dazu die Auslegung in der W.Stb. zu Apg 4, 32ff.
[2] Vgl. die Auslegung zu Apg 16, 6; 18, 23, ebenso die Einleitung zur Auslegung des Galaterbriefes in der W.Stb.

soll durch die Sammlung bedrückt werden, jeder aber doch auch sehen, was er für die Not der Urgemeinde erübrigen kann. Freiheit und Ordnung, Freiwilligkeit und Verpflichtung sind bei dieser Anordnung fest miteinander verbunden. Es sollte nicht aus Zwang, aber auch nicht nach Laune gegeben werden[3].

3 Weil eine arme Gemeinde nur nach und nach eine Liebesgabe aufbringen kann, sollen **„nicht, wenn ich komme, dann erst Sammlungen geschehen"**. Dann würde es eine übereilte und schwierige Sache. Paulus möchte das Geld vorfinden, wenn er in Korinth anlangt. Es soll dann nach Jerusalem gebracht werden. Korinthische Gemeindeglieder selbst sollen es sein, die die Gabe begleiten und in Jerusalem übergeben, um in der Gabe die persönliche, dankbare Verbundenheit von Gemeinde zu Gemeinde zum Ausdruck zu bringen. Nicht nur korinthisches Geld soll die Urgemeinde sehen, sondern korinthische Jünger des Messias Jesus. Die Gemeinde soll diese Männer selber bestimmen, und Paulus wird dann **„die, die ihr tüchtig befindet, mit Briefen senden, um euer Geschenk nach Jerusalem zu bringen"**. Die „Briefe" können jene „Empfehlungsschreiben" (2 Ko 3, 1) gewesen sein, wie sie schon in den jüdischen Gemeinden üblich waren und nun auch in den Gemeinden Jesu gebraucht wurden, weil sie einfach einer Notwendigkeit entsprachen. Die Jerusalemer mußten wissen, wer da zu ihnen kam und daß diese Männer tatsächlich Bevollmächtigte der Gemeinde Gottes in Korinth waren. Das hier eigentlich stehende „d u r c h Briefe" legt diese Auffassung der Briefe besonders nahe. Paulus gab den Männern nicht nur Briefe „mit", die sie abgeben sollten, sondern beglaubigte sie „durch" Briefe in ihrer Sendung. Aber Paulus kann auch die Gelegenheit benutzt haben, der Urgemeinde und den leitenden Brüdern in Jerusalem persönliche Briefe zu übersenden.

4 Die Reisepläne des Apostels selbst, von denen er sogleich sprechen wird, sind noch unbestimmt. Aber er hat doch schon begonnen, an jene Reise zu denken, die dann so schwere Folgen für ihn haben wird. **„Wenn es sich aber lohnt, daß ich auch selber reise, werden sie mit mir zusammen reisen."** Die Gaben aus den andern Gemeinden wurden so bedeutend (2 Ko 8, 1—5), daß es sich „lohnte". Paulus reiste selbst nach Jerusalem. In Korinth blieb die Sammlung so klein, daß wir unter der Abordnung zur Überbringung der Liebesgabe (Apg 20, 4) keinen Korinther finden. Das war nicht zufällig so! Die Unwilligkeit der Korinther, sich an der Hilfe für die Armen in Jerusalem zu beteiligen, steht im festen Zusammenhang mit den Nöten und Schwierigkeiten, von denen unser ganzer Brief sprach. Nie ist unser Geld eine „weltliche" Sache neben unserem „geistlichen" Leben; immer zeigt es unbestechlich den Stand unseres geistlichen Lebens an. Christen, die untereinander um Mein und Dein prozessierten,

---

[3] Diese Verbindung brauchen wir in allen Dingen unseres geistlichen Lebens. Die „Freiheit", um die es den Korinthern (und uns) so sehr geht, wird von Ordnung und Regelmäßigkeit nicht beeinträchtigt, sondern bewahrt. Denn andernfalls werden wir Knechte unserer Stimmungen und Launen, beim Beten ebenso wie beim Geben.

beim Herrenmahl der Gemeinde sich satt aßen, während neben ihnen andere darbten, sich in Parteiungen gegeneinander ereiferten und in auffallenden Gaben sich selbst bewunderten, hatten natürlich wenig Lust, die Not im fernen Jerusalem auf das eigene Herz zu nehmen. Sie sahen in ihrem geistlichen Reichtum nicht ein, warum sie der Gemeinde in Jerusalem besonders „dankbar" sein sollten. Sie meinten, unmittelbar alles selber zu besitzen, was ihr Gemeindeleben so großartig machte.

DER REISEPLAN DES APOSTELS UND DER BESUCH DES TIMOTHEUS

1. Korinther 16, 5—12

5 Ich werde aber zu euch kommen, wenn ich Makedonien durchreist
6 habe. Denn Makedonien durchreise ich (nur),* bei euch aber werde ich möglichst bleiben oder sogar überwintern, damit ihr selbst
7 mich weiterbefördert, wohin immer ich reisen werde. * Denn ich will euch nicht jetzt nur auf der Durchreise sehen; denn ich hoffe,
8 einige Zeit bei euch zu bleiben, wenn es der Herr erlaubt. * Ich
9 werde aber in Ephesus bleiben bis zum Pfingstfest. * Denn eine Tür hat sich mir geöffnet, eine große und wirksame, und Gegner
10 (sind) viele. * Wenn aber Timotheus kommt, seht zu, daß er ohne Furcht bei euch sein kann; denn das Werk des Herrn wirkt er
11 ebenso wie ich selbst; * denn niemand soll ihn also gering achten. Befördert ihn aber in Frieden weiter, damit er zu mir komme,
12 denn ich erwarte ihn mit den Brüdern. * Betreffs aber Apollos, des Bruders, viel habe ich ihm zugeredet, daß er zu euch komme mit den Brüdern; und es war durchaus nicht (Gottes) Wille, daß er jetzt komme. Er wird aber kommen, sobald er rechte Zeit haben wird.

zu Vers 5:
Apg 19, 21
2 Ko 1, 16

zu Vers 6:
Rö 15, 24
Tit 3, 12

zu Vers 7:
Apg 18, 21
20, 2 f

zu Vers 8:
Apg 19, 1. 10

zu Vers 9:
2 Ko 2, 12
Kol 4, 3
Offb 3, 8

zu Vers 10:
1 Ko 4, 12; 16, 6
Phil 2, 19 f

zu Vers 11:
1 Tim 4, 12

zu Vers 12:
Apg 18, 24
1 Ko 1, 12

Paulus hatte von seinem Kommen nach Korinth gesprochen (11, 34; 16, 2). Er wurde dort erwartet. Wann kommt er? Sein brieflichen Antworten auf die Fragen der korinthischen Abordnung zeigt schon, daß es nicht so schnell mit seinem persönlichen Besuch der Gemeinde gehen wird. Warum nicht? Paulus spürt die mißtrauischen Fragen. So wie sein ganzes Verhältnis zur Gemeinde spannungsreich geworden war, so wurden gerade auch seine Reisepläne mit Argwohn betrachtet. Dieser Argwohn liegt im 2. Korintherbrief offen zu Tage, Paulus muß ausführlich darüber sprechen (vgl. 2 Ko 1, 15 ff; 2, 1—4; 2, 13 f). Im Kreise seiner Gegner triumphiert man sogar schon jetzt, er wage sich überhaupt nicht mehr nach Korinth (4, 18). Um so sehnlicher werden seine Freunde seinen baldigen Besuch gewünscht haben. Man hatte darum drei Männer der Gemeinde mit mündlichen und schriftlichen Fragen zu Paulus gesandt (V. 17). Paulus wußte, wieviele Probleme und Schwierigkeiten es in Korinth gab. War seine

Anwesenheit nicht nötig? Mußte er nicht so schnell wie möglich selber kommen?

5—7 Paulus antwortete solchem Fragen: „**Ich werde aber zu euch kommen, wenn ich Makedonien durchreist habe.**" Er mußte den makedonischen Gemeinden ebenso wie Korinth den zweiten Besuch gönnen, den er überall in den von ihm gesammelten Gemeinden für nötig hielt (Apg 15, 36). Er konnte freilich von Ephesus aus direkt nach Korinth fahren und von dort nach Makedonien gehen. Aber dann würde er die Korinther „**nur auf der Durchreise sehen**". Das aber will er nicht. Sie sollen einen langen und gründlichen Besuch erhalten. So kommen sie zwar später an die Reihe als die Makedonier, sind aber in Wahrheit Bevorzugte. „**Denn Makedonien durchreise ich** (nur), **bei euch aber werde ich möglichst bleiben oder sogar überwintern.**" Die Korinther sollen ihn dann „**weiterbefördern**". Das Wort wird hier, wie auch in Rö 15, 24, meist mit „geleiten" übersetzt. Das ist aber irreführend. „Geleiten" sollen ihn weder die Römer noch die Korinther. Paulus reist allein weiter. Aber sie dürfen etwas Wichtiges für ihn tun. Das hier wieder betont stehende persönliche Fürwort „**ihr**" im Sinne von „**ihr selbst**" oder „**gerade ihr**" zeigt, daß der Apostel den Korinthern auch damit einen Vorzug verleiht. Gerade die korinthische Gemeinde und keine andere soll es sein, die ihn für die Reise ausrüstet und mit allem Notwendigen versieht. Solches „**Weiterbefördern**" war in der damaligen Zeit um so wichtiger, als jede Reise langwierig und beschwerlich war. Sie sollen ihn „**weiterbefördern, wohin immer er reisen wird**". Wohin die Reise gehen soll, wenn nach dem Winter in Korinth die Schiffahrt wieder eröffnet wird, das kann Paulus jetzt noch nicht sagen. Sein Auge war schon lange nach Westen gerichtet. Rom will er besuchen und dann nach Spanien die Botschaft tragen (Rö 1, 8—12; 15, 23f). Aber es kann auch sein, daß er die große Liebesgabe seiner Gemeinden persönlich nach Jerusalem bringen muß und von Korinth aus dorthin fährt. So ist es dann tatsächlich geworden (Apg 20, 1—3). Aber jetzt kann es Paulus noch nicht sagen. Sein Plan liegt ja nicht einfach in seiner Hand. Über ihm steht der Herr, dessen gehorsamer Bote er ist. Auch sein Versprechen eines längeren Aufenthaltes in Korinth kann er nur geben unter der Einschränkung „**wenn es der Herr erlaubt**". Das haben die geistreichen und selbstsicheren Korinther nie verstanden. Sie stellten sich Paulus nach ihrem eigenen Wesen vor und sahen in der Gestaltung seiner Reisepläne herrische Willkür (2 Ko 1, 17)[1].

8/9 Den Reiseweg und seine Begründung hat Paulus mitgeteilt. Aber wann bricht er überhaupt von Ephesus auf? Wann ungefähr können die Korinther ihn nach der Durchreise durch Makedonien erwarten? „**Ich werde aber in Ephesus bleiben bis zum Pfingstfest. Denn eine Tür hat sich mir geöffnet, eine große und wirksame, und Gegner**

---

[1] Reisepläne und Zusagen von Diensten sind bis heute ein schwieriges Kapitel. Wieviel Empfindlichkeit und Mißtrauen kann sich hier rasch regen. Die Gemeinde ebenso wie die Boten Jesu werden das „Erlauben" und das Leiten dessen, der der „Herr" ist und bleibt, immer neu ernst zu nehmen haben.

(sind) **viele."** Paulus mag seinen Brief zur Passazeit schreiben (s. o. S. 101 ff, Kap. 5, 6—8). Er kann sich aber nicht sofort aus seiner großen Arbeit in Ephesus (Apg 19) lösen. Auf der einen Seite hat er hier noch reiche Möglichkeiten des Wirkens. Er gebraucht dafür das Bild der „**offenen Tür**"[2], durch die er hindurchgehen kann. Sie ist „**eine große und wirksame**". Er kann in Ephesus viele Menschen erreichen. Das muß er ausnützen. Sein fruchtbarer Einsatz hat aber auch „**viele Gegner**" auf den Plan gerufen[3]. Wir werden sie besonders in der Judenschaft zu suchen haben. Vor ihnen kann und will Paulus jetzt nicht zurückweichen. Die junge Gemeinde bedarf in dieser Lage noch sehr der Anwesenheit des Apostels[4]. Bis zum Pfingstfest muß Paulus noch bleiben. Diese Zeitspanne war sowieso kurz genug[5]. Wir sehen hier lebendig vor uns, wie bedrängt ein Paulus gewesen ist. Korinth hat ihn nötig, die Makedonier warten auf ihn, und wie hält ihn zugleich Ephesus mit seiner verheißungsvollen Arbeit und seiner angefochtenen jungen Gemeinde fest.

Um so froher ist er, daß er Mitarbeiter hat, die er in solcher Lage einsetzen kann. Er selber kann jetzt nicht einfach nach Korinth reisen. Aber Timotheus ist schon unterwegs und wird dort bald eintreffen, wenn auch erst nach dem Brief, den die drei Abgesandten der Gemeinde auf direktem Wege nach Korinth mitnahmen. Aber wenn Paulus gerade am Ende seines Briefes alle Nöte und Spannungen vor sich sieht, mit denen es Timotheus in Korinth zu tun haben wird, ist er in Sorge. Darum begnügt er sich nicht mit der Ankündigung der Sendung des Timotheus in Kap. 4, 17, sondern kommt jetzt noch einmal darauf zurück und bittet die Gemeinde: „**Wenn aber Timotheus kommt, seht zu, daß er ohne Furcht bei euch sein kann; denn das Werk des Herrn wirkt er ebenso wie ich selbst; denn niemand soll ihn also gering achten.**" Paulus rechnet mit einer Welle von Enttäuschungen in Korinth. Paulus kommt nicht selber, sondern schickt uns nur den jungen Timotheus? So besteht die Gefahr, daß man Timotheus mit Geringschätzung begegnet. Man kannte ihn zwar von der grundlegenden Evangelisationsarbeit des Paulus her. Aber damals stand er in der Mannschaft als der Jüngste auch an letzter Stelle (2 Ko 1, 19). Nun soll er die notvollen Dinge in Korinth ordnen? Wenn

10/11

---

[2] Vgl. 1 Ko 16, 9; 2 Ko 2, 12; Kol 4, 3.
[3] Unter dem Einfluß staatskirchlicher und volkskirchlicher Verhältnisse meinen wir ganz selbstverständlich, das Wirken der Verkündiger des Evangeliums müsse in lauter Frieden und Ruhe geschehen. Es ist uns sofort verdächtig, wenn ein Prediger oder Evangelist „viele Gegner" in der Gemeinde findet. Wir suchen die Schuld zuerst bei dem Ungeschick oder der Überspanntheit des Boten. Luther wußte es noch, daß „Rumor" in der Gemeinde die unausbleibliche Folge gerade der echten Verkündigung ist. Wir wollen es nicht mehr wissen.
[4] Wir verstehen von hier aus noch besser den dringenden Wunsch des Apostels, die Ältesten von Ephesus auf seiner Reise nach Jerusalem noch einmal zu sehen, und den Inhalt seiner Ansprache an die Ältesten Apg 20, 17—38.
[5] Die Kürze dieser Zeit, vor allem ein fast dreijähriger Aufenthalt des Apostels vorausgegangen war, hat manchen Ausleger veranlaßt, die Abfassung des Briefes an den Anfang der Arbeit in Ephesus zu legen, die zunächst nur für eine begrenzte Zeit gedacht war. Dazu würde auch der Ausdruck, daß sich ihm „eine Tür geöffnet habe", weit besser passen, als an dem Schluß einer Wirksamkeit, die schon lange diese offene Tür gezeigt hatte. Vgl. aber Einleitung S. 17.

schon Paulus selbst Widerspruch und Auflehnung zu gewärtigen hatte, würde Timotheus nicht erst recht auf Widerstand stoßen? Dann würde er in „**Furcht**" in Korinth weilen und Angst vor dem Mißlingen seiner Sendung haben müssen, zumal er offenbar seiner Natur nach ein etwas ängstlicher und kränklicher Mensch gewesen zu sein scheint (1 Ti 5, 23; 2 Ti 1, 6—8; 1 Ti 4, 12). Die Korinther sollen daran denken, daß Timotheus „das Werk des Herrn genauso treibt, wie Paulus selbst". Sie haben es nicht mit Timotheus als solchem zu tun, sondern mit dem Herrn, der seine Sache durch seine Knechte Paulus und Timotheus führt. Des Herrn Reden und Mahnen haben sie zu hören, wenn Timotheus mit ihnen spricht. In diesem Sinne steht Timotheus völlig gleich neben Paulus[6]. Wie nötig war diese dringende Bitte des Paulus gerade in einer Gemeinde, in der sich „einer gegen den andern aufbläht" (4, 6) und sich eifersüchtige Gruppen um einzelne Männer gebildet hatten[7]. Dann soll die Gemeinde für die Rückreise des Timotheus sorgen: „**Befördert ihn aber in Frieden weiter, damit er zu mir komme.**" Gerade wenn die Mission des Timotheus erfolgreich war, könnte die Gemeinde wünschen, ihn noch länger bei sich zu haben. Aber Paulus „**erwartet ihn mit den Brüdern**". Timotheus ist in der Arbeitsgruppe des Apostels[8] unentbehrlich.

12   Die Enttäuschung über Timotheus konnte um so größer sein, weil die Gemeinde selbst noch einen andern Mann erwartet und zu sich gebeten hatte: Apollos. Nicht seine eigene Gruppe hatte ihn gerufen, sondern die Gemeinde als solche hatte ihn durch ihre Abordnung eingeladen und dabei mit der Befürwortung des Paulus gerechnet. Wir sehen daraus, daß die Parteibildung in Korinth erst in den Anfängen stand, so daß noch ein einheitliches Handeln der Gemeinde als ganzer möglich war. Darum wandte sich der Brief des Paulus stets an die Gemeinde als solche. Die Gemeinde hat offenbar auch gewußt, daß trotz der Eifersucht der Parteigänger zwischen Paulus und Apollos selbst keine Spannungen bestanden. Sie erwartet, daß Paulus Einfluß auf Apollos hat und diesen Einfluß selbstverständlich benutzen wird, Apollos zu einem Besuch in Korinth zu veranlassen. Apollos war jetzt bei Paulus in Ephesus und dort mit ihm gemeinsam tätig. Darum konnte auch Paulus selbst auf seine Gemeinschaft mit Apollos verweisen und sie für die Gemeinde zum Vorbild hinstellen (3, 5—7; 4, 6). Vorbildlich ist auch jetzt sein Verhalten. Obwohl er die Gruppe in Korinth kennt, die Apollos viel höher schätzt als ihn, hat

---

[6] Wie leicht bleiben auch wir im Blick auf die Boten und Diener Gottes an ihnen selbst hängen und überschätzen oder unterschätzen sie und ziehen falsche Vergleiche zwischen ihnen. Wir haben im Ernst durch sie und ihre positive oder negative Menschlichkeit hindurch den Herrn zu vernehmen. Mit ihm und nicht mit seinen Boten haben wir es zu tun.

[7] Der Fortgang der Dinge zeigt, daß die Bitte des Paulus vergeblich blieb und Timotheus der Nöte in der Gemeinde nicht Herr wurde. Erst Titus kam damit ein Stück zurecht (2 Ko 7, 6 f. 13—16).

[8] Paulus war nicht ein großer Einsamer, sondern arbeitete mit einer „Mannschaft" und stand in einer Schar von Mitarbeitern. Die Grußliste Rö 16 gibt uns einen lebendigen Eindruck davon.

er Apollos doch „**viel zugeredet**[9], **daß er zu euch komme mit den Brüdern**". Paulus hatte keine Sorge um sein eigenes Ansehen. Er suchte nicht ängstlich jeden andern Einfluß von Korinth fern zu halten. Korinth war nicht „seine" Gemeinde, sondern „Gemeinde Gottes" (1, 1) mit voller Selbständigkeit. Er hätte es offenbar auch selbst für richtig und gut gehalten, wenn Apollos jetzt gleich „mit den drei Brüdern" aus Korinth zusammen dorthin gereist wäre. Er erwartete mit Zuversicht, daß auch Apollos alles unterstützen werde, was Paulus mit seinem Brief zu erreichen suchte, und daß seine Anwesenheit in Korinth eine wesentliche Hilfe für das Zurechtkommen der Gemeinde sein könnte. Des Apollos Autorität in Korinth war von vornherein größer als die des Timotheus.

Aber „**es war durchaus nicht der Wille, daß er jetzt komme**". Wessen Wille war es nicht? Des Apollos selbst? So lesen wir eigenwilligen Leute den Satz unwillkürlich. Aber dann wäre es der Ausdruck eines reinen Eigenwillens bei Apollos. So haben wir uns die Männer der Urchristenheit nicht zu denken! Paulus hätte dann auch statt „der Wille" vielmehr klar „sein Wille" geschrieben. Das absolute Wort „**der Wille**" kann nur den Willen eines einzigen bezeichnen: den Willen Gottes. Es war in den Gesprächen des Paulus mit Apollos (und wahrscheinlich auch mit den Brüdern) allen klar geworden, daß Gott den Apollos jetzt noch in Ephesus brauchte und noch nicht in Korinth haben wollte. Er war bei der Lage in Ephesus dort noch nötiger als in Korinth. Aber sein Kommen ist damit nicht endgültig abgesagt: „**Er wird aber kommen, sobald er rechte Zeit haben wird.**" Auch hier ist die Sache nicht in das Belieben oder fast in die Willkür des Apollos gestellt und heißt nicht: „wenn es ihm paßt." Es muß aber von Gott die rechte Zeit für seinen Besuch in Korinth gegeben und gezeigt werden.

Auffallend bleibt, daß Paulus am Schluß des Briefes keinen Gruß von Apollos bestellt, wie er ihn auch nicht zur Mitverantwortung seines Schreibens an der Spitze des Briefes genannt hat. Liegen doch auch zwischen Apollos und Teilen der korinthischen Gemeinde Schwierigkeiten? War die Mitteilung über Apollos ein genügender Gruß? Oder war Apollos bei dem Abschluß und der Absendung des Briefes vorübergehend von Ephesus abwesend? Wie wenig wissen wir!

---

[9] Hier hat das oft mit „Ermahnen" übersetzte Wort noch ganz seinen ursprünglichen Sinn des „Zuredens". „Ermahnen" konnte Paulus einen selbständigen Mann wie Apollos nicht.

DIE ANERKENNUNG EINSATZBEREITER MITARBEITER

1. Korinther 16, 13—18

zu Vers 13:
Mt 25, 13
Apg 20, 31
1 Ko 15, 1. 34
Gal 5, 1
Eph 6, 10
2 Th 2, 15

zu Vers 14:
Kol 3, 14

zu Vers 15:
Rö 16, 5
1 Ko 1, 16; 16, 17

zu Vers 16:
1 Ko 16, 18
2 Ko 11, 19
Phil 2, 29
1 Th 5, 12
1 Tim 5, 17

zu Vers 17:
1 Ko 16, 15

zu Vers 18:
1 Ko 16, 16
2 Ko 7, 13
1 Th 5, 12 f

13/14

13 Wachet, steht in dem Glauben, seid mannhaft, seid stark! 14/15 * **Alles bei euch geschehe in Liebe!** * **Ich ermahne euch aber, Brüder: Ihr kennt das Haus des Stephanas, daß es der Erstling von Achaja ist, und daß sie sich selbst zum Dienst für die Heiligen verordnet haben —** * **daß auch ihr euererseits euch solchen 16 17 unterordnet und jedem, der mitwirkt und sich müht.** * **Ich freue mich aber über die Anwesenheit von Stephanas und Fortunatus und Achaikus, weil diese euren Mangel (oder: den Mangel eurer 18 Gegenwart) ausgeglichen haben.** * **Denn erquickt haben sie meinen Geist und den euren. Erkennt nun solche (Männer) an.**

Paulus muß sein eigenes Kommen noch weit hinausschieben und hat auch Apollos vergeblich zugeredet, der Einladung der Korinther zu folgen. Wenn auch Timotheus die Gemeinde „an die Wege des Paulus in Christus erinnern" wird (4, 17), so muß sie sich doch im ganzen selber fertig werden. Paulus traut ihr das auch zu. Freilich muß sie dazu „**wachen**". Sorglose Schläfrigkeit oder schwärmerische Träume muß sie abschütteln. Nicht unbedroht und ungefährdet von innen und außen geht sie ihrem großen Ziel der Auferstehung und Verwandlung entgegen. Sie würde dieses Ziel durch Sorglosigkeit verfehlen. Kap. 4, 8 zeigt die falsche Sicherheit gerade der korinthischen Gemeinde. Sie muß „zusehen, daß sie nicht falle" (10, 12)[1]. Sie darf aber „**stehen im Glauben**". Das grie „en" hat hier, wie so oft, einen instrumentalen Sinn. Nicht nur zu ihrem Glauben sollen sie stehen, sondern gerade durch ihren Glauben können sie wirklich „**stehen**". Nicht aus ihrer eigenen Standhaftigkeit und Treue heraus werden sie fest und klar bleiben. Aber indem sie „glauben", das heißt im gehorsamen Vertrauen auf Jesus blicken und in jeder Lage mit ihm rechnen, „**stehen**" sie.

Paulus fügt zwei Mahnungen an: „**seid mannhaft, seid stark**", die im Gegensatz zu dem „Stehen durch den Glauben" auf ein rein menschliches Heldentum zu verweisen scheinen. Sie stammen aber trotz ihres „griechischen" Klanges aus dem AT. In 2 Sam 10, 12 richtet Joab, der Feldhauptmann, diese doppelte Aufforderung an seinen Bruder Abisai; und Ps. 27, 14; 31, 25 nimmt sie in seiner Weise auf. Gerade der Glaubende ist nicht weichlich, sondern „**mannhaft**", nicht schwächlich, sondern „**stark**". Nicht vorsichtiges Ausweichen oder ängstliches Zurückweichen, sondern mannhafte Kraftentfaltung durch den Glauben ist Sache einer Gemeinde Jesu. Es ist aber kein

---

[1] So hat schon Jesus selbst seine Jünger mit tiefem Ernst zur Wachsamkeit gerufen. Mt 24, 42; 26, 41; Mk 13, 37. Sein Jünger Petrus hat aus eigener schmerzlicher Erfahrung heraus diese Mahnung weitergegeben (1 Pt 5, 8).

Gegensatz dazu, wenn Paulus hinzufügt: **"Alles bei euch geschehe in Liebe!"** Denn wirkliche "Liebe" ist nicht Schwäche, Gutmütigkeit oder feiges Beschwichtigen und Beschönigen. Sie will mit ganzem Ernst und Einsatz das echte Leben des andern. Umgekehrt wäre auch alle Mannhaftigkeit wertlos, wenn nicht die Liebe "alles" regierte. Was Paulus in Kap. 13 eingehend klar gemacht hat, klingt hier in seinem kurzen Satz noch einmal an. Eine wache, feststehende, mannhafte und starke Gemeinde sind die Korinther, wenn sie wirklich "alles" bei sich "in Liebe geschehen" lassen.

Paulus hat es von der Gemeinde als ganzer erwartet, daß sie "überfließt in dem Werk des Herrn". Das ist ihr kostbarer Beruf. Sie muß nicht mehr das öde Leben nach der Regel führen: "Laßt uns essen und trinken, denn morgen sind wir tot." Aber Paulus weiß auch, daß sich selbst in einer lebendigen Gemeinde doch Menschen herausheben, die in besonderer Weise **"mitwirken und sich mühen"**. Dabei ist auch hier wieder wie in Kap. 3, 7 der "Erfolg" nicht das Ausschlaggebende. Zu schätzen ist der Einsatz und die Mühe (vgl. 3, 8 f). Die andern, die nicht so entschlossen Hand anlegen, wie es die Aufgaben erfordern, sollen sich solchen "unterordnen". Dabei blickt Paulus besonders auf **"Stephanas"**[2] und auf sein **"Haus"**. Es ist den Korinthern wohl bekannt. **"Ihr kennt das Haus des Stephanas, daß es der Erstling von Achaja ist." "Achaja"** ist der amtliche römische Provinzname für Südgriechenland. Wohl ist Dionysius, das Mitglied des Areopag, der erste Mann dieser Provinz, der nach Apg 17, 34 "zum Glauben kam". Aber es ist nicht einmal sicher, daß Paulus ihn durch die Taufe zum Glied der Gemeinde machte, und sichtbare Folgen hat seine Wendung zum Evangelium jedenfalls nicht gehabt. So nennt Paulus nicht ihn, sondern Stephanas den **"Erstling von Achaja"**. Paulus hat ihn und sein Haus selber getauft (1, 16). Stephanas und sein Haus haben begriffen, daß es im Christwerden nicht nur um die persönliche Errettung geht, sondern um die Berufung zum Dienst (s. o. S. 37). So haben sie im Haus des Stephanas **"sich selbst zum Dienst für die Heiligen verordnet"**[3]. Wie leicht mißdeutet man in einer zerrissenen und eifersüchtigen Gemeinde solche Dienstbereitschaft, als wollten sich hier Menschen der Gemeinde aufdrängen und eine Rolle in ihr spielen. Darum "ermahnt" Paulus seine Brüder: **"daß auch ihr euerseits euch solchen unterordnet."**

Hier wird in einer auch für uns wichtigen Weise deutlich, wie eine echte Gemeindeordnung lebendig zustandekommt. Stephanas und die Seinen werden nicht von Paulus autoritativ mit irgendwelchen "Ämtern" betraut; sie sind auch nicht von der Gemeinde gewählt und berufen worden; sie erhalten keine Titel und keine Rechte, auch keine Dienstanweisung. Sie haben sich **"selbst zum Dienst verord-**

---

[2] Der Name ist entweder Weiterbildung des einfachen "Stephanos = Kranz" oder Kurzform zu "Stephanophoros = Kranzträger".
[3] An dieser Bemerkung wird deutlich, daß es sich bei dem "Haus" des Stephanas nicht um "Kinder" handelt. Aus der Taufe von "Häusern" ist also nicht schon auf die Übung der Säuglingstaufe bei Paulus zu schließen.

net". Es ist alles in freier, lebendiger Bewegung. Stephanas mit seinem Haus sah, was in der Gemeinde zu tun war, und griff fröhlich die Arbeit an. Nun aber sollen sich die andern ebenso freiwillig ihrem Tun ein- und unterordnen. Es ist hier verwirklicht, was Paulus in Kap. 12 von der Gemeinde als einem „Leib" grundsätzlich gesagt hat. Indem ein „Glied" seine besonderen Gaben und Kräfte besitzt und mit ihnen seine Funktion ausübt, dient es dem Leben des ganzen Körpers und hat damit auch seine Stellung im Ganzen des Leibes. So soll eine Gemeinde Jesu in der Kraft des Heiligen Geistes und durch die Dienstgaben, die der Geist verleiht, sich selbst aufbauen. So geschieht es auch tatsächlich immer neu, wo echte Gemeinde lebt. Der betonte Rückgriff auf Kirchenverfassung und Kirchengesetz ist ein Versuch, das verlorene oder doch verminderte Leben künstlich zu ersetzen. Das echte Leben im Heiligen Geist funktioniert auch in verfaßten Kirchen und Gemeinden in Wirklichkeit so, wie wir es hier im Text vor Augen haben[4].

17 Stephanas weilte zusammen mit Fortunatus und Achaikus[5] bei Paulus in Ephesus. Die Gemeinde hat diese drei Männer mit einem Brief (7, 1) und vielleicht auch noch mit mündlichen Fragen zu dem Apostel gesandt[6]. Über manche Schäden in der Gemeinde haben sie gerade als solche Abgesandte nicht reden mögen. Über die Spaltungen in der Gemeinde wurde Paulus nicht durch sie, sondern durch die Leute der Chloe unterrichtet (1, 11). Paulus freut sich über ihre „Anwesenheit"[7], „weil diese euren Mangel ausgeglichen haben". Der sehr knappe Ausdruck will sagen, daß eigentlich die ganze Gemeinde ihren Apostel besuchen, ihm berichten und mit ihm reden müßte. Wie gern hätte er sie alle da! Aber das geht ja nun nicht. Nun gleichen diese drei Gesandten diesen „Mangel" aus. „Denn erquickt haben

18 sie meinen Geist und den euren." Wieder merken wir die kurze und zusammengeraffte Sprache des Paulus. Erquickt haben sie „seinen Geist"[8]. Von ihnen hat er Genaues über Korinth gehört, mit ihnen

---

[4] Freilich, die Mahnung, „sich solchen unterzuordnen", ist auch immer wieder dringend nötig! Wie oft wird der freiwillige Einsatz geistlich begabter Männer und Frauen von den andern nicht mit frohem Dank geachtet, sondern mit Mißtrauen und Mißgunst angesehen und gehindert.
[5] Diese beiden Gemeindeglieder sind uns sonst nicht weiter bekannt.
[6] Das ist im Text nicht gesagt und wird von Auslegern bestritten, weil es bei ausdrücklichen Abgesandten der Gemeinde nicht nötig gewesen wäre zu ermahnen: „Erkennt nun solche Männer an." Aber wenn die drei nur privat und in eigenen Angelegenheiten nach Ephesus gekommen wären, warum sollte die Gemeinde „solche Männer" besonders anerkennen? Es ist durchaus möglich, daß Stephanas sich auch hier selbst angeboten hatte, mit Fortunatus und Achaikus (vielleicht seinen Söhnen?) für die Gemeinde die mühsame Reise zu machen, und daß durchaus nicht allgemein anerkannt wurde, welchen Dienst er damit der Gemeinde leistete. So kommt es zu der verständlichen Mahnung des Apostels. Paulus konnte von einem Privatbesuch alles das nicht sagen, was er mit sichtlicher Freude von der Anwesenheit dieser Männer bei ihm rühmt.
[7] Hier steht das Wort „Parusie", das hier offensichtlich nicht „das Kommen" oder „die Ankunft" bedeutet, diese drei Männer schon längere Zeit bei Paulus sind. Es ist hier seinem Wortlaut nach als „Dasein", „Anwesenheit" zu fassen.
[8] Paulus kann das Wort „Geist" auch für sein persönliches Innenleben verwenden. Er meint es dann aber immer in seiner Tiefe und denkt nicht nur an seinen Intellekt. Vgl. Rö 8, 16.

hat er alle seine heißen Sorgen um die geliebte Gemeinde durchsprechen können. Welch eine Erleichterung war das für ihn[9]. Aber auch für die Korinther war es innere Hilfe, ihre Abgesandten bei Paulus zu wissen und auf gründliche Klärung aller Fragen hoffen zu können. Darum sollen sie auch solche Männer dankbar „anerkennen", die alle Mühe einer derartigen Reise, alle Opfer an Zeit und Kraft auf sich nahmen, um ihrer Gemeinde wie ihrem Apostel diesen Dienst zu tun.

SCHLUSSGRÜSSE

1. Korinther 16, 19—24

19 Es grüßen euch die Gemeinden der Asia. Es grüßen euch im Herrn vielmals Aquila und Priskilla zusammen mit ihrer Hausgemeinde. 20 * Es grüßen auch die Brüder alle. Grüßt einander mit dem heiligen 21/22 Kuß. * Der Gruß mit meiner, des Paulus, Hand. * Wenn einer 23 den Herrn nicht liebhat, sei er verflucht. Maranatha. * Die Gnade 24 des Herrn Jesus mit euch! * Meine Liebe mit euch allen in Christus Jesus.

zu Vers 19:
Apg 18, 2. 26
Rö 16, 3. 5
Offb 1, 4. 11
zu Vers 20:
Rö 16, 16
2 Ko 13, 12
1 Pt 5, 14
zu Vers 21:
Gal 6, 11
Kol 4, 18
2 Th 3, 17
Phlm 19
zu Vers 22:
Rö 9, 3
1 Ko 12, 3
Gal 1, 8 f
zu Vers 23:
Rö 16, 24

Wie vielfach am Schluß seiner Briefe richtet Paulus nun auch hier Grüße aus. Es grüßen zuerst „die Gemeinden der Asia". Dabei bezeichnet „die Asia" nicht etwa „Asien" und nicht einmal Kleinasien als ganzes. Die „Asia" heißt nur die römische Provinz an der Westküste Kleinasiens mit ihren zahlreichen, blühenden Städten. Es ist für uns wichtig, durch diesen Gruß zu erfahren, daß nicht nur in der Hauptstadt Ephesus durch die Arbeit des Paulus eine Gemeinde Jesu entstanden war, sondern auch aus andern Städten bereits Gemeinden grüßen konnten. Namen werden nicht genannt. Wir werden aber vor allem an Kolossä und Laodizea zu denken haben, von deren Verbindung mit Paulus wir wissen (Kol 4, 15 f). Einen besonders herzlichen Gruß richtet das Ehepaar „Aquila und Priskilla" aus. „Priska" hier wie meist bei Paulus mit dieser kurzen Namensform genannt, ist offensichtlich mit ihrem Mann zusammen in der Gemeinde lebhaft tätig. Für Korinth hatte das Ehepaar eine besondere Bedeutung. Es bot dem Paulus bei seiner Ankunft in der fremden Stadt Unterkunft und Arbeitsmöglichkeit (Apg 18, 1—3) und damit die äußere Grundlage für seinen Dienst. Wahrscheinlich waren Aquila und Priskilla schon von Rom her christusgläubig; ihre Bekehrung durch Paulus wäre wohl nicht unerwähnt geblieben. Wie jetzt in Ephesus werden sie auch in Korinth in der Gemeinde eifrig mitgearbeitet haben. So

---

[9] Das mit „erquicken" wiedergegebene Wort trägt die Bedeutung „Ruhe geben", „beruhigen" in sich. Der von Sorgen um Korinth gepeinigte Apostel ist durch das Zusammensein mit den drei Korinthern beruhigt worden und kann vieles wieder ruhiger ansehen. Wir müssen bedenken, daß Paulus diese Sorge um Korinth während seiner großen und kampffreien Arbeit in Ephesus in seinem Herzen trug! Was bedeutete es ihm, wenn er sich seinem Wirken in Ephesus wieder ruhiger und gesammelter zuwenden konnte.

sind sie mit den Korinthern besonders verbunden und grüßen „vielmals". Aber die Wärme ihres Grußes ist nicht einfach eine persönliche. Sie „grüßen im Herrn". „In Jesus", nicht in persönlichen Sympathien ist ihre Verbundenheit mit den Korinthern begründet.
Mit ihnen grüßt „ihre Hausgemeinde". Das „Haus" hat von Anfang an im Christentum eine Rolle gespielt. „Kirchen" oder „Gemeindesäle" besaß die junge Christenheit nicht. Wohl hatte sie in gemieteten Häusern mit großen Räumen oder gar mit einer „Schule" (Apg 18, 7; 19, 9) besondere Versammlungsstätten. Aber es ergab sich in Jerusalem wie von selbst, daß sie „das Brot brachen hin und her in den Häusern" (Apg 2, 40 f). Ebenso kam auch in Troas die Gemeinde zur Abschiedsfeier mit Paulus in dem „Obergemach" eines Hauses zusammen (Apg 20, 7 f). Aquila und Priskilla hatten einen größeren Handwerksbetrieb und sind als relativ wohlhabende Leute zu denken. So bot ihr Haus Raum für Zusammenkünfte, und es sammelte sich eine ganze „**Hausgemeinde**" regelmäßig bei ihnen. Wer durch die beiden zum Glauben kam, suchte besonders gern ihr Haus auf, um dort im Glauben und in seinem Gebetsleben gefördert zu werden. Solche „**Gemeinden**"[1] in verschiedenen Häusern waren keine Spaltungen der einen Gemeinde Gottes in Korinth. In ihnen lebte vielmehr diese eine Gemeinde konkret in enger und lebendiger Gemeinschaft vieler ihrer Glieder. Wir verstehen aber jetzt, warum Paulus vom Zusammensein der „ganzen Gemeinde an einem Ort" in Kap. 14, 23 besonders spricht. Es war dieses nicht ständig die selbstverständliche Form des Gemeindelebens. Das Zusammenkommen geschah auch in „**Hausgemeinden**". Eine solche Hausgemeinde im

20 Hause der Aquila und Priskilla gibt ihren Gruße dem Brief mit. Es grüßen aber auch „**die Brüder alle**". Es werden das die Brüder sein, die Paulus in der großen ephesinischen Arbeit um sich hat. Sie mögen manches bei dem Diktat des Briefes mitgehört haben. Das Ergehen einer so bedeutenden griechischen Gemeinde wie Korinth bewegte sie auf jeden Fall mit. So grüßen sie mit und zeigen dadurch zugleich den Korinthern, daß sie es in diesem Brief nicht mit einem einzelnen Mann und seinen Meinungen zu tun haben, sondern mit einer ganzen Bruderschaft, die zu dem steht, was Paulus schreibt. Vgl. dazu auch Gal 1, 1.

Aber die Gemeinde hat nicht nur Grüße von auswärts zu empfangen. Sie darf sich auch selber „**untereinander grüßen mit dem heiligen Kuß**". Der Brief wird ja in einer Gemeindeversammlung vorgelesen. Alle haben ihn gehört. Er geht sie alle an. Nun dürfen sie ihre Gemeinschaft untereinander in Christus trotz aller Nöte und Spannungen bekräftigen, indem einer dem andern den Bruderkuß gibt. Es ist ein „**heiliger**" Kuß, weil er einer Zusammengehörigkeit Ausdruck gibt, die allein in dem heiligen Herrn und seiner heiligen Liebe begründet ist. Der Kuß auch unter Männern war in der alten

---

[1] Wir merken an solchen Stellen, wie frei und lebendig der Gebrauch des Wortes „ekklesia = Gemeinde" war. Wo immer Menschen sich im Namen des Herrn Jesus versammeln, da waren sie „Gemeinde". Das entsprach der Zusage des Herrn selbst in Mt 18, 20.

Welt nicht so ungewöhnlich wie bei uns (vgl. Lk 7, 45). Aber im Unterschied von solcher bloßen Sitte der Begrüßung soll in der Gemeinde Jesu der Kuß ein „heiliger", ein von der Liebe des Herrn her erfüllter sein, der die Einheit der Glieder am Leibe des Christus besiegelt.

Paulus hat bisher den Brief diktiert. Wir haben uns Paulus nicht am Tisch sitzend und schreibend vorzustellen. Wohl konnte Paulus schreiben, aber die Niederschrift längerer Briefe war im Altertum Sache besonderer „Schreiber". So hat sich auch hier ein schreibkundiges Gemeindeglied der großen Arbeit unterzogen, nach Diktat des Apostels Buchstabe um Buchstabe den langen Brief aufzumalen. Aber nun fügt Paulus mit eigener Hand seine persönlichen Grüße bei. **„Der Gruß mit meiner, des Paulus, Hand."** Das beglaubigt den Brief als echt (vgl. 2 Th 3, 17 f). Aber es war wohl auch ein inneres Bedürfnis des Apostels, seinen „Grüßen", seiner Verbundenheit mit der Gemeinde diesen Ausdruck zu geben.

Freilich, es ist ein sehr ernstes und hartes Wort, das er jetzt eigenhändig unter seinen Brief setzt. **„Wenn einer den Herrn nicht liebhat, sei er verflucht."** Paulus verflucht nicht die Welt, nicht die, die Jesus noch gar nicht kennen. Aber wenn Männer Christen sind, vielleicht sogar in der Gemeinde eine Rolle spielen, auffallende Geistesgaben besitzen und doch nicht in der dankenden Liebe erretteter Menschen an ihrem Herrn hängen, dann trifft sie das „Anathema", der Fluch.

Dieser Satz ist für uns von ganz großer Bedeutung. Wie leicht achten wir nur auf den „Glauben". Wenn einer nur zum rechten Glauben steht, das Glaubensbekenntnis mitbekennt und die reine Lehre vertritt, dann ist es gut. Ein **„Liebhaben"** des Herrn ist sofort als „Gefühligkeit" verdächtig. Paulus aber redet gerade hier, wo er ein letztes „Anathema" ausspricht, nicht vom Glauben, sondern vom **„Liebhaben".** Es ist und bleibt ihm ernst mit dem 13. Kapitel seines Briefes als dem Zentrum alles dessen, was er zu sagen hat. So hat der Herr selbst in entscheidender Stunde seinen Petrus nicht examiniert, ob er auch die rechten Vorstellungen von ihm habe und richtig an ihn glaube. Auch da hieß die eine einzige Frage: „Simon Jona, hast du mich lieb?" (Jo 21, 17). Das ist das eine Erfordernis seines Dienstes. So sind auch wir gefragt und sind es mit doppeltem Ernst, wenn wir in einem „Amt" der Gemeinde stehen.

Das „Anathema" aber („er sei verflucht") ist nicht eine Gefühlsaufwallung im Herzen des Apostels. Es ist der Abbruch der Gemeinschaft und die reale Ausstoßung aus der Gemeinde (5, 3—5). Und nun wird der ganze Satz erst recht bedeutsam für uns und wird zu einer beschämenden Kritik der Kirchengeschichte. Oft hat die Kirche das „Anathema" gesagt, in den evangelischen Landeskirchen im Grund nicht weniger als in der Kirche Roms. Viele Männer wurden aus den Gemeinden herausgedrängt. Wurden sie es, weil sie den Herrn nicht liebhatten? Wurde das Anathema damit begründet? Nein, danach wurde nicht einmal gefragt! Immer ging es um das, wovon Paulus hier gerade nicht spricht, um Fragen der „Lehre"². Es ist an der Zeit, daß wir den kurzen Satz des Paulus aus seiner Verborgenheit in dem selten gelesenen Schluß unseres Briefes hervorholen und in allen unseren Kirchen und Gemeinden groß machen: **„Wenn einer den Herrn nicht liebhat, sei er verflucht."**

Paulus fügt einen Ruf hinzu, der in dieser aramäischen Urform auch in den griechischen Gemeinden bekannt war wie auch das „Talitha kumi" oder das „Hephata". Der Ruf kann entweder als „Maran atha" = „unser Herr ist gekommen" oder als „Marana tha = „unser Herr komme!" verstanden werden. Auch im ersten Fall hat es in diesem Zusammenhang seinen guten Sinn. „Unser Herr ist gekommen"; er ist darum eine unausweichliche Wirklichkeit. Jeder muß zu ihm Stellung nehmen, muß ihn lieben oder wird ihn verachten. Wer aber diesen bereits gekommenen Herrn verachtet, steht unter dem Fluch, den Gott selbst verhängt hat und den Paulus nur ausspricht. Aber wahrscheinlicher ist doch die andere Deutung: **„Marana tha"** = **„Unser Herr komme!"** Die Botschaft, daß Jesus kam, mußte in einer griechischen Gemeinde nicht aramäisch gesagt werden. Wohl aber kann ein aramäischer Gebetsruf der Urchristenheit, der dort bei den Zusammenkünften wieder und wieder erklang, seinen Weg auch nach Korinth gefunden haben. Auch die griechische Gemeinde dort wollte mit der Urgemeinde einstimmen in den verlangenden Ruf nach dem Kommen des Herrn, das alle Verderbens- und Todesmächte beseitigen und die neue Welt des wahren Lebens schaffen wird³.

23 Ein letzter Zuspruch und eine letzte Versicherung beenden den Brief: **„Die Gnade des Herrn Jesus mit euch!"** Es wird hier so wenig ein „sei" zu ergänzen sein, wie in dem folgenden Vers. Es geht nicht um ein unsicheres Wünschen, sondern um einen klaren Zuspruch. Die Gnade des Herrn Jesus ist mit der Gemeinde. Es könnte hinzugefügt werden, was ein Paulus selbst (2 Ko 12, 8) von Jesus zu hören bekam: „Genug ist für dich meine Gnade!" Was bedarf eine Gemeinde noch mehr? Wenn sie diese Gnade hat und aus dieser Gnade lebt, dann ist schon alles gut.

24 Weil Paulus das weiß, Jesu Gnade ist unverbrüchlich und unveränderlich mit der Gemeinde in Korinth, darum darf auch er nach

---

² Gal 1, 8 kann nicht dagegen angeführt werden. Denn auch dort handelt es sich nicht um einzelne „Lehren", sondern um das Evangelium als ganzes, um das Evangelium als Evangelium, als Botschaft der freien Gnade. Die neuen Lehrer in Galatien, die die Gemeinde auf die stolzen Höhen gesetzlicher Heiligung führen wollten, hatten bestimmt Jesus nicht lieb! (Vgl. Gal 5, 4; 4, 19.)

³ Wir denken daran, wie unser ganzes NT in Offb 20, 20 mit diesem „Marana tha" schließt. Wenn es doch wieder der Gebetsruf aller Gemeinden und Kirchen heute würde! Wieviel Kraft zum Zeugnis, wieviel Stärkung zum Leiden, wieviel Freude in allem Entbehren würde uns zuteil, wenn es wieder und wieder durch unsere Herzen und durch unsere Reihen ginge: „Marana tha! Amen, komm, Herr Jesus!" „Stimmet ein insgemein mit der Engel Sehnen nach dem Tag, dem schönen." Aber auf diesen Tag freuen kann sich nur der, der den Herrn liebhat. Denn unsere Krönung mit dem Kranz der Gerechtigkeit hängt davon ab, daß wir seine Erscheinung liebhaben (2 Tim 4, 8). Und auch die „Krone des Lebens" hat Gott denen verheißen, die ihn liebhaben (Jak 1, 12). Aus der Liebe zum Herrn wird auch immer wieder das sehnliche Verlangen nach seinem Kommen, nach der Vollendung seines Werkes erwachsen.

allem, was er geschrieben hat und schreiben mußte, der Gemeinde versichern: **„Meine Liebe mit euch allen in Christus Jesus."** Nur in Christus Jesus ist sie es. Unsere Liebe als solche hat diese unbedingte Kraft nicht in sich. Aber in Christus Jesus dürfen es nun alle in Korinth wissen, auch die, die Paulus hart tadeln und ernst mahnen mußte, und auch die, die ihrerseits kritisch gegen Paulus stehen, daß sie in der Liebe ihres Apostels sind und bleiben. Diese Liebe wird noch harte Proben bestehen müssen. Aber in Christus Jesus ist sie jene Liebe, von der Paulus selbst bezeugt hatte: „Alles hält sie aus, alles glaubt sie, alles hofft sie, alles duldet sie" (13, 7). Wir lesen unseren ganzen Brief recht, wenn wir ihn von diesem Schlußsatz her lesen als ein Ringen um die Gemeinde in solcher Liebe.

LITERATUR-HINWEISE:

Wer sich nach den wissenschaftlichen Kommentaren zum 1. Korintherbrief umsehen will, findet die notwendigen Angaben bei

H. Lietzmann, 1/2 Korintherbrief, Handbuch zum NT Band 9, 1933[3], ergänzt von W. G. Kümmel 1949.

Zugleich vermittelt dieses Buch dem des Griechischen Kundigen eine Fülle von sprachlichem und geschichtlichem Material zu unserm Brief.

Im Zahnschen Kommentar ist der 1. Korintherbrief ausgelegt von Ph. Bachmann, Leipzig 1909[2] (erneut aufgelegt 1936). Das Werk ist gründliche Exegese, auch heute noch lesenswert.

A. Schlatter, „Paulus, der Bote Jesu", Stuttgart 1962[3], wird auch dem „Laien" großen Gewinn bringen trotz der häufigen Anführungen griechischer Worte.

Wer eine ganz knappe Erklärung sucht, um zunächst einmal den Brief als ganzen kennen und verstehen zu lernen, sei auf die Auslegung von D. E. Stange in der „Bibelhilfe für die Gemeinde" (Evangelische Verlagsanstalt, Berlin) hingewiesen.

Im bekannten Werk „Das Neue Testament Deutsch" hat H. D. Wendland im Band 7 den 1. Korintherbrief übersetzt und erklärt.

Schlatters bekannte und hochgeschätzte „Erläuterungen zum Neuen Testament" behandeln die Korintherbriefe in Band 6.

SACHREGISTER

Dieses Sachregister will kein vollständiges Verzeichnis aller wichtigen Worte in diesem Band bieten, sondern nur auf die wichtigsten „Sachen" hinweisen, die in diesem Buch ausgelegt werden.

Abendmahlsfeier (Herrenmahl), 171, 186 ff, 207
Anathema, 77, 199, 307
Anbetung, 241
Anteilhabe (an Jesus), 30 f, 169, 191
Äon, 57—59, 134
Apostel (apostolischer Dienst), 19 f, 88 bis 92, 150, 211, 256 f
Auferstehung Jesu, 254 ff, 259 f, 264
Auferstehung der Toten, 115, 254—257, 259 ff, 266, 272 f, 276, 279 ff, 289
Auserwählung, 49

Bekennen, 200, 241
Berufung, 20, 22, 45, 48, 129—131
Beschneidung, 130
Beten (s. Gebet)

Dahingabe Jesu (Preisgabe), 190
Dank (gegen Gott), 25 f, 236
Dienst, Diener (Mitarbeiter), 69—75, 82, 303

Ehe, 120—128, 134
— scheidung, 125—128
— losigkeit, 133 ff
Ehre Gottes, 172, 176
Einheit der Gemeinde, 79—82
Endziel, 30, 166, 271
Engel, 107
Erkenntnis Gottes, 26 ff, 28, 145, 217, 227
Erlösung, 50
Ermahnungen, 233, 245
Errettung, 40 f, 44, 47, 157 f, 177, 191, 251
Evangelium, evangelisieren, 91 f, 152, 154, 158 f, 251 f, 292

Finsternis, 84
Fleisch (Leben i. Fleisch, Fleischesmenschen), 48 f, 67 f, 135, 170

Freiheit, 113 ff, 121, 131, 148, 152, 154, 173
Friede, 25, 244

Gebet (Anrufen des Namens Jesus), 23, 180, 182, 236
Geist Gottes, 54, 61—64, 76, 103, 113, 199 ff, 283
Geistesgaben (Gnadengaben), 28, 65, 124, 200 ff
— dinge, 64
— menschen, 64 f
— weise, 65 f
— wirkungen, 198, 200 f, 231
Geheimnis, 58 f, 82, 287
Geldsammlung, 294 f
Gemeinde, 21, 80, 211, 246, 257
— aufbau, 73—75, 173, 187, 206 ff, 233 ff, 243
— Gottes, 21 f, 176 f, 185
— Gottesdienst, 243
— leitung, 212 f
— versammlung, 243
Gerechtigkeit Gottes, 50, 112
Gericht Gottes, 165
Gesetz, 156, 291
Gewissen, 145, 174 f
Glauben, 44, 168, 217 ff, 259, 261, 302
Glieder Christi, 115 f
Gnade Gottes, 25, 257 f, 308
Götzen, 143 ff, 145, 170, 199
— dienst, 104, 110, 168
— opferfleisch, 141 ff, 175 f

Heilige, Geheiligte, 22, 107, 112, 121, 245, 294, 303
Heiliger Geist (s. Geist Gottes)
Heiligung, 50
Heilungsgaben, 203, 212
Herr Jesus (Herrschaft Jesu), 24, 144, 172, 193, 200, 268 f, 275, 292
Herrlichkeit, 58—60, 281

Herrscher, Herren d. Welt 57, 143 f, 268
Hoffnung, 221 ff
Kampf, Kampfpreis (Wettkampf), 159 ff, 161
Königsherrschaft Gottes, 95, 109—111, 268, 286, 289
Kraft Gottes, 45, 54, 115
— der Auferstehung, 281
Kreuz Christi, Gekreuzigter, Wort vom Kreuz, 38—41, 44—46, 51—53
Kyrios, 31, 171, 190, 193, 200

Leben (ewiges), 267
Lehre, 94, 235, 243
Lehrer, 211
Leib Christi, 169, 191, 194 f, 206—211
— d. Menschen, 114—118, 161, 279, 282
Liebe, 46, 142, 148, 216 ff, 231, 303, 307, 309
Lohn, 70, 75, 154

Nachahmer, 92, 177 f
Neuer Bund, 192

Offenbarung, 29, 235, 243 f
Opfer, 141 ff, 170 f, 173

Parusie, 166, 267, 304
Prophetie, 204, 211, 231 f, 240, 244, 249

Rede, 26
Rettung (s. Errettung)
Reich Gottes (s. Köngsherrschaft Gottes)
Richter, richten, 84, 97 f, 105, 107 f, 149, 196
Ruhm, rühmen, 49, 51, 79, 101, 153 f, 275

Sieg Gottes, 270 f, 290, 292
Sinn Christi, 66
Sitten der Gemeinde, 179 ff, 185, 246

Spaltungen i. d. Gemeinde, 32 ff, 86 f, 187, 210
Stellung d. Frau i. d. Gemeinde, 180 ff
Sünde (Schuld), 97, 117, 146, 188 f, 194, 262, 291

Tag d. Herrn, 30, 41, 74 f, 99
Taufe, 36 f, 163, 207, 273 f
Tempel Gottes, 76 f, 117
Tod, 192, 253, 266, 270, 290 f
Torheit, 40—42, 46, 65, 78
Treue Gottes, 30, 167

Überlieferungen, 179 f, 189 f, 252
Ungerechter, 106, 110
Ungläubige, 108, 174, 240 f
Unkundige, 236, 240
Unmündige, 67
Unvergänglichkeit, 160, 281, 287, 289 f
Unzucht, Unreinheit, 96 f, 101, 103 f, 110, 117, 122

Väter Israels, 162—166, 171
Vergebung, 111, 253
Verkündigung, 152, 259, 261
Verlorenheit, 40 f, 262 f
Versuchung, 166
Vollkommenheit, 56 f
Vollmacht, 182

Weg d. Christen, 93 f, 215 f
Weisheit Gottes, 43, 45, 50, 56—58, 203
— d. Menschen, 41—43, 57 f, 78
— srede, 38, 52, 54
Weissagen, 180, 224
Welt, 42 f, 48, 107, 136, 196
Werk des Herrn, 292 f, 299
Wort Gottes, 248

Zeugnis, 28, 52
Zungenrede, 204, 213, 225, 231 f, 243